한반도 미래

제4권 자스민 혁명

도서출판 답게

한반도 미래
제4권 쟈스민 혁명

지은이 ┃ 김 정 선
펴낸이 ┃ 一庚 장소임
펴낸곳 ┃ 도서출판 답게

초판 발행 ┃ 2014년 1월 25일
초판 인쇄 ┃ 2014년 1월 30일

등 록 ┃ 1990년 2월 28일   제21-140호
주 소 ┃ 143-838 서울특별시 광진구 면목로 29 (2층)
전 화 ┃ (편집) 02)469-0464, 02)462-0464 / (영업) 02)463-0464, 498-0464
팩 스 ┃ 02)498-0463

홈페이지 ┃ www.dapgae.col.kr
e-mail ┃ dapgae@gmail.com, dapgae@korea.com

나답게 · 우리답게 · 책답게

▌들어가며

中国과 台湾의 統一政策에 대한 기존의 연구동향을 살펴보면, 中国의 근대사 형성과정은 鸦片战争(yā piàn zhàn zhēng) 이후, 清政府는 부패의 길을 걷기 시작하게 되었고, 사회적으로는 혼란을 초래 하게 되었다. 清政府의 부패로 말미암아 형성한 가장 큰 혁명세력은 곧 孙文(sūn wén) 영도하의 兴中会(xīng zhōng huì)이다. 孙文(sūn wén)는 1894년11월24일 처음으로 反清(qīng) 혁명단체를 조직하면서 1911년 中华民国 胜利(zhōng huá mín guó shèng lì)까지 수많은 起义活动(qǐ yì huó dòng)를 전개 하였었고, 또한 수 많은 혁명단체를 조직하였다. 가장 중요한 혁명단체로서는 兴中会(xīng zhōng huì)·同盟会(tóng méng huì) 등이 있고, 起义活动(qǐ yì huó dòng)로 말하자면, 中华民国(zhōng huá mín guó) 형성에 가장 중요한 影响을 미친 것이 辛亥革命(xīn hài gé mìng)와 武昌起义(wǔ chāng qǐ yì)였었다. 中华民国(zhōng huá mín guó)가 탄생되면서 中国 国民党(guó mín dǎng)가 정식 정당으로 수립되었고, 中国 내부에서 前苏联(qián sū lián)의 影响으로 또 하나의 새로운 정당단체인 共产党이 1919년5월4일 山东问题(shān dōng wèn tí)로 인하여 일어난 전국적인 反日运动인 五·四运动(wǔ sì yùn dòng)로 말미암아 1921년7월 上海(shàng hǎi)에서 정식으로 창당되었고, 본 논문의 핵심인 国·共合作(guó gòng hé zuò)가 형성되게 되었다. 满清 孙文(sūn wén) 에 의하여 타도되면서 中国 내부에는 많은 군벌세력이 형성되었고, 孙文(sūn wén)는 中国統一을 위해서는 외부의 원조와 자체 내의 세력 統一이 필요하다고 느끼고, 前苏联(qián sū lián)와 연합하게 되었으며, 급기야는 국민당 내부의 정리를 위하여 1924년 공산당을 흡수하는 동시에 国民党(guó mín dǎng)의 개조를 실시하게 되었고, 이가 곧 제 1차 国·共合作(guó gòng hé zuò)이다.

제 1차 国·共合作(guó gòng hé zuò)가 이루어진 이듬해인 1925년 3월 12일에 孙文(sūn wén)이 서거하자, 蒋介石(jiǎng jiè shí)이 그의 유지를 받들어 統一대업을 이룩하였다. 그러나 南京(nán jīng)事件(nán jīng shì jiàn)와 广州(guǎng zhōu) 폭동으로 말미암아 中国 国民党(guó mín dǎng)과 共产党의 사이는 점차 악화되기 시작하였고, 결국은 蒋介石(jiǎng jiè shí)의 다섯 차례 剿共 끝에 共产党은 延安(yán ān)으로 밀려나 소위 「2만 5천

리」의 대장정이 시작되고, 1차 합작은 결렬된 셈이다. 共产党이 延安(yán ān)으로 패주하자, 蔣介石(jiǎng jiè shí)은 东北(dōng běi)에 있는 張學良의 軍 세력을 약화시키기 위하여 그를 西安(xī ān)로 보내 제 5차 剿共작전을 전개하려고 했으나, 불행히도 張學良과 杨虎城(yáng hǔ chéng)의 배반으로, 蔣介石(jiǎng jiè shí)이 西安(xī ān)시찰을 하는 틈을 타 그를 감금하여 西安(xī ān)事件이 조성되었다. 이와 더불어 日本(rì běn)이 그들의 대륙진출 야심을 불태우기 위하여 1931년 9월과 1936년7월 두 차례에 걸쳐 9.18사변과 7.7사변을 조작하여 中国을 침공하기 시작하였다. 이에 蔣介石(jiǎng jiè shí)은 전국 일치 抗日宣言을 발표하고, 제 2차 国・共合作(guó gòng hé zuò)이 이루어지게 되었으며, 共产党을 国府军 八路(guó fǔ jūn bā lù)에 편성하였다.

그 결과, 8년 항일 전쟁이 끝남으로 말미암아 2차 합작 또한 결렬이 되었다. 1・2차 합작의 원인분석을 해본 결과, 1차에서는 외부세력인 前苏联(qián sū lián)의 개입과 내부세력인 군벌세력에 의하여 가능하였고, 2차 역시 외부세력으로는 日本(rì běn)의 개입과 내부세력 군벌의 여세로 말미암아 가능하게 된 실태와 问题点과의 函数关系를 기초하여, 향후 21세기 中国統一에 대한 方案을 비교분석한 것이 본 논문의 핵심적인 记述이다.

본 논문에서 中国統一方案을 위한 기반조성 및 연구에 대한 함의는 中国統一이라는 총체적 개념의 틀 속에 하나의 개체로써 제시되고, 나아가 中国의 对外政策(duì wài zhèng cè)과 中国의 台湾政策, 그리고 美国(měi guó)의 两岸政策(liǎng àn zhèng cè)에 따라서 적정 中国統一 결정에 影响을 미치는 이론적 근거를 제시하고 있다 하겠다.

따라서 본 논문에서 제기코자하는 "하나의 中国" 원칙과 「一国两制(yì guó liǎng zhì)」統一方式에서 경제발전에 유리한 국제환경 조성이라는 경제 잠재력 가치가 相互关系를 형성시키는 과정에 의해 역으로 反 패권주의 함의가 도출되어 나오는 실증분석을 통해 그 자체가 台湾政策의 전개에 대한 또 하나의 본 논문의 이론적 근거를 마련한다 하겠다.

여기서 中国統一이라는 举示统一方案의 차원에 앞서, 본 논문에서 제기되고 있는 中国의 对外政策(duì wài zhèng cè)을 유지하기 위해서는 탈냉전시대의 국제질서를 전반적으로 평화와 발전, 그리고 다극화를 지향하고 있다고 총체적인 진단이 필요하다.

상기와 같은 인식을 바탕으로 中国의 对外政策(duì wài zhèng cè) 형성과정에 있어서, 다음과 같은 세 가지 목표를 추구하고 있는 이론적 가설의 큰 흐름아래 对外政策(duì wài zhèng cè)에 대한 복합적 구조로 연동되는 일반적이고 개괄적인 中国統一 이라는 함의에 대한 생성배경을 살펴보았다.

첫째 中国이 당면한 최대의 국가적 과제인 改革(gǎi gé)·開放을 통한 現代化와 경제발전을 지속적으로 추진하기 위해 유리한 국제환경을 조성하는 것, 둘째 美国(měi guó)의 패권주의와 美国(měi guó)·日本(rì běn) 중심의 동북아지역 세력구도 형성을 저지하고 동아시아에서 지역 강대국으로서 中国의 위상과 역할을 확보하는 것, 셋째 1997년 Hongkong과 1999년 澳门(ào mén) 반환에 이어 점진적으로 台湾问题를 해결함으로써 民族 統一國家를 건설하는 것이라고 할 수 있다.

中国은 改革(gǎi gé)·開放을 통한 경제발전을 최대의 국가적 과제로 선언하면서, 이를 달성하기 위해 유리한 국제환경을 조성하는 것을 매우 중요시하고 있다.

이와 관련 中国은 改革(gǎi gé)·開放을 통한 경제발전을 최대의 국가적 과제 또는 이를 달성하기 위해 유리한 국제환경을 조성, 그리고 이를 위해 中国은 美国(měi guó)과 주변 국가들과의 关系증진에 주력하고 있다. 또한 中国은 각종 국제기구에 활발하게 참여하고, 국제적 규범과 제도를 긍정적으로 수용하려는 자세를 보이고 있다. 국제분쟁과 갈등에 대해서도 이른바 "求同存异"의 방식을 적극 구사하면서 공동이익을 추구하기 위한 协力关系를 확대하는 등의 中国統一을 지향하기 위한 목적이지만, 이는 곧 반대급부적으로 中国統一 결정을 위한 수단적 对外政策(duì wài zhèng cè)의 변용을 초래케 됨으로써, 여기서 내포하는 구체적인 反 패권주의가 형성된다고 정의하였다.

台湾问题와 관련해서도 中国은 "하나의 中国" 원칙을 고수하고, 美国(měi guó)의 台湾에 대한 무기 수출에 대해 강력 항의하면서도 台湾问题로 인해 美国(měi guó)과의 关系가 결정적으로 훼손되는 것을 방지하기 위해 노력하는 자세를 보이고 있다.

中国의 对外政策(duì wài zhèng cè)노선으로서 反 패권주의는 초강대국인 美国(měi guó)과 苏联(sū lián)의 두 패권 국가를 반대한다는 "中间地带论(zhōng jiān dì dài lùn)"에서 발전한 毛泽东(máo zé dōng)의 "三个世界论(sān gè shì jiè lùn)"에 기초하고 있다. 中国은 "三个世界论(sān gè shì jiè lùn)"은 美国(měi guó)과 前苏联(qián sū lián) 모두 中国의 적대세력이기

때문에 제 3세계가 보다 발전된 제 2세계의 지원 아래 양대 패권세력이며, 제 1세계인 美国(měi guó)과 前苏联(qián sū lián)에 대항해야 한다고 주장하는 것을 정의하고 있다.

상기와 같은 개념을 골간으로 그 자신의 목적인 中国統一을 위한 台湾政策은 "하나의 中国" 원칙과 「一国两制(yì guó liǎng zhì)」统一方案의 수단인 전개양상을 포괄한다고 그 의의를 분류하고 있다.

"하나의 中国" 원칙은 과거 "中国"의 정통성을 어느 정부가 계승하고 있는가라는 정통성의 问题에서 비롯된다. 中国은 1949년 "中华人民共和国(zhōng huá rén mín gòng hé guó)"의 건국으로 과거 "中国"에 대한 정통성이 北京(běi jīng)정부의 "中华人民共和国(zhōng huá rén mín gòng hé guó)"에 의해 계승되고 있다고 주장한다. 따라서 中国은 과거 "中国"의 주권은 北京(běi jīng)정부에 귀속되며, 台湾은 주권적 지위가 인정되지 않는 中国의 하나의 省에 불과하다는 것이다.

中国이 주장하는 "하나의 中国"의 의미는 다음과 같다.

첫째, 5천년동안 中国의 정권이 바뀌어왔으나, 統一된 中国은 유지되어왔다. 둘째, "中华人民共和国(zhōng huá rén mín gòng hé guó)"의 건국으로 과거 "中国"은 사라졌으며, 그 정통성은 "中华人民共和国(zhōng huá rén mín gòng hé guó)"이 계승하고 있다. 따라서 台湾은 中国의 하나의 省에 불과하다. 셋째, 역사적으로 카이로선언과 포츠담선언에 따라 日本(rì běn)가 台湾을 中国에 양도한 이후 中国의 영토가 되었다. 그러나 台湾이 統一을 거부하고 美国(měi guó)의 비호아래 놓여있어 현실적으로 통치할 수는 없으나, 이 때문에 台湾이 中国의 영토가 아니라고 주장할 수는 없다. 넷째, 中国과 台湾은 일시적인 분열 상태에 놓여있으나, 이러한 상태는 한반도나 統一 이전의 德国(dé guó)과는 본질적으로 다른 것이다. 즉, 中国은 하나가 둘로 나뉘어진 것 (一分为二)이 아니며, 국제법상으로도 언제나 하나였기 때문에 台湾이 주장하는 "두 개의 대등한 政治적 실체"또는"양국론"을 수용할 수 없다는 것이다.

반면에, 台湾이 강조하는 "하나의 中国"은 첫째, 역사·지리·문화·혈연적인 의미에서의 中国이다. 둘째, "中华人民共和国(zhōng huá rén mín gòng hé guó)"이 전체 中国을 대표할 수 없으며, 台湾은 "中华人民共和国(zhōng huá rén mín gòng hé guó)"의 하나의 省이 아니다. 셋째, 中国과 台湾은 서로 예속되지 않는 두 개의 대등한 政治的 실체로 어느 정부도 서로를 대표할 수 없다는 것이다.

中国이 台湾과의 统一方式으로서 주장하는 「一国两制(yì guó liǎng zhì)」는 유일한 합법정부인 中华人民共和国(zhōng huá rén mín gòng hé guó)의 주권 범위 내에서 社会主义와 자본주의 두 体制가 병존하는 것으로써, 단순히 병행하는 두 사회제도 혹은 서로가 대립하고 배척하는 政治실체를 가리키는 것이 아니라, 中国 憲法이 보장하는 社会主义 体制가 주체가 되어 社会主义와 자본주의의 두 体制를 서로 촉진시켜 공동 발전하는 것으로서 두 体制 간에는 상호 主从关系가 형성된다는 것이다. 따라서 「一国两制(yì guó liǎng zhì)」 하에서는 하나의 주권아래, 주권은 일차적으로 中国에 귀속되고, 台湾은 고도의 자치권을 보유하지만, 中央으로부터 권한을 위임받아야 하는 제한된 자치제의 성격을 띠고 있다.

반면에, 台湾은 中国의 이러한 「一国两制(yì guó liǎng zhì)」 统一方式에 반대하고 있다. 台湾이 반대하는 이유는 中国의 「一国两制(yì guó liǎng zhì)」 统一 方式이 두 정부 간의 대등한 위치를 보장하는 것이 아니며, 「一国两制(yì guó liǎng zhì)」 방식에 따르면 台湾은 中国의 하나의 省에 불과하기 때문이다. 따라서 台湾은 中国의 「一国两制(yì guó liǎng zhì)」 统一方式에 대한 대응으로 「一国兩府」의 统一政策을 제시했다. 「一国兩府」란 1990년6월 台湾의 "国事会议(guó shì huì yì)"에서 제기된 것으로 中国은 하나지만, 中国과 台湾에는 두개의 정부가 존재하는 것 또한 사실임으로 하나의 국가 안에 두개의 독립된 성격을 갖는 정부体制를 갖자는 것이다. 台湾이 주장하는 「一国兩府」는 台湾이 中国과 대등한 政治실체로서의 지위를 갖고 있다는 점을 강조하기 위한 것이라 할 수 있다.

이상에서처럼,'하나의 中国'원칙과 「一国两制(yì guó liǎng zhì)」 统一方式에 대한 中国과 台湾의 입장 차이는 좀처럼 좁혀지지 않고 갈등이 증폭되는 양상을 띠고 있다. 中国은 "하나의 中国"원칙과 「一国两制(yì guó liǎng zhì)」 统一方式을 고수하고 있는 상황에서, 台湾은 '두개의 대등한 政治的 실체','两国论(liǎng guó lùn)"을 주장하고 있기 때문에 台湾问题에 있어서 해결의 실마리가 보이지 않는 것이 현실이다.

'하나의 中国'원칙과 「一国两制(yì guó liǎng zhì)」 统一 方式에 대한 台湾政策의 전개는_'하나의 中国원칙과 台湾问题'에는 台湾问题를 둘러싼 中国의 입장과 政策方向이 제시되어 있는데, 특히 왜 中国이 하나일 수밖에 없는지에 대한 논리적 주장과 이 원칙을 수호하기 위한 국가, 민족차원의 각오를 분명하게 밝히고 있다. 白书에서는 "하나의 中国" 원칙에 대한 법적 근거를 제시하는 한편 '台湾 독립시도' 및 '외국의 台湾 침략' 시로 한정했던 무력행사 전제조건을 '台湾이 和平统一 교섭을 무기한 거부할 경우'로 까지 확대하는 내용을 새로 포함시켰다. 이는 台湾 总统선거를 앞두고 中国의 일관된 统一政策인 "하나의 中国" 원칙을 재확인하고, 总统 후보들과 유권자들이 독립을 지지하지 못하도록 하는 한편 总统 선거전에 美国(měi guó) 등 외세의 개입을 사전 차단하기 위한 의도가 있었다고 할 수 있다.

이상에서 살펴본 것처럼 中国은 改革(gǎi gé) · 開放 이후 台湾에 대한 기본입장과 政策은 일관되게 추진되고 있다. 결국, 中国의 台湾政策은 "하나의 中国" 원칙이라는 토대 아래서 「一国两制(yì guó liǎng zhì)」의 형식으로 평화적으로 统一을 이루는 것이라고 할 수 있다. 그러나 中国은 台湾问题는 어디까지나 中国의 내정에 속하는 问题이므로 외국 특히 美国(měi guó)의 간섭은 절대로 배제되며, 가능한 한 和平统一 방법을 사용하되 끝까지 여의치 않을 경우에는 무력사용도 불사한다는 입장이다.

이에 대한 美国(měi guó)의 两岸 政策 기조는 대체로 台湾问题에 있어 中国의 对外政策(duì wài zhèng cè)에 影响力을 미치는 외부세력은 세계 최강대국으로서 台湾에 대한 中国의 무력침공에 억지력을 담보하고 있는 美国(měi guó)이라는 것은 두말할 필요가 없다. 台湾问题에 있어서 美国(měi guó)의 政策變化는 中国의 对外政策(duì wài zhèng cè)에 결정적인 역할을 할 수 있다고 볼 수 있다.

탈냉전이후 美国(měi guó) 내에서는 中国에 대한 政策을 둘러싸고, 크게 두 개의 서로 다른 세력들이 존재한다. 이를테면 첫째, 中国에 대한 介入(engagement)政策을 주장하는 온건한 세력이다. 이들은 中国내의 취약점에 주목하면서 美国(měi guó)이 中国에 대한 强硬政策을 취할 경우, 美国(měi guó)의 국익에 도움이 되지 않을 것이므로 온건한 介入政策을 취해야 한다고 주장한다. 둘째, 경제적 상호의존의 효과에 대해 부정적인 시각을 갖고 있는 세력으로서, 中国에 대한 封鎖政策을 주장하는 강경한 세력이다. 이들은 中国이 현재는 경제적 필요성 때문에 국제적 규범을 준수하고 있지만, 일단 경제발전을 이룩하고 나면, 과거 강대국의 속성처럼 군사적 확장과 더불어 台湾에 대한 무력침공을 감행할 것으로 내다보고 있다.

이처럼 对中国政策을 둘러싼 美国(měi guó) 내에서의 논란 속에서도 美国(měi guó)은 两岸 政策에 있어서 전략적 모호성(strategic ambiguity)에

기반 하여, 이른바'이중노선 政策(dual-track policy)'을 일관되게 수행하고 있다. 즉, 표면적으로는 하나의 中国 원칙을 지속적으로 공표하고 있지만, 실질적으로는 中国과 기존의 공식적인 关系를 유지하고 台湾과는 비공식 关系를 확대하고 있다. 이러한 美国(měi guó)의 이중노선 政策은 1979년 中国과 국교를 정상화한 이후 지속되어온 일관된 政策임을 주지할 필요가 있다.

台湾问题에 대한 美国(měi guó)의 전략적 모호성 政策은 다음의 세 가지에서 잘 드러난다. 첫째, 台湾의 방어에 대한 경우이다. 美国(měi guó)은 台湾의 방어에 대해 분명한 입장을 밝힌 적이 없다. 「台湾关系法」 또한 美国(měi guó)이 台湾의 지원요청에 응할 것인지, 그렇다면 어떤 조건하에서 그럴 것인가에 대해 애매모호한 태도를 유지한다. 둘째, 台湾에 대한 무기판매에 대한 경우이다. 「台湾关系法」에 의하면, 台湾에 방어적인 성격의 무기판매를 제공할 수 있다고 하였으나, 이에 대한 정확한 정의가 없다. 셋째, 台湾의 향후 지위에 관한 것이다. 하나의 中国 원칙을 지지하지만, 台湾의 향후 지위에 관해서는 분명한 입장을 밝히고 있지 않다.

상기에서 언급된 바와 같이 지금까지 美国(měi guó)의 입장으로서는 자국의 국가이익을 증진시키기 위해 中国과 台湾 모두 놓치고 싶지 않은 상대이기 때문에 美国(měi guó)은 기본적으로는 中国과의 关系发展에 주력하되, 다른 한편 台湾과의 비공식적 关系를 유지해 中国과 台湾과의 현상을 유지하고, 이를 통해 자국의 정치적·경제적·군사적 이익을 최대화하려는 의도를 갖고 있다. 즉, 台湾의 독립은 中国이 결코 허용할 수 없기에 무력을 행사할 것이다. 그럴 경우 美国(měi guó)은 불가피하게 군사적 개입의 위기에 직면하게 되고, 또한 中国이 統一될 경우 美国(měi guó)은 中国과 台湾 모두에게 압력을 행사할 수 있는 台湾 카드를 잃게 되며, 또한 소위 "中国威胁論"은 더욱 현실화 될 것이므로 현상유지를 통한 자국의 국가이익을 최대화하려고 하고 있는 것이 현실이다.

이러한 美国(měi guó)의 전략적 모호성에 입각한 이중노선 政策은 1995~1996년의 台湾海峡 위기 시에도 확인 되었다. 美国(měi guó)은 台湾海峡 위기 시에 中国을 向(xiàng)해 中国이 제시한 "하나의 中国", "台湾은 中国의 일부분"이라는 中国·美国(měi guó) 간에 체결된 과거 세 차례의 공동성명을 준수할 것을 되풀이하였다. 中国과 美国(měi guó) 간의 세 차례의 공동성명은 1972년 上海(shàng hǎi)공동성명, 1979년 중국·미국 수교시의 공동성명(建交公报 jiàn jiāo gōng bào), 1982년 8·17 공동성명(八 ·一七

公報: 美国(měi guó)이 台湾에 판매할 무기의 성능과 수량이 중국·미국 국교정상화 이후 수년간의 공급수준을 초과하지 않도록 하며, 台湾에 대한 무기판매를 점차 감소시키고 일정한 기간을 두고, 이 問題를 최종적으로 해결할 것임을 약속)을 일컫는다.

그러면서도, 美国(měi guó)은 中国이 台湾에 대한 군사적 위협을 강화하자 항공모함을 파견함으로써 台湾과의 尖系를 결코 포기하지 않았다는 것을 보여주었다. 이후에도 1997년과 1998년 美国(měi guó) 행정부는 1997년 클린턴이 워싱턴에서 姜擇民과 회담할 때와 1998년4월 국무장관 울브라이트 및 1998년 6월에는 클린턴의 中国 방문 때, 이를 반복해서 강조하여 中国 정부에게 "하나의 中国" 원칙과 台湾問題에 대한 "三不立场(sān bù lì chǎng)"(Three No's Position)을 확인해 주었고, 한편으로는 台湾과의 尖系를 지속적으로 강화하였다.

美国(měi guó)은 이처럼 兩岸 政策에 있어 전략적 모호성에 입각한 이중노선 政策을 전개하면서도 中国이 台湾에 대해 무력을 사용하는 것과 中国을 자극하는 台湾의 독립을 반대한다는 분명한 입장을 갖고 있다. 1995~1996년 台湾海峡 위기 시에 美国(měi guó)이 보여주었던 것처럼, 中国의 台湾에 대한 무력사용에 대한 반대 입장을 분명히 하였으며, 또한 美国(měi guó)은 台湾내의 台湾독립자들(분리주의자들)에게 「台湾尖系法」에는 어떠한 모든 상황에서도, 台湾을 방어해야 한다는 내용이 결코 담겨있지 않다'고 밝힘으로써 台湾 독립에 대한 반대 입장을 분명히 하고 있다.

이러한 과정 속에서 中国統一은 어떠한 方案이 강구되고 있으며, 統一이라는 결정인자에 대한 그 변용과 상보적 尖系는 어디로부터 연유되었는가? 이러한 問題提起와 이에 대한 대안마련이 본 논문에서 논의하려는 연구의 초점이다.

中国統一에 있어서의 결론은 다음과 같다.

中国은 脫냉전시대의 국제질서를 전반적으로 평화와 발전, 그리고 다극화를 지향하고 있다고 진단하면서도, 한편으로는 여전히 美国(měi guó)의 패권주의와 강권政治가 평화와 안정을 위협하고 있으며, 불공정하고 불합리한 낡은 국제경제질서는 發展途上国家들의 발전에 장애가 되고 있다고 인식하고 있다.

이러한 인식을 바탕으로 中国은 대체로 대외政策에 있어서, 다음과 같은 세 가지 목표를 추구하고 있다. 첫째 中国이 당면한 최대의 국가적 과제인 改革(gǎi gé)·開放을 통한 現代化와 經濟발전을 지속적으로 추진하기 위해 유리한 국제환경을 조성하는 것, 둘째 美国(měi guó)의 패권주의와 美国(měi guó)·日本(rì běn) 중심의 동북아지역 세력구도 형성을 저지하고, 동아시아에서 지역 강대국으로서 中国의 위상과 역할을 확보하는 것, 셋째 1997년 Hongkong과 1999년 澳门(ào mén) 반환에 이어 점진적으로 台湾问題를 해결함으로써 민족통일국가를 건설하는 것이라고 할 수 있다.

中国은 改革(gǎi gé)·開放을 통한 經濟발전을 최대의 국가적 과제로 선언하면서, 이를 달성하기 위해 유리한 국제환경을 조성하는 것을 매우 중요시 하고 있다.

이를 위해 中国은 美国(měi guó)과 주변국가들과의 关系증진에 주력하고 있다. 또한 中国은 각종 국제기구에 활발하게 참여하고, 국제적 규범과 제도를 긍정적으로 수용하려는 자세를 보이고, 국제분쟁과 갈등에 대해서도 이른바"求同存异"의 방식을 적극 구사하면서 공동이익을 추구하기 위한 협력关系를 확대하려고 하고 있다.

먼저, 中国은 美国(měi guó)과의 심각한 갈등요인에도 불구하고, 改革(gǎi gé)·開放을 통한 經濟발전을 지속적으로 추진하기 위해서는 美国(měi guó)과의 협력关系가 필수적이기 때문에 美国(měi guó)과의 关系개선에 주력하고 있다. 예를 들면, 中国은 核확산금지와 미사일 수출问題 등과 같은 민감한 군사안보问題에 대해서도 美国(měi guó)과의 협력 关系를 유지하면서 NPT·CTBT·CWC·BWC 등 국제적 안보협력体制에 가담하고 있으며, 군비통제·人权(rén quán)·환경보호 등에 대해 적극적으로 대응한다는 자세를 보여주고 있다. 中国은 美国(měi guó)과 서방세계가 제기하는 中国의 人权(rén quán)과 민주화问題를 내정간섭이며 中国의 주권을 훼손하고 中国에 대한 "和平演变(hé píng yǎn biàn) 전략이라고 맹렬하게 반발하면서도 联合国(lián hé guó)人权(rén quán)협약에 가입하고, 人权(rén quán)白书를 발표하면서 人权(rén quán)을 보편적인 가치로 인정하고 있다.'和平演变(hé píng yǎn biàn)'전략이란 서방세계가 이데올로기적·문화적 침투와 經濟的 영향력 확대를 통해서 中国的 社会主义를 변질시키고 마침내 中国을 서방세계에 예속시키는 전략을 의미한다.

台湾问题와 관련해서도 中国은 "하나의 中国"원칙을 고수하고, 美国(měi guó)의 台湾에 대한 무기 수출에 대해 강력 항의하면서도 台湾问题로 인해 美国(měi guó)과의 关系가 결정적으로 훼손되는 것을 방지하기 위해 노력하는 자세를 보이고 있다.

中国의 대외政策 노선으로서 反 패권주의는 초강대국인 美国(měi guó)과 前苏联(qián sū lián)의 두 패권 国家를 반대한다는 "中间地带论(zhōng jiān dì dài lùn)"에서 발전한 毛泽东(máo zé dōng)의 "三个世界论(sān gè shì jiè lùn)"에 기초하고 있다. 中国은 1960년대의 国際政治상황에 따라 美国(měi guó)을 주적으로 하는 "反美反苏(fǎn měi fǎn sū)" 성향의 对外政策(duì wài zhèng cè)을 취함으로써 中国은 前苏联(qián sū lián)의 위협에서 벗어나고 美国(měi guó)의 현실적인 지원을 받아 국제무대에 등장하게 되었다.

中国은 냉전종식 이후, 특히 걸프전의 승리를 배경으로 세계 유일 초강국 대국의 지위를 강화한 美国(měi guó)이 패권을 추구하고 있다고 보며, 이러한 美国(měi guó)의 패권추구는 中国이 바람직한 국제体制로 지향하고 있는 다극体制를 위협한다고 인식하고 있다. 또한 中国의 성장을 美国(měi guó)의 패권적 지위에 대한 도전으로 간주하여 "中国威脅論"을 통해 中国의 발전을 저지하면서 中国을 美国(měi guó) 중심의 질서 하에 묶어두려 한다고 보고 있다. 中国은 美国(měi guó)의 패권주의가 中国의 안보에 가장 큰 위협이라고 판단하고, 美国(měi guó)을 겨냥한 反 패권주의를 对外政策(duì wài zhèng cè)의 중요한 목표로 삼고 있다.

이러한 美国(měi guó)의 패권주의에 대항한 中国의 对外政策(duì wài zhèng cè)은 1997년4월 江泽民(jiāng zé mín) 中国共产党(zhōng guó gòng chǎn dǎng) 총서기가 러시아를 방문했을 때 발표된 "세계의 다극화와 새로운 국제질서 건설에 관한 中国과 러시아의 공동선언문"에서 잘 드러난다. 여기에서 中国과 러시아 两国은 세계질서가 다극화되고 있으며, 이는 긍정적인 현상이라는데 동의하고 세계질서의 다극화를 위해 노력할 것을 선언했다. 또한 两国은 모든 国家는 강약과 빈부를 떠나서, 국제사회의 동등한 구성원이며 어떠한 国家도 패권을 추구하거나, 힘의政治를 추구하거나, 국제사정을 독점해서는 안 된다고 선언함으로써 美国(měi guó)이 패권을 공고화하려는 노력에 분명한 반대 입장을 표시했다.

美国(měi guó)의 패권주의에 대해 반대하는 中国의 对外政策(duì wài

zhèng cè)는 2000년7월 中国을 방문한 푸틴(Vladimir Putin)러시아 대통령
과 江泽民(jiāng zé mín) 国家주석과의 합의사항에서도 지속적으로 나타나
고 있다. 이들의 단독 정상회담에서는 兩国이 美国(měi guó)의 패권주의에
공동 대처한다는 데 합의하여 美国(měi guó)의 패권주의와 강권주의에 강
력히 반대한다는 입장을 천명하고, 세계질서의 다극화를 강조하였다.

中国이 주장하는 "하나의 中国"의 의미는 다음과 같다.

"하나의 中国" 원칙은 과거 "中国"의 정통성을 어느 政府가 계승하고 있는
가라는 정통성의 問題에서 비롯된다. 中国은 1949년 "중화인민공화국"의 건
국으로 과거 "中国"에 대한 정통성은 北京(běi jīng)政府의 중화인민공화국
이 계승하고 있다고 주장한다. 따라서 中国은 과거 "中国"의 주권은 北京
(běi jīng)政府에 귀속되며, 台湾은 주권적 지위가 인정되지 않는 中国의 '하
나의 城'에 불과하다고 주장한다.

中国이 台湾과의 統一 방식으로서 주장하는 「一国两制(yì guó liǎng zhì)
」는 유일한 합법政府인 중화인민공화국의 주권 범위 내에서 社会主义와 자
본주의 두 体制가 병존하는 것으로써 단순히 병행하는 두 사회제도 혹은 서
로가 대립하고 배척하는 政治실체를 가리키는 것이 아니라, 中国헌법이 보
장하는 社会主义 体制가 주체가 되어 社会主义와 자본주의의 두 体制를 서
로 촉진시켜 공동 발전하는 것으로서 두 体制 간에는 상호 주종关系가 형성
된다는 것이다. 따라서 「一国两制(yì guó liǎng zhì)」하에서는 하나의 주
권아래, 주권은 일차적으로 中国에 귀속되고, 台湾은 고도의 자치권을 보유
하지만, 中央으로부터 권한을 위임받아야 하는 제한된 자치제의 성격을 띠
고 있다.

반면에 台湾은 中国의 이러한 「一国两制(yì guó liǎng zhì)」統一방식에
반대하고 있다. 台湾이 반대하는 이유는 中国의 「一国两制(yì guó liǎng
zhì)」統一방식이 두 政府 간의 대등한 위치를 보장하는 것이 아니며, 「一
国两制(yì guó liǎng zhì)」방식에 따르면 台湾은 中国의 '하나의 城'에 불과
하기 때문이다. 따라서 台湾은 中国의 「一国两制(yì guó liǎng zhì)」統一
방식에 대한 대응으로 「一国兩府」의 統一政策을 제시했다. 「一国兩府」
란 1990년 6월 台湾의 "国事会议(guó shì huì yì)"에서 제기된 것으로 中国
은 하나지만, 中国과 台湾에는 두 개의 政府가 존재하는 것 또한 사실임으
로 하나의 国家안에 두개의 독립된 성격을 갖는 政府体制를 갖자는 것이다.
台湾이 주장하는 「一国兩府」는 台湾이 中国과 대등한 政治실체로서의 지

위를 갖고 있다는 점을 강조하기 위한 것이라 할 수 있다.

이상에서처럼, "하나의 中国"원칙과 「一国两制(yì guó liǎng zhì)」統一방식에 대한 中国과 台湾의 입장차이는 좀처럼 좁혀지지 않고 갈등이 증폭되는 양상을 띠고 있다. 中国은 "하나의 中国"원칙과 「一国两制(yì guó liǎng zhì)」統一방식을 고수하고 있는 상황에서, 台湾은 "두 개의 대등한 政治的 실체,""两国论(liǎng guó lùn)"을 주장하고 있기 때문에 台湾问题에 있어서 해결의 실마리가 보이지 않는 것이 현실이다.

결국 中国의 台湾 政策은 "하나의 中国" 원칙이라는 토대아래서 「一国两制(yì guó liǎng zhì)」의 형식으로 평화적으로 統一을 이루는 것이라고 할 수 있다. 그러나 中国은 台湾问题는 어디까지나 中国의 내정에 속하는 问题이므로 외국, 특히 美国(měi guó)의 간섭은 절대로 배제되며, 가능한 한 和平统一 방법을 사용하되 끝까지 여의치 않을 경우에는 무력상용도 불사한다는 입장이다.

台湾问题에 있어 中国의 对外政策(duì wài zhèng cè)에 영향력을 미치는 외부세력은 세계 최강대국으로서 台湾에 대한 中国의 무력침공에 억지력을 담보하고 있는 美国(měi guó)이라는 것은 두말할 필요가 없다. 台湾问题에 있어서 美国(měi guó)의 政策변화는 中国의 对外政策(duì wài zhèng cè)에 결정적인 역할을 할 수 있다.

脱냉전이후 美国(měi guó)내에서는 中国에 대한 政策을 둘러싸고 크게 두 개의 서로 다른 세력들이 존재한다. 첫째, 中国에 대한 개입(engagement)政策을 주장하는 온건한 세력이다. 이들은 中国내의 취약점에 주목하면서 美国(měi guó)이 中国에 대한 강경政策을 취할 경우 美国(měi guó)의 국익에 도움이 되지 않을 것이므로 온건한 개입政策을 취해야 한다고 주장한다. 둘째, 经济的 상호의존의 효과에 대해 부정적인 시각을 갖고 있는 세력으로서 中国에 대한 봉쇄政策을 주장하는 강경한 세력이다. 이들은 中国이 현재는 经济的 필요성 때문에 국제적 규범을 준수하고 있지만, 일단 经济발전을 이룩하고 나면, 과거 강대국의 속성처럼 軍事的 확장과 더불어 台湾에 대한 무력침공을 감행할 것으로 내다보고 있다.

이처럼 对中国政策을 둘러싼 美国(měi guó)내에서의 논란 속에서도 美国(měi guó)은 两岸政策(liǎng àn zhèng cè)에 있어서 전략적 모호성(strategic ambiguity)에 기반 하여, 이른바 "이중노선政策(dual-track policy)"을 일관되게 수행하고 있다.

이와 같은 전략적 모호성(strategic ambiguity)의 기원에 대해서는 나던 (Andrew J. Nathan)이 주장한 台湾问题에 대한 美国(měi guó)의 전략적 모호성政策에서 다음의 세 가지에서 잘 들어난다. 첫째, 台湾의 방어에 대한 경우이다. 美国(měi guó)은 台湾의 방어에 대해 분명한 입장을 밝힌 적이 없다. '台湾关系法' 또한 美国(měi guó)이 台湾의 지원요청에 응할 것인지, 그렇다면 어떤 조건하에서 그럴 것인가에 대해 애매모호한 태도를 유지한다. 둘째, 台湾에 대한 무기판매에 대한 경우이다. '台湾关系法'에 의하면, 台湾에 방어적인 성격의 무기판매를 제공할 수 있다고 하였으나, 이에 대한 정확한 정의가 없다. 셋째, 台湾의 향후 지위에 관한 것이다. 하나의 中国원칙을 지지하지만, 台湾의 향후 지위에 관해서는 분명한 입장을 밝히고 있지 않다. 즉, 표면적으로는 하나의 中国: 원칙을 지속적으로 공표하고 있지만, 실질적으로는 中国과 기존의 공식적인 关系를 유지하고 台湾과는 비공식关系를 확대하고 있다. 이러한 美国(měi guó)의 이중노선 政策은 1979년 中国과 국교를 정상화한 이후 지속되어온 일관된 政策이다.

美国(měi guó)의 입장으로서는 자국의 国家이익을 증진시키기 위해 中国과 台湾 모두 놓치고 싶지 않은 상대이기 때문에 美国(měi guó)은 기본적으로는 中国과의 关系발전에 주력하되, 다른 한편 台湾과의 비공식적 关系를 유지해 中国과 台湾과의 현상을 유지하고, 이를 통해 자국의 政治·经济·軍事的 이익을 최대화하려는 의도를 갖고 있다.

라스트(Martin L. Laster)는 동아시아에 있어 台湾의 군사·안보적 전략성, 美国(měi guó)의 이념과 부합되는 台湾의 政治·经济발전, 两岸关系(liǎng àn guān xī)의 발전을 통한 긴장완화 등을 통해 美国(měi guó)의 国家이익은 증대된다고 본다. 첫째, 군사·안보적 선략성: 台湾海峡은 동북아시아와 동남아시아 및 중동을 연결하고 있기 때문에 유사시 잠재적인 美国(měi guó)의 군사기지로서 활용될 수 있다. 둘째, 台湾의 政治발전: 1987년 계엄령해제 이후 台湾은 自由(zì yóu)선거를 통해 自由(zì yóu)民主主义(mín zhǔ zhǔ yì)를 증진시키고 있으며, 이는 "民主主义(mín zhǔ zhǔ yì)의 확대"라는 美国(měi guó)의 对外政策(duì wài zhèng cè) 목표에 부합되는 것이다. 셋째, 台湾의 经济발전: 台湾은 经济부문의 민영화를 추진하고, 대외적으로는 타국과의 무역关系에 있어서 각종 관세 및 비관세 장벽을 제거함으로써 自由(zì yóu)무역을 지향하고 있다. 이는 台湾이 美国(měi guó)이 주도하는 국제무역体制의 주요한 일원이 되게 한다는 점에서 美国(měi guó)에게는 유리한 것이다. 넷째, 两岸关系(liǎng àn guān xī)의 발전: 1987년부터 허용된 台湾주민의 大陆방문을 기점으로 两岸关系(liǎng àn guān xī)는 급속히 발전되었으며, 经济부문에 있어 台湾은 Hongkong 다음의 对中国투자국이 되었으며, 两岸간의 교역량도 급속히 증가하였다. 또한 政治关系에 있어서도 共产党과 国民党(guó mín dǎng)은 각각 統一에 관해 새롭게 정립된 방침을 표명하면서 两岸간 政治关系는 신축성이 나타나기 시작하였는데, 이러한 상황은 中国·美国(měi guó)간의 台湾问题를 둘러싼 긴장감을 감소시킬 수 있다는 점에서 美国(měi guó)에게는 유리하게 작용한다.

이러한 전제하에 台湾의 독립은 中国이 결코 허용할 수 없기에 무력을 행사할 것이며, 그럴 경우 美国(měi guó)은 불가피하게 军事的 개입의 위기에 직면하게 되고, 또한 中国이 統一될 경우 美国(měi guó)은 中国과 台湾 모두에게 압력을 행사할 수 있는 台湾카드를 잃게 된다. 소위 "中国威脅論"은 더욱 현실화 될 것이므로 현상유지를 통한 자국의 国家이익을 최대화 하려고 하고 있다.

美国(měi guó)은 中国과의 국교정상화로 이어지는 과정에서 台湾과의 외교단절 및 美国(měi guó)과 台湾과의 상호방위 조약의 폐기로부터 기인하는 台湾안보를 우려하지 않을 수 없었다. 美国(měi guó)은 中国과 수교 3개월 후, 台湾과의 关系를 지속시키기 위해 1979년3월 말에 兩院 합동협의회에서의 협의를 거쳐 下院 339 对50, 上院 85 对4라는 압도적인 표결을 통해 台湾关系法(Taiwan Relation Act)을 채택하였고, 카터 대통령은 이를 4월10일 법률로서 공포하였다. 台湾关系法의 주요내용은 유사한 형태로 복귀(대사관을 대신하는 연락사무소의 설치)시키고, 台湾의 안보를 위해 台湾의 평화유지 및 이를 위한 台湾에 대한 美国(měi guó)의 방위물자 제공, 美国(měi guó)의 국익수호를 위한 대응력의 유지 등이다.

台湾关系法의 제정으로 美国(měi guó)은 中国과 국교를 정상화하면서도 台湾과의 关系를 유지하는 전략적 모호성에 입각한 이중노선政策을 시작하였다고 할 수 있으며, 美国(měi guó)의 兩 政策은 이후에도 지속적으로 유지되고 있다.

이러한 美国(měi guó)의 전략적 모호성에 입각한 이중노선政策은 1995-1996년의 台湾海峡 위기 시에도 확인되었다. 美国(měi guó)은 台湾海峡 위기 시에 中国을 향해 中国이 제시한 "하나의 中国", "台湾은 中国의 일부분"이라는 中国·美国(měi guó)간에 체결된 과거 中国과 美国(měi guó)간의 세 차례의 공동성명은 1972년 上海(shàng hǎi)공동성명, 1979년 中国·美国(měi guó) 수교시의 공동성명(建交公報 jiàn jiāo gōng bào), 1982년 8·17 공동성명(八·一七 公報: 美国(měi guó)이 台湾에 판매할 무기의 성능과 수량이 中国·美国(měi guó) 국교정상화 이후 수년간의 공급 수준을 초과하지 않도록 하며, 台湾에 대한 무기판매를 점차 감소시키고 일정한 기간을 두고 이 問題를 최종적으로 해결할 것임을 약속)을 준수할 것을 되풀이하면서도, 美国(měi guó)은 中国이 台湾에 대한 軍事的 위협을 강화하자 항공모함을 파견함으로써 台湾과의 矣系를 결코 포기하지 않았다는 것을 보여주었다. 이후에도 1997년 클린턴이 워싱턴에서 江泽民(jiāng zé mín)과 회담할 때와 1998년 4월에는 국무장관 올브라이트가, 1998년 6월에는 클린턴의 中国방문 때, 美国(měi guó)의 행정부는 中国政府에게 "하나의 中国" 원칙과 台湾問題에 대한 三不立场(sān bù lì chǎng)(Three No's Position)을 이를 반복해서 강조하였고, 한편으로는 台湾과의 矣系를 지속적으로 강화하였다.

美国(měi guó)은 이처럼 两岸政策(liǎng àn zhèng cè)에 있어 전략적 모호성에 입각한 이중노선政策을 전개하면서도 中国이 台湾에 대해 무력을 사용하는 것과 中国을 자극하는 台湾의 독립을 반대한다는 분명한 입장을 갖고 있다. 1995-1996년 台湾海峽 위기 시에 美国(měi guó)이 보여주었던 것처럼, 中国의 台湾에 대한 무력사용에 대한 반대 입장을 분명히 하였으며, 또한 美国(měi guó)은 台湾 내의 台湾독립자들 (분리주의자들)에게 "台湾矣系法에는 어떠한 모든 상황에서도, 台湾을 방어해야 한다는 내용이 결코 담겨 있지 않다."고 밝힘으로서 台湾독립에 대한 반대 입장을 분명히 하고 있다.

이상으로 본 논문에서의 「中国과 台湾의 통일정책 비교연구」에 있어서 전체적으로 평할 때, 中国통일은 中国 고대로부터 역성혁명 시에 행해졌던 전통적 奪勸방식에 더 크게 의존하고 있음이 사실이다. 현대사에 와서 역성혁명의 인자(Factor)에 있어서 예기치 못한 "세계경제대국" 이라는 형태변위가 진화 중에 있다. 이는 곧 "역성혁명을 원초적 초래할 정치적·경제적 원인은 소수 엘리트로 구성된 지식인들로 하여금 기존体制에 대한 비판과 그에 대치할 새로운 体制를 구성하게 하는 원인이 된다."는 것을 전제한다. 소위 현대사회의 경제적 추구로 인한 지식인들의 이반이 일어나게 되는데, 그들의 사상을 일컬어 대중사회라고 하며, 그 대중사회에서 가장 중요한 경제적·사회적 기능을 담당하고 있는 것은 곧 대중매체라 할 것이다. 이러한 대중사회의 사회적 특성은 여러 요인으로 분석 할 수 있지만 그 뚜렷한 요인은 사회적 정보가 유통되는 양상의 변화이며, 이 정보유통 형태의 변화는 곧 인간의 떠날 수 없는 정치적 환경의 변화와 같은 것을 말한다. 이는 곧 인간의 의사소통 행위의 총체로서의 커뮤니케이션 행위는 사회 제 관계에서 각종의 경제적 이익을 표출시키고 이를 통합 관리하는 政治행위의 일부라고 볼 수 있기 때문에 그 중요성이 날로 증대되고 있는 것이다. 이러한 맥락에서 한 政治체계 구성원들이 政治행위가 경제적 가치로 변화할 때, 교조주의적 공산주의·社会主义는 물론이고 자본주의·自由(zì yóu)民主主义(mín zhǔ zhǔ yì)라는 政治체계 역시도 방임주의적 자본주의·民主主义(mín zhǔ zhǔ yì) 형태로 진화되며 변화한다.

이렇듯 中国의 国·共合作(guó gòng hé zuò)에 의한 中国통일에 있어서의 과정은 오히려 상기에서 언급된 바와 같이, 수 천 년이라는 中国 역사상에는 많은 왕조의 교체와 여러 차례 변혁이 있어 왔다. 中国혁명의 성격에 있어서 공산주의와 中国的 전통과의 결합은 대단히 중요하다. 이것이 중화인민공화국에 의한 台湾통일이든, 台湾에 의한 中华人民共和国(zhōng huá rén mín gòng hé guó)통일이든 간에 「中国통일」의 개념인식에 대한 주된 원인이기도 하다. 앞서 지적했듯이, 中国共产党(zhōng guó gòng chǎn dǎng)의 奪勸양식은 马克思(mǎ kè sī)·列宁(liè níng)主义에 의존한 것이 아니라, 中国 고대로부터 역성혁명 시에 행해졌던 전통적 奪勸방식에 더 크게 의존하고 있음이 사실이다.

이와 같이 中国도 舊 苏联(sū lián)과 같이 자연적 환경과 역사적 배경이 방대하기 때문에 외세의 개입이 효과가 없다할 것이다. 이러한 조건이 中国의 国·共투쟁 당시 미국과 스탈린 정권의 직접적인 개입을 저지시킬 수 있었다. 그럼으로써 中国혁명은 출발점에서부터 외부의 원조 없이 자력에 의한"토착적 혁명"이 될 수밖에 없다. 본 논문에서의 「토착적 혁명」의 인자를 "세계경제형태"가 가져오는 변위를 주된 매개인자의 요인이었다고 분석하고 있다.

상기에서 언급한 바와 같이 혁명사상을 원초적 초래할 정치적·경제적 원인은 소수 엘리트로 구성된 지식인들로 하여금 기존体制에 대한 비판과 그에 대치할 새로운 体制를 구성하게 하는 원인을 가중시키는데, 일부의 소외된 지역계층(中华人民共和国_zhōng huá rén mín gòng hé guó) 변방세력까지도 이에 동감하며, 민중은 새로운 자본주의 体制에 대한 급속한 세계경제대국 전환에 따른 自由(zì yóu)民主主义(mín zhǔ zhǔ yì)가 전파되어 인민을 계몽하고 동요시킬 것이다. 이런 현상은 필연적으로 마약 섭취 시 생성되는 환각상태를 야기 시키는데, 개인사상에 대한 낙원의 실현을 갈망하게 하며, 이미 세계경제대국으로서의 가치적 부여가 中国 고대로부터 역성혁명 시에 행해졌던 전통적 奪勸방식(총구에서 정권이 나온다...中国에서 주요한 투쟁 형태는 전쟁이며...이것들은 모두 전쟁을 위한 것이다.) 이라는 「中国통일」에 대한 기존의 의미를 상실케 하는 新사고의 가치관을 지닌"유럽 신경제를 위장한 코뮤니즘에 접목되어 변조되어가는 혁명적 집단(제4인터내셔널)"에 교배됨으로써, 또 다른 세계사의 中国위상의 경제대국이라는 실현의 대두와 함께 「中国분열」이라는 교착점을 갖게 될 것으로 결론을 맺고자 한다.

韩半島统一에 미치는 影响에 있어서의 결론은 다음과 같다.

세계사적으로 민족의 분단과 통일을 위해서는 적잖은 노력과 희생이 필요하다. 남북한의 통일문제 역시 객관적인 역사적 시각을 본다면 희망적인 전망과 비전만이 존재하는 것은 아니다.

이제 우리는 민족의 통일을 위해서 무엇을 할 것인가? 여러 변수가 존재하고 국제환경과 남북관계의 진전에 따라 다양한 예측과 경로가 유추될 수 있는 상황이다. 어떤 상황에서도 가장 중요한 것은 남북의 통일은 어느 한 세력의 의지만으로 이루어질 수 없는 것이고, 또한 국제환경의 흐름과도 역행해서는 안 된다는 점을 인식하는 것이다.

韩国의 통일외교 전략은 韩国의 대외적 역할이 한반도 차원을 넘어서 동북아 및 세계적 차원으로 확대됨을 의미하는 섯은 中国과 日本(rì běn)의 军事力 증강은 한반도 및 동북아 안정은 물론 바로미터인 통일 韩国의 안보 환경에 직접적인 影响을 미칠 수 있는 주요 변수이기 때문이다.

남북한과 함께 韩国의 통일외교의 주요 대상인 미국과 中国이 참여한 4자회담에서 韩国·미국 간에는 정책공조의 과정이 이루어 졌다고는 하지만 中国이 4자회담을 미국의 영향력을 견제하면서 韩国·미국과 북한 사이에서 중재자적 입장을 유지함으로써 한반도에 대한 영향력 확대하려는 場으로 활용하고 있다는 점을 유의 깊게 대처할 필요가 있다. 中国과 日本(rì běn)은 한반도 평화体制 구축 논의에 참여하면서 평화体制 구축 그 자체 보다는 자국의 이익을 최대한 확보하려는 자세를 유지하고 있다는 점이다. 지난날을 돌이켜 보면 韓国이 탈냉전 시대에 들어서야 中国과 국교를 수립한 반면, 북한은 中国과 오랜 기간 혈맹 관계를 유지해왔다는 점을 감안 하더라도 韓国은 中国이 중간자적 입장에서 자국의 실리를 극대화 하는데 에 이렇다 할 외교적 대응을 전혀 하지 못하였다.

　如今 북한体制가 총체적 위기국면으로 치닫고 있어 북한体制의 장래와 존립성에 대한 심각한 회의가 제기되면서 통일가능성에 대한 인식이 확산되고 있다. 그럼에도 불구하고 상당수 국민들이 통일비용 등의 이유로 소극적이고 부정적으로 보는 이면에는 德国(dé guó) 통일 과정에서의 후유증, 통일 한국을 이끌어 갈 역량과 세계적 리더십에 대한 회의, 통일후유증에 대한 우려와 불투명한 미래에 대한 불안감 등이 내재하고 있기 때문이다. 그러나 한민족의 번영과 미래를 위해 필수적으로 통과해야 될 통일은'고통 없는 통일'의 환상을 극복하고 냉정하고 적극적 태세로 임해야 한다.

　특히 국제협력과 남북협력의 조화를 추진한다는 원칙의 하나로만 일관되게 강조하고 있는 이명박(MB) 정부의 국제협력 기조는 남북 관계의 특수성을 고려하되 국제사회의 보편적 기준과 가치를 존중하면서 국제사회와의 협력을 통해 남북문제를 풀어갈 때 북한의 변화도 촉진할 수 있고, 남북 관계도 더욱 발전할 수 있다는 것이다. 이명박(MB) 정부가 김대중 정부 및 노무현 정부와는 달리 북한의 변화를 강조하고 있지만 사실 북한体制의 본질적 변화가 없는 한 남북관계의 성숙한 발전은 기대하기 어렵다 할 것이다.

　결국 국제협력은 북한의 변화와 남북관계 발전, 그리고 장차 평화적 통일을 달성하기 위한 한국의 외교적 노력을 말한다. 한반도 주변국과 국제사회에 대하여 한국정부의 대북정책 및 한반도 통일정책에 대한 지지를 얻고 협력을 획득하려는 통일당위성에 대한 외교적 행위의 결과이다. 이러한 통일외교를 실효성 있게 추진하기 위해서는 그 기반(infra)을 충실히 다져야 할 것이다.

　이러한 통일당위성에 대한 합의와 함께 통일이익에 대한 인식이 구체화됨으로써 보다 적극적이고 실천적인 통일의지에의 확신이 이루어져야 한다. 이러한 확신을 뒷받침하기 위해 분단과 통일을 비용(cost)−이익(benefit)차원에서 접근하지만, 분단으로 인한 정치적·경제적·사회문화적 폐해와 통일이 가져다주는 혜택은 물질적·유형적인 형태로만 파악될 수 없는 대상이란 점을 간과해서는 안 될 것이다. 또한 분단비용은 통일이 이루어지는 순간부터 해소되므로 분단비용의 해소 그 자체가 통일의 직접적인 실익이 된다는 사실과 통일이 가능하다면 점진통일보다 급작스러운 조기통일의 실익이 훨씬 크다 할 수 있다.

중국·일본·러시아 등 주변국들은 한반도에 대한 통일당위성을 부담스러워 하는 통일외교의 개념도 진화되어 갈 것이다. 그 이유는 "통일로 인해 영토가 확장되고 인구가 늘어나지만 그렇다고 경제적으로도 커지는 것은 아니다"며, 如今의 한국이 처한 세계경제에 미치는 影响만으로도 분단국이라는 정의 또는 통일한국이라는 개념이든 양자 간의 의미는 한반도 주변국들에게 그리 큰 影响을 미치지 않는다고 볼 수 있기 때문이다.

중국을 보더라도 민주화운동의 천안문 사태가 일어난 지 벌써 20년이 흘렀음에도 불구하고, 세계경제 구도 속에서 역사학자들은 21세기의 첫 번째 중국의 10년의 마지막을 살펴보면서, 이 시기에 발생한 가장 중요한 사건으로 날로 커져만 가는 "중국의 경제력은 이제 미국과 함께 'G2'라고까지 불리는 중국에서 민주화의 꽃이 피어나는 것이 아니라, 성공적인 경제발전으로 인민들에게 좋은 점수를 따고 있는 중국 공산당의 그늘에 가려 민주화는 '씨앗'의 형태로 감추어져 있다."는 점에서 변형된 경제공룡화로 의인화된 중국의 대약진을 꼽을 것이다.

특히 중국경제가 북한을 거점으로 하여 세계경제 대국 이라는 G2을 성취한 것이 아니며, G2를 영위하기 위해서는 반드시 한국경제라는 중심적인 틀 구조가 절대적이기 때문에 한반도 통일에 대해 중국의 민주화운동이라는 천안문 사태와 같이 부정적 견해가 예전만 하지 못하다.

반면에 중국의 영향력이 더 커지면 커질수록 한반도 통일에 대한 영향력이나, 아시아 통합이 더욱 어려워질 것으로 내다보고 있지만, 현재의 중국의 경제 대국화 실현 이면에는 중국 공공부채의 위험성에 대한 경고가 국내외에서 잇따라 제기되고 있는 실정이다. "2011년 중국의 공공부채가 국내 총생산(GDP)의 96%까지 치솟게 되면서 중국은 물론 세계경제에 또 다른 위기를 제기할 것"이라는 美国(měi guó) 政治经济学자의 경고에 이어 중국 내부에서도 지방부채의 위험성을 잇달아 지적하고 나서 회복국면의 중국경제는 물론 세계경제에 새로운 위험요소로 떠오르고 있다.

한반도 통일에 대해 미래학자들이 지적하고 있듯이, "북한体制 기능이 제대로 작동하지 않아 고장 난 상태"라며, "북한이 아주 갑작스럽게, 그리고 아주 빨리 사라질 것"으로 예상하고 있다. 결과적으로 갑작스럽게 붕괴된 북한을 한국이 떠안아야 할 시대적 상황으로 "한국이 부담해야 할 통일비용이 상당할 것"이라는 점이다.

　상기에서 지적하였듯이 중국은 급작스럽게 형성된 세계적 경제대국이라는 구조는 오히려 중국이 안고 있는 버블경제의 불합리성 세계 경제적 부담으로 하여금 한반도 통일에 대해 간여 할 수 있는 제반적 상황여건이 예전과 같지 못하기 때문에 한반도라는 지정학적 한계에서 머물러 있지 못할 것이라고 예측하고 있다. 더구나 세계 경제적 차원에서의 한국의 경제중심의 틀이 통일비용 때문에 한국의 경제성장률이 떨어질 가능성이 높다는 점에서 오히려 러시아·중국·일본 등 주변국이 반기는 상황도 재연될 수 있다는 가설에 대하여 한반도 통일과정에서 나올 수 있는 하나의 세계경제의 틀에서 연구의 가치가 될 수 있는 패러다임임을 간과해서는 안 될 것이다.

　본 논문에서는 그 동안 연구자의 저서를 통해 한반도 통일과정에 대하여 국제政治학적 차원에서 살펴 본 하나의 패러다임을 설정한 바 있는 「新통일론」에서 「북한体制 붕괴에 따른 무혈흡수통합」을 제시한 바 있다.

　이에 대한 대전제는 <3단계론>으로 구분된다. 북한붕괴의 3단계는 21세기 초입부터 제 1단계: 경제고립으로부터 시작된 경제몰락이고, 제 2단계; 김정일 사후 군부연정이고, 제 3단계: 대지진으로 인한 몰락과정을 겪게 됨을 기술한 것이다.

　이를 복합 다원화하여 재구성하여 新통일론의 <9단계>를 열거해 보았다. 1단계는 「북한 고립에 따른 탈북자 등 국제적 테러 급증」으로부터 시작된다. 2단계는 「급작스러운 돌발사태가 몰고 온 북한 体制 붕괴」의 원인이 될 것으로 해석하고 있는데, 여기서 의미한 돌발사태 주요원인 3가지는 다음과 같다. 첫째 쓰시마해협의 대지진이고, 둘째 한반도 지진이 몰고 온 북한 영변 핵 방사능 누출이며, 셋째 재난으로 인한 남북한 대참사가 발생될 것으로 예측하고 있다.

　이러한 전제의 가설 하에 진행단계의 순서가 뒤바뀔 수 있다는 상황을 설정하여, 3단계로 접어들면서 「김정일 사망 또는 망명」이 이루어지고, 4단계에서는 「일시적 북한 군부정권 수립」되며, 5단계인 「남북한 간의 전면전이 돌입」된다는 예측이 가능하다. 이후 비로소 6단계에서 「무혈흡수통일」이 이루어진다고 할 것이다. 통일과정에서 국내불안정의 가중요인은 7단계인데 이는 곧 「한국의 종교이념 갈등증폭(종말론 부활)」서막을 가져올 것이며, 이로 인해 8단계인 「한반도 대혁명」 시대를 맞게 될 것으로 보인다. 이러한 불안전의 사회구조를 거쳐 9단계에서 「21세기 한반도를 중심권으로 한 환태평양 시대 개막 」을 맞이하게 될 것으로 예상된다.

이러한 한반도 상황 전개에 대한 가설과 관련하여 미국 하버드대학 니알 퍼거슨(Ferguson) 교수가 발표한 「새로운 10년, 한반도 재통일이 최대 역사적 사건 될 것 」이라는 기고를 통해, 다음과 같이 정의를 내리고 있다.

한국은 중국과 일본이라는 강대국 사이에 놓인, 호두까기 기계 사이에 놓인 호두로 비유되곤 한다. 한국은 어떠한 전략을 따라야 하는가. 라는 질문에 "두 거인 사이에 낀 상대적으로 작은 국가의 상황은 재앙적일 수 있다. 폴란드가 그랬고, 한국이 경험했다. 가장 좋은 방법은 이 지역에서 떨어져 있는 강력한 친구를 두는 것이다. 글로벌라이제이션도 한국 같은 나라엔 좋다. 파워가 글로벌하게 분산되기 때문에 이웃 국가들의 영향력을 떨어뜨릴 수 있다. 한국이 택할 수 있는 최선의 전략은 글로벌기구 해질수록 한국 같은 나라엔 유리하다. 아시아 제국주의로 돌아가면 한국 같은 나라는 위험해진다."

상기의 지적에 대한 대처방안으로서, 한국 이명박(MB) 정부에서는 다음과 같은 글로벌라이제이션화한 국가정책을 진행하고 있다. 향후 닥쳐올 민족대란과 맞물린 세계정세<즉, 한반도의 지정학상 미국쇠퇴(세계금융시스템 다운에 따른 팍스아메리카즘 쇠퇴)에 따른 4대강국의 급변하는 기류변화와 한반도 통일이 몰고 올 경제적・사회적・정치적 혼란 상태를 비유한 「블랙홀 」 등에 대처하기 위해서는 인간존엄의 세계 人权(rén quán)을 위시한 联合国(lián hé guó) 세계재활기구(WRO)를 한반도에 유치함으로써, 국가를 글로벌화 시키는 세계관이 절대적임을 인식하고, 이와 관련하여 한국 이명박(MB) 정부에서는 한반도 통일과 이후 과정을 대비하기 위하여, 한반도를 세계중심국가로 전개과정에 있어서, 「세계人权(rén quán)중심국 」이라는 태생적 아젠다를 2006. 12. 13. 제 61차 UN총회에서 상정 통과시킨 「UN WRO 」의 제안국으로서, 2011. 9. 21. 제 66차 UN총회에서 「UN WRO 」를 한국에 유치하기 위해 현재 멕시코와 198개국 상대로 상호국가간의 치열한 유치경쟁을 통해 세계 联合国(lián hé guó)외교에 치중하고 있다.

또한 세계재활기구(WRO)는 10년 이내 한반도를 중심으로 한 4대강국의 다각적 관계에 있어서, 세계정세 재편가능성을 준비하기위한 방편으로 미국의 위기 시 한국을 강력한 우방국가로 성장시켜 4대강국에 대한 견제와 균형을 도출할 수 있도록 联合国(lián hé guó) 사무총장을 극동에서 배출되는 것이 如今의 시대적 요청임을 미국 부시 대통령 및 联合国(lián hé guó)안전보장이사회 고위정책결정과정에서 채택되도록 제안한 결과 미국정부로부터 긍정적 검토 안이 통보되었으며, 한국에서 최초의 반기문 联合国(lián hé guó) 사무총장이 배출되게 되었다. 그 외에도 2008. 5. 8. 한국 이명박 (MB) 정부가 해상철도(부산-목포)를 연계한 선(SUN)벨트 경제권을 확정하였다. "선(SUN)벨트의 정책수립의 변천과정은 2002. 6. 联合国(lián hé guó)경제사회이사회(UN ESCAP)가 아시아횡단철도 건설을 통해 세계물류이동에 대한 대륙철도 경로구간 계획안을 UR 및 WTO에 상정하였고, 이를 기초로 하여 2006. 12. 상기의 UN ESCAP의 아시아횡당철도 노선경로에 대해 세계재활기구(WRO)가 <부산-목포-중국(上海(shàng hǎi)-广州 (guǎng zhōu))> 구간을 아시아횡당철도와 대륙철도 및 해상철도로 상호 연계하는 아시횡단철도 新프로젝트를 재설정하여 한국정부(동·서·남해안권 발전특별법 제정과정)과 중화인민공화국, UN ESCAP 등에 수정안이 제출된 바 있다". 联合国(lián hé guó)에서 추진되고 있는 세계물류이동에 대한 세계적인 거점을 한국이 확보함으로써, 이러한 세계정책에서 벗어나 있는 멕시코 보다 한국이 「UN WRO」 유치 당위성에 명분과 실리가 앞서 있다는 것을 본 논문에서 한반도 통일에 대한 총체적인 결론을 맺고자 한다.

본 논문의 상기의 총체적 결론에서 한반도 통일에 대한 안정적 통일과정을 맞이하기 위하여 한반도에 글로벌라이제이션화한 국가정책의 일환으로 如今 이명박(MB) 정부에서 추진중인 联合国(lián hé guó) 산하 세계재활기구(WRO)가 한국에 유치됨으로써, 세계적으로 「세계人权(rén quán)중심국」이라는 이면에, 실리적인 국가산업 전반에 거쳐 「산업대혁명」을 맞게 된다.

상기와 관련하여 국가산업 전반에 거쳐 「산업대혁명」에 대한 구체적 사례를 옮겨본다.

联合国(lián hé guó) 산하 세계재활기구(WRO)가 한국에 유치되는 과정에서 향후 이명박(MB정부) 전반에 미치는 영향을 간략히 고려해보면 「국가 경제론 인프라 구조 대전환」에 따른 「新복지경제국가론」 창출 할 수 있으며 구현을 검토해 보면 대략 다음과 같다.

향후 급작스럽게 닥쳐올 한반도통일과 그 이후를 대비하기 위하여 국가경제론인프라구조 대전환의 초기적 단계로써 新복지경제국가론의 극동플랜을 구현시키고자 세계재활기구(WRO)는 세계장애인 복지의의와 세계 人权(rén quán)신장 및 복지경제구현에 대한 「新복지경제국가론 8단계 실천방안」을 제시한다.

1단계: 세계장애인의 人权(rén quán)신장 및 「복지경제에 대한 신사고의 혁명적 대전환」이 요구되는 시대적 상황이다.

2단계: 2006년12월13일. 联合国(lián hé guó)총회에서 결의된 联合国 (lián hé guó)장애人权(rén quán) 권리협약을 준수하며, 세계재활기구 (WRO)의 联合国(lián hé guó)조직을 한국에 유치토록 하여, 세계 각국의 소외된 계층과 세계장애인人权(rén quán) 그리고 「재활科学(kē xué)(RS) 산업으로부터 생성되는 세계경제가 결합된 국제협약의 범국가적 복지경제프로젝트」를 발전시켜 나가야 한다.

3단계: 21세기 科学(kē xué)은 최첨단 재활科学(kē xué) 산업의 시대이다. 따라서 中央정부의 보건복지부 조직과 복지가 단순 분배의 소비성 개념이 아닌 성장과 재투자의 순환이 가능한 「복지경제」를 실현될 수 있도록 기존의 복지정책을 전면 제도혁명을 제시함으로써, 「新복지경제국가론」을 추구해야 한다.

4단계: 인간의 손과 발을 대신하여 로봇·무인우주탐사선·심해잠수함·컴퓨터·음성인식장치·비디오 등은 미국 등 선진국들의 국방획득부분에 대한 실리콘밸리에서 창출되는 군산복합체(국방科学_kē xué) 분야는 모두 최첨단 재활科学(kē xué)에서 비롯된 성과물이다. 이미 주요선진국에서는 이러한 재활科学(kē xué)의 중요성이 일찍이 부각되었고, 재활科学(kē xué) 기술의 육성을 통해 국방科学(kē xué) 분야는 물론이고, 장애인의 복지증진 및 보다 구체적인 장애인정책을 마련할 수 있었다. 재활科学(kē xué)기술의 응용으로 자국의 「국가산업경제의 중추적 아젠다인 재활科学(kē xué)(RS) 산업으로부터 파생되는 최첨단우주科学(kē xué) 및 생명공학의 4T{정보기술(IT)+생명공학(BT)+환경 및 극미세 기술(NT)} 등과 연계된 국가기반산업인 실리콘밸리를 형성」하게 함으로써, 고부가가치의 국가경쟁력이 창출되어야 한다. 특히 「재활科学(kē xué)(RS)분야와 접목된 국제금융프로그램 시스템을 국방분야 사업획득청의 구조 및 제도적 시스템에 접목함으로써, 국방해외프로젝트금융시스템(OPFs)의 대외군사판매(FMS)지원과 적정국방비 결정요인에 관한 국제금융과 접목된 FMS 운용시스템에 대한 이해와 제도적 구조」가 만들어져야 한다. "미국대학의 교육정책은 세계재활기구(WRO)의 권고에 따라 각 대학에 최첨단 科学(kē xué)산업 분야인 「재활科学科」를 개설"하였다.

5단계: 세계무대에서 장애인의 人权(rén quán)신장과 권익보호를 통해 인간의 존엄성이 보호되고, 이와 함께 세계평화와 인류의 복지에 대한 통합기능을 부여됨으로써, 복지선진한국으로 국가신인도를 선진화시켜야 한다.

6단계: 한반도 통일 이후의 대양세력에 교두보 방안으로 联合国(lián hé guó) 국제해사기구(IMO)을 거점으로 한 국토해양국으로서의 선점이 필연적이다. UN WRO가 IMO의 국제항해위치추적(LRIT)센터 총괄기구 유치에 대한 제안이 통과되어 1차적으로 한국이 이명박(MB) 초기에 联合国(lián hé guó) 국제해사기구(IMO) 이사국이 되었다.

7단계: 21세기는 우주공간 확보가 선진국 글로벌기구 G8 진입의 긴요한 단초이다. 이는 곧 위성정보통신시대를 대비한 「5GH 무선주파수 대역 및 자연생태계 주파수인 절대치 130dBm 확보」가 관건이다. 미국정부는 현재 컬컴사(Quallcomm)가 보유한 원천기술의 기종인 제 2.5~3세대 CDMA · TDMA 코드분할의 모바일폰 시대가 종료됨을 예고하고, 「향후 WRC−03 에서 5GHz 대역(5.150~5.350 MHz, 5.470~5.725 MHz)을 무선랜을 포함한 무선접속 시스템용으로 사용하기로 결의. 5GHz 주파수 대역인 무선주파수 대역 확보와 자연생태계 주파수인 절대치 130dBm을 미국 산업의 중심 주파수로 확정」 발표하였다. 세계재활기구(WRO)는 재활科学(kē xué)(RS) 산업을 통해 재난구조용의 방식으로 제 4(GHz)세대 제 5(GHz)세대 정보통신 혁명이라 일컫는 5GHz 무선주파수 대역 확보와 자연생태계 주파수인 절대치 130dBm를 채택하여 전 세계 공용주파수로 사용권고(안)을 联合国(lián hé guó)사무국 및 상임이사국에 제출하여, 한국의 중심주파수의 원천기술임을 확보하였다. 상기의 중심주파수가 모바일폰을 비롯한 4T{정보기술(IT)+생명공학(BT)+환경 및 극미세 기술(NT)} 및 정보통신체계와 접목됨이 필연적이므로 이에 파생되는 经济学 가치로 산술해보면 수치상 형용하기 어렵다.

8단계: 한반도 전쟁 발발시 한국에 유치한 세계재활기구(WRO)의 联合国(lián hé guó)조직의 존재가치는 외침으로부터 1차 외기권방어体制의 의미가 있을 뿐 아니라, 198개국의 다양한 국제금융 산업과 연계하여 국가적 아젠다로 격상시켜, 한국이 택할 수 있는 최선의 전략은 「한반도 통일구도가 글로벌기구 해질 수 록 세계경제가 유연하게 통합운영 될 수 있는 글로벌라이제이션화한 세계글로벌기구의 국가경영에 대한 지식적 사고의 대혁명」 (즉, 新통일론에서 제기한 한반도 대혁명의 정의)이 필요하며, 이러한 제반적 요소를 국가산업적 · 국방경제적 · 복지경제적 인프라로 구축 또는 재정비되어야 한다. <終>.

目　次

I. 序 論

第 1 节 问题의 提起

中国과 台湾의 统一政策에 대한 기존의 연구동향을 살펴보면, 中国의 근대사 형성과정은 鸦片战争(yā piàn zhàn zhēng) 이후, 清政府는 부패의 길을 걷기 시작하게 되었고, 사회적으로는 혼란을 초래 하게 되었다. 清政府의 부패로 말미암아 형성한 가장 큰 혁명세력은 곧 孙文(sūn wén) 영도하의 兴中会(xīng zhōng huì)이다. 孙文(sūn wén)은 1894年11月24日 처음으로 反清 혁명단체를 조직하면서 1911年 中华民国 胜利(zhōng huá mín guó shèng lì)까지 수많은 起义活动(qǐ yì huó dòng)을 전개 하였었고, 또한 수많은 혁명단체를 조직하였다. 가장 중요한 혁명단체로서는 兴中会(xīng zhōng huì)·同盟会(tóng méng huì) 등이 있고, 起义活动(qǐ yì huó dòng)로 말하자면, 中华民国(zhōng huá mín guó) 형성에 가장 중요한 影响을 미친 것이 辛亥革命(xīn hài gé mìng)과 武昌起义(wǔ chāng qǐ yì) 였었다. 中华民国(zhōng huá mín guó)이 탄생되면서 中国 国民党(guó mín dǎng)이 정식 정당으로 수립되었고, 中国 내부에서 前苏联(qián sū lián)의 影响으로 또 하나의 새로운 정당단체인 共产党이 1919年 5月4日 山东问题(shān dōng wèn tí)로 인하여 일어난 전국적인 反日运动인 五·四运动(wǔ sì yùn dòng)으로 말미암아 1921年7月 上海(shàng hǎi)에서 정식으로 창당되었고, 본 논문의 핵심인 国·共合作(guó gòng hé zuò)이 형성되게 되었다. 满清 孙文(sūn wén)에 의하여 타도되면서 中国내부에는 많은 군벌세력이 형성되었고, 孙文(sūn wén)은 中国统一을 위해서는 외부의 원조와 자체내의 세력 统一이 필요하다고 느끼고, 前苏联(qián sū lián)과 연합하게 되었으며, 급기야는 国民党 내부의 정리를 위하여 1924年 공산당을 흡수하는 동시에 国民党(guó mín dǎng)의 개조를 실시하게 되었고, 이가 곧 제 1차 国·共合作(guó gòng hé zuò)이다.

제 1차 国·共合作(guó gòng hé zuò)이 이루어진 이듬해인 1925年 3月12日에 孙文(sūn wén)이 서거하자, 蒋介石(jiǎng jiè shí)은 그의 유지를 받들어 统一대업을 이룩하였다. 그러나 南京事件(nán jīng shì jiàn)과 广州(guǎng zhōu) 폭동으로 말미암아 中国 国民党(guó mín dǎng)과 共产党의 사이는 점차 악화되기 시작하였고, 결국은 蒋介石(jiǎng jiè shí)의 다섯 차례 剿共 끝에 共产党은 延安(yán ān)로 밀려나 소위 「2만 5천리」의 대장

정이 시작되고, 1차 합작은 결렬된 셈이다. 共产党이 延安(yán ān)로 패주하자, 蒋介石(jiǎng jiè shí)은 东北(dōng běi)에 있는 張学良의 军세력을 약화시키기 위하여 그를 西安(xī ān)으로 보내 제 5차 剿共작전을 전개하려고 했으나, 불행히도 張学良과 杨虎城(yáng hǔ chéng)의 배반으로, 蒋介石(jiǎng jiè shí)이 西安(xī ān)시찰을 하는 틈을 타 그를 감금하여 西安(xī ān)事件이 조성되었다. 이와 더불어 日本(rì běn)이 그들의 대륙진출 야심을 불태우기 위하여 1931年 9月과 1936年7月 두 차례에 걸쳐 9.18사변과 7.7사변을 조작하여 中国을 침공하기 시작하였다. 이에 蒋介石(jiǎng jiè shí)은 전국 일치 抗日宣言을 발표하고, 제 2차 国·共合作(guó gòng hé zuò)이 이루어지게 되었으며, 共产党을 国府军 八路(guó fǔ jūn bā lù)에 편성하였다.

그 결과, 8年 항일 전쟁이 끝남으로 말미암아 2차 합작 또한 결렬이 되었다. 1·2차 합작의 원인분석을 해본 결과, 1차에서는 외부세력인 前苏联(qián sū lián)의 개입과 내부세력인 군벌세력에 의하여 가능하였고, 2차 역시 외부세력으로는 日本(rì běn)의 개입과 내부세력 군벌의 여세로 말미암아 가능하게 된 실태와 问题点과의 函数关系를 기초하여, 향후 21세기 中国统一에 대한 方案을 비교분석한 것이 본 논문의 핵심적인 记述이다.

본 논문에서 中国统一 方案을 위한 기반조성 및 연구에 대한 함의는 中国统一이라는 총체적 개념의 틀 속에 하나의 개체로써 제시되고, 나아가 中国의 对外政策(duì wài zhèng cè)과 中国의 台湾政策, 그리고 美国(měi guó)의 两岸政策(liǎng àn zhèng cè)에 따라서 적정 中国统一 결정에 影响을 미치는 이론적 근거를 제시하고 있다 하겠다.

따라서 본 논문에서 제기코자하는 "하나의 中国" 원칙과 「一国两制(yì guó liǎng zhì)」 통일方式에서 경제발전에 유리한 국제환경 조성이라는 경제잠재력 가치가 相互关系를 형성시키는 과정에 의해 역으로 反패권주의 함의가 도출되어 나오는 실증분석을 통해 그 자체가 台湾政策의 전개에 대한 또 하나의 본 논문의 이론적 근거를 마련한다 하겠다.

여기서 中国统一이라는 举示统一 方案의 차원에 앞서, 본 논문에서 제기되고 있는 中国의 对外政策(duì wài zhèng cè)를 유지하기 위해서는 탈냉전 시대의 국제질서를 전반적으로 평화와 발전, 그리고 다극화를 지향하고 있다고 총체적인 진단[1])이 필요하다.

---

1) 江泽民(jiāng zé mín) ., "高擧邓小平(dèng xiǎo píng)理論偉大旗幟, 把建設有中国特色

1997年 9月에 개최된 中国 共产党(zhōng guó gòng chǎn dǎng) 제 15기 전국대표대회에서 江泽民(jiāng zé mín) 총서기는 21세기를 맞이하는 현시점에서 中国이 반드시 인식해야 할 것은 첫째 평화와 발전이 시대적 추세이며, 둘째 세계구조도 다극화 추세로 발전하고 있고, 셋째 改革·开放政策(gǎi gé kāi fàng zhèng cè)으로 中国은 상당한 성과를 이룩했지만, 선진 국가들과의 경제적·과학적 격차는 크기 때문에 상당기간 中国은 전면적인 改革·开放政策((gǎi gé kāi fàng zhèng cè)을 지속적으로 추진함으로써 21세기에 부강한 국가로 등장할 수 있도록 노력해야 한다고 주장하였다.

일예로써, 中国은 美国(měi guó)에 대해 여전히 美国(měi guó)의 패권주의와 강권政治가 평화와 안정을 위협하고 있으며, 불공정하고 불합리한 낡은 국제경제 질서는 발전도상 국가들의 발전에 장애가 되고 있다고 인식하고 있다. 따라서 中国 对外政策(duì wài zhèng cè)은 美国(měi guó)의 패권주의에 대해 반대하고, 평화와 안정을 추구하며, 영토보존과 주권의 상호존중·상호불가침·상호내정불간섭·호혜평등·평화공존을 선언한 이른바 평화공존 5원칙을 준수하면서 독립자주의 외교노선을 추구하는 것이라고 선언하고 있음에도2) 불구하고 中国统一 결정에 대한 이론화가 형성되지 않았는데, 이는 中国统一이라는 개념이 기존의 中国의 对外政策(duì wài zhèng cè)차원에서 이미 자리매김하고 있기 때문이라고 볼 수 있다.

상기와 같은 인식을 바탕으로 中国의 对外政策(duì wài zhèng cè) 형성 과정에 있어서, 다음과 같은 세 가지 목표를 추구하고 있는 이론적 가설의 큰 흐름아래 对外政策(duì wài zhèng cè)에 대한 복합적 구조로 연동되는 일반적이고 개괄적인 中国统一 이라는 함의에 대한 생성배경을 살펴보았다.

첫째 中国이 당면한 최대의 국가적 과제인 改革·开放을 통한 现代化와 경제발전을 지속적으로 추진하기 위해 유리한 국제환경을 조성하는 것, 둘째 美国(měi guó)의 패권주의와 美国(měi guó)·日本(rì běn) 중심의 동북아지역 세력구도 형성을 저지하고 동아시아에서 지역 강대국으로서 中国의 위상과 역할을 확보하는 것, 셋째 1997년 Hongkong과 1999년 澳门(ào mén) 반환에 이어 점진적으로 台湾问题를 해결함으로써 民族 统一国家를

社会主义事业全面推向二十一世纪-在中国共产党第十五次全国代表大會上的報告," 「人民日报(rén mín rì bào)」, 1997.9.21. 재인용.
2) 서진영·이내영 공편., 「변혁기의 세계질서와 동아시아」, 오름, 2001. p. 24. 재인용.

건설하는 것이라고 할 수 있다.[3]

中国은 改革·开放을 통한 경제발전을 최대의 국가적 과제[4]로 선언하면서, 이를 달성하기 위해 유리한 국제환경을 조성하는 것을 매우 중요시하고 있다.

中国이 경제발전을 최대의 국가적 과제로 하는 政策路线을 확립한 것은 다음의 예에서 드러난다. 첫째, 1980年1月16日 中央간부회의에서 反패권주의, 祖国统一 및 경제건설 3대 과업 가운데서 对内外问题(duì nèi wài wèn tí)를 해결하는데 가장 핵심적인 것은 경제건설이라고 강조하고, 경제건설의 성과가 국제사회에서 中国의 역할을 결정하였다. 둘째, 1987年 10月 中国 共产党(zhōng guó gòng chǎn dǎng) 제 13기 전국인민대표대회에서 "하나의 중심, 두 개의 기본점"(하나의 중심은 경제건설이며, 두 개의 기본점은 改革·开放과 社会主义 4항 기본원칙을 말한다.)을 中国式 社会主义 기본노선으로 천명하였다. 셋째, 1992年 10月에 개최된 中国 共产党(zhōng guó gòng chǎn dǎng) 제 14기 전국인민대표대회에서 경제건설을 政策的 우선순위에 두고 中国의 특색을 가진 社会主义를 건설한다는 내용을 당 헌장에 싣고 对外政策(duì wài zhèng cè)의 결정에 경제발전이 중요하다는 것을 강조하였다.

이를 위해 中国은 美国(měi guó)과 주변 국가들과의 关系증진에 주력하고 있다. 또한 中国은 각종 국제기구에 활발하게 참여하고, 국제적 규범과 제도를 긍정적으로 수용하려는 자세를 보이고, 국제분쟁과 갈등에 대해서도 이른바 "求同存异"의 방식을 적극 구사하면서 공동이익을 추구하기 위한 协力关系를 확대하려고 하고 있다.

먼저, 中国은 美国(měi guó)과의 심각한 갈등요인에도 불구하고, 改革·开放을 통한 경제발전을 지속적으로 추진하기 위해서는 美国(měi guó)과의 协力关系가 필수적이기 때문에 美国(měi guó)과의 关系改善에 주력하고 있다. 예를 들면 中国은 핵확산금지와 미사일 输出问题 등과 같은 민감한 군사안보 问题에 대해서도 美国(měi guó)과의 协力关系를 유지하면서 NPT·CTBT·CWC·BWC 등 국제적 안보협력 体制에 가담하고 있으며, 군비통

---

3) 서진영·이내영 공편, op. cit., p. 25.
4) 오용석, "중국 대외정책의 원칙 및 목표의 지속과 변용," 「중국연구」, 제 19집, 2000. pp. 52~53. 재인용.

제・人权(rén quán)・환경보호 등에 대해 적극적으로 대응한다는 자세를 보여주고 있다. 中国은 美国(měi guó)과 서방세계가 제기하는 中国의 人权(rén quán)과 민주화 问题를 내정간섭이며, 中国의 주권을 훼손하고 中国에 대한 "和平演变(hé píng yǎn biàn)" 전략이라고 맹렬하게 반발하면서도 联合国(lián hé guó) 人权(rén quán)협약에 가입하고, 人权(rén quán)백서를 발표하면서 人权(rén quán)을 보편적인 가치로 인정하고 있다. "和平演变(hé píng yǎn biàn)" 전략이란 서방세계가 이데올로기적・문화적 침투와 경제적 影响力 확대를 통해서 中国的 社会主义를 변질시키고 마침내 中国을 서방세계에 예속시키는 전략을 의미한다.

台湾问题와 관련해서도 中国은 "하나의 中国" 원칙을 고수하고, 美国(měi guó)의 台湾에 대한 무기 수출에 대해 강력 항의하면서도 台湾问题로 인해 美国(měi guó)과의 关系가 결정적으로 훼손되는 것을 방지하기 위해 노력하는 자세를 보이고 있다.

또한, 中国은 경제발전에 유리한 국제환경을 조성하기 위해 지역 국가들과의 关系개선에도 많은 노력을 하고 있다. 中国은 선린우호 政策의 기치아래 1989年부터 1992年 사이에 인도・인도네시아・新加坡(xīn jiā pō)・越南(yuè nán)・한국・러시아, 그리고 독립국가연합의 모든 국가들과 外交关系(wài jiāo guān xī)를 정상화하였으며, ASEAN국가들과의 关系증진에도 심혈을 기울이고 있다. 또한 역내 주요한 긴장지역인 韩半岛(hán bàn dǎo)와 柬埔寨(jiǎn pǔ zhài) 问题해결에 과거에 비해 적극적인 역할을 하고 있고, 동남아의 공산주의 운동세력과의 연대성도 거의 사라지고 있다. 인도와 파키스탄간의 분쟁에서도 과거와는 달리 중립적인 입장을 견지하고 있다. 뿐만 아니라 中国이 강한 집착을 보이고 있는 南沙群岛 问题(nán shā qún dǎo wèn tí)에 대해서도 일단은 관련 당사국 간에 논쟁은 유보하고 먼저 공동개발을 시행하자는 유화적인 제스처를 보이고 있다.[5]

이와 관련 中国은 改革・开放을 통한 경제발전을 최대의 국가적 과제 또는 이를 달성하기 위해 유리한 국제환경을 조성, 그리고 이를 위해 中国은 美国(měi guó)과 주변 국가들과의 关系증진에 주력하고 있다. 또한 中国은 각종 국제기구에 활발하게 참여하고, 국제적 규범과 제도를 긍정적으로 수

---

5) 이해인., "탈냉전기 중국의 성장과 동북아 국제질서", 고려대학교 대학원 석사논문, 2000. p. 28.

용하려는 자세를 보이고 있다. 국제분쟁과 갈등에 대해서도 이른바 "求同存異"의 방식을 적극 구사하면서 공동이익을 추구하기 위한 協力關系를 확대하는 등의 中國統一을 지향하기 위한 목적이지만, 이는 곧 반대급부 적으로 中國統一 결정을 위한 수단적 对外政策(duì wài zhèng cè)의 변용을 초래케됨으로써, 여기서 내포하는 구체적인 反패권주의가 형성된다고 정의하였다.

中國의 对外政策(duì wài zhèng cè)노선으로서 反패권주의는 초강대국인 美国(měi guó)과 苏联(sū lián)의 두 패권 국가를 반대한다는 "中间地带论(zhōng jiān dì dài lùn)"에서 발전한 毛泽东(máo zé dōng)의 "三个世界论(sān gè shì jiè lùn)"에 기초하고 있다. 中國은 "三个世界论(sān gè shì jiè lùn)"은 美国(měi guó)과 前苏联(qián sū lián) 모두 中國의 적대세력이기 때문에 제 3세계가 보다 발전된 제 2세계의 지원 아래 양대 패권세력이며, 제 1세계인 美国(měi guó)과 前苏联(qián sū lián)에 대항해야 한다고 주장하는 것을 정의하고 있다.

1960年代의 국제政治상황에 따라 美国(měi guó)을 주적으로 하는 "反美反苏(fǎn měi fǎn sū)" 성향의 对外政策(duì wài zhèng cè)를 취함으로써, 中國은 前苏联(qián sū lián)의 위협에서 벗어나고 美国(měi guó)의 현실적인 지원을 받아 국제무대에 등장하게 되었다. 이렇게 함으로써 中國은 제 2세계 국가들과도 일정한 關系改善이 가능해 졌을 뿐만 아니라, 제 3세계 국가들과도 활발한 교류를 할 수 있었다.[6]

그러나 中國은 냉전 종식이후, 특히 걸프전의 승리를 배경으로 세계 유일 초강대국의 지위를 강화[7]한 美国(měi guó)이 패권을 추구하고 있다고 보며, 이러한 美国(měi guó)의 패권추구는 中國이 바람직한 국제体制로 지향하고 있는 다극体制를 위협한다고 인식하고 있다. 또한 中國의 성장을 美国(měi guó)의 패권적 지위에 대한 도전으로 간주하여 "中国威脅論"을 통해 中國의 발전을 저지하면서 中國을 美国(měi guó) 중심의 질서 하에 묶어두려 한다고 보고 있다. 따라서 中國은 美国(měi guó)의 패권주의가 中國의 안보에 가장 큰 위협이라고 판단하고, 美国(měi guó)을 겨냥한 反패권주의를 对外政策(duì wài zhèng cè)의 중요한 목표로 삼고 있다.

---

6) 이상만., "동북아의 신 냉전과 중국의 반 패권전략", 「북한연구학회보」, 제 5권 제 2호, \2001. p. 276.
7) 강성학., 「카멜레온과 시지프스: 변천하는 국제질서와 한국의 안보」, 나남, 1995. p. 180. 재인용.

이러한 美国(měi guó)의 패권주의에 대항한 中国의 统一을 지향한 대外 政策(duì wài zhèng cè)은 1997年4月 江泽民(jiāng zé mín) 中国 共产党 (zhōng guó gòng chǎn dǎng) 총서기가 러시아를 방문했을 때, 발표된 "세 계의 다극화와 새로운 국제질서 건설에 관한 中国과 러시아의 공동선언문" 에서 잘 드러난다. 여기에서 中国과 러시아 양국은 세계질서가 다극화되고 있으며, 이는 긍정적인 현상이라는데 동의하고 세계질서의 다극화를 위해 노력할 것을 선언하는 계기가 마련되었다고 볼 수 있다. 또한 양국은 모든 국가는 강약과 빈부를 떠나서, 국제사회의 동등한 구성원이며, 어떠한 국가 도 패권을 추구하거나, 힘의 政治를 추구하거나, 국제사정을 독점해서는 안 된다고 선언함으로써 美国(měi guó)이 패권을 공고화하려는 노력에 분명한 반대 입장을 표시했다.[8]

美国(měi guó)의 패권주의에 대해 반대하는 中国의 统一지향을 기초로 한 대외전략에 있어서 2000年7月 中国을 방문한 푸틴(Vladimir Putin) 러시 아 대통령과 江泽民(jiāng zé mín) 국가주석과의 합의사항에서도 지속적으 로 나타나고 있다. 이들의 단독정상회담에서는 양국이 美国(měi guó)의 패 권주의에 공동대처한다는 데 합의하여 美国(měi guó)의 패권주의와 강권주 의에 강력히 반대한다는 입장을 천명하고, 세계질서의 다극화를 강조하였다. 또한 양국은 공동으로 美国(měi guó)의 패권주의적 미사일방어 体制(MD) 구축에 대한 반대 입장을 분명히 하였다.[9]

여기서 NMD(국가미사일방어体制)는 핵탄두를 실은 대륙간 탄도미사일을 대기권 밖에서 파괴하기 위한 요격미사일 体制로 美国(měi guó) 본토를 방 어하기 위한 시스템이며, TMD(전역미사일방어体制)는 美国(měi guó) 본토 이외에 동맹국이나 해외주둔 미군을, 주로 중·단거리 미사일로부터 방어하 기 위한 요격미사일 体制를 의미한다.

상기와 같은 개념을 골간으로 그 자신의 목적인 中国统一을 위한 台湾政 策은 "하나의 中国" 원칙과 「一国兩制(yì guó liǎng zhì)」 统一方案의 수단 인 전개양상을 포괄한다고 그 의의를 분류하고 있다.

"하나의 中国" 원칙은 과거 "中国"의 정통성을 어느 정부가 계승하고 있는 가라는 정통성의 问题에서 비롯된다. 中国은 1949年 "中华人民共和国(zhōng

---

8) 이해인., op. cit., p. 22.

9) 오용석., op. cit., p. 42.

huá rén mín gòng hé guó)"의 건국으로 과거 "中国"에 대한 정통성이 北京 (běi jīng)정부의 "中华人民共和国(zhōng huá rén mín gòng hé guó)"에 의해 계승되고 있다고 주장한다. 따라서 中国은 과거 "中国"의 주권은 北京 (běi jīng)정부에 귀속되며, 台湾은 주권적 지위가 인정되지 않는 中国의 하나의 城에 불과하다는 것이다.

中国이 주장하는 "하나의 中国"의 의미는 다음과 같다.

첫째, 5千年동안 中国의 정권이 바뀌어왔으나, 統一된 中国은 유지되어 왔다. 둘째, "中华人民共和国(zhōng huá rén mín gòng hé guó)"의 건국으로 과거 "中国"은 사라졌으며, 그 정통성은 "中华人民共和国(zhōng huá rén mín gòng hé guó)"이 계승하고 있다. 따라서 台湾은 中国의 하나의 城에 불과하다. 셋째, 역사적으로 카이로선언과 포츠담선언에 따라 日本(rì běn)이 台湾을 中国에 양도한 이후 中国의 영토가 되었다. 그러나 台湾이 統一을 거부하고 美国(měi guó)의 비호아래 놓여있어 현실적으로 통치할 수는 없으나, 이 때문에 台湾이 中国의 영토가 아니라고 주장할 수는 없다. 넷째, 中国과 台湾은 일시적인 분열 상태에 놓여있으나, 이러한 상태는 韩半岛 (hán bàn dǎo)나 統一 이전의 德国(dé guó)과는 본질적으로 다른 것이다. 즉, 中国은 하나가 둘로 나뉘어진 것 (一分为二)이 아니며, 국제법상으로도 언제나 하나였기 때문에 台湾이 주장하는 "두 개의 대등한 政治的 실체" 또는 "양국론"을 수용할 수 없다는 것이다.[10]

반면에, 台湾이 강조하는 "하나의 中国"은 첫째, 역사·지리·문화·혈연적인 의미에서의 中国이다. 둘째, "中华人民共和国(zhōng huá rén mín gòng hé guó)"이 전체 中国을 대표할 수 없으며, 台湾은 "中华人民共和国(zhōng huá rén mín gòng hé guó)"의 하나의 城이 아니다. 셋째, 中国과 台湾은 서로 예속되지 않는 두 개의 대등한 政治的 실체로 어느 정부도 서로를 대표할 수 없다는 것이다.[11]

1949年 "中华人民共和国(zhōng huá rén mín gòng hé guó)"의 건국이후 中国의 統一政策은 무력을 통해 台湾을 社会主义 体制로 완전히 흡수 統一하는 것이었다. 그러나 中国은 1978年 이후 改革开放政策(gǎi gé kāi fàng

---

10) 王 升., "一個中国的結與解", 「台湾研究」, (1998年 1期), pp. 24~25. 재인용.
11) 주유진., "중국과 대만의 통일정책과 양안관계에 관한 연구", 원광대학교 대학원 석사논문, 2001. pp. 41~42. 재인용.

zhèng cè)를 추진하면서 새로운 統一方案으로서 평화적인 「一国两制(yì guó liǎng zhì)」(하나의 국가와 두개의 体制)를 제시하였다. 「一国两制(yì guó liǎng zhì)」의 統一方式은 원래 1979年 1月 1日 全国人民代表大会(quán guó rén mín dài biǎo dà huì)(이하 全人代) 상무위원회 위원장 叶剑英(yè jiàn yīng)이 발표한 "台湾동포에게 고하는 글_告台湾同胞書"에서 台湾과의 統一 问題를 해결하기 위해 내놓은 9개 항목의 내용에서 비롯되었는데, Hongkong 问題를 해결하기 위해 먼저 사용된 것이다.12)

이후 「一国两制(yì guó liǎng zhì)」 統一方式은 1984年 영국과 Hongkong 问題를 타협하는 과정에서 Hongkong 주민들의 불안감을 해소시키고, Hongkong 경제의 번영을 보장하기 위하여 제시한 "하나의 국가, 두개의 제도"의 50年 공존을 주장하면서, 中国의 統一政策으로 자리 잡기 시작했다. 이러한 「一国两制(yì guó liǎng zhì)」 統一方式은 社会主义 体制와 자본주의 体制가 한 국가 안에서 공존이 가능하다는 사고를 바탕으로 한 것으로 台湾과의 国家统一 问題해결을 위한 방침으로 확정되었다고 볼 수 있다.13)

그런데 台湾과 Hongkong의 统一问題는 그 성격상 본질적으로 다르기 때문에 中国이 「一国两制(yì guó liǎng zhì)」 統一方式의 적용에 상당한 차이를 보이고 있다. Hongkong은 원래 中国 領土였으나, 영국에 의해 강제로 체결된 남경조약 등 3개 조약을 통하여 영국의 식민지가 되었으나, 中国이 협상을 통하여 Hongkong을 자국의 영토로 귀속시킨 반면, 台湾의 경우는 中国 共产党(zhōng guó gòng chǎn dǎng)과 国民党(guó mín dǎng)의 내전에 의해 분단이 고착화된 경우이다. 즉, Hongkong은 식민지로써 조약에 따라 처리된 中国과 영국간의 국가적 차원의 问題인데 반해, 台湾问題는 서로 다른 이데올로기를 주장하는 中国과 台湾간의 투쟁성격을 띠고 있기 때문에 Hongkong과는 비교할 수 없을 정도로 복잡한 조건을 갖고 있다.14)

中国이 台湾과의 統一方式으로서 주장하는 「一国两制(yì guó liǎng zhì)」는 유일한 합법정부인 中华人民共和国(zhōng huá rén mín gòng hé guó)의 주권 범위 내에서 社会主义와 자본주의 두 体制가 병존하는 것으로써, 단순히

---

12) 류동원., "중국의 통일과 일국양제", 「국제지역연구총서」, 부산대학교 출판부, 2001. pp. 1~2.
13) 이규태., "90년대 중국과 대만의 통일외교정책의 비교연구", 한국 중국학연구센터 연구논문, 1999. p. 18.
14) 류동원., op. cit., pp. 3~4.

병행하는 두 사회제도 혹은 서로가 대립하고 배척하는 政治실체를 가리키는 것이 아니라, 中国憲法이 보장하는 社会主义 体制가 주체가 되어 社会主义와 자본주의의 두 体制를 서로 촉진시켜 공동 발전하는 것으로서 두 体制 간에는 상호 主从关系가 형성된다는 것이다.15) 따라서 「一国两制(yì guó liǎng zhì)」 하에서는 하나의 주권아래, 주권은 일차적으로 中国에 귀속되고, 台湾은 고도의 자치권을 보유하지만, 中央으로부터 권한을 위임받아야 하는 제한된 자치제의 성격을 띠고 있다.

반면에, 台湾은 中国의 이러한 「一国两制(yì guó liǎng zhì)」 统一方式에 반대하고 있다. 台湾이 반대하는 이유는 中国의 「一国两制(yì guó liǎng zhì)」 统一 方式이 두 정부 간의 대등한 위치를 보장하는 것이 아니며, 「一国两制(yì guó liǎng zhì)」 方式에 따르면 台湾은 中国의 하나의 省에 불과하기 때문이다. 따라서 台湾은 中国의 「一国两制(yì guó liǎng zhì)」 统一方式에 대한 대응으로 「一国两府」의 统一政策을 제시했다. 「一国两府」란 1990年 6月 台湾의 "国事会议(guó shì huì yì)"에서 제기된 것으로 中国은 하나지만, 中国과 台湾에는 두개의 정부가 존재하는 것 또한 사실임으로 하나의 국가 안에 두개의 독립된 성격을 갖는 정부体制를 갖자는 것이다.16) 台湾이 주장하는 「一国两府」는 台湾이 中国과 대등한 政治실체로서의 지위를 갖고 있다는 점을 강조하기 위한 것이라 할 수 있다.

이상에서처럼, '하나의 中国' 원칙과 「一国两制(yì guó liǎng zhì)」 统一方式에 대한 中国과 台湾의 입장 차이는 좀처럼 좁혀지지 않고 갈등이 증폭되는 양상을 띠고 있다. 中国은 "하나의 中国" 원칙과 「一国两制(yì guó liǎng zhì)」 统一方式을 고수하고 있는 상황에서, 台湾은 '두개의 대등한 政治的 실체', "两国论(liǎng guó lùn)"을 주장하고 있기 때문에 台湾问题에 있어서 해결의 실마리가 보이지 않는 것이 현실이다.

'하나의 中国' 원칙과 「一国两制(yì guó liǎng zhì)」 统一 方式에 대한 台湾政策의 전개는_

건국 초기 中国의 台湾政策은 몇 차례의 "和平统一"에 대한 政治的 수사 (rhetoric)에도 불구하고 전반적으로 협력보다는 군사적 수단을 통한 무력

---

15) 정재일·송봉규., "중국과 대만의 통일정책 비교", 『상지대학교 논문집』, 제 20집, 1998, pp. 159~160, 재인용.

16) 정재일·송봉규., op. cit., p. 173, 재인용.

해방을 추구해 왔다.17) 이러한 中国의 台湾政策은 1979年 全人代 상무위원회가 "台湾동포에게 고하는 글"을 통해 군사대치 상황을 조속히 해결하고, 三通(sān tōng)의 (通商(tōng shāng)·通邮(tōng yóu)·通航(tōng háng)과 两岸인민의 정상적인 왕래를 제안할 때까지 대체적으로 지속되었다. 이어 1981年9月 全人代 상무위원장 叶剑英(yè jiàn yīng)이 발표한 "叶九条(yè jiǔ tiáo)"는 统一이 실현된 후 台湾은 특별행정구가 되어 고도의 자치권을 향유하고 군대도 보유할 수 있으며, 현행 台湾의 사회경제 제도 및 생활방식은 불변이며, 외국과의 경제문화 关系도 변하지 않는다는 것이 주 내용이다.

1983年6月 邓小平(dèng xiǎo píng)의 "조국통일 6개 원칙" 등 台湾의 统一과 两岸关系(liǎng àn guān xī)와 관련된 中国의 기본 입장과 关系政策을 발표하였다. 이들 발표에서 中国은 구체적으로 「一国两制(yì guó liǎng zhì)」라는 표현을 사용하지는 않았지만, 첫째 台湾问题의 평화적 해결, 둘째 台湾政权의 존속과 자치권 인정, 셋째 台湾의 기존 사회경제体制 및 주민의 생활방식 유지, 넷째 台湾의 军事力 보유, 다섯째 党对党(dǎng duì dǎng) 담판을 통한 3차 国·共合作(guó gòng hé zuò) 실현 등 台湾问题의 해결방식과 两岸의 교류 및 협력에 관한 「一国两制(yì guó liǎng zhì)」의 기본구상을 모두 포함하고 있었다.18)

그런데, 이후 中国의 「一国两制(yì guó liǎng zhì)」 방식의 统一노력은 台湾의 적극적인 자주화 노력 때문에 소기의 성과를 거둘 수 없었다. 특히 탈냉전시기에 들어서면서 台湾 国民党(guó mín dǎng)의 세대교체, 야당인 民进党(mín jìn dǎng)의 급속한 성장에 따라 台湾독립과 UN가입에 대한 목소리가 점차 증가함으로써 中国은 台湾问题가 국제화되는 것에 대해 우려하고 있었다.19)

이런 배경 하에서 1993年8月 국무원 台湾사무판공실과 신문판공실은 "台湾问题와 中国统一(台灣問題與中国的统一)"이라는 白书를 발표하였다. 白书의 주요내용은 "和平统一과 「一国两制(yì guó liǎng zhì)」"이며, 시기적으로 8月에 서둘러서 발표한 이유는 UN총회 개회 이전에 국제사회에 中国의 台湾政策을 엄중히 선포함과 동시에 台湾의 UN가입 신청에 동조 혹은 지지

---

17) 이희옥., "중국~대만관계 : 정치적 차이와 경제적 상호의존의 동시발전", 「통일시론」, 1998. p. 188.
18) 문홍호., "중국의 21세기 구상", 「신아시아」, 제 7권, 제 2호, 2000. 여름, p. 101.
19) 류동원., op. cit., p. 80.

를 보일 가능성이 있는 국가들에게 경고의 메시지를 보내어 台湾의 국제사회에서의 활동 공간을 없애겠다는 것이었다. 그리고 白书의 특별한 점은 백서의 상당부분을 할애하여 美国(měi guó)의 中国政策이 中国의 统一问题에 상당한 影响을 미치고 있음을 지적하고, 공개적으로 "美国(měi guó)의 台湾에 대한 무기판매는 中国내정에 간섭하여 中国·美国(měi guó) 关系의 발전과 台湾 问题해결에 장애요인으로 작용하고 있으며, 美国(měi guó)의 일부인사는 中国의 统一을 원치 않는다."고 비난하였다.[20]

이후, 中国은 상술한 中国의 台湾에 대한 기본 방침과 政策을 포괄적으로 수록하여 中国 최고지도자 신분으로는 처음으로 江泽民(jiāng zé mín) 국가주석이 1995年 1月에 两岸关系의 발전, 和平统一의 절차 등을 내용으로 하는 이른바 「江八条(jiāng bā tiáo)」를 발표하기에 이른다. 개혁개방이후 两岸 关系에 대한 中国의 발표는 1979年1月 「告台湾同胞书(gào tái wān tóng bāo shū)」, 1981年 9月 叶剑英(yè jiàn yīng)의 「叶九条(yè jiǔ tiáo)」, 1983年7月 邓小平(dèng xiǎo píng)의 「邓六条(dèng liù tiáo)」, 1993年8月 「台灣问题與中国的统一」등 4번이 있었다. 이는 中国이 改革·开放政策(gǎi gé kāi fàng zhèng cè)을 실시한 이후 5번째 两岸关系를 위한 발표였다. 1994年 이후에도 两岸关系가 진전을 보이지 못하는 상황에서 台湾이 전개하고 있는 외교활동의 범위와 행동을 위축시키기 위한 전략적인 차원에서 발표되었으며, 지금까지 中国의 对台湾政策[21]의 기조를 이루고 있다. 그 내용은 다음과 같다.

첫째, "하나의 中国" 원칙을 고수한다는 것이다. 즉, 台湾의 주권은 中国 政府에 귀속되며, 台湾은 주권적 지위가 인정되지 않는 하나의 城에 불과하다는 것이다. 따라서 中国의 주권과 영토의 분할은 절대 용인할 수 없으며, 台湾독립을 획책하는 언동이나 하나의 中国이라는 원칙을 위반하는 모든 주장에 결단코 반대한다. 둘째, 台湾이 "두개의 中国" 또는 "하나의 中国과 또 하나의 台湾"을 획책하기 위한 목적으로 이른바 "국제사회에서 펼치는 생존공간 확보"를 위한 활동에는 반대한다. 셋째, 两岸간의 적대 상황을 청산하기 위한 협상 진행을 원한다. 넷째, 외국세력이 统一에 대한 간섭이나 台湾

---

20) 류동원., op. cit., p. 82.
21) 박광득., "총통선거 후의 대만과 양안관계", 「한국동북아 논총」, 제 18집, 2001. p. 100.

독립을 위한 음모가 있을 경우에는 무력사용을 포기하지 않는다. 그러나 "中国人이 中国人을 치지는 않겠다.(中国人不打中国人)"는 것이다. 다섯째, 两岸의 경제·무역교류의 증진을 원하며, 两岸 간의 상업적인 체결에 동의하며, 台湾의 상업적인 투자의 민간적 협의를 보장한다. 여섯째, 两岸이 공동으로 中国문화의 계승과 발전을 추진할 것을 원한다. 일곱째, 中国은 台湾동포의 생활방식을 존중하고, 台湾 각 계층의 统一问题에 대한 의견교환을 원한다. 여덟째, 两岸지도자들의 상호방문을 원한다.

이후 中国은 1997年 Hongkong 返还과 1999年 澳门(ào mén)에 대한 주권회복으로 「一国两制(yì guó liǎng zhì)」에 대한 자신감과 함께 Hongkong−澳门(ào mén)−台湾으로 이어지는 统一过程(guò chéng)에 박차를 가하는 계기가 되었다. 그러나 中国은 李登辉(lǐ dēng huī) 台湾 总统이 中国과 台湾의 关系를 "하나의 中国"이 아닌 특수한 국가 대 국가의 关系로 규정한 "两国论(liǎng guó lùn)" 발언과 이에 대한 국제사회의 동조 가능성을 원천적으로 봉쇄하기 위해 台湾问题의 해결을 위한 행보를 보다 구체화할 필요성을 갖고 있었다.22) 그러한 일환으로 中国은 2000年 2月에 "하나의 中国원칙과 台湾问题(一個中国原則與台湾问题)"를 발표하였다.

'하나의 中国원칙과 台湾问题'에는 台湾问题를 둘러싼 中国의 입장과 政策方向이 제시되어 있는데, 특히 왜 中国이 하나일 수밖에 없는지에 대한 논리적 주장과 이 원칙을 수호하기 위한 국가, 민족차원의 각오를 분명하게 밝히고 있다. 白书에서는 "하나의 中国" 원칙에 대한 법적근거를 제시하는 한편 '台湾 독립시도' 및 '외국의 台湾침략'시로 한정했던 무력행사 전제조건을 '台湾이 和平统一 교섭을 무기한 거부할 경우'로 까지 확대하는 내용을 새로 포함시켰다. 이는 台湾 总统선거를 앞두고 中国의 일관된 统一政策인 "하나의 中国" 원칙을 재확인하고, 总统 후보들과 유권자들이 독립을 지지하지 못하도록 하는 한편 总统 선거전에 美国(měi guó) 등 외세의 개입을 사전 차단하기 위한 의도23)가 있었다고 할 수 있다.

이상에서 살펴본 것처럼 中国은 改革·开放 이후 台湾에 대한 기본 입장과 政策은 일관되게 추진되고 있다. 결국, 中国의 台湾政策은 "하나의 中国" 원칙이라는 토대 아래서 「一国两制(yì guó liǎng zhì)」의 형식으로 평화적

---

22) 문홍호., op. cit., pp. 31~34.
23) 류동원., op. cit., p. 88.

으로 統一을 이루는 것이라고 할 수 있다. 그러나 中国은 台湾问题는 어디까지나 中国의 내정에 속하는 问题이므로 외국 특히 美国(měi guó)의 간섭은 절대로 배제되며, 가능한 한 和平統一 방법을 사용하되 끝까지 여의치 않을 경우에는 무력사용도 불사한다는 입장이다.

이에 대한 美国(měi guó)의 两岸政策 기조는 대체로 台湾问题에 있어 中国의 对外政策(duì wài zhèng cè)에 影响力을 미치는 외부세력은 세계 최강대국으로서 台湾에 대한 中国의 무력 침공에 억지력을 담보하고 있는 美国(měi guó)이라는 것은 두말할 필요가 없다. 台湾问题에 있어서 美国(měi guó)의 政策變化는 中国의 对外政策(duì wài zhèng cè)에 결정적인 역할을 할 수 있다고 볼 수 있다.

탈냉전이후 美国(měi guó) 내에서는 中国에 대한 政策을 둘러싸고, 크게 두 개의 서로 다른 세력들이 존재한다. 이를테면 첫째, 中国에 대한 介入(engagement)政策을 주장하는 온건한 세력이다. 이들은 中国내의 취약점에 주목하면서 美国(měi guó)이 中国에 대한 强硬政策을 취할 경우, 美国(měi guó)의 국익에 도움이 되지 않을 것이므로 온건한 介入政策을 취해야 한다고 주장한다. 둘째, 경제적 상호의존의 효과에 대해 부정적인 시각을 갖고 있는 세력으로서, 中国에 대한 封鎖政策을 주장하는 강경한 세력이다. 이들은 中国이 현재는 경제적 필요성 때문에 국제적 규범을 준수하고 있지만, 일단 경제발전을 이룩하고 나면, 과거 강대국의 속성처럼 군사적 확장과 더불어 台湾에 대한 무력침공을 감행할 것으로 내다보고 있다.

이처럼 对中国政策을 둘러싼 美国(měi guó) 내에서의 논란 속에서도 美国(měi guó)은 两岸政策에 있어서 전략적 모호성(strategic ambiguity)[24]에 기반 하여, 이른바 '이중노선 政策(dual-track policy)'을 일관되게 수행하고 있다. 즉, 표면적으로는 하나의 中国원칙을 지속적으로 공표하고 있지만, 실질적으로는 中国과 기존의 공식적인 关系를 유지하고 台湾과는 비공식 关系를 확대하고 있다. 이러한 美国(měi guó)의 이중노선 政策은 1979年 中国과 국교를 정상화한 이후 지속되어온 일관된 政策임을 주지할 필요가 있다.

台湾问题에 대한 美国(měi guó)의 전략적 모호성 政策은 다음의 세 가지

---

24) Andrew J. Nathan., "What's Wrong with American Taiwan Policy", The Washington Quarterly(Spring 2000), pp. 94~98. 재인용.

에서 잘 드러난다. 첫째, 台湾의 방어에 대한 경우이다. 美国(měi guó)은 台湾의 방어에 대해 분명한 입장을 밝힌 적이 없다. 「台湾关系法」 또한 美国(měi guó)이 台湾의 지원요청에 응할 것인지, 그렇다면 어떤 조건하에서 그럴 것인가에 대해 애매모호한 태도를 유지한다. 둘째, 台湾에 대한 무기판매에 대한 경우이다. 「台湾关系法」에 의하면, 台湾에 방어적인 성격의 무기판매를 제공할 수 있다고 하였으나, 이에 대한 정확한 정의가 없다. 셋째, 台湾의 향후 지위에 관한 것이다. 하나의 中国원칙을 지지하지만, 台湾의 향후 지위에 관해서는 분명한 입장을 밝히고 있지 않다.

상기에서 언급된 바와 같이 지금까지 美国(měi guó)의 입장으로서는 자국의 국가이익을 증진시키기 위해 中国과 台湾 모두 놓치고 싶지 않은 상대이기 때문에 美国(měi guó)은 기본적으로는 中国과의 关系发展에 주력하되, 다른 한편 台湾과의 비공식적 关系를 유지해 中国과 台湾과의 현상을 유지하고, 이를 통해 자국의 정치적·경제적·군사적 이익을 최대화하려는 의도를 갖고 있다.25) 즉, 台湾의 독립은 中国이 결코 허용할 수 없기에 무력을 행사할 것이다. 그럴 경우 美国(měi guó)은 불가피하게 군사적 개입의 위기에 직면하게 되고, 또한 中国이 统一될 경우 美国(měi guó)은 中国과 台湾 모두에게 압력을 행사할 수 있는 台湾카드를 잃게 되며, 또한 소위 "中国威胁論"은 더욱 현실화 될 것26)이므로 현상유지를 통한 자국의 국가이익을 최대화하려고 하고 있는 것이 현실이다.

이에 대해 라스트(Laster)의 견해는 다음과 같다. 동아시아에 있어 台湾의 군사안보적 전략성, 美国(měi guó)의 이념과 부합되는 台湾의 정치·경제발전, 两岸关系(liǎng àn guān xī)의 발전을 통한 긴장완화 등을 통해 美国(měi guó)의 국가이익은 증대된다고 하였다.

첫째, 군사안보적 전략성을 보면, 台湾海峡은 동북아시아와 동남아시아 및 중동을 연결하고 있기 때문에 유사시 잠재적인 美国(měi guó)의 군사기지로서 활용될 수 있다는 점이다. 둘째, 台湾의 政治발전에 의하면, 1987年

---

25) Martin L. Laster., "Growing Interests in the New Taiwan", Orbis (Spring, 1993). 재인용.

26) Tao Wenzhao., "U.S Policy Ambiguity & Current Cross-Strait Dilemmas", Gerit W. Gong, eds, Taiwan Strait Dilemmas: China-Taiwan-U.S Policies in the New Century (Center for Strategic and International Studies, Washington, D.C.; 2000). 재인용.

계엄령해제 이후 台湾은 自由(zì yóu)선거를 통해 自由(zì yóu) 民主主义(mín zhǔ zhǔ yì)를 증진시키고 있으며, 이는 "民主主义(mín zhǔ zhǔ yì)의 확대"라는 美国(měi guó)의 对外政策(duì wài zhèng cè) 목표에 부합된다는 것이다. 셋째, 台湾의 경제발전에 있어서, 台湾은 경제부문의 민영화를 추진하고, 대외적으로는 타국과의 贸易关系에 있어서 각종 관세 및 비관세 장벽을 제거함으로써 自由(zì yóu)무역을 지향하고 있다는 점을 유의 깊게 살펴보아야 한다고 지적하고 있다. 이는 台湾이 美国(měi guó)이 주도하는 국제무역 体制의 주요한 일원이 되게 한다는 점에서 美国(měi guó)에게는 유리한 것이다. 넷째 两岸关系의 발전을 살펴보면, 1987年부터 허용된 台湾 주민의 대륙방문을 기점으로 两岸关系는 급속히 발전되었으며, 경제부문에 있어서도 台湾은 Hongkong 다음의 对中国 투자국이 되었으며, 两岸 간의 교역량도 급속히 증가하였다. 또한 政治关系에 있어서도 共产党과 国民党(guó mín dǎng)은 각각 统一에 관해 새롭게 정립된 방침을 표명하면서 两岸 간 政治关系는 신축성이 나타나기 시작하였는데, 이러한 상황은 中国·美国(měi guó) 간의 台湾问题를 둘러싼 긴장감을 감소시킬 수 있다는 점에서 美国(měi guó)에게는 상당히 유리하게 작용한다고 보고 있는 것이다.

이러한 전략적 측면에서 1970年代 이전까지 美国(měi guó)은 台湾과 상호방위조약을 체결하고 同盟关系를 유지하면서 台湾이 "하나의 中国"의 유일한 합법정부임을 인정하고, 台湾에 대해 일방적인 정치·경제·군사적 원조와 지지를 보내주는 台湾 일변도의 政策을 추구하였다. 그러나 美国(měi guó)은 前苏联(qián sū lián) 봉쇄라는 전략적 필요에 의해 1979年 中国과 공식적인 外交关系(wài jiāo guān xī)를 수립하면서, 中国이 제시한 세 가지 조건, 즉 台湾과의 외교단절·美国(měi guó)과 台湾과의 상호방위조약 폐기·미군의 철수를 수용함으로써, 과거 台湾 일변도의 两岸政策을 폐기하게 되었다.

하지만, 美国(měi guó)은 中国과의 국교정상화로 이어지는 과정에서 台湾과의 외교단절 및 美国(měi guó)과 台湾과의 상호방위조약의 폐기로부터 기인하는 台湾安保를 우려하지 않을 수 없었다. 따라서 美国(měi guó)은 1979年 台湾과의 外交关系(wài jiāo guān xī)를 단절하고도 台湾의 안보를 위해 台湾에 대한 무기판매를 허용하는「台湾关系法」(Taiwan Relation Act)을 제정하였다.

美国(měi guó)은 中国과 수교 3개月 후, 台湾과의 关系를 지속시키기 위해 1979年 3月末에 양원 합동협의회에서의 협의를 거쳐 하원 339對50, 상원 85對4라는 압도적인 표결을 통해 「台湾关系法」이 채택되었고, 카터 대통령은 이를 4月10日 법률로서 공포하였다. 「台湾关系法」의 주요내용은 유사한 형태로 복귀(대사관을 대신하는 연락사무소의 설치)시키고, 台湾의 평화유지 및 이를 위한 美国(měi guó)의 방위물자 제공, 美国(měi guó)의 국익수호를 위한 대응력의 유지 등이다. 「台湾关系法」의 제정으로 美国(měi guó)은 中国과 국교를 정상화하면서도 台湾과의 关系를 유지하는 전략적 모호성에 입각한 이중노선 政策을 시작하였다고 할 수 있으며, 이러한 美国(měi guó)의 两岸政策은 이후에도 지속적으로 유지되고 있다.

이러한 美国(měi guó)의 전략적 모호성에 입각한 이중노선 政策은 1995~1996年의 台湾海峡 위기 시에도 확인되었다. 美国(měi guó)은 台湾海峡 위기 시에 中国을 향해 中国이 제시한 "하나의 中国", "台湾은 中国의 일부분"이라는 中国·美国(měi guó) 간에 체결된 과거 세 차례의 공동성명을 준수할 것을 되풀이하였다. 中国과 美国(měi guó) 간의 세 차례의 공동성명은 1972年 上海(shàng hǎi)공동성명<上海(shàng hǎi)公報>, 1979年 중국·미국 수교시의 공동성명<建交公报(jiàn jiāo gōng bào)>, 1982年 8·17 공동성명(八·一七 公報: 美国(měi guó)은 台湾에 판매할 무기의 성능과 수량이 중국·미국 국교정상화 이후 數年間의 공급수준을 초과하지 않도록 하며, 台湾에 대한 무기판매를 점차 감소시키고 일정한 기간을 두고, 이 问题를 최종적으로 해결할 것임을 약속)을 일컫는다.

그러면서도, 美国(měi guó)은 中国이 台湾에 대한 군사적 위협을 강화하자 항공모함을 파견함으로써 台湾과의 关系를 결코 포기하지 않았다는 것을 보여주었다. 이후에도 1997年과 1998年 美国(měi guó) 행정부는 1997年 클린턴이 워싱턴에서 姜擇民과 회담할 때와 1998年4月 국무장관 울브라이트 및 1998年 6月에는 클린턴의 中国 방문 때, 이를 반복해서 강조하여 中国 정부에게 "하나의 中国" 원칙과 台湾问题에 대한 "三不立场(sān bù lì chǎng)"(Three No's Position)을 확인해 주었고, 한편으로는 台湾과의 关系를 지속적으로 강화하였다.

美国(měi guó)는 이처럼 两岸政策에 있어 전략적 모호성에 입각한 이중노선 政策을 전개하면서도 中国이 台湾에 대해 무력을 사용하는 것과 中国을 자극하는 台湾의 독립을 반대한다는 분명한 입장을 갖고 있다. 1995~1996年 台湾海峡 위기 시에 美国(měi guó)이 보여주었던 것처럼, 中国의 台湾에 대한 무력사용에 대한 반대 입장을 분명히 하였으며, 또한 美国(měi guó)은 台湾내의 台湾독립자들(분리주의자들)에게 「台湾关系法」에는 어떠한 모든 상황에서도, 台湾을 방어해야 한다는 내용이 결코 담겨있지 않다'27)고 밝힘으로써 台湾독립에 대한 반대 입장을 분명히 하고 있다.

이러한 과정 속에서 中国统一은 어떠한 方案이 강구되고 있으며, 统一이라는 결정인자에 대한 그 변용과 상보적 关系는 어디로부터 연유되었는가? 이러한 問題提起와 이에 대한 대안마련이 본 논문에서 논의하려는 연구의 초점이다.

第 2 节 研究의 目的

세계정세가 東西体制 南北体制로, 그리고 De'tant를 향하여 급속히 변모해 가고 있는 시점에서 급격히 부상한 국가가 中国이다. 中国의 출현은 中国 政治史에 있어서 지대한 의미를 갖는 역사적인 사건이었다. 뿐만 아니라 국제정국을 크게 변화시킨 요인이기도 하였다. 中国 大陆에서 발생한 이러한 변화의 원인규명은 곧, 中国 共产党(zhōng guó gòng chǎn dǎng)과 中国 国民党(guó mín dǎng)과의 关系에서 찾아볼 수 있다. 그래서 国民党(guó mín dǎng)과 共产党 사이에서 발생했던 두 차례의 合作关系를 다루어 봄으로써 两党의 이념적 차이와 발전과정을 더듬어 향후 中国统一 方案의 하나인 합작의 가능성과 분열의 당연성을 다루어 보는 과정에서 그에 대한 이론적 배경과 전망을 제시하고자 하는데 있다.

본 논문에서는 淸(qīng)나라 말기 즉, 부패와 혼란과 국위가 극도로 실추되었든 1860年 이후부터 제 2차 国·共合作(guó gòng hé zuò)의 결말인 1949年 国民政府 台湾遷移를 거쳐 21세기 两岸关系(liǎng àn guān xī)에 대한 新统一 노선까지 범위로 한정하였다.

Chapt I.에서는 서론으로 問題의 제기, 연구목적과 범위 및 연구방법을 언급하고, Chapt II.에서는 본 논문에서 기초적인 전제가 되는 中国과 台湾

---

27) Dennis Van Vraken Hickey., "The Taiwan Strait Crisis of 1996: Implications for U.S. Security Policy", in Suisheng Zhao ed., Across the Taiwan Strait: Mainland China, Taiwan, and the 1995-1996 Crisis (New York, London: Routledge, 1999), p. 290. 재인용.

의 統一政策 분석의 이론적 "구성"을, 그리고 ChaptⅢ.에서는 統一논의의 가장 핵심인 中国의 对台湾政策과 台湾의 对中国政策에 대한 원인, 과정과 결과를 비교분석하여, 이를 기초로 ChaptⅣ.에서 統一의 한계성과 两岸关系(liǎng àn guān xī)에 대한 新统一노선 실증사례를 제시하였다. 특히 본 장에서는 中国과 台湾의 統一政策의 갈등구조와 中国과 台湾의 新统一外交 노선 실증사례를 제시함으로써, 이를 근거로 하여 中国统一 方案의 원인과 결과에 대한 함수关系를 추론하였으며, ChaptⅤ.는 결론 및 韩半岛统一에 미치는 影响을 고려하였다.

여기서 본 논문의 연구방법은 역사적인 방법을 주로 하되, 때로는 国·共两党을 비교하는 방법을 혼합하여 취하면서 사실연구에 중점을 두는 객관성을 유지하고자 노력하였다.

우선 ChaptⅡ.의 中国과 台湾의 統一政策 분석의 이론적 "구성"에 대한 기초적인 일반이론의 총체적 함의는 다음과 같다.

상기에서 주지하였듯이 ChaptⅡ.의 中国과 台湾의 統一政策 분석의 "구성"에 대한 이론적 배경에서, 中国统一 政策분석의 방법론을 유추해 보면, James C. Hsiung의 견해, Harold Hinton의 견해 그리고 Gurtov와 Armstrong의 견해 등이 거론될 수 있다.

우선 高位政策 決定과정에 있어서 엘리트의 변화추세로 본 中国统一 政策의 특징을 고려해 보고자, 제 2절에서는 4人帮 숙청, 毛泽东(máo zé dōng)派의 改革主义者 간의 갈등, 邓小平(dèng xiǎo píng) 体制의 공고화 노력, 现代化와 干部四化(gàn bù sì huà)의 적극추진, 激进改革论者와 温和改革论者의 현재적 갈등, 개혁가속화 등에 관한 그 변용과 상보적 关系를 정립함으로써, 이와 연계하여 제 3절에서 中国统一政策의 최근 동향을 예측하는데 있으므로 이에 대해 전 세계 华商求心点(huá shāng qiú xīn diǎn)을 겨냥한 东北(dōng běi)工程 中心策略, 台湾海峡 안보와 연계된 中华经济圈(zhōng huá jīng jì quān) 성장의 딜레마, 华人势力圈(huá rén shì lì quān)의 등장과 中国 共产党(zhōng guó gòng chǎn dǎng)의 해체과정 전망 등에 관한 그 필요성과 기능적 역할을 비교적 상세하게 분석하여 설명하였다.

아울러 기존의 中国과 台湾의 성립배경과 그 과정을 유추함에 있어서, 中国 政治思想 논쟁과 분열을 고려하였다. 제 1절에서는 五·四事件(wǔ sì shì jiàn) 이전의 反传统主义(fǎn chuán tǒng zhǔ yì)와 서구사상의 수용, 五·四事件(wǔ sì shì jiàn) 직후의 政治思想 논쟁, 政治思想의 분열과 政治참여 问题, 中国 共产党(zhōng guó gòng chǎn dǎng)의 성립의의 등에 관한 그 변용과 상보적 关系를 정립함으로써, 제 2절에서 国民党(guó mín dǎng)의 성립배경과 과정을 고려해 보고자, 정치사회적 배경, 兴中会(xīng zhōng huì)와 中国 同盟会(tóng méng huì)의 성립, 辛亥革命(xīn hài gé mìng)과 中华民国(zhōng huá mín guó)의 탄생, 国民党(guó mín dǎng)의 성립의의 등에 관하여 주지하였고, 이와 연계하여, 제 3절에서 시대적 배경, 신문화운동이 共产党 형성에 미친 影响, 제 1차 国·共合作(guó gòng hé zuò)의 원인과 결과, 제 2차 国·共合作(guó gòng hé zuò)의 원인과 결과 등에 관한 소결론을 도출함으로써, 각 개체에 대한 잠정적 그 필요성과 기능적 역할을 비교적 상세하게 분석하여 설명하였다.

그 결과 ChaptⅢ.의 中国과 台湾의 统一政策 비교분석을 함에 있어서, 전체적으로 中国의 对台湾政策 분석, 台湾의 对中国政策 분석에 대한 원인과 경과 그리고 개조상황을 이해하고, 中国统一 方案을 위한 기반조성부분에 대한 国·共合作(guó gòng hé zuò) 내용만을 선정하여 설명하였다.

제 1장에서 거론될 中国의 对台湾政策의 분석의 경우, 江八点(jiāng bā diǎn) 이전의 中国의 对台湾政策의 당면과제와 실천과정을 제 1절에서 다루었다. 여기서 毛泽东(máo zé dōng) 시대의 对台湾政策, 叶剑英(yè jiàn yīng)의 和平统一政策<叶九条(yè jiǔ tiáo)>, 邓小平(dèng xiǎo píng)의 一国两制(yì guó liǎng zhì)论, 两岸회담과 统一派书, 对台湾 주요 经贸政策과 실천 등의 그 변용과 상보적 关系에 대해 검토한 것은 제 2절에서의 江八点(jiāng bā diǎn)으로 본 中国의 统一政策 과정의 접근에 의해 파생되는 사전적 「一国两制(yì guó liǎng zhì)」하의 江八点(jiāng bā diǎn)의 배경과 내용, 국내정치·경제에서의 影响, 이와 연계된 1958年 台湾海峡 위기사태, 1995~96年 台湾海峡 위기사태 그리고 향후 两岸关系및 中国의 반응 전망에 대한 기초이론의 틀 구성차원에서 병행하기 위한 위함이다.

그러나 문헌의 종류와 출처는 다양하기 때문에 어떤 종류와 출처에 기준하여 자료를 수집 또는 이를 근거로 대안을 제시할 것인가가 더욱 어려운 问题이다.

그러한 问题를 해결하기 위해 본 논문의 과제인 "中国과 台湾의 统一政策 비교연구"에 있어서, 특히 ChaptⅢ.의 제 2장에서 台湾의 对中国政策 분석과 연계된 제 1절에서의 李六条(lǐ liù tiáo) 이전의 台湾의 对中国政策의 경우, 蒋介石(jiǎng jiè shí) 시대의 对中国政策, 蒋经国(jiǎng jīng guó)의 对中国

政策 변화, 李登辉(lǐ dēng huī)의 国家统一綱領 중심에서 기초하고 있는 台湾독립론의 대두와 야당의 统一政策 자체를, 그리고 对中国 经济政策과 실천사례를 실증모델로 선정하여 연구하였다. 그 내용에는 제 2절의 李六条(lǐ liù tiáo)로 본 台湾의 统一政策의 기본적 틀을 구성하기 위하여, 李六条(lǐ liù tiáo)의 입장과 내용, 국내정치계의 반응, 对中国에 대한 정치경제적 影响, 1995年 李登辉(lǐ dēng huī) 台湾 总统의 访美(fǎng měi), 2001年 陈水扁(chén shuǐ biǎn) 台湾 总统의 访美(fǎng měi) 등에 대한 내용과 이론을 비교적 상세하게 설명하였다.

본 논문의 "中国과 台湾의 统一政策 비교연구"에 있어서 中国과 台湾의 统一政策의 갈등구조와 中国과 台湾의 新统一外交 노선 실증사례를 통해 ChaptⅣ.에서는 "中国과 台湾의 统一论과 한계성"에 대한 성립과 배경을 면밀히 살펴보는 한편, 中国统一 전망부분을 중심으로 깊이 있게 연구하는 것이 주된 목적이기 때문에 문헌조사가 주가 되었으며, 이를 바탕으로 "中国과 台湾의 统一政策 비교연구"를 검토 분석하는데 있어서, 본 논문에서는 과연 两岸 간에 中国统一方案에 대한 상호 实用主义的 외교방식에 의거한 협상행태에 있어서 변하지 않은 부분도 있고, 변한 부분도 있는가 하는 협상형태의 지속성과 변화상을 연구해 보고자 하는 의욕이 앞서는 것을 피할 수 없다.

또한 ChaptⅣ.에서 주지하였듯이, 제 1장의 中国과 台湾의 统一政策의 갈등구조에 대한 설정과정에 있어서, 제 1절 中国과 台湾政治의 형성과정과 실천, 제 2절 改革·开放시대 中国 국제정치·경제의 影响, 제 3절 中国과 台湾关系의 갈등구조와 대립의 성격변화, 제 4절 中国과 台湾关系와 中国·美国(měi guó) 패권적 갈등의 구조와 위기의 상존성 등과의 그 변용 및 상보적 关系를 통해 改革·开放시대 中国 국제정치·경제의 影响圈을 형성하고 있는 까닭에 연유하여, 이에 속하는 中国과 台湾关系에 대한 新路線의 형성배경과 전략적 특징, 台湾关系法과 中国·美国(měi guó)의 霸权竞争, 中国·日本(rì běn) 新安保体制 구축과 台湾海峡, 中国·美国(měi guó) 정상회담과 台湾问题, 台湾统一 전망 등에 대한 美国(měi guó)의 문헌을 수집하여 참고하였다.

이 과정에서 ChaptⅣ.의 제 2장에 의거하여 中国과 台湾의 新统一外交 노선 실증사례를 열거하여, 제 1절 中国 实用主义 统一外交 노선의 전개전망, 제 2절 台湾 实用主义 统一外交 노선의 전개전망 등에 관한 그 변용과 상보적 关系에 대한 연구도 병행하였다.

끝으로 Chapt V.에서는 이상의 분석결과를 토대로 개념들과 관련한 주요 연구결과를 정리하였고, 본 논문이 설정한 "中国과 台湾의 统一政策 비교연구" 과제를 통해 향후 中国统一 전망을 함에 있어서, Chapt IV.의 中国과 台湾의 统一论과 한계성에 대한 新统一 노선 성격변화 및 실증사례를 통해 中国 实用主义 统一外交 노선의 전개과정, 实用主义 统一外交의 실천-최근의 실증적 사례분석, 2000年代 中国 实用主义 统一外交 전개전망, 台湾의 中国统一 政策 실증사례 등의 크게 4가지 유형과 中国统一 政策의 최근 동향과 관련된 실증적 사례분석 차원에서 접근한 바 있는 Chapt II. 제 2절에서 거론된 高位政策决定 엘리트의 변화추세로 본 中国统一 政策의 특징에 대해 살펴보면, 전 세계 华商求心点(huá shāng qiú xīn diǎn)을 겨냥한 东北 (dōng běi)工程 中心策略, 台湾海峡 안보와 연계된 中华经济圈(zhōng huá jīng jì quān) 성장의 딜레마, 华人势力圈(huá rén shì lì quān)의 등장과 中国 共产党(zhōng guó gòng chǎn dǎng)의 해체과정 전망 등에 관한 상호 변용과 상보적 关系를 연계하여 유추해 봄으로써, 결론 및 韩半岛(hán bàn dǎo) 统一에 미치는 影响에도 적용된다고 할 수 있다.

이상과 같은 논리와 전제 하에서 본 논문은 범위를 다음과 같이 설정하였다. 즉, 서론과 결론은 합하여 모든 Chapt V.로 구성하였고, 물론 각 Chapt 마다 각기 다른 특징이 있으며, 내용도 다르게 구성하였다.

따라서 본 논문의 목적은 "中国과 台湾의 统一政策 비교연구"에서 도출하고자 하는 「中国统一 方案」에 대한 특성과 일반적 특징을 먼저 파악한 후, 국내외 정세변화에 따른 两岸 간의 갈등구조를 단계별 전략·전술형태인 각 요소를 분석하여 체계화하고, 그 목적을 달성하기 위해서는 그 함의가 어디로부터 연유되어 전개되고 있는가 하는 것도 그 이유가 될 수 있을 것이다.

第 3 节 研究의 範圍 및 方法

본 논문의 구성은 问题의 제기, 연구목적, 범위, 방법을 서술한 제 I 장 서론에 이어, 제 II 장에서 본 연구의 배경이 되는 「中国统一 方案」과 관련되는 기존의 中国과 台湾의 统一政策 분석의 이론적 "구성"을 면밀히 살펴었고, 제 III 장에서는 中国과 台湾의 统一政策 비교분석을 검토하였으며, 제

Ⅳ장에서는 中国과 台湾의 統一政策의 갈등구조와 中国과 台湾의 新统一外交 노선 실증사례로써 일반적 형성과정과 실천, 국제정치·경제의 影响, 성격변화, 위기의 상존성, 전개전망의 단계별 전략·전술형태인 각 요소를 분석하여 中国과 台湾의 統一论과 한계성을 검토해 보고자 한다. 제 Ⅴ장에서는 위에서 서술한 中国과 台湾의 統一政策 비교연구를 지속성과 변화의 관점에서 종합평가를 한 후「中国统一 方案」에 대한 협상의 제약과 이를 기초로 한 韓半岛统一에 미치는 影响을 도출하고자 한다.

상기에서 주지한 바 있듯이, 본 논문은 문헌연구·사례분석·실증사례 등의 방법에 의거하여 수행되었다. 문헌분석은 "中国과 台湾의 統一政策 비교연구"와 관련된 국문자료, 中国「一国两制(yì guó liǎng zhì)」의 유용성에 관한 연구에 관한 학위논문, 台湾问题와 中国의 統一에 대한 영문서적 및 영문학위문,「一国两制(yì guó liǎng zhì)」사상연구에서 발간한 중문단행본, 중문학위논문, 중문정기간행물 및 기타(中文求是), 인터넷 검색자료 外交政策(wài jiāo zhèng cè). http://www.fmpre.gov.cn/c/c/cc,htm./ 인민일보

홈페이지; http://peopledaily.com.cn./ 台湾 행정원소속 대륙위원회홈페이지 http://mac.gov.tw./ "Chronolgy of recent events"

http://www.taiwandc.org/hst-9596.htm.) 등의 검색과정을 거쳐 본 논문에 대한 내용을 발췌하여 실증적 사례분석을 재구성하였다.

Ⅱ. 中国과 台湾의 统一政策 分析의
  理论的 "構成"

第 1 章 理论的 背景

상기에서 주지한 바 있는 中国과 台湾의 统一政策 연구 관련에 대한 이론적 구성에 있어서, 统一政策의 접근방법에는 크게 두 가지로 대별된다.[28] 첫째는 이념적 접근방법으로써 统一政策은 정치제도의 행위 혹은 그 계획을 추구하는 정치지도자의 신념의 기능으로 간주된다. 둘째, 접근방법은 统一政策에 대한 분석적인 방법이다. 이 견해는 국가의 역사적 전통·지리적 위치·국가이익·국내외 정치경제적 가치·목적 및 외교안보의 필요성 등 여러 가지 결정요소를 내포한 것을 분석하는 것으로 복잡한 국내외 환경 내에서의 统一政策 과정이 강조되고 있다. 中国의 统一政策 연구의 경우 그 과학화 수준이 초보적인 단계에 있는 关系로 본 논문에서는 여러 中国统一 학자의 방법론을 참고하여 이념적·정치적·경제적·외교안보적·분석적 접근방법을 그 적절성에 유의하면서 동시에 사용하여 각 시대별 추구해왔던 中国统一政策의 이해·설명·분석·예측을 묘사하기 위한 이론적 "구성"을 작성하고자 한다. 이러한 이론적 "구성"은 복잡한 中国의 상황을 분석하기 위해서는 필수적이라고 생각되는 만큼 동시에 망라한 성격을 가지고 있다.

특히 그동안 中国과 台湾의 统一政策을 연구하는데 적용된 이론들은 대체로 中国과 台湾의 统一政策 분석의 理论的 "构成"을 도출 하는데 있어서, 이론적 배경과 기존의 中国과 台湾의 성립배경으로 분류할 수 있다.

이론적 배경으로는 독특한 것이 아니지만 서방국가와 분명히 구별(distinctive) 된다. 본 논문에서는 James C. Hsiung와 Harold Hinton, 그리고 Gurtov와 Armstrong 등의 견해가 취한 광범위한 의미의 中国 统一政策에 대한 분석적 접근방법을 배경으로 하여 이러한 中国 统一政策의 이론적 추이와 특징을 하기와 같이 시대별로 연계시켜 구분하여 분석하고자 한다.

○ 4人帮 숙청(1976.10.)

○ 毛泽东(máo zé dōng)派와 改革主义者 간의 갈등(1977.7.~1982.9.)

○ 鄧少平 体制의 공고화 노력(1982.9.~1985.9.)

○ 现代化와 干部四化(gàn bù sì huà)의 적극추진(1985.9.~1986.9.)

○ 激进改革论者와 温和改革论者의 현재적 갈등(1986.9.~1987.10.)

---

28) Roy C. Macridis ed., Foreign policy in world Politics (3th ed., Englewood cliffs, New Jersey: Prentice Hall, inc., 1967), p. 1. 재인용.

○ 개혁가속화(1987.11.~현재.)

본 논문에서는 상기와 같이 中国 统一政策들의 분석이론에 의거하여 과거 단순하게 결론지었던 中国 统一问题를 새로운 접근 이론으로 그들의 견해에 미친 요소들을 분석하고, 단계별 전 세계 华商求心点(huá shāng qiú xīn diǎn)를 겨냥한 东北(dōng běi)工程 中心策略, 台湾海峡 안보와 연계된 中华经济圈(zhōng huá jīng jì quān) 성장의 딜레마, 华人势力圈(huá rén shì lì quān)의 등장과 中国 共产党(zhōng guó gòng chǎn dǎng)의 해체과정 전망 등과 연계하여 최근 동향에 대한 전망을 보다 구체적으로 검토하여 两岸 간에 일어나고 있는 中国统一 政策의 변화조짐을 면밀치 연구해 보고자 한다.

기존의 中国과 台湾의 성립 배경으로는 첫째, 中国 政治思想 논쟁과 분열(1917~1922)이다. 둘째, 国民党(guó mín dǎng)의 성립 배경과 과정을 들 수 있다. 셋째, 제 1차 및 제 2차 国·共合作(guó gòng hé zuò)의 원인과 결과이다.

기존의 中国과 台湾의 성립배경은 中国 政治思想 논쟁과 분열과정에서 1917~1922年代 五·四事件(wǔ sì shì jiàn) 직후의 中国 共产党(zhōng guó gòng chǎn dǎng) 성립과 兴中会(xīng zhōng huì)와 中国 同盟会(tóng méng huì)의 성립, 辛亥革命(xīn hài gé mìng) 등을 통한 中华民国(zhōng huá mín guó) 탄생과 그리고 国民党(guó mín dǎng) 성립 등은 결과적으로 신문화운동이 표출된 과도기적 정치사회적 배경을 거치면서 中国 공산화하는데 유리한 조건과 환경을 만들어 내기 위한 공산주의식 특수한 전술적 수단으로 보고, 两岸 간에 中国统一 方案의 하나인 国·共合作(guó gòng hé zuò) 협상에서 좀처럼 양보와 타협을 하려하지 않고 시종일관 일반원칙을 표명하며 선전효과와 협상의 주도권과 페이스를 유지하면서 如今까지 각기의 공허한 의견만을 제시하고 있다.

위에서 살펴본 이론들은 모두가 나름대로 中国과 台湾의 统一政策 비교분석에 대한 특성을 이해하는데 기여한 바가 크다고 평가되고 있다.

특히 中国과 台湾의 统一政策을 비교 분석하는데 있어서 两岸상호 간의 차원에서 바라 본 中国의 对台湾政策 분석과 台湾의 对中国政策 분석으로 접근하는 데에 있어 새로운 지평을 열었다고 볼 수 있다.

여기서 中国의 对台湾政策 분석을 살펴보면, 江八点(jiāng bā diǎn) 이전의 中国의 对台湾政策과 江八点(jiāng bā diǎn)으로 본 中国의 统一政策으로 분류가 가능하고, 台湾의 对中国政策 분석에 있어서는 李六条(lǐ liù tiáo)

이전의 台湾의 对中国政策과 李六条(lǐ liù tiáo)로 본 台湾의 统一政策으로 대별될 수 있겠다.

상기에서 주지한 바 있는 주제별 내용을 세별하여 면밀히 살펴보면, 이들의 연구는 江八点(jiāng bā diǎn) 이전의 中国의 对台湾政策과 江八点(jiāng bā diǎn)으로 본 中国의 统一政策 등 대체적으로 각각 5단계로 분류할 수 있다.

기존의 전통적 적대적 이론으로써 江八点(jiāng bā diǎn) 이전의 中国의 对台湾政策을 대하여는 탈냉전 이후 지속성과 변화성을 꾸준히 관찰되고 있으며, 대체로 毛泽东(máo zé dōng) 시대의 对台湾政策단계, 叶剑英(yè jiàn yīng)의 和平统一政策 叶九条(yè jiǔ tiáo)단계, 邓少平의 一国两制(yì guó liǎng zhì)論단계, 两岸회담과 统一派书 단계, 对台湾 주요 经贸政策과 실천단계의 5단계로 나누어 단계별 주요와 특성에 있어서 협상전술을 파악하려 시도하였다. 특히 후자는 江八点(jiāng bā diǎn)으로 본 中国의 统一政策에 대한 행태에 대한 전략·전술을 분석함에 있어서, 국제환경이 냉전시대로부터 탈냉전시대로 옮겨옴으로써 기존의 전통적·적대적 이론들로 구성된 「一国两制(yì guó liǎng zhì)」하의 江八点(jiāng bā diǎn)의 배경과 내용 단계, 국내정치·경제에서의 影响단계, 1958年 台湾海峡 위기사태 단계, 1995~96年 台湾海峡 위기사태 단계, 향후 两岸关系 및 中国의 반응 전망 단계 등으로 부터 변화를 보이는 듯한 中国의 对台湾政策에 대한 개체적 행태를 도출하려고 노력하였다는 점에서 평가할 만하다.

위에서 살펴본 이론들은 모두가 中国의 对台湾政策에 대한 형태와 특성을 이해하는데 전략·전술에 치중하였던 연구내용들을 포괄하여 종합분석 이론들로 망라 하였다는데 의의가 있다고 하겠다.

상기에서 주지한 바 있는 中国의 对台湾政策 형태와 특성에 대응한 台湾의 对中国政策 분석에 대한 이론으로는 李六条(lǐ liù tiáo) 이전의 台湾의 对中国政策과 李六条(lǐ liù tiáo)로 본 台湾의 统一政策을 내세울 수 있는데, 역시도 대체적으로 5단계로 단계별 형태와 특성으로 분류할 수 있다.

특히, 李六条(lǐ liù tiáo) 이전의 台湾의 对中国政策으로는 蒋介石 时代(jiǎng jiè shí shí dài)의 对中国政策 단계, 蒋经国(jiǎng jīng guó)의 对中国政策 变化阶段, 李登辉(lǐ dēng huī)의 国家统一綱领 단계, 台湾 독립론의 대두와 야당의 统一政策단계, 台湾의 对中国 经济政策과 실천단계 등의 거시적 이론을 적용하여 统一方案의 전략·전술에 대한 台湾의 对中国 政策

형태를 분석하고자 노력하였다.

李六条(lǐ liù tiáo)로 본 台湾의 統一政策으로는 李六条(lǐ liù tiáo)의 입장과 내용 단계, 국내 정치계의 반응 단계, 台湾의 对中国에 대한 정치·경제적 影响단계, 1995年 李登辉(lǐ dēng huī) 台湾 总统의 访美(fǎng měi)단계, 2001年 陈水扁(chén shuǐ biǎn) 台湾 总统의 访美(fǎng měi)단계 등을 거쳐 국제 정치적인 역량을 발휘하여 추진해온 統一方案 협상이 어렵게 진행되었다고 주장하면서, 이와 관련 된 성과 차원에서의 台湾의 对中国政策에 있어서 处世的 형태에 대하여 긍정적 평가를 하고 있다.

위에서 살펴본 이론들을 기초로 하여 中国과 台湾의 統一论과 한계성을 종합적으로 이해하는데 다요인 분석이 타당하다는 것이다.

분석에 대한 하나의 접근형태로써, 中国과 台湾의 統一政策의 갈등구조 형태를 크게 대별해 보면, 中国과 台湾政治의 형성과정과 실천에 의거하여, 改革·开放时代 中国 국제정치·경제의 影响을 中国과 台湾关系의 갈등구조와 대립의 성격변화에 대한 前단계로써의 「中国과 台湾关系와 中国·美国(měi guó) 패권적 갈등의 구조와 위기의 상존성」 달성을 위한 政治的 수단으로 간주하기 때문에 분석형태는 투쟁적이고, 선전적이며 분석 의제의 요구보다 부수효과의 획득에 치중함으로써, 기존 이론적 사고에 함의된 내용들을 도출해내는 형태를 취하고 있다.

특히 이에 대한 실증적 사례를 통하여 본 논문에서 취하려는 분야에 대한 기존의 학술연구 업적을 최대한 섭렵하여 中国과 台湾의 統一政策 형태를 전체적으로 조감하고 종합하는데 활용하고자 한다.

상기의 구성내용을 세별하여 면밀히 살펴보면, 中国 統一方案의 개념은 이데올로기와 다른 의미의 개념으로서, 이데올로기는 統一方案에 대한 이중적 구조는 일반 경향의 체계적·명시적인 공식으로써, 일반적으로 정치적·문화적·사회적 제도들의 제반현상에 포함된 묵시적인 정황들로 설명되기 어렵다. 이렇게 볼 때, 中国 統一方案에 대한 两岸 간 협상 형태를 결정짓는 결정인자는 우리가 일반적으로 말하는 협의의 의미로서의 고유문화, 또는 그들만이 가지고 있는 일반 문화보다는 역사·전통·政治体制(zhèng zhì tǐ zhì)와 이념·政策目标 등을 모두 망라한 中华文化(zhōng huá wén huà)라는 점을 발견 할 수 있다.

예를 들면, 中国과 台湾의 統一政策의 갈등구조에서 한 국가의 전통이나 정치적·사회적 제도들의 정신, 국민들의 감정이나 집단적 사고 그리고 지도자들의 인식차이 또는 행동양식 등을 서로 관련된 것으로 간주하고, 그러한 关系를 분석하기 위해 사용됨으로써 포괄적이면서도 특별히 정치적 영역에 한정된 의미를 갖는다. 여기서 两岸 간에 철저한 국익우선의 실리외교 추구에서 비롯되는 统一方案은 효율적인 정치적 견해를 위한 한정된 현실 모색과 방향을 제시해주며, 两岸 간이 추구하는 改革·开放과 四项原则(sì xiàng yuán zé)의 矛盾关系에서 统一제도나 新路線 형성배경에 의해 요구되는 전략적 특징, 가치와 합리적 사고의 체계적 구조를 제공해 준다.

본 논문은 위에서 살펴본 상기 이론에 의거하여 中国과 台湾의 新统一外交 노선 실증사례를 추론해 봄으로써, 中国과 台湾의 实用主义 统一外交 노선에 대한 전개전망을 거쳐 韩半岛(hán bàn dǎo) 统一에 미치는 影响에 대하여 견지하여야 할 도출 방법을 찾아내었다. 이 실증사례는 实用主义 统一外交 형태 및 여타 실현모색에 대해 两岸 간에 보다 잘 이해하도록 도와주거나 台湾海峡 군사적 대치상태로 고조될 수 있는 问题에 대하여 상호 만족스러운 정치적 해결책을 모색하였다. 본 논문에서는 中国·美国(měi guó)의 霸权竞争, 中国·日本(rì běn) 新安保体制 구축 그리고 中国·美国(měi guó) 정상회담과 台湾问题 등 국제적 의사소통에 국제정치적·문화적 요소가 미치는 충격에 대한 광범위한 검토를 연계하여 中国과 台湾의 统一政策 비교연구에 따른 中国统一 方案 및 전망을 좀 더 집중적으로 연구하는데 도움을 주는 것을 목표로 하고 있다.

第 1 节 中国统一政策 分析의 方法论

如今 国家安保라는 측면에서 中国은 Power Politics를 반대하고 있지만 前苏联(qián sū lián)의 포위위협을 완전히 떨쳐버리지 못하고 있다. 공개적으로는 명분에 치우치지만 실질적으로는 獨自的인 세력균형에 입각한 世界战略(shì jiè zhàn luè)를 택하고 있는데, 이것이 현대 中国外交의 二重性이자 矛盾이다. 본 절에서는 현대국가의 국력이 의미한 국가의 "힘과 影响力의 추구(Search for Pover and influence)"는 안보의 확보에 매우 유용한 도구이다. 그러나 국가이익이라는 추상적 개념을 사용하여 국가 자의적인 행동을 정당화할 수는 없는 현실을 고려할 때 如今의 开放政策(kāi fàng zhèng cè)은 中国 国家政策의 최고목표가 급진적 社会主义 혁명(radical socialist revolution)의 완수라는 점에 대해서는 시대착오적이라고 볼 수 있다. 여기서 국력과 影响力의 추구라는 政策目标는 전통적 중화사상의 현대적 표현으로서 여전히 中国统一 대外政策(duì wài zhèng cè)의 근간이 되고 있다. 如今 中国 外交政策(wài jiāo zhèng cè) 연구는 Gurtov와 Armstrong이 정책분석의 방법을 개념화한 사례들로써 中国의 社会主义 발전을 위한 평화로운 (non threatening) 대외환경조성 목표에서 접근되고 있다고 볼 수 있다.

1. James C. Hsiung의 见解

뉴욕대학 교수인 James C. Hsiung은 1980年 Samuel Kim과 공동집필한 책에서[29] 中国 外交政策(wài jiāo zhèng cè) 분석의 방법론에 관한 글을 발표하였다. 우선 그는 국제사회에 새로이 부상하고 있는 中国 外交政策 (wài jiāo zhèng cè) 연구실적의 미미함을 지적하고서, 如今 中国 外交政策 (wài jiāo zhèng cè) 연구는 다음의 5가지 기본적 흐름을 가진다고 지적하였다. 즉, 가장 일반적인 접근방법으로서, 첫째 역사적 접근법, 둘째 법적 접근법, 셋째 中国 外交政策(wài jiāo zhèng cè) 목표분석법, 넷째 中国과 특정국가의 쌍무적인 交涉关系연구법, 그리고 마지막으로 다섯째 사회과학 방법론으로 무장한 젊은 所长학자들 중심의 개념화(Conceptualization) 작업과 방법론의 연구 등이다. 그러나 그는 이러한 연구 방법론들은 6하 원칙 중의 누가(who)·언제(when)·어디서(where)·어떻게(how)·무엇(what)을 에 대한 问题는 설명할 수 있지만, 왜(why) 그러한 사건들이 발생하게 되었는가에 대한 답변을 제공할 수 없다고 전제하고서, 그러므로 Why(理由)의 问题는 이제까지 临时的(ad hoc)설명으로 일관하였기에 科学的研究(kē xué dē yán jiū)로 불만이라는 것이 본 방법론의 설명이다. 如今 여전히 "특정상황"에 대한 原因으로서의 Why의 물음에 대한 설명력은 빈약한 실정이다.

이 问题의 보완작업으로 다음의 3가지 방법론을 제시하고 있다.

첫째는 맥락적 접근(Contextual Approach)방법으로서, 이는 전체의 맥락적 접근을 통한 체계적인 틀(framework)의 개발방법이다. 外交政策(wài jiāo zhèng cè) 目标를 논할 때 기존의 많은 연구들은 政策目标를 독립변수

29) James C. Hsiung., "The study of Chinese Foreign Policy: An Essay on Methodology", James C. Hsiung and Samuel S. Kim ed.,China in the Global Community, Praeger Publishers, 1980, pp. 1~15. 재인용.

로 취급하고 있으나, 실제 政策과정에서는 Allison의 견해처럼 政策目标는 확정적(determinized)인 것이 아니라, 政策決定者(zhèng cè jué dìng zhě)의 성향이나 결정자를 둘러싼 관료제의 조직구조, 그리고 政治体制의 특징 등에 의해 규정되어진다고 할 수 있는 것이다.30)

이러한 맥락적 접근법은 James N. Rosenau의 견해처럼 국내정치와 外交政策(wài jiāo zhèng cè)을 연계하는 Linkage 이론에서도 그 적용 예를 찾아 볼 수 있다.31)

따라서 中国 外交政策(wài jiāo zhèng cè) 연구에서의 맥락적 접근법은, 中国政治体制(zhèng zhì tǐ zhì)내의 外交政策(wài jiāo zhèng cè) 결정 과정과 외부의 환경적인 요구, 그리고 이에 대응한 中国 外交政策(wài jiāo zhèng cè) 산출(Policy output), 그 외 国內政策과 外交政策(wài jiāo zhèng cè) 간의 상호연계 과정이라는 3가지 요소 간의 상호간 맥락을 이해하는 데서 출발해야 한다는 것이다.

이는 나아가 공식·비공식, 쌍무적·다변적, 정치적·경제적, 실체적·상징적 등의 中国 对外关系를 조망하는데도 응용될 수 있다32)고 그 견해를 밝히고 있다.

둘째는 세계적 접근법(A Global View)으로써, 이는 中国의 对外关系를 지구 전체의 국제정치 力学 关系속에서 이해하는 것이다. 中国의 开放政策(kāi fàng zhèng cè) 이후의 对中国 외국인투자 국가별 분포는 Hsiung의 세계적 접근법에서 볼 때, 中国과 특정 외국국가 간의 쌍무적 投資关系를 반영하는 것이라고 유추하고 있다.

셋째는 반응모형(A Reactive Model)이다. 이는 体制내의 리더쉽 변화, 정치·경제적 변화 등에 따른 政策順位 변화에도 불구하고, 대외환경 변화에 자신을 적응시킬 필요성에 대해 中国 스스로가 느끼고 있다는 것을 전제한 것이다. 이러한 대외환경 변화는 中国의 선택 재량의 폭을 넓히기도 하고 좁히기도 하였다. 일예로써, Global View에서 본 前苏联(qián sū lián)와의 대아프리카 원조경쟁의 경우와 1960年代 당시 북서아프리카 이슬람국가의 反공산주의화에 따른 1964年 周恩来(zhōu ēn lái)가 아프리카 순방한

---

30) Graham T. Allison., Essence of Decision, (Boston : Little Brown, 1971). 재인용.
31) James N. Rosenau, ed., Linkage Politics, (New York : Free Press, 1969). 재인용.
32) Hsiung., op. cit., p. 5. 재인용.

그 자체에 대한 분석을 두고 반응모델의 대표적 예라고 정의하고 있다.

이상과 같은 Hsiung의 中国 外交政策(wài jiāo zhèng cè) 분석방법론은 다음과 같이 요약될 수 있다.

특정사건의 임시방편적 해석을 경계한다. 따라서 다음의 3가지 방법을 보완적으로 사용할 수 있다. 첫째 中国 政策과정의 전체적 맥락 하에 특정사건을 이해하는 Contextual Approach, 둘째 전 세계적인 힘의 关系하에서 쌍무적·지역적 关系를 이해하는 Global View, 셋째 외부환경의 자극 또는 요청에 반응하는 행위자로서 中国을 이해하는 Reactive Model 등으로 요약될 수 있다.

2. Harold Hinton의 见解

Harold Hinton은 中国 外交政策(wài jiāo zhèng cè) 분석을 外交政策(wài jiāo zhèng cè) 목표분석으로 설명한다. 즉, 전체주의 体制인 中国의 목표달성을 위한 政治体制의 노력으로서 外交政策(wài jiāo zhèng cè)을 이해하고 있다. Hinton에 따르면 中国 外交政策(wài jiāo zhèng cè)은 안보(Security), 힘과 影响力의 추구(Search for Power and influence), 统一(unification) 등의 3가지 목표를 가진다고 보고 있다.

여기서 주장되는 안보(Security)의 의미는 존재를 위한 개인이나 집단적 실체의 가장 근본적 요구에 있어서 적대적 외부세력으로부터 수용 가능한 정도의 안보를 확보하면서 생존한다는 것이다.[33] 中国은 1949年 건국 후부터 安保问题를 결코 잊은 적이 없다는 것을 전제하고 그에 대한 이론적 배경으로 Hinton의 견해에 따르면 한국 전쟁의 中国 참전은 압록강을 침범하려는 미군을 사전에 억지하여 满洲(mǎn zhōu)지방을 보호하는데 있다는 것이다. 또한 反苏政策을 견지하고 있으면서도 北京(běi jīng)당국은 東歐의 경우처럼 前苏联(qián sū lián)의 위성국가화 되는 경우를 항시 경계하고 있었으며, 이오시프 비사리오노비치 스탈린(Иосиф Виссарионович Сталин, 1879~1953)이 제창한 민주社会主义를 거부하고 독자적인 新民主主义(mín zhǔ zhǔ yì)论을 제창하였던 것이다.[34] 또한 北京(běi jīng)당국의 安保问

---

33) Harold Hinton., Communist China in World Politics, (Boston: Houghton Mifflin Company. 1966), p. 107. 재인용.

題에 대한 고민은 1960年 末 中国・苏联(sū lián) 분쟁을 거친 후 1972年 中国・美国(měi guó) 密着关系로서도 파악될 수 있는데, 1974年 당시 UN 총회에서 邓小平(dèng xiǎo píng)이 연설한"三个世界论(sān gè shì jiè lùn)"은 국가 안보적 측면에서 볼 때, 제국주의 자본주의의 제 1・2세계를 반대하는 中国측의 자기 방어적 논리가 여실히 드러난다.[35]

如今 国家安保라는 측면에서 中国은 Power Politics를 반대하고 있지만 前苏联(qián sū lián)의 포위위협을 완전히 떨쳐버리지 못하고 있다. 공개적으로는 명분에 치우치지만 실질적으로는 獨自的인 세력균형에 입각한 世界战略(shì jiè zhàn luè)을 택하고 있는데, 이것이 현대 中国外交의 二重性이자 矛盾이다.

여기서 의미한 국가의 "힘과 影响力의 추구(Search for Pover and influence)"는 안보의 확보에 매우 유용한 도구이다. 현대국가의 국력은 특히 경제적 기반・통신장비・첨단기술 등을 그 기초로 하는데 서방과 비교할 때, 中国은 과거기술・공업부문에 있어서 차가 많이 난다.[36] 그러나 국력과 影响力의 추구라는 政策目标는 전통적 중화사상의 현대적 표현으로서 여전히 中国统一 对外政策(duì wài zhèng cè)의 근간이 된다고 생각한다.

상기에서 주지한 中国统一 对外政策(duì wài zhèng cè)의 원초적 의미를 부여하기 그 이전에 中国은 자체적으로 모든 인근국가들과 지형학적 国境问題를 가지고 있다는 점이다. 1979年 당시 中国과 河内政府(hé nèi zhèng fǔ) 간의 국경분쟁 이전에 中国은 越南(yuè nán)을 제외한 모든 인접국(11국)과 국경분쟁을 가졌다.

지난날 근대사에서 그들은 满洲(mǎn zhōu)와 외몽고에 대한 日本(rì běn)과 前苏联(qián su lián)의 야심을 경험하였으며, 1950年代 中国・印度(yìn dù) 국경분쟁을 치른바 있다. 그러나 如今 中国에서 바라본 台湾의 해방(liberation)은 中国统一 과정에 있어서 국제정치・经济学的 측면에서 볼 때, 하나의 단순한 논리의 国境问題로 보기에는 상당히 모순된 关系 정립이 될 수밖에 없는 충족 불충분적 요건을 내포하고 있다 하겠다.

---

34) Chen-min Chao., Communist China's Independent Foreign Policy, Issues & Studies, Vol. 22. No. 10. 1986(ROC), p. 18. 재인용.
35) 나창주., 중공외교정책, 일조각. 1981, p. 46. 재인용.
36) 최종기, 현대국제관계론, 박영사, 1983, pp. 291~319.

3. Gurtov와 Armstrong의 見解

Gurtov는 中國 外交政策(wài jiāo zhèng cè) 결정과정에서 공산주의 이념 요소보다 政治·경제·국내적 고려에서 출발한 국가이익의 중요성을 강조하고 있다.[37] 그가 설명하는 中國 外交政策(wài jiāo zhèng cè)과 국내적 요소간의 相互关系의 가설은 다음과 같다.[38] 첫째, 中國 外交政策(wài jiāo zhèng cè) 최고목표는 국내 급진적 社会主义 혁명을 유지하고 증진시키는 것이다. 둘째, 조용한 대외환경은 국내 社会主义 발전에 최적요건이다. 셋째, 中國 지도자들은 경제성장을 국가안보와 体制 정통성 확보에 있어서 중요한 역할을 하고 있는 것으로 생각한다. 넷째, 국내 政治的 불안정기에 외부로부터의 압력은 中國人에게 매우 민감하게 작용한다. 다섯째, 국내적 안정은 对外关系 주도권 확보의 기초적 요소이다. 여섯째, 体制의 진로와 관련하여 外交政策(wài jiāo zhèng cè)은 중요한 국내정치적 안건이 된다.

반면에 Armstrong은 中國 外交政策(wài jiāo zhèng cè)과정 설명에 있어서 이론적 요소에 대한 결정적 인자로 파악하고 있다. 즉, 그는 外交政策(wài jiāo zhèng cè)과정상의 국가이익 동기를 부정하며, 또한 Marx-Leninism, Maoism하에서 국가이익과 이념이라는 이분법적 논리는 성립할 수 없다고 하면서, 1961~1965年 사이의 수카르노 중심의 인도네시아 共产党 원조는 인도네시아에 中國式 혁명을 유도하기 위한 것이었다고 설명한다.[39] 中國 은 社会主义 국가이다. 과연 如今의 中國, 특히 邓小平(dèng xiǎo píng) 이후에서 이념적 요소가 결정적인 것인가? 결론적으로 말하면 향후 집대성될 역사에 의해 사실들이 이를 증명할 것이다.

理念的인 要素를 根幹으로 강조하는 경우는 現今의 中國 4個 現代化 政策을 社会主义 우월성을 확보하기 위해 成長效果를 노리는 內的整地 作業으로 인식할 수 있으며, 国家利益的 要素를 강조하는 경우는 实用主义(shí

---

37) Melvin Gurtov and Byong Moo Hwang., China under Threat: The Politics of Strategy and Diplomacy, (Baltimore: The Johns Hopkins Univ Press, 1981), p. 1. 재인용.

38) Melvin Gurtov and Byong Moo Hwang., op. cit., pp. 17~20. 재인용.

39) J.D. Armstrong., Revolutionary Diplomacy: Chinese Foreign Policy and the United Front Doctrine, (Berkeley: Univ of California Press, 1977), p. 25. 재인용. Rong Zhi., "Two Views of Chinese Foreign Policy", World Politics, 34권 2 호, 1982, Jan, pp. 286~289. 재인용.

yòng zhǔ yì), 实事求是(shí shì qiú shì), 思想에 理念的要素도 용해될 수 있다고 보는 것이다. 본 논문에서는 "개방"의 問題가 選擇的 問題가 아닌 包括的 성격을 띠는 問題이므로 後者의 견해에 동의한다.

이러한 기본적인 견해 하에 Gurtov는 한국전쟁, 台湾海峡 위기, 中国·印度(yìn dù)국경분쟁, 越南(yuè nán)전쟁, 中国·苏联(sū lián)국경분쟁 등에 대한 中国의 태도를 구체적 예시로써 설명하였다.

이하에서는 한국전과 越南(yuè nán)전, 中国·印度(yìn dù)분쟁에 대한 Gurtov의 견해를 인용해보면, 한국전쟁에 있어서는, 한국전에 대한 中国의 참전은 국내 안보적 필요성과 향후 국내 생산 활동을 위한 대내적 국민동원 필요성에 기인한다고 보고 있다. 전쟁 중 北京(běi jīng)정부는, 첫째 对美国(měi guó) 저항 전에 참여하였고, 둘째 그 결과 국내 안정을 달성할 수 있었으며, 셋째 이로 인해 국내건설 등을 진작시키는 3가지 政策을 취하게 되었는데, 비록 전쟁이 中国经济에 부적합한 효과를 가지오기는 하였으나 제1차 5個年 계획은 앞당겨 성취되었다고 볼 수 있다.

특히 越南(yuè nán)전에 대한 中国의 참전은 朝鲜(cháo xiǎn)의 前苏联(qián sū lián)과 韩国(hán guó)의 美国(měi guó)에 의해 포위될 것이라는 두려움에 기인한 것이다. 北京(běi jīng) 당국은 月盟을 지원하는 것이 향후 美国(měi guó)·苏联(sū lián) 협력에 의한 中国공격을 예방하는 조치로 인식하였다고 볼 수 있다.40)

中国·印度(yìn dù) 국경분쟁 역시도 军事力으로서 印度(yìn dù)를 정복하려는 것이 아니라, 단순적인 영토적 안보를 유지하기 위해 인도의 膨胀政策을 정지시키기 위한 것이었다고 볼 수 있다. 이는 국내적 취약성과 외부의 위협이 동시에 작용함으로써, 北京(běi jīng)당국이 印度(yìn dù)의 태도를 과대평가한데서 국경분쟁이 발생하였다41)고 보고 있다.

Gurtov와 Armstrong이 상기 열기한 사례들은 中国의 社会主义 발전을 위한 평화로운(non threatening) 대외환경 조성 목표에서 기인하였다고 할 수 있다. 그러나 1978年 이후의 4개 現代化를 비롯하여 如今의 开放政策(kāi fàng zhèng cè)을 고려할 때, 中国 国家政策의 최고목표가 급진적 社会主义 혁명(radical socialist revolution)의 완수라는 점은 시대착오적이었다. 또한

---

40) Rong Zhi., op. cit., p. 221. 재인용.
41) J.D. Armstrong., op. cit., p. 143. 재인용.

前苏联(qián sū lián)의 극동 军事力 증강은 前苏联(qián sū lián)의 인도지나와 극동, 对美国(měi guó)과의 战略(zhàn luè)的 关系에 대한 국내 방어용 성격이 강하다는 사실을 인식할 때, 국가이익이라는 추상적 개념을 사용하여 국가 자의적인 행동을 정당화할 수는 없는 것이라 생각한다.42) 즉, 특히 对苏联(sū lián)关系에 있어 中国측의 행위는 前苏联(qián sū lián)이 军事力을 이용하여 주변을 서서히 포위하고 있다는 北京(běi jīng)지도층의 포위심리(Siege mentality)가 더욱 강하게 작용하는 측면이 있다.

그러나 이 같은 단점에도 불구하고 Gnrtov와 Armstrong의 国家利益的 접근방법은 현실적으로 설득력이 있다고 본다.

第2节 高位政策決定 엘리트의 变化趋势로 본 中国统一政策의 特徵

본 절에서는 毛泽东(máo zé dōng) 사후인 1976年 10月에 전개된 4人帮 세력의 숙청이후 中国政策 결정 엘리트 집단 간의 갈등을 중심으로 그 변화추세를 각 시기별로 분석함으로써, 이들 각 집단의 성향 규명을 통하여 邓小平(dèng xiǎo píng)의 등장 이후 中国 统一政策 변화의 흐름을 이해하고자 한다.

1. 4人帮 숙청(1976.10.)

1976年9月 毛泽东(máo zé dōng)이 사망한 당시 中国의 지도층은 다음의 3세력으로 나눌 수 있다. 이 시기는 바로 소비에트 모델 옹호자인 华国锋(huà guó fēng) 일파와 개혁집단인 邓小平(dèng xiǎo píng)派의 연합에 의한 급진 毛泽东(máo zé dōng)派인 4人帮의 숙청이 단행되는 시점이다. 이들 3세력을 설명하면 다음과 같다.43) 첫째, 毛泽东(máo zé dōng)派 江青(jiāng qīng) 등의 4人帮이 주도하는 혁명적 毛泽东(máo zé dōng)주의자들로서 이들은 가장 좌파적 입장을 견지하면서 文革 당시의 政策과 가치를 옹호하는 집단이다. 둘째, 华国锋(huà guó fēng)派 华国锋(huà guó fēng) 등

---

42) 김달중., 중공의 개혁정치, 법문사, 1988, pp. 122~126.
43) Harry Harding., op. cit., pp. 41~98. 재인용.

의 온건 毛泽东(máo zé dōng)派 복원주의자(Restorationist)들로써 이들은 당시 정치세력 중 중도적인 입장을 취하여 文革의 폐해를 지적하며, 文革 前의 1950年代 初 소비에트 모델 위주의 1차 경제개발 계획 당시의 정치·경제제도로 복귀를 주장하는 집단이다. 셋째, 개혁세력_邓小平(dèng xiǎo píng)派로 대표되는 개혁집단으로써, 毛泽东(máo zé dōng)의 유산과 前苏联(qián sū lián)式 정치·경제 모델로부터의 전환을 촉구하는 가장 우파적 입장을 견지하는 집단이다.

毛泽东(máo zé dōng) 사후 당시의 이러한 정치세력 판도는 毛泽东(máo zé dōng) 死亡 한 달 후 华国锋(huà guó fēng)에 의한 4人帮의 숙청을 거치면서 이후 1978年 邓小平(dèng xiǎo píng)이 등장하기까지 华国锋(huà guó fēng)을 중심으로 한 세력으로 크게 나누어져 이후 1978年 十一届三中全会(shí yī jiè sān zhōng quán huì)까지 华国锋(huà guó fēng)·邓小平(dèng xiǎo píng)의 집단지도 体制를 유지한다.

2. 毛泽东派와 改革主义者 간의 갈등(1977.7.~1982.9.)

이 시기는 78年12月 十一届三中全会(shí yī jiè sān zhōng quán huì)에서의 邓小平(dèng xiǎo píng)의 등장으로 부터 82年 第十二届全国人民代表大会(dì shí èr jiè quán guó rén mín dài biǎo dà huì)에서의 华国锋(huà guó fēng)의 党 政治局에서의 축출까지의 시기로써, 전체적으로 华国锋(huà guó fēng) 세력에 대한 邓小平(dèng xiǎo píng) 세력의 압도 현상을 보이는 시기이다. 즉, 邓小平(dèng xiǎo píng)의 오랜 추종자인 胡耀邦(hú yào bāng), 오랜 동지였던 陈云(chén yún)과 彭真(péng zhēn), 새로 발탁된 赵紫阳(zhào zǐ yáng) 등의 邓小平(dèng xiǎo píng)派 연합은 근대화 프로그램에 대한 이념에 대한 제약을 배제하고, 1978年 봄 이후 소위 实事求是(shí shì qiú shì)를 외치고 나선 것이다.[44]

邓小平(dèng xiǎo píng)의 再複權 당시의 시대적 狀況은 다음과 같다. 1976.10. 4人帮 숙청, 1977.7. 华国锋(huà guó fēng)에 의한 邓小平(dèng xiǎo píng)의 2차 復權. 1977.18. 党 第十一届全国人民代表大会 1978.12. 党 十一届三中全会(shí yī jiè sān zhōng quán huì), 华国锋(huà guó fēng)

---

44) Parris H. Chang., "Chinese Politics: Deng's Turbulent Quset", Problems of Communism, (1981, 1: 2月), pp. 3~4. 재인용.

中心의 凡是派(fán shì pài)와 邓小平(dèng xiǎo píng) 中心의 实践派의 葛藤에서 邓小平(dèng xiǎo píng)이 승리하게 되는데, 당시의 1977年8月 第十一届全国人民代表大会에서 나타난 엘리트 배치상황은 우선 中央委员会의 신임자 비율이 높으며 (中央委员 가운데 35%, 후보위원 가운데 57%) 军출신 간부의 비율이 큰 변동을 보이지 않는데, 이것은 여전히 军府(jūn fǔ)의 중재적인 역할이 중요하게 작용함을 시사하고 있다 하겠다.

华国锋(huà guó fēng)−邓小平(dèng xiǎo píng)−叶剑英(yè jiàn yīng) 体制가 잠정적으로 지속되는 동안 78年 2~3月의 제 5期 全人代에서 상무위원장인 叶剑英(yè jiàn yīng)의 권한이 중대되어 华国锋(huà guó fēng)·邓小平(dèng xiǎo píng) 간의 균형역할을 담당하였다. 그러나 华国锋(huà guó fēng)·汪东兴(wāng dōng xīng) 등을 중심으로 하는 凡是派(fán shì pài)와 毛泽东(máo zé dōng)의 그의 사상은 어디까지나 "실천이 진리를 검증하는 유일한 기준"이라는 实践论的 주장에서 공과를 올바르게 평가하여야 한다는 실천파 사이의 대립은 78年 12月의 第 11期 3中全會에서 사실상 결판이 났다. 즉, 專을 중시하는 党内의 경제이론가로 文革때 축출 당했던 陈云(chén yún)이 복권되어 党 부주석으로 선출되고, 邓小平(dèng xiǎo píng)의 직계인 胡耀邦(hú yào bāng)·王震(wáng zhèn)이 정치국원으로 선출되었다. 80年2月 11全 5中全會에서 邓小平(dèng xiǎo píng)派가 당내 주류를 형성하여 胡耀邦(hú yào bāng)과 赵紫阳(zhào zǐ yáng)이 党 상무위원으로 박탈되었고, 文革派인 汪东兴(wāng dōng xīng)·陈锡联(chén xī lián)·纪登奎(jì dēng kuí)·吴德(wú dé) 등은 政治국원에서 해임되고, 刘少奇(liú shào qí)의 명예가 전면적으로 회복되었다. 특히 주목할 만한 변화로는 文革때 폐지되었던 党 中央서기처가 부활되어 胡耀邦(hú yào bāng)이 총서기로 선출됨으로써, 실천파가 党務를 장악하게 된 사실이다. 그 뒤 1981年6月 六中全会(liù zhōng quán huì)에서 华国锋(huà guó fēng)을 사임시켰으며, 党 주석에 胡耀邦(hú yào bāng)을 党 中央군사위 주석에 邓小平(dèng xiǎo píng)이 각각 취임함으로써, 第十二届全国人民代表大会(dì shí èr jiè quán guó rén mín dài biǎo dà huì)를 위한 권력기반 구축작업의 마무리를 지었다.[45] 한마디로 말해 毛泽东(máo zé dōng)의 공식적 후계자인 华国锋(huà

---

45) 유세희., 중공 정치엘리트의 사회적 배경에 관한 시론, 중소연구, Vol.10, No. 2, Summer. 1986, p. 105. 재인용.

guó fēng)의 공식적 직함보다 邓小平(dèng xiǎo píng)이 中国革命 이후 그
간 쌓아온 비공식적 권력기초가 상대적으로 非제도화·인격화된 中国 政治
과정에 더욱 적합했다는 사실을 특징적으로 설명하는 시기이다.

위와 같은 邓小平(dèng xiǎo píng)의 정권투쟁 과정에서 현 지도자 집단
의 핵심인물들이 부상되는데 여기서 우리는 소위 邓小平(dèng xiǎo píng)派
의 주요 엘리트들을 살펴볼 필요성을 느낀다.

赵紫阳(zhào zǐ yáng)(1919年生)은 河南省(hé nán shěng) 출신으로 주
로 지방당 간부로 활동하다가 文革 때 广东省(guǎng dōng shěng) 제 1서기
에서 해임되었다. 林彪(lín biāo) 숙청 후 복권되어 1975年에는 四川省 제 1
서기가 되었다. 이때 赵紫阳(zhào zǐ yáng)의 대담한 경제개혁은 邓小平
(dèng xiǎo píng)의 관심을 끌게 되었고, 赵紫阳(zhào zǐ yáng)의 四川经验
(sì chuān jīng yàn)은 높이 평가되었다. 赵紫阳(zhào zǐ yáng)은 1980年9
月 华国锋(huà guó fēng) 주석이 겸임하고 있던 국무원 총리직을 인계받아
총리직을 수행하다가 13全에서 胡耀邦(hú yào bāng)에 이어 당 총서기로
임명되었으며, 또한 1988年 3月의 13全 7期 全人代에서 국가군사위원회 주
석 邓小平(dèng xiǎo píng)에 이어 부주석으로 있었다.

胡耀邦(hú yào bāng)(1915年生)은 湖南省 출신으로 中国政权 수립 후
共青团(gòng qīng tuán) 제 1서기로서 1956年 中央위원으로 선출되고 나서
당시 총서기인 邓小平(dèng xiǎo píng)과의 协力关系가 이루어졌다. 文革이
시작되면서 刘少奇(liú shào qí)·邓小平(dèng xiǎo píng)의 실권파였던 胡
耀邦(hú yào bāng)은 실각되었다. 1973年 邓小平(dèng xiǎo píng)이 복권
되자 그 직전에 복권됐던 胡耀邦(hú yào bāng)은 邓小平(dèng xiǎo píng)
과 함께 4人帮에 도전했다가 재 실각되었다. 그 후 1978年 邓小平(dèng
xiǎo píng)의 재 복권으로 胡耀邦(hú yào bāng)은 다시 등용되는 등 이후
党 书记로 박탈되었다가 1987年 民主化运动(mín zhǔ huà yùn dòng)로 당
주석에서 사임한 후 (13全) 政治局 위원이 된다.46)

당시 젊은 세대의 기수(第 3梯队)로는 胡启立(hú qǐ lì)·李鹏(lǐ péng)·
田纪云(tián jì yún) 등이 있었다. 장차 胡耀邦(hú yào bāng)의 후계자로 지
목되었던 胡启立(hú qǐ lì)(1929年生)은 陕西省(shǎn xī shěng) 출신으로

---

46) 최성철., 중공 지도층의 파벌정치, 중소연구, Vol. 10, No. 1, 1986, Spring. p. 20.
재인용.

共青团(gòng qīng tuán)에 关系하면서 胡耀邦(hú yào bāng)과의 关系를 긴밀히 한 인물로서 줄곧 邓小平(dèng xiǎo píng)·胡耀邦(hú yào bāng)과 같은 政治경로를 걷게 되었다. 邓小平(dèng xiǎo píng)·胡耀邦(hú yào bāng) 兩者의 재 복권과 정권투쟁의 승리로 12全大曾에서 최연소 中央위원회 위원으로 등용되었다가 현재 (13全) 政治局 위원과 中央서기처 서기로 있었다. 李鹏(lǐ péng)(1928年生)은 四川省 출신으로 中国 초기의 革命家의 자식이며, 周恩来(zhōu ēn lái)의 양자로 알려져 있다. 前苏联(qián sū lián) 유학(1949~54)을 마친 知苏派(zhī sū pài)의 대표자로 주로 電力关系에 종사 하였으며, 1979년 국무원에 입각한 이후 1988년3月 13全 7期 全人代에서 국무원 총리직에 임명되었다. 田記雲(1929年生)은 山东省(shān dōng shěng) 출신으로 1969年 四川省 재정국장으로 옮긴 뒤 赵紫阳(zhào zǐ yáng) 제 1서기를 만나 问题의 四川经验(sì chuān jīng yàn)을 추진하였다. 이후 赵紫阳(zhào zǐ yáng)과 함께 국무원으로 자리를 옮긴 뒤 13全에서 政治局 위원으로 임명되고 또 13全 7期 全人代에서 국무원 부총리에 임명되었다.

3. 邓小平 体制의 공고화 노력(1982.9.~1985.9.)

1982年 9月의 제 12차 全人代에서 邓小平(dèng xiǎo píng)과 지지 세력은 권력기반의 공고화를 위해 实用主义 노선을 제도화하고 적극화하기 위해 党·政 기구의 대폭적인 개편과 이에 따른 党·政 지도층의 보충 인선을 추진했다. 즉, 국가권력기구 개편을 통하여 党·政·军을 胡耀邦(hú yào bāng)·赵紫阳(zhào zǐ yáng)·邓小平(dèng xiǎo píng)이 관장함으로써, 직능상의 분리를 꾀하고, 형식상으로는 1인 독재를 방지하고 있다. 또한 党 주석제를 폐지하고 党 서기처를 채택하여 서기처는 정치국의 党務를 계획·집행함으로써, 정치국의 주요임무를 관장하는 권력기구로 등장하였다. 동시에 中央자문위원회와 中央纪律检查委(zhōng yāng jì lǜ jiǎn chá wěi)를 신설하여 정치기구 사이에 견제와 균형을 취하고 원로간부들을 여기에 흡수하여 지도층의 노화현상을 해소하려 하였으며, 간부들의 종신제를 폐지하고 임기제를 적용하고 있다.

이러한 변화 가운데 중요한 것은 文革의 잔존세력을 숙청하고 邓小平(dèng xiǎo píng)의 現代化 政策을 달성하기 위하여 간부들의 年轻化(nián qīng huà)・革命化(gé mìng huà)・知识化(zhī shi huà)・专门化(zhuān mén huà)를 추진하려 했다는 점이다. 이러한 노력은 党・政機構 개편과 인선에 반영되고 있다.

그러나 이러한 邓小平(dèng xiǎo píng) 体制의 노력에도 불구하고 여전히 갈등적인 요소가 남아 있음을 무시할 수 없다. 즉, 12全에서 선출된 中央政治局 구성은 邓小平(dèng xiǎo píng)派와 보수파 사이의 대립상태를 여전히 노출시키고 있다.47) 즉, 개혁파 집단의 万里(wàn lǐ)・胡乔木(hú qiáo mù)・杨尚昆(yáng shàng kūn) 등이 새로 정치국에 선출되었으나, 정치국 상무위원회의 경우 胡耀邦(hú yào bāng)・赵紫阳(zhào zǐ yáng)・邓小平(dèng xiǎo píng)을 제외한 나머지 세 자리는 보수파인 李先念(lǐ xiān niàn)・叶剑英(yè jiàn yīng)・陈云(chén yún)으로 충원 되었으며, 또한 中央军事委员会의 邓小平(dèng xiǎo píng) 주석과 杨尚昆(yáng shàng kūn) 부주석을 제외한 나머지 세 자리 부주석은 叶剑英(yè jiàn yīng)・徐向前(xú xiàng qián)・聂荣臻(niè róng zhēn)등의 보수적・군사적 색채를 띠는 인물로 충원되었다. 결국 평면적으로 볼 때에 第十二届全国人民代表大会(dì shí èr jiè quán guó rén mín dài biǎo dà huì)는 엄밀한 의미에서의 세대교체가 아닌 세대합작의 미묘한 타협이 성립한 것으로 볼 수 있다.48) 그러나 이러한 타협에도 불구하고 第十二届全国人民代表大会(dì shí èr jiè quán guó rén mín dài biǎo dà huì) 이후 원로 보수주의자들의 정치적 지위가 전문기술직 세대에 의해서 잠식당하고 있다는 사실은 분명하다.

4. 現代化와 干部四化의 적극추진(1985.9.~1986.9.)

党은 1985年9月 党 12全 第 4中全會 임시 특별회의를 개최하여 邓小平(dèng xiǎo píng) 이후 (Post-Deng)시대를 대비한 实用主义 体制확립을 위해 1982年부터 활발히 추진해 온 "干部的四化(gàn bù dē sì huà)"<革命化(gé mìng huà)・年轻化(nián qīng huà)・知识化(zhī shi huà)・专门化(zhuān mén huà)> 작업을 구체적으로 추진하였다. 즉, 그동안 단행된 党・政・军의 지도부 개편을 확인하고, 이를 계기로 당의 중추기관인 中央委员会・정치국・서기처에 있는 일부 고령의 보수 세력을 邓小平(dèng xiǎo

---

47) 유세희., 오늘의 중국대륙, 한길사, 1984, p. 105. 재인용.
48) 동아일보., 1982.9.13. 재인용.

píng)이 직접 발탁한 젊은 세대로 교체하여 1949年 이래 지속되어온 中国 지도부의 성격에 있어 극적인 변화를 단행하였다.[49]

권력의 핵심인 정치국과 서기처에는 邓小平(dèng xiǎo píng)·胡耀邦(hú yào bāng)·赵紫阳(zhào zǐ yáng) 派의 새로운 인물이 등장하였다. 정치국 에는 李鹏(lǐ péng)·田纪云(tián jì yún)·吴学谦(wú xué qiān)·乔石(qiáo shí)·胡启立(hú qǐ lì)이 새로 당선되고, 姚依林(yáo yī lín)은 승진되었다. 이리하여 정치국원의 평균연령은 68.6세로 조정전의 71.1세 보다 2.24세가 消滅되었으며, 총 10명의 사퇴자 가운데 군부출신이 7명이 포함되어 있어 軍의 影响力은 감소되고 있다. 또한 中央상임위원회는 叶剑英(yè jiàn yīng) 의 사퇴로 5명(邓小平(dèng xiǎo píng)·胡耀邦(hú yào bāng)·赵紫阳 (zhào zǐ yáng)·李先念·陈云(chén yún))으로 감소되었으며, 이들은 모두 경제개혁 政策에 대한 의견에는 합의를 보고 있어 개혁의 지속성을 보장하 고 있었다. 정치국의 중심이 국무원 출신으로 압도적인 다수를 차지하였으 며, 교육정도는 대학수준이 11명으로 50%를 차지하게 되어 주요 政策결정 에 专门化(zhuān mén huà)·知识化(zhī shi huà)가 강조됨이 나타난다.

이 시기는 내부의 잠재적 갈등요소를 안고 있다는 점에서 1982年 12全 이후와 유사하나 邓小平(dèng xiǎo píng)派가 毛泽东(máo zé dōng)派·소 비에트 모델 옹호파 등의 보수파와의 기존의 갈등 국면에서 어느 정도 제도 적 차원에서는 우위를 점하게 되어 개혁의 지속성을 보장 받았다는데 의의 가 있다.

5. 激进改革论者와 稳健改革论者의 现在的矛盾(1986.9~1987.10)

1986年9月 武汉(wǔ hàn)·长沙(cháng shā)·南京(nán jīng) 등의 몇 대 학이 구내식당의 서비스 개선과 그 밖의 学内问题를 쟁점으로 시위하던 대 학생들의 요구가 인민대표의 선출방법을 재선하는 요구로 전환되었고, 마침 내 선거제도와 다당제 및 自由(zì yóu)토론을 보장해 달라며 북경의 천안문 에서 운집한 학생들이 신문을 태우는 등의 소위 대학생 시위운동[50]이 발발

---

49) David S.G. Goodman., "The National CCP Conference of September 1985 and China's Leadership Changes", The China Quarterly, No. 105, (March 1986), pp. 125~126. 재인용.
50) 동아일보., 1986.9.27.~1987.1.11. 재인용.

하였다. 中国의 대학생 시위운동은 邓小平(dèng xiǎo píng) 등장 이후의 정치·경제 모든 개혁의 노폭과 속도에 대한 오랜 지도층간의 의견 부일치가 들어난 사건으로 파악할 수 있다. 즉, 邓小平(dèng xiǎo píng) 등장이후 改革政策이 지속됨에 따라 개혁 주도자간에 온건·급진이라는 내부분화가 85年 이후 발생한 것이다.51)

温和改革论者들의 주장은 경제면에서 온건한 史论·共同所有의 확장, 부분적인 경제적 유인의 증대, 시장기구의 도입, 경제특구의 설치 등의 개혁조치를 옹호하고 정치면에서는 政策결정의 제도화와 이에 따른 정치생활의 예측가능성 증대를 통한 안정화, 일상생활에서의 自由(zì yóu) 확대 등 이었다. 한편 더욱 빠른 개혁을 요구하는 胡耀邦(hú yào bāng) 중심의 激进改革论者들은 경제면에서 시장기구의 전면적 도입, 정치면에서 정치의 다원화와 党·官僚의 권력약화, 경쟁적 선거에 따른 다당제를 요구하는 등의 전면적인 개혁을 요구하고 있다.52)

이러한 양측의 改革问题를 둘러싼 입장 충돌은 1986年 겨울의 학생데모를 둘러싸고 급기야 胡耀邦(hú yào bāng)이 政策수행의 과오를 시인하고서 1987年1月16日 당 총서기직을 사임하는 등의 일련의 사태를 야기하였다. 胡耀邦(hú yào bāng)의 사임은 개혁파내의 중요한 갈등국면을 노출시키게 되는데, 胡耀邦(hú yào bāng)의 사임이 표면적으로는 학생 시위를 효과적으로 진압하지 못한 책임을 진 결과라고 볼 수 있으나, 실상은 邓小平(dèng xiǎo píng)을 정점으로 한 赵紫阳(zhào zǐ yáng)·陈云(chén yún) 등 党 政治局 상무위원과 정치국원 彭真(péng zhēn)·胡乔木(hú qiáo mù) 등 胡耀邦(hú yào bāng)의 사임에 동의한 개혁세력이 胡耀邦(hú yào bāng)을 중심으로 한 급진세력에 대한 경고의 성격이 더욱 짙다고 한다.

여기서 개혁파의 대부 邓小平(dèng xiǎo píng)의 입장변화를 살펴볼 수 있다. 즉 당시 최고실력자 邓小平(dèng xiǎo píng)의 지도력에는 변함이 없으나 邓小平(dèng xiǎo píng)은 그동안의 党內 개혁파와 보수파 간의 누적된 이론 투쟁을 조정하여 파국으로부터 党을 살리고 現代化 노선을 살리기 위해, 개혁파의 최고지도자 역할로부터 政治 최고실력자의 지도·조정역할을 담당하였다고 할 수 있다.

---

51) Harry Harding., op. cit., p. 100. 재인용.
52) Harry Harding., op. cit., pp. 77~83. 재인용.

또한 이러한 대학생 시위에 대응하여 당은 1987年 1月부터 당의 우위와 社会主义 고수를 위한 反부르조아 自由(zì yóu)주의운동을 전개하였는데, 실제로 中国 党 내부에는 개혁의 급진적 전진과 한계에 대하여 우려를 가졌던 보수 세력들이 하나의 연합체를 형성하여 邓小平(dèng xiǎo píng)으로 하여금 胡耀邦(hú yào bāng)을 해임케 한 뒤 이 운동이 党의 시책으로 채택되었던 것이다.53)

결국 대학생 시위운동을 기점으로 하여 中国 지도층 내부에 保守派·稳健改革派·激进改革派라는 3집단의 갈등구조가 나타난 것이다.

한편 대학생 시위를 계기로 한 急進·稳健改革论者 간의 일대 정리를 고비로 다시 保守·改革 간의 갈등이 표면화 되었다고 할 수 있다. 즉, 기율심사위 1서기 陈云(chén yún), 全人代 상무위원장 彭真(péng zhēn), 상무위원 李先念(lǐ xiān niàn), 정치국원 胡乔木(hú qiáo mù)·姚依林(yáo yī lín), 서기국 邓力群(dèng lì qún) 등으로 대표되는 보수파 지도자들은 "전면 서방화는 社会主义와 중화민족을 부정하는 것" 이라고 하면서 开放政策(kāi fàng zhèng cè)에 대한 비난을 강화하였는데, 이들은 邓小平(dèng xiǎo píng)의 开放政策(kāi fàng zhèng cè)이 너무 지나친 것이라고 주장하면서 "새초롱 경제론"을 내세웠다. "새초롱 경제이론"이란 "새를 손으로 꽉 쥐면 새는 죽어버리고 만다. 그렇다고 손을 펴면 날아가 버리고 만다. 따라서 중요한 것은 새장을 만들어 새장 안에 새를 놓아주는 것이다."라는 취지로 社会主义 경제에 있어서는 계획경제를 주로해서 시장원리를 그에 충족시켜야 한다는 논리 이다.54)

결국 邓小平(dèng xiǎo píng)의 地位变化 乔石(qiáo shí)은 이루어지지 않겠지만 보수장로파의 开放政策(kāi fàng zhèng cè)에 대한 반격이 여전히 엘리트 내에 남아있다는 것을 의미한다고 생각한다.

6. 개혁가속화(1987.11. 13全 이후)

1987年11月1日 폐막된 党 제 13차 全人代에서 개혁파는 이른바 社会主义 초급 단계론을 제창하여 경제개혁 및 대외개방을 한층 더 가속화하기로 하는 한편, 邓小平(dèng xiǎo píng)·陈云(chén yún)·李先念(lǐ xiān niàn)

---

53) Far Eastern Economic Review., (March 19, 1987), p. 59. 재인용.
54) 동아일보., 1987.2.17. 재인용.

·彭真(péng zhēn) 등 86세 전후의 革命원로들이 일선에서 은퇴하여 지도
층의 세대교체 年轻化(nián qīng huà)를 이룩했다.[55] 즉, 党 中央위원회는
11月2日 第 13期 一中全会(yī zhōng quán huì)를 열고 국무원 총리 赵紫阳
(zhào zǐ yáng)을 党 총서기 및 党 中央군사위 부주석으로 선출하고, 실권
자 邓小平(dèng xiǎo píng)을 党 中央군사위 주석으로 재임명하였으며, 政
治局 상무위원에 赵紫阳(zhào zǐ yáng)을 비롯 李鹏(lǐ péng)·乔石(qiáo
shí)·胡启立(hú qǐ lì)·姚依林(yáo yī lín) 등의 개혁파 세력을 모두 포진
시킴과 동시에 상무위원 평균연령을 77세에서 63세로 소위 年轻化(nián
qīng huà)를 달성하였다.

一中全会(yī zhōng quán huì)는 또한 신임 政治局 위원으로 상무위원 5
명과 万里(wàn lǐ)·田纪云(tián jì yún)·江泽民(jiāng zé mín)·胡耀邦(hú
yào bāng) 등 17명의 개혁파 및 中央서기처 후보로 胡启立(hú qǐ lì)과 乔
石(qiáo shí)·芮杏文(ruì xìng wén) 등을 선출하였는데, 中国 党 지도부의
이 같은 대폭 개편은 경제개혁과 문호 개방을 과감하게 실천하기 위해 党
지도부의 세대교체를 달성하려는 실권자 邓小平(dèng xiǎo píng)의 계획에
따른 것이다.

한편 이러한 13全에서의 政治改革(gǎi gé)에는 中国이 현재 당면하고 있
는 사회적·경제적 난국이 그 배경이 되었다고 할 수 있다. 13기 党 대회에
서 赵紫阳(zhào zǐ yáng)이 행한 보고 내용에서 그 배경을 찾을 수 있을 것
이다.[56] 즉, 그는 지난 20여 年 동안 中国政权이 계속적으로 공산주의적 사
상과 이론에 따라 모든 政策이 시행되어 왔으나, 국내의 방대한 人口问题와
낙후된 생활수준·낮은 기술수준 등을 해결하지 못하였다는 점을 솔직히 시
인하였다.

이같이 산적한 问题点을 해결하기 위한 中国 권력구조 改編问题는 결코
쉬운 일이 아니다. 국내의 현실적 问题를 다각적인 측면에서 해결해야 한다
는 점뿐만 아니라 권력구조 내부에서 공개적 또는 비공개적으로 전개되는
권력구조의 獨占问题까지도 해결해야 한다는 이중적 과제를 지니고 있기 때
문이다.

이번 党 대회에서 나타난 권력구조 개편의 问题点을 분석해보면 다음과

---

55) 동아일보., 1987.11.2. 재인용.
56) Beijing Review, 1987.11.4, p. 17. 재인용.

같이 요약할 수 있을 것이다. 첫째, 외형상 邓小平(dèng xiǎo píng)이 주도하는 개혁파가 정치국·군사위·국무원·서기처 등 모든 권력 구조의 요직을 전담하는 것처럼 보이나 陈云(chén yún) 등이 주도하는 보수파 세력도 제 요직에 활동하고 있기 때문에 향후 보수파의 재결집의 구실을 어떻게 모면할 것인가 하는 問題이다.57) 둘째, 中央서기처를 政治局의 사무기구로 개편하여 본래의 막강한 권력과 기능을 축소하고 또한 邓小平(dèng xiǎo píng) 자신이 政治局에서 퇴진하고 中央군사위의 주석 역할만을 담당하고 있음에 따라 종래 서기처가 담당하던 전체 권력의 핵심적 기능을 어느 곳에서 조정하며, 党府와 비중이 높아진 军府(jūn fǔ)와의 갈등·경쟁·대립현상이 예상되는데, 이를 어떻게 조절할 것인가의 問題이다. 胡耀邦(hú yào bāng)의 1987年1月 사퇴에서 본 것처럼 개혁파 집단도 대외개방, 경제개혁 조치에 따라 필연적 이분화 현상을 나타내고 있기 때문이다. 셋째, 邓小平(dèng xiǎo píng)이 왜 모든 政策 결정의 주도적 기능을 담당하는 정치적 권력기조에서 물러나고 군사위원회 주석직만 차지한 것일까? 형식적으로는 보수파 집단이 여러 곳으로 분산되어 있으나 일정한 시기가 지나면 陈云(chén yún) 党 기율위원회 제 1서기 및 党 고문위원회 주석을 중심으로 한 보수파의 재정비 과정이 전개될 것이며, 그것은 곧 邓小平(dèng xiǎo píng)의 후계자로 발전하고 있는 赵紫阳(zhào zǐ yáng)에 대한 반대세력으로 재등장할 가능성이 많다고 보아야 할 것이다.58) 당시 保守派들은 뛰어 오르는 물가의 이유로 党 總書記赵紫阳(zhào zǐ yáng)으로 하여금 自我批判하도록 요구하였다. 赵紫阳(zhào zǐ yáng) 세력은 보수파를 어떻게 통제·조절할 것인지의 體制 내적인 부하를 안고 있는 것이다. 이상과 같은 관점에서 볼 때 赵紫阳(zhào zǐ yáng) 중심의 개혁파가 추구하는 改革·开放政策(gǎi gé kāi fàng zhèng cè)는 일면 매우 순란하게 전개될 것같이 보이나 내용적으로는 살얼음을 걸어가는 듯한 어려움이 내포되어 있음을 알 수 있다. 赵紫阳(zhào zǐ yáng)이 언제 어느 곳에서 胡耀邦(hú yào bāng)과 같은 운명에 빠질지 모르는 당시의 상황 때문이다.

---

57) 한영춘., 중공 정치개혁의 문제점과 그 전망, 국제문제, 1982.2, pp. 107~109. 재인용.
58) 동아일보, 1988.11.15. 재인용.

第 3 节 中国 统一政策의 最近動向

中国 역사를 살펴보면, 中国人들이 처음 바다를 통해 동남아 지역에 들어온 것은 최소한 기원전 3세기 이전인 전국시대까지 거슬러 올라간다. 최초의 华侨(huá qiáo) 상인들은 대부분 난을 피해 海外로 탈출한 中国人들 이었다. 中国人들의 본격적인 동남아 진출은 宋朝(sòng cháo)가 남양 무역을 적극적으로 후원한 1세기 이후이다. 中国人의 海外진출에서 두 번째 시기는 16세기 말에서 17세기 초에 이르는 기간이라고 할 수 있다. 元에 이어 14세기 중엽에 건설된 明(míng)왕조는 통제된 海外무역을 추구하여 中国과 동남아시아의 무역关系를 租貢무역에만 국한시키고 일체의 私무역을 금하는 海禁政策을 취했다. 明(míng)政府가 中国의 海外무역을 부활시켜 政府의 수입을 증대시키고자 中国상인들의 私무역을 허용하기 시작한 것은 1567年부터 이다. 이로써 中国상인들의 남양 진출이 크게 확대 되었는데, 이것은 당시 유럽인들의 동남아 진출에 따른 동남아 무역시장의 확대라는 새로운 변화에 부응한 것이 되었다.

"世界華商大會"는 세계 최대 규모의 華商 네트워크이다. 华侨(huá qiáo) 세계 2개의 금융시장 가운데 Hongkong의 금융시장은 주로 中国企業의 자금조달을 위해 新加坡(xīn jiā pō)는 주로 ASEAN제국 华侨(huá qiáo) 企業의 자금조달을 위해 이용되고 있어 각각 역할을 분담하고 있는 양상이다.

Hongkong 주권반환 이후 中国과 Hongkong 간의 경제협력과 Hongkong경제의 대중의존도가 심화되어 가는 것과 반대로 政治的 측면에서는 "Hongkong의 中国化"에 대한 Hongkong 주민들의 불안과 불만이 적지 않은 것으로 보인다. 그러나 Hongkong 경제의 미래에 대한 전망이 반드시 낙관적인 것만은 아니다. 역설적이지만 Hongkong 경제의 장래를 불확실하게 요인 역시 中国의 고도성장에 있다.

중화경제권의 발전이 원활하게 이루어지는 이유는 무엇인가. 모국인 中国을 비롯하여 인근 국가에 資本진출을 하는데 누가 매개 역할을 하고 있는가. 华侨(huá qiáo) 資本의 모국이자 최대 수요처인 中国은 어떠한 政策을 견지해 왔는가. 이러한 의문에 대한 해답이 제시되어야 동아시아 지역경제 성장에 중추적인 역할을 하고 있는 华侨(huá qiáo) 資本에 대한 华人势力圈(huá rén shì lì quān)의 등장과 그에 따른 이해와 접근이 가능하다 할 것이다. 여기서 中国 统一政策의 최근 동향은, 첫째 全 世界 華商 求心點을 겨냥한 东北工程(dōng běi gōng chéng)중심 책략이고, 둘째 台湾海峽 안보와 연계된 中华经济圈(zhōng huá jīng jì quān) 성장의 딜레마이며, 셋째 华人势力圈(huá rén shì lì quān)의 등장과 中国 共产党(zhōng guó gòng chǎn dǎng)의 해체과정 전망이라고 할 수 있다.

따라서 中国이 国·共合作(guó gòng hé zuò)를 통한 中国统一 구도가 원활하지 못하자 우회 전략의 하나로 우선적으로 전 世界華商 求心點을 겨냥함으로써, 이들의 中国统一을 위한 새로운 기회를 개척하고자 한 것도 주요한 목적 가운데 하나라고 볼 수 있지만, 이를 계기로 그것은 하나의 동북아시아를 겨냥한 东北工程(dōng běi gōng chéng)중심의 다목적 책략을 획책하고 있다고 볼 수 있다.

1. 全世界 華商求心點을 겨냥한 东北工程중심 책략

如今 동남아시아 사회의 중요한 부분을 차지하고 있는 华侨(huá qiáo) 또는 华人(huá rén)들의 역사는 매우 생각하는 것 이상으로 오래 되었다.

华侨(huá qiáo)와 华人(huá rén), 그리고 華裔라는 표현은 뚜렷한 구분 없이 혼용되는 경우가 많다. 일반적으로 华侨(huá qiáo)(overseas Chinese)는 中国국적을 유지하고 있는 사람들과 그 자손을 华人(huá rén)(Ethnic Chinese)은 현지 국가의 국적을 취득한 사람들과 그 자손들을 의미한다. 그러나 华人(huá rén)은 华侨(huá qiáo)를 포함하는 개념으로 사용되는 경우가 많으며, 어떤 이들은 當代에 한해 华侨(huá qiáo) 또는 华人(huá rén)으로 부르고, 그 자손들은 華裔(Chinse Descendants)으로 부르기도 한다. 외국 문헌의 경우 구미나 동남아의 연구자들의 저작에는 "Ethnic Chinese'라는 표현이 일반화되어 있는 것 같다. 그러나 中国측의 영문 자료에서는 'overseas Chinese" 또는 "Chinese Overseas"라는 표현이 일반적이다. 이것은 물론 海外 中国人들에 대한 中国측의 시각을 반영한 것으로 보인다. 한편 中国은 台湾과 Hongkong·澳门(ào mén)에 거주하는 中国系 주민에 대해서는 华侨(huá qiáo)라는 표현을 사용하지 않는다. 이들 지역은 中国의 일부이므로 그 주민은 '海外 中国人'이 아니라 '동포'로 간주 한다는 이유에서이다. 본 논문에서는 가급적 华人(huá rén)으로 统一하여 사용하였다. 꼭 구분할 필요가 있을 경우에만 华侨(huá qiáo)라는 용어를 병용하기로 한다.

中国역사를 살펴보면, 中国人들이 처음 바다를 통해 동남아 지역에 들어온 것은 최소한 기원전 3세기 이전인 전국시대까지 거슬러 올라간다. 최초의 华侨(huá qiáo) 상인들은 대부분 난을 피해 海外로 탈출한 中国人들이었다. 전국시대가 끝나고 秦(qín)이 천하를 统一하자 많은 남부지방의 주민들은 남진하는 군사적 압박을 피해 海外로 피신하였다. 秦(qín)이 멸망하고 汉王朝(hàn wáng cháo)가 들어서면서 군사들이 남부지방을 정복하자 피난민 대열의 규모는 더욱 커졌다.59) 상업적 목적을 가진 이주자들은 삼국시대부터 나타난다. 남쪽에 위치했던 吴国(wú guó)은 동남아시아의 왕국들과 교역항구를 개척했으며, 唐(táng)시대에는 보다 긴밀한 외교 및 무역关系로 확대되었다. 그러나 이 당시 中国人들의 진출은 동남아의 일부지역에 국한된 것이었으며, 다른 지역에서 华人(huá rén)들의 활동에 대한 증거는 상당히 늦게 나타난다. 10세기까지도 中国과 동남아 간의 무역에서 중심적인 역할을 한 것은 오히려 아랍과 페르시아 상인들이었다. 적어도 10세기 이전에는 의도적으로 영구출국을 시도했거나 출국했던 中国人은 없었다고 추정할 수 있다.60)

中国人들의 본격적인 동남아 진출은 宋(sòng)왕조가 남양 무역을 적극적으로 후원한 1세기 이후이다. 中国人들의 海外진출을 가져온 요인은 크게 세 가지로 요약된다. 첫째는 왕조들의 대외政策이다. 中国의 역대 왕조들은 일부 예외를 제외하면 海外무역에 소극적이거나 국가의 안전에 위협적인 것으로 간주하여 아예 금지하였다. 특히 이들 왕조는 대부분 북쪽에서 발흥하여 남쪽으로 진출 하였고, 북쪽에는 호전적인 다른 민족들의 침략 위험이 늘 존재하였기 때문에 그들의 관심은 언제나 북쪽으로 향해 있었다. 둘째는 왕조의 교체나 전국적인 반란과 같은 政治的 위기이다. 宋(sòng)・元 교체기나 明(míng)・清(qīng) 교체기가 대표적인 예이며, 근대에 와서도 태평천국의 난・군벌의 발호・일본의 침략, 그리고 국공 내전 등이 中国人들의 海外이주를 가져 온 주요한 원인이었다. 셋째는 경제파탄이다. 그 이유가 자연재해든 정치・사회적 요인이든 대부분 농민인 민중경제의 파탄은 이들로 하여금 생존을 찾아 남쪽으로 이주하지 않을 수 없게 만들었다. 특히 19세기 이후 中国人들의 대규모 海外이주를 부추긴 것은 바로 이 세 번째 요인

---

59) Seagrave.S. 원경주 역., 『중국 그리고 화교』, 프리미엄 북스, 2000, p. 170.
60) 왕광무・윤필준 역., 『화교』, 다락원, 2003, pp. 22~23.

이었다.

11세기 이후 中国人들의 대규모 海外진출이 나타나는 것은 크게 세 시기이다. 中国人들의 본격적인 동남아 진출이 시작된 첫 번째 시기는 남양 무역을 적극적으로 후원한 宋(sòng)왕조부터이다. 특히 127年 수도인 开封(kāi fēng)이 金에 함락되자 宋(sòng) 政府는 남쪽인 杭州로 천도했다. 이러한 남진은 연해교역을 확장시키는 중요한 계기가 되었다. 이때부터 中国 남부지방의 인구가 급속히 팽창함에 따라 이 지역에 유럽세력이 진출한 16세기 이전까지 中国人과 여러 아시아 상인그룹들 간의 교역 및 외교关系는 꾸준히 강화되었고 상호 이익도 증가하였다. 1278年 宋(sòng)이 元나라에 의해 멸망하고 수도가 북쪽인 北京(běi jīng)으로 옮겨짐에 따라 남방에 대한 관심은 상대적으로 축소되었다. 그러나 元政府는 남양 무역을 국가의 주요한 수입원으로 중시했기 때문에 海外무역은 꾸준히 증가 하였다. 中国의 동남아무역이 번성함에 따라 동남아로 진출하는 中国상인들의 숫자도 점차 증가했다. 그러나 이러한 국제교역에 종사했던 中国人들은 여전히 소수였다.

中国人의 海外진출에서 두 번째 시기는 16세기 말에서 17세기 초에 이르는 기간이라고 할 수 있다. 元(yuán)에 이어 14세기 중엽에 건설된 明(míng) 왕조는 통제된 海外무역을 추구하여 中国과 동남아시아의 무역 关系를 租贡무역에만 국한시키고 일체의 私 무역을 금하는 海禁政策을 취했다. 그러나 이로 인해 오히려 동남아시아에서 활동하던 华人(huá rén)들 가운데 상당부분이 中国으로 돌아가지 않게 됨으로써 현지에 정착한 华人(huá rén)들의 수가 증대되는데 적지 않게 기여하였다. 여기에는 당시 동남아의 여러 왕국들에서 中国과의 조공무역에 대한 적극적인 관심이 있었고 따라서 많은 华人(huá rén)들을 필요로 하고 있었다는 요인도 작용했다. 1405~33年 郑和(zhèng hé)의 원정에서 최고조에 달했던 明(míng)의 海外에 대한 관심은 1430年代 이후 점차 약화되었고, 16세기 중엽까지 中国과 동남아시아의 접촉은 극도로 줄어들었다. 中国으로부터 동남아로의 中国人 유입이 거의 없었던 이 기간 동남아에서 활동하던 华人(huá rén)들은 거의 대부분 토착사회로 동화되었다.[61]

明(míng) 政府가 中国의 海外무역을 부활시켜 政府의 수입을 증대시키고자 中国상인들의 私 무역을 허용하기 시작한 것은 1567年부터 이다. 이로써

---

61) 박사명., 『동남아의 화인사회』, 전통과 현대, 2000. p. ll. 재인용.

中国상인들의 남양 진출이 크게 확대 되었는데, 이것은 당시 유럽인들의 동남아 진출에 따른 동남아 무역시장의 확대라는 새로운 변화에 부응한 것이 되었다.

한편 동남아 시장에 뛰어든 유럽인들은 중개인으로서의 中国상인들을 필요로 했고 이에 따라 동남아에서 활동하는 华人(huá rén)들의 수도 더욱 증가하게 되었다. 中国人의 海外진출에서 세 번째 시기는 19세기 말에서 20세기 초반이다. 明(míng)을 계승한 清(qīng) 왕조도 海外무역을 당국의 철저한 통제 하에 두기위해 노력하였다. 따라서 清朝시대에 있어서 동남아 华人(huá rén)사회의 수적인 증대는 주로 中国 밖에서의 요인들에 기인되는데 가장 중요한 것은 서양인들의 동남아 진출이었다. 동남아시장에서 유럽 상인들과 中国人들은 경쟁적 关系에 있었다. 때로 유럽인들은 中国상인들의 활동영역을 차지하기 위해 살인과 같은 물리적 억압을 가하기도 하였다. 그러나 전체적으로 볼 때 西欧資本은 동남아 경제를 활성화시켰다. 그 결과 华人(huá rén)들의 활동영역을 확대시키는데 기여하였다.

유럽인들의 동남아 진출에서 가장 중요한 시기는 영국인들이 아시아에서 지배적인 影响力을 구축한 19세기였다. 인도양과 中国海에서 영국인 등의 무역 중심지로 1819年부터 건설된 新加坡(xīn jiā pō)를 비롯하여 말레이반도와 보르네오 섬 그리고 그 일대의 상업 중심지와 주석 광산 및 플랜테이션들에 숱한 华人(huá rén)들이 몰려들었다.[62]

19세기에 영국의 식민지가 되었던 缅甸(miǎn diàn)에서도 中国人들의 유입이 있었다. 이러한 과정들에서 영국인들은 의도적으로 中国人들을 영국의 식민지로 끌어들이기 위해 노력했고, Hongkong이 中国人 노동력을 동남아로 유출하는 가장 중요한 항구가 되었다. 인도네시아에서는 19세기 말까지 네덜란드인들의 식민지가 수마투라・깔리만딴・술라웨시 등 외곽도서들로 확대되자, 中国상인들과 농장주들이 이를 따라 들어갔다. 인도차이나에서도 法国(fǎ guó)인들의 식민지배가 확립되고 法国(fǎ guó) 資本이 들어옴에 따라 中国人들의 대규모 이주가 일어났다.[63]

新加坡(xīn jiā pō)가 영국 왕실령이 된 1819年 당시 이 섬에는 1~200명 가량의 말레이계 어민들이 살고 있었을 뿐이며, 中国人 정착민은 전혀 없었

---

62) Osborne.M. 조흥국 역., 『한 권에 담은 동남아시아역사』, 오름, 2000, pp. 143~44.
63) 조흥국., op. cit., p. 13. 재인용.

다. 그 후 불과 5年 만에 新加坡(xīn jiā pō)의 인구는 10,000명을 넘어 섰는데, 말레이인이 약 4,500명, 中国人이 약 3,500명이었다. 新加坡(xīn jiā pō)가 건설된 지 25年 만에 中国人들은 인구의 절반을 넘어섰고, 1840年代 중엽에는 60%를 넘어섰다. 이러한 수치는 新加坡(xīn jiā pō) 그리고 나아가서는 동남아의 유럽식민자들이 얼마나 中国人 이주자들의 노동과 서비스에 의존 했는가를 보여준다.

이 시기 中国人 劳动者들의 대규모 이주는 노예제도의 폐지와도 밀접한 관련을 가진다. 아메리카와 동남아시아에 진출한 식민주의자들은 노예에 대응하는 값싼 노동력을 필요로 했다. 부지런하면서 우수한 노동력을 가지고 있던 中国人들이 그 대상으로 선정되었다. 世界史的으로 보면 무임금의 노예 노동에서 임금노동이 시작됨으로써 中国人의 대규모 이주가 시작된 것이다. 이민에는 지유이민(现单(àāxīn kè))과 계약이민(赊单(ēāxīn kè))이 있었는데. 그 중 압도적으로 많았던 것은 계약이민, 즉 苦力(kǔ lì)이었다.64) 물론 中国人 劳动者들이 동남아로만 이주한 것은 아니었다. 상당수의 계약 华工(huá gōng)들은 오세아니아와 아메리카의 광산과 플랜테이션 농장 등에서 노예노동을 대체하였다. 그러나 1876~1900年 사이 75만 명의 이들 가운데 90%가 넘는 70만 명이 동남아로 향한 데서 알 수 있듯이 이들의 목적지 가운데 압도적 비중을 차지한 것은 역시 동남아였다.

苦力(kǔ lì)무역은 운송 중 사망률이 20%에 이를 만큼 잔혹하고 야만적인 무역이었다. 그러나 다른 한편 그것은 세계경제에 매우 중대한 影响을 미치기도 하였다. 첫째, 中国人 노동력의 유입은 동남아 국가들을 개발시키고 경제를 발전시키는 데에 크게 기여하였다. 둘째, 아메리카 각국의 경제에도 影响을 미쳤다. 美国(měi guó)의 경우 1840年代까지 서부지역들은 사람의 자취를 찾아보기 힘들 정도로 황폐화된 오지였다. 그러나 30만 명에 달하는 中国人 劳动者들이 美国(měi guó)으로 운송되어 온 후 점차 개발되기 시작하였다. 1877年 美国(měi guó) 政府는 华工(huá gōng)의 싼 노동력으로 말미암아 캘리포니아주와 태평양 연안의 자원이 신속히 개발되고 발전하게 되었으며 이로 인해 태평양 연안의 물질적 번영이 이루어지게 되었음을 인정하였다. 셋째, 西欧国家의 资本主义 경제에 影响을 미쳤다. 포르투칼·西班牙(xī bān yá)·영국·法国(fǎ guó) 등은 Hongkong과 澳门(ào mén)에

---

64) 이덕훈., 화교경제의 생성과 발전., 한남대학교 출판부, 2002, p. 18.

서 苦力(kŭ lì)무역을 경영하면서 中国人 劳动者들을 동남아와 아메리카 각 국으로 운반하고 그 과정에서 거액의 이윤을 남겼다. 이 이윤은 유럽 각국 으로 흘러가 거대한 규모의 화폐 資本으로 축적되었고 이들 국가의 資本주 의적 발전에 크게 기여하였다.

<표. Ⅱ-1-3-1/1>华侨(huá qiáo) 계약이민의 추이

구 분	1801~1850	1851~1875	1876~1900	1900~1925
총 수	320,000	1,280,000	750,000	650,000
동남아시아	200.000	645,000	700,000	425,000
말 라 야	−	350,000	360,000	125,000
동 인 도	−	250,000	320,000	300,000
필 리 핀		45,000	20,000	−

資料出處 : 陳澤憲., 「19世紀成行的契約華工制」

물론 19세기 중엽 이후 中国人들이 동남아로 대량 이주한 데에는 유럽인 들의 진출뿐만 아니라, 淸政府의 급속한 통제력 약화와 함께 진행된 경제적 파탄도 주요한 원인이 되었다. 가진 것이라고는 노동력밖에 없는 많은 中国 人들은 생계유지와 가족부양을 위해 동남아로 이주하지 않으면 안 되었다. 또 19세기 후반 이후에는 의화단 사건이나 태평천국의 난과 같은 정치적 혼 란과 서양 및 일본세력의 침략·군벌과 지방 비적들의 발호도 中国人 劳动 者들의 海外이주를 증가시킨 요인이었다.

"华侨(huá qiáo)"라는 표현이 확인된 것은 1883年 淸政府의 관리이자 변 법운동가였던 郑观应(zhèng guān yīng)가 李鸿章(lĭ hóng zhāng)에게 송부 한 공문에서 "南樣各埠华侨(huá qiáo)"라고 쓴 것이 처음이다. 이전까지 海 外 中国人들은 居人(jū rén)·华民(huá mín)·华工(huá gōng)·華商 등으 로 다양하게 불리고 있었다.

1860年의 北京(bĕi jīng)조약 이후 海外이주 劳动者들의 수가 급증하면서 淸政府도 차츰 이러한 문제에 대해 주목하지 않을 수 없게 되었다. 海外 中 国人들에게 어느 정도의 지위를 부여하고 그들의 기여를 인정하라는 대중의 요구가 확대됨에 따라 海外 中国人들을 위한 포괄적인 명칭이 필요하게 되

었다. 이 명칭은 그들의 출신 城이나 峴에 따라 구분 되거나, 또는 中国華商·中国華工 및 苦力(kǔ lì) 등으로 구분되었던 사람들에게 똑같은 정체성을 줄 수 있는 것이어야 했다. 이렇게 해서 "华侨(huá qiáo)", 즉 中国人 체류자라는 새로운 용어가 탄생하였다.65)

원래 일시적으로 자리 잡는다는 의미의 "橋"라는 개념은 아주 오래 전부터 사용된 말에서 비롯되었다. 이 용어는 원래 中国이 4~6세기에 걸쳐 남북으로 분열 되었던 남북조 시대에 사용된 것이다. 외국의 침략으로 어쩔 수없이 고향을 버리고 창지앙 이남의 여러 지역으로 남하한 북부 출신 엘리트 가문들을 공식적으로 인정하기 위해 사용했던 표현이었다.

일부의 예외적인 경우를 제외하면 동남아시아 여러 지역들에서 中国人들의 현지사회로의 동화는 매우 제한적 이었다, 华人(huá rén)사회와 토착사회 모두에게 민족적 정체성이 그다지 문제되지 않았을 동안에는 이로 인한 갈등도 크지 않았다. 그러나 1911年의 辛亥革命(xīn hài gé mìng)을 전후하여 일어난 中国의 민족주의 운동은 동남아 华人(huá rén)사회의 활동과 성격에 中国 민족적 정체성(Chinese nationalist identity)을 강하게 부여하였다. 이 시기는 제 1차 세계대전을 전후해 민족주의가 中国에서 만이 아니라 전 세계적으로 전개되어 간 시기였으며, 동남아의 토착사회에서도 민족주의적 정서와 운동이 확산되기 시작하였다. 동남아의 토착사회와 华人(huá rén)사회의 갈등이 이 시기에 처음 나타났다고 할 수는 없지만, 이로써 증폭되고 표면화된 것은 사실이다. 동남아의 토착사회가 中国人 이민자들에 대해서 가지는 반감은 中国人들이 사회적·문화적·종교적 요인들 때문에 현지 사회로의 동화가 불가능하거나 극히 어려운 지역에서 더욱 첨예하게 나타났다.66)

中国人 이주지들과 植民政府들 간의 연결도 华人(huá rén)사회에 대한 토착사회의 반감을 불러일으킨 요인이었다. 中国人들의 경제활동은 植民政府와 결탁한 경우가 많았다. 일부지역에서는 징세관이나 아편 판매업의 대리인으로서 활동하기도 하였다.

제 2차 세계대전의 종전과 식민지 국가들의 독립은 동남아 华人(huá rén)경제가 개인적 성공을 넘어 토착사회의 경제적 지배권을 장악하는 주요

---

65) 왕광무., op. cit., pp. 63~64. 재인용.
66) Osborne. M., op. cit., pp. 149~50. 재인용.

계기가 되었다. 본국으로 귀환한 식민주의자들의 자리를 华人(huá rén)들이 대신 하였기 때문이다. 전통적인 상업·광업 특히 도정업과 쌀 유통을 바탕으로 資本을 축적한 华人(huá rén) 사업가들은 서구식 운송회사·금융업·제조업·무역회사 등으로 사업을 확대했다. 이러한 과정을 통해 华人(huá rén)들은 동남아 각 처에서 토착사회에 대한 경제적 지배력을 더욱 증대시키고 공고히 구축해 나갔다. 한편 1949年 国·共 내전에서 共产党이 승리하고 중화인민공화국이 수립됨에 따라 中国人 劳动者들의 대규모 이주는 1950년 이후 종식되었다.

경제적 지배력의 확대와 함께 中国으로부터 새로운 이주지들을 받아들일 수 없게 된 华人(huá rén)사회는 점차 토착사회로 동화되어 갈 수밖에 없었다. 현지 政府들 역시 국가건설의 일환으로 华人(huá rén)들을 자국민으로 동화시키고자 노력하였다. 경제에서도 华人(huá rén)의 경제활동을 제한하는 政策에서 점차 그들을 적극적으로 공업화에 이용하는 政策으로 전환해 갔다. 이에 따라 辛亥革命(xīn hài gé mìng) 이후 동남아 华人(huá rén)사회에서 형성되었던 中国 민족적 정체성은 점차 현지 국민적 정체성(Local nationalist identity)으로 전환되어 갔다. 특히 中国으로부터 직접 이주해 온 세대에 비해 현지에서 출생하고 교육받은 華裔들에게는 中国에 대한 귀속감이나 현지 사회로의 동화에 대한 거부감이 1세대 华人(huá rén)들 만큼 크지 않았다는 점도 이들의 동화를 비교적 용이하게 하였다.

그러나 토착사회에의 동화를 원하지 않았거나 그로 인한 갈등을 피하고자 했던 일부 华人(huá rén)들은 美国(měi guó)나 유럽·호주 등으로 다시 이주하는 길을 선택하였다. 따라서 中国이 国·共合作(guó gòng hé zuò)를 통한 中国统一 구도가 원활하지 못하자 우회 전략의 하나로 우선직으로 전 世界華商 求心點을 겨냥함으로써, 이들의 새로운 기회를 개척하고자 한 것도 주요한 목적 가운데 하나라고 볼 수 있지만, 이를 계기로 그것은 하나의 동북아시아를 겨냥한 东北工程(dōng běi gōng chéng)중심의 다목적 책략이라고 볼 수 있다.

2. 台湾海峡 岸保와 연계된 中华经济圈 성장의 딜레마

Hongkong 주권반환 이후의 전망을 불확실하게 하는 요인들도 적지 않게 잠재해 있다 무엇보다도 단기적으로는 주권반환에 따르는 불안정과 정치변화의 불확실성으로 인해 투자와 소비심리가 위축될 수도 있다. 실제로 Hongkong 주권반환 직후 Hongkong의 주가지수는 46%, 부동산 가격은 25%가 저하되기도 하였다. 또한 성장률이 마이너스로 떨어지고, 실업자가 14만 명을 넘는 등 Hongkong 경제가 상당히 심각한 위기적 현상을 나타내고 있는 것이 사실이다.

〈표. Ⅱ-1-3-2/1〉주권반환 이후 1年間 Hongkong경제의 변화

	1997年 9月	1998年 9月	증감률 (%)
주 가 지 수	15,049	9,777	▽ 35.0
부동산 가격 (HK$)	8,268	4,417	▽ 46.8
기준금리 (%)	8.75	9.75	
수 출 (억 HK$)	1,190(6月)	1,160(6月)	▽ 2.6
실업률(%)	2.2%(7-9月)	5.0%(6~8月)	△127.3
GDP 성장률 (%)	6.0%(3/4분기)	−5.2%(2/4분기)	
관광객 수 (명)	819,147	859,310(8月)	△4.9

資料出處 : 三稜總合硏究所 『全豫測アシア 1999』 김경식 역, 『아시아경제의논리』,
나남출판, 1999.

〈표. Ⅱ-1-3-2/2〉주권반환 이후 Hongkong경제의 변화

	1997	1998	1999	2000	2001	2002
GDP (10억 HK$)	1,345	1,280	1,246	1,288	1,279	1,264
성장률(%)	5.12	−4.98	3.42	10.13	0.60	1.40
1인당(US)	26,769	25,237	24,307	24,814	24,383	23,939
실업률(%)	2.20	4.70	6.20	4.90	5.10	7.31
물가상승률(%)	5.63	0.18	−5.85	−6.12	−1.32	−2.50
수 출(100만US)	188,201	174,864	174,403	202,685	191,066	197,135
수 입(100만US)	213,300	86,759	180,711	214,042	202,008	203,921

資料出處 : ICSEAD, East Asian Economic Perspectives, vol.14. no. 1. 2003.

이러한 현상은 Hongkong 주권반환 때문이라기보다는 그 직후 닥친 동아시아경제의 전지역적인 외환위기와 경기침체의 影響이 더 크다고 보아야 옳다. 특히 주가하락은 동아시아의 외환위기가 Hongkong으로 파급되는 것을 막기 위하여 정부가 금리인상을 단행한 데서 비롯된 것 이었다.

1997年10月23日 Hongkong의 '桓生지수'는 전일 대비 14.6%라는 폭락세를 기록하면서 9,699포인트까지 하락 하였는데, Hongkong의 주가 지수가 10,000 이하로 하락한 것은 1995年12月 이후 처음이었다. 즉 1997年 후반 동남아시아 각국에서 외환위기가 발생하자 Hongkong 달러화가 고평가되어 있으므로 언젠가는 하락할 것이라는 예상이 확산되면서 환투기꾼들은 외화유출에 나섰다. 이에 대해 Hongkong 정부는 자금유출로 인한 통화가치의 하락을 막기 위해 국내금리를 인상 하였는데, 그 결과는 주가의 대폭락 사태였다.

따라서 Hongkong의 거시경제 지표를 살펴볼 때 불안정한 정치상황이 Hongkong 경제에 미칠 부정적인 影響은 그리 크지 않은 것으로 보인다. 지금까지 Hongkong경제의 장점으로 인식되어 온 원칙들 즉, 투명한 政策 결정과정 및 합리적인 상거래 관행·시장경제 원리에 의한 自由(zì yóu)방임 體制 등이 中国으로의 정치적 편입 이후에도 얼마나 유지될 수 있을 것인가 하는 문제가 Hongkong 경제의 장래에 매우 중대한 影響을 미칠 것으로 보인다.

Hongkong 주권반환 이후 中国과 Hongkong 간의 경제협력과 Hongkong 경제의 대중의존도가 심화되어 가는 것과 반대로 정치적 측면에서는 "Hongkong의 中国化"에 대한 Hongkong 주민들의 불안과 불만이 적지 않은 것으로 보인다. 2003年7月 中国이 주도한 『국가안전조례』 입법에 반대하여 10만 명 이상이 대규모 시위를 벌인 것이 그 한 예이다. 中国이 Hongkong 에 대한 정치적 통제를 강화하려 한다면 경제적으로도 Hongkong이 기존의 정책방향들을 계속 유지해 가기 쉽지 않을 것이다.

한편 Hongkong의 주권반환과 中国·向(xiàng) 경제교류의 확대로 Hongkong과 广州(guǎng zhōu)·深圳(shēn zhèn) 등이 위치한 广东省 (guǎng dōng shěng) 간의 이른바 珠江(zhū jiāng)經济圈 및 나아가서는 福建省(fú jiàn shěng)과 台湾을 포함한 华南(huá nán)經济圈이 국지적 경제협력체로 부상하고 있다. 珠江(zhū jiāng)지역은 上海(shàng hǎi)를 중심으

로 한 长江(cháng jiāng) 지역과 함께 이미 中国의 양대 경제권을 형성하고 있다.

여기에 Hongkong · 台湾을 포함하면 华南(huá nán)经济圈의 경제규모는 약 5,500억 달러로 ASEAN 전체 합계인 4,800억 달러를 상회한다. 지역 간 격차가 크기는 하지만 1인당 소득도 4,210달러로 中国 전체평균의 4배에 이른다.

华南(huá nán)经济圈의 특징은 첫째, 中国의 저렴하고 풍부한 노동력과 Hongkong · 台湾의 資本 및 기술이 결합하였다는 점이다. 둘째는 각 지역들이 상이한 발전 단계에 있어 상호 보완적 효과가 크다는 점이다. 셋째, 국가 또는 정부차원이 아니라 민간경제 차원에서 자연발생적으로 형성된 경제권이라는 점이다.

그러나 华南(huá nán)经济圈은 아직 통합의 정도가 낮기 때문에 명실상부한 경제협력체라고 하기에는 부족한 점이 많다. 또 中国과 台湾은 물론 주권반환 이후 Hongkong 주민들의 'Hongkong의 中国化'에 대한 불안감 등 상이한 政治 · 경제제도로 인한 갈등도 배제할 수 없다. 따라서 华南(huá nán)经济圈의 발전과 협력의 강화를 위해서는 지역 간 분업구조의 개선이나 첨단산업 발전을 위한 협력과 함께 공식적 혹은 準공식적인 협조기구의 설립이 필요할 것이다. 이러한 조건들이 갖추어진다면 华南(huá nán)经济圈은 세계적 경쟁력을 갖춘 가공조립 산업의 수출기지로 부상을 가져오게 될 것이다. 이는 곧 台湾海峡 안보와 연계된 中华经济圈(zhōng huá jīng jì quān) 성장이라는 딜레마적인 측면을 낳고 있다.

〈표. II-1-3-2/3〉华南(huá nán)经济圈의 규모

구 분	인구(만 명)	면적(만km²)	GDP(억 달러)	1인당 GNP
广东省(guǎng dōng shěng)	7,013	17.7	882	1,258
福建省(fú jiàn shěng)	3,282	12.1	368	1,136
Hongkong	668	0.1	1,665	24,891
臺 灣	2,174	3.6	2,616	12,007
합 계	13,137	33.5	5,531	4,210

資料出處: 中国측 통계는 각각 『广东省(guǎng dōng shěng)統計年鑑』, 『福建省(fú jiàn shěng) 統計年鑑』 의 자료이며, Hongkong 및 台湾통계는 WEFA 자료임.

Hongkong 경제가 곧 台湾海峽 안보와 연계된 中华经济圈(zhōng huá jīng jì quān) 성장이 향후 어떻게 전개될 것인가를 전망하는데 가장 중요한 요인은 역시 中国의 경제성장이다. 中国의 경제 고도성장이 지속되는 동안 中国의 금융·물류 창구로서 Hongkong의 역할도 확대될 것이다.

Hongkong의 금융 산업은 국내 총생산의 30%를 차지하고 있다. 국제결제은행(BIS)에 의한 1日 외환 거래액이 900억 달러를 넘는 세계 5위의 외환거래 시장이다. 특히 현재 경상거래에 한하여 허용되고 있는 中国 인민폐의 태환이 資本거래에까지 확대될 경우 Hongkong의 외환시장은 더욱 확대될 것으로 예상되고 있다. 또한 Hongkong의 증권시장은 세계 전체로는 7위, 아시아에서는 일본의 東京에 이어 두 번째로 큰 규모 이다. 현재 Hongkong의 증권시장에는 모두 29개의 中国企業이 상장되어 있는데 앞으로 中国企業의 상장이 본격화 될 경우 그 규모는 더욱 커질 것이다.

한편 Hongkong은 中国을 배후지로 하는 유리한 지리적 위치와 효율적 운영体制로 세계에서 가장 많은 컨테이너 물동량을 처리하고 있다. 종합적으로도 세계 7위의 무역항이다. Hongkong의 수출 가운데 약 85%는 再수출이다. 주요 수출시장은 中国(35%)·美国(měi guó)(20%)·EU(16%)의 순이며, 주요 수출품은 의류·액세서리·우산·완구·시계·핸드백 등의 경공업 제품으로서 이들의 생산기지는 주로 경제특구가 집중되어 있는 中国의 广东省(guǎng dōng shěng) 등에 위치하고 있다.

그러나 Hongkong 경제의 미래에 대한 전망이 반드시 낙관적인 것만은 아니다. 역설적이지만 Hongkong 경제의 장래를 불확실하게 요인 역시 中国의 고도성장에 있다. 2000年 기준 Hongkong에 유입된 海外 직접투자는 644억 달러로 세계 전체의 5.1%에 해당 한다, 그러나 이 대부분은 Hongkong을 경유하여 中国에 투자하기 위한 資本으로 Hongkong 경제에 실질적으로 기여하는 바는 그다지 크지 않다. 여기에 中国의 WTO가입으로 투자환경이 개선되리라는 기대로 많은 다국적 企業들이 中国에 대한 직접투자를 늘리고 있어 Hongkong의 역할은 더욱 축소되고 있다. 국제금융시장에서의 지위도 上海(shàng hǎi) 등의 부상으로 위축되고 있다. 물류 중개지로서의 역할도 广州(guǎng zhōu)·선전 등 인근지역의 인프라 확충으로 악화되고 있는 설정이다. 이러한 현상이 근본적으로 Hongkong 경제의 고비용 구조에서 비롯된 것이기 때문에 그 해결책이 쉽지 않다는 것이다. 다만 中国의 금융·물류 인프라를 전반적으로 보면 여전히 취약한 면이 많아 단기간 내에 上海

(shàng hǎi)·广州(guǎng zhōu) 등이 Hongkong의 역할을 대신할 것으로 보이지는 않는다. 따라서 Hongkong은 인근지역은 물론 中国내 여러 지역들과 분업구조를 개선하는 등 中国과의 경제통합을 더욱 확대함으로써 中国의 대외창구로서의 역할과 기능을 강화하는 한편, 기존의 금융·물류는 물론 첨단 산업의 연구·개발 기지로 산업구조를 재편해 나가야 할 것이다.

3. 华人势力圈의 등장과 中国 共产党의 해체과정 전망

중화경제권의 발전이 원활하게 이루어지는 이유는 무엇인가. 모국인 中国을 비롯하여 인근 국가에 資本진출을 하는데 누가 매개 역할을 하고 있는가. 华侨(huá qiáo) 資本의 모국이자 최대 수요처인 中国은 어떠한 政策을 견지해 왔는가. 이러한 의문에 대한 해답이 제시되어야 동아시아 지역경제 성장에 중추적인 역할을 하고 있는 华侨(huá qiáo) 資本에 대한 华人势力圈(huá rén shì lì quān)의 등장과 그에 따른 이해와 접근이 가능하다 할 것이다.

华侨(huá qiáo)세계에서는 血緣·地緣·業緣이라고 하는 것이 매우 중시되고 있다. 血緣이란 同族关系인데 직접적이 血緣关系가 없어도 姓이 같은 사람들끼리는 선조가 같은 것으로 보아 상호 신뢰한다. 地緣이란 동향关系이다. 华侨(huá qiáo)들은 출신지에 따라 广东(guǎng dōng)·福建(fú jiàn)·潮州(cháo zhōu)·客家(kè jiā)·海南(hǎi nán)의 5개 그룹으로 나누어진다. 출신지는 华侨(huá qiáo) 간 유대의 중요한 요소가 되고 있다. 血緣关系는 業緣조직에서의 유대이다.

华侨(huá qiáo)들은 血緣·地緣을 바탕으로 아시아 지역华侨(huá qiáo)들뿐만 아니라 全 世界华侨(huá qiáo)들 간에 구축되어있는 네트워크를 활용하여 빠른 성장을 도모하였다. 세계 어디를 가나 中国人들이 있는 곳에는 그들끼리 모여 사는 차이나타운이 있다. 그만큼 中国人들은 자기들의 이해를 보호하고 극대화하기 위해 서로 단결하는 힘이 강하다. 아시아 지역에도 소규모 차이나타운이 있기는 하다. 그러나 현지 政府 또는 현지인들과의 마찰을 우려한 华侨들이 군이 차이나타운이라고 분리하여 끼리끼리 모여살고 있지는 않다. 아시아 지역 华侨들은 한 곳에 모여 살지는 않지만 눈에 보이지 않는 네트워크로 연결되어 상부상조하고 있다.

한편, 공개적이고 구체적인 华侨(huá qiáo) 조직도 있다. 대표적인 것으로는 "国際华侨(huá qiáo) 協會", "世界華商大會" 등을 들 수 있다. "国際华侨

協會"(Teochiu Alliaqnce Association)는 1981年에 설립된 것으로서 산하에 150여개의 소규모 Teochiu협회를 회원으로 확보하고 있으며 2年마다 회의를 개최하고 있다. 同 조직은 华侨(huá qiáo) 간에 구축된 유대关系를 강화시켜 주는 계기를 제공할 뿐만 아니라 외국에 장기간 거주함으로써 소원해진 고향친척 및 中国政府와의 关系를 복원시키는 기회를 마련하기도 한다.

"世界華商大會"는 세계 최대 규모의 華商네트워크이다. 同 대회는 2年마다 개최되며, 세계 각국에서 1,000여 명의 華商들이 참석하는데 방언이나 선조들의 출신지와 关系없이 모든 華商들이 참석할 수 있다. 제 1차 대회는 1991年 新加坡(xīn jiā pō)에서, 제 2차 대회는 1993년 Hongkong에서 그리고 제 3차 대회는 1995年 방콕에서 개최되었다.

제 1·2차 대회에서는 Li Ka-Shing, Mochtar Riady, Henny Fok 등 국제적으로도 유명한 华侨(huá qiáo) 기업가들이 참석했으며 新加坡(xīn jiā pō)의 李光耀(lǐ guāng yào) 前 총리도 참석하여 연설하였다. "世界華商大會"는 3日刊 개최되는데 많은 초청인사가 연설을 하고 華商 간 유대를 공고히 하기 위한 각종 행사가 진행된다. 대회는 만다린어 또는 영어로 진행되는데 동시통역 서비스가 제공된다.

华侨(huá qiáo)들이 능숙한 인맥 만들기와 인맥의 활용은 对中国투자에도 활력을 불어 넣고 있다. 华侨(huá qiáo)에 의한 中国에서의 인맥 만들기와 그의 활용에는 주로 3가지의 방법이 이용된다. 첫째, 中国 각지, 특히 자신의 출신지에 대한 기부이다. 이것은 고향에 대한 사랑이기도 하나, 기부에 의해 中国政府와의 연결 통로를 만들고, 中国에서의 企業이미지를 제고하는 효과를 가져 오기도 한다. 华侨(huá qiáo) 企業으로서는 기부는 어떤 의미에서는 신행투자인 셈이다. 둘째, 对中国투자를 기정한 中国의 국책에 맞추어 행하는 것이다. 이에 의해 华侨(huá qiáo)는 中国政府에 신뢰를 받고 中国政府로부터 지원과 우대政策의 혜택을 받을 수 있게 된다. 셋째, 中国측과 공동으로 투자한다. 그때 中国 국내의 유력企業 또는 Hongkong의 中国系 企業, 경우에 따라서는 지도부의 자제들이 경영하는 회사 등을 파트너로 선택한다. 이렇게 해서 中国 국내의 네트워크를 그룹에 이용할 수 있게 된다.

지금까지 언급한 华侨(huá qiáo)들이 네트워크는 여타 국가 혹은 여타 민족에서는 찾아 볼 수 없는 것으로서 华侨(huá qiáo)資本 발전의 가장 중요한 요인이 되고 있다.

华侨(huá qiáo) 資本의 커다란 비중을 점하고 있는 아시아지역에는

Hongkong과 新加坡(xīn jiā pō)라는 2개의 국제금융. 무역센터가 존재하고 있다. 华侨(huá qiáo) 企業으로서는 Hongkong과 新加坡(xīn jiā pō)가 海外투자의 거점·자금의 조달선·무역의 중계지로 극히 중요한 경제적 역할을 담당하고 있다.

그 원인으로는 첫째, Hongkong은 中国·台湾에 가깝고 新加坡(xīn jiā pō)는 동남아시아 중심에 위치하고 있다는 지리적 우위성을 지니고 있다. 또한 이들 지역에는 항만·통신 등의 인프라가 잘 정비되어 있으며, 비즈니스 인재도 풍부하다. 둘째, 경제에 대한 政府의 규제가 적고, 세율도 낮다. 셋째, 금융시장이 발달되어 있어서 자금조달이 용이하며, 금융비용도 적게 든다. 특히 Hongkong은 新加坡(xīn jiā pō)에서는 볼 수 없는 독특한 매력을 지니고 있다. Hongkong 政廳의 自由(zì yóu)방임주의 政策에 따라 华侨(huá qiáo)의 지하자금이 집중·운영되고 있다. 华侨(huá qiáo) 企業으로서는 소재국 政府의 감독을 받지 않는다는 이점도 있다.

华侨(huá qiáo)는 세계 2개의 금융시장 가운데 Hongkong의 금융시장을 주로 中国企業의 자금조달을 위해 이용되고 있다. 新加坡(xīn jiā pō)는 주로 ASEAN제국 华侨(huá qiáo) 企業의 자금조달을 위해 이용되고 있어 각각 역할을 분담하고 있는 양상이다. 이에 따라 Hongkong·新加坡(xīn jiā pō)에 그룹전체의 海外투자나 海外업무를 총괄하는 거점을 설치하는 华侨(huá qiáo) 企業이 많았다.

Hongkong이 中国에 귀속된 이후에도 경제적 번영을 유지하고, 금융센터로의 역할을 계속 수행할 수 있을지에 대한 우려가 제기되기도 했다. 그러나 中国으로서는 Hongkong은 어느 지역과도 대체될 수 없는 자금조달선 및 수출선으로서 中国企業도 Hongkong에서 막대한 이익을 얻고 있다. 中国이 Hongkong 경제에 충격을 가하는 政策을 취하리라고는 전혀 생각할 수 없다. 오히려 中国이 Hongkong의 경제안전을 위해 政策的 조치를 취하고 있는 것으로 알려지고 있다.

따라서 Hongkong의 中国으로의 귀속에 따라 정치면에서는 여러 가지 影响을 받을 수 있겠지만, 경제면에서의 마이너스 影响은 적다고 하겠다.

Hongkong은 최근 아시아 금융위기로 인해 경제가 다소 침체되었으나 장기적으로는 华侨(huá qiáo)는 世界의 경제적인 요충으로서의 역할을 계속 담당해 나아갈 것으로 보인다.

华侨(huá qiáo)经济圈이 발전함에 따라 华侨(huá qiáo)系 금융기관의 실

력도 상당히 향상되었으며, 국제금융시장에의 影响力도 강해지고 있다. 세계 은행 랭킹 200위 안에 华侨(huá qiáo)系의 은행 7개가 포함되어 있으며, 华侨(huá qiáo)는 世界에서 활약하고 있는 세계 상위의 은행이 12개에 달하고 있다. 이러한 은행의 海外진출도 거의 대부분 아시아제국, 즉 中華世界에 집중 되어있다.

한편 台湾과 上海(shàng hǎi)도 국제금융센터로의 부상을 희망하고 있다. 台湾 1995年 1月에 "아시아·태평양 경제운영센터"라고 하는 구상을 내어 놓았다. 그 중에는 1997年의 Hongkong 귀속 이후 Hongkong의 금융센터로서의 기능의 일부를 분담하여 금융센터로 부상하려는 계획도 포함되어 있다. 또 上海(shàng hǎi)도 과거의 영광을 되찾아 아시아의 금융센터로 발돋움하려는 계획을 가지고 있다.

华侨(huá qiáo)系 資本은 1980年代에 들어서면서 거주국의 투자환경이 악화되는 경우가 많아짐에 따라 対中国 시각을 정치일변도에서 경제중심으로 방향을 전환하게 되었다. 즉, 华侨(huá qiáo)系 資本은 동일한 문화와 관습, 저렴하고 풍부한 노동력, 거대한 시장 잠재력 등을 보유하고 있는 中国을 투자대상 우선국으로 고려하게 된 것이다.

中国의 社會間接資本 및 법제도의 정비가 현저히 부진했던 개방 초기에 西方資本의 中国유치는 기대에 미치지 못했다. 이에 따라 中国은 외자유치 政策과는 별도로 华侨(huá qiáo) 동포투자 우대政策을 공표했다. 中国에 뿌리를 갖고 적정기술과 資本을 보유한 华侨(huá qiáo)資本은 이에 대해 깊은 관심을 가지게 되었다. 즉 中国의 対华侨(huá qiáo) 연화政策은 华侨(huá qiáo)資本의 中国으로의 회귀를 촉진하는 계기가 되었으며 나아가서는 华侨(huá qiáo) 간 상호협력에는 긍정적인 역할을 하게 되었다. 이히에서는 中国의 対华侨(huá qiáo) 연화政策에 대해서 구체적으로 언급한다.

対內华侨(huá qiáo)政策의 기본은 「一視同仁 不得歧視 根据特点 适当照顾 (yí shì tóng rén bù dé qí shì gēn jù tè diǎn shì dàng zhào gù)」의 16자 방침이다. 즉 귀교와 교권들을 일반 인민들과 같이 平等(píng děng)하게 취급하는 한편 海外에서의 생활체험과 海外와 火系를 갖고 있는 그들의 특징에 기초하여 적절한 배려를 하고 있다는 것이다. 同방침은 文化革命 이전에는 앞부분의 8자 방침이었다.

이러한 8자 방침에도 불구하고 中国에서는 오랜 기간 동안 귀교와 교권에 대하여 정치적·경제적·사회적 차별과 억압이 진행되어 왔다. 文化革命

당시에는 「海外关系複合論」 「华侨(huá qiáo) 複雜論」을 근거로 귀교와 교권에 대한 차별과 억압이 절정을 이루기도 했다.

귀교와 교권들은 심문·가택수사·형벌·下放·간부학교 입교 등에서 부당한 대우를 받았다. 共产党 입당·해방군 입대·임금 및 승진 그리고 결혼 문제에 이르기까지 차별대우를 받았으며, 토지 및 재산의 몰수·침해, 海外와의 통신에 대한 간섭, 분묘의 파손 등이 일어나기도 했다. 또한 복장·언어·관습 등 일상생활에서도 귀교 및 교권들과 일반 민중 사이에는 차별이 존재했다.

改革·开放이 시작된 1979年부터 1989年에 이르기까지 10여 年 동안 侨办(qiáo bàn) 및 공안부는 귀교·교권 关系者에 대한 종래의 정치적 판정 가운데 60여 만 건에 대한 재심사를 실시하여 6만 4,500건에 대하여 시정 조치 및 명예회복을 단행하였다. 이는 귀교·교권에 대하여 「一視同仁 不得岐視」의 방침을 충실히 이행하여 改革·开放에 중대한 역할을 하고 있는 海外华侨(huá qiáo) 資本에 대한 환심을 사기위한 조치라고 할 수 있다. 16자 방침 가운데 후반부인 「根据特点 适当照顾(gēn jù tè diǎn shì dàng zhào gù)」방침이 1978年에 추가되었다는 것도 이를 뒷받침하고 있다.

中国의 对内华侨(huá qiáo)政策은 1991年부터 시행된 「中华人民共和国(zhōng huá rén mín gòng hé guó)귀교교권권익보호법」이 집약되어 있다. 이 법률은 전문 22조로 구성되어 있으며 특히 제 3조에 对华侨(huá qiáo)政策의 기본방침이 나타나있다. 제 3조에서는 귀교·교권의 권리와 의무에 관한 일반적인 규정으로서의 어떤 조직단체도 이들을 차별해서는 안 된다. 不得歧視(bù dé qí shì)라고 명기하고 있다. 또한 국가는 이들에 대해 적절한 배려를 행한다. 适当照顾(shì dàng zhào gù)라고 규정하고 있으며, 특히 그 구체적 조치는 국무원이 정하도록 명기하고 있어 국내 对华侨(huá qiáo)政策의 중요성을 암시하고 있다.

이러한 「中华人民共和国 귀교교권권익보호법」은 1984年5月 제정된 「中华人民共和国 민족구역자치법」에 대응하고 있다. 즉, 「中华人民共和国 민족구역자치법」이 소수민족을 특별히 보호하기 위한 것이라면 「中华人民共和国 귀교교권권익보호법」은 漢族을 보호하기 위한 것이었다.

「中华人民共和国 귀교교권권익보호법」의 제정은 귀교·교권을 특수국민 대우하는 것이 아닌가 하는 의문을 낳기도 했다. 이러한 의구심에도 불구하고 同법률이 시행된 것은 中国이 귀교와 교권이 형성하고 있는 海外华侨

(huá qiáo)·华人(huá rén) 네트워크 활용의 중요성을 인식하고 있기 때문이다.

여기서 中国의 对外华侨(huá qiáo) 政策에는 크게 다음과 같은 4가지로 대별된다.

첫째, 华侨(huá qiáo) 에 대하여 이중国籍을 인정하지 않고 거주국의 국적을 취득하도록 권유한다. 즉 华侨(huá qiáo)의 华人(huá rén)化를 촉진하는 것이다. 둘째, 华侨(huá qiáo)의 정당한 권리를 보장하며 华侨거주국 政府에 대하여 华侨(huá qiáo)의 합법적 권익을 보장할 것을 요구한다. 셋째, 华侨(huá qiáo)가 거주국과 거주국의 법률을 존중하고 거주국 국민과 우호关系를 유지하며 장기간에 걸쳐 공존할 수 있도록 교육한다. 넷째, 华侨동포의 애국주의 정신을 수호하고 발양하며 가족보다는 나라를 사랑하도록 장려함으로써 华侨동포·전체 단결을 도모한다. 전 세계에서 华人(huá rén)의 수는 약 260여만 명으로 华侨(huá qiáo) 수 약 20여만 명의 13배 정도에 이르고 있다. 中国에서는 华人(huá rén)대책이라는 것이 별도로 규정되어 있지는 않다. 그러나 국내로 돌아온 귀교와 华人에 대한 차별적인 조치는 거의 찾아볼 수 없다. 또한 대사관·영사관 및 공사관 등 재외공관에서도 华人들이 华侨(huá qiáo) 못지않은 중요한 위치를 차지하고 있다. 특히 이들 华人(huá rén)을 华侨(huá qiáo)와 마찬가지로 친족·血缘关系또는 동향·동업 등의 关系를 통해 中国과 깊은 연계를 갖고 있기 때문에 中国의 对外华侨(huá qiáo)政策을 대외 华人(huá rén)에게도 적용하고 있다.

지금까지 언급한 바와 같이 中国이 华侨(huá qiáo)·华人(huá rén)政策에 중점을 두는 것은 华侨(huá qiáo)·华人(huá rén)들의 권익보호는 물론 이들이 형성하고 있는 台湾·Hongkong 등과의 네트워크, 나아가서는 이들을 매개로 하는 세계 각국·여러 민족과의 경제교류가 中国 경제발전과 中国统一에 대한 影响, 또는 반대급부적인 中国 共产党(zhōng guó gòng chǎn dǎng) 해체과정에 있어서도 절대적인 影响을 미칠 수 있다고 판단된다.

第 2 章 既存의 中国과 台湾의 成立背景

总体的인 中国 共产主义革命(gòng chǎn zhǔ yì gé mìng)를 일컬어 그 고유의 토착적인 운동의 소산이라고 지적되고 있듯이, 1921年 中国 共产党

(zhōng guó gòng chǎn dǎng)의 創建이 될 때까지 「코민테론」(国際共产党, 이하 코민테론 이라 칭함)의 影响과 지시를 받았다. 그러면 共产党이 형성될 때까지의 中国內部는 어떠하였을까. 본 논문에서는 그 時代的 背景을 살펴보았다.

여기서 新文化运动(xīn wén huà yùn dòng)이 共产党 형성에 미친 影响과 五・四运动(wǔ sì yùn dòng)가 共产党 형성에 미친 影响의 多要因(duō yào yīn) 종합분석 이론은 从前(cóng qián)의 中国 共产党(zhōng guó gòng chǎn dǎng) 革命理论이나 战略(zhàn luè)・战术(zhàn shù)에 치중하였던 연구를 포괄하였다는 점에서 中国의 成立背景과 过程(guò chéng)를 연구하는데 있어서 새로운 지평을 열었다고 볼 수 있다.

中国 共产党(zhōng guó gòng chǎn dǎng)의 成立背景에 대하여 상기에서 주지한 바 있듯이, 당시의 시대적 배경은 起义이후 1915年 겨울부터 1917年 여름 사이에 中国의 정세는 帝政运动(dì zhèng yùn dòng)에 의하여 술렁대고 있었고, 반동적인 관료들은 황제의 즉위를 준비하기에 분주하였다. 낡은 紳士出身(shēn shì chū shēn)의 인사들은 제정운동의 이론적 기초를 마련하기 위하여 정통적인 儒家의 진보적 교리를 주장하고 있을 때였고, 新兴日本(xīn xīng rì běn)의 압력으로 대외적인 굴욕을 감수해야 했다. 대내적으로는 군벌・反动官僚・신사들에 의한 음모도 위기의 연속을 겪고 있을 때였으니, 이러한 혼란의 와중에서 中国의 所长 지식인들이 구국의 방법을 모색하게 된 것은 너무나 당연한 일이 아닐 수 없다.[67] 바로 이러한 때에 新文化运动(xīn wén huà yùn dòng)가 陈独秀(chén dú xiù)에 의해 전개되었고, 共产党이 발아를 하게 된 계기가 된 것이다.

陈独秀(chén dú xiù)의 民主主义(mín zhǔ zhǔ yì) 개념이란 무엇인가? Schwartz 교수에 의하면 그것은 본질적으로 "경제적 개인주의, 맨체스터 自由主义(zì yóu zhǔ yì)"였다. 곧 개인의 自由(zì yóu)를 법적으로 해방시킴으로써, 民主主义(mín zhǔ zhǔ yì)는 개인의 활력을 해방한다고 정의하고 있다. Manchester 학파의 개인주의는 Jeremy Bentham(1748~1833)이며, 그에 의하면 개인은 물질적 행복추구와 自由(zì yóu)의사 표시 등 개인의 自由를 향유할 권리와 기회가 주어짐과 동시에 타인과 사회 전체의 행복을

---

67) Chow TSE-TSUNG., The May Fourth Movement: Intellectual Revolution in modern China (Stanford Univ, press, 1960.), Chap. III.

위해 일해야 할 의무도 또한 주어졌다고 주창한다. 요컨대 경제적 동기가 바탕에 깔린 개인주의였다. 동시에 사회적 동기가 갈려 있는 것으로 여기에는 아직도 사회적 명령에 따르는 의무수행을 통하여 그 자신의 정당성을 지켜야 한다는 낡은 儒教的习惯이 살아 있음을 느낄 수 있다. 이와 관련하여 陈独秀(chén dú xiù)가 주장한 德某克拉西(dé mǒu kè lā xī)와 寒因斯(Science)라는 함축적인 표현은 그가 생각한 西欧思想의 내용을 그대로 再現하고 있다. 그런데 그가 주장한 西欧思想으로서의 "민주"는 윤리의식의 개혁을 통해 서구의 政治체계의 이상적인 이념인 민주적 원리를 바탕으로 한 입헌공화주의를 당시 中国의 정치적 상황과 결부해 실현시키려 했다.[68]고 규정지을 수 있을 것이다.

1919年부터 1921年 中国 共产党(zhōng guó gòng chǎn dǎng) 창당까지의 陈独秀(chén dú xiù)의 政治思想과 世界观은 제 1차 世界大戰의 종결과 파리 평화회의, 그리고 그로 인하여 발생하였던 五·四事件(wǔ sì shì jiàn)는 훗날 中国 共产党(zhōng guó gòng chǎn dǎng) 성립에 가장 큰 影响力을 가져다주게 되었다. 五·四事件(wǔ sì shì jiàn)의 政治的 行动으로 부터 1920年代의 中国에 새로운 民族主义(mín zú zhǔ yì)가 등장하였다. 또한 五·四运动(wǔ sì yùn dòng)를 통한 직접적인 행동의 효과에 陈独秀(chén dú xiù)·李大钊(lǐ dà zhāo)를 비롯한 지도적 지식인과 毛泽东(máo zé dōng)·周恩来(zhōu ēn lái) 등의 청년들은 점차로 러시아에 있어서 볼세비키의 革命的 경험에 한층 더 깊은 관심을 표명하고, 中国構造를 위한 새로운 모색을 시도하는 전환점이 되었으니 가히 中国 共产党(zhōng guó gòng chǎn dǎng) 형성에 직접적인 원인이 됐다고 할 수 있다.

당시 中国 政治史에 있어서 辛亥革命(xīn hài gé mìng)은 中华民国(zhōng huá mín guó) 诞生에 결정적인 역할을 한 革命起义(gé mìng qǐ yì)이다. 이외에도 물론 많은 사소한 거사가 있었지만 가장 중요한 것은 역시 3月29日의 黃花岡起义와 同年(1911) 10月 10日의 武昌起义(wǔ chāng qǐ yì)를 꼽을 수 있다. 武昌起义(wǔ chāng qǐ yì)가 성공되자 清政府가 밀려나고, 南京(nán jīng)를 临时政府(lín shí zhèng fǔ)의 소재지로 하고 中华民国(zhōng huá mín guó) 临时政府(lín shí zhèng fǔ)를 조직 하에 정식으

---

68) 陈独秀(chén dú xiù), "新青年宣言", 『新青年』, 第 7卷 1號 (1919.12.), 『獨秀文存』, pp. 365~368. 재인용.

로 中华民国(zhōng huá mín guó)이 탄생되었다.

国民党(guó mín dǎng)은 民国元年(1912年) 临时政府(lín shí zhèng fǔ)가 北京(běi jīng)으로 환도하고 南北统一이 된 共和国이 탄생되자, 袁世凯(yuán shì kǎi)를 중심으로 한 舊勢力이 너무 커 정당난립을 초래하게 되었고, 이를 대응하기 위하여 孙文(sūn wén) 領導하에 탄생한 統一된 정당이다.

"国民党(guó mín dǎng)의 形成过程(guò chéng)을 보면, 民国元年(1912年) 同盟会(tóng méng huì)가 统一共和党·国民共进会·国民公党·共和实进会를 합병하여 조직한 것으로, 정강은 첫째 政治统一的促成, 둘째 地方自治的发展, 셋째 种族同化的实施, 넷째 民生政策的重点, 다섯째 国际和平的维持였었고, 孙文(sūn wén)이 이사장으로 추대되었다. (通过国民党的形成过程可知, 民国元年 (1912年), 同盟会由统一共和党、国民共进会、国民公党、共和室进会合并而成。其政治纲领为：一, 促成政治统一；二, 发展地方自治；三, 实行种族同化；四, 重点关注民生政策；五, 维持国际和平。孙文被推举为理事长。tōng guò guó mín dǎng de xíng chéng guò chéng kě zhī, mín guó yuán nián <yī jiǔ yī èr nián>, tóng méng huì yóu tǒng yī gòng hé dǎng, guó mín gòng jìn huì, guó mín gōng dǎng, gòng hé shì jìn huì hé bìng ér chéng. Qī zhèng zhì gāng lǐng wéi: yī, cù chéng zhèng zhì tǒng yī, èr, fā zhǎn dì fāng zì zhì; sān, shí xíng zhǒng zú tóng huà; sì, zhòng diǎn guān zhù mín shēng zhèng cè; wǔ, weí chí guó jì hé píng. sūn wén bèi tuī jǔ wèi lǐ shì zhǎng。)"

国民党(guó mín dǎng)이 성립된 후 1913~14年 10月25日 각지에서 선거대표를 선거하여 28日에 소위 국민투표를 실시하여 국민대표 1993人 모두가 复辟帝制(fù bì dì zhì)를 찬성하여 袁世凯(yuán shì kǎi)가 황제로 추대되었다가, 孙文(sūn wén)의 中华革命党(zhōng huá gé mìng dǎng)에 의해 袁世凯(yuán shì kǎi)의 황제의 꿈이 수포로 돌아가게 되었다. 전국은 다시 统一되었으며, 民国8年(1919年)에 中华革命党(zhōng huá gé mìng dǎng)을 다시 中国国民党(guó mín dǎng)으로 개칭을 하고, 정식으로 中国国民党(guó mín dǎng)이 탄생되었다. 中华革命党(zhōng huá gé mìng dǎng)은 孙文(sūn wén)이 日本(rì běn)에 체류하면서, 遠世凯의 국회해산·약법의 위반·国民党(guó mín dǎng)의 암살·帝制阴谋(dì zhì yīn móu) 등을 보고, 조직한 새로운 革命党인 것이다.

第 1 节 中国 政治思想 争论与分裂(1917~1922)

中国 传统社会를 살펴보면 平等精神이 不平等 원리에 입각한 儒教主义 伦理观과 权位主义 社会习惯에 의해 말살되어 왔다고 보았다. 그 예로 그는 "男尊女卑" 관념이나 여자가 남자처럼 "职业的自由"를 향유하지 못한 것을 좋은 예로 지적하고 있다._ 현대생활에서는 经济가 근본이며, 개인 独立主义 는 经济学에서 生产의 근본원칙이다. 그 影响은 마침내 伦理学에까지 미친다. 그러므로 현대 伦理学에서의 개인 인격의 독립과 经济学에서의 "개인의 재산독립"은 상응하는 것이다._ 孔子(kǒng zǐ)(kǒng zǐ)는 封建社会에 성장하였으니, 그가 주장한 道德・礼教・생활방식, 정치는 모두 封建社会의 산물이다. 봉건적 礼教가 제시하는 목표의 범위는 소수인 군주와 귀족의 권위와 품위를 지키는 것을 넘어서지 못하는 것이니 국민의 행복과는 무관하다. 전통적인 우상의 파괴는 또한 소위 "文学革命(文学改良)"을 야기 시켰다.[69]

辛亥革命(xīn hài gé mìng) 직후에 나타난 政治的・思想的인 反动化로 인하여 새로운 시대를 가져올 것이라 기대하고 있던 사람에게 革命에 대한 실망감과 좌절감이 나타나기 시작했다. 이에 新지식인들은 辛亥革命(xīn hài gé mìng)의 실패를 교훈삼아 政治革命에 앞서 새로운 思想과 정신으로 무장하는 의식革命에 착수하였다. 그들은 의식개혁의 중심 테마를 中国 전통의식의 부정으로 여기고, 그 구체적인 작업으로서 『新靑年』을 통하여 西欧思想을 적극적으로 소개함과 동시에 西欧思想에 의한 中国 傳統思想의 비판을 개시하였다.

1839~42年의 鸦片战争(yā piàn zhàn zhēng)부터 1919年 五・四运动(wǔ sì yùn dòng)의 前夜에 이르기까지의 70年 이상 지속된 中国의 저항 운동기에 中国민족은 제국주의에 대항할 만한 이데올로기적 무기를 갖지 못했다. 张之洞(zhāng zhī dòng)나 康有为(kāng yǒu wéi) 등과 같은 親改革的 儒学者들이 주장한 西洋技术이나 제도의 도입에 의한 유교思想의 维新과 같은 이데올로기는 급변하는 정세에 더 이상 스스로를 지탱할 수가 없었다. 그러므로 中国人들은 어쩔 수 없이 진화론이나 자연법 思想, 시민사회 国家论 등과 같은 이데올로기와 정치적 처방을 자신의 것으로 수용할 수밖에 없

---

69) 陈独秀(chén dú xiù)., "偶像破壞論", 『獨秀文存』, (1918. 8. 15.), pp. 227~230. 재인용.

었다. 그러나 제국주의 침략으로 신음하는 中国을 타개하는 해결책이라고 지지했던 政治·社會 思想들이 아이러니컬하게도 제국주의의 온상에서 빌려온 것들이기에 中国 실상에 적용하기에는 많은 問題点을 안고 있었다.

中国人들은 밖으로는 외국세력으로부터 자신을 지키고, 안으로는 공화국을 실현시키겠다는 신념을 가지고 정당을 조직하고 수행해 나갔다. 그러나 이 모든 이데올로기적 무기들 또한 봉건주의의 것과 마찬가지로 매우 무력함이 드러났다. 1917年 俄国革命(é guó gé mìng)은 中国人들을 각성시켰으며, 中国人들은 马克思(mǎ kè sī)-列宁(liè níng)主义라는 새로운 이념이 주는 단기간에 걸친 확실한 미래 제시와 강력한 현실 타개책에 매료되어 방향을 바꾸게 되었다.

1916年 末에 北京(běi jīng)大学에 새로 부임한 蔡元培(cài yuán péi) 校長은 中国의 전통적인 思想이나 문물, 그리고 서양의 새로운 思想과 문물들을 일괄적으로 흡수·용해하려는 政策을 취하였다.

1917年 初에 陈独秀(chén dú xiù)가 北京(běi jīng)大学의 문과대 학장에 부임하고, 美国(měi guó) 유학에서 돌아온 胡适(hú shì)가 여름에 교수로, 이듬해 李大钊(lǐ dà zhāo)가 도서관장으로 계속해서 历史学 科 교수로 부임하는 등 自由主义(zì yóu zhǔ yì), 맑시스트, 无政府主义者·新保守主义者 등이 北京(běi jīng)大学을 중심으로 모이게 되자 학문은 보다 활기를 띠게 되었다.

그들의 현 시국의 解決方案에 대한 견해, 이는 이 학교와 陈独秀(chén dú xiù)의 北京(běi jīng) 주재로 上海(shàng hǎi)로부터 北京(běi jīng)에 온 『新青年』 잡지를 중심으로 논쟁이 활발하게 진행되었다. 1915年에 발간된 『新青年』 잡지는 1916年에 잠시 휴간된 이후 1917年부터는 陈独秀(chén dú xiù)를 비롯하여 胡适(hú shì)·高一函 등이 돌아가면서 집필도 하고 편집도 맡게 되었다. 이러한 쟁쟁한 당대 지식인들을 편집인으로 인하여 복간되었다. 따라서 예전에 陈独秀(chén dú xiù)가 혼자 관장하던 『青年杂志』는 그가 北京(běi jīng)大学의 교수로 임용됨으로써, 동 대학의 동인 刊行物的 성격을 갖게 되었다. 1916年 9月 1日의 『青年杂志』 2권 1기부터는 정식으로 『新青年』 으로 이름을 바꾸었으며, 中国 新文化运动(xīn wén huà yùn dòng)의 선봉이 되었다.

1917年의 지식인들의 결합은 五·四事件(wǔ sì shì jiàn)를 계기로 급격히 分裂되어 각기 다른 길로 나뉘어 진다. 그 추세는 马克思(mǎ kè sī)-列

宁(liè níng)의 社会主义가 단연코 우위를 점하고, 당시 中国에게 解决方案을 제시해 준다고 많은 학생들과 인민들에게 점차 호소되었다. 이에 自由主义(zì yóu zhǔ yì)者들은 한편으로는 社会主义를 둘러싼 갖가지 논쟁을 시도하였고, 다른 한편으로는 그들도 이제는 "我们的政治主张(wǒ mén dē zhèng zhì zhǔ zhāng)"을 발표하고, 나름대로 好人政府(hǎo rén zhèng fǔ)을 비롯한 현실 打开策(好人内阁)을 발표하기에 이른다. 그러나 이의 주장이 학생과 일반에게 호소되기에는 그 시기가 너무 늦었고, 그 강도와 그 실현방법이 약하고 비현실적이며 요원하였기에 그들의 마지막 시도 역시 실패하고 만다.

1919年 五·四运动(wǔ sì yùn dòng)이 대중동원의 형태로까지 폭발하기 이전에, 1910年代의 도시에서는 新文化运动(xīn wén huà yùn dòng)으로 새로운 지식인들 및 도시지도자들이 의해 전개되었다. 서양에서 도입된 宣教 및 교육기관, 그리고 工商业은 새로운 계층을 형성하게 만들었다. 이때까지 시도했던 政治改革(gǎi gé)이 실패하고 中国이 军阀主义로 전락한 것을 목격한 새로운 지도층은 精神的 또는 文化的改革(gǎi gé)에 눈을 돌리기 시작했다.[70]

소위 新文化运动(xīn wén huà yùn dòng)이란 胡适(hú shì)에 의하면 한편으로는 社会主义와 政治·종교·문화방면의 각종 问题를 토론하는 것이며, 또 한편으로는 西洋思想을 소개하는 것이었나.[71]

新文化运动은 구어체로 쓰여진 수백 개의 정기간행물이 이 기간에 등장하는데, 胡适(hú shì)의 反전통주의와 实验主义(shí yàn zhǔ yì) 모두 中国사회 개조에 기여를 목적으로 한다. 신문 역시 新사고를 추구하여 기존 가치들을 재검토하고, 또 한편으로 서구 작품들의 번역이 급증함으로써, 30대 젊은 교수들에 의해 시작되고 20대의 학생들에 의해 지지된 지적 革命이었다. 실제적으로는 北京(běi jīng)大学에서 시작되어 전국으로 확산되어 수많은 모임이 곳곳에 생겼다. 선구적 해외학자들 강연도 있었는데, 듀이(john Dewey)는 1919年 5月~1921年 6月까지 中国 11개 지방을 여행하고 자주 강의하였다, 이때 胡适(hú shì)이 통역을 맡았고, 주로 교육과 实用主义에

---

70) 안병준., 중국 현대화의 정치경제학, (서울: 박영사, 1992.), p. 42. 재인용.

71) Grieder., Jerome B. Hu Shih and the Chinese Renaissance: Liberalism in the Chinese Revolution 1917~1937, Cambridge. Mass: Harvard Univ. Press, 1970. . 667. 재인용.

대한 그의 강의는 中国 知識人들에게 광범위한 관심을 일으켰다. 여기서 러셀(Bertrand Russell)은 국가 社会主义 지지자로 듀이보다 더 광범위하게 더 관심을 일으켰다.

이렇듯 胡适(hú shì)는 美国(měi guó)유학 당시 듀이(John Dewey)로부터 강렬한 影响을 받았고, 2年(1919~1921)에 걸친 듀이의 中国방문 당시, 그의 강연의 통역자 역할을 통해 많은 影响을 받아 实用主义者·自由主义(zì yóu zhǔ yì)者 면모를 강하게 지녔다. 서구 문명에 대한 일반인들의 이해를 위해서 그리고 보다 많은 이들의 보편적 진리와 삶의 진실을 깨닫게 하기 위해 대중교육을 강조한 바, 그는 文学革命 즉 白话文学의 대표자이자 선도자였다.

胡适(hú shì)(1891~1962)는 자산계급의 학자로서 陈独秀(chén dú xiù)와 같이 安徽省(ān huī shěng)(绩溪办(jì xī bàn))출신이다. 胡适(hú shì)는 美国(měi guó)에서 유학하여 Comell과 Columbia 양 대학에서 수학하였다. 특별히 당대에 명성이 높았던 实用主义 哲学의 대가인 존 듀이 밑에서 实用主义 哲学과 科学的合理主义 思想을 연구하면서 美国式 民主共和制의 실천을 긴밀히 연구하였다. 1917年 귀국하여 북경대학의 교수로 임용되었으며, 文学改革(gǎi gé)을 제창함으로써, 당시 新文化运动(xīn wén huà yùn dòng)의 명사로 부상되었다. 한편으로는 美国(měi guó)에서 얻은 신지식을 中国에 소개하였고, 다른 한편으로는 『新青年』 잡지의 일원으로서 传统的儒教价值观과 权位主义的 사회질서의 개혁을 역설하였다. 1919年 五·四事件(wǔ sì shì jiàn) 당시에 그의 나이 28세였는데, 그 해 7月에 "问题를 보다 많이 연구하고 주의를 보다 적게 말하라. (多研究问题, 少谈论主义. duō yán jiū wèn tí, shǎo tán lùn zhǔ yì)"는 글을 발표하여 개량주의자로서 马克思(mǎ kè sī)主义를 반박하였다. 1922年 그는 好人政府(hǎo rén zhèng fǔ)주의에 고취되어 马克思(mǎ kè sī)主义의 무산계급의 革命闘争에 반대하였다.

『新青年』은 新文化运动(xīn wén huà yùn dòng) 중에 中国의 전통적인 舊思想을 비판하고, 서양의 新思想을 소개하는 二重의 부담을 적극적으로 수행하였다. 그 내용도 전통 전반의 비판에서 1917年 이후 부터는 陈独秀(chén dú xiù)·胡适(hú shì)·李大钊(lǐ dà zhāo)·鲁迅(lǔ xùn) 등에 의해 孔教(kǒng jiào)에 대한 비판이 주를 이루게 된다.

反전통주의, 反儒教主义와 西欧思想 수용에 있어 세 사람은 그 정도가 서로 달랐다. 그러나 공통적으로 그들의 思想은 오랜 유학의 경험의 胡适(hú shì)나 마르크시즘의 강력한 주의의 화신이 된 陈独秀(chén dú xiù)나 李大钊(lǐ dà zhāo)의 경우에 있어서도 전통의 강력한 影響하에 있었다. 이는 이후 中国內 社会主义의 색깔을 좌우하는 시발이 되었다.

1919年 9月호 胡适(hú shì)가 海周评论에서 李大钊(lǐ dà zhāo)와 "问题와 主义"의 问题를 논의한 직후에, 이 주간지는 북경 정부의 탄압을 받았고, 두 사람은 歐美 유학생들이 창간한 잡지인 太平洋 월간에는 논쟁을 속행하지 않으면 안 되었다. 1920年8月1日 自由主义(zì yóu zhǔ yì)者 胡适(hú shì)·张梦麟(zhāng mèng lín)·陶孟和(táo mèng hé)·高一涵(gāo yī hán) 등은 근래 马克思(mǎ kè sī)主义로 전향한 李大钊(lǐ dà zhāo)와 공동으로 自由争取宣言을 발표하였다.

"원래 우리는 정치를 논하는 사람은 아니나, 실제 정치는 늘 우리의 장애물이 되어왔다. 辛亥革命(xīn hài gé mìng) 이래로 지난 9年間 사이비 공화제의 지배하에 우리는 자유 없는 사람들의 온갖 고통을 겪어 왔다. 이런 고통은 정치변동, 아니 집권정당의 교체에도 불구하고 여전하다. 진정한 공화제는 인민이 정치를 주도하기까지는 결코 실현될 수 없음을 자각해야 한다. 인민의 정치를 주도하게 되려면, 진정한 자유사상과 自由批判의 정신이 배양될 수 있는 분위기를 먼저 갖추어야 한다. 인류 역사상 민중의 피땀의 희생 없이는, 어느 나라에서도 自由(zì yóu)를 얻은 적이 없다. 自由(zì yóu)를 위해 싸우려는 사람들이 없다면, 진정한 自由(zì yóu)의 실현은 없을 것이다. 군벌과 정당들이 지난 수십 年 간 그토록 전횡할 수 있었다는 사실은 바로 대중들이 진정한 自由思想과 自由批判에 정신이 없었다는 것의 표현이다."[72]

이 선언에서의 그들은 경찰 압제의 폐지, 1912~1914年에 제정된 신문·출판·비상상태에 적용되는 법률과 조례의 폐지를 요청했다. 적극 면에서 그들은 첫째, 언론·출판·집회·서신 비밀의 自由(zì yóu), 둘째, 인신보호법, 셋째, 非常派 조직에 대한 선거 감독을 요구했다.

위의 선언이 발표되었을 당시 『新靑年』의 발행부수는 1만 5천부에 이르렀고, 당시의 전국에서 발행되는 간행물중 최고의 부수였다. 그 뒤 계속해서 간행물들이 나왔는데, 거의 400여종에 달하게 되었으나 『新靑年』 과는 비교가 될 수 없었다. 『新靑年』 잡지를 시기적으로 분류할 때, 일반적으로 前期

---

72) 胡适(hú shì), 張夢麟., "爭自由爭取", [東方雜誌], XVII (1920.8.25.), p. 16. 재인용.

와 後期로 나누고 있는데, 前期는 1915年부터 1920年 중반까지로 後期는 1920年 이후의 출판물로 구분하고 있다. 前期 출판물은 五·四运动(wǔ sì yùn dòng)에 많은 影响을 주었으며, 後期 출판물은 中国 共産主义 运动에 많은 影响을 미쳤다.73)

1. 五·四事件 以前의 反传统主义와 西欧思想의 受容

일찍이 1911年 辛亥革命(xīn hài gé mìng)의 결과로 권위적인 中国의 전통적인 政体인 王祖统治는 붕괴되었고, 이러한 전통적 정치질서의 파탄은 전통문화·思想·道德的 질서상의 파괴로 의미되었다. 中国政体의 중요한 기둥이었던 권위적인 유교思想도 본래부터 가지고 있던 지배적인 권위를 잃게 되었다. 이에 권위적인 유교思想으로부터 이탈한 개인은 한편으로는 여전히 남아있는 전통적인 권위에 항거해야 했으며, 다른 한편으로는 새롭게 의존해야 할 思想을 찾아야만 했다. 따라서 中国의 전통思想과 서양의 思想이 어지러운 상황으로 전개될 수밖에 없었다. 당시 서양에서 유행하던 思想이 하나하나 소개되었다. 法国(fǎ guó)에서 P.A. 크로포트킨의 '互助论'과 역시 같은 성격의 W. 고드윈의 '无政府主义'가 수입되었고, 德国(dé guó)의 A.D. 쇼펜하우어와 F.A. 니체의 思想이 소개되었다. 그리고 美国(měi guó)에서 존 듀이의 '실증주의', 베르그송·러셀의 思想이 소개되었다. 갖가지 西洋思想들이 口传으로 전해지던 19세기 말과는 달리 20세기 初에는 思想家들이 직접 中国에 건너와 강연 등을 통해 전달되었다.

나중에 梁启超(liáng qǐ chāo)와 蔡元培(cài yuán péi)가 '讲学社(jiǎng xué shè)'를 조직하여 美国(měi guó)의 듀이와 영국의 러셀, 德国(dé guó)의 철학자 H. 드리에쉬를 초청하였으며, 인도의 시인 타고르도 中国에 와서 강연하는 등 中国人에게 직접 그들의 思想을 전하였다. 그러나 여러 가지 思想들 중에서 이후의 中国에 대하여 가장 큰 影响을 미친 것은 陈独秀(chén dú xiù)·李大钊(lǐ dà zhāo)가 소개한 马克思(mǎ kè sī) 思想이었다.74) 당시 中国에는 많은 思想의 유입과 이에 따른 진통이 있었으나, 이는 이데올로기

---

73) 高厚源., 五·四時期의『新青年』, 雜紙 中国学 誌, 第 1輯, (1983.7.), pp. 101~103. 재인용.

74) 권중달·문명숙 역, "문화대혁명 전후의 중국 역사해석", (서울: 집문당, 1991.), p. 51. 재인용.

적 또는 精神的 차원에서는 脫 儒敎化 过程(guò chéng)임과 동시에 밖에서 들어 온 马克思(mǎ kè sī)主义를 자신의 것으로 만드는 过程(guò chéng)이었다고 논하고 있다.

듀이는 1919年 5月 1日에서 1921年 7月 21日까지 中国에 머무르면서 中国内 自由主义(zì yóu zhǔ yì)와 实验主义(shí yàn zhǔ yì) 사고의 형성에 직접적인 影响을 끼쳤다. 반면 러셀은 1920年 10月에서 1921年 10月까지 머물렀으나 그리 큰 影响을 끼치지는 못하였다. 그의 中国에서의 강의는 中国의 상황과 맞지 않는 논지도 있었고, 新보수주의와의 연계의 의혹 때문이었다.

당시 中国을 이해하기 위해서는 中国人들의 精神的 태도를 구체적으로 이해할 필요가 있다. 왜냐하면 이들은 한편으로는 전통 특히 유교반대에 총력을 기울였고, 다른 한편으로는 이에 따르는 공백을 西欧思想과 문명으로 채우고자 했다. 요컨대 유교 전통을 극복하는 무기로 다양한 西洋思想들을 채택했다. 그러나 그들의 反傳統思想이나 지지했던 西欧思想의 내용은 서로 달랐기에 이후 많은 논쟁을 유발하게 된다.

본 논문의 본 절에서는 五·四事件(wǔ sì shì jiàn) 이전에 이들이 해결책으로 추구했던 西欧思想들에 의해 행해진 유교思想 파괴를 당시 주도적 잡지였던 『新靑年』에 발표된 胡适(hú shì)·陈独秀(chén dú xiù)·李大钊(lǐ dà zhāo)의 글들을 중심으로 五·四运动(wǔ sì yùn dòng)이 共产党 형성에 미친 影响을 살펴보고자 한다.

당시 五·四运动(wǔ sì yùn dòng)가 共产党 형성에 미친 影响을 살펴보면, 1919年5月4日 北京(běi jīng)大学을 중심으로 하여 파리 강화조약 거부에 대한 中国人의 反日运动으로서 훗날 中国 共产党(zhōng guó gòng chǎn dǎng) 성립에 가장 직접적인 원인이 된 운동이다. 그 展開过程(guò chéng)을 보면, 1918年11月 欧洲에서 전쟁이 종식되자, 1919年4月 파리에서 종전 평화회의가 열렸는데, 獨逸에서의 山東权利 问题와 21개 조항폐지, 列强大陆 中国의 특권폐지 등을 제기했었다가 절망적으로 끝났다.

평화회의에 참석한 강대국들은 山東에 있어서 獨逸의 권익을 탈취한 日本(rì běn)의 행위를 정당한 것으로 인정하려 했다. 이에 분개한 북경학생들은 山東问题에 관한 항의시위를 북경대학을 중심으로 13개교 학생 3천여 명이 천안문에 모여 「파리강화조약 조인거부, 21개 조 철폐, 中国은 中国人의 中国, 山東权利의 회수, 排斥日货」 [75] 등의 구호를 내걸고 시위운동을 벌였다. 시위대는 日本(rì běn) 公使館으로 향하였으나, 경찰의 저지를 받아 방향을 전환하여 21개 조 교섭의 책임자의 한 사람인 亲日派로 유명한 交通总长 張汝霖의 사저를 습격하고, 그곳에 있던 당시 驻日公使로 西原借款을 끌여 들이는데 분주하였던 章宗祥(zhāng zōng xiáng)을 고문하고 구타하였으며, 曹家에 방화하였다. 5日 후 이 시위운동은 전국적으로 확대되어 북경에는 중학교 이상의 연합회가 조직되어 대탄압이 시작되었고, 학생운동에서 시작된 이 운동은 市民商人・劳动者의 대중운동으로 발전되어, 민중대회・撤市罢业(chè shì bà yè) 등으로 나타나 전국적으로 전개되었다.

그 결과 북경정부의 약화를 초래, 발전의 전환기를 가져왔다. 이것이 훗날 中国 共产党(zhōng guó gòng chǎn dǎng) 성립에 가장 큰 影响力을 가져다주게 되었다. 따라서 五・四运动(wǔ sì yùn dòng)라고 불리는 이 大众运动(dà zhòng yùn dòng)은 즉각적인 결과로서는 파리에서 中国代表들이 조약에 대한 인준을 거부였으나, 보다 중요한 결과는 中国의 지식인에게 충격을 주어 近代中国의 사회・경제적인 병폐를 民主主义(mín zhǔ zhǔ yì) 思想과 제도로써 치유할 것을 주장케 했다는 점이다. 또한 五・四运动(wǔ sì yùn dòng)을 통한 직접적인 행동의 효과에 陈独秀(chén dú xiù)・李大钊(lǐ dà zhāo)를 비롯한 지도적 지식인과 毛泽东(máo zé dōng)・周恩来(zhōu ēn lái) 등의 청년들은 점차로 러시아에 있어서 볼세비키의 革命的 경험에 한층 더 깊은 관심을 표명하고, 中国构造를 위한 새로운 모색을 시도하는 전환점이 되었으니 가히 中国 共产党(zhōng guó gòng chǎn dǎng) 형성에 직접적인 원인이 됐다고 할 수 있다.

1919年부터 1921年 中国 共产党(zhōng guó gòng chǎn dǎng) 창당까지의 陈独秀(chén dú xiù)의 政治思想과 世界观은 제 1차 世界大戰의 종결과 파리평화회의, 그리고 그로 인하여 발생하였던 五・四事件(wǔ sì shì jiàn) 직후부터 매우 큰 변화를 일으키게 되었다.

2. 五・四事件 直後의 政治思想争论

五・四事件(wǔ sì shì jiàn)의 정치적 행동으로부터 1920年代의 中国에 새로운 民族主义(mín zú zhǔ yì)가 등장하였다. 이는 党独裁의 부상, 社会主

---

75) 신승하., op. cit., p. 105. 재인용.

义的 사고의 성장, 帝国主义斗争으로 표시된다. 지적발효 过程(guò chéng) 동안에 의사소통 매체가 급증하고, 서구의 사고가 적극적으로 수용되는 过程(guò chéng)에서 전통은 旧恶으로 간주되어 공격받고 새로운 가치가 지식인들 사이에 토론되었다. 이 모든 행동이 1919年 五·四事件(wǔ sì shì jiàn) 이후의 1−2年 내에 진행되었다.76) 이 당시 그들 간의 내부적 갈등과 分裂은 『新靑年』이 표면적으로 잘 나타내주고 있다.

　『新靑年』紙의 편집인으로 있으면서 陈独秀(chén dú xiù)는 中国问题의 解决方案으로서 "民主主义和科学"을 내놓았다. 康有为(kāng yǒu wéi)의 개인의 권리와 공화제에 대한 비평77)에 대답함에 있어 민권의 개념은 국력과 양립할 수 없는 것이었다. 平等(píng děng)·自由(zì yóu)·민권을 주장함은 개인의 권리의 신장을 주장하는 것이다. 개인의 권리가 신장되면 국권은 악화될 수밖에 없다. 영국은 확실히 세계강국이지만 그러나 영국은 공화국이 아닌 입헌군주국이라는 것이다. 더 나아가 공화제를 중국의 문화와 관습에 대한 중대한 위협으로 보았다. 또한 유교의 德은 中国人의 道德생활의 기초가 된다고 하므로 1911年 革命 이후의 무질서를 유교 쇠퇴 때문이라고 하였다.

　이에 대해 陈独秀(chén dú xiù)는 1919年 辛亥革命(xīn hài gé mìng)의 결과로 이룩된 공화제가 사실상 실패한 것은 그 본래의 결함 때문이 아니라 정부가 그것을 실행하지 않았기 때문이라고 주장하였다. 그가 특히 비난한 것은 전제政治를 회복하려 함으로써 혼란과 分裂을 가져온 군장들이었다. 그는 인민이 정부의 권력을 제한할 수 있는 헌법에 따라 직접 투표할 수 있는 代议立宪政治(dài yì lì xiàn zhèng zhì)를 주장하였다. 新文化运动(xīn wén huà yùn dòng) 초기의 다른 사상가들처럼 陈独秀(chén dú xiù)도 人权(rén quán)과 개인의 自由(zì yóu)와 행복을 강조하였다. 이에 그의 反儒教运动은 개인의 自由(zì yóu)와 平等(píng děng)을 위한 방향으로 전개되었다. 그러나 陈独秀(chén dú xiù)는 胡适(hú shì)와 마찬가지로 자기 자신의 행복뿐만 아니라 공공의 복리와 미래세대의 이익을 위해 노력해야 한다

---

76) Grieder Jerome B., Hu Shih and the Chinese Renaissance: Liberalism in the Chinese Revolution, 1917~1937.(Cambridge, Mass: Harvard Univ. Press,1970.), p. 669. 재인용.

77) 체스타탄, 민두기 역., 『중국현대정치사상사』, (서울: 지식산업사, 1977.), pp. 27~28. 재인용.

고 주장하였다. 그는 더 나아가 사회의 복리에 공헌하기 위하여 노력해야
한다고 주장하였다. 전통의 고리를 끊으려는 社会革命(shè huì gé mìng)에
는 전투적 정신이 없어서는 안 된다고 말하고, 자연적인 것이건 정치적인
것이건 환경을 개선하기 위해서는 정복정신이 필요하다고 하였다. 생존과
진보는 저항력에 달려있다는 것이 진화의 원리이므로 외적으로 저항력이 없
는 나라는 다른 나라에 정복될 것이고, 내적으로 저항력이 없는 인민은 專
制者에게 압제를 받을 것이라고 보았다. 사회의 진보를 위해 싸워야 함을
강조하면서 "生是不间断的斗争(shēng shì bú jiān duàn dē dòu zhēng)"임을
피력했다.

　1920年4月 第三国际(dì sān guó jì)의 대표로 Grigoril Voitinskey가 上海
(shàng hǎi)에 와서 陈独秀(chén dú xiù)와 中国 共产党(zhōng guó gòng
chǎn dǎng)의 組織问题를 논의하였으며, 또한 陣秀獨는 『新青年』을 통해
马克思(mǎ kè sī)의 思想과 학설을 계통적으로 소개하였다. 그러나 陈独秀
(chén dú xiù)와 함께 『新青年』의 집필을 맡고 있던 胡适(hú shì)를 비롯
한 일부 自由主义(zì yóu zhǔ yì)的 경향의 학자들은 이에 반대하며, 『新青
年』을 이탈하여 上海(shàng hǎi)에 따로 努力周報(The Endeavour)이라는
잡지를 창간하였다. 따라서 『新青年』 8권 1호부터는 陈独秀(chén dú xiù)와
李大钊(lǐ dà zhāo)가 관장하게 되었고, 『新青年』은 马克思(mǎ kè sī)主义
의 社会主义 思想을 선전하는 기관지로 변하였다.

　陈独秀(chén dú xiù)는 『法兰西人与近世文明(míng)(fǎ lán xīrén yǔ jìn
shì wén míng)』 이라는 글에서 처음으로 马克思(mǎ kè sī)의 이름을 언급
하는데, 근세문명의 세가지 특성으로서 '人权论・生物进化论・社会主义'로
규정짓고 社会主义에 대해서 자세히 설명했다. 法国大革命(fǎ guó dà gé
mìng)을 '个人的解放' 혹은 "獨立自由之人格" 회복이라는 관점에서 해석하
고, 革命 이전의 法国(fǎ guó) 사회는 权位主义의이고 귀족주의적이어서, 法
国(fǎ guó) 국민들은 舊 제도의 노예가 되어 개인의 권리와 自由(zì yóu)를
상실하였으나, 法国革命宣言(fǎ guó gé mìng xuān yán)에 구현된 自主独立
(zì zhǔ dú lì)・人权(rén quán)・自由(zì yóu)・平等(píng děng)을 주장한
社会合同书(shè huì hé tōng shū)의 이론에 힘입어 舊정권을 타파하고 民主
共和主义 사회와 국가를 형성할 수 있었다고 논하고 있다.[78]

---

78) 陈独秀(chén dú xiù)., "法蘭西人與近世文明", 『新青年』, 第 1卷 1號, (1915.9.),

또한 그는 中国人들은 儒教사회에서 개인의 독립적 인격을 상실해 왔다고 하면서 法国(fǎ guó)革命의 历史的 경험에서 교훈을 받아야 한다고도 말했다. 그러한 교훈은 그로 하여금 哲学的·历史的 확신을 주어 그는 家庭主义·儒教主义 思想体系가 현대 개인주의79) 思想体系로 전향되어야 한다고 주장하였다. 여기서 陈独秀(chén dú xiù)의 个人主义思想의 근원이 社会合同书(shè huì hé tōng shū)에 근거한 法国(fǎ guó) 革命에 명시된 개인의 천부적 가치에 기인한다고 보고 있다.

그는 中国의 传统社会에서 자식이나 부인들의 생계적 독립성을 향유하지 못하고 아버지나 남편에게 의지할 수밖에 없었다는 것을 지적하고 있다. 이에 그는 中国人들도 大革命시대의 法国(fǎ guó) 국민처럼 舊사회로부터 해방되어 독립된 自由(zì yóu)인격을 회복해야 하게 되는 것에 대한 陈独秀(chén dú xiù)의 个人主义思想을 결론적으로 말하면 개인은 인간의 천부적 가치인 自主独立(zì zhǔ dú lì)·自由(zì yóu)·平等(píng děng)·人权(rén quán)에 입각하여 먼저 "독립自由(zì yóu)의 인격"을 형성하고 난 다음 사회 및 국가에 건설적으로 참여해야 한다고 주장80)하고 있는 것이다.

陈独秀(chén dú xiù)는 胡适(hú shì)처럼 社会合同书(shè huì hé tōng shū)와 사회유기체 및 진화론에 影响을 받았다. 그러나 그의 个人主义 思想에서 개인이 사회보다 먼저라고 주장하지만 또한 사회 없는 개인은 陈独秀(chén dú xiù)에게는 허용되지 않는다. 요컨대 그들은 个人主义 思想을 형성함에 있어서 社会合同书(shè huì hé tōng shū)에 근거를 두지만, 陈独秀(chén dú xiù)는 法国(fǎ guó)式 民主共和主义에 影响을 받았고, 胡适(hú shì)는 美国(měi guó)式 民主共和主义에 影响을 받았다. 胡适(hú shì)와 더불어 陈独秀(chén dú xiù)는 小我的 개인주의─개인이 자기 자신의 향락만 생각하고 타인과 사회를 도외시하는 말하자면 파괴적이고 非건설적인 자기본위의 개인주의─를 비판하고, "大我的 개인주의─ 개인이 자기의 독립自由의 인격과 개성을 향유함과 동시에 타인의 인격과 개성을 존중하고, 사회에 건설적으로 참여하는 건설적인 의미의 개인주의를 주창하고 있다. 여기에서

『獨秀文存』, pp. 11~16. 재인용.

79) Tim S. Shin(申聖旭)., "The Concept of Individualism of Hú Shì and Ch'en dú xiù in the May Fourth Period(1915~1919)," Journal of Far Eastern Studies, vol.28, (September 1981.), p. 317. 재인용.

80) 通信., 『新青年』, 第2卷 5號(1917.1.), 『文章選編』上, p. 170. 재인용.

그는 社会主义가 유럽 근대문명의 가장 새로운 경향이라는 것을 강조했다. 그는 여기에서 中国에서의 社会主义에 대한 그의 의견을 말하지 않았으나, 1917年 『新青年』의 通信에서 그의 생각을 표현하였다. "社会主义는 높은 이상을 가지고 있으나, 中国의 생산의 미발전과 독점이 성하지 않았기에 社会主义의 수용은 유럽보다 훨씬 뒤에나 가능할 것이다."

이러한 생각은 러시아의 2月 革命과 10月 革命이 전해지기까지 당시 中国人들의 대체로 공통된 생각이기도 하였다. 马克思(mǎ kè sī)의 예상과는 달리 中国과 당시의 상황이 비슷하였던 러시아에서 革命이 발생하자 이에 대해 그들은 中国에서의 革命에 깊은 관심을 갖게 되었다.

일반적으로 1917年에서 1921年까지의 기간에 있어서 관심의 초점은 어떻게 개인을 해방시키느냐 하는 것이었다. 그러나 1921年 이후의 초점은 보다 관습적인 주제로 돌아가 어떻게 하면 국가를 강하게 하는 가였다. 胡适(hú shì)와 같은 个人主义지지자들은 가족의 지배와 같은 낡은 구속으로부터 해방을 강조하였는데, 이는 서구의 自由主义(zì yóu zhǔ yì)的인 교조와는 사실상 큰 차이가 있었다. 서구에 있어 자연권과 법의 지상권은 서구 교의에서 나왔으나 中国에서는 진실로 自由主义(zì yóu zhǔ yì) 자체만은 지지할 수 있는 대응물은 없었다. 中国의 고대 정치가들의 목표인 부국강병이 근대에 민족 구제라는 모습으로 재등장 하였는바, 中国에 있어 민족주의는 사실상 개인주의와 自由主义(zì yóu zhǔ yì)의 상석에 차지하였다.[81]

陈独秀(chén dú xiù)는 러시아 2月 革命에 대해서는 民主主义(mín zhǔ zhǔ yì)와 휴머니즘에 입각하여 不道德한 王朝主义(wáng cháo zhǔ yì)와 军国主义(jūn guó zhǔ yì)에 대항하여 러시아가 싸웠다는 이유만으로 호의적인 입장을 보였다. 그럼에도 불구하고 10月 革命 후에도 역시 社会主义 革命에 대한 구체적인 설명이 없었다. 李大钊(lǐ dà zhāo)가 러시아革命에 「서민적 승리, Bolshevism적 승리 (布尔什维克主义的胜利。bù ěr shí wéi kè zhǔ yì dē shèng lì)」의 논문으로 즉각적인 환영의 반응을 보인 『新青年』 바로 같은 호에 陈独秀(chén dú xiù)는 民主主义和 科学이라는 신조에 너무 집착한 나머지 「폰 케틀러의 기념비 (黑特勒纪念碑。hēi tè lè jì niàn

---

81) Grieder., Jerome B. Hu Shin and the Chinese Renaissance: Liberalism in the Chiness Revolution 1917~1937. (Cambridge, Mass.: Harvard Univ. Press,1970.), p. 669. 재인용.

bēi)」 82)라는 관한 논문을 싣고 있다. 이는 의화단 반란의 시기에 살해된 德国(dé guó)공사의 비석에 대한 글로 이 비석이 진실로 中国에 치욕이었지만 이는 中国이 스스로 자초한 치욕이라고 했다. 즉, 의화단 운동을 일으킨 배후의 힘은 道敎의 미신적 관념과 佛敎의 초자연적 환상, 그리고 儒敎의 权位主义的 노예근성 이었으며 이런 힘들이 아직도 中国人의 생활을 지배하고 있고 진보의 장애물로 작용하고 있다고 보았다.

"만약 폰 케플러의 기념비와 같은 수치스런 기억의 재발을 위해서는 전제주의와 미신과 신권주의로 이어지는 전통교수론자의 길이 아닌 공화주의와 科学(kē xué)과 무신론으로 이어지는 개명의 길로 나아가야 할 것. (如果为了避免像黑特勒纪念碑一样复发羞耻的记忆, 继专制主义、迷信、神权主义等传统教授论者的路不同, 我们应该走一条共和主义、科学、无神论的革命之路。Rú guǒ wèi lē bì miǎn xiàng hēi tè lè jì niàn bēi yí yàng fù fā xiū chǐ dē jì yì, jì zhuān zhì zhǔ yì, mí xìn, shén quán zhǔ yì děng chuán tǒng jiào shòu lùn zhě dē lù bù tóng, wǒ mēn yīng gāi zǒu yì tiáo gòng hé zhǔ yì, kē xué, wú shén lùn dē gé mìng zhī lù。)"이라고 역설했다.83)

3. 政治思想의 分裂과 政治參與 問題

五・四事件(wǔ sì shì jiàn) 직후 수 個月 동안 新지식인층 간에 널리 퍼진 단결심은 그들 모두가 공동의 적에 대항하고 있다는 생각에서 비롯된 표면적이고 일시적 결과였을 뿐이었다. 전통을 재평가하고 新 학문을 촉진하려는 공통된 의도 외에는 별다른 공감대를 갖고 있지 못하였다. 게다가 中国에 소개된 西洋思想들은 매우 다양한 것이었다. 전통적 中国思想과 제도가 흔들리자 民主主义(mín zhǔ zhǔ yì)・科学(kē xué)・自由主义・实用主义・人道主义・无政府主义・社会主义 등 西洋思想들이 모두 이 思想의 自由(zì yóu)시장으로 들어왔던 것이다. 근대 思想에 훈련된 新지식인들은 西欧思想의 지적 전통과 認識問題가 처음 상상한 것보다 더 복잡함을 알게 되었고, 많은 경우 의견이 달라 논쟁적인 입장을 취하지 않을 수 없었다. 더욱이 당시 中国의 問題는 몹시 복잡했고, 이에 직면하여 개혁자들은 실제 정치와

---

82) 陈独秀(chén dú xiù)., "克林德碑", 『新青年』, 第 2卷 5號, 『陈独秀存』, pp. 343~360. 재인용.
83) 陈独秀(chén dú xiù)., op. cit., p. 106.

논쟁에 참여하지 않으면 안 되었다. 运动이 전통 질서에 대한 공통된 적개심으로부터 적극적 해결책을 찾아내는 问题로 전환했을 때, 그들은 다양한 사회哲学과 모형에 대하게 되었다. 그리하여 1919年 이후 처음에는 思想에서, 다음엔 행동에서 新 지식인층 간에 견해차가 커지고, 운동은 그 후 뚜렷이 分裂되었다. 新지식인층 간의 统一战线에 「问题와 主义」 논쟁을 시발로 社会主义 부상을 견제하는 갖가지 논쟁들이 진행되었다.

北京(běi jīng)大学과 『新青年』을 중심으로 한 "问题와 主义", "社会主义와 无政府主义", "社会主义와 신보수주의" 등의 논쟁들은 당시 국내의의 정치상황에 강하게 影响을 받았고, 이러한 상황을 해결하고자 하던 지식인들의 진지한 노력의 산물이었다. 이러한 政治问题의 思想的 고려의 산물은 왕성하게 일어나 갈등 또한 컸다.

제 1차 논쟁은 「问题와 主义論爭」 이었다. 五·四运动(wǔ sì yùn dòng) 後期 中国은 제 1차 세계대전 동안 산업자본가 등으로 사회·경제적으로 각종 모순이 계속 노출되면서 思想的인 부분에서도 계급투쟁, 즉 马克思(mǎ kè sī)主义의 社会主义와 反社会主义의 思想的 투쟁이 첨예하게 일어나고 있었다. 당시의 가장 대표적인 思想투쟁의 양상이 바로 胡适(hú shì)와 李大釗의 "问题와 主义"의 논쟁이었는데. 이것은 陈独秀(chén dú xiù)가 이론적으로 马克思(mǎ kè sī)主义를 수용한 중요한 계기가 되었다.

陈独秀(chén dú xiù)와 李大釗가 马克思(mǎ kè sī)의 思想을 소개했을 때, 胡适(hú shì)는 듀이의 실증주의를 中国에 소개하였다. 그리하여 이 두 思想은 中国에서 만나 논쟁을 벌이게 되었는데, 먼저 胡适(hú shì)가 1919年 7月의 每週 評論에 발표한 『问题를 보다 많이 연구하고 主义를 보다 적게 말하라』(多研究些问题, 少談些主义)라는 글에서 공상적이면서 그럴 듯하게 들리는 主义를 공허하게 논하지 말고, 현재 中国이 긴급하게 해결해야 할 问题에 눈을 돌리라고 주장하였다. 공허한 토론이 정치가들에게 이용되어 이기적인 정치목적에 쓸 슬로건으로 바뀌어 지는 것을 胡适(hú shì)는 두려워했다. 무엇보다도 그가 원치 않았던 것은 지식인들이 현실 정치에 참여하는 것이었다.[84]

新思想에 따른 전통의 재평가는 유교 공격에 국한되지도 않았고 회의론도 경전과 古代에 한정된 것도 아니었다. 胡适(hú shì)·梁启超(liáng qǐ chāo)

---

84) 토마스 쿠오., op. cit., p. 104. 재인용.

등 학자들의 노력으로 국가유산 국고정리가 시작되고, 1919年에 胡适(hú shì)에 의해 재정의 되었다. 국고정리의 경향은 어느 정도 新思想运动에 부정적 影响을 주었다. 첫째로 일반 문필가들은 비판성이 부족한 채 고전에 주의를 집중함으로써, 극단적 보수파들에게 맹목적 전통 숭배를 촉진할 구실을 주었다. 둘째로 舊中国文明에는 많은 가치 있는 요소들이 있었으나 그것들이 계속 中国人의 정신을 지배한다면 中国이 近代化하는데 방해가 될 많은 후진적이고 낡아빠진 관념들과 혼합되어 있었다. 셋째로 古典整理运动이 젊은 지식인의 주의를 다급히 필요한 近代 科学(kē xué)연구로부터 다른 연구로 돌렸다는 것이다. 1919年 胡适(hú shì)는 "新思潮의 意義"라는 논술에서 新思潮의 중요 과제 중 하나는 古典의 整理라고 주장하였다.[85]

이와 같이 胡适(hú shì)의 实验主义(shí yàn zhǔ yì)를 연구방법으로 하여 서구의 个人主义思想에 반하는 사항에 한하여 공격의 대상으로 삼았다. 古典의 정리, 민족유산의 재평가의 필요성을 강조함에서 알 수 있듯이 그의 反传统主义나 反儒教主义思想은 이후의 思想 전개에서와 마찬가지로 온건하였고 소극적이었다.

李大釗는 『再論问题與主义』 라는 글에서 "주의는 본질상 실제에 적응할 수 있는 가능성을 갖추고 있는 것으로 오로지 공론을 일삼는 사람늘에게 이용될 때 공허해질 뿐"이라고 반론하고, 马克思(mǎ kè sī)主义를 옹호함으로써 일련의 "问题와 주의"의 논쟁을 벌였다. "외부에서 들어온 주의를 헛되이 말하는 것은 어느 곳에도 쓸모가 없고 问题를 많이 연구함만 같지 못하며, 社會问题의 해결은 단지 모든 개개의 구체적인 问题에서만 착수할 수 있다. 问题를 보다 많이 연구하고 주의는 조금만 말하자. 또 이 问题를 어떻게 해결하고 저 问题를 어떻게 해결할 것인가를 많이 연구해야지 이 主义가 어떻게 신기하고 저 주의가 어떻게 오묘한지를 말해서는 안 된다."[86]고 주장하였다.

그는 이 글에서 中国人은 특정한 问题에 더 관심을 갖고 주위에 대한 논의는 덜 하는 것이 좋다고 하였다. 问题를 해결하기 위해 사회의 실제적인 상황을 연구하고 구체적인 방법을 마련해야 한다고 그는 말하였다. 모든 理

---

85) 토마스 쿠오., op. cit., pp. 294~296. 재인용.
86) 胡适(hú shì)., "多研究豊些題少談些主义", 『每週評論』, 第 35卷, (1919.8.17.), 『胡文存』, 第 1卷, pp. 342~346. 재인용.

論과 主義는 단순히 問題를 연구하는 도구이니, 그것을 問題 해결책을 찾아낼 수 있게 실제상황을 이해하는 데 도움을 주는 것으로 보아야지 보편적 진리로 보아서는 안 된다는 것이다. 主義는 특정한 시대의 구체적인 方法이 추상적인 용어로 화할 때 생기는 것이다.

胡适(hú shì)는 马克思(mǎ kè sī)主义를 科学性이란 티끌만큼도 지니지 못한 추상명사라고 말하면서, 단지 马克思主义가 일정한 장소에서만 실질적인 가치를 지니고 있을 뿐이라고 주장함으로써, 马克思主义의 일반적인 지도적 의의를 부정하였다. 대신 그는 개량주의적인 방법을 제시하였다. 胡适(hú shì)에 따르면 中国이 시급하게 필요로 하는 것은 中国의 절박한 問題를 해결하기 위한 구제척인 방법들이라는 것이다. "현재 中国에서 시급히 해결해야만 하는 問題는 참으로 많습니다. 인력거꾼의 生計問題에서부터 대중들의 權限問題에 이르기까지, 賣淫問題에서부터 국제연맹에 가입하는 問題에 이르기까지, 여성 해방에서부터 남성해방 問題에 이르기까지, 어느 하나 초미의 긴급한 과제가 아닌 것이 있습니까?(现在中国亟需解决的问题很多。从劳动者的生计问题，到大众的权限问题；从卖淫问题，到加入国际联盟的问题；从女性解放的问题，到男性解放的问题，有哪个不是迫在眉睫的课题？Xiàn zài zhōng guó jí xū jiě jué dē wèn tí hěn duō. cóng láo dòng zhě dē shēng jì wèn tí, dào dà zhòng dē quán xiàn wèn tí ; cóng mài yín wèn tí, dào jiā rù guó jì lián méng dē wèn tí ; cóng nǚ xìng jiě fàng dē wèn tí, dào nán xìng jiě fàng dē wèn tí, yǒu nǎ gè bú shì pò zài méi jié dē kè tí ?)"

이와 같이 그는 实用主义 哲学을 무기로 구체적인 問題를 보다 많이 연구하고 갖가지 공허한 주의를 보다 적게 말하라고 주장하였다. 그는 马克思(mǎ kè sī)-列宁(liè níng)主义가 中国 실정에 맞지 않다고 설명함으로써, 계급 및 계급 투쟁설에 반대하고, 진화론으로써 马克思(mǎ kè sī)主义에 의한 社会革命(shè huì gé mìng)을 대신하여 사회를 점진적으로 改良해야 한다고 주장했다.

胡适(hú shì)는 각자가 신봉하는 정치주장이야 어떻든 당시의 中国에 우선 필요한 것이 "好政府(hǎo zhèng fǔ)"라는 것은 누구에게나 명백하다고 말하였다. 좋은 정부를 위해 그는 두 가지 적극적인 목적[87]을 내걸었으니

---

87) 石原皋(shí yuán gāo), 闲话胡适., (岸徽省, 안정인민출판사, 1990.), p. 131. 재인용.

"好政府(hǎo zhèng fǔ)"는 국민의 복리를 위해 일해야 하며 개인의 自由(zì yóu)를 존중하고 개성의 발전을 애호해야 한다는 것이다. 그는 국내의 인재들이 이상적인 政治조직이 무엇인가에 尖系없이 현재 모두 마음을 가라앉히고 스스로를 낮추어 누구나 인정하는 "好政府(hǎo zhèng fǔ)"가 하나의 목표라고 생각했으며, 현재 개혁하는 中國 政治의 최저 한도의 요구로 삼았다.

당시에 蔡元培(cài yuán péi)·胡适(hú shì)·梁漱溟(liáng sù míng)·李大钊(lǐ dà zhāo)·张梦麟(zhāng mèng lín)·陶孟和(táo mèng hé)·高一涵 등은 「我们的政治主张(wǒ mén dē zhèng zhì zhǔ zhāng)」에서 "우리는 꼭 정치가 있어야 한다면, 누구에게나 알기 쉬운 실제적이고 명료한 목표를 가져야 한다고 믿는다. 우리는 국내의 엘리트들이 자기의 이상적 정치조직이 民主主义(mín zhǔ zhǔ yì)·길드社会主义·无政府主义 등 그 무엇이든 간에 모두가 "好政府(hǎo zhèng fǔ)"의 목표를 공인하여 현재 中國政治를 개혁하는 가장 타당한 요건으로 삼아야 한다고 믿는다. 우리는 이 공동의 목표아래 단합하여 국내의 약한 세력에 맞서 싸워야 한다. (如果我们一定要有政治的话，应该相信具有任何人都易懂的，实在的，明了的目标。我们相信，国内的精英们，对于自己理想的政治组织，如民主主义、基尔特社会主义、无政府主义等，无论哪一个，都公认一个 "好政府"的目标，应该作为现在改革中国政治最妥当的重要条件。我们应该在这个共同的目标下团结起来，与国内的弱势进行斗争。Rú guǒ wǒ mēn yí dìng yào yǒu zhèng zhì dē huà, yīng gāi xiāng xìn jù yǒu rèn hé rén dōu yì dǒng dē, shí zài dē, míng liǎo dē mù biāo. Wǒ mēn xiāng xìn, guó nèi dē jīng yīng mēn, duì yú zì jǐ lǐ xiǎng dē zhèng zhì zǔ zhī, rú mín zhǔ zhǔ yì, jī ěr tè shè huì zhǔ yì, wú zhèng fǔ zhǔ yì děng, wú lùn nǎ yí gè, dōu gōng rèn yí gè "hǎo zhèng fǔ" dē mù biāo, yīng gāi zuò wéi xiàn zài gǎi gé zhōng guó zhèng zhì zuì tuǒ dàng dē zhòng yào tiáo jiàn. wǒ mēn yīng gāi zài zhè gè gòng tóng dē mù biāo xià tuán jié qǐ lái, yǔ guó nèi dē luò shì jìn xíng dòu zhēng。)"[88] 고 주장했다.

다음에 그들은 "好政府(hǎo zhèng fǔ)"라는 용어를 정의했다. 소극적인

---

88) 蔡元培(cài yuán péi), 胡适(hú shì), 梁漱溟(liáng sù míng), 李大钊(lǐ dà zhāo), 张梦麟(zhāng mèng lín), 陶孟和(táo mèng hé), 高一涵., "我们的政治主张(wǒ mén dē zhèng zhì zhǔ zhāng)", 東方隷知 再版, 第 19卷 8號, (1922.4.25.), pp. 133~34. 재인용.

면에서 정부 내에 관료들을 감독하는 정당한 기관이 있어야 하며, 적극적인 면에서 정부는 사회전체의 복리를 향상시키는 동시에 개인의 충분한 自由(zì yóu)를 허용하며 개성의 발전을 애호하도록 노력해야 한다는 것이다.89) 따라서 그들은 재정을 공개하고, 공개시험을 통해 사람을 쓰고, 그리고 비밀이 아닌 공개로 정치 계획을 수행하는 헌정을 요구하였다. 또한 직접선거에 의한 中央과 省議會의 정원을 줄이는 것이 바람직하다고 하였다.90) "그들은 목표를 달성하기 위한 처음단계로 '好人'들을 일깨워서 투쟁적 여론을 조직하였다. 그들이 제창한 개혁에는 덧붙여 다음과 같은 것이 포함되었다. 새 평화회의에서 남북 충돌의 해결·군비축소 실현·관리수의 감축·선거제도의 개혁이 그것이다. (他们为了达成目标，首先唤醒"好人"，组织斗争性的舆论。他们所提倡的改革包括以下内容：新和平会议中南北冲突的解决、实现缩减军费，减缩管理署，改革选举制度等。Tā mēn wèi lē dá chéng mù biāo, shǒu xiān huàn xǐng "hǎo rén", zǔ zhī dòu zhēng xìng dē yú lùn. tā mēn suǒ tí chàng dē gǎi gé bāo kuò yǐ xià nèi róng：xīn hé píng huì yì zhōng nán běi chōng tū dē jiě jué, shí xiàn suō jiǎn jūn fèi, jiǎn suō guǎn lǐ shǔ, gǎi gé xuǎn jǔ zhì dù děng。)"91) 결국 胡适(hú shì)의 主义에 대한 비판과 공격은 马克思(mǎ kè sī)主义의 社会主义에 대한 것이었다.

이에 대해 石原皋(shí yuán gāo)은 政治改革(gǎi gé)을 세 가지 기본원칙으로 정의하였다. 첫째, 憲政의 정부를 요구한다. 둘째, 공개적인 정부를 요구한다. 셋째, 계획적인 정부를 요구한다. 현실 政治问题에 대한 의견으로 첫째, 공개적이며 민의를 대표할 수 있는 남북평화회의를 요구하였다. 둘째, 반드시 투쟁적 여론을 준비하여 이러한 평화회의의 감독이 될 것을 주장하였다. 셋째, 군대감축 问题에 대해서는 아래와 같은 주장을 하였다. ①기간을 나누어 감축하는 군대를 규정하고, 기간을 정해 실행한다. ②필요 없는 인원은 감축시켜 폐지시키고, 결여 분은 다시 보충하지 않는다. ③절대로 新兵을 모집하지 않는다. ④减缩·徵收하는 병력의 배치방법을 계획한다. 넷째, 관리를 감축하는 조치도 응당 있어야 한다. 다섯째, 현재의 선거 제도는 급히 개선해야 될 필요가 있다. ①현재의 결선 투표제도는 폐지되어야 하며,

---

89) 石原皋(shí yuán gāo), 閑話胡适., op. cit., p. 130. 재인용.

90) 胡适(hú shì)., "我们的政治主张(wǒ mén dē zhèng zhì zhǔ zhāng)", 胡适文存, 第2卷 3號, pp. 27~34. 재인용.

91) 石原皋(shí yuán gāo), 閑話胡适., op. cit., pp. 131~132. 재인용.

직접 선거제를 채용하여야 한다. ②선거부정에 관한 법률을 엄격히 정해야 하며, 서양 각국의 선거부정에 관한 법률을 응당 참고해야 한다. 세목을 상세히 정하고 명확히 정해 형벌을 과하며, 적절히 집행해야 한다. 여섯째, 재정에 관한 問題에 대해 두 가지 간단한 주장을 제시했다. ①철저히 회계공개를 해야 한다. ②국가의 수입에 근거하여 국가의 지출에 대한 전면적 계획을 세워야 한다. 이상은 그들이 당시 中国政治에 대한 몇 가지 주장으로 努力日报에 실린 후, 사회의 반향을 불러일으켰고 어떤 이는 비판했으며 어떤 이는 찬성했다.

胡适(hú shì)의 이 논문에 가장 먼저 공개적으로 비평을 일으킨 자는 『国民日报』의 蓝公武(lán gōng wǔ)였다. 구체적인 방법을 강조하는 것은 특정한 지방적인 問題에는 적응될 수 있지만 일반적이고 광범한 問題에 적용하기에는 불충분하다고 생각하였다. 또한 이상이 추상적 일수록 그 힘은 포괄적이고 그 신봉자들은 많아진다며, 그러기에 위대한 종교적·정치적 이념의 힘은 이리하여 생기는 것임을 밝혔다.[92]

胡适(hú shì)의 제의는 급박한 몇몇 問題를 해결하기 위한 구체적인 방법의 윤곽을 뚜렷이 하고 있다. 그는 여러 정치적 신념을 가진 사람이 다 같이 그의 구체적인 제의를 지지해 주기를 바라서 정치적 이념의 토론을 피하고자 하였다. 그는 현존하는 정부를 받아들여 그것을 개선하고자 한 것이었다. 그는 원칙적으로 革命을 반대하지 않았고 개혁과 革命은 함께 진행해 나가야 한다고 믿었지만, 革命이란 점진적 개혁이 불가능함이 판명되었을 때어야만 쓸 수 있는 필요악이라고 생각하였기 때문에 그는 이 입장에 일관되게 한동안 무력으로 군벌들을 굴복시키려 하였던 孙文(sūn wén)의 革命的 방법을 반대하였던 것이다. 결과적으로 马克思(mǎ kè sī)主义者도 아니었고, 또한 胡适(hú shì)가 발표한 문장의 참된 의도와 목적을 이해하지 못하였기 때문에 胡适(hú shì)의 글의 핵심을 찌를 수 없었다.

李大釗는 1919年7月 하순에 北京(běi jīng)를 떠나기 전에 胡适(hú shì)의 글을 보았다. 胡适(hú shì)의 문장이 완전히 李大釗를 겨냥한 것이라고는 할 수 없었다. 하지만 马克思(mǎ kè sī)主义를 반대하였던 것이었으므로 李大釗는 胡适(hú shì)에 대한 비평으로서 "再論問題與主义"이라는 글을 발

---

92) 蓝公武(lán gōng wǔ)., "問題與主义", 『胡适(hú shì)文存』, 第1集 2卷, pp. 342~379. 재인용.

표하였다.

問題의 연구와 해결은 主義를 떠나서는 이루어질 수 없으며, 中國問題의 해결은 반드시 马克思(mǎ kè sī)-列宁(liè níng)主義를 지도이념으로 삼아야 한다고 주장했다. 그는 또한 기본적인 社會問題의 해결을 위해서는 대중의 공중노력이 필요하며, 社會問題의 급박성을 많은 사람들에게 납득시키기 위해서는 이념이 사람들이 공통으로 품을 수 있는 이상을 제공해야 한다고 하였다. 요컨대 社會主義的 이상은 모든 사회운동의 기초가 되어야 하되 실제적인 방법은 시간·공간·환경에 따라 달라져야 한다는 것이다.[93] "한 사회의 問題의 해결은 반드시 그 사회인 다수의 공동의 운동에 의지해야 하고 다수인 공동의 운동을 형성해야 하므로 먼저 공동이 지향할 이상이나 주의가 있어야 한다. 만약 단지 具體的인 社會問題만을 연구하고 主義를 연구하거나 선전하지 않으면 사회 다수인으로 하여금 행동을 일으킬 수 없으므로 그 社會問題는 영원히 해결될 희망이 없다. 따라서 우리의 社會运动은 한편으로 분명히 實際問題를 연구해야 함은 물론이고, 다른 한편으로는 또 이상적인 主義를 선전해야 한다. 이는 서로에게 도움을 주는 것이고 상충되지 않는 것이다."[94]

李大釗와 胡适(hú shì)의 思想論爭은 马克思(mǎ kè sī)主義가 中国에 전파되는 过程(guò chéng)에서 출현한 첫 번째 思想的인 첨예한 교전이었고, 이는 당시 일부 진보적인 知識人 계층에 열렬한 방향을 일으켰다.

한편, 胡适(hú shì)가 이 論爭을 제기한 목적은 马克思(mǎ kè sī)主義가 中國에 전파되는 것을 막기 위해서였으나 결과적으로는 그가 원한 것과는 반대방향으로 진행되었다. 이 論爭은 马克思(mǎ kè sī)主義가 中國에 있어서의 影响力을 확대시켰으며, 马克思(mǎ kè sī)主義와 中国 革命이 실제적으로 서로 結合하는데 도움이 되었다. 또한 中国 初期 马克思(mǎ kè sī)主義者들은 马克思(mǎ kè sī)主義를 수용하는 过程(guò chéng)에서 이론과 실제의 결합에 주의를 기울이게 되는 결과가 되었다.

요컨대 『問題와 主義論爭』은 실질적으로 中国革命의 필요성의 여부, 马克思(mǎ kè sī)-列宁(liè níng)主義의 필요성의 여부에 관한 論爭이었다.

---

93) 李大釗., "壽論問題與主义", 「每週評論」, 第 35卷, (1919. 8. 17.), 「李大釗文集 下」. p. 30. 재인용.
94) 李大釗., op. cit., p. 32. 재인용.

이 論爭을 통하여 中国에서의 马克思(mǎ kè sī)-列宁(liè níng)主义의 影响力은 크게 확대되었다. 主义 또는 理念의 위험에 대한 주의를 환기시킴에 있어 胡适(hú shì)는 中国에서 유행하고 있던 마르크시즘과 无政府主义를 염두에 두고 있었다.

马克思(mǎ kè sī)나 크로포트킨(kropotkin)의 이념적 노예가 되는 것은 孔子(kǒng zǐ)나 朱子(zhū zǐ)의 盲信者가 되는 것과 마찬가지로 나쁘다고 胡适(hú shì)는 말하였다. 그가 社会主义 이념에 대해 아무 구체적인 비판을 하지 않고 있기 때문에 그의 글은 社会主义에 관심을 갖고 있던 사람에게는 거의 설득력을 갖지 못하였다. 具体的인 问题를 연구하라는 그의 勸告도 中国의 정치적·사회적 제도가 전적으로 잘못 되어있고, 근본적인 변화가 절대적으로 필요하다는 革命的 광신자의 마음을 끌지는 못했다. 젊은이·열광자·과격론자 들은 참을성이 없어 中国的인 问题들을 해결하기 위한 구체적인 방법을 연구하지 못하였다.[95] 胡适(hú shì)가 『新青年』에 "主义를 적게 논하고 问题를 연구하자. (多研究些问题, 少谈些主义。duō yán jiū xiē wèn tí, shǎo tán xiē zhǔ yì。)"라는 글을 던진 후, 이에 李大钊(lǐ dà zhāo)는 马克思(mǎ kè sī)主义의 입장에서 반대 의사를 표명하였는데, 이는 이미 윗글에서 밝힌 바 있다.

再言及하면 胡适(hú shì)는 다시 이론을 전개하는데 이는 1919年 五·四运动(wǔ sì yùn dòng)가 일어난 지 두 달 후인 7月에서 11月까지 진행된다. 당시는 또한 陈独秀(chén dú xiù)가 五·四事件(wǔ sì shì jiàn)에 연루되어 감옥에 들어갔던 시기이기도 하다. 陈独秀(chén dú xiù)는 李大釗와 胡适(hú shì)의 논쟁 당시에 비록 社会主义 경향으로 되기 시작하였으나 아직도 완전히 革命民主主义(mín zhǔ zhǔ yì) 입장을 뛰어넘고 있지는 않았다. 그러나 논쟁 후 얼마 안 되서 陈独秀(chén dú xiù)도 곧 马克思(mǎ kè sī)主义의 입장에 분명히 섰다. 그리고 马克思(mǎ kè sī)主义를 선전할 때는 이론과 실제 결합을 강조하였다. 그러나 马克思(mǎ kè sī) 역시 이에 대한 언급은 뒤에 분명히 있었다.

陈独秀(chén dú xiù)는 马克思(mǎ kè sī)의 学说이 中国에 수입된 까닭에 대해 主义와 노력에서 그것은 中国社會의 수요로 말미암은 것이며, 主义를 航海에 비유하여 말하기를 "우리가 航海할 때 먼저 方向을 정하고 두 번

---

95) 체스타탄, 민두기 역., op. cit., p. 56. 재인용.

째로 노력을 한다. 主義制度는 行船의 方向에 잘 비유되는데 行路의 方向을 정해놓지 않고 만약 단순히 맹목적 노력만 하여 앞에 놓인 바위를 향해 간다거나 후퇴하여 원래의 길로 가는 것도 모두 알 수 없는 것이다. (我们航海的时候, 首先决定方向, 其次才进行努力. 主义制度可以比喻成行船的方向, 如果不决定行路的方向, 单纯盲目地努力, 就会撞到前方的岩石, 或者返回原路, 谁都无法预知. Wǒ mēn háng hǎi dē shí hòu, shǒu xiān jué dìng fāng xiàng, qí cì cái jìn xíng nǔ lì. zhǔ yì zhì dù kě yǐ bǐ yù chéng xíng chuán dē fāng xiàng. rú guǒ bù jué dìng xíng lù dē fāng xiàng, dān chún máng mù dē nǔ lì, jiù huì zhuàng dào qián fāng dē yán shí, huò zhě fǎn huí yuán lù, shuí dōu wú fǎ yù zhī.)"[96]고 하였다. 즉, 主義와 努力 두 가지는 어느 하나도 결핍 할 수 없는 것이라는 주장이다.

陈独秀(chén dú xiù)가 이 같은 주의로서 马克思(mǎ kè sī)主義에 대한 인식의 轉換过程(guò chéng)속에서 1915年 『新青年』 창간에서 1919年 五・四运动(wǔ sì yùn dòng)까지 陈独秀(chén dú xiù)의 傳統思想에 대한 비판내용을 살펴보면, 대체로 『新青年』 발간 초기에 표방하였던 中國人의 傳統意識의 비판과 이듬해 1916年 袁世凯(yuán shì kǎi)의 帝制运动(dì zhì yùn dòng)에 대한 저항의 일환인 政治意識의 개혁을 위한 孔教(kǒng jiào)批判으로 대별될 수 있다.

陈独秀(chén dú xiù)는 1915年9月 上海(shàng hǎi)에서 획기적인 잡지 『新青年』을 출간하여 새로운 中國에 대한 이정표를 세웠다. 그 잡지의 序頭에 실은 "警告青年"[97]이라는 論文에서 그는 진화론에 기초하여 청년들에게 진취적 태도를 가질 것과 新思考와 新技術의 접근에 있어 기능적이고 보다 세계적 시야를 가질 것을 촉구하였다.[98] 陈独秀(chén dú xiù)는 노예적・보수적・은둔적・쇄국적・허식적・공상적이지 말고, 자주적・진보적・진취적・세계적・실리적・과학적으로 행동할 것을 요청했다. 또한 그는 서양 사람들의 활력, 그들의 독립정신, 서방국가들이 科学(kē xué)과 기술로부터 얻어낸 힘, 그리고 서방국가의 인민들이 실리를 중시하는 데서 얻는 이익

---

96) 陈独秀(chén dú xiù)., "主義與努力", 『新青年』, 第 8卷 4號, (1920.12.1.), 『獨秀文存』, 第2卷, pp. 105~106. 재인용.

97) 陈独秀(chén dú xiù)., "警告青年", 『新青年』, 第 1卷 1號 (1915.9.), 『獨秀文存』, pp. 1~10. 재인용.

98) 陈独秀(chén dú xiù)., op. cit., pp. 9~10. 재인용.

등을 中国 국민들의 소극성·노예성·미신, 그리고 공허한 형식주의와 선명하게 대조하였다.

陈独秀(chén dú xiù)는 社会进化说(shè huì jìn huà shuō)와 1789年 "法国(fǎ guó) 革命의 历史的 경험의 影响을 받아 전통적 儒教主义 가치관에서 현대적 个人主义 思想으로 전향이 가능하다는 것을 확신하게 되었으며, 서양의 民主主义和 科学만이 现 中国의 갖가지 병폐로부터 탈출할 수 있다. (受到法国革命历史经验的影响, 在传统的儒教主义价值观中, 可以确认向现代个人主义思想转向变为可能, 并主张只有西方的民主主义和科学才能使现在的中国脱离各种弊病。Shòu dào fǎ guó gé mìng lì shǐ jīng yàn dē yǐng xiǎng, zài chuán tǒng dē rú jiào zhǔ yì jià zhí guān zhōng, kě yǐ què rèn xiàng xiàn dài gè rén zhǔ yì sī xiǎng zhuǎng xiàng biàn wéi kě néng, bìng zhǔ zhāng zhǐ yǒu xī fāng dē mín zhǔ zhǔ yì hé kē xué cái néng shǐ xiàn zài dē zhōng guó tuō lí gè zhǒng bì bìng。)"고 주장한다.

陈独秀(chén dú xiù)는 원래 정치에 보다 민감하였기에 袁世凯(yuán shì kǎi)의 帝制运动(dì zhì yùn dòng)과 갖가지 형식적 공화국에 심한 반감을 느꼈을 것이다. 그는 세 차례의 日本(rì běn)유학 역시 政治적 问题에서 기인한 도피성의 것이었다. 그러나 그는 이전의 정치활동의 실패와 1915年 『新青年』을 창간할 당시에 袁世凯(yuán shì kǎi) 政权의 강한 언론탄압을 받았기에, 『新青年』 창간호 1915年 9月부터 1916年 6月의 복간까지는 反传统의 问题만 다룬 채 아무런 정치적인 색채를 반영할 수 없었다. 袁世凯(yuán shì kǎi)의 제재운동이 공식적으로 시작된 지 1개월 후에 『新青年』은 발행되었다. 陈独秀(chén dú xiù)는 袁世凯(yuán shì kǎi)의 제재운동 기도가 실패한 거의 1年 후인 1917年 5月의 그의 글에 따르면 "만약 中国 사람들의 마음속에서 공자의 思想과 가치가 제거되지 않으면 제재는 항상 회복이 가능하다"고 예언하였다. 1917年 7月에 있었던 张勋(zhāng xūn)의 복간사건은 비록 잠깐이었지만, 그의 문화·思想的 접근방법과 儒教의 제재는 불가분의 关系임을 확신케 해주었다.

그러나 1916年6月6日 袁世凯(yuán shì kǎi)의 죽음과 이후의 군벌들에게 康有为(kāng yǒu wéi)가 제안한 儒教국교화 청원에 자극되어 1916年 9月부터는 적극적으로 反儒教 투쟁을 전개한다. 袁世凯(yuán shì kǎi)의 帝制运动(dì zhì yùn dòng) 당시에도 그는 儒教와 现 政治의 고리를 끊지 않으면 진정한 의미의 공화제는 요원하다고 생각했고, 또 다른 回教主义의 움직임을 예상했던 그의 말이 적중하였다.

袁世凯(yuán shì kǎi) 이후의 정권 장악자인 张勋(zhāng xūn) 은 또 다시 복간을 시도한다. 그리고 儒教를 국가통치 이념화하려는 康有为(kāng yǒu wéi) 등의 보수주의 세력이 득세하는 过程(guò chéng)에서 陈独秀(chén dú xiù)를 위시한 新知識人 계층의 격렬한 反儒教思想 투쟁은 그 자체가 思想 혹은 문화적 측면을 넘어선 政治的 의미의 马克思(mǎ kè sī)主义에 대한 선도적 행위였다. 당시 康有为(kāng yǒu wéi)를 비롯한 보수 세력의 상당수도 실상은 이전에 서양의 많은 문물의 전파에 힘썼던 1898年 戊戌改革의 장본인이었다.

胡适(hú shì)는 政治를 말할 때 단지 어떤 감각에 의해 말했을 뿐, 陈独秀(chén dú xiù)처럼 전면적이고 철저히 傳統을 거부하지는 않았지만, 개인의 특성과 自由(zì yóu)를 억압하는 中国 傳統의 儒教의 禮를 철저히 비난하였다. 그러나 그 비난에 있어 완벽한 일관성을 유지하지는 못했다. 시기적으로 구분해 볼 때, 胡适(hú shì)의 反传统主义 思想은 해외유학의 경험으로 反儒教主义로 집약되는데 이는 个人主义 思想의 측면에서 살펴볼 수 있다.

그는 辛亥革命(xīn hài gé mìng) 이후 성립된 신생공화국이 军阀의 활용으로 인하여 정상적인 궤도에서 운행되지 못하고 있는 것을 통찰하고, 中国이 美国(měi guó)이나 法国(fǎ guó)처럼 건전한 民主主义(mín zhǔ zhǔ yì) 사회와 공화정치 体制를 유지하려면 우선 전통적 儒教主义에서 현대적 개인주의에로 思想的 변화가 불가피하다고 주장하였다.

五·四時期에 있어서 胡适(hú shì)와 陈独秀(chén dú xiù)의 个人主义 思想은 辛亥革命(xīn hài gé mìng)으로 인하여 유교적 절대왕권이 무너지고 신생 민주공화국이 성립은 하였으나 군벌의 활용으로 공화국이 정상적 궤도에서 운행되지 못하고 있음에 동기가 되어 鳃民主共和国의 가치관과 목적을 규명하기 위하여 전개된 當代의 思想 中 가장 중요한 思想의 하나였다.[99]

Schwartz는 陈独秀(chén dú xiù)의 個人主义가 영국 맨체스터학파의 個人主义와 흡사하다고 보았다. 반면 Lin Yu Sheng은 五·四時期에 있어서 个人主义 思想은 인간의 천부적 가치를 목적으로 인정하지 않고 단지 전통

---

99) Lin Yu-Sheng(林敏生)., Reflections on Radicallconoclasm in the May Forth Movement: A symposium. ed. by Beniamine Schwartz(Harvard University ress, 1972.), pp. 23~58. 재인용.

적 儒教价值观을 타파하기 위한 수단으로 이용하고 있다고 주장하였다.
1911年 辛亥革命(xīn hài gé mìng)로 인하여 中国의 傳統的 王祖体制(君主
制)가 무너지고 공화정이 성립됨으로 인하여, 五·四時期의 대표적 思想家
인 胡适(hú shì)와 陈独秀(chén dú xiù)는 新生 民主共和国에 맞는 價値觀
을 모색하기 위하여 个人主义 思想을 주창하였고, 그들의 个人主义 思想은
美国(měi guó)과 法国(fǎ guó)의 两 革命과 革命 後에 형성된 民主共和国
政治 体制의 思想的 기초를 이룬 社会合同书(shè huì hé tōng shū)의 이론
体制 내에서 형성되었다는 것이다.

个人主义 思想을 주장함에 있어서 胡适(hú shì)의 논지는 传统社会에서는
개인의 독립성과 개성을 상실하고 家庭主义的 儒教伦理观과 权位主义的 社
会习惯에 노예가 되었다고 전제하고, 개인은 먼저 그 노예상태로부터 해방
이 된 天赋人权的价值(tiān fù rén quán dē jià zhí)를 회복하고, 개인의 자
주 독립적 인격과 개성과 확립한 다음, 사회와 국가에 참여하여야 한다는
것이다. 그가 주장한 대표적 논문에서 그의 "貞操问题", "美国(měi guó)的
婦人", "易卜生主义(yī bǔ shēng zhǔ yì)", "Intellectual China in 1919"등
대표적 논문에서 胡适(hú shì)는 "家庭主义的 儒教价值观을 로크·루소·몽
테스키외의 저작 속에 구현된 社会合同书(shè huì hé tōng shū)의 주된 요
소, 즉 天赋人权的价值(tiān fù rén quán dē jià zhí)인 自主独立(zì zhǔ dú
lì)·人权(rén quán)·自由(zì yóu)·平等(píng děng)에 입각하여 인간의
天賦的 가치를 용납하여 家庭主义的 유교가치관, 예컨대 孝(xiào)·忠
(zhōng)·节(jié)·三纲(sān gāng)·五伦(wǔ lún)를 대치시켜야 한다."고
주장하였다.

요약컨대, 胡适(hú shì)는 첫째로 "自主独立(zì zhǔ dú lì)정신"을 인간의
천부적 가치라고 주장한다. 权位主义的 사회가 개인의 자주 독립적 인격을
침해해서는 안 된다고 주장한 입센(1828-1906)의 이론서인 『인형의 집』,
『민중의 적』, 『망령』 등과 같은 작품에 影響을 받았다. 특히 胡适(hú shì)
는 입센이 "개인이 종교·법률·윤리 등에 일치되도록 강요되어서는 안 된
다." 라고 주장한 점에 감명 받았다.100) 입센의 그와 같은 주장에 대해, 胡
适(hú shì)는 1918年 제창했던 그의 에세이 "易卜生主义(yī bǔ shēng zhǔ

---

100) 胡适(hú shì)., 易卜生主义, 『新青年』, 第 4卷 6號. 胡适(hú shì)文存, 第 1卷, 卷4,
pp.629~647. 재인용.

yì)"에서 权位主义的 사회가 개인의 自主独立(zì zhǔ dú lì)的인 인격과 개성을 파괴하려고 하는데 대한 입센의 비판이라고 해석하고, 개인은 权位主义的 사회로부터 해방되어 자주 독립적 인격을 형성해야 한다고 주장하였다.101) 둘째, 그는 "自由精神"이 인간의 천부적 가치라고 주장한다. 개인은 자기 자신에 관한 问题나 행위에 자기 스스로가 결정하고 책임을 져야할 결정권과 책임감을 가졌다고 전제하고, 전통적 儒教사회에서는 개인의 自由(zì yóu)의지가 孝(xiào)·忠(zhōng)·节(jié) 등 儒教 가치관으로 말미암아 말살되었다고 주장하였다. 셋째, 그는 "平等精神"이 인간의 천부적 가치라고 주장하였고, 넷째 그는 "창조정신"이 인간의 천부적 가치라고 주장한다. 개인은 누구나 타고난 능력과 재간이 있다고 전제하고, 이것을 사회발전에 창조적으로 활용해야 한다는 것이다. 또한 서구사회에서는 자유로이 실천되고 있다고 믿었던 것이다.102)

1919年 여름 胡适(hú shì)의 이러만 언급은 新文化运动 지도부 내에 점차 이데올로기적 긴장을 야기 시켰다. 그 불화는 끝나지 않고 1920~21年 겨울까지 지속된다. 1919年 가을, 陈独秀(chén dú xiù)는 감옥에서 풀려난 후 그들 간에 분쟁적 화해가 이루어진 듯 보였다.103) 그런데 이러한 논쟁자제가 中国 "正明論"이라는 유교 전통의 유산인 듯하다. 이 논쟁은 결국 名分싸움이었다. "위나라 제후가 선생님을 모셔다가 정치 부탁을 드리면 무엇부터 먼저 하시겠습니까. (魏国诸侯和您一同进行政治请求时, 应该最先从什么做起呢? Wèi guó zhū hóu hé nín yì tóng jìn xíng zhèng zhì qǐng qiú shí, yīng gāi zuì xiān cóng shén mē zuò qǐ nē?)"라는 子路(zǐ lù)의 물음에 공자는 "먼저 명분을 바로 잡겠다. (首先明确名分。 Shǒu xiān míng què míng fèn。)"고 응답한다.104) 이에 子路(zǐ lù)가 그 이유를 묻자 孔子(kǒng zǐ)는 "명분이 바로 서지 않으면 말이 순조롭게 전달되지 못하고, 말이 순조롭게 전달되지 못하면 모든 일이 성취되지 못하고, 모든 일이 성취

---

101) 胡适(hú shì)., op. cit., p. 631. 재인용.
102) Jerome Grieder., Hu Shi and Chinese Renaissance(Cambridge: Harvard University Press, 1970, p. 108. 재인용.
103) Grieder, Jerome B, Hu Shih and the Chinese Renaissance: Liberalism in the Chinese evolution 1917~1937 (Cambridge, Mass.: Harvard Univ. Press, 1970.), pp. 181~182. 재인용.
104) 풍우란·정인재 역., 『논어』, "자로" 3, 『중국철학사』, (서울: 형설출판사, 1977), p. 55. 재인용.

되지 못하면 禮樂(주나라 사회질서 유지기능)이 흥성하지 못하고, 곧 형벌이 공평하게 시행되지 못해, 백성들이 처신할 바를 모르게 된다. (如果不能明确名分, 就无法流畅传达话语；如果话语不流畅, 所有的事情就不能成功；如果所有的事情不能成功, 礼乐 <周朝社会秩序维持机能> 就不能兴盛, 刑法不再公平, 百姓不知所措。Rú guǒ bù néng míng què míng fèn, jiù wú fǎ liú chàng zhuǎn dá huà yǔ; rú guǒ huà yǔ bù liú chàng, suǒ yǒu dē shì qíng jiù bù néng chéng gōng; rú guǒ suǒ yǒu dē shì qíng bù néng chéng gōng, lǐ yuè <zhōu cháo shè huì zhì xù wéi chí jī néng> jiù bù néng xīng shèng, xíng fá bú zài gōng píng, bǎi xìng bù zhī suǒ cuò。)"고 대답하였다. 요컨대 실행 이전에 확고한 명분을 세우고자 하는 中国 전통적 산물이 新지식인층의 사고형성에 影响을 끼치고 있었고 나아가 "问题와 主义" 논쟁의 일면을 형성하였던 것이다.

제 2차 논쟁은 社会主义 논쟁이었다. 马克思(mǎ kè sī)-列宁(liè níng)主义의 전파가 심화·확대되는 1920年을 전후하여 新보수주의자인 梁启超(liáng qǐ chāo)·张东荪(zhāng dōng sūn) 등은 胡适(hú shì)의 뒤를 이어 다시 한번 马克思(mǎ kè sī)-列宁(liè níng)主义를 공격하고 나섰다. 马克思(mǎ kè sī)主义를 中国에 시행함이 바람직한가 하는 问题를 놓고 陈独秀(chén dú xiù)와 梁启超(liáng qǐ chāo)·张东荪(zhāng dōng sūn) 간에 벌어진 논쟁이 그것이다. 논쟁의 시작은 유명한 철학자이자 上海(shàng hǎi) 『时事新报』의 편집장이던 张东荪(zhāng dōng sūn)의 글로 촉발되었다.

그의 요지는 당시의 中国은 어떤 主义를 말할 자격도 없다는 것이었다. 그는 中国을 돌아다녀 보니 인민들이 매우 가난함을 발견하였다. 이에 中国에 분명 필요한 것은 社会主义가 아니라, 공업과 물품생산의 발전이라고 느껴, 먼저 가난을 극복해 놓기 전에는 어떤 主义나 주장도 필요 없다고 주장하게 되었다. 그는 공산주의를 비난하지는 않았으나, 그것을 너무 일찍 中国에 적용해서는 안 된다고 하면서 中国에 있어서 급선무는 인민에게 제대로의 생활을 하게 하는 것이라고 하였다. 그리고 빈곤의 근원을 공업발전의 결여로 보았고, 그 이후로 자본축적의 결여와 실패, 그리고 외국정부의 지원을 받고 있는 외국물품의 수입을 들었다. 中国의 공업발전을 저해하는 제국주의를 타도하는 것이 가장 좋은 방법이기는 하지만, 사실상 이를 당장 행하기는 어려운 것이어서 그는 보다 실질적인 방법으로 외국인 자본에 틈만 생기면 中国人들의 자본형성을 발전시키는 일이다. 라고 하였다. 그러나 그는 社会主义를 전면적으로 거부한 것은 아니었다. 그가 주장하는 것은 자본주의 하에서만 발전할 수 있는 강력한 劳动者계급이 있어야만 社会主义가 실행될 수 있다는 것이었다.105) 1920年에 쓴 글에서 그는 前苏联(qián sū lián)의 공산주의가 中国의 실제에 맞지 않는다고 보았는데, 첫째 中国의 거대한 국토와 수송의 어려움 때문에 어떤 전체주의적 주장도 실행하기 어렵다고 주장하면서, 지방단위의 자치가 中国에 필요함을 역설했다. 둘째로 自由(zì yóu)방임의 전통은 정부로 하여금 그 주의를 인민에게 강요할 수 없게 한다고 하였다.106)

陈独秀(chén dú xiù)는 张东荪(zhāng dōng sūn)의 글에 답변을 하였는데, 陈独秀(chén dú xiù)의 논점은 中国에 있어서의 빈곤의 원인이 물질적 자원능력의 부족이 아니라 자본주의라는 것이었다. 陈独秀(chén dú xiù)에 있어서 그 자본주의가 일반적인 빈곤의 근원이므로 자본이 외국의 것이든 국내의 것이든 차이가 없었다. 그에 의하면 경제적 발전과 劳动者에 대한 보다 나은 처우를 통해 社会主义가 달성된다는 것은 中国에서는 불가능하다는 것이다. 실제로 직접·간접으로 외국자본과 연결되어 있는 국내 자본가에게 제국주의에 대항하여 일어날 것을 기대한다는 것은 가망이 없었다. 공업화가 이루어지기 전에 中央통제가 지방주의를 대신해야 한다고 하였고, 자본과 자본가를 구분하면서 자본은 공업발전에 필요하지만 자본가는 필요없다고 하였다. 中国에는 劳动界(láo dòng jiè)級이 없다는 주장에 대하여 농부들이 中国 근로계급의 일부라고 반대하였다.107) 張東蓀처럼 梁启超(liáng qǐ chāo)도 광범위한 실업을 외국의 경제적 탓으로 돌리고 공업을 발전시키고 보다 많은 일거리를 마련하기 위해 국내 자본가가 환영받아야 한다고 하였다.

马克思(mǎ kè sī)主义의 社会主义에 관한 이 논쟁에서 몇 가지 问题가 드러났는데, 공산주의자건 비판자이건 간에 외국의 착취가 그 제국주의적인 형태로 中国의 경제적 곤란의 원인임에는 동의하였으나 그 타도 방법에 있어서 차이가 났다. 공산주의자들은 외국의 침략이 계급투쟁을 증진시키기 위해 사용될 수 있으며 국제적인 社会主义 운동이 中国의 어떤 革命에도 필

---

105) 陈独秀(chén dú xiù) 外., "对于社会主义的论文", 『新青年』, 第8卷 4號, (1920.), 『獨秀文存』, pp. 498~500. 재인용.
106) 陈独秀(chén dú xiù) 外., op. cit., p. 503. 재인용.
107) 陈独秀(chén dú xiù) 外., op. cit., pp. 508~514. 재인용.

요한 것이라고 믿었다. 그러나 张东荪(zhāng dōng sūn)와 梁启超(liáng qǐ chāo)와 같은 공산주의 비판자들은 국내 자본주의의 발달과 근로계급에 희망을 걸었다. 국내 자본주의의 즉각적인 발전이 외국자본의 침투를 봉쇄하는데 도움이 되고 미래의 공업사회에 있어서의 근로계급의 새로운 지위가 궁극적으로는 中国의 사회의 변모를 가져올 것이라는 것이었다.[108]

북방의 군벌들과 손잡은 梁启超(liáng qǐ chāo)나 張東蓀이 社会主义에 반대한 것은 아니었다. 다만 그들이 반대한 것은 볼셰비키를 모범으로 한 즉각적인 社会革命(shè huì gé mìng)이었다. 그들은 福祉国家의 이념을 中国의 고전에서 찾았다. 그들처럼 유교적 배경을 가진 思想家가 온건한 형태의 社会主义에 적대적이 아니었다는 것은 놀라운 일이 아니다. 中国 공산주의 운동의 초기 지도자들조차 社会革命(shè huì gé mìng)을 시작하기 위해 무엇인가 해야 한다고 믿으면서도 즉각적인 정권의 장악이 가능하다고 생각한 것 같지는 않다.

이들 논쟁 중에 가장 자주 나타나는 问题중의 하나는 马克思(mǎ kè sī)主义에의 도달이 꼭 革命을 수반해야 하느냐 하는 것이었다. 马克思(mǎ kè sī)는 자본주의가 극도로 발달하면 몰락하여 社会主义가 그에 대신한다고 말하였다. 그러나 中国의 자본주의가 고도로 발달하지 않았다는 것은 명백하였다. 그러면 자본주의가 발전할 기회를 갖기 전에 社会革命(shè huì gé mìng)이 있어야 하는가? 즉각적인 革命을 원하는 李秀(lǐ xiù)와 같은 马克思(mǎ kè sī)主义 社会主义자들은 농업국가인 中国이 서양의 공업화된 나라들과 다르다는 사실이 马克思(mǎ kè sī)가 그의 이론을 형성하는데 근거로 삼았던 경험을 무의미하게 한다고 생각했다. 马克思(mǎ kè sī)가 社会主义는 자본주의의 궁극적인 발전의 결과 실현된다고 하였으나, 자본주의가 극도로 발전하기 이전에 그것이 실현될 수 없다고는 아무데서도 말한 적이 없다는 것이다. 그들은 스스로 社会主义자를 자처하면서 "中国에는 진정한 무산계급이 결코 존재하지 않으므로 社会主义운동을 전개하고 共产党을 조직할 여건은 마련되어 있지 않다. 오직 자본주의 制度가 수립되고, 자본주의가 충분히 발전된 후에만 社会主义를 논할 수 있다"고 주장했다. 이들 가운데에는 길드 社会主义를 제창하거나 계급투쟁을 회피하고자 하는 이도 있었

---

108) 陈独秀(chén dú xiù)., "社会主义批評", 『新青年』, 第 9卷 3號(1921. 7.), 『獨秀文存』, 第 2卷, p. 315. 재인용.

고, 제 2 인터내셔널의 改良主义를 내세워 의회 활동을 통해 社会主义를 실현하고자 하는 이도 있었다. 제 2 인터내셔널은 国際社会主义 劳动者 동맹으로 1889年 파리의 国際社会主义者 대회에서 美国(měi guó)을 포함한 19개국 대표에 의해 성립되었다. 이 조직에는 马克思(mǎ kè sī)파와 개량주의파의 대립이 있었는데 1891년의 브뤼셀 대회를 계기로 两派가 합동하였으며, 计量主义的 议会主义로 흐르고 말았다.

이러한 反社会主义 思潮를 극복하기 위하여 당시 马克思(mǎ kè sī)主义자인 陈独秀(chén dú xiù)·李大钊·李达(lǐ dá) 등은 『新青年』에 일련의 반박문을 발표했다. 이들은 "中国의 낙후성을 철저히 타파하고 민중에게 행복을 가져다주기 위한 정확한 한 가지 길은 社会主义를 실현시키는 것 뿐이다. 社会主义 실현을 위해서 무산계급은 반드시 폭력革命을 통하여 정권을 탈취하지 않으면 안 된다. _ 협동 사회나 의회 수단을 통하여 社会主义로 나아간다는 梁启超(liáng qǐ chāo)·张东荪(zhāng dōng sūn) 등의 주장은 술수일 뿐, 지배자들은 평화적인 社会主义 制度의 실현을 절대로 묵과하지 않는다. _ 中国은 이미 상당수의 산업 무산계급이 존재하는 바, 그들의 각성은 날로 고양되고 있으며 革命的 요구도 강렬해지고 있다. (彻底打破中国的落后性, 给民众带来幸福的正确之路就是实现社会主义。为了实现社会主义, 无产阶级一定要通过暴力夺取政权。-通过协同社会或者议会手段迈向社会主义的梁启超, 张洞荪等的主张只不过是圈套, 统治者绝对不能对实现和平的社会主义制度熟视无睹。-中国已经存在相当人数的产业无产阶级, 他们的觉悟日益提高, 革命要求日益强烈。Chè dǐ dǎ pò zhōng guó dē luò hòu xìng, gěi mín zhòng dài lái xìng fú dē zhèng què zhī lù jiù shì shí xiàn shè huì zhǔ yì. wèi lē shí xiàn shè huì zhǔ yì, wú chǎn jiē jī yí dìng yào tōng guò bào lì duó qǔ zhèng quán.- tōng guò xié tóng shè huì huò zhě yì huì shǒu duàn wài xiàng shè huì zhǔ yì dē liáng qǐ chāo, zhāng dòng sūn děng dē zhǔ zhāng zhǐ bú guò shì quān tào, tǒng zhì zhě jué duì bù néng duì shí xiàn shè huì zhǔ yì zhì dù shú shì wú dǔ.- zhōng guó yǐ jīng cún zài xiāng dāng rén shù dē chǎn yè wú chǎn jiē jī, tā mēn dē jué wù rì yì tí gāo, gé mìng yāo qiú rì yì qiáng liè。)"고 지적했다. 社会主义 논쟁은 실질적으로 中国이 결국 社会主义 노선을 걸을 것인가, 아니면 자본주의 노선을 걸을 것인가, 中国을 개조하는 방법이 革命的이어야 하는가, 아니면 改良的이어야 하는가에 관한 논쟁이었다. 또한 당시 新보수주의자들에게 첨예하

게 제기되었던 東西文化에 관한 논쟁이 있었다. 제 1차 세계대전 직후, 전쟁으로 피폐되어 있던 유럽의 지식인층은 대개 비관론에 사로잡혀 있었다. 그들은 파괴함과 우매함이 물질적 科学(kē xué)문명의 결과로 일어났다고 생각했다. 베르그송·러셀 같은 많은 서양학자들은 동양문명, 특히 中国·印度(yìn dù)의 평화주의에 구제를 기대했다. 1918年 末 원래 서양문화 숭배자였던 梁启超(liáng qǐ chāo)는 蒋百里(jiǎng bǎi lǐ)·丁文江(dīng wén jiāng)를 포함한 反공식적인 성격을 띤 파리강화회의의 업저버단을 이끌고 유럽여행을 했다. 梁巷超와 일행이 오이켄·베르그송을 비롯한 哲学者·지식인·정치인 등을 방문함으로써 中国에 新思想이 유입되었고, 이로 인해 받은 충격에 대한 유럽의 지식인들로부터 조언을 얻고자 하였다. 유럽인들은 전쟁은 유럽문명 파산의 표현이며, 그들은 자신의 과오를 시정할 지혜를 中国으로 부터 배우기를 희망한다고 응답했다. 梁启超(liáng qǐ chāo)는 명쾌하고 감정에 호소하는 문체의 논설을 통해 1919年 3月 이래 견해들을 中国에 전해왔다. 그는 科学(kē xué)의 급속한 발전 때문에, 서양의 인생관은 완전히 기계적 원리와 육체적 욕망에 종속되었다고 지적했다. 道德的 권위는 무너지고 투쟁과 전쟁은 불가피해졌다. 따라서 全유럽은 절망에 빠져 있었고, 科学(kē xué)만능의 꿈은 분쇄되어 버렸다.

梁启超(liáng qǐ chāo)는 "科学(kē xué)만능의 찬양자들은 科学(kē xué)이 발달하면 곧 황금시대가 출현할 것이라고 기대했었다. 이제 科学(kē xué)은 발달해서 지난 百年 간 서양의 물질적 진보는 이 시대 이전 3千年간의 업적을 크게 능가했다. 그런데도 우리 인간은 행복을 얻지 못했고, 반대로 科学(kē xué)은 우리에게 재앙을 가져다 주었다. 유럽인들은 科学(kē xué) 전능의 큰 꿈을 꾸어 왔는데, 이제는 科学(kē xué)의 파산을 비난한다. 이것은 현대 세계思想의 주요한 전환점이다. (科学万能的赞扬者期待如果科学发达，就会出现黄金时代。现在科学发达，过去一百年间西方的物质进步很人凌驾于过去三千年间的业绩。但是我们人类没有得到幸福，反而科学给我们带来了灾难。欧洲人一直做着科学万能的梦，现在却批判着科学的破产。这是现代世界思想的主要转折点。Kē xué wàn néng dē zàn yáng zhě qī dài rú guǒ kē xué fā zhǎn, jiù huì chū xiàn huáng jīn shí dài. Xiàn zài kē xué fā dá, guò qù yì bǎi nián jiān xī fāng dē wù zhì jìn bù hěn dà líng jià yú guò qù sān qiān nián jiān dē yè jì. Dàn shì wǒ mén rén lèi měi yǒu dé dào xìng fú, fǎn ěr kē xué gěi wǒ mén dài lái lē zāi nàn. ōu zhōu rén yì zhí zuò zhē kē xué wàn néng dē mèng, xiàn zài què pī pàn zhē kē xué dē pò chǎn. Zhè shì xiàn dài shì jiè sī xiǎng dē zhǔ yào zhuǎn zhé diǎn。)"109) 나아가 그는 中国人이 세계 문명의 개조에 큰 책임을 질 것이라고 말했는데, 그의 논설은 中国에서 매우 影响力 있는 것이었다. 그는 "科学(kē xué)만능의 꿈"을 비판 했을 뿐이라고 말했지만, 많은 독자들은 그가 科学(kē xué)의 파산을 믿는다는 인상을 받았다. 또 한편 그는 기본적으로 물질적이라고 생각한 서양문명의 실패를 주장하였다. 이것들은 확실히 新思想运动에 대한 심각한 도전이었다. 만일 그의 가정이 사실이라면 서양으로부터의 학습, 新思想에서 표방된 科学(kē xué)과 民主主义(mín zhǔ zhǔ yì)는 그 뿌리가 흔들릴 것이다.

梁启超(liáng qǐ chāo)의 둘째 論點은 梁漱溟(liáng sù míng)에 의해 강화되었는데, 그는 1920~21年에 北京(běi jīng)大学 등에서 『東西戈化及基哲学(1922)』이란 주제로 행한 강연을 1921年에 책으로 발간하였는데, 이 책에서 서구·중국·인도의 삶의 양식을 비교하는 바, 투쟁·적응·자기부정 혹은 합리주의·직관·종교 등으로 각각 특징지었다.

당시 中国 민족적 유산에의 관심은 1차 대전 이후 유럽 물질주의에 대한 환멸로써 고조되었는데, 파리 평화회의에서 돌아온 梁启超(liáng qǐ chāo)를 정점으로 서구문명의 精神的 파산을 확신하였다. 科学(kē xué)的 기술의 발전과 사회 진화론의 수용으로 서구는 물질주의적으로 되었고, 精神的 빈곤에 허덕이게 되었다고 그는 주장하였다. 이는 新지식층의 도전 이래 儒敎와 東洋文明을 최초로 체계 있고, 강력하게 옹호한 것이었다. 西洋文明을 공부한 印度(yìn dù)哲学·新儒敎 学徒로써 그는 世界文明을 3가지 범주로 분류했다. 첫째, 르네상스 이래 西洋文明은 民族을 구하여 前進하는 의지에 의거했다. 이는 이성·합리주의·지식과 자연정복·투쟁생활을 강조했다. 이것을 제 1의 생활방식이라 불렀다. 그는 그 눈부신 업적, 즉 科学(kē xué)과 民主主义를 인정하기는 했으나 동시에 그것이 지닌 형이상학이나 인생관의 약점도 지적했다. 둘째, 中国文明은 의지의 자기절제·자기충족·중용에 기초하고 있다. 그가 제 2의 生活方式이라 부른 中国人의 전통적 生活方式은 환경을 개조하

---

109) 梁启超(liáng qǐ chāo)., "歐遊心影錄", 时事新报, (1919. 3.): Theodore de Barry. Wm. Chan Wing-tsit·Tan Chester (eds), Sources of Chinese Tradition, Vol. II, (N.Y.: Columbia University Press, 1960.), pp. 185~186. 재인용.

는 것이 아니라 환경에 순응하는 것이었다. 그들은 자기만족에서, 또 사물을 인정하는데서 행복을 찾았다. 中国人들은 생활의 큰 행복은 이룩하였으나, 서양적 방식을 따르지 않음으로써 물질적 복리 면에서 어려움이 있다. 셋째, 인도문명은 극기와 내핍의 제 3의 방식으로 정신생활과 종교가 발달했다. 그러나 이런 생활태도는 中国人보다 더 심한 인도인의 빈곤한 물질 환경의 원인이 되었다.

梁漱溟(liáng sù míng)에 따르면 제 1의 생활방식은 자본주의 경제조직에서 사람이 기계의 주인이 되기는커녕 기계의 노예가 되어버린 서양인들에게는 이젠 쓸모없는 목적이 되었다. 더욱이 인간의 물질적 복리가 만족된다면 생존경쟁의 개념이 필요 없어지고, 형이상학과 인간 相互关系의 问题가 더 중요해 질 것이다. 따라서 中国으로서는 印度(yìn dù)方式을 단호히 거부하고, 西洋方式을 받아들이되, 서양의 생활 태도는 바꾸어야 한다고 그는 생각했다. 梁漱溟(liáng sù míng)은 또한 전통 中国의 생활태도는 재검토된 후 보존되어야 한다고 제시했다.110) 梁漱溟(liáng sù míng)은 또한 中国哲学이 서양·인도와는 전혀 다른 길을 택했음을 지적함으로써 中国의 형이상학과 유교를 옹호했다.

梁漱溟(liáng sù míng)의 이론은 본실석으로 五·四時代의 新思想에 대한 反動이었다. 강연에서 서양문명 일부의 수용을 제창했음에도 불구하고, 그는 후일 民主主义(mín zhǔ zhǔ yì)와 社会主义를 포함한 그 밖의 西洋 思想들을 배격하고, 유교와 전통적 中国文明을 이론적 체계적으로 옹호했다. 그는 李大釗·胡适(hú shì) 등의 東西文明 问题에 관한 막연한 견해를 부당하다고 지적했다. 그리고 서양문명이 물질적이고 동양문명이 精神的이라는 낡은 견해를 거부했다. 하지만 많은 비판자들은 그가 결국 이 전통적 견해를 지속했다고 주장했다. 세 문명이 근본적으로 问题의 해결에 대한 인간 의지의 세 가지 상이한 발전 방향에서부터 유래했다는 그의 견해는 지나치게 단순화되어 있고 문명자체의 복합적 내용은 파악하지 못하고 있다.

胡适(hú shì)는 中国人의 자기조절·자기만족의 태도·孔子(kǒng zǐ)(kǒng zǐ)의 온건·중용의 옹호가 그 밖의 모든 운명에서도 찾아볼 수 있는 것이라고 시사했다. 梁漱溟(liáng sù míng)을 혹평하면서 胡适(hú shì)는

---

110) 梁漱溟(liáng sù míng)., "東西文化及其哲学", (上海, 1922.): Theodore de Barry, Wm·Chan Wing-tsit·Tan Chester(eds), op. cit., pp. 187~ 90. 재인용.

어떤 문명이든지 자기 만족의 태도를 지녔다고 주장, 그것이 한 문명만의 특징임을 부정하였다. 梁漱溟(liáng sù míng)의 주장은 東西文明의 问题에 대한 논쟁을 격화시키고, 어렵게 만들었다. 이 論爭은 그 후 數 十年 간 "全般西化"·中国本位 문화의 재건·민족형태와 같은 구호에 의해 계속되었다.111) 1929~1934年 "全般西化"란 구호는 胡适(hú shì)에 의해 채택되었는데, 이는 어떤 외국문명이라도 전적으로 받아들일 수는 없고, 또 모든 문명은 각가지 모순된 요소들로 구성되어 있기 때문에 구호는 오해 받기 쉬운 것이었다. 胡适(hú shì)는 그 뒤 "充分世界化"란 용어로 대신하도록 제시했다.

제 3차 論爭은 无政府主义 論爭이었다. 이 論爭을 통하여 科学(kē xué)的 社会主义와 无政府主义의 경계가 명확해졌다. 아울러 马克思(mǎ kè sī)主义의 선전을 활성화시키는 계기가 되어 이론적 대오를 갖출 수 있는 계기가 되었다. 马克思(mǎ kè sī)-列宁(liè níng)主义의 광범한 전파 및 갖가지 反 马克思(mǎ kè sī)-列宁(liè níng)主义 사조에 대한 思想투쟁은 中国 共产党(zhōng guó gòng chǎn dǎng) 성립을 위한 思想的·组织的 토대를 마련해 주었다. 无政府主义者들은 개인의 절대적 自由(zì yóu)를 이론의 출발점으로 하여, 모든 국가 권력에 반대하고, 무정부 공산주의사회의 수립을 주장했다. 이들은 일체의 전쟁을 반대함으로써 평화주의·人道主义를 선전하고, 일체의 조직과 규율에 반대함으로써 无组织·無規律의 自由(zì yóu)계약을 제창했다. 또한 无产阶级 独裁论을 일인 독재라 하여 비난했다.

이러한 비난에 대해 당시 马克思(mǎ kè sī)主义者인 陈独秀(chén dú xiù)·蔡和森(cài hé sēn)·李达(lǐ dá) 등은 강력한 비판으로 대응하였다. 马克思(mǎ kè sī)主义의 国家论과 무산계급 독재에 대한 无政府主义者들의 비판에 대해, 무산계급이 민중을 지도하여 革命투쟁을 전개함으로써 정권을 탈취하고, 革命독재를 수립하는 것의 중요성을 역설하였다. 无政府主义者들의 이른바 절대自由(zì yóu)에 대하여 "인류사회에서 自由(zì yóu)란 언제나 상대적이며 절대적이지 않으므로 개인의 절대自由(zì yóu)를 구하고자 한다면, 사회를 떠나 혼자만의 생활을 할 수 밖에 없다. 그러나 사회를 떠난 개인의 절대自由(zì yóu)란 결코 존재할 수 없다"라고 반박하였다. 无政府主义에 대한 马克思(mǎ kè sī)主义의 투쟁은 실제로 社会主义 논쟁의 일부에 지나지 않는 것이었다.

---

111) 周策縱., op. cit., pp. 303~308. 재인용.

1919年 12月에 北京(běi jīng)大学에 조직된 『社会主义연구회』에서도 无政府主义者는 활동하게 하였다. 이 연구회는 뒤에 分裂하여 개인주의적 경향이 있는 无政府主义者는 활발하게 활동하였다. 또한 이 연구회 역시도 뒤에 分裂하여 개인주의적 경향이 있는 朱廉之(zhū lián zhī)의 영도아래 『无政府主义 연구회』가 조직되었다. 이 당시 北京(běi jīng)大学 학생 중에서 공산주의를 믿는 자 보다 无政府主义를 믿는 자가 더 많았던 것 같다. 이는 1920年 9月에 李大釗가 共产党 중책을 조직하였을 때 9月의 발기인 중 5명이 无政府主义者였던 것으로 알 수 있다. 그러나 공산주의자와 无政府主义와의 기묘한 协力关系는 오래가지 못했다. 공산주의자가 그들의 조직을 강화하고 그들의 활동을 증가시킴에 따라 공공연한 无政府主义者와 갈등을 일으켰다.

1920年에 无政府主义의 비판이 『新青年』에 나타나기 시작한다. 그러나 마침내 无政府主义者를 화나게 하여 陈独秀(chén dú xiù)와 瞿秋白(qú qiū bái)의 이름으로 된 논쟁을 일으킨 것은 广州(guǎng zhōu)에서 행한 陈独秀(chén dú xiù)의 강연이었다. 그 강연에서 陈独秀(chén dú xiù)는 无政府主义者는 개인의 절대적 自由(zì yóu)를 신봉하지만 그것은 예술이나 道德에서는 가능해도 정치적 경제적인 问题에 있어서는 불가능하다고 하였다. 만약 어떤 단체의 구성원이 그들이 바라는 대로 행할 수 있는 절대적 自由(zì yóu)를 갖고 있다면 자유로운 결합은 이루어질 수가 없다. 조정하고 계획하고 그리고 간섭하는 中央기관이 없다면 자유로운 결합 단체는 현대의 복잡한 经济问题, 특히 中国의 농업과 공업을 社会主义化 할 긴급한 问题를 다룰 수가 없다.

陈独秀(chén dú xiù)는 계속하여 자유로운 계약은 계약 그 자체의 이행을 포함한 평화와 질서를 유지하는데 필요한 법을 대신할 수는 없다. 만약 어떤 사람이 일하려 하지 않고, 교육을 받으려 하지 않고, 자유로운 계약을 지키려 하지 않거나, 그렇게 하도록 확신을 갖게 되면 어떻게 될 것인가. 인간의 본성은 모두 선한 것은 아니라고 陈独秀(chén dú xiù)는 주장하였다. 힘은 惡人을 억압하는 데에만 필요한 것이 아니라 악한 정치·경제 제도를 타도하는 데에도 필요한 것이라고 112) 주창했다.

---

112) 陈独秀(chén dú xiù), "社会主义批評", 『新青年』, 第9卷 3號, (1921.7.), 『獨秀文存』, 第2卷, p. 314. 재인용.

이에 대한 답변에서 瞿秋白(qú qiū bái)은 "共産主义的 无政府主义는 출입이 자유로운 개개인이 자의적인 결합을 통하여 활동하는 것이기 때문에 개인주의적이 아니라는 점을 지적하였다. (因为共产主义的无政府主义是出入自由的个人通过恣意组合进行活动, 所以被指责不是个人主义。Yīn wéi gòng chăn zhŭ yì dē wú zhèng fŭ zhŭ yì shì chū rù zì yóu dē gè rén tōng guò zì yì zŭ hé jìn xíng huó dòng, suŏ yĭ bèi zhĭ zé bú shì gè rén zhŭ yì。)" 개인이 공공의 利害关系나 사회적 복리를 무시한다는 것은 共産主义的 无政府主义의 신념이 아니다. 그들이 믿는 것은 절대적인 개인의 自由(zì yóu)가 아니라 상대적인 自由(zì yóu)이며, 보다 나은 사회생활이다. 다수가 소수에게 순종을 강요할 수 없지만, 그렇다고 하더라도 소수가 다수의 결정을 방해해서는 안 된다. 다수의 결정에 동의하지 않으면 그 결합에서 탈퇴할 수는 있으나, 그 결합을 방해해서는 안 된다고 하였다. 그런 방해자에게는 설득을 강요할 수는 있지만, 그가 설득 당하기를 거부하거나 결합에서 이탈하기를 거부하면 추방된다고 했다. "共産主义的 无政府主义는 無抵抗을 꼭 주장하는 것은 아니다. 방해자를 제거하기 위해 官僚와 자본가를 제거하기 위해서는 힘이 사용된다. (共产主义的无政府主义不是一定主张不抵抗。为了清除妨碍者, 清除官僚和资本家, 允许力量的使用(yòng)。Gòng chăn zhŭ yì dē wú zhèng fŭ zhŭ yì bú shì yí dìng zhŭ zhāng bù dĭ kàng。Wèi lē qīng chú fáng ài zhĕ, qīng chú guān liáo hé zī bĕn jiā, yŭn xŭ lì liàng dē shĭ yòng。)"고 하였다. 이 토론에서 중심적인 问题가 되고 있는 것은 정부와 법이 없이도 사회질서와 평화가 유지될 수 있는가 하는 점이다. 瞿秋白(qú qiū bái)에 따르면 공통의 뜻이 법을 대신한다. 만약 공통의 뜻이 필요하다고 인정할 경우 힘이 가해지는 것이다. 폭도의 지배를 가져올 것이라는 陈独秀(chén dú xiù)의 비난에 대하여 그는 인간본성에 대한 낙관적인 견해로 맞섰다. 그에 따르면 自由(zì yóu)로운 계약은 경제적 问题들을 해결하는데 있어서 뿐만 아니라 中央 통제들을 불필요하게 하는데 있어 법을 대신할 수 있다. 계약이 위반되는 드문 경우에 한해서만 그 问题를 해결하기 위해 공공집회가 소집되는 것이다. 陈独秀(chén dú xiù)와의 논쟁에 있어 瞿秋白(qú qiū bái)는 개인주의와 공산주의의 중도를 가려고 하였다. 陈独秀(chén dú xiù)는 瞿秋白(qú qiū bái)의 共産主义的 无政府主义를 비판하였으나, 동시에 그들을 자기편으로 끌어들이려고도 하였다. 개인주의적 无政府主义者에 대하여 陈独秀(chén dú xiù)는 가혹한 공격을 삼가고

있다.113)

无政府主义의 쇠퇴 원인은 다른 나라의 경우와 같았으니, 无政府主义者들의 열렬한 선전에도 불구하고, 즉 无政府主义는 현대에는 실행할 수가 없는 것이었다.

왜냐하면 中国인 劳动者는 교육받지 못하였고 정부의 탄압은 가혹했다. 그 뿐만 아니라 道家의 부정적 哲学이 无政府主义의 성장에 역효과를 가져왔다. 적극적인 无政府主义者들은 그들의 思想的 同人을 외국에서 구했지만, 소극적인 道家의 전통은 无政府主义를 虚無主义와 혼동하게 함으로써 无政府主义를 시들하게 만들었다. 또한 1930年代 中国이라는 특정한 상황의 필요와 서로 어긋났던 것이다. 1931年에 满洲(mǎn zhōu)가 日本(rì běn)에 의해 침략을 당하였고 휴전 동안 꾸준히 계속된 침략 끝에 1937年에 中国과 日本(rì běn)사이에 全面戰爭이 발발하였던 것이다. 中国전체가 전쟁에 휘말려 들고 中国의 생존 자체를 위협하는 외국인이 있는 터에 无政府主义를 말한다는 것은 강력한 정부·규율, 그리고 힘이 구국의 유일한 길로 생각되었던 시대적 필요와는 동떨어진 것으로 생각되었던 것이다.

4. 中国 共产党의 成立

陈独秀(chén dú xiù) 전통 思想 비판과 그 대안으로 생각한 西欧 思想의 수용은 보다 강경하다. 그러한 陈独秀(chén dú xiù)의 강경한 입장은 그의 계속되는 높은 政治 참여의식에서 비롯된다.114) 그는 사회·정치적 질서, 儒敎윤리 특히 삼강오륜에 대해 비판하였다.115) 陈独秀(chén dú xiù)(1880~1942)는 胡适(hú shì)와 같이 安徽省(ān huī shěng) 表宁(biǎo níng)출신으로 국내 정치와 유관한 일로 세 차례에 걸쳐 日本(rì běn)에 유학한다. 제1차 유학은 1902年 여름 도일하여 6개月 만에 귀국함으로써 끝난다. 이때 그는 日本에서 少年中國會라는 학생단체를 결성하였다. 이 단체는 民主主义(mín zhǔ zhǔ yì) 革命을 내세웠다. 제 2차 유학은 1906年 여름 친구인 蘇曼殊와 함께 渡日함으로써 이루어졌는데, 그 해 말에 귀국, 그는 이때 여러 有名人

---

113) 체스타 탄, op. cit., p. 77. 재인용.

114) 李華興., 『中國近代思想史』, (杭州, 浙江人民出版社, 1988.), p. 476. 재인용.

115) 陈独秀(chén dú xiù)., "一九一六年', 『獨秀文存』, 第 1卷, 上海(shàng hǎi): 亞東書館, 1933, p. 45. 재인용.

士들과 접촉하여 성숙된 지성인으로 독자적 행동을 하였다. 제 3차 유학은 1913年 제 2革命의 실패로 日本(rì běn)으로 피신, 1915年 여름에 귀국하는데, 이때 그는 反袁世凱(yuán shì kǎi) 잡지인 『甲寅』이 집필진의 한 사람으로 활약하였다. 陈独秀(chén dú xiù)는 근본적으로 가족 질서를 반영하는 유교는 개인이 사회적 단위가 되는 현 시대의 삶에 부적절한 것과 관련하여 具体的인 사회问题와 문학적인 问题에 관심을 기울였던 것과 달리 李大釗는 뚜렷이 형이상학적 경향을 가졌던 인물이었다.

어떤 논문에서는 그가 法国(fǎ guó)유학의 경험이 있다고 말하는 논문도 있다. 그의 민중 역량의 믿음과 불란서 革命을 찬양하는 논문에 기인하는 듯하다. 그러나 陈独秀(chén dú xiù)의 法国(fǎ guó)留学 設은 法兰西学院(fǎlán xīxué yuàn) 입학의 와전으로 보이며, 사실상 그는 세 차례 단기간의 渡日을 日本留学으로 과연 간주할 수 있는가도 의문으로 남는다. 1915年 그는 『新青年』을 창간하여 新文化를 제창하고 马克思(mǎ kè sī)主义를 선전하였으며, 五·四运动(wǔ sì yùn dòng)에 급진적 민주파가 되었다. 당시 그는 40세의 나이였다. 1920年 上海(shàng hǎi) 共産主义 小組를 발기·조직하였으며, 1921年 中国 共産党(zhōng guó gòng chǎn dǎng) 설립 때에는 五·四运动(wǔ sì yùn dòng)期의 명성에 힘입어 당 총서기로 선출되기도 하였다.

李大釗(1889~1927)는 河北省(hé běi shěng) 乐亭县(lè tíng xiàn)출신이며, 中国 최초의 马克思(mǎ kè sī)主义자로 中国 共産党(zhōng guó gòng chǎn dǎng)의 창시자 중의 한 사람이다. 1907年 天津(tiān jīn)의 北洋政法专科学校(běi yáng zhèng fǎ zhuān kē xué xiào)에 입학하였으며, 1913年 가을에 渡日하여 와세다 대학 政治本科에 입학했다. 1916年 귀국하여 反袁世凱(yuán shì kǎi) 활동을 벌이는 한편, 北京(běi jīng)의 「新鍾報」 편집장, 北京大学 经济学 교수 겸 도서관주임, 『新青年』의 편집을 맡았으며, 러시아 10月 革命后 马克思(mǎ kè sī)-列宁(liè níng)主义를 받아들여 전파하였다. 「每週評論」을 창간하여 五·四运动(wǔ sì yùn dòng)를 적극 지도-당시 30세의 나이-하는 한편, 胡适(hú shì)로 대표되는 개량주의 사조와 思想투쟁을 전개했다. 北京(běi jīng)大学의 历史교수로 재직하고 있던 數年 동안 그는 中国的인 요소와 서구적인 요소들의 모호하나 의미 있는 혼합물인 "体系"를 발전시켰다.116) 이 체계에 대한 집필 시기는 다르지만 근본적으로 주제가 같은 두 편의 글 "青春"과 "今"117)에 잘 나타나 있다. 실제 시작도 끝

도 없고 공간적으로 무한하며 영원히 다함이 없는 흐름이다._상대적인 의미
의 우주에서는 실제는 서로 구별되는 수많은 현상들과 마찬가지로 덧없는
존재이다. 그럼에도 불구하고 그의 '자아'는 절대적인 실제의 부분이고, 영원
하다._각 현상은 이원성의 법칙이 관통하는바 삶과 죽음·음과 양·청춘과
노년·건강과 쇠약이 있다. 이 단계까지의 李大釗(lǐ dà zhāo)의 哲學은 中
国의 극히 고대적인 사고방식의 테두리 속에 있다.118)

"儒教哲学의 근본 원리는 첫째가 「生成」이요. 둘째가 「調和」이며, 셋째
가 对待之理의 道로써 우주의 本源을 삼고 있다. (儒教哲学的根本原理是 :
一是生成, 二是调和, 三是对待之理之道, 作为宇宙的本源。Rú jiào zhé xué
dē gēn běn yuán lǐ shì: yī shì shēng chéng, èr shì tiáo hé, sān shì duì
dài zhī lǐ zhī dào, zuò wéi yǔ zhòu dē běn yuán。)" 李大釗(lǐ dà zhāo)의
위와 같은 사고는 儒教의 형이상학 內 실재론이 담고 있는 太極論·陰陽說
·五行論과 일맥상통한다. 그러나 이 시점에서 그는 에머슨의 점진적 진화
론을 수용하게 되고, 그럼으로써 한결같이 유한한 生은 덧없다는 비관적인
함축을 갖고 있는 것과는 달리 열렬한 낙관주의와의 결합이 이루어진다. "우
주는 영원하므로 젊음도 영원하며, 때문에 나도 영원하다. 그것은 우주만물
이 그 주위를 도는 축이다. _현재 속에서 우주의 젊은 정신은 끊임없이 자
신을 새롭게 재현한다.(宇宙是永远的, 年轻也是永远的, 所以我也是永远的。
这是宇宙万物在其周围围绕之轴。－现在之中, 宇宙的年轻精神不断再现崭新的
自我。Yǔ zhòu shì yǒng yuǎn dē, nián qīng yě shì yǒng yuǎn dē, suǒ yǐ
wǒ yě shì yǒng yuǎn dē。zhè shì yǔ zhòu wàn wù zài qí zhōu wéi wéi
rǎo zhī zhóu, －xiàn zài zhī zhōng, yǔ zhòu dē nián qīng jīng shén bú
duàn zài xiàn zhǎn xīn dē zì wǒ。)" 이 思想의 많은 부분에서 나타나는
에머슨의 영감에도 불구하고 李大釗(lǐ dà zhāo)는 개인을 중시하지 않았다.
이 점은 陈独秀(chén dú xiù)와 동일하다. 그들은 서구 个人主义 思想을 중
시하면서도 中国 상황의 긴박성과 유교전통에 의해 小我 보다는 사회나 大
我를 중시하였던 것이다.

에머슨은 세계정신은 개인의 삶 속에서 실현되는데 그에게 있어서 개인은

---

116) 벤자민 슈워츠, 권영 역., 『중국공산주의운동사』, (서울: 형함리, 1983), p. 29. 재인용.
117) 李大釗., "青春", 『新青年』, 第 2卷 1號 (1916. 9.)와 "今", 『新青年』, 第 4卷 4號
    (1918.4). 재인용.
118) 정종부., 『유교철학사상개설』, (서울: 형설출판사, 1977.), pp. 55~65. 재인용.

오로지 세계정신 속에서만 그 의미를 갖는다. 이러한 맥락에서 그가 历史教授였으며, 德国(dé guó)의 历史哲学에 대한 약간의 지식을 가졌다는 사실은 중요한 의미를 지닌다. 이 때문에 그는 개인의 역할에 대립하는 것으로서 历史的인 힘을 선호하게 되었다. 전통 中国思想과 헤겔이 李大钊(lǐ dà zhāo)로 하여금 马克思(mǎ kè sī)主义 思想의 이런 측면을 쉽게 수용하도록 만들었다.

中国 共产党(zhōng guó gòng chǎn dǎng)이 성립 후, 马克思(mǎ kè sī)－列宁(liè níng)主义의 전파는 새로운 기초 위에서 더욱더 발전하게 되었으며, 점차 革命运动과 결합함으로써 党의 행동 지침이 되었다.

1920年10月 李大钊(lǐ dà zhāo)가 北京(běi jīng) 共产党 小組를, 그리고 长沙(cháng shā)에서 毛泽东(máo zé dōng)가 长沙(cháng shā) 共产党 小組를 만드는 등 여러 지역에 共产党 小組가 조직되었다. 당시 上海(shàng hǎi) 發起組는 "共产党"이라 불렀고, 기타지역은 共产党 支部 혹은 共产党 小組로 하였는데, 共产党 小組라는 명칭은 이후에 붙여진 이름이다.[119]

李大钊(lǐ dà zhāo)는 마음속의 형이상학적 경향에도 불구하고 陈独秀(chén dú xiù)와 마찬가지로 哲学的인 진리의 탐구보다는 보다 직접적인 일, 즉 中国的 狀況의 요구에 따라 움직였다. 본질적으로 그의 哲学 전체는 中国이 더 이상 발전할 가능성을 갖고 있지 않은 죽은 문명이라는 비난에 대한 도전적인 哲学차원에서의 대답이었다. "세계에 우리가 보여 주어야 할 것은 옛 中国이 죽지 않았다는 것이 아니라 새롭고 활기에 찬 젊은 中国이 태어나고 있다는 것이다. (我们应该展现给世界的, 不是旧中国没有灭亡的事实, 而是充满活力的新中国的诞生。Wǒ mēn yīng gāi zhǎn xiàn gěi shì jiè dē, bú shì jiù zhōng guó méi yǒu miè wáng dē shì shí, ér shì chōng mǎn huó lì dē xīn zhōng guó dē dàn shēng。)"[120] 그러나 그 재생에 대한 그의 태도는 매우 모호하다. 陈独秀(chén dú xiù)와 마찬가지로 그도 전체적인 사회계획에 대해서는 언급하지 않았다. 그는 재생시킬 수 있는 개인이나 특수한 사회 경제적 개화에 관심을 두지 않고 历史过程(guò chéng) 그 자체에 주목하였다. 中国은 지금 세계사적 过程(guò chéng)의 일부분을 이루고 있고 현대 세계를 특징짓는 격변과 전쟁들은 中国이 반드시 참가해

---

119) 이승민 역., 중국현대철학사 I, (서울: 청년사, 1989.), p. 24.
120) 李大钊., "青春", 「李大钊選集」, (北京: 人民出版社, 1959.), p. 6. 재인용.

야만 하는 중대한 세계사적 재생의 진통임에 틀림없다는 식의 특별한 해결책의 제시 없이 간절히 미래를 희망하였다.

이러한 社会主义에 대한 태도변화는 1918年11月 세계대전이 끝나면서 서구의 열강이나 日本(rì běn)의 제국주의가 中国에서 경제적 이익을 빼앗아 가는 침탈행위와 袁世凱(yuán shì kǎi) 사후 군벌의 난립 등 대내외 정치적 혼란을 겪으면서 점차로 변화를 일으키게 된다.

요컨대 陈独秀(chén dú xiù)와 李大釗는 둘 다 전통 中国文化에 대해서 비타협적인 적대감을 갖고 있었으며, 또한 서구를 哲学的 길잡이로 생각하여 무비판적으로 받아들였다. 그럼에도 불구하고 陈独秀(chén dú xiù)는 中国의 사회적·문화적·정치적 諸问题에 대한 구체적 해결책을 民主主义와 科学에서 찾았던 반면 李大釗의 哲学은 우주적 차원에 머물러 해방을 위한 우주적 행위를 기대하고 있었다.

劳动者 계급의 政治에 대한 공식적 표현으로 나타난 것이 1920年12月 陈独秀(chén dú xiù)와 上海(shàng hǎi) 共产党에서 제정하였던 "中国 共产党(zhōng guó gòng chǎn dǎng)宣言"으로서, 그 내용을 살펴보면, "革命的 무산계급의 정당, 즉 共产党을 조직하여야만 한다는 전제하에 共产党은 장차 革命的 무산계급을 자본가와의 투쟁으로 이끌어야만 하며 아울러 자본가의 中国에 있는 정권을 탈취하여야만 한다. _바로 1917年 러시아 共产党이 했던 것과 똑같이 만들어야만 한다. (要形成革命无产阶级政党, 也就是以形成共产党为前提, 共产党要引导革命无产阶级同资本家进行斗争, 同时夺取资本家在中国的政权。-也就是说, 要和1917年俄国共产党所做的一样。Yào xíng chéng gé mìng wú chǎn jiē jī zhèng dǎng, yě jiù shì yǐ xíng chéng gòng chǎn dǎng wéi qián tí, gòng chǎn dǎng yào yǐn dǎo gé mìng wú chǎn jiē jī tóng zī běn jiā jìn xíng dòu zhēng, tóng shí duó qǔ zī běn jiā zài zhōng guó dē zhèng quán. -yě jiù shì shuō, yào hé yī jiǔ yī qī nián é guó gòng chǎn dǎng suǒ zuò dē yí yàng.)"[121]라고 하였는데, 이 선언은 陈独秀(chén dú xiù)가 이미 列宁(liè níng)의 共产党 수립의 학설을 초보적으로 수용하여 적용하고 있으며, 특히 무산계급 정당의 필연성 및 党의 성질, 그리고 그 임무와 계급에 기초하고 있음을 나타내고 있다.

---

121) 陈独秀(chén dú xiù)., "中国 共产党(zhōng guó gòng chǎn dǎng)宣言", 王光遠, [陈独秀(chén dú xiù)論評選編] (四川省: 重慶出版社, 1989.), p. 99. 재인용.

그런데 中国의 지식인들이 러시아의 影响을 쉽게 받아들일 수 있었던 것은 1917年 7月과 1920年 7月에 당시 러시아 劳动政府外教人民委员会(láo dòng zhèng fǔ wài jiào rén mín wěi yuán huì)를 대리한 喀拉汗(kǎ lā hàn)(1889~1937)이 발표한 선언으로서, 이 선언에서 "소비에트 정부는 제정러시아가 中国에 대해 행한 일체의 침략행위를 부인하고, 지금까지 철도·광산·산림 등의 모든 이권을 무상으로 포기 반환하며, 또한 앞으로 의화단 사건의 배상을 받기를 거부 한다"고 하여 일체의 제정러시아와 中国간의 조약과 협정을 것을 천명한 것이다. 즉, 소비에트정부는 제정러시아가 가졌던 中国내의 모든 제국주의적 특권을 포기한다는 선언이 中国 知識人들에게 전해지면서 中国의 지식인들은 소비에트 러시아, 당시의 前苏联(qián sū lián)을 제국주의가 아닌 우방으로 인식하면서부터 이러한 思想的 기반위에서 러시아 10月 革命의 메시지를 맨 먼저 수용함이 가능했던 것이다.

1919年 10月에 쓰여진 「Bolshevism的 勝利」에서 그는 10月 革命을 그 자신이 기다려 온 우주적 해방의 행위로 파악하고 있음을 알 수 있다. "러시아革命은 세계라는 나무로부터 쓸쓸한 가을의 마지막 잎새을 떨어뜨렸다._ 볼세비즘의 승리는 세계인류정신의 승리인 것이다. (俄国革命就是在世界这棵大树上于凄凉的秋天落下的最后的树叶。__布尔什维克主义的胜利是世界人类精神的胜利。é gúo gé mìng jiù shì zài shì jiè zhè kē dà shù shàng yú qī liáng dē qiū tiān luò xià dē zuì hòu dē shù yè。_bù ěr shí wéi kè zhǔ yì dē shèng lì shì shì jiè rén lèi jīng shén dē shèng lì。)"[122]라고 밝히고 있다. 그러나 李大釗가 俄国革命(é gúo gé mìng)의 구체적 메시지를 이미 받아들이고 있었던 동안에도 엄격한 의미에서는 아직 马克思(mǎ kè sī)主义者는 아니었다. 「庶民的 勝利」에서 그는 历史过程을 여전히 세계정신이 운동으로 인식했으며, 아직도 전통의 어휘 사용으로 反 전통의 완전한 면모를 보이지 못하고 있었다. 그는 「庶民的 勝利」라는 글에서 제 1차 대전의 원인은 자본주의 발전에 있고 대전에 승리한 것은 民主主义(mín zhǔ zhǔ yì)와 社会主义이고, 庶民[123] 이야말로 民主主义(mín zhǔ zhǔ yì)와 社会主义의 입장에 서있다고 밝히고 있다.[124] 통치를 받는, 노동하는 백성들을 民

---

122) 李大釗., "Bolshevism的 勝利", p. 447. 재인용.

123) 趙紀彬., "君子小人辯", 『論語新探』, 第 2版, (北京(běi jīng): 人民出版社. 1962.), p. 29. 재인용.

124) 茶尙思 主編, 『中国現代史資料簡編』,(浙江省: 浙江人民出版社, 1980.), pp.152~154.

혹은 庶人·庶民·黎民 등으로 불렀다. 民은 본래는 '어리석은', '무지한' 노동력을 의미한다. 보다 중요한 것은 君子·大人·小人·民·庶人·庶民·民衆 등과 같은 용어들이 古典들 도처에 나타난다는 점은 아직도 전통의 어휘 사용으로 反 전통의 완전한 면모를 보이지 못하고 있다는 증거이다.

또한 세계에는 새로운 조류가 일어나고 있는데 조류의 근원은 러시아 10月 革命에 있다고 지적하고, 이후의 세계는 「勞工의 세계」가 될 것임을 예시하였다.125) 马克思(mǎ kè sī)主义의 용어로 말하면 그는 여전히 '이상주의자'였다.

한편 上海(shàng hǎi) 共产党 소조가 결성될 무렵 中国 思想界에서는 胡适(hú shì)와 李大钊(lǐ dà zhāo)의 '问题와 主义' 논쟁뿐만 아니라 马克思(mǎ kè sī)主义의 社会主义와 反社会主义 간의 思想논쟁이 전개되었으니, 无政府主义의 马克思(mǎ kè sī)主义에 대한 도전이었다. 전술한 바와 같이 1920年2月 无政府主义者 易家针(yì jiā zhēn)은 "우리는 볼세비키당을 반대한다."는 글을 발표하였다. 이 글에서 근대 프롤레타리아 독재를 비난하기 시작하였다. 이에 陈独秀(chén dú xiù)는 1920年9月 『新靑年』을 통해 무산계급 革命과 무산계급의 전체 정치에 관하여 주장하기를 "劳动者들은 소와 말고 같이 만들어져 또한 기계와 다를 바 없다. 이러한 종류의 不平等과 고통은 반드시 제거되어져야만 하며 오직 피압박 생산노동 계급이 스스로 새로운 강력한 힘을 조성하여 스스로 국가의 지위에서 서서 政治와 법률과 같은 기관을 이용하여 억압하는 자산 계급을 완전히 정복하여야 한다. 그런 연후에 다시 사유재산, 工銀勞動 등의 제도를 폐지하여야 장차 不平等의 경제상황이 제거될 것이다._만약, 계급전쟁을 치르지 않고 劳动界(láo dòng jiè)級이 권력을 장악하는 시대를 거치지 않는다면 民主主义(mín zhǔ zhǔ yì)는 분명 영원히 자산계급의 전유물이 될 것이다."126)라고 말함으로써, 프롤레타리아 계급의 독재정치의 당위성과 필요성을 주장하였다.

民彝与政治(mín yí yǔ zhèng zhì)는 그가 1915年 日本(rì běn) 유학 이후 民彝(mín yí) 창간호에 발표한 논문으로 그의 새로운 출발이자 사색의 진전이었다. 1915年 7月에 21개조 问题가 일단 해결되자 袁世凯(yuán shì

　　재인용.

125) 李大钊., 『李大钊選集』, pp. 110~111. 재인용.

126) 陈独秀(chén dú xiù)., "谈政治", 『新靑年』, 第 8矜 1號(1920. 9.), [獨秀文存], 第 2卷, pp. 541~556. 재인용.

kǎi)에 의한 制裁부활 움지임이 활발히 전개되었다. 극히 전통적인 사고 하에 시경과 서경의 문구를 인용하면서 쓰여진 글로, 과거의 문명을 부정하면서도 그 전통에 더욱 집착하여 가는 过程(guò chéng)기도 하다. 그는 民衆속에 내재하며 민중의 불행을 극복할 수 있는 질서 형성의 기초로서 民彝(mín yí)를 발견하였다. 民彝란 인간 본래의 성질, 인민 고유의 이성, 인민이 본래 갖고 있는 더없이 선한 자질이라는 전제하에 "정치는 모든 人民의民彝(mín yí)에 기초를 두어야 하며. 民彝(mín yí)는 모든 사물의 기준이고 질서 형성의 기초가 된다. (政治应该以所有人的民彝为基础。民彝是所有事物的基准，是形成秩序的基础。Zhèng zhì yīng gāi yǐ suǒ yǒu rén dē mín yì wéi jī chǔ. Mín yì shì suǒ yǒu shì wù dē jī zhǔn, shì xíng chéng zhì xù dē jī chǔ.)"고 보았다.127) 그는 시대의 진전에 따라서 상대적으로 변화하여 가는 진리를 바르게 파악할 수 있는 것은 어느 시대에도 변하지 않는 民彝(mín yí)라고 하였다. 이에 국가의 주인공은 人民이라고 스스로 자각을 호소하였고, 나아가 民彝는 历史를 창조할 수 있으나 历史는 民彝를 구속할 수 없다는 思想에 이르렀다. 이러한 民彝思想은 中国的인 전통적 폭군 배척의 思想, 즉 革命思想이었으며, 동시에 근대 서구 民主制를 中国에 도입하려는 사고를 전개한다.

1916年6月 袁世凱는 국내와의 격렬한 제재반대 속에서 갑자기 죽는다. 그러나 그의 사후 3年 만에 국회가 소집되고 임시약법이 회복되었으나, 그의 후계자로 등장한 북양군벌 段祺瑞(duàn qí ruì)에 의해 民国정부 권력이 장악되고, 지방은 나름대로 북양군벌의 군사령관 督军이 독자적인 세력으로 할거하였고 그 배후에는 제국주의 제국이 있었다.

李大釗는 中国의 내일을 건설하는 것은 청년이라고 하였다. 끊임없이 변화하는 흐름 속에서 無限無盡의 청춘을 자신의 청춘으로 하고 희생의 정신을 갖는 것, 독립한 확고부동의 자신을 굳건히 쌓아올리는 것은 中国에 청춘을 소생시키기 위해 꼭 필요하다고 하였다. 历史의 찌꺼기를 씻어내고 새로운 민족의 생명을 창조하고 민족에게 청춘을 되돌리려면 청년만이 희망이라고 하였다.128) 청년들이 환경에서 독립하고 또 환경에 대하여 능동적으로

---

127) 劉桂生., "『宗彝』故訓與, 『民彝(mín yì)』新詮", 『李大钊(lǐ dà zhāo)研究文集』, (北京: 中央党史出版社, 1991.), pp. 128~135. 재인용.
128) 李大釗., "青春", 『新青年』, (1916. 9.), 「李大釗選集」, (北京, 1962.), p. 71. 재인용.

활동하는 주체적 인간이기를 호소하였다. 즉, 그는 자립적인 새로운 인간유형을 제시했다. 中国의 재생에 관심을 가졌었던 그로써, 1917年의 俄国革命(é guó gé mìng)이 발발하자 中国에서 가장 먼저 그 이상주의적인 가치를 높이 평가하고 马克思(mǎ kè sī)主义者의 면모를 보인다. 李大釗가 社会主义와 劳动者운동에 대하여 이야기를 시작한 것은 1917年 러시아 2月 革命 이후의 일이며, 社会主义로 전향의 직접적인 원인은 西方資本主义의 위기와 러시아 10月 革命이었다.[129] 이미 광범위한 인민의 힘을 결집하는 것, 민중 자신의 능동적인 역할, 中国의 현실타파 방법을 갈구하던 그에게 1917年 러시아革命은 민중의 해방운동으로서 "世界 新文明의 瑞光"으로서 파악되었고, 马克思(mǎ kè sī)主义야말로 中国民衆을 승리로 이끄는 수단으로 가장 적합하다고 생각하였다.

러시아 10月 革命 後에는 이듬해 1918年 7月에서야 「法浙革命之比較觀」이라는 글을 발표하여 공개적으로 10月 革命을 변호하여 革命的 社会主义의 성질과 그 의의에 대해 지적하고 계속해서"서민적 승리", "Bolshevism的 승리", "신기원"등의 글을 발표했는데, 이는 思想의 괄목할 진전을 표시하는 것이었다. 그는 이 글에서 비록 적지만 马克思(mǎ kè sī)主义의 구체적인 내용을 소개하였으며, 초보적 공산주의 思想을 갖추기 시작하여 1918年 여름 이후부터 볼셰비즘에 스스로 관여하였다. 그러나 그는 내재한 哲学과의 갈등으로 马克思(mǎ kè sī)主义에 심취하지 못한 채 1920年 중반에야 비로소 완전히 马克思(mǎ kè sī)－列宁(liè níng)主义를 수용하게 된다.

庶民的 勝利에서 제 1차 대전의 원인은 자본주의 발전에 있고, 대전에서 승리한 것은 民主主义(mín zhǔ zhǔ yì)와 社会主义이고, 서민이야말로 이 民主主义(mín zhǔ zhǔ yì)와 社会主义의 입장에 서 있다고 밝히고 있다.[130] 아직도 전통의 어휘사용으로 反 전통의 완전한 면모를 보이지 못하고 있는 증거이다. 통치를 받는, 노동하는 백성들을 民 혹은 庶人・庶民・黎民 등으로 불렀다. 民은 본래는"어리석은", "무지한"노동력을 의미한다. 보다 중요한 것은 君子・大人・小人・民・庶人・庶民・民衆 등과 같은 용어들이 고전들 도처에 나타난다는 점이다. 또한 세계에는 새로운 조류가 일어나고 있는데

---

129) 許全興., 李大釗(lǐ dà zhāo)哲学 思想研究」, (北京: 北京大学学 出版社, 1989.), p. 98. 재인용.
130) 朱繼錚 編, 「中国現代史資料簡編」, (浙江省: 浙工人民出版社, 1980.), pp. 152~154. 재인용.

조류의 근원은 러시아 10月 革命에 있다고 지적하고, 이후의 세계는 「勞工의 世界」가 될 것임을 예시하였다.[131]

上海(shàng hǎi) 共产党 소조에 뒤이어 성립되었던 北京(běi jīng) 共产党 소조에서도 勞動音과 工人週刊을 간행하여 지식과 劳动者 대중의 결합을 추진하였다. 그리고 이 간행물들은 劳动者에게 대중적인 언어로 생생한 사례를 들어 劳动者에게 马克思(mǎ kè sī)主义 기본지식을 교육시킴과 동시에 낡은 사회의 암흑과 착취당하는 劳动者의 비참한 생활을 폭로[132]를 계기로 『Bolshevism的 勝利』에서 그는 제 1차 대전을 종료시킨 러시아 10月 革命이 세계사의 신조류가 될 것이고, 이를 이끈 思想이 볼셰비즘이라고 하면서 볼셰비즘의 승리는 "人道主义・和平思想・自由(zì yóu)・功力(gōng lì)의 승리로, 곧 民主主义(mín zhǔ zhǔ yì)・社会主义 승리이고, 劳工阶级의 승리이자 20세기 新조류의 승리"라고 밝히고 있다.

위 두 논문에서 社会主义를 일부러 노동주의라 표현하면서 그는 민중이 历史의 주인공이 되는 시대가 도래 하였다며, 中国民族은 일하지 않고 먹는 타성과 노예근성에 대해 통렬히 비난한다. 또 노동을 통해 자신을 변혁하고 새로운 세계일원이 된다고 함으로써 자기 변혁의 革命觀을 보였다.

군벌과 제국주의가 지배하는 中国에서 민중의 행복을 바라고 자유롭고 민주적인 공화국 수립의 이상을 달성하고자 했던 그에게 俄国革命(é guó gé mìng)과 马克思(mǎ kè sī)主义는 그가 추구하여 온 민중의 행복이 실현될 수 있는 수단으로 받아들여진 것이었다. 李大釗는 马克思(mǎ kè sī)의 思想을 적극적으로 소개했을 뿐만 아니라 马克思(mǎ kè sī)의 학설을 가지고 历史를 교육하고, 历史를 해석한 제 1인자였다. 그는 『現代 历史学에서의 유물사관의 가치』라는 저서에서 "전통적 历史学 연구방법과 새로운 历史学 방법은 완전히 상반된다. 前者는 사회상태의 원인을 사회 밖에서 찾으려 하며, 後者는 인류의 특성으로부터 사회상장의 추진력과 지도력을 찾으려 한다."고 말했다. 새로운 历史学 연구 방법이란 바로 马克思(mǎ kè sī)의 유물사관을 말하는 것이었다. 李大釗는 노동을 신성시하였다.[133] 이에 대해 孔子(kǒng zǐ)는 "君子는 禮에 부지런하고, 小人은 육체노동에 진력한다.",

---

131) 朱縱錚 編., op. cit., p. 77. 재인용.
132) 이양지・최윤수 역., 중국혁명사 I, (서울: 거름, 1990.), p. 58. 재인용.
133) 풍우란, 정인재 역., op. cit., p. 4. 재인용.

"생산 활동이 아니라, 禮를 지키는데 더욱 열심히 할 것이다."라고 언급하였다.

俄国革命(é guó gé mìng)에 광범한 관심이 맨 먼저 구체적으로 표현된 것 중의 하나는 1919年 北京(běi jīng)大学에서 만들어진 「社会主义研究會」이다. 李大釗가 俄国革命(é guó gé mìng)의 바탕이 된 교의의 전제들을 완전히 무시하고는 俄国革命(é guó gé mìng)의 메시지를 받아들이기 어렵다는 것을 깨닫고 곧 이 연구회의 구성을 제의했던 것이다. 한편 陈独秀(chén dú xiù)는 연구회에서는 아무런 실질적인 역할을 맡지는 않았지만 문과대학장의 자격으로 암묵적인 지원을 해 주었다. 그 회원들은 주로 학생들로 이루어졌는데, 그들 가운데는 毛泽东(máo zé dōng)과 같은 많은 인물들은 뒷날 공산주의 운동에서 지도적인 역할을 수행하였다.

그러나 애당초 연구회는 俄国革命(é guó gé mìng)과 같은 훌륭한 성과를 거두게 한 교리연구단체 이상의 어떤 것도 아니었다. 1919年 5月에 발간된 『新青年』의 马克思(mǎ kè sī)主义 특집 논문집은 그 지배적인 정신이 난폭한 당파성이 아니라 오히려 비판적이고 냉정한 것임을 알 수 있다. 1919年 五・四运动(wǔ sì yùn dòng)이 한창일 때 李大釗는 『我的馬克思主义觀』을 발표하는데, "Bolshevism的勝利", 『新青年』, 第 6卷 5號보다 훨씬 냉정하게 쓰여져 있다. 그 서두에서 马克思(mǎ kè sī)主义를 연구하게 된 동기를 "马克思(mǎ kè sī)主义에 대한 광범위한 연구도 없이 그것을 대담하게 논할 수 있었던 것은 오로지 俄国革命(é guó gé mìng)이 매우 광범위한 반향을 일으켰기 때문"이라고 밝히고 있다. 이러한 행위는 中国 최초의 체계적 马克思(mǎ kè sī)主义 소개였을 뿐만 아니라[134] 马克思(mǎ kè sī)主义에 대한 비판을 소개하였고, 이에 대한 그 자신의 견해도 표명하였다. 그러나 놀랍게도 그는 马克思(mǎ kè sī)主义의 3개 구성부분, 즉 史的唯物論・剩餘價值学說을 기초로 하는 資本主义社會의 経済構造論・階級鬪爭論을 비교적 세세히 소개하였음에도 불구하고, 당시 이 글에서 马克思(mǎ kè sī)主义를 본질적으로 거부하고 있다. 그는 경제적 요인이 人類進化에 중요한 역할을 수행했음을 기꺼이 인정했으나, 만약 경제구조에 발맞추어 인간정신의 전환이 따르지 않는다면 경제구조의 변화는 의미가 없게 될 것이라고 생각했다. 요컨대 그는 경제구조가 변화하면 인간정신의 전환이 저절로 이루어진다는 马克思(mǎ kè sī)主义的 신념을 갖지 않았다.

---

134) 李大創 選集., pp. 173~211. 재인용.

그리고 马克思(mǎ kè sī)主义 자체를 산업주의의 발흥과 더불어 경제적 요인이 지배적 역할을 하게 된 궁극적으로 시대의 산물로 인식하여 새로운 시대에 접어들면 당연히 무용지물화 하리라고 보았다. 이러한 생각은 1919年 5月까지 지속된다.

1920年 4月 당시 第三国际(dì sān guó jì)의 대표로 그리고리 보이틴스키 (Grigoril Voitinskey) 등이 中国 공산주의 운동의 활성화를 위하여 中国에 파견되었다. 陈独秀(chén dú xiù)와 上海(shàng hǎi)에서 만나기 전에 보이틴스키는 먼저 北京(běi jīng)에서 李大钊(lǐ dà zhāo)와 만나 여러 차례 좌담회를 가진 후 당 建设问题를 논의하였다. 그리고 그들 일행은 李大钊(lǐ dà zhāo)의 소개로 上海(shàng hǎi)로 와서 陈独秀(chén dú xiù)를 만나 다시 中国 共产党(zhōng guó gòng chǎn dǎng) 창당문제에 대하여 구체적으로 회담을 가졌다. 그 결과 5月 陈独秀(chén dú xiù)는 上海(shàng hǎi)에서 社会主义研究會를 조직하여 공개적인 대중 활동을 벌임과 함께 共产党 건설 계획을 구체적으로 추진하였다.

그들은 그 구체적인 작업으로 그해 8月 上海(shàng hǎi) 共产党 小組를 만들었는데, 여기서 陈独秀(chén dú xiù)는 서기로 선출되었다. 한편 上海(shàng hǎi) 共产党을 출발점으로 그들은 中国 각지에서 党 건설작업을 전개하여 각지의 당 건설들 도왔다. 1920年 5月 이후부터는 上海(shàng hǎi)·北京(běi jīng)·长沙(cháng shā)·武汉(wǔ hàn)·广州(guǎng zhōu)·天津(tiān jīn) 및 法国(fǎ guó)와 日本(rì běn)의 中国유학생 사이에서 속속 공산주의 소조가 조직되었다. 이것은 中国의 노동운동이 马克思(mǎ kè sī)-列宁(liè níng)主义와 결합하기 시작했음을 보여준다. 공산주의 소조가 성립된 후 马克思(mǎ kè sī)-列宁(liè níng)主义에 대한 선전은 더욱 강화되었다. 中国 노동운동의 발전, 马克思(mǎ kè sī)主义의 광범한 전파 및 각지에서의 공산주의 소조의 성립으로 말미암아 中国 共产党(zhōng guó gòng chǎn dǎng)을 수립할 수 있는 조건은 무르익었다.

이밖에 특집호에 실린 논문들은 대부분 马克思(mǎ kè sī)主义 교리에 대한 객관적인 해설이었으며, 그 대부분이 매우 비판적인 논조였다. "私的唯物論에는 历史의 발전이 필연적으로 된다는 숙명론적인 경향 때문에 각국의 马克思(mǎ kè sī)主义 정당은 社会主义를 탄생시키는 경제적 여건의 성숙만을 기다린 채 아무런 활동이나 제안도 않고 있다. (在私的唯物论中, 有历史的发展是必然的宿命论倾向, 所以各国的马克思主义政党只是等待社会主义诞

生的经济条件, 没有进行任何行动或者提案。Zài sī dē wéi wù lùn zhōng, yǒu lì shǐ dē fā zhǎn shì bì rán dē sù mìng lùn qīng xiàng, suǒ yǐ gè guó dē mǎ kè sī zhǔ yì zhèng dǎng zhǐ shì děng dài shè huì zhǔ yì dàn shēng dē jīng jì tiáo jiàn, méi yǒu jìn xíng rèn hé xíng dòng huò zhě tí'àn。)"135)라는 비판을 소개하고, 이에 대해 马克思(mǎ kè sī)主义의 階級鬪爭說을 역사상 민중자신의 결정적인 역할을 나타내는 학설이라는 견해를 표명하였다. 진실한 历史에 도달하기 위해서는 人道主义로서 인류정신을 개조하고 동시에 社会主义로써 경제조직을 제조하는 물심양면에 있어 개조의 노력이 꼭 필요하다고 역설하였다. 이는 李大钊(lǐ dà zhāo)가 马克思(mǎ kè sī)主义를 도입하고 다시 실천에 옮겨가는 过程(guò chéng)에서 일층 심화한 과제였다. 1919年 五・四运动(wǔ sì yùn dòng)의 경험을 통해 해방운동의 전진을 위해서는 劳动者를 중심으로 일반 대중의 자각을 높여서 그 세력을 결집하는 것 이외에는 방법이 없다는 것을 확신하고, 거기에 俄国革命(é guó gé mìng)의 影响을 받아 1920年 초에 실천운동에 참여하면서 思想的으로 马克思(mǎ kè sī)主义를 더욱 심화시켰다.

1920年 여름 陈独秀(chén dú xiù)가 中国 共产党(zhōng guó gòng chǎn dǎng) 조직을 준비하고 있을 무렵, 정치적 개입을 기피하는 자유주의자들과 정치적 세력으로 정치에 긍정적인 입장을 지닐 수 없다고 믿는 无政府主义者들에 대해 陈独秀(chén dú xiù)는 변론을 폈다. 당시 그의 정치적 입장을 밝히는 중요한 논문 谈政治에서 먼저 그는 당시의 정치・법률・군사력 심지어 국가자체에 까지 반대를 하고 있는 사람들과 동조하면서 정치란 국민의 권리나 自由를 억압하는 도구로 이용되고 있지만, 資本主义 国家・資本主义 정치만이 경제적 수탈体制 아래 존재하고 있다고 지적했다.136)

한편 上海(shàng hǎi) 共产党 소조가 결성된 지 얼마 되지 않아서 陈独秀(chén dú xiù)는 广东(guǎng dōng)의 군벌 陈炯明(chén jiǒng míng)로 부터 广东省(guǎng dōng shěng)의 교육 담당관을 맡아 달라고 하는 부탁을 받았다. 이에 陈独秀(chén dú xiù)는 곧장 소조 간부들과 협의를 한 뒤, 社会主义 思想을 广东(guǎng dōng)지역에 전파시키고 广州市에 하부조직을 만들 수 있다는 결론에 이르게 되자 이후 이를 수락하여 1920年 12月 16일

---

135) 李大創 選集., op. cit., pp. 191. 재인용.
136) 토마스 쿠오, 권영빈 역., [진독수평전], (서울: 민음사, 1985.), pp. 106~107. 재인용.

에 陈独秀(chén dú xiù)는 上海(shàng hǎi)에서 广州(guǎng zhōu)로 떠났다. 이곳에서 陈独秀(chén dú xiù)는 陈公博(chén gōng bó)·譚平山 등 과거의 제자들을 만났으며, 이들은 이미 广东(guǎng dōng) 社会主义青年團을 결성하고 있었다.

이에 陈独秀(chén dú xiù)는 陈公博(chén gōng bó)에게 교육부의 선전책임을 맡아 共产党의 조직임무를 수행하도록 하여 이듬에 1921年2月 党 선전 잡지로 劳动界를 발간하였다.

1921年 봄 第三国际(dì sān guó jì)은 中国 共产党(zhōng guó gòng chǎn dǎng)의 설립을 목적으로 마링(Maring)을 파견하였는데, 마링은 中国에 오기에 앞서 이미 인도네시아에서 共产党을 결성한 바 있었다. 이 무렵 中国 共产党(zhōng guó gòng chǎn dǎng) 조직은 上海(shàng hǎi)·北京(běi jīng)·广州(guǎng zhōu)·长沙(cháng shā)·济南(jǐ nán)·日本(rì běn)·파리 등에 결성되어 있었으나, 아직 통합적이고 공식적인 중심 조직체는 없는 상태였다. 이에 1921年7月 각 지역의 대표가 모여 中国 共产党(zhōng guó gòng chǎn dǎng)-全 대회를 上海(shàng hǎi)에서 개최하였다.

陈独秀(chén dú xiù)는 广东(guǎng dōng)에서 교육담당관이라는 자신의 직책 때문에 대회에 참석치 못하였으나 서기장을 결정되었다. 이로써 中国 共产党(zhōng guó gòng chǎn dǎng)은 정식으로 성립되었고, 上海(shàng hǎi)에 党 中央위원회를 두기로 결정하였다. 그해 8月 陈独秀(chén dú xiù)는 中国 共产党(zhōng guó gòng chǎn dǎng) 초대 서기장으로 역할을 위해 陈公博(chén gōng bó), 譚平山에게 广东(guǎng dōng)지부를 맡기고 上海로 돌아왔다.

요컨대 中国 共产党(zhōng guó gòng chǎn dǎng)의 결성은 주로 北京(běi jīng)大学의 급진파 지식인들이 이끈 五·四运动(wǔ sì yùn dòng)의 산물이었다. 갖가지 反社会主义 思潮와의 社会主义는 中国내에서 그 위치가 더욱 공고해졌으며, 陈独秀(chén dú xiù)의 주된 노력 하에 설립된 中国 共产党(zhōng guó gòng chǎn dǎng)은 인민의 지지를 받아 더욱더 세력이 확장되었고, 그의 글에서 알 수 있듯이 中国내 社会主义는 점차 심화되어 갔다.

상기에서 주지한 바 있듯이 中国 共产党(zhōng guó gòng chǎn dǎng)의 成立背景과 过程(guò chéng)를 동시에 살펴보면, 제 1차 세계대전의 종전 전후를 통하여 전개된 新文化运动과 俄国革命(é guó gé mìng) 및 五·四运动(wǔ sì yùn dòng)에 의하여 社会主义에 대한 관심이 더욱 촉진되었다.

당시까지만 해도 中国에서는 社会主义 思想이나 马克思(mǎ kè sī)主义의 소개가 극히 한정된 범위에 있었다. 그러나 러시아革命의 성공은 거대한 사실로서 많은 사람들이 马克思(mǎ kè sī)主义에 눈을 기울이게 되었고, 陈独秀(chén dú xiù)와 李大釗는 4月과 10日에 각각 『新青年』 잡지에 「러시아革命과 우리민족」, 「서민의 승리」, 「볼세비즘의 승리」를 발표하여 前苏联(qián sū lián) 马克思(mǎ kè sī)主义를 점차 확대 선전하기에 이르게 되었다. 지식층의 前苏联(qián sū lián)革命에 대한 맹목적 찬양과 공산주의에 대한 맹신은 前苏联(qián sū lián)의 세계 赤化와도 일치되어 社会主义에 대한 연구열을 고취시키게 되었을 뿐 아니라 이를 계기로 李大釗를 중심으로 북경대학 안에다 「马克思(mǎ kè sī)主义 연구회」를 만들어[137] 1919年 5月에는 『新青年』에 「马克思(mǎ kè sī)主义」의 특집호를 내었다. 이 외에도 毛泽东(máo zé dōng)가 발행한 「浙江评论(zhè jiāng píng lùn)」을 비롯한 长沙(cháng shā)의 文化书店·船山学社·马克思(mǎ kè sī)主义연구회·劳动者 야학교 등이 창설되었고, 같은 해 5月에는 上海(shàng hǎi)에 공산주의자의 그룹이 형성되었고, 이들에 의하여 「劳动界(láo dòng jiè)」 <上海(shàng hǎi)>, 「劳动的音(láo dòng dē yīn)」 <北京(běi jīng)>, 「劳动的声(láo dòng dē shēng)」 <广州(guǎng zhōu)> 등의 소형신문들이 발행하게 되었던 계기가 마련된 것이다.

陈独秀(chén dú xiù)와 李大釗의 필두를 통해 马克思(mǎ kè sī)主义가 中国에서 점차로 인기를 얻게 되자, 列宁(liè níng)은 당시 「코민테론」의 东方部长(dōng fāng bù zhǎng)이었던 「보이틴스키」를 中国에 파견하고, 지식분자들과 접촉하여 1920年8月 上海(shàng hǎi)의 법조계인 环龙辂(huán lóng lù), 渔阳里(yú yáng lǐ)에 있는 陈独秀(chén dú xiù)의 집에서 中国共产党(zhōng guó gòng chǎn dǎng) 창당발기회를 개최하고, 陈独秀(chén dú xiù)가 서기를 맡았다. 그는 上海(shàng hǎi) 社会主义 청년단을 조직하고, 『新青年』을 기관지로 사용하다가 11月에 정식으로 共产党을 창간하였다. 그리고 上海에 中苏通信社와 외국어학교를 설립하고, 선전과 共产党 간부를 훈련하였고, 급기야는 1921年7月 上海의 法国(fǎ guó) 租界內에 있는 博文女中에서 정식으로 中国 共产党(zhōng guó gòng chǎn dǎng)의 창당을

---

137) Franklin W. Houn., A Short History of Chinese Communism, (Prentice Hall, 967), p. 15. 재인용.

가졌다. 당시 共产党員은 총59명 (57명 설)으로 广东(guǎng dōng)의 陳分博, 上海의 李漢俊, 北京의 張国燾, 武汉(wǔ hàn)의 董必武, 长沙(cháng shā)의 毛泽东(máo zé dōng), 济南(jǐ nán)의 王盡美 등 13명과 共産国際代表「마링」이 참석했다. 여기에는 「南陳北李」라 하여 창당과정중 공이 제일 많은 陈独秀(chén dú xiù)와 李大釗는 참석하지 않았다하며 이 회의 정확한 기록은 없다고 한다. 하지만 이렇게 해서 中国 共产党(zhōng guó gòng chǎn dǎng)은 정식으로 성립되었다.

第 2 节 国民党의 成立背景과 过程

鸦片战争(yā piàn zhàn zhēng) 이후, 清政府는 부패의 길을 걷기 시작하게 되었고, 사회적으로는 혼란을 초래 하게 되었다. 清(qīng)의 부패로 말미암아 형성한 가장 큰 革命세력은 곧 孙文(sūn wén) 영도하의 兴中会(xīng zhōng huì)다. 孙文(sūn wén)은 1894年11月24日 처음으로 反清 革命团体를 조직 하면서, 1911年 中华民国 胜利(zhōng huá mín guó shèng lì)까지 수많은 起义活力을 전개 하였었고, 또한 수많은 革命团体를 조직하였다. 가장 중요한 革命团体로서는 兴中会(xīng zhōng huì)・同盟会(tóng méng huì) 등이 있고, 起义活動(qǐ yì huó dòng)로 말하자면, 中华民国(zhōng huá mín guó) 형성에 가장 중요한 影响을 미친 것이 辛亥革命(xīn hài gé mìng)과 武昌起义(wǔ chāng qǐ yì) 이었다. 中华民国(zhōng huá mín guó)이 탄생되면서 中国 国民党(guó mín dǎng)이 정식 정당으로 수립되었고, 中国 내부에서 前苏联(qián sū lián)의 影响으로 또 하나의 새로운 정당 단체인 共产党이 1919年5月4日 山東問題로 인하여 일어난 전국적인 反日运动인 五・四运动(wǔ sì yùn dòng)으로 말미암아 1921年7月 上海(shàng hǎi)에서 정식으로 창당되었고, 이 논문의 핵심인 国・共合作(guó gòng hé zuò)이 형성되게 되었다. 满清 孙文(sūn wén)에 의하여 타도 되면서 中国内部에는 많은 군벌세력이 형성되었고, 孙文(sūn wén)은 中国统一 위해서는 외부의 원조와 자체 내의 勢力统一이 필요하다고 느끼고, 前苏联(qián sū lián)과 연합하게 되고, 급기야는 国民党(guó mín dǎng) 내부의 정리를 위하여 1924年 共产党을 흡수하는 동시에 国民党(guó mín dǎng)의 개조를 실시하였으며, 이가 곧 제 1차 国・共合作(guó gòng hé zuò)이다.

제 1차 国·共合作(guó gòng hé zuò)이 이루어진 이듬해인 1925年 3月 12日에 孙文(sūn wén)이 서거하자 蒋介石(jiǎng jiè shí)은 그의 유지를 받들어 统一大业을 이룩하였다. 그러나 南京事件(nán jīng shì jiàn)과 广州 (guǎng zhōu)(guǎng zhōu) 폭동으로 말미암아 中国 国民党(guó mín dǎng) 와 共产党의 사이는 점차 악화되기 시작하였고, 결국은 蒋介石(jiǎng jiè shí)의 다섯 차례 剿共 끝에 共产党은 延安(yán ān)로 밀려나 소위 「两万五千里(liǎng wàn wǔ qiān lǐ)」의 대장정이 시작되고, 1차 합작은 결렬된 셈이다. 共产党이 연안으로 패주하자, 蒋介石(jiǎng jiè shí)은 东北(dōng běi) 에 있는 張学良의 军勢力을 약화시키기 위하여 그를 西安(xī ān)으로 보내 제 5차 剿共作战(jiǎo gòng zuò zhàn)를 전개하려고 했으나, 불행히도 張学良과 杨虎城(yáng hǔ chéng)의 배반으로, 蒋介石(jiǎng jiè shí)이 서안 시찰을 하는 틈을 타 그를 감금하여 西安(xī ān)事件이 조성되었다. 이와 더불어 日本(rì běn)이 그들의 대륙진출 야심을 불태우기 위하여 1931年 9月 과 1936年 7月 두 차례에 걸쳐 9.18사변과 7.7事變을 조작하여 中国을 침공하기 시작하였다. 이에 蒋介石(jiǎng jiè shí)은 전국 1차 抗日宣言을 발표하고, 제 2차 国·共合作(guó gòng hé zuò)이 이루어지게 되었으며, 共产党을 国府军八路(guó fǔ jūn bā lù)에 편성하였다.

그 결과, 8年 抗日战争(kàng rì zhàn zhēng)이 끝남으로 말미암아 2차 合作 또한 결렬이 되었다. 1·2차 合作의 원인 분석을 해본 결과 1차에서는 외부세력인 前苏联(qián sū lián)의 개입과 내부세력인 군벌세력에 의하여 가능하였고, 2차 역시 외부세력으로는 日本(rì běn)의 개입과 내부세력 군벌의 여세로 말미암아 가능하게 된 것이 본 논문의 핵심적인 줄거리이다

1. 政治社會的 背景

中国은 鸦片战争(yā piàn zhàn zhēng)을 통하여 비로소 서구세계와 적극적인 접촉을 갖게 되었다. 鸦片战争(yā piàn zhàn zhēng)이 비록 몇 千年 동안 전해 내려오던 天朝观念(tiān cháo guān niàn)을 깨뜨렸지만, 당시 사회적 관념은 아직도 中国人의 中国 사물이 서방국가의 사물보다 월등하다고들 믿고 있었다. 그러다가 咸丰十年(xián fēng shí nián)(1860) 英法联合军 (yīng fǎ lián hé jūn)이 北京을 점령하자, 清政府는 그때서야 中国의 선박혹은 포화가 서방국가 보다 못하다는 것을 느끼게 된다.138) 더욱이 乾隆 末

年부터 관사의 부패·군기의 해이·인구의 급증 등은 정치사회의 혼란을 초래하게 되었고, 각지에서는 白蓮教(bái lián jiào)를 중심으로 한 反清(fǎn qīng)运动이 일어나기 시작했다. 특히 鸦片战争(yā piàn zhàn zhēng) 이후 유럽의 제품이 대량으로 수입되자, 中国은 경제적으로 큰 타격을 받아서 태평천국 亂을 초래하게 되었다. 그런데 이 난이 曾国藩(zēng guó fān)·李鸿章(lǐ hóng zhāng)·左宗棠(zuǒ zōng táng) 등 汉人(hàn rén)들의 세력에 의해 평정되었기 때문에 汉人(hàn rén)들의 세력이 정치적으로 크게 향상되어 점차 상당한 지위를 차지하게 되었고, 그들은 서양문명을 받아들여야 함을 절감하고, 「洋务运动(yáng wù yùn dòng)」을 벌였으나, 이 운동을 주도한 인물들의 지식한계 때문에 크게 성공하지 못했다. 그들은 다만 표면적으로 서양의 기술을 모방하였을 뿐, 정치·사회 모든 면에 대한 개혁에 이르지 못하였다.

이후 中法战争(zhōng fǎ zhàn zhēng)(1884年)으로 인하여 清政府는 급속도로 쇠퇴하게 되고, 1894年 汉国问题로 말미암아 清日战争(qīng rì zhàn zhēng)이 일어나자, 中国의 정세는 점차 불리해지기만 해갔다. 더욱이 清政府는 부패할 때로 부패되어 있었고, 西太後는 혼란으로 국정은 아예 돌보지도 않아 清朝(qīng cháo)의 패색은 더욱 깊어만 갔다. 이러한 사회적·정치적 배경 하에서 反清(fǎn qīng) 运动이 일어나게 된다는 것은 지극히 당연지사라 할 수 있다. 이때 中国을 구하려고 나타난 것이, 곧 현대 中国历史에 가장 큰 影响力을 끼친 孙文(sūn wén)이다. 그의 자서전에서 나는 乙酉(1884年) 中·佛 戰爭 패전하던 때부터 清(qīng)나라를 타도하고, 民国을 세울 뜻을 품기 시작했다」 139)고 말하고 있으니, 이러한 사회 속에서 자란 그는 大志를 점차 굳히고, 그를 중심으로 한 革命运动이 구체화되었다. 여기서 国民党(guó mín dǎng) 형성까지의 몇몇 구체적인 革命运动을 나열해보고자 한다.

2. 兴中会와 中国 同盟会의 成立

당시 兴中会(xīng zhōng huì)는 근대 中国의 첫 번째 革命단체이며, 훗날

---

138) 国立編譯舘., 「中国現代史」, (台北: 幼獅文化事業公司, 1975.). 재인용.
139) 許朗軒., 「中国現代史」, (台北: 正中書局, 1974.), p. 7. 復引, 「国文全集」, p. 09. 재인용.

中国 国民党(guó mín dǎng)의 전신이다. 孙文(sūn wén)이 广州(guǎng zhōu)에서 「东西药局(dōng xī yào jú)」을 개설 한 후, 즉, 清光绪(qīng guāng xù)20年(1894) 봄 조선 동학란으로 말미암아 清(qīng)·日 사이에 중요한 교섭이 있었는데, 孙文(sūn wén)은 北洋大臣인 李鸿章(lǐ hóng zhāng)에게 救国策을 상소하였지만 채택되지 못하였고, 甲午战争이 일어나 자 호놀룰루로 건너가 정식으로 革命단체를 조직하게 되는데, 이때 최초 兴中会(xīng zhōng huì)란 名稱을 갖게 되었다.

당시의 사회적 풍토를 보아서 和众政府(hé zhòng zhèng fǔ)를 中国에다 성립시킨다는 것은 극히 어려운 일임에도 불구하고, 孙文(sūn wén)은 몇몇 뜻있는 동지를 규합하여 국내에서 시국에 관한 토론을 벌여 배만思想을 고취시키는 한편, 이 조직을 확대시켜갔다. 1895年 Hongkong의 兴中会(xīng zhōng huì)를 총회로 하고 「하와이」에 분회를 두어 훗날의 革命계획을 세워나가는 过程(guò chéng)에서, 陸晧東이 설계한 청천백일기를 채용하도록 결정하게 되고, 다시 革命军의 군기로 삼았던 것이 如今까지 이어와 中华民国(zhōng huá mín guó)의 국기로 계속 사용되고 있는 것이다.

兴中会(xīng zhōng huì) 성립 이후의 거사활동을 살펴보면 우선 兴中会(xīng zhōng huì)가 창립되면서 孙文(sūn wén)은 广州(guǎng zhōu)를 거사지로 결정하여 비밀리에 계획을 실행하면서 광서 21年(1895) 8月 广州(guǎng zhōu)에서 农学会(nóng xué huì)를 발기하여 革命동지들을 포섭하고 거사를 결정하였다가, 杨衢云(yáng qú yún)의 군기 공급이 제대로 도달되지 못하여 연기하다가 누설되어 陸晧東 등 5명이 체포되어 사망하였고, 이 사건이 孙文(sūn wén) 革命 최초의 유혈사건이 되었다.[140] 당시 共和党에서는 「民主共和报」, 新民党에서는 「民主战线」을 기관지로 삼아 그들의 정치활동을 선전한다.

또 하나의 거사는 庚子年(1900)의 惠州起义이다. 첫 번째 广州(guǎng zhōu)에서의 거사가 실패하자 서문은 하와이로 건너가 각국을 돌아보며, 革命思想을 견고시켰고, 동시에 光绪25年(1889) 陈小白(chén xiǎo bái)이 Hongkong으로 건너와 「中国日報」를 창간하면서 惠州起义를 계획하였다. 그 경과를 보면, 孙文(sūn wén)은 庚子年(1900年) 윤 8月15日. 惠州起义에

---

140) 羅家倫., 「六十年來之 中国国民党(guó mín dǎng)與中国」, (台北: 興台印刷, 1974.), p. 7. 재인용.

발맞추어 史堅如(shǐ jiān rú)로 하어금 广州(guǎng zhōu)에서 암살기관을 조직케 하고, 자신은 台北에서 이를 지휘하였다. 그러나 때마침 日本(rì běn)의 내각을 구성한 伊藤博文이 무기 수출을 일체 금지하였기 때문에 孫文(sūn wén)가 이끈 두 번째 革命 시도도 역시 실패하였다.[141]

위 두 번의 革命 실패의 원인을 살펴보면, 두 번 모두 무기의 공급부족으로 인하여 실패하게 되었다는 것을 알 수 있다. 그러므로 革命에 있어서 무력의 중요함을 절실히 느낄 수 있게 되었으며, 이 두 번의 거사 실패의 주원인인 무력 부족이 곧 훗날 国·共合作(guó gòng hé zuò)의 기초적 원인이 되었음을 기억하면서 뒤에서 다시 분석해 보기로 한다.

그 후 孫文(sūn wén)은 美国(měi guó)本土·欧洲 등지를 돌아다니며, 欧洲 각지의 정치사건과 사회현황을 살피고, 政治革命으로는 社會問題를 해결할 수 없다고 생각하여 「三民主义」를 만들고 이를 그의 革命思想으로 삼았다. 如今까지 「三民主义」는 中华民国(zhōng huá mín guó)의 건국방침으로 전해 내려오고 있다.

广州(guǎng zhōu)起义와 惠州起义는 兴中会(xīng zhōng huì) 창립이후의 가장 중요한 거사라 할 수 있다. 그 결과를 살펴보면, 우선 「广州(guǎng zhōu)起义」의 실패로 孫文(sūn wén)은 清政府의 5年 동안 해외추방령을 받게 되어, 서구를 유람하면서 新문화를 습득하게 되므로 그 일생동안 가장 길이남아 如今까지 전해 내려온 中国 건국방침으로 남아있는 불후의 三民主义 思想을 형성할 수 있는 기회를 만들 수가 있었고, 惠州起义로 인하여 지금까지 소수의 지지를 받던 革命运动이 폭넓은 지지를 받아 中国 革命事業에의 전환점이 되었다.

이를 다시 분석해보면, 庚子 「惠州之役」 이후부터 光緒 31年(1905年) 7月 同盟会(tóng méng huì) 성립이후까지 5年 동안 兴中会(xīng zhōng huì)의 직접적인 활동은 이미 없어졌고, 다만 革命의 잠재력이 국내외에서 신속히 급성장 하였다. 이렇게 보면 가히 「广州(guǎng zhōu)之役」 과 「惠州之役」 이 훗날 中华民国(zhōng huá mín guó) 성립에 얼마나 큰 影响을 주었는가를 알 수 있다. 그리고 앞에서 언급한 바와 같이 国·共合作(guó gòng hé zuò)의 가장 중요한 원인이 될 수 있는 武器至上 관념이 여기서 萌芽 된 것을 알 수 있다.

---

141) 신승하., op. cit., p. 20. 재인용.

同盟会(tóng méng huì)는 「惠州之役」 이후 실상의 興中会(xīng zhōng huì)가 없어지자, 孙文(sūn wén)은 다시 세력을 확고해서 1904年6月 동경에서 새로이 발족한 革命단체다. 물론 그간에도 국내에서 華興會를 비롯한 수많은 革命단체가 있었지만, 여기서는 다만 同盟会(tóng méng huì)의 성립 过程(guò chéng)을 살펴보기로 한다.

同盟会(tóng méng huì) 성립 이후에도 수많은 革命활동이 전개되었는데, 그 중에서도 中华民国(zhōng huá mín guó) 성립에 가장 큰 影响을 미친 활동은 辛亥革命(xīn hài gé mìng)이다. 辛亥革命(xīn hài gé mìng)은 辛亥年(1911年)에 일어난 두 차례 革命이며, 즉 3月과 10月에 걸쳐 일어난 두 차례의 革命이다. 이 두 차례의 革命은 中华民国(zhōng huá mín guó) 탄생에 가장 중요한 역할을 치룬 革命이라 말할 수 있으며, 뒤에서 구체적으로 다루기로 하고 우선 사건 실패의 원인을 종합적으로 분석해 보기로 하겠다.

첫째 자금 제공자 역할을 하고 있는 화교사회의 보수성과, 둘째 會党분자들이 너무 복잡하고 革命인식이 부족하였으며, 셋째 유학생들의 의견이 분분하여 同盟会(tóng méng huì)에 가입하였다 하여도 同盟会(tóng méng huì)의 주의에 대한 三民主义를 완전 이해하는 사람은 적었다. 넷째 革命운동의 조직도 건전하지 못하여 비밀이 사전에 누설되어 여러 차례 실패하고 말았다.

위의 몇 가지 실패원인을 보면 알 수 있듯이 會에 대한 인식이 너무 부족한 것이 가장 중요한 원인이라 생각되며, 이는 곧 훗날 国民党(guó mín dǎng) 改組와 제 1차 国·共合作(guó gòng hé zuò)에 가장 큰 원인의 기반이 되었다.

3. 辛亥革命와 中华民国의 诞生

辛亥革命(xīn hài gé mìng)은 中华民国(zhōng huá mín guó) 탄생에 결정적인 역할을 한 革命起义(gé mìng qǐ yì)다. 이외에도 물론 많은 사소한 거사가 있었지만 가장 중요한 것은 역시 3月 29日의 「黃花岡起义」와 同年(1911) 10月 10日의 「武昌起义(wǔ chāng qǐ yì)」를 꼽을 수 있다. 그래서 본 논문에서는 우선 「黃花岡起义」의 경과와 이로 인한 中华民国(zhōng huá mín guó) 탄생에 미친 影响을 살펴본 다음 「武昌起义(wǔ chāng qǐ yì)」를 거론해 보고자 한다.

「黃花岗之役(huáng huā gǎng zhī yì)」은 또한 辛亥革命(xīn hài gé

míng)으로 대칭되며, 이는 同年 10月의 「武昌起义(wǔ chāng qǐ yì)」의 전초전이라고 할 수 있다. 辛亥革命(xīn hài gé mìng)의 过程(guò chéng)을 보면 宣统3年(1911) 3月10日 党人들은 革命计划을 세우고, 3月 25日을 革命날짜로 잡았다가 温生才(wēn shēng cái)가 孚埼(当时广州的将军)를 암살하는 사건의 발생으로 말미암아 28日로 바뀌었다가 다시 29日로 바뀌었다. 3月29日 오후 5시 25분 黄兴(huáng xīng)이 林文(lín wén)·林觉民(lín jué mín) 등 1백 70여 명을 데리고 清(qīng)나라 两广总督府(广东·广西)를 공격하였다가 실패하여 수많은 사람이 사망하였는데, 사망한자 중 72명의 시체를 찾아 广州(guǎng zhōu) 城北의 紅花岡에 매장하였다. 여기서 紅花란 이름이 마땅치 않아 黃花岡으로 이름을 고쳤다.142) 그래서 이 革命을 「黃花岡起义」라고 칭하고 있는데, 如今까지도 3月 29日을 中华民国(zhōng huá mín guó)의 青年节로 정하여 그들을 길이 추모하고 있다. 辛亥革命(xīn hài gé mìng)은 孙文(sūn wén) 영도하의 열 번째 革命이면서 「武昌起义(wǔ chāng qǐ yì)」의 前哨战(qián shào zhàn)이다. 이 革命으로 인하여 中华民国(zhōng huá mín guó)이 탄생하게 되었으니 「武昌起义(wǔ chāng qǐ yì)」처럼 中华民国(zhōng huá mín guó)의 탄생에 미친 影响이 크다고 볼 수 있다.

　「武昌起义(wǔ chāng qǐ yì)」는 中华民国(zhōng huá mín guó)이 탄생에 결정적인 역할을 한 거사다. 이 거사로 인하여 清政府가 밀려나고, 정식으로 中华民国(zhōng huá mín guó)이 탄생했다. 그 경과를 보면, 宣统三年 (1911年) 辛亥革命(xīn hài gé mìng)이 실패하자, 8月3日 日本(rì běn)에서 귀국한 宋教仁(sòng jiào rén)·陈其美(chén qí měi) 등이 蒋翊武(jiǎng yì wǔ)를 革命军 临时总领事馆으로, 孙武(sūn wǔ)를 参议长(cān yì zhǎng)으로 추대하고, 居正(jū zhèng)으로 하여금 上海(shàng hǎi)에서 무기를 구입케 하여 8月15日 起义를 결정하였다가 경비가 엄하여 20日 전후로 연기하기로 결정하였다. 그러다가 불행히도 8月18日 孙武(sūn wǔ)가 汉口我 조계에서 폭탄을 제조하다가 오폭, 前苏联(qián sū lián) 경찰에 발각되어 党人 다수가 체포되어 무위로 끝났다. 그러다 19日 밤 8시 新军 등의 革命党人이었던 熊秉坤(xióng bǐng kūn)이 工程 第8管을 이끌고 先制擧事를 일으켜 步兵15协(bù bīng shí wǔ xié) 동지들의 호응을 얻어 마침 20日 정오

---

142) 国立編譯舘., op. cit., p. 27. 재인용.

武昌革命이 성공하였다. 「武昌起义(wǔ chāng qǐ yì)」이 성공되자 南京(nán jīng)을 临时政府(lín shí zhèng fǔ)의 소재지로 하고 中华民国(zhōng huá mín guó) 临时政府(lín shí zhèng fǔ)를 조직하여 정식으로 中华民国(zhōng huá mín guó)이 탄생되었다.

4. 国民党의 成立

国民党(guó mín dǎng)은 民国元年(1912年) 临时政府(lín shí zhèng fǔ)가 北京(běi jīng)으로 환도하고 南北统一이 된 공화국이 탄생되자, 袁世凱(yuán shì kǎi)를 중심으로 한 舊 勢力이 너무 커 정당 난립을 초래하게 되었고, 이를 대응하기 위하여 孙文(sūn wén) 領導하에 탄생한 统一된 정당이다.

国民党(guó mín dǎng)의 形成过程(guò chéng)을 보면, 民国元年(1912年) 同盟会(tóng méng huì)가 统一共和党·国民共进会·国民公党·共和实进会를 합병하여 조직한 것으로, 정강은 첫째, 政治统一의 促成, 둘째, 地方自治的发展, 셋째, 种族同化的实施, 넷째, 民生政策的重点, 다섯째, 国际和平的维持이었고, 孙文(sūn wén)이 이사장으로 추대되었다. (通过国民党的形成过程可知, 民国元年 (1912年), 同盟会由统一共和党、国民共进会、国民公党、共和室进会合并而成。其政治纲领为：一, 促成政治统一；二, 发展地方自治；三, 实行种族同化；四, 重点关注民生政策；五, 维持国际和平。孙文被推举为理事长。tōng guò gúo mín dǎng de xíng chéng guò chéng kě zhī, mín guó yuán nián <yī jiǔ yī èr nián>, tóng méng huì yóu tǒng yī gòng hé dǎng, gúo mín gòng jìn huì, gúo mín gōng dǎng, gòng hé shì jìn huì hé bìng ér chéng. Qī zhèng zhì gāng lǐng wéi: yī, cù chéng zhèng zhì tǒng yī, èr, fā zhǎn dì fāng zì zhì; sān, shí xíng zhǒng zú tóng huà; sì, zhòng diǎn guān zhù mín shēng zhèng cè; wǔ, weí chí gúo jì hé píng. sūn wén bèi tuī jǔ wèi lǐ shì zhǎng。)

国民党(guó mín dǎng)이 성립된 후 1913~14年 10月25日 각지에서 선거 대표를 선거하여 28日에 소위 국민투표를 실시하여 국민대표 1993인 모두가 复辟帝制(fù bì dì zhì)를 찬성하여 袁世凱(yuán shì kǎi)가 황제로 추대되었다가, 孙文(sūn wén)의 中華革命党에 의해 袁世凱(yuán shì kǎi)의 황제의 꿈이 수포로 돌아가게 되었고, 전국은 다시 统一되었다. 民国8年1919

年에 中華革命党을 다시 中国 国民党(guó mín dǎng)으로 개칭을 하고, 정식으로 中国 国民党이 탄생되었다. 中華革命党은 孙文(sūn wén)이 日本(rì běn)에 체류하면서, 遠世凱의 국회해산·약법의 위반·国民党(guó mín dǎng)의 암살·帝制阴谋(dì zhì yīn móu) 등을 보고, 조직한 새로운 革命党이다.

第 3 节 第 1次 및 第 2次 国·共合作의 原因과 結果

中国 国民党(guó mín dǎng)과 共产党의 国·共合作(guó gòng hé zuò)의 원인과 결과에 대한 相互关系를 요약해보면 다음과 같다.

鸦片战争(yā piàn zhàn zhēng) 이후 中国의 문호는 开放되었고, 드디어는 体制도 군주에서 점차 民主主义(mín zhǔ zhǔ yì) 体制로 탈바꿈을 하게 되었다. 그간에 있어서 中华民国(zhōng huá mín guó) 내부에는 서로 다른 이념의 两党体制가 형성되고, 갈등 속에서 两党은 두 차례에 걸친 합작 끝에 共产党은 대륙을 차지하게 되었다. 한편 国民党(guó mín dǎng)은 台湾으로 밀려나게 된다. 본 논문에서 논의한 바와 같이 孙文(sūn wén)의 革命시기부터 시작해서 이미 共产党의 발아가 움트고 있었음을 알 수 있게 되는데, 中国에 있어서 서로 다른 이념하의 两党이 동시에 생존 하기란 거의 불가능한 일이였다. 마침내는 如今에 이르기까지 两党은 분리되어 있으며 国·共合作(guó gòng hé zuò)은 불가능했다.

中国 현대사에 있어서 国民党(guó mín dǎng)과 共产党이 탄생하였다는 점과 1차 国·共合作(guó gòng hé zuò)에서 前苏联(qián sū lián)이 가장 중요한 매개역할을 담당한 사실은 중요한 의미를 갖는다.

제 1차 国·共合作(guó gòng hé zuò)이 가능하게 된 것은 우선 국내적으로는 打倒满清(dǎ dǎo mǎn qīng) 이후에 군벌의 세력이 분립된 것을 비롯하여 대외적으로는 前苏联(qián sū lián)勢力의 개입이 있어서 가능하였다. 그러나 国民党과 共产党 사이의 이념적 차이점에서 빚어진 中·蘇 국교단절이 있게 되자 国·共合作(guó gòng hé zuò)도 결렬되었다. 따라서 1차 国·共合作(guó gòng hé zuò)에서 가장 중요한 사실은 내부적인 군벌의 난립과 외부적인 前苏联(qián sū lián)의 개입 등 두개의 요인이 합작을 가능케 했고, 발생 요인의 소멸로 인해 합작이 파멸된 것이다.

제 2차 国·共合作(guó gòng hé zuò)에서 가장 중요한 사실은 국내에서
는 역시 군벌세력의 잔여로 인한 西安(xī ān)事件의 발생과 대외적으로는
前苏联(qián sū lián)과 상대적으로 日本(rì běn)의 개입이 있어서 제 2차
国·共合作(guó gòng hé zuò)이 이루어졌었다. 그러나 제 1차 国·共合作
(guó gòng hé zuò)과 마찬가지로 日本(rì běn)이 패전하자 国·共合作(guó
gòng hé zuò)은 다시 分裂하게 되었는데, 이는 오히려 당연지사라고 할 수
있겠다. 만약에 1차 国·共合作(guó gòng hé zuò)에서 前苏联(qián sū
lián), 2차 国·共合作(guó gòng hé zuò)에서 日本(rì běn)이란 외적요인이
존재하지 않았다면 如今 中国의 历史는 다시 쓰여 져야 했을 것이다.

그러면 제 3차 国·共合作(guó gòng hé zuò)은 또 다시 가능하게 될 것
인가? 현재 中国 共产党(zhōng guó gòng chǎn dǎng)에서는 그것을 절실히
원하고 있으며, 그들의 속내음은 国民党(guó mín dǎng)을 받아들일 용의가
있다고 신문보도를 통해 선전하고 있다. 그러나 1차 国·共合作(guó gòng
hé zuò)과 2차 国·共合作(guó gòng hé zuò)과는 상반된 조건하에서 그때
는 国民党이 받아들이는 입장에서 이루어진데 반해, 如今은 상대적으로 共
产党이 받아들일 입장으로 존재하고 있으니, 힘의 우위에 있는 中国 共产党
(zhōng guó gòng chǎn dǎng)의 입장에서는 당연히 제 3차 国·共合作(guó
gòng hé zuò)이 가능할 것이라고 생각될 수 있으나, 历史的인 교훈은 国民
党(guó mín dǎng)으로 하여금 절대로 제 3차 国·共合作을 용납하지 않을
것이다.

历史的 교훈이란 과거에 있었던 두 차례의 国·共合作(guó gòng hé zuò)
은 共产党에게 이익을 준 반면, 国民党(guó mín dǎng)에게는 막대한 피해만
가져다주었다. 그러므로 国民党은 절대로 共产党을 위주로 하는 제 3차 国
·共合作을 원하지 않을 것으로 사려 된다. 만약 国民党에 의해 제 3차 国
·共合作(guó gòng hé zuò)이 이루어진다 해도 如今 국제정치경제 등 제반
환경요소로 인해, 两岸 상호간의 利害关系가 더욱 다양해지고 복잡하게 얽
혀져 있는가 하면, 한편, 中国 统一을 원하지 않는 제 3세력의 개입의 변수
로 하여금 그들만이 추구하는 国·共合作(guó gòng hé zuò)이 그리 쉽게
타결될 상황적 여건이 아니라는 점이다. 더욱이 中国政府는 "어떠한 공산국
가와 그리고 어떠한 공산집단과도 타협하지 않는다. (不和任何共产国家, 以
及共产集团妥协。Bù hé rèn hé gòng chǎn guó jiā, yǐ jì gòng chǎn jí tuán
tuǒ xié。)"라는 원칙을 견지하고 있다는 점을 간과해서는 안된다. 설상가상

으로 최근 中国 내부에서조차 자주 일어나는 내란을 잠재우기 위한 책략의 하나로써, 中国政府의 국면전환용 內應外合 차원에서 반드시 반공대륙이 성공할 수 있다는 소아적 발상의 统一政策으로 이용되고 있다는 점은 오히려 中国政府가 원하는 방식의 제 3차 国・共合作(guó gòng hé zuò) 자체가 요원한 환경조성이 되고 있다 하겠다.

1. 時代的 背景

「武昌起义(wǔ chāng qǐ yì)」 이후 1915年 겨울부터 1917年 여름 사이에 中国의 정치는 帝政运动(dì zhèng yùn dòng)에 의하여 술렁대고 있었고, 반동적인 관료들은 황제의 즉위를 준비하기에 분주하였다. 낡은 绅士出身(shēn shì chū shēn)의 인사들은 제정운동의 이론적 기초를 마련하기 위하여 정통적인 儒家의 진보적 교리를 주장하고 있을 때였고, 新兴日本(xīn xīng rì běn)의 압력으로 대외적인 굴욕을 감수해야 했다. 대내적으로는 군벌・反动官僚・신사들에 의한 음모도 위기의 연속을 겪고 있을 때였었다. 이러한 혼란의 와중에서 中国의 所长 지식인들이 구국의 방법을 모색하게 된 것은 너무나 당연한 일이 아닐 수 없다. 바로 이러한 때에 新文化运动(xīn wén huà yùn dòng)이 陈独秀(chén dú xiù)에 의해 전개되었고, 共产党이 발아를 하게 된 것이다.

2. 新文化运动이 共产党 合作에 미친 影响

中国의 新文化运动(xīn wén huà yùn dòng)은 日本(rì běn)의 대화 21개조의 요구가 있은 후, 국내의 정치적 상황이 극도로 악화된 상태에서 陈独秀(chén dú xiù)의 주축 하에 새로 등장한 정치세력으로 지식인 학생을 중심으로 한 思想运动이다. 그 기수적 역할을 담당하였던 것이 바로 民国4年(1915年) 9月, 上海(shàng hǎi)에서 발간한 잡지 『新青年』 [143] 이다. 『新青年』은 1915年 8月에 후일 中国 共产党(zhōng guó gòng chǎn dǎng)의 창당위원이며, 그 초대서기장이 된 陈独秀(chén dú xiù)에 의하여 발간된

---

143) Lawrence Sullivan and Richard H. Solomon, "The Formation of Chinese Communist Ideology in the May Four the Era: A Content Analysis of Hsin Ching-sien", in Chalmers Johnson(ed.), Ideology and Politics in Contemporary China (Univ. of Washington Press, 1973), pp. 117~160. 재인용.

잡지로써, 학자들은 이 잡지와 더불어 中国의 新文化运动이 시작되었다.

　陈独秀(chén dú xiù)는 1915年 日本(rì běn)에서 귀국하여 북경대학의 교수가 되어, 동 대학 도서관의 주임이었던 李大钊(lǐ dà zhāo)와 美国(měi guó)에서 건너온 胡适(hú shì)와 함께 『新靑年』을 편집하였으며, 이가 곧 新文化运动의 시초다. 이때가 바로 1970年代까지 현재의 中国 共产党(zhōng guó gòng chǎn dǎng)에 가장 위대한 존재로 알려져 있는 毛泽东(máo zé dōng)이 처음 哲学會에 가입했을 때였으며, 이 모든 것이 新文化运动의 시초가 되었다. 新文化运动이 共产党 형성에 미친 影响을 살펴보면, 운동초기 때는 马克思(mǎ kè sī)主义도 그렇게 주목할 만큼 中国을 구할 수 있는 思想으로 각광을 받지 못했었다가 1919年에 이르러 辛亥革命(xīn hài gé mìng)의 실패가 분명해지고, 前苏联(qián sū lián)의 10月 革命의 소식이 中国에 알려지자 中国의 지식인들에게 어떤 즉각적인 반응을 불러일으켜 新文化运动과 더불어 서서히 전파가 되었으며, 최소한도 李大钊(lǐ dà zhāo) 만은 「列宁(liè níng)」의 메시아적인 메시지에 민첩한 공감을 보내는데 주저하지 않았던 것이다. 马克思(mǎ kè sī)-列宁(liè níng)主义가 초기 中国에 들어서게 된 것은 李大钊(lǐ dà zhāo)와 陈独秀(chén dú xiù)가 가장 影响力이 많은 존재였었다.

　그밖에도 鲁迅(lǔ xùn)와 같은 작가 역시 전국의 청년 지식인들에게 큰 影响을 주었다. 또한 胡适(hú shì)도 이때 白话文运动(bái huà wén yùn dòng)를 전개하였고, "鲁迅(lǔ xùn)는 白話文으로 「狂人日記」를 발표하여 狂人의 입을 빌어 儒家의 仁義道德과 권력에 맹종하는 舊思想을 비판 하였는데, 이 모든 것이 훗날 지식인층에서 공산주의<马克思(mǎ kè sī)-列宁(liè níng)主义>가 파급되는데 절대적인 역할을 한 것이다. (鲁迅发表了白话文《狂人日记》, 借狂人的嘴, 批判了盲目崇拜儒家仁义道德和权利的旧思想。这所有的一切在文化人中普及共产主义（马克思-列宁主义）发挥了绝对的作用(yòng)。lǔ xùn fā biǎo le bái huà wén <kuáng rén rì jì>, jiè kuáng rén de zuǐ, pī pàn le wáng mù chǒng bài rú jiā rén yì dào dé hé quán lì de jiù sī xiǎng. Zhè suǒ yǒu de yī qiè zài wén huà rén zhōng pǔ jí gòng chǎn zhǔ yì（mǎ kè sī-liè níng zhǔ yì）fā huī le jué duì de zuò yòng。)."

3. 第 1次 国·共合作의 原因과 結果 : 小结论

　　中国 国民党(guó mín dǎng)이 창당되고 있는 동시에 中国에 새로운 세력권인 中国 共产党(zhōng guó gòng chǎn dǎng)이 창당되었다. 이 两党의 출발점은 궁극적으로 달라서 대립을 하게 되었는데, 그 출발점의 차이점은 蔣介石(jiǎng jiè shí)의 비록을 보면,"「나는 기억하기를 民国10年(1921年)」 孙文(sūn wén) 총리가 桂林에서 「코민테론」의 대표 「마링」과 담화하였는데, 마링이 그의 革命기초를 물었을 때, 孙文(sūn wén) 총리는'中国의 道統이 堯·舜·禹·湯·文·武·周公·孔子(kǒng zǐ)思想이다.'고 말하고, 마링이 왜 革命을 하느냐'물었을 때, 孙文(sūn wén)은'인류를 사랑하기 때문'이라고 말하였다. 「마링」은 孙文(sūn wén)과의 대화가 끝난 뒤 張繼에게 "인류사랑을 위한 革命은 영원히 성공하지 못할 것이며, 우리는 계급투쟁을 위한 革命이다.　(我记忆中的民国10年 (1921年) 孙文总理在桂林和《Conminten 论》的代表马灵进行对话，当马灵问到他的革命基础的时候，孙文总理回答说'是中国的道统思想，即尧·舜·禹·汤·文·武·周公·孔子思想'。当马灵问到'为什么要革'的时候，孙文回答说'因为热爱人类。'马灵在和孙文对话后，对张继说'为了热爱人类而进行的革命，永远不会成功。我们是为了阶级斗争而进行的革命'。wǒ jì yì zhōng de mín guó shí nián（yī jiǔ èr yī nián）sūn wén zǒng lǐ zài guì lín hé <Conminten lùn>de dài biǎo mǎ líng jìn xíng duì huà. Dāng mǎ líng wèn dào tā de gé mìng jī chǔ de shí hòu, sūn wén zǒng lǐ huí dá shuō 'shì zhōng guó de dào tǒng sī xiǎng, jí yáo, shùn, yǔ, tāng, wén, wǔ, zhōu gōng, kǒng zǐ sī xiǎng.' dāng mǎ ling wèn dào 'wèi shén me yào gé mìng' de shí hòu, sūn wén huí dá shuō 'yīn wéi rè ài rén lèi'. mǎ líng zài hé sūn wén duì huà hòu, duì zhāng jì shuō 'wèi le rè ài rén lèi ér jìn xíng de gé mìng, yǒng yuǎn bú huì chéng gōng. wǒ mén shì wèi le jiē jí dòu zhēng ér jìn xíng de gé mìng.')"[144] 라고 말하고 있는 점을 보아 两党의 출발점은 근본적으로 다르다. 그런데 어떻게 해서 两党은 国·共合作(guó gòng hé zuò)을 하게 되었는데, 그 원인을 살펴보면, 대체로 中国 国民党(guó mín dǎng)의 前苏联(qián sū lián)聯合, 前苏联(qián sū lián)의 国民党(guó mín dǎng)援助, 国民党(guó mín dǎng)의

---

144) 日本(rì běn) 産經新聞 連載, 古屋奎二, 「蔣总统秘錄」, 中央日報譯編, 台北(tái ěi): 中央日報社,1976., 第 五冊, p. 254. 재인용.

共产党 容納과 共产党의 国民党(guó mín dǎng) 加入 등 네 갈래로 분석해 볼 수 있다.

1914年 1차 세계대전이 발생하자 前苏联(qián sū lián)은 德国(dé guó)에 대해 선전 포고를 하고 농민들은 전부 전쟁에 동원하게 되었다. 그래서 외국기술 人員들은 前苏联을 떠나게 되었고, 외국자원도 단절이 되었다. 생산이 감소되고 물가가 폭등하자 후방에서는 굶주림에 시달리게 되고 戰線에서도 물자공급이 부족해서 사기는 저하되었다. 이에 1917年2月 피터그라드에 30만 工人들의 파업시위가 일어났다. 그래서 前苏联(qián sū lián)政府는 많은 정부군을 동원해서 진압을 시도했으나 실패하고 临时政府(lín shí zhèng fǔ)가 탄생하고 ZAR 政府를 타도하게 되었는데 이것이 곧 2月 革命이다. 제 1차 世界大戰이 종말을 지음과 동시에 中国안의 德国(dé guó)세력은 점차 약해지고, 前苏联은 국내에서 2月 革命145) 이후 4月에 「列宁(liè níng)」이 해외에서 돌아와 「자산계급의 民主革命으로부터 무산계급 社会主义」와 「평화·토지·빵」이란 구호로 농민이 지주를 반대케 하고 생산시민들로 하여금 工商者(gōng shāng zhě)들을 반대케 하여 10月 26일에는 임시정부를 물리치고 列宁(liè níng)이 새로 정부를 수립하게 되었는데 이것이 곧 10月 革命으로 당시 상황에는 国內问题로 여념이 없었고, 한편 法国(fǎ guó)은 국가재건에 여념이 없었다.

다만 英国(yīng guó)과 日本(rì běn)만이 그들의 국가이익을 中国에서 추구하고 있었을 때였으니 당시 中国의 상황은 정당 혼란 상태로 孙文(sūn wén)의 中华革命党(zhōng huá gé mìng dǎng)이 袁世凱를 타도했을 때였었다. 이 틈에 新興勢力들이 있었으니, 이는 곧 훗날 中国을 파탄으로 이끌게 했던 军阀势力(jūn fá shì lì)들이었다. 또한 이가 곧 国民党(guó mín dǎng)가 共产党을 받아들이게 한 가장 중요한 원인이다.

군벌세력이 신흥하게 되자 中国의 统一은 더욱 어렵게 됐다. 孙文(sūn wén)은 国家统一을 위해서는 필히 军阀势力(jūn fá shì lì)을 타도해야 하고 그러기 위해서는 꼭 외국의 힘이 필요하다고 믿었다. 그래서 美国(měi guó)·英国(yīng guó)·日本(rì běn) 세 국가를 대상으로 골랐다. 우선 孙文(sūn wén)은 지리적으로 中国과 멀리 떨어져 있는 美国이 침략보다는 우호적일 것 같아서 美国을 택했다. 그러나 불행히도 中国·美国关系는 맺어지

---

145) 中国国防部., (共産主义破産), 台北(tái běi): 中国国防部, 1974., p. 70.

지 않았고, 孙文(sūn wén)은 中华民国(zhōng huá mín guó) 대표로 日本(rì běn) 수장 「마사다께 데라우찌」 寺内正殿(sì nèi zhèng diàn)에게 "이 시기에 귀국이 정의를 수호하려는 우리를 협조하여 우리로 하여금 아무런 지장없이 우리들의 개혁을 이룩할 수 있도록 해준다면 영원한 평화의 보장은 물론 中国人들은 귀국에 대하여 무한한 恩義를 느낄 것이며, 이 길만이 中国·日本(rì běn) 양국의 우의를 지키는 최선의 방법이 될 것이다. (在这个时期, 如果贵国协助守护正义的我们, 帮助我们顺利进行改革, 不但可以保障永远的和平, 中国人还会对贵国具有无限的感激之情。只有这条路才是捍卫中日两国友谊的最佳方法。Zài Zhè gè shí qī, rú guó guì guó xié zhù shǒu hù zhèng yì de wǒ mén, bāng zhù wǒ mén shùn lì jìn xíng gǎi gé, bú dàn kě yǐ bǎo zhàng yǒng yuǎn de hé píng, zhōng guó rén hái huì duì guì guó jù yǒu wú xiàn de gǎn jī zhī qíng. Zhǐ yǒu zhè tiáo lù cái shì hàn wèi zhōng rì liǎng guó yǒu yí de zuì jiā fāng fǎ。)" 라는 내용의 친서[146]을 보냈으나 역시 실패로 돌아갔다. 지리적으로 보아 Hongkong과 中国 广东省(guǎng dōng shěng)이 너무나 가깝기 때문에 英国(yīng guó)과는 자주 충돌이 있었기 때문에 中国·英国(yīng guó)关系 역시 맺어질 수 없었다.

孙文(sūn wén)의 美国(měi guó)·英国(yīng guó)·日本(rì běn) 友好关系가 실패로 돌아갔을 때, 궁지에 몰린 孙文(sūn wén)은 军閥타도를 위해 前苏联(qián sū lián)의 구원을 받아들이게 되었다. 더욱 1917年 前苏联(qián sū lián)의 革命이 성공되자 中国사람들의 前苏联(qián sū lián)에 대한 호감이 생기게 되었고, 中国국민이 前苏联(qián sū lián)에 호감을 갖게 되기 시작한 것은 1919年7月25日 「喀拉汗(kǎ lā hàn)」 선언 때 부터였다고 생각된다. 그 원문중의 일부를 보면 「소비에트 정부는 어떠한 보상도 요구하지 않고 满洲(mǎn zhōu)철도를 돌려준다._(苏联政府归还满洲铁路不要求任何补偿。sū lián zhèng fǔ guī huán mǎn zhōu tiě lù bù yāo qiú rèn hé bǔ cháng。)」[147] 라고 적혀 있으며, 당시 北京(běi jīng)大学 교장인 채원배의 말을 인용하면 「前苏联(qián sū lián)의 革命은 中国革命에 지대한 鼓舞를 주었다.」[148] 라고 말하고 있으며, 당시 민간인들도 前苏联(qián sū

---

146) 国父全集.,「中国存亡问题」, 台北(tái běi): 国防研究所. p. 413.

147) 蒋中正..,「蘇俄在中国」, 台北(tái běi): 国防研究所, 1957. 三版, p. 13.

148) 李雲漢.,「從容共到清党」, (台北: 黎明文化事業公司, 1974.), 上冊, p. 88. 復引蔣夢麟,「四潮」 p. 92. 재인용.

lián)의 이러한 태도를 빨리 받아들이기를 갈망하고 있었다. 그 예로 陈博禧(chén bó xǐ)의 말을 인용해보면, 「昨年 5·4 운동이후 부터 …… 新思想의 출판물 수십 종이 출간 되었으며, 前苏联(qián sū lián)의 과격파의 여러 가지 표현을 알게 되었고, 많은 사람들이 前苏联(qián sū lián)의 이러한 사실이 中国에 하루속히 들여오기를 바랬다. (从去年五四运动以后__新思想的出版物出刊了数十种，了解了前苏联过激派的各种表现，许多人希望前苏联的这种事实能够早日在中国上演。Cóng qù nián wǔ sì yùn dòng yǐ hòu__xīn sī xiǎng de chū bǎn wù chū kān le shù shí zhǒng, liǎo jiě le qián sū lián gùo jī pài de gè zhǒng biǎo xiàn, xǔ duō rén xī wàng qián sū lián de zhè zhǒng shì shí néng gòu zǎo rì zài zhōng guó shàng yǎn。) 」라고 말하고 있으니, 이는 곧 前苏联(qián sū lián)을 받아들이기 시작한 원인이 아닌가 생각된다. 또한 제 1차 세계대전 직후 터키가 각국에 의해 分裂직전에 前苏联(qián sū lián)이 터키를 도와 희랍을 축출하고, 모든 不平等 조약을 폐지[149] 해 준데 대하여 호감이 가서가 아닌가 생각된다.

여기서 前苏联(qián sū lián)과 연합 경과는 어떠했는가를 살펴보면, 中国共产党(zhōng guó gòng chǎn dǎng) 창당대회에 참석하였던 「코민테론」 대표 「마링」은 李大钊(lǐ dà zhāo)·林伯渠의 소개를 받고 孙文(sūn wén)과 만나 前苏联(qián sū lián)의 실정을 소개하면서 두 가지 점을 역설하였다. 첫째, 中国 革命을 성공시키기 위해서는 정당이 필요하며, 그 정당은 국민의 광범위한 계층 특히, 노농대중과 연합하지 않으면 안 된다고 하였다. 둘째, 革命의 무력을 확고히 하기 위하여서는 사관학교를 세우지 않으면 안 된다[150] 하였다. 孙文(sūn wén)은 이에 이의가 없었고, 후에 황포군관학교를 세웠다. 다만 蔣介石(jiǎng jiè shí)은 훗날 이 원칙을 무시하여 노농보다 도시위주로 政策을 펴나갔기에 실패를 한 것 같다.

그 밖에도 「마링」은 당시 前苏联(qián sū lián)에서 실시하고 있는 新经济政策(NEP)을 설명하였는데, 孙文(sūn wén)은 자기의 民生主义와 일치한다고 생각하여 기뻐하였다 하며, 이에 「마링」은 民国11年(1922年) 8月 杭州에서 中国 共产党(zhōng guó gòng chǎn dǎng) 中央집행위원회를 소집하고, 中国 国民党(guó mín dǎng)과 민족혁명연합전선의 형성을 준비하게 되

---

149) 楊 粹., 「聯俄容共反共杭俄」, 台北(tái běi): 正中書局, 1950., p. 14. 재인용.
150) 신승하., op. cit., p. 100. 재인용.

었다. 그래서 1923年1月 前苏联(qián sū lián) 특파사절을 「요폐」로 결정하고, 북경에 파견하여 孙文(sūn wén)과 만나 26日 「孙文(sūn wén)·요폐 공동선언」을 발표하였다.[151]

이 공동선언이 곧 훗날 제 1차 国·共合作(guó gòng hé zuò)의 기초가 되었고, 따라서 孙文(sūn wén)은 군대를 강화하기 위하여 1923年8月 蒋介石(jiǎng jiè shí)을 前苏联(qián sū lián)에 파견하였는데, 이가 곧 훗날 国·共合作(guó gòng hé zuò) 파열의 원인이 되었다.

상기에서 언급한 바와 같이 孙文(sūn wén)의 聯俄政策은 국내외의 제반 원인에 의하여 출발하였다. 그런데 前苏联(qián sū lián)측으로서는 왜 中国을 원조하게 되었을까? 「야심」 이것이 그 주요원인이 아닐까 생각된다. 즉 中国을 도구로 삼아서 우선 中国을 삼키고, 세계정복 꿈을 키우기 위해서였다. 그 첫 단계 공작으로써 前苏联(qián sū lián)은 中国 내부에 이미 中国共产党(zhōng guó gòng chǎn dǎng)을 형성하였고, 또한 中国内部에 社会主义를 확산하였다.

그러면 왜 前苏联(qián sū lián)은 하필이면 中国에다 자신들의 세계진출의 꿈을 기탁하였을까? 그것은 1915年11月 列宁(liè níng)이 저술한 「革命의 무산계급과 민족자결권」 일문에서 그는 「中国은 민족해방운동이 발생하려는 곳이기 때문에 우리는 社会主义의 革命투쟁과 民族问题의 革命을 연합하여야 한다.」[152]라고 말한데 서 볼 수 있듯이 당시 中国은 民族革命을 행하고 있었다. 더욱이 遠世凱 타도와 군벌 타도问题로 국외의 원조가 필요하고 있던 터라 前苏联(qián sū lián)은 이 약점을 틈타 그들의 야심을 불태웠던 것이다.

또한 前苏联(qián sū lián)이 中国 国民党(guó mín dǎng)을 원조해 줄 경우, 中国 共产党(zhōng guó gòng chǎn dǎng)에 대해서는 부속이란 이중적 효과[153]가 작용하였기 때문에 国民党(guó mín dǎng)이 설령 容共을 하지 않았다 하더라도 前苏联(qián sū lián)은 당시 1904~5年의 러시아·일본 전쟁 이래 恐日症에 걸려있었기 때문에 中国 国民党을 연합하여 牽制策을

---

151) 신승하., op. cit., p. 109. 재인용.
152) 周之鳴., 「蘇俄征服中国密件」, 台北(tái běi): 蘇俄问题研究所, 1953., 上冊, p. 12. 재인용.
153) 桂崇基., 「中国 国民党와 共产党의 鬪爭」, 全樂熙 張公子 共譯, (서울: 성일문화사, 1975.), p. 33. 재인용.

쓰려했고, 孙文(sūn wén)은 美国(měi guó) · 英国(yīng guó) · 日本(rì běn) 등에서 필요한 지원을 얻는데 실패 했으니, 이러한 상황 하에서 前苏联(qián sū lián)이 国民党(guó mín dǎng)에 접근할 수 있는 것이 너무나 자연스럽고 당연한 것이라고 할 수 있다.

많은 사람들은 中国 国民党(guó mín dǎng)이 前苏联(qián sū lián)과의 연합을 容共과 같은 시기에 이루어 진 것으로 착각을 하고 있었다. 또는 容共을 聯俄政策의 조건부로 형성된 것으로 생각하는 수가 많으나 사실상 聯俄政策은 1925年 1月 26日에 孙文(sūn wén) · 「요페」 공동선언에 시작된데 반해 容共政策은 이 공동선언의 약 半年 전에 결정했다.

그런데 孙文(sūn wén)으로서 왜 이러한 政策을 채택하게 되었을까? 그는 中国革命의 先驗者로써 누구보다도 中国 共产党(zhōng guó gòng chǎn dǎng)의 진상을 잘 알고 있었을 것이다. 그의 共产党에 대한 인식을 살펴보면 1924年 广州(guǎng zhōu) 연설에서 「三民主义」에 관한 설명에서 孙文(sūn wén)은 「본인은 현재 中国 북경의 일반청년들이 新思想과 马克思(mǎ kè sī)主义를 무척 숭배하고…… 이러한 주의를 中国에 가져와 실행하려하니……(本人非常崇拜现在中国北京一般青少年的新思想和马克思主义_这样的主义已经传到了中国, 就要实行_Běn rén fēi cháng chǒng bài xiàn zài zhōng guó běi jīng yī bān qīng shào nián de xīn sī xiǎng hé mǎ kè sī zhǔ yì_zhè yàng de zhǔ yì yǐ jīng chuán dào le zhōng guó, jiù yaò shí xíng_)」 [154] 이로보아 그는 共产党에 대한 인식을 허용이라기보다는 차라리 배척했어야 정상인데 왜 容共을 하게 되었는지, 이는 당시 中国社會의 諸般问题로 인한 것이었다.

첫째, 孙文(sūn wén)은 이를 인용 国民党(guó mín dǎng)의 革命勢力을 확대하기 위함이었다고 볼 수 있다. 孙文은 民国13年(1924年) 中国 国民党 제 1차 대표대회에서 다음과 같이 연설한 적이 있다. 「우리의 革命은 누차 성공을 거두었지만 다만 군사투쟁에서 성공을 거두었지 革命사업은 완성하지 못하였다.…… 그러므로 본당을 연합하고자. 革命이 쉽게 이루어 질 수 있도록 하기 위하여 국민의 심리를 따른다. (我们的革命虽然取得了屡次成功, 但只是在军事斗争中取得了成功, 并没有完成革命事业_因此要联合本党。为了革命能够顺利成功, 而遵循国民的心里。wǒ mén de gé mìng suī rán qǔ

---

154) 楊　粹., op. cit., p. 10. 재인용.

dé le lǚ cì chéng gōng, dàn zhǐ shì zài jūn shì dòu zhēng zhōng qǔ dé le chéng gōng, bìng méi yǒu wán chéng gé mìng shì yè_Yīn cǐ yào lián hé běn dǎng. Wèi le gé mìng néng gòu shùn lì chéng gōng, ér zūn xún guó mín de xīn lǐ。)」 155) 이로 미루어 볼 때, 孙文(sūn wén)의 容共은 国民党(guó mín dǎng)의 세력조직을 확대함에 있음을 알 수 있다. 또 하나의 원인을 살펴보면, 孙文은 前苏联(qián sū lián)의 세력이 中国에서 발전하는 것을 보고 방지하기 위함 이었다고 볼 수 있다. 물론 후에 前苏联(qián sū lián)과도 연합전선을 체결하였지만 容共을 했을 시기에는 前苏联이 中国에 가장 무서운 존재 이였기 때문에 우선 前苏联을 견제하기 위해서는 어쩔 수 없는 상황에 놓이게 됐다.

따라서 前苏联(qián sū lián)의 세력팽창을 막기 위해 용공을 하게 되었던 것이다. 일찍이 孙文(sūn wén)이 이야기 했듯이 中国 共产党(zhōng guó gòng chǎn dǎng)은 前苏联(qián sū lián)의 马克思(mǎ kè sī)·列宁(liè níng)主义를 이어받아 共产党 국제부장「보이틴스키」에 의해 中国에 도입되었다. 당시 中国의 청년들은 적지 않은 사람이 马克思(mǎ kè sī)·列宁(liè níng)主义를 숭배하고 있었고, 孙文(sūn wén)은 前苏联(qián sū lián)이 제창한 국제주의니 세력주의는 모두 변형된 제국주의와 침략주의라는 것을 잘 알고 있었기 때문에 비뚤어진 사고방식의 청년들은 수용하지 않으면 前苏联을 中国에 도입할 계기가 될 수 있을 것 같으니 容共을 하기 시작한 것이다. 그리고 孙文(sūn wén)은 또 하나의 착각으로 인해 共产党을 용납하지 않았나하는 생각이 된다.

黄季陆(huáng jì lù)의 「谈当年容共一幕(tán dāng nián róng gòng yī mù)」란 자술에서 말한 것처럼 「총리 孙文(sūn wén)은 왜 자신이 共产党을 国民党(guó mín dǎng)에 가입케 하였는가 하면, 첫째 前苏联(qián sū lián)은 革命이후 부터 中国侵略에 대한 위협이 감소되었고…… 둘째는 共产党의 방법은 中国에 실시하기에는 부적당하므로…… 차라리 본 党에 흡수하여 공동으로 革命하는 힘을 합치는 것이 좋다. (孙文总理为什么将共产党加入国民党？ 第一, 前苏联革命以后, 对于中国侵略的威胁减少, 第二, 共产党的方法在中国行不通, 不如吸收本党, 共同革命的力量更好。sūn wén zǒng lǐ wèi shén me jiāng gòng chǎn dǎng jiā rù guó mín dǎng? Dì yī, qián sū lián

---

155) 楊　粹., op. cit., p. 14. 재인용.

gé mìng yǐ hòu, duì yú zhōng guó qīn luè de wēi xié jiǎn shǎo, dì èr, gòng chǎn dǎng de fāng fǎ zài zhong zhōng guó bù tōng. bù rú xī shōu bèn dǎng, gòng tóng gé mìng de lì liàng gèng hǎo.)」 156) 라고 서술하고 있으니, 이런 점을 미루어 보아 孫文(sūn wén)의 容共은 容共을 하지 않으면 안 될 사회적 환경에 처해 있었기 때문이 아닌가 생각이 된다.

共産党 창당 발기인의 한사람인 周恩来(zhōu ēn lái)의 기록에 의하면 共産党 제 1차 대표대회가 준비되고 있던 기간 중 共産党員 수는 겨우 30여 명에 불과했다고 한다. 그리고 1922年 6月 항주에서 개최된 제 2차 대회에 참석한 共産党員과 공산 청년단원은 모두 2~3백 명에 불과했다.157) 이때만 해도 共産党에 대한 국민들의 인식이란 마치 유해무익한 독충처럼 보였다. 이 같은 환경 하에서 극소수의 共産党員들이 어떠한 공개 활동을 한다는 것은 일종의 자멸행위였는지도 모른다. 이런 이유 때문에 「코민테론」 中国대표 「보이틴스키」는 당시 中国 북방군부의 강력한 실력자였던 吴佩孚(wú pèi fú)에 접근하여 그의 비호 하에 共産党을 키울 속셈 이였다. 코민테론은 북방에서 吴佩孚(wú pèi fú)와 연합하는 동시에 남방에서는 陈炯明(chén jiǒng míng)과도 연합하려는 계획을 결정하였다. 그러나 국민들의 신앙심은 国民党(guó mín dǎng)에 치우쳐 陈炯明(chén jiǒng míng)은 비교도 되지 않을 만큼 높았기 때문에 共産党내의 찬반 양론을 조심스레 분석하고 보다 유리한 조건을 택한 코민테론은 드디어 陈炯明(chén jiǒng míng)을 버리고 国民党(guó mín dǎng)과 합작하기로 결정했다.158)

결국 共産党이 国民党(guó mín dǎng)과 합작의 원인은, 첫째는 제 3国際 共産党의 명령을 받았고, 둘째는 国民党(guó mín dǎng)의 旗識을 이용 자신들의 생존을 유지하기 위해서였다. 또 한 가지의 원인은 1922年11月 코민테론 제 4차 대회에 中国대표는 陈独秀(chén dú xiù)와 刘仁静(liú rén jìng) 이었는데, 刘仁静(liú rén jìng)은 中国 共産党(zhōng guó gòng chǎn dǎng)에 대해 다음과 같이 말하고 있다. 「만약 우리가 이 国民党(guó mín dǎng)에 가맹치 않으면 우리는 고립화되고 말 것이다…… 만약 우리가 실제로 党에 가입한다면 우리는 자기주변에 있는 대중을 집결할 수 있고, 또

---

156) 이운한., op. cit., pp. 215~216. 재인용.
157) 계영기., op. cit., p. 26. 재인용.
158) 계승기., op. cit., p. 31. 재인용.

国民党(guó mín dǎng)을 分裂시킬 수 있을 것이다. (如果我们加入国民党, 我们最终只会被孤立. 如果我们实际上加入党, 我们可以团结自己周围的群众, 并使国民党分裂。 Rú guǒ wǒ mén jiā rù guó mín dǎng, wǒ mén zuì zhōng zhǐ huì bèi gū lì, rú guó wǒ mén shí jì shàng jiā rù dǎng, wǒ mén kě yǐ tuán jié zì jǐ zhōu wéi de qún zhòng, bing shì guó mín dǎng fēn liè。)」 159) 라고 말하고 있으니, 이는 곧 共产党이 자신들의 생존을 위하여 장기계획으로 中国 国民党(guó mín dǎng)과 합작하려는 속셈이다.

앞에서 분석해 본 몇 가지 원인을 종합해 보면 国・共合作(guó gòng hé zuò)의 형성은 지극히 당연한 일이라고 할 수 있다. 그래서 国民13年(1924年) 1月20일 广州(guǎng zhōu) 사범고등학교에서 165명의 대표가 참석한 가운데 정식으로 孙文(sūn wén)이 中国 国民党(guó mín dǎng)의 개조를 선언하고, 동시에 中国 共产党(zhōng guó gòng chǎn dǎng)을 용납하게 되니 이가 곧 제 1차 国・共合作(guó gòng hé zuò)의 형성이다.

그 경과를 보면 中国 共产党(zhōng guó gòng chǎn dǎng)은 제 2차 당대회 직후의 中央위원회에서 国・共 제휴의 방침을 결정하고, 제 1조로써 李大钊(lǐ dà zhāo)를 선두로 간부 몇 명이 中国 国民党(guó mín dǎng)에 입단을 신청하였다. 그리고 中国 国民党이 1922年 9月에 있은 당무개혁안 기초위원회에 陈独秀(chén dú xiù)를 보냈다.

이밖에도 각지에서 共产党의 간부가 中国 国民党(guó mín dǎng)의 발전을 위해 노력하였다. 따라서 国民党을 대중정당으로 키우려는 孙文(sūn wén)의 노력은 국제적으로 前苏联(qián sū lián)과 제휴하게 되고, 국내적으로는 中国 共产党(zhōng guó gòng chǎn dǎng)과 제휴하게 되었다. 특히 民国12年(1923年)10月 코민테른의 驻华代表(zhù huá dài biǎo)인 보로딘이 喀拉汗(kā lā hàn)의 소개로 孙文(sūn wén)을 만나 국민 革命을 위하여 革命的 세력이 中国 国民党(guó mín dǎng)에 결합하는 것이 중요하고, 中国 国民党(guó mín dǎng)의 조직을 강화하여야 한다고 역설하자 孙文(sūn wén)은 그를 中国 国民党(guó mín dǎng) 고문으로 추대하고 11月에 改組를 선언하였다.160)

---

159) 갑상초., 「중국공산당사연구」, (연구총서, 제 2집), 「중공체제」, 서울: 중앙일보부설 동서문제연구소, 1974, p. 55. 재인용.
160) 신승하., op. cit., p. 110. 재인용.

한편 中国 共产党(zhōng guó gòng chǎn dǎng)은 民国12年(1923年) 6月 国民 政府의 소재지인 广东(guǎng dōng)에서 제 3차 전국대표자대회를 개최하고 항주회의에서 결정한 国民党(guó mín dǎng)과의 统一战线을 형성하는 问题를 정식으로 승인하였다. 그리고 孙文(sūn wén)에게 「中国 共产党(zhōng guó gòng chǎn dǎng)의 목표와 中国 国民党(guó mín dǎng)의 목표가 일치하므로 개인자격으로 中国 国民党에 가입하여 공동전선을 펴고 국민革命에 전진하겠다.」 161)하였는데, 蒋介石(jiǎng jiè shí)은 그의 비록에서 이를 침투의 한 가지 방법으로 얘기하고 있다. 孙文(sūn wén)은 이에 대하여 「三民主义」에 위반하지 않는다는 조건하에 그들의 가입을 허락하였다.

이렇게 하여 国·共合作(guó gòng hé zuò)는 정식으로 형성이 되고 동시에 国民党(guó mín dǎng) 내부의 改组를 가져오게 되었다. 国民党 조직의 의의를 다시 살펴보면, 이 대회를 계기로 国民党은 새로운 활력과 조직과 선동에 관한 효과적 革命的 기술과 신뢰할 수 있는 군사적 기반을 갖게 되었다. 또한 国民党 내부에 있어서 진실한 단결이 이루어지고, 당은 엄격한 규율 밑에 행동하는 근대 정당의 면모를 갖추게 되었다. 또한 이 대회가 초래한 가장 중대한 결과는 좌파의 형성이다. 즉, 共产党 擡頭의 기회를 주게 된 셈이다.

상기에서 주지한 바 있듯이 民国12年(1923) 8月에 孙文(sūn wén)은 군벌들과 싸움을 위해 군대를 강화하고자 蒋介石(jiǎng jiè shí)을 前苏联(qián sū lián)에 파견하였다. 이것이 훗날 蒋介石(jiǎng jiè shí)이 前苏联(qián sū lián)과 中国의 음모에 대한 이해가 깊어지게 되었고, 그들을 경계하게 되는 过程(guò chéng)에서 훗날 清(qīng)党(卽 合作破裂)의 가장 중요한 원인이 아닌가 생각된다.

蒋介石(jiǎng jiè shí)의 遊俄觀感<苏联(sū lián)旅行의 소감>에서 그는 당시 前苏联(qián sū lián)에 대한 인식을 이렇게 말하고 있다.「그들은 革命的에 대한 계책보다 革命동지에 대한 계략이 더욱 많다」 162) 라고 말한 바 있고, 또 정치적인 면에서 그는 「소비에트」의 제도는 專制制度며 조직은 恐怖的이니 中国 国民党(guó mín dǎng)의 「三民主义」 政治 제도와는 절대 융합 할 수 없다고 주장하고 있다. 그래서 蒋介石(jiǎng jiè shí)은 民

---

161) 신승하., op. cit., p. 112. 재인용.
162) 장중정., op. cit., p. 20. 재인용.

国12年 8月 5日부터 시작해서 11月29日 귀국한 3個月 동안의 前苏联(qián sū lián)旅行 소감을 귀국 후 孙文(sūn wén)에게 보고 들이며, 前苏联(qián sū lián)은 믿을 수 없는 원조자라고 말한 바 있으나, 孙文(sūn wén)은 너무 염려를 말라고 얘기한 적이 있었다. 허나 蒋介石(jiǎng jiè shí)은 항시 마음속으로 이 일을 깊이 새기고 있었던 것 같다. 더욱이 共产党은 개인자격으로 国民党(guó mín dǎng)에 가입한 후 줄곧 파괴를 하기 시작하였고, 그들의 주장은 첫 단계로는 滲透 제 2단계로서는 분화를 시도하고 있었다. 그리고는 国民党(guó mín dǎng) 내에서 소위 좌파·우파를 만들기 시작하였고, 이것 또한 합작파열의 전조였었다. 民国14年에 이르러 3月 12日 孙文(sūn wén)이 서거하자 蒋介石(jiǎng jiè shí)은 孙文(sūn wén)의 유지를 받들어 북벌(군벌타도를 위함)을 시작하였는데, 이 틈을 타 共产党은 더욱 国民党(guó mín dǎng)을 분화파괴하기 시작하게 되었다. 대체로 南昌暴動·南京事件(nán jīng shì jiàn)·广州(guǎng zhōu)曝動 등과 같이 많은 파괴활동이 일어났고, 이로 인하여 国民党(guó mín dǎng)은 前苏联(qián sū lián)과의 국교가 단절되었고, 코민테론의 지부역할을 하며 共产党의 음모 중심인 前苏联(qián sū lián) 대사관이 철수를 하게 되었다.163) 이 외에도 共产党은 수단과 방법을 가리지 않고 国民党을 파괴하였으며 그 틈을 타 자신들은 좌대를 하게 되었다. 이로 인하여 蒋介石(jiǎng jiè shí)은 전면 清(qīng)党을 시작하게 되었고, 民国18年(1929年)에서 民国22年(1933年) 5月 사이에 다섯 차례의 剿共作战(jiǎo gòng zuò zhàn)이 있었고 共产党은 다섯 차례의 剿共에 견디지 못하여 결국 民国23年(1934年) 10月16日부터 행군을 시작 철퇴하기 시작하였다. 출발할 때 약 8만 명의 共军이 广东(guǎng dōng)의 东北(dōng běi), 湖南의 남을 거쳐, 廣西의 북쪽으로 하여 贵州(guì zhōu)로 들어가 결과는 延安(yán ān)으로 패주하였는데, 이때는 겨우 2만 명도 남지 못하였다. 이것이 바로 中国 共产党(zhōng guó gòng chǎn dǎng)史에 길이 남은 「两万五千里(liǎng wàn wǔ qiān lǐ)」 대장정이며, 또한 제 1차 国·共合作(guó gòng hé zuò)의 결과다.

4. 第 2次 国·共合作의 原因과 結果 : 小结论

中国 国民党(guó mín dǎng)과 中国 共产党(zhōng guó gòng chǎn dǎng)

---

163) 신승하., op. cit., p. 145. 재인용.

의 제 1차 합작은 国民13年(1924年) 孙文(sūn wén)의 당 개조와 共产党의 흡수에서 시작하여 1927년 广州(guǎng zhōu)폭동에 이르러 사실상 分裂되었다. 불행히도 제 5차 剿共 때 西安(xī ān)사건이 일어나 다시 共产党에서 회생의 기회를 주게 되었고, 또 하나의 기회는 「中日战争(zhōng rì zhàn zhèng)」의 시작에서 비롯하여, 첫 번째 国·共合作(guó gòng hé zuò)에서는 前苏联(qián sū lián)이 개입되어 있듯이 第二次合作(dì èr cì hé zuò)에는 日本(rì běn)이 개입되어서 형성되었다.

日本은 「大陆政策(dà lù zhèng cè)(dà lù zhèng cè)」을 시도하여 中国에 진출하기 위하여 中国에서 수 많은 위장사건을 조작하였다. 몇 가지 예를 들어보면, 万宝山事件(wàn bǎo shān shì jiàn)으로 民国20年(1931年) 3月에 吉林省长春市(jí lín shěng cháng chūn shì)의 주민인 郝永德(hǎo yǒng dé)이 万宝山(wàn bǎo shān)과 부근의 미개척지 3천 에이커를 조작하여 개간을 할 것을 비롯하여 日本人 驻长春领事 田代重德(zhù cháng chūn lǐng shì tián dài chóng dé)이 개입하여 한국인의 华侨排斥运动(huá qiáo pái chì yùn dòng)을 초래하여 한국내의 많은 화교가 피해를 입었던 일이 발생하여 9.18 满洲事变의 전주곡이 되었다. 9.18事变 民国20年(1931年) 9月18日 밤, 日本의 关东军(guān dōng jūn)이 南满铁路(nán mǎn tiě lù)의 柳條溝 부근의 일부를 폭파하고, 이를 中国军의 소행이라고 하면서, 沈阳北大营(shěn yáng běi dà yíng)을 점령하였고, 11月엔 결국은 清(qīng)의 폐제(宣統帝) 溥儀를 데려가 民国23年(1934年) 3月1日 그들이 만들어 놓은 「满洲国组织法(mǎn zhōu guó zǔ zhī fǎ)」을 발표하였다.

年号(nián hào)를 「康德(kāng dé)」으로 고치고, 소위 「伪满洲国(wěi mǎn zhōu guó)」을 만들면서 그들의 양심을 표면화시켰다. 또 하나의 抗日战争(kàng rì zhàn zhēng)에 가장 중요한 사건이 곧 7.7사변이다. 7.7卢沟桥事变(qī qī lú gōu qiáo shì biàn) 民国26年(1937年) 6月에 日本(rì běn)은 계획한 대로 驻平津军 河边正 三旅团中 2개 연대 이상의 병력을 北平近郊的 丰台一带(běi píng jìn jiāo dē fēng tái yī dài)로 이동하면서 7月7日 밤 宛平县 卢沟桥(wǎn píng xiàn lú gōu qiáo) 부근에서 야전연습을 하다 사병 한명이 실종하였다는 이유로 宛平峴을 수색하려 한 것을 中国军이 거절하자 宛平峴에 포격을 가하고 7月 30日에는 天津(tiān jīn)을, 그리고 8月 4日에는 북평마저 함락하였다. 이로 인하여 기나긴 8年 동안 대日抗戰이 시작되고, 蒋介石(jiǎng jiè shí)의 「庐山宣言(lú shān xuān yán)」이 발표되었다.

이 틈을 타 共产党에게는 회생의 기회가 주어지게 되고, 급기아는 如今의 中国大陆을 거하게 된 원인이 되었다. 또한 제 2차 합작의 가장 중요한 원인이 되었으며, 또 하나의 중요한 원인은 西安(xī ān)事件이라고 볼 수 있다.

共产党이 蒋介石(jiǎng jiè shí)의 剿共作战(jiǎo gòng zuò zhàn)에 의하여 장정의 쓰라림을 겪고 있을 때, 毛泽东(máo zé dōng)은 毛儿盖(máo ér gài) 회의에서 抗日统一 전선을 촉구하고 좌대할 기회를 노렸다. 「中国人은 中国人을 치지 않는다.」(内乱停止 一致抗日)164) 이라는 구호를 내걸고 또 다시 国·共合作(guó gòng hé zuò)을 기도하고 있었으나 蒋介石(jiǎng jiè shí)은 강경히 이를 물리치고 剿共作战(jiǎo gòng zuò zhàn)을 강행하려 했다. 그래서 그는 1935年 末 張学良 휘하의 满洲军(mǎn zhōu jūn)를 北部陕西(běi bù shǎn xī)로 파견하여 공산주의를 토벌케 했다. 蒋介石(jiǎng jiè shí)은 張学良을 陕西(shǎn xī)로 보내는 것은 共产党 토벌도 원인이지만 그의 세력을 약화시키려 했던 것도 원인중의 하나다. 그러나 군대 약화라기 보다는 도리어 화를 입게 되었다. 張学良은 陕西(shǎn xī)에 도착해서 외적으로는 讨伐作战(tǎo fá zuò zhàn)을 폈지만 비밀리에는 杨虎城(yáng hǔ chéng)과 연합하여 공산군과 휴전을 체결하였다. 그래서 1936년12月 전투상황을 파악하려고 서안에 도착한 蒋介石(jiǎng jiè shí)을 감금하였다.

당시 蒋介石(jiǎng jiè shí)의 태도는 무척 강경했다고 한다. 蒋介石(jiǎng jiè shí)의 감금이 南京(nán jīng)政府에 커다란 혼란을 초래하였다. 일부에서는 그를 희생시켜가며 서안에 무력행동을 취할 것을 주장하고, 일부에서는 그의 생명을 구하기 위하여서는 타협을 주장하기로 하였으나, 결국 蒋介石(jiǎng jiè shí)·張学良 공산주의 사이에 묵시적인 타협이 이루어져 12月 25日에 석방되었다. 이것이 곧 西安(xī ān)事件이며, 蒋介石(jiǎng jiè shí)이 西安(xī ān)에서 석방되면서 共产党과 国民党(guó mín dǎng) 사이의 敵对关系는 완화되었고, 民国16년(1937년) 2月 共产党은 国民党(guó mín dǎng) 中央집행위에 전문을 보내고, 내전정지·구국회의 소집 및 抗日战争(kàng rì zhàn zhēng) 준비를 제의했다.165)

그러나 이 모든 것이 허위사실이다. 그들은 국부군이 싸울 때 자신들의 세력을 키워가고 있었다. 그리고 대중의 지지를 얻기 위하여 国民党(guó

---

164) 최 명., op. cit., p. 142. 재인용.
165) 최 명., op. cit., p. 145. 재인용.

mín dǎng)에게 자신들의 정치의 자유의 보장과 인민의 생활조건을 개선할 것을 요구하고, 民国26年(1937年) 2月10日 共产党 中央은 中国 国民党(guó mín dǎng) 제 5기 제 3차 中央집행위원회 전체회의에 다음 네 가지를 제출하고 보증한다 하여, 합작의 조건이 부여됐다. 그 조건은 첫째, 国民政府에 대한 폭동중지, 둘째, 「소비에트」 정부는 中华民国(zhōng huá mín guó) 特區政府로 고치고, 「红军(hóng jūn)」 은 국민革命军(gé mìng jūn)으로 고치며, 직접 国民政府와 군사위원회의 지휘를 받는다. 셋째, 특구 내에서는 보통선거의 민주제를 실시하며, 넷째, 지주의 토지 몰수를 중지하고 抗日民族统一 전선의 공동강령을 집행한다.166) 등 이었다. 이때 国民党(guó mín dǎng) 내부에서도 많은 반대파가 있었으나 卢沟桥事变(lú gōu qiáo shì biàn)이 일어나자, 「红军(hóng jūn)」 을 국민革命军으로 인정하고, 제 2차 합작이 이루어진 것이다.

앞에서도 지적한 바와 같이 共産主义者들이 抗日统一전선의 조기결성을 획책한 것은 国·共合作(guó gòng hé zuò)을 통하여 国民党(guó mín dǎng)을 약화시키면서 共产党을 소생시키고 그 세력을 확장시키는 전술이었다. 1936年 周恩来(zhōu ēn lái)가 「에드가 스노우」에게 抗日统一 전선의 형성이 革命의 포기가 아니라고 말하면서, 「抗日战争(kàng rì zhàn zhēng)의 개시일은 蒋介石(jiǎng jiè shí)의 종말을 의미할 것」 이라고 덧붙였다 한다.

결과 日本(rì běn)의 침략으로 인하여 蒋介石(jiǎng jiè shí)의 토벌作戰이 중단되고, 반대로 共产党에게 소생의 기회를 주었고, 抗日战争(kàng rì zhàn zhēng)으로 인하여 国民党(guó mín dǎng)은 蒋介石(jiǎng jiè shí)이 양성한 国民党军을 여지없이 와해시켰고, 그 후, 国民党은 능률적인 전투부대를 재조직 할 수 없었으며, 전쟁이 장기화됨에 따라 国民党军의 능력이 점차 쇠퇴되어 갔고, 새로운 전투마다 장비와 병력을 손실하게 되자 사기마저 저하되었다.

그리고 2차 대전의 종식과 더불어 国·共 两党의 군사적 충돌은 日本(rì běn)军이 점령했던 영토와 그들의 무기 및 장비에 대하여 접전이 벌어지게 되었고, 蒋介石(jiǎng jiè shí)은 中国本土·台湾·인도차이나에서 극히 소수의 日本军(약 3만명)의 항복을 받은 반면에, 「红军(hóng jūn)」 은 满洲(mǎn zhōu)로 진주하여 日本(rì běn)의 关东军(guān dōng jūn)로 부터 막

---

166) 신승하., op. cit., p. 184. 재인용.

대한 양의 무기와 탄약을 인수할 수 있었다.

이로 인하여 훗날 美国(měi guó)의 정전협상에도 불구하고, 1949年10月 1일 北京天安门广场(běi jīng tiān ān mén guǎng chǎng)에서 중화인민공화국의 탄생을 정식으로 선포하게 되고, 国民党(guó mín dǎng)은 台湾으로 철퇴하게 되었다. 그러니 결국 1차 합작은 前苏联(qián sū lián)의 개입에서 시작되었다가 前苏联과의 국교단절에서 끝나고, 2차 합작은 日本(rì běn)의 개입에서 시작하여 日本의 패전으로 종말을 짓게 되었다.

鸦片战争(yā piàn zhàn zhēng) 이후 中国의 문호는 개방되었고, 드디어는 体制도 군주에서 점차 民主主义(mín zhǔ zhǔ yì) 体制로 탈바꿈을 하게 되었다. 그간에 있어서 中华民国(zhōng huá mín guó) 내부에는 서로 다른 이념의 两党 体制가 형성되고, 갈등 속에서 两党은 두 차례에 걸친 합작 끝에 共产党은 대륙을 차지하게 되고, 한편 国民党(guó mín dǎng)은 台湾으로 밀려나게 된다.

본 논문에서 논의하고자 하는 中国과 台湾의 统一에 대한 两岸 간의 기존적 사고는 孙文(sūn wén)의 革命시기부터 시작해서 이미 共产党의 발아가 움트고 있었다는 것을 전제해 볼 때, 향후 中国에 있어서 서로 다른 이념하의 两党이 동시에 생존 하기란 거의 불가능한 일이다.

中国 现代史에 있어서 国民党(guó mín dǎng)과 共产党이 탄생하였다는 점과 1차 国·共合作(guó gòng hé zuò)에서 前苏联(qián sū lián)이 가장 중요한 매개역할을 담당한 사실은 중요한 의미를 갖는다.

제 1차 합작이 가능하게 된 것은 우선 국내적으로는 打倒满清(dǎ dǎo mǎn qīng) 이후에 군벌의 세력이 분립된 것을 비롯하여 대외적으로는 前苏联(qián sū lián)세력의 개입이 있어서 가능하였다. 그러나 国民党과 共产党 사이의 이념적 차이점에서 빚어진 中·蘇 국교단절이 있게 되자, 国·共合作(guó gòng hé zuò)도 결렬되었다. 따라서 1차에서 가장 중요한 사실은 내부적인 군벌의 난립과 외부적인 前苏联(qián sū lián)의 개입 등 두개의 요인이 합작을 가능케 했고, 발생 요인의 소멸로 인해 합작이 파멸된 것이다.

제 2차 합작에서 가장 중요한 사실은 국내에서는 역시 군벌세력의 잔여로 인한 西安(xī ān)事件의 발생과 대외적으로는 前苏联(qián sū lián)과 상대적으로 日本(rì běn)의 개입이 있어서 第 二次合作(dì èr cì hé zuò)이 이루어졌었다. 그러나 제1차 합작과 마찬가지로 日本이 패전하자 国·共은 다시 分裂하게 되었는데, 이는 오히려 당연지사라고 할 수 있겠다. 만약에 1차에서 前苏联(qián sū lián), 2차에서 日本(rì běn)이란 외적요인이 존재하지 않았다면 如今 中国의 历史는 다시 쓰여 져야 했을 것이다.

그러면 제 3차 합작은 또다시 가능하게 될 것인가? 현재 中国 共产党 (zhōng guó gòng chǎn dǎng)에서는 그것을 원하고 있다. 그들은 国民党 (guó mín dǎng)을 받아들일 용의가 있다고 신문보도를 통해 선전하고 있다. 그러나 1차와 2차와는 상반된 조건하에서 그때는 国民党(guó mín dǎng)이 받아들이는 입장에서 이루어진데 반해, 如今은 상대적으로 共产党이 받아들일 입장으로 존재하고 있으니, 제 3차 합작은 가능할 것이라고 생각될 수 있으나, 历史的인 교훈에 있어서 제 3차 합작이 결코 쉽지만은 않을 것이다.

历史的 교훈이란 과거에 있었던 두 차례의 합작은 共产党에게 이익을 준 반면, 国民党(guó mín dǎng)에게는 피해만 가져 주었다. 그러므로 台湾政府 는 절대로 제 3차 합작을 원하지 않을 것으로 사려 된다. 만약에 제3차 합 작이 이루어진다 해도 제 3국의 개입 내지는 国民党(guó mín dǎng)의 허용 이전에는 불가능 할 것이다. 더욱이 中国政府는 "어떠한 공산국가와 그리고 어떠한 공산집단과도 타협하지 않는다."라는 원칙을 견지하고 있으며, 또한 최근 中国内部에서 자주 일어나는 내란으로 말미암아 中国政府의 内應外合 도 반드시 반공대륙이 성공할 수 있다는 신념을 갖게 하는데 변수로 작용될 시대적 상황을 고려하고 있다 하겠다.

Ⅲ. 中国과 台湾의 统一政策 比較分析

第 1 章 中国의 对台湾政策 分析

中国의 对台湾政策은 1949年 이래 毛泽东(máo zé dōng)과 邓小平(dèng xiǎo píng) 및 江泽民(jiāng zé mín) 등 国家최고지도부층의 의사에 따라 결정되고 집행돼왔다. 中共中央台湾工作領導小組와 더불어 1972年엔 국무원 산하에 '台湾事務辨公室'(이하 国台办(guó tái bàn))을 설치했는데, 이부서는 1979年 이전까지 비공개된 최고 권력기구로서 周恩来(zhōu ēn lái) 总理가 직접 관할했다.167)

<표. III-1/1> 中国의 对台湾工作機構團体

組織分類	機構單位 團体名稱
黨 機 構	中共中央台湾工作領導小組, 中央軍事委, 中央統戰部, 中央調査部
政府機構	國務院台湾事務辨公室, 外交部台湾事務辨公室, 對外經濟貿易部對臺經貿關系司, 人大常委會, 政治協商會, 政協 祖國統一聯誼會, 國家安全部, 公安部, 交通部, 民航總局, 旅遊總局, 文化部, 教育委員會, 体育運動委員會, 僑務辨公室, 新聞辨公室, 新華社Hongkong分社
軍	中共中央委員會, 總參謀部 第 2部・3部, 總政治部聯絡部
團 体	紅十字會(赤十字), 中國奧會/民革 臺盟 民盟 民進 農工 致公 九三 工商聯/臺聯 中國和平統一促進會 黃浦同學 檜 台湾同學 會/文聯 作家聯會 記協 海峽 兩岸關系(liǎng àn guān xī)協會
宣傳機構 研究機構	新華社, 中國新聞社, 瞭望周刊(liào wàng zhōu kān)海外版, 現代中國月刊, 臺聲/中國社會科學 院 台湾研究所, 厦門(xià mén) 大學 台湾研究所

資料出處 : 「海峽大事大陸商情_海峽大事大陸商情」 第 2期, 台湾 : 1992.1. p. 203. 재인용.

최근 中国 共产党(zhōng guó gòng chǎn dǎng) 中央军事(zhōng yāng jūn shì)(이하 中共中央军事委(zhōng gòng zhōng yāng jūn shì wěi) 소속인 '106 工作办公室(gōng zuò bàn gōng shì)'의 역할이 国台办(guó tái bàn)을

---

167) 鄒德發., "中国統一問題之中共因素分析−中共对台湾政策分析", 台北(tái běi): 国立 政治大東亞研究所 碩士学 位論文, 1993.6. p. 37. 재인용.

능가힐 깃이라는 관측도 나오고 있다..[168]

対台湾政策은 시점에 따라 다소 변화가 있었다. 中国의 対台湾政策은 对台统战(duì tái tŏng zhàn)과 军事行为를 주요표준으로 삼아 크게 台湾解放時期(1949-1978年)와 和平统一 中国時期로 나누었다. 본 논문은 이 時期 구분법에 따라 양국 지도자의 统一政策 변화추이를 중심으로 나눠 분석해 보았다.

기본적으로 '하나의 中国'<一个中国(yí gè zhōng guó)>을 모델로 하고 있었으면서도 상반된 하나의 中国 개념이다. 즉 中国의 하나의 中国원칙과 운용은 中华人民共和国(zhōng huá rén mín gòng hé guó)의 中国 대표성 강조와 台湾外交 활동의 완전한 봉쇄로 드러난다. 반면 台湾은 中国 共产党(zhōng guó gòng chăn dăng) 정권을 부인하고 中国人民에 대한 合法的인 통치 권위가 台湾에 있다는 하나의 中国을 표방하고 있다.[169]

军事力에 의한 武力统一 政策으로 대변되는 毛泽东(máo zé dōng)의 对台湾政策은 1958年8月23日 전후로 하여 政治的인 해결에 의한 统一论으로 변화되기 시작했다.[170] 그러나 당시 毛泽东(máo zé dōng)이 내건 和平解放台湾을 平和的으로 解放시키자라는 政策구호를 보면 '平和방식'은 부차적인 요소였으며, '武力방식'이 주된 政策이라는 것을 알 수 있다.[171] 반면 邓小平(dèng xiăo píng)은 毛泽东(máo zé dōng)의 과거 政策을 일부분 계승, 하나의 中国을 견지하고 台湾의 독립을 반대하면서 1958年8月23日 이후의 政治的 해결방침을 고수했으나 毛泽东(máo zé dōng)의 统一政策과 叶剑英(yè jiàn yīng)의 9조<叶九条(yè jiŭ tiáo)>[172] 에서 한걸음 더 나아가 '祖国(zŭ guó)의 统一일정표'와 새로운 统一이론인 「一国两制(yì guó liăng zhì)」[173]을 제시하기에 이른다.

이는 武力에 의한 台湾统一에서 平和的으로 台湾问题을 해결하려는 中国

168) 自立早報., 1995.9.12. 재인용.
169) 葉明(míng)德, 「略论(luè lùn) 「一個中国」 ", 「東亞李刊」, 第 25卷, 第 2期, 1993.10. pp. 1~5. 재인용.
170) 蔡政文·林嘉誠, 「臺海两岸政治問題」, 台北: 国家政策研究資料中心, 1989.7. pp. 14~17. 재인용.
171) 鄒德發., op. cit., p. 37. 재인용.
172) 郭立民, 「中共对台政策資料選輯」, (1949-1991)上冊, 台湾永業出版社, 1992. p. 412~414. 재인용.
173) 郭立民., op. cit., pp. 606~609. 재인용.

당국의 최고의사였다. 특히 '和平统一, 「一国两制(yì guó liǎng zhì) 」'의 统一政策 하에서 中国당국은 两岸关系(liǎng àn guān xī)를 政府(官方)와 민간이라는 2원화의 모순 속에서 정립해 나갔다.

<표. III-1/2> 中国, 하나의 中国개념의 원칙과 실천

기 간	中國의 하나의 中國 원칙	台湾을 승인한 國家에 대한 원칙
1950年代	中華人民共和國(zhōng huá rén mín gòng hé guó)이 中國人民 主權의 유일한 合法政府, 台湾은 분리할 수 없는 中國領土 일부분, 台湾을 승인하거나 台湾과의 군사합작은 中國主權의 침범이며, 中國의 내정간섭	단교, 國際機構에서 台湾 배제
1960年代	하나의 台湾, 하나의 中國 반대	상 동
1970年代	두개의 中國 조장 반대	상 동
1980年代	「一國兩制(yì guó liǎng zhì) 」台湾은 독립된 政治실체 아님	台湾에 무기수출 봉쇄, 台湾의 國際機構에서의 국명·국기·國家 사용 반대, 台湾의 外交 간여, 어떤國家와 台湾政府 간 關系성립 반대
1990年代	상 동	상 동

資料出處 : 蔡明德(cài míng dé), "略論(luè lùn)「一國兩制(yì guó liǎng zhì)」"『東亞季刊』, 第25卷 第2期, 1993.10. p. 2. 재인용.

邓小平(dèng xiǎo píng)의 「一国两制(yì guó liǎng zhì)」가 제기된 지 10여年이 지난 1995年1月30日 春节(jié)(舊正)을 기해 江泽民(jiāng zé mín) 国家주석 겸 당 총서기는 台湾에 대한 統一政策 8가지<이하 江八点(jiāng bā diǎn)>를 발표, 포스트 邓小平(dèng xiǎo píng) 시대의 对台湾政策을 밝혔다. 江八点(jiāng bā diǎn)은 과거 叶剑英(yè jiàn yīng)의 九條나 邓小平(dèng xiǎo píng)의 六點<邓六点(dèng liù diǎn)>등 기존의 「一国两制(yì guó liǎng zhì)」하의 统一政策과 크게 다르지 않았으나, 향후 '中国과 台湾(이하 两岸)'의 统一논의가 활발하게 진행될 계기를 마련했다.

第 1 节 江八点 以前의 中国의 对台湾政策

中国의 对台湾政策을 살펴보면, 1966年 문화대혁명 등 국내 사정과 中国·인도 국경전쟁, 中国·苏联(sū lián) 국경충돌 등으로 인해 对台湾政策은 平和的인 수단에 의한 통일의 추진이 기조를 이루면서 국제무대에서 台湾의 고립화를 가속화시키는 것으로 발전해 나갔다는 것을 알 수 있다. 이는 이미 台湾问题가 단순한 내정문제가 아니라 복잡한 国际问题로 발전했으며 단순 무력통일, 쌍방 담판만으로는 해결할 수 없다고 인식한데서 비롯된 것으로 설명될 수 있다. 1972年7月23日 Hongkong 南华早报(nán huá zǎo bǎo)는 中国이 台湾과의 회담을 준비하고 있으며, 台湾이 中国에 귀속되는 조건으로 과도시기를 거치게 될 것과 이 과정 중에서 台湾内 외국상인들에겐 손해를 입히지 않을 것이라는 中国의 의도를 보도했는데 여기서 邓小平(dèng xiǎo píng)이 제기한 「一国两制(yì guó liǎng zhì)」는 毛泽东(máo zé dōng) 시기에 이미 존재했다는 것을 알 수 있다. 和平统一 원칙하의 하나의 원칙과 이론적 체계로 발전되어온 「一国两制(yì guó liǎng zhì)」는 统一问题를 해결할 기본구상이자 방침으로서 邓小平(dèng xiǎo píng)이 제시한 후 中国은 시종 이 방침을 '台湾问题를 해결하고 中国统一을 실현할 가장 좋은 방안'이라고 여기고 如今까지 명맥을 유지해 오고 있다.

江八点(jiāng bā diǎn) 이전의 中国의 对台湾政策 과정을 거쳐 1978年 第十一届三中全会(dì shí yī jiè sān zhōng quán huì)에서 邓小平(dèng xiǎo píng) 体制가 출범한 이래 과거의 정치 우선주의 이데올로기 지상주의가 퇴보된 반면, 经济발전과 생산력 제고를 중시하는 经济 우선주의가 改革·开放政策(gǎi gé kāi fàng zhèng cè)를 주도하고 中国 특색의 社会主义 건설을 위한 각종 政策을 수행해 나가면서 邓小平(dèng xiǎo píng)을 위시로 하는 党 지도부의 对台湾政策도 적극적인 의사 표출로 드러나기 시작했다.

본 논문에서 「一国两制(yì guó liǎng zhì)」의 형성과정을 거치면서 지속적으로 발전시켜온 내용 및 개념을 좀 더 상세히 분석해 보면, 一国의 의미는 国家主權의 불가분성과 中国의 统一性을 표시하고 있으며, 이것은 민족분열 问题의 해결에 있어서 主權问题가 해결되지 않으면 민족의 统一은 불가능 하다는 것을 나타낸다. 「一国两制(yì guó liǎng zhì)」에 있어서 一国은 主權과 통치권의 고도 유기적 통합으로서 1개의 主權하에 여러 통치권이 존재할 수 있지만, 一国 아래의 两制는 결코 대등한 위치가 아니고, 中国에서 主權에 근거한 유일体制는 中国정권 뿐이며, Hongkong이나 台湾은 통치권에 근거한 体制이다. 外交问题에 있어서도 「一国两制(yì guó liǎng zhì)」는 统一后 台湾과 Hongkong에 일부 外事處理權(外交權을 国家대표권과 외사처리권으로 분류함)을 부여해 外交權이 中央정부에 의해 독점되는 단일 体制나 연방体制와도 그 성격을 달리한다. 그리고 中国의 邓小平(dèng xiǎo píng)体制와 台湾의 蒋经国(jiǎng jīng guó)体制는 两岸关系(liǎng àn guān xī)를 유연적인 关系로 발전시켜나가려 하지만, 결국에는 두 가지 制度란 공산体制를 전제로 하는 中国의 현행体制 制度와 자본주의 制度를 지칭하는 것이다. 따라서 「一国两制(yì guó liǎng zhì)」란 社会主义 国家에 있어서 社会主义와는 다른 자본주의 制度가 동시에 존재하는 것을 의미한다.

결론적으로 江八点(jiāng bā diǎn) 이전의 中国의 对台湾政策에 대한 「一国两制(yì guó liǎng zhì)」의 의미는 상호 대립되는 두 制度의 平和공존상태를 의미한다. 여기서 말하는 制度란 시스템을 의미하며, 政治·经济·法律 등 각 방면에 있어서 상호작용과 影响을 미치는 각종 社會制度의 총체를 지칭하는 것으로 볼 수 있다.

1. 毛泽东시대의 对台湾政策

毛泽东(máo zé dōng)의 对台湾政策은 1958年 8月 23日을 정점으로 크게 전후기로 나눌 수 있다. 전기는 军事的 공격에 의한 统一달성이라면 후기는 政治的 해결을 통한 统一추구였다고 볼 수 있다.

毛泽东(máo zé dōng)은 1949年부터 1959年 한국전쟁 발발까지 줄곧 台湾 및 澎湖(péng hú)·金门(jīn mén)·马祖(mǎ zǔ) 등지에 대해 武力을 사용했는데, 이는 두 가지 근거에 따른 것이었다. 첫째, 미완의 통일을 마무리 짓겠다는 것으로 台湾을 포함한 中国領土의 완전통일이며, 둘째 해리 트루만(Harry Truman) 美国(měi guó) 大統領의 불간섭주의에 기인한 것이었다.[174]

1949年9月30日 中国 共产党(zhōng guó gòng chǎn dǎng) 제 1기 政治협상회의<이하 政协(zhèng xié)-당시엔 中国 共产党(zhōng guó gòng chǎn

---

174) 阮　铭, "中共对台湾政策的历史演變", 「中共对台湾政策與两岸问题研討會論文集」, 台湾, 1993.5. 29~30. p. 7. 재인용.

dǎng)의 최고 권력기구였다.> 제 1차 전체 회의가 통과시킨 '中国人民政治協商會議共同纲领(gòng tóng gāng lǐng)(共同綱領)'중 中华人民共和国(zhōng huá rén mín gòng hé guó)中央人民政府는 人民解放 전쟁을 통해 全中国領土를 반드시 解放시키고 中国统一을 이룰 책임이 있다고 규정하고 있다. 또 政协(zhèng xié)은 解放军에 보내는 전문 중에서 "오래지 않아 여러 분들은 전국 人民의 간절한 소망을 실현해 투항하지 않는 적군을 완전히 전멸시켜 台湾解放, 西藏(xī zàng)와 모든 未解放지역을 解放시켜 완전한 中国统一의 위해한 과업을 완성하라"고 요구하고 있다.175) 동년 12月 31日 中国 共产党(zhōng guó gòng chǎn dǎng)은 '전선의 장병과 전국 동포에게 고하는 글<告前线将士和全国同胞书(gào qián xiàn zhàn shì hé quán guó tóng bāo shū)>'을 발표, "台湾·海南岛(hǎi nán dǎo)·西藏(xī zàng)을 解放시켜 祖国统一의 과업을 완수하고, 美国(měi guó) 제국주의 침략 세력이 우리領土에서 어떠한 근거지도 갖지 못하게 하자"는 구호를 제창했다.176) 이후 '台湾解放'이라는 용어는 邓小平(dèng xiǎo píng)이 1979年1月30日 더 이상 이 구호의 사용하지 않을 것이라고 할 때까지 中国의 对台湾政策과 지도성 구호로 유지되어왔다.

中国의 军史에 따르면 1949年10月 하순 金门岛(jīn mén dǎo) 전투에 대해 이렇게 쓰여 있다.177) "승리의 상황 하에서 고급 지휘관들은 적을 얕보고, 형세를 낙관해 전투임무를 완전히 수행하지 않고 조급하게 도시를 점령, 管理하는 데에만 열중했다. 동시에 작전 지시에 있어 상륙작전의 특징과 난점에 대한 인식이 부족한 채 단지 전투기에 의한 정세 장악을 강조하고 적정과 해정에 대해 주도면밀한 조사와 연구가 미비했으며, 군함 등 함정에 대한 준비가 불충분했다. 전투조직의 지휘도 엄격하고 치밀하지 못했으며 서로 다른 편제의 3개단에 统一된 지휘체계가 없이 갑작스럽게 전투에 임해 엄청난 손실을 피할 길이 없었다."

1950年1月5日 투르만 美国 大統領은 다음과 같이 선포했다.178) "美国은

---

175) 中央關於 「解放台湾」 的論文集(1949-1971)., "第1届政治協商會議第1次會議致解放軍通電", Hong kong: 當对中国 研究所編輯, 1972. p. 1. 재인용.

176) 人民日报(rén mín rì bào)., 1950.1.1. 재인용.

177) 阮 銘., op. cit., p. 8. 재인용.

178) Kenneth S.Latourette., 「The American Record in the Far East(1945-1951)」, New York: The Macmillan C, 1952.

台湾 또는 中国의 여타 領土에 대해서 어떠한 야심도 갖고 있지 않으며 武力을 통해 현 정세에 간여하지 않을 것이고, 美国(měi guó)政府는 中国내정에 개입될 수 있는 어떠한 과정도 거부할 것이다."

1950年4月 林彪(lín biāo)의 제 4 야전군이 海南岛(hǎi nán dǎo)를 점령한 후, 중공中央군사위는 3야전군으로 하여금 빠른 시일 내에 金门島(jīn mén dǎo) 재침공을 준비할 것을 지시했다. 同年 6月 25日 한국전쟁이 발발한 후 6月27日 美国(měi guó)의 투르만 大統領은 美国 제 7함대의 台湾海峡 진입을 명령하면서 台湾에 대한 어떠한 침공도 막을 것이며, 台湾의 미래 지위 결정은 태평양의 안전회복 또는 联合国(lián hé guó)의 결의를 기다려야 한다는 '台海中立化(tái hǎi zhōng lì huà)', '台湾地位未定論'의 입장을 보였다. 다음날(28日) 정무원 总理 겸 외교부장인 周恩来(zhōu ēn lái)는 '中国은 美国 침략자 손에서 台湾을 解放시키기 위해 끝까지 분투해야 된다.'는 강한 성명을 발표했다.179) 그러나 사실상 中国의 金门島(jīn mén dǎo) 침공준비는 중지됐다.

毛泽东(máo zé dōng)과 中共中央军事委(zhōng gòng zhōng yāng jūn shì wěi)는 同年 11月 福州(fú zhōu)军区(fú zhōu jūn qū)에 정식으로 명령해 金门島(jīn mén dǎo) 공격을 취소했으며, 金门島 공격을 준비하던 24军· 25军·32军을 철수시키고, 28军·29军·31军은 해안 방위를 담당케 했다.180)

따라서 美国(měi guó)의 台湾海峡 정세 불간섭 정책에 의해 金门(島(jīn mén dǎo) 포격에 나선 中国은 전환점을 맞게 됐는데 두 가지 특징을 보여주고 있다.

첫째, 주적 개념의 변화로써 주요목표가 台湾으로부터 美国으로 바꿨다. 毛泽东(máo zé dōng)은 美国(měi guó)의 台湾海峡 정세 간섭의 목표가 中国의 영구 분열이며, 台湾을 그들의 비호아래 있는 '독립국' 혹은 '신탁통치지구'로 만들려는데 있다면서 주요한 위험요소로 간주했다. 이런 정세하에 金门島 점령은 도리어 台湾독립 세력에 의해 이용돼 분단이 고착되는 원인이 될 것이라고 분석했다. 毛泽东(máo zé dōng)은 1950年11月 金门島(jīn mén dǎo) 점령 명령을 취소한 후, 다시는 金门島(jīn mén dǎo) 상륙을 명령하지 않았다. 그러나 1954年7月 中国은 재차 台湾에 武力解放을 시도하

---

179) 郭立民., op. cit., pp. 3~4. 재인용.
180) 阮 銘, op. cit., p. 8. 재인용.

게 되는데, 同年 8月 福建省에 병력을 집결했으며, 9月3日 金门岛(jīn mén dǎo)에 포격을 가하면서 제 1차 台湾海峽의 위기가 고조됐다. 그러던 중 1954年12月2日 美国과 台湾이 「中美共同防御条约(zhōng měi gòng tóng fáng yù tiáo yuē)」을 체결하자 周恩来(zhōu ēn lái) 总理는 12月21日 제 2기 政协(zhèng xié) 제 1차 전체회의에서 "이번 조약이 美国의 中国领土 武力침략의 合法化를 제공했다"면서, "일체의 소위 台湾독립국, 台湾중립화 와 台湾 신탁통치 주장은 실제에 있어 中国领土를 갈라놓는 것이며, 中国主 權에 대한 침범이자 中国내정에 대한 간섭"이라고 지적했다.181)

둘째, 공격 전략에서 방어 전략으로 전환하였다. 일예로써, 1953年7月15 日 金门岛(jīn mén dǎo) 수비부대인 胡琏(hú lián)부대의 福建省(fú jiàn shěng)·山东省(shān dōng shěng) 상륙으로 오히려 人民解放军이 200호 고지로 후퇴하는 과정을 보면, 당시 人民解放军은 胡琏(hú lián)부대를 반격 하지 않고, 東山島의 방어시설 재정비를 했을 뿐이다. 毛泽东(máo zé dōng) 이 台湾에 대해 군사방어 전략을 채택한 것은 美国에 대한 政治공세를 준비 하기 위해서였다.

1959年 4月 18日부터 24日까지 아시아·아프리카의 20여개 国家가 인도 네시아 반둥에 모여 개최한 아시아·아프리카 회의에 참석한 周恩来(zhōu ēn lái) 总理는 中国의 台湾에 대한 입장을 간명하게 나타냈다. 周恩来(zhōu ēn lái) 总理는 "台湾은 中国의 領土이고, 나아가 台湾解放은 中国의 內政问 题"이며, "台湾지역의 긴장완화를 위해 美国(měi guó)政府와 회담할 용의 가 있다. (台湾是中国的领土, 进一步说, 台湾解放是中国的内政问题, 为了缓 解台湾地区的紧张趋势, 有和美国政府进行会谈的想法. tái wān shì zhōng guó de lǐng tǔ. jìn yī bù shuō, tái wān jiě fàng shì zhōng guó de nèi zhèng wèn tí, wèi le huǎn jiě tái wān dì qū de jǐn zhāng qū shì, yǒu hé měi guó zhèng fǔ jìn xíng huì tán de xiǎng fǎ。)"고 강조했다.182) 同年 5 月 13日 周恩来(zhōu ēn lái) 는 전국人民代表大会 상무위원회 제 15차 회 의에서 台湾을 解放시키는 데는 전쟁에 의한 것과 平和的인 방식에 의한 것 이라는 두 가지 방식이 있는데, 中国人民이 원하는 가능한 조건하에서 平和

---

181) 郭立民., op. cit., pp. 116~120. 재인용.
182) 中美关系文件彙編(1940-1976)., 月刊 「七十年代」, Hongkong, 1977.3. p. 148. 재인용.

的인 방식으로 台湾의 解放을 쟁취할 수 있다는 和平统一방안을 처음으로 제기했다. 中国의 이 같은 태도변화에 美国의 아이젠하워 政府는 환영을 나타냈으며, 7月 25日엔 中国·美国 쌍방이 영사급 회담을 대사급 회담으로 격상시킬 것을 동의했다고 발표했다. 1955年 8月부터 열린 中国·美国 대사급 회담에선 台湾问题가 주요쟁점사항이었다. 美国은 中国으로 하여금 台湾에 대한 武力사용 포기를 요구했으며, 中国은 台湾解放을 中国의 내정이라며 美国(měi guó)의 간섭을 불허한다고 밝혔다. 회담은 1957年 12月 12日을 기해 중단되게 된다.[183] 1956年4月 "平和가 좋은 것(和爲貴), 애국일가족(愛国一家), 애국에는 선후가 없다. (和为贵, 爱国一家, 爱国没有先后。Hé wéi guì, ài guó yī jiā, ài guó méi yǒu xiān hòu。)"제 3차 国·共合作(guó gòng hé zuò) 등의 毛泽东(máo zé dōng) 政策이 제기된 후 6月28日 周恩来(zhōu ēn lái)는 全国人民代表大会(quán guó rén mín dài biǎo dà huì)<이하 全人代(quán rén dài)>에서 다음과 같이 성명을 발표했다.[184] "中国人民은 가능한 조건하에서 平和的인 방식에 의한 台湾의 解放을 바라고 있다. 台湾을 平和的으로 解放할 구체적인 단계와 조건에 대해 台湾당국과 협상하기를 원하며 台湾 당국자들이 적당하다고 여기는 시기에 대표를 北京(běi jīng) 혹은 기타 적당한 지역에 파견해 우리 측과 회담하기를 희망한다." 이 같은 표명엔 台湾과의 접촉통로를 열어 美国의 台湾독립 혹은 台湾중립화 전략을 막겠다는 毛泽东(máo zé dōng)의 계산이 깔려있었다.

中国은 台湾에 시도한 统一战线战术(zhàn shù)<이하 统战(tǒng zhàn)> 가운데 1957年5月 中国이 台湾에게 10가지 회담조건을 제시했는데[185] 여기에서도 '하나의 中国'이라는 개념을 드러내고 있다.

10가지 회담조건 제안은 다음과 같다.

첫째, 蒋介石(jiǎng jiè shí)은 北京(běi jīng)政府 부주석으로 台湾自治區의 주석이다. 둘째, 台湾은 中国의 일부분으로 自治權을 누리고 自治區를 설치할 수 있다. 셋째, 国民党军은 그대로 蒋介石(jiǎng jiè shí)의 통수권 하에 있을 수 있으나, 人民解放军으로 개편돼 蒋介石(jiǎng jiè shí)은 北京政

---

183) 當代中国外交., 北京(běi jīng); 中国社會科学 出版社. 1988.1. pp. 101~103과 陳志奇对華政策三十三, 台北(tái běi); 中華日報出版, 1980. pp. 120~126. 재인용.
184) 郭立民., op. cit., pp. 145~149. 재인용.
185) 蔡政文·林嘉誠, 「臺海兩岸政治鬪題」, 台北(tái běi): 国家政策研究資料中心, 1989.7. pp. 19~20. 재인용.

府의 국방위원회 부주서이라는 신분으로 台湾의 군사권을 갖는다.<국방위주석은 毛泽东(máo zé dōng), 국방위부주석은 周德 등>. 넷째, 国民党(guó mín dǎng)의 군정인원은 지원에 따라 大陆으로 돌아오든지 美国(měi guó) 등지로 가든지 자유롭게 선택할 수 있다. 大陆으로 돌아오는 사람들에겐 일자리를 마련해주며, 美国 등 그 밖의 지역으로 떠나기를 원하는 사람들도 언제든지 다시 돌아올 수 있다. 다섯째, 해외 中国人들은 어떠한 당파를 불문하고 大陆으로 돌아와 적당한 공직을 맡을 수 있는데 胡适(hú shì)는 北京 中国科学院 부원장으로 재임할 수 있다. 全人代(quán rén dài) 및 政协(zhèng xié)은 조직을 확대하고 인원을 증가할 것이다. 여섯째, 联合国(lián hé guó) 대표단은 北京政府가 파견하는데 宋庆龄(sòng qìng líng)을 대표단장으로 하며 현재의 国民党(guó mín dǎng) 대표는 철수한다. 일곱째, 台湾과 해외에 있는 각 당의 지위는 협상을 통해 해결한다. 国民党(guó mín dǎng)은 国民党 혁명위원회와 협상하며 民社党(mín shè dǎng)·青年党 등은 民主동맹과 협상하여 합병 혹은 독립적인 존재 여부를 결정한다. 여덟째, 종교는 自由이며, 于斌(yú bīn) 주교는 大陆으로 돌아올 수 있는데, 외국과 정치상 특수연계를 맺을 수는 없다. 아홉째, 학술문화의 自由(zì yóu)로 '白花薺放, 百家争鸣' 방침을 확인한다. 열번째, 사유재산은 보호받을 수 있으며, 현재 갖고 있는 외화도 자유롭게 사용할 권리를 준다.

일면 이 같은 统战(tǒng zhàn)政策을 펴나가면서도 毛泽东(máo zé dōng)은 1958年7月18日 중공中央군사위 부주석과 해군 공군지휘관을 소집해 金门岛(jīn mén dǎo) 포격구상을 밝혔다. 따라서 同年 8月23日 人民解放军은 4만여 포탄을 金门岛에 퍼부었으며, 해군과 공군으로 하여금 金门岛를 봉쇄케 해 제 2차 台湾海峽의 위기는 고조됐다. 이때의 포격 동기는 복잡한데186) 당시 中国内 政治环境<三面红旗(sān miàn hóng qí)> 변화와 美国측의 台湾政府에 대한 지원 의사와 무관하지 않다.

그러면서 同年 10月 中国 국방부는 두 번에 걸쳐 告台湾同胞书(台湾동포에게 고하는 글) 발표하고, 台湾 당국에게 협상을 통한 平和的인 해결 추진을 제의했다. 1959年9月 刘少奇(liú shào qí) 国家주석은 특별사면령을 공포하고, 1949年 中国 共产党(zhōng guó gòng chǎn dǎng) 정권 수립이래 처

---

186) 張 虎., "中共之对内对外戰爭性質之比較", 「中国大陆研究」, 第 29卷 第 8期, 1987.2. pp. 115~116. 재인용.

음으로 '개전의 정이 뚜렷한 国民党(guó mín dǎng)의 전범'에 대한 사면을 단행했다. 이는 中国의 对台湾政策이 점진적으로 军事的 수단에서 政治的 수단으로 전향되고 있음을 나타내는 것이다. 1978年까지 中国은 台湾의 和平统一이라는 统战(tǒng zhàn) 원칙에 충실하면서도 武力사용의 가능성은 언제나 배제하지 않았다.

1966年 문화대혁명 등 국내사정과 中国·인도 국경전쟁, 中国·苏联(sū lián) 국경충돌 등으로 인해 对台湾政策은 平和的인 수단에 의한 통일의 추진이 기조를 이루면서 국제무대에서 台湾의 고립화를 가속화시키는 것으로 발전해 나갔다. 이는 이미 台湾问题가 단순한 내정문제가 아니라 복잡한 国際问题로 발전했으며 단순무력통일, 쌍방 담판만으로는 해결할 수 없다고 인식한 예의 하나라고 볼 수 있다.

1970年代 들어 활발하게 각국과의 국교关系 수립을 추진한 中国은 국교를 회복하면서 각국에게 台湾과의 外交단교를 요구했으며, 台湾이 中国의 일부라는 것과 中国이 유일한 合法政府라는 것을 인정하라고 요구했다.

1971年10月25日 联合国(lián hé guó)회원국으로 가입한 中国은 1972年 2月엔 美国(měi guó)의 닉슨(Richard M. Nixon) 大統領이 中国 大陆을 방문하면서 对台湾政策에서의 변화를 보였다. 이는 닉슨 大統領과 周恩来(zhōu ēn lái)가 서명한 '上海(shàng hǎi)성명'에서 처음으로 드러났다. 성명에서 "中国은 中华人民共和国(zhōng huá rén mín gòng hé guó)政府로 中国의 유일 合法政府이며, 台湾은 政府의 하나의 省에 지나지 않으며, 台湾解放은 中国의 내정으로 다른 나라는 간섭할 권리가 없다. (中国作为中华人民共和国的政府, 是中国的唯一合法政府；台湾只不过是政府的一个省台湾的解放是中国的内政问题, 其它国家没有干涉的权利。中国政府反对 "一中一台, 一个中国, 两个政府, 两个中国, 台湾独立和台湾地位未定论" 等一切活动。zhōng guó zuò wéi zhōng huá rén mín gòng hé guó de zhèng fǔ, shì zhōng guó de wéi yī hé fǎ zhèng fǔ; tái wān zhǐ bú guò shì zhèng fǔ de yī gè shěng, tái wān de jiě fàng shì zhōng guó de nèi zhèng wèn tí, qí tā guó jiā méi yǒu gān shè de quán lì. zhōng guó zhèng fǔ fǎn duì "yī zhōng yī tái, yī gè zhōng guó, liǎng gè zhèng fǔ, liǎng gè zhōng guó, tái wān dú lì hé tái wān dì wèi wèi dìng lùn" děng yī qiè huó dòng。)면서, "中国政府는 一中一台(yì zhōng yì tái), 一個中国, 两個政府, 两個中国, 台湾독립과 台湾 地位未定論 등 모든 활동을 반대한다."는 입장을 확인했다. 美国측은 성

명에서 "美国은 台湾海峡 양쪽의 모든 中国人들은 하나의 中国을 인정하고 있으며, 台湾은 中国의 일부분"이라고 강조했다.[187]

1972年7月23日 Hongkong 南华早报(nán huá zǎo bào)는 中国이 台湾과의 회담을 준비하고 있으며, 台湾이 中国에 귀속되는 조건으로 과도시기를 거치게 될 것과 이 과정 중에서 台湾內 외국상인들에겐 손해를 입히지 않을 것이라는 中国의 의도를 보도했는데 여기서 邓小平(dèng xiǎo píng)이 제기한 「一国两制(yì guó liǎng zhì)」는 毛泽东(máo zé dōng) 시기에 이미 존재했다는 것을 알 수 있다.[188]

1973年2月28日 中国은 국내외 정세 변화를 祖国统一에 십분 활용하자는 의도에 따라 中国 共产党(zhōng guó gòng chǎn dǎng) 统战(tǒng zhàn)간부, 政协(zhèng xié)위원, 台湾 民主自治 동맹대표, 北京(běi jīng)에 있는 台湾국적 사람들을 참석시켜 北京에서 '二二八纪念 座谈会(èr èr bā jì niàn zuò tán huì)'를 거행했다.[189]

1975年1月13日 全人代(quán rén dài) 제 4기 제 1차 회의에서 周恩来(zhōu ēn lái)는 政府 공작보고에서 "우리는 반드시 台湾을 解放해야 한다. 台湾동포와 전국人民은 단결해야 하며, 台湾解放과 统一祖国(zǔ guó)의 숭고한 목표실현을 위해 공동으로 노력해야 한다."고 지적했다.[190] 解放과 统一이라는 용어가 사라지지 않고 있음을 알 수 있다. 同年 4月8日 福州(fú zhōu)军区(fú zhōu jūn qū) 皮定釣 사령관은 福建省(fú jiàn shěng) 上记의 간부회의에서 「一国两制(yì guó liǎng zhì)」의 구상이 내포된 台湾의 미래에 대해 다음과 같이 정의하였다.[191] "台湾에 3가지 상황이 있을 수 있다. 그 중 한 가지 상황은 平和解放으로 대개 3단계로 나눌 수 있다. 제 1단계는 统一된 祖国(zǔ guó)에 하나의 中央이 있고, 台湾은 中华人民共和国(zhōng huá rén mín gòng hé guó)의 영도 하에 '하나의 省이나 自治區'로

---

187) 张五岳(zhāng wǔ yuè)., "分裂国家统一政策之比較研究", 台北(tái běi): 国立政治大学 東亞研究所 博士学 位輪文, 1991.7. 재인용.
188) 蔡政文·林嘉誠., 「臺海兩岸政治問題」, 台北(tái běi): 国家政策研究資料中心, 1989.7. p. 22.
189) 全国政协(zhèng xié) 舉行座談會紀念台湾人 「二二八」 起養二十六周年., 「大公報」, 1973.3.2. 第 1面.. 재인용.
190) 周恩来(zhōu ēn lái) ., "政府工作報告", 「人民日报(rén mín rì bào)」, 1975.1.21. 제 1면. 재인용.
191) 郭立民., op. cit., p. 302. 재인용.

그 지위가 설정되고 오랫동안 民主개혁을 실시하지 않는다. 제 2단계에는 社会主义 国家라는 조건 속에 民主개혁을 실시한다. 제 3단계는 低단계의 民主개혁에서 高단계의 社会主义 개혁으로 끌어올려 台湾을 전국에 있는 自治區의 최후 말미에 포함시켜 社会主义 대열에 합류시킨다."1958年 이후 中国은 台湾에 대해 武力행사를 하지는 않고, 平和 解放 平和회담의 구호를 제창했으나 武力에 의한 台湾统一 의사를 한 번도 포기하지 않은 것에 주시해야 할 것이다. 1978年3月'1978年 新宪法(xīn xiàn fǎ)'머리말은"台湾을 解放해야 한다."고 정의하고 있다.[192]

2. 叶剑英의 和平统一政策(叶九条)

1978年 第十一届三中全会(dì shí yī jiè sān zhōng quán huì)에서 邓小平(dèng xiǎo píng) 体制가 출범한 이래 과거의 정치 우선주의 이데올로기 지상주의가 퇴보된 반면, 经济발전과 생산력 제고를 중시하는 经济 우선주의가 改革·开放政策(gǎi gé kāi fàng zhèng cè)을 주도하고 中国 특색의 社会主义 건설을 위한 각종 政策을 수행해 나가면서 邓小平(dèng xiǎo píng)을 위시로 하는 党 지도부의 对台湾政策도 적극적인 의사 표출로 드러나기 시작했다.

1978年11月 邓小平(dèng xiǎo píng)은 美国(měi guó)의 워싱턴포스트 로버트 워커(Robert Walker)기자와의 인터뷰에서 和平统一 이후 台湾은 非社会主义经济와 社會制度를 보존할 수 있을 것이라고 밝힌 이래 中国의 对台湾政策 변화의 주요원인은 세 가지로 나누어 볼 수 있다.

첫째, 中国지도부는 통일정책상 적극적인 견해와 개방적인 태도만이 大陆人民과 해외화교 및 国際社會가 中国 共产党(zhōng guó gòng chǎn dǎng)의 주도권에 대해 긍정적인 반응을 보일 수 있을 뿐만 아니라 국내의 政治안정도 가져올 수 있다고 분석했기 때문이다.

둘째, 中国의 국제지위 상승 때문이다. 1978年 12月 15日 美国(měi guó)은 1979年 1月 1日을 기해 中国과 정식 外交关系(wài jiāo guān xī)를 맺을 것이라는 것을 선포했다. 쌍방은 국교수립 성명에서 美国은 中华人民共和国(zhōng huá rén mín gòng hé guó)政府가 中国의 유일 合法政府라는 것

---

192) 法務部調査局 編., "中共現行法律彙編", 台北(tái běi): 法務部調査局編, 1989.12. p. 842. 재인용.

과 美国政府는 中国의 입장을 인정, 하나의 中国과 台湾은 中国의 일부분이라는 것을 재확인하는 과정을 거쳤다.[193]

셋째, 中国은 台湾 政治经济의 안정과 번영에 대해 긍정적으로 평가하면서 과거의 对台湾政策이 統一환경 조성에 그다지 효과가 없다고 판단했기 때문이다. 따라서 台湾의 현 상황을 다소 인정하면서 그에 따른 부산물을 노렸다는 점이다.

1979年1月1日 中国은 全人代(quán rén dài)常務委員會 會議의 이름으로 "台湾이 조속한 시일 내에 祖国(zǔ guó)로 돌아오기를 진심으로 바란다.(殷切期望台湾早日回歸祖国(zǔ guó))"라고 지칭되는 '告台湾同胞書'를 발표했다. 平和방식으로 台湾问题를 해결하며 台湾의 상황과 台湾 각계 인사들의 의견을 존중하고 실제 상황에 따라 합리적인 政策과 방법을 채택해 台湾人民들이 손해를 보지 않을 것이라는 平和 統一의 방침과 三通(sān tōng)<通邮(tōng yóu)·通航(tōng háng)·通商(tōng shāng)> 및 四流(sì liú) <经济(jīng jì)·文化(wén huà)·体育(tǐ yù)·科学技术交流(kē xué jì shù jiāo liú) > 三通四流 政策도 함께 제시했다.[194] 1955年과 1958年에 周恩来(zhōu ēn lái)가 제의한 바 있는 平和회담도 담고 있었다.

邓小平(dèng xiǎo píng) <당시 政协(zhèng xié) 全国委員會 主席(zhǔ xí)>은 政协(zhèng xié)의 新年좌담회에서 이에 대해 "오늘 台湾을 祖国(zǔ guó)으로 복귀시켜 祖国统一 완성의 대업에 관한 구체적인 일정이 제기됐다"고 특별히 강조했다.[195] 이로써 국방부장 徐向前(xú xiàng qián)은 金门島에 대한 포격중지를 명령[196]했으나, 中国 지도부는 前苏联(qián sū lián)이 台湾에 개입하거나 台湾이 독립을 하려고 할 때는 武力을 사용할 것이라는 것을 확인하는데 그치는 등 武力사용의 완전한 포기는 배제했다. 台湾측은 三通(sān tōng)과 四流에 대해 거부의사를 보였으며 통전의 속임수라는 반응을 보였다.[197]

1979年2月1日 邓小平(dèng xiǎo píng)은 워싱턴에서 美国(měi guó) 국

---

193) 郭立民., op. cit., p. 318. 재인용.

194) 人民日报(rén mín rì bào)., 1979.1.1. 第 1面. 재인용.

195) 人民日报(rén mín rì bào)., 1979.1.2. 재인용.

196) 徐向前(xú xiàng qián)., "關於停止砲擊大小金门等島嶼的聲明", 「人民日报(rén mín rì bào)」, 1979.1.1. 第 1面. 재인용.

197) 丘宏達., "中共对台统战(duì tái tǒng zhàn)的研究", 「聯合報」, 1979.7.1. 第 2面; 司馬竹, "從三通 (sān tōng) 看和譚", [聯合報], 1980.1.22. 第 2面. 재인용.

회의원들과 만나 평화회담을 개최해 台湾自治區 성립을 바란다고 했다.198)
또한 '台湾解放'이라는 용어를 다시는 사용하지 않겠다고 공식적으로 표시했
다. 邓小平(dèng xiǎo píng)이 台湾问题 해결방식으로 거론하기 시작한 것
이 특구의 개념이다. 그러나 邓小平 등 中国 지도부가 제시한 특구개념은
그들의 독창적인 발상이나 방안이 아니라 과거 国民党(guó mín dǎng) 政府
가 허용했던 陕甘宁(shǎn gān níng) 변구라는 전례에서 모방해온 것이다.
일예로 1937年9月6日 항일민족 统一战线의 성립에 따라 中华苏联共和国政
权(zhōng huá sū lián gòng hé guó zhèng quán)의 폐기가 선언되면서 陕甘
宁(shǎn gān níng) 변구는 국민政府의 지방정권인 中华民国(zhōng huá mín
guó) 특구로 개편돼 국민政府의 일부분으로 흡수되어 전래되어 왔다. 이에
대한 陕甘宁(shǎn gān níng) 변구개념의 운용문제를 제기하고 나선 것이다.199)

또 1979年4月 中央공작회의기간 중 邓小平은 4개 现代化를 추진하는 것
과 관련된 자금 마련에 대해 习仲勋(xí zhòng xūn)과 杨尚昆(yáng shàng
kūn) 등에게 하나의 지역을 나눠 특구라고 부를 수 있는데 陕甘宁(shǎn
gān níng)이 특구라고 말했다. 邓小平의 이 같은 구상에 따라 외자를 유치
할 수 있는 经济특구개념이 형성됐다.

1979年10月18日 邓小平(dèng xiǎo píng)은 아사히신문사 사장의 예방을
받은 자리에서 台湾은 계속해서 자본주의 생활방식을 유지할 수 있으며, 군
대와 고도의 自治를 유지할 수 있다고 나타냈다.200) 이는 中国이 공산화되
기 이전에 中华民国(zhōng huá mín guó) 政府가 中国 共产党(zhōng guó
gòng chǎn dǎng)이 陕甘宁(shǎn gān níng)에 특구를 설립하도록 허가한 전
례와 같이 台湾에도 이와 같은 특구를 설립할 수 있다는 것이었다. 이 같이
특구라는 개념은 과거경험의 연장선에 있었다.

1980年1月26日 邓小平(dèng xiǎo píng)은 中央간부회의에서 "80年代의
中央党 3대 임무를 수행하려 하였다. 첫째, 임무는 国際무대에서 覇權主义를
반대하고 세계 平和를 유지하는 것이다. 둘째, 台湾을 祖国(zǔ guó)에 복귀

---

198) 大公報., 邓小平(dèng xiǎo píng)在美再申明盼和平解决台湾問題, 1979.2.1. 第 1面.
　　재인용.
199) 박두복., "중국의 통일정책과 대 한반도정책의 상관성에 관한 연구", 「한국과 국제
　　정치」, 제 7권, 제 1호, 1991. 봄·여름호, pp. 95~96.
200) 文匯報., 邓小平(dèng xiǎo píng)會見 日本(ri běn) 朝日新聞社長渡邊誠毅, 1979.10.20.
　　제 1面. 재인용.

시켜 祖国统一을 실현하는 것이다. 셋째, 经济건설을 가속화시키는 것이다" 라고 밝혔다. 이와 더불어 1980年5月21日 中国은 Hongkong 대공보를 통해 台湾에 '祖国(zǔ guó)회귀 5조건'을 발표했다.201) 즉 社會制度의 불변·생활수준 유지와 생활방식의 불변·각국과의 关系계속 유지·고도의 자치권·군대를 보유할 수 있으며, 台湾당국이 인사권을 가질 수 있다고 동의하기에 이른다.

邓小平(dèng xiǎo píng)이 1980年 1月 당정간부회의에서 '反覇權·统一·四化(4개 現代化)'라는 1980年代 3대 임무를 밝힌데202) 이어 1981年 9月 30日 全人代(quán rén dài) 상무위원장인 叶剑英(yè jiàn yīng)는 신화사 기자들에게 진일보한 台湾의 社會制度와 자치권 보유를 전제로 한 台湾 和平统一政策을 발표, 제 3차 国·共合作(guó gòng hé zuò)를 제의하기에 이르렀다.203) 소위 '叶九条(yè jiǔ tiáo)'로 지칭되는 이날의 政策발표에 의하면 统一后에도 台湾은 고도의 자치권을 향유하는 특별행정구로서 자체 军事力도 보유할 수 있다고 밝히고 있다. 또한 三通(sān tōng)과 四流도 재확인했다.

「叶九条(yè jiǔ tiáo)」는 다음과 같다.

첫째, 중화민족의 불행한 분열 국면을 조속히 종결하기 위해 共产党과 国民党(guó mín dǎng)이 대등하게 담판해 제 3차 国·共合作(guó gòng hé zuò)을 실현시켜 祖国统一의 대업을 함께 완수하기를 제의한다. 쌍방은 먼저 대표를 파견해 접촉하고 충분히 의견을 교환한다.<합작을 위해 쌍방의 대표단 파견>. 둘째, 台湾海峽 양쪽의 각 민족들은 서로 소식을 전하고 친척들을 만나며 통상을 발전시키길 바란다. 쌍방이 공동으로 우편교류를 하고 왕래로 원활히 하기 위한 협의를 한다. 학술문화 체육교류의 방편을 제공하기 위한 유관협의를 갖는다.<三通(sān tōng)과 四流를 추진>. 셋째, 国家统一이 실현된 후 台湾은 특별행정구로 고도의 자치권을 향유하고 아울러 군대를 보유할 수 있다. 中央政府는 台湾의 地方사무에 불간섭한다.<统一后 台湾은 특별행정구로서 자치권과 军事力을 보유>. 넷째, 台湾의 현행 社會经济制度 생활방식은 불변하며, 외국과의 经济문화관계도 불변한다. 개인의

---

201) 大公報., 1980.5.21. 재인용.
202) 邓小平(dèng xiǎo píng)., "關於目前形勢和任務的報告", 「爭鳴雜誌」, Hongkong: 1980.1.26. 3月號. p. 11. 재인용.
203) 郭立民., op. cit., pp. 412~414. 재인용.

재산·가옥·토지·기업소유권·외국투자 등 각 권리는 침해받지 않는다. <台湾의 현행 社會经济制度·생활방식·외국과의 经济 및 문화교류 유지>. 다섯째, 台湾당국과 각계 대표 인사들은 전국적인 政治기구에서 지도적 업무를 맡아 国家行政管理에 참여할 수 있다.<台湾人 中央정부 참여 허용>. 여섯째, 台湾의 地方재정이 곤란할 때 中央정부가 보조를 제공할 수 있다. <台湾의 재정이 곤란할 때 中央정부 지원>. 일곱째, 台湾 각 민족과 각계 인사가 자원해 祖国(zǔ guó)에서 거주하기를 원한다면 안배할 것을 보증하며, 자유로운 왕래를 허용한다.<台湾人의 大陆이주 및 自由왕래 허용>. 여덟째. 台湾의 商工界 인사들의 大陆투자 혹은 각종 经济활동 수행을 환영하며, 合法的인 권익과 이윤을 보장한다.<台湾人의 大陆투자에 대한 合法的 권익과 이윤 보장>. 아홉째, 统一祖国은 모든 사람들의 책임이다. 台湾의 각 민족 각계 인사 및 민중단체들이 여러 통로를 통해 각종 방식으로 건의할 수 있으며, 나라의 장래를 우리 中国政府와 함께 토론하기를 바란다.<祖国统一을 위한 台湾 각계각층의 건의 환영>.

이상 9개 제안 중 3·4항에 특별행정구라는 명제와 실천방안이 최초로 드러나 있다. 특별히 주지해야 할 사항은 실천과 조건들이 中国의 "4項堅持 <社会主义·人民民主獨裁·共产党領导·马克思(mǎ kè sī) 列宁(liè níng)主义 毛泽东(máo zé dōng) 사상> (四项坚持<社会主义, 人民民主独裁, 共产党领导, 马列主义毛泽东思想>。sì xiàng jiān chí <shè huì zhǔ yì, rén mín mín zhǔ dú cái, gòng chǎn dǎng lǐng dǎo, mǎ liè zhǔ yì(máo zé dōng) sī xiǎng>)"와 첨예하게 대립된다는 것이다. 아무튼 叶九条(yè jiǔ tiáo)는 모순 된 2가지 制度의 병존을 가능케 했다. 따라서 中国은 이러한 제안들을 통해 자신의 현 体制와 서로 대립되는 体制와의 동시 존재를 인정하고 서로 대립되는 두 体制가 상호 병존할 수 있다는 사실을 승인했다. 「一国两制(yì guó liǎng zhì)」개념은 이 같은 과정을 통해 점차 확립돼 나갔다.

1981年10月9日 辛亥革命(xīn hài gé mìng) 70週年 기념연설에서 胡耀邦 (hú yào bāng) 총서기는 당시 台湾 蒋经国(jiǎng jīng guó) 总统 등 台湾 고위인사에게 大陆방문과 회담을 제안했다. 1982年 7月엔 蒋经国(jiǎng jīng guó) 总统에게 서한을 보내 国·共两党의 회담을 통해 统一을 달성하자고 재차 제안한 바 있다.[204]

---

204) 明 報., 1982.7.25. 第 1面. 재인용.

1982年10月 邓小平(dèng xiǎo píng)(당시 중공군사위주석)은 Hongkong 问题해결을 위한 방안으로 英国(yīng guó)수상 마가렛대처(Margaret Thather)와의 회담에서 처음으로 「一国两制(yì guó liǎng zhì)」라는 개념을 제기하면서 Hongkong 问题에 이를 적용할 것이라고 밝혔다.205) 1982年 12月4日 中国은 全人代(quán rén dài) 제 5기 제 5차 회의에서 中华人民共和国(zhōng huá rén mín gòng hé guó) 新宪法을 통과시키면서 서언에서 "台湾은 中华人民共和国(zhōng huá rén mín gòng hé guó)의 신성한 領土의 일부분이다. 祖国(zǔ guó)의 统一대업을 완성하는 것은 台湾동포를 포함해 全人民의 신성한 직책"이라고 강조했다. 제31조에 "国家는 필요할 때 특별 행정구를 설치해야 한다."고 규정하고,206) 「一国两制(yì guó liǎng zhì)」의 구상을 법적인 차원으로 끌어올렸다.

이후 1983年6月26日 邓小平(dèng xiǎo píng)은 美国 센톤홀 대학(Seton Hall University)의 楊力宇 교수와의 두 시간여 회견에서 台湾에 사법독립과 군대보유의 自治조건 등을 부여할 것이라는 邓六点(dèng liù diǎn)을 밝혔다.207) 邓小平(dèng xiǎo píng)은 완전自治에 대해선 반대의사를 분명히 하면서 두 가지 제한 하에 있음을 강조했다. 첫째, 台湾은 中华民国(zhōng huá mín guó)이라고 다시는 지칭될 수 없으나 中国대북·中国台湾으로 지칭될 수 있다. 둘째, 中华人民共和国(zhōng huá rén mín gòng hé guó)는 外交와 国際关系에 있어 유일한 대표이다.

邓六点(dèng liù diǎn)은 다음과 같은 것을 담고 있었다.

첫째, 台湾의 현 体制 인정. 둘째, 台湾人의 현 생활수준 보장. 셋째, 台湾에 대한 외국인의 투자보장. 넷째, 台湾의 军事力유지. 다섯째, 台湾의 대외关系유지. 여섯째, 地方政府로서의 자치권 인정 등 이다. (第一, 承认台湾的现行体制。第二, 保障台湾人民的现有生活水平。第三, 保障外国对台湾的投资。第四, 维持台湾的军事力量。第五, 维持台湾的对外关系。 第六, 承认作为地方政府的自治权。Dì yī, chéng rèn tái wān de xiàn xíng tǐ zhì. Dì èr, bǎo zhàng tái wān rén mín de xiàn yǒu shēng huó shuǐ píng. Dì sān, bǎo

205) 人民日报(rén mín rì bào)., 1982.10.20. 재인용.
206) 瞭望周刊(liào wàng zhōu kān)海外版编辑部编., 「一国两制(yì guó liǎng zhì) 與祖国统一」, 北京(běi jīng), 新華出版社, 1988.12. pp. 8~12. 재인용.
207) 楊力宇., "邓小平(dèng xiǎo píng)和平统一的最新構想", 月刊 「七十年代」, 第 163 期, 1983.8. pp.17~19. 재인용.

zhàng wài guó duì tái wān de tóu zī. Dì sì, wéi chí tái wān de jūn shì lì liàng. Dì wǔ, wéi chí tái wān de duì wài guān xī. Dì liù, chéng rèn zuò wéi dì fāng zhèng fǔ de zì zhì quán。)

Hongkong 부영사를 지낸 알렌 화이팅(Allen Whiting)은 뉴욕타임즈(The New York Times)에 "邓六点(dèng liù diǎn)는 台湾과 中国이 담판할 때 거둘 수 있는 최고의 우대의 조건"이라고 평했다.[208] 叶九条(yè jiǔ tiáo)와 邓六点(dèng liù diǎn)의 차이는 크지 않다. 中国은 中央政府로 外交權을 장악하고 台湾은 地方政府로 약간의 外交·文化·经济关系를 가질 수 있다. 실질상으로 이미 「一国两制(yì guó liǎng zhì)」의 기본내용이 내포돼있다. 따라서 中国은 和平统一을 최고의 지도방침으로 설정해 놓고 직접적인 군사행동은 가까운 시기엔 없을 것이라고 하는 등 对台湾政策은 国际정세의 변화에 충분히 부합해 온화하고 탄력적인 변화를 보이고 있다.[209] 그러나 주목할 점은 对台湾政策이 온건하게 흐르고 있었으나 武力을 이용한 台湾统一에 대해선 포기하지 않고 있다는 점이다.

邓小平(dèng xiǎo píng)은 1981年 北京(běi jīng)에서 美国(měi guó) 키신저 국무장관과의 회담에서 나타낸 것 외엔 1984年6月 Hongkong 政府의 의원인 钟士元(zhōng shì yuán)과의 대담 및 中国 共产党(zhōng guó gòng chǎn dǎng) 中央고문위원회 제 3차 회의에서 统一问题를 平和的으로 해결할 수 없다면 中国은 절대로 武力에 의한 台湾问题 해결방안을 포기하지 않을 것이라고 밝혔다.[210]

3. 鄧少平의 一国两制论.

1979年 이후 1984年까지 '告台湾同胞書' '叶九条(yè jiǔ tiáo)' '邓六点(dèng liù diǎn)' 등과 '三通(sān tōng)' '四流'라는 구호를 내세우면서도 武力의 완전한 배제는 거부했던 中国의 统一 政策은 中国과 Hongkong이 연합성명을 발표한 이후 1987年 台湾이 探亲政策(tàn qīn zhèng cè)을 발표할

208) Allen Whiting., "Deng's Bait to Taiwan", The New York Times, August 23, 1983. p. 27.
209) 張炳玉., "中共一国两制(yì guó liǎng zhì)统一政策與台湾海峡兩岸的經貿关系之研究 (1979~1991)", 国立政治大, 東亞研究所, 博士学 位論文, 1993.1. p. 115. 재인용.
210) 共匪统战(tǒng zhàn)活動實料編., 台北(tái běi): 中国国民党中央大陆工作會, 1987.2. p. 40. 재인용.

때까지 '특별행정구와 「一国两制(yì guó liǎng zhì)」'를 제시하며 台湾政府와의 접촉과 회담을 위한 환경조성에 힘썼다. 이후 民間性 접촉을 강화해 나가면서 台湾政府에 집요하게 平和회담을 가질 것을 요구해나가는 전략을 구사해 오고 있다.211)

1984年2月22日 邓小平(dèng xiǎo píng)은 北京(běi jīng)에서 美国 워싱턴 대학 전략과 국제문제연구센터 고문인 브레진스키(Zbigniew K. Brzezinski) 와의 회견에서 정식으로 「一国两制(yì guó liǎng zhì)」라는 용어를 사용했 다. 邓小平(dèng xiǎo píng)은 "统一后 台湾은 그들의 자본주의를 계속 유지 하고 大陆은 社会主义를 실시하지만 하나의 统一된 中国이다. 하나의 中国, 두 개의 制度이다. Hongkong問題도 같다. 하나의 中国, 두 개의 制度이다. (统一后, 虽然台湾继续维持资本主义, 大陆实行社会主义, 但是, 是一个统一 的中国。一个中国, 两种制度。香港的問題也是一样的, 一个中国, 两种制度。 Tǒng yī hòu, suī rán tái wān jì xù wéi chí zī běn zhǔ yì, dà lù shí xíng shè huì zhǔ yì, dàn shì, shì yī gè tǒng yī de zhōng guó. yī gè zhōng guó, liǎng zhǒng zhì dù. Xiāng gǎng de wèn tí yě shì yī yàng de, yī gè zhōng guó, liǎng zhǒng zhì dù。)"212) 同年 5月15日 赵紫阳(zhào zǐ yáng) 总理도 제 6기 全人代(quán rén dài) 제 2차 회의 政府공작보고에서 官房문 서상으로 사용되고 있음을 증명했다.213)

平和统一 원칙하의 하나의 원칙과 이론적 체계로 발전되어온 「一国两制 (yì guó liǎng zhì)」는 统一 問題를 해결할 기본 구상이자 방침으로서 邓小 平(dèng xiǎo píng)이 제시한 후 中国은 시종 이 방침을 '台湾問題를 해결 하고 中国统一을 실현할 가장 좋은 방안'이라고 여기고 있다.

211) 張 虎., "中共新時期统一战线的回顧與新趨勢", 「中国大陆研究」, 第 30卷 第 9期, 1988.3. p. 27.
212) 人民日报(rén mín rì bào)., 1984.2.23. 第 1面. 재인용.
213) 赵紫阳(zhào zǐ yáng) ., "政府工作報告", 「新華月報」, 1984. 5月號, 第 475期,1984.6.30. p. 15. 재인용.

〈표. III-1-1-3/1〉「一国两制(yì guó liǎng zhì)」하의 統一 전후 비교

| | 兩 岸 現 況 | | 「一國兩制(yì guó liǎng zhì)」對中國 |
	中國	台灣	
면 적	9.564.000평방미터	36.000평방미터	9.600.000평방미터
인 구	1.158.200.000	20.500.000	1.178.700.000
국 호	中華人民共和國 (zhōng huá rén mín gòng hé guó)	中華民國 (zhōng huá mín guó)	中華人民共和國
기 본 법	中華人民共和國 憲法	中華民國 憲法	中華人民共和國
중 앙 정 치	전국人民대표 대회제	오 원 제	전국人民대표 대회
원 수	國家주석	총 통	國家주석
이데올로기	社會主義	三民主義	社會主義 주체 台灣은 자주
경 제 제 도	社會主義 經濟	자본주의 經濟	社會主義 주체 台灣 舊体制
평 균 소 득	324달러	10.196달러	양 지역 재정분리

資料出處 : 1. 台灣經濟硏究院編, 「國際經濟動態指標」 第 402號, 行政院 經濟建設 委員會, 1993. 3. 18.
2. 國防部 軍事情報局, 「中共年報1992」 台北(tái běi): 國防部軍事情報局, 1992年.
3. 1993. 3. 29. 第 8回 全人代 第 1次會議 改正憲法

「一国两制(yì guó liǎng zhì)」는 主權统一<两岸 모두 中国 共产党 (zhōng guó gòng chǎn dǎng)의 中华人民共和国(zhōng huá rén mín gòng hé guó)의 국호를 사용>과 領土统一<台灣을 中华人民共和国의 관할 하에 있는 하나의 특별행정구로 삼으면서 中华人民共和国 領土 완성으로서의 统一> 및 制度统一<二制는 공산사회体制라는 一制로 가기 위한 단계>을 담고 있다.

「一国两制(yì guó liǎng zhì)」의 형성과 발전과정을 간단히 살펴보면 다음과 같다.

첫째, 1978年12月 中国 共产党(zhōng guó gòng chǎn dǎng) 第十一届三中全会(dì shí yī jiè sān zhōng quán huì) 중 기본방침이 확립됐다. 둘째, 1981年9月 叶剑英(yè jiàn yīng)이 발표한 담화문에 「一国两制(yì guó liǎng zhì)」에 대해 구체적으로 거명하였다. 셋째, 1984年5月15日 赵紫阳(zhào zǐ yáng) 总理는 제 6기 全人代(quán rén dài) 제 2차 회의에서 행한 政治공작보고에서 「一国两制(yì guó liǎng zhì)」의 구상을 발표하고 결의

를 통과시켜 「一国两制(yì guó liǎng zhì)」가 法律的 효력을 발휘하게 했다. 넷째, 1984年10月 瞭望周刊(liào wàng zhōu kān)이 발표한 邓小平(dèng xiǎo píng) 담화에서 「一国两制(yì guó liǎng zhì)」 이론에 대해 상세히 설명했다. 다섯째, 中国과 英国(yīng guó) 간의 회담에서 「一国两制(yì guó liǎng zhì)」가 실제상 양국의 동의로 실현가능함이 증명됐다.

본 논문에서 「一国两制(yì guó liǎng zhì)」의 형성과 내용 및 개념을 좀 더 상세히 분석해 보면, 「一国两制(yì guó liǎng zhì)」는 상호 대립되는 두 制度의 平和공존 상태를 의미한다. 여기서 말하는 制度란 시스템을 의미하며, 政治・经济・法律 등 각 방면에 있어서 상호작용과 影响을 미치는 각종 社會制度의 총체를 지칭한다.214) 그리고 두 가지 制度란 공산体制를 전제로 하는 中国의 현행体制 制度와 자본주의 制度를 지칭하는 것이다. 따라서 「一国两制(yì guó liǎng zhì)」란 社会主义 国家에 있어서 社会主义와는 다른 자본주의 制度가 동시에 존재하는 것을 의미한다.

复旦大学 国际政治学科의 王邦佐(wáng bāng zuǒ) 교수 등은 「一国两制(yì guó liǎng zhì)」论에서 一国에 대해 다음과 같이 해석한 바 있다.

一国의 의미는 国家主權의 불가분성과 中国의 统一性을 표시하고 있으며, 이것은 민족분열 问题의 해결에 있어서 主權问题가 해결되지 않으면 민족의 统一은 불가능 하다는 것을 나타낸다. 「一国两制(yì guó liǎng zhì)」에 있어서 一国은 主權과 통치권의 고도 유기적 통합으로서 1개의 主權하에 여러 통치권이 존재할 수 있지만, 一国 아래의 两制는 결코 대등한 위치가 아니고, 中国에서 主權에 근거한 유일体制는 中国정권 뿐이며, Hongkong이나 台湾은 통치권에 근거한 体制이다. (一国的含义表现为国家主权的不可分性和中国的统一性, 在民族分裂问题的解决方面, 表现为如果主权问题不解决, 就不可能有民族的统一。一国两制, 一国是主权和统治权的高度有机结合, 虽然在一个主权下允许同时存在几个统治权, 但是一国下的两制绝对不是对等的位置, 在中国主权下的唯一体制只有中国政权, 香港和台湾只是依据统治权的体制。Yī guó de　hán yì biǎo xiàn wéi guó jiā zhǔ quán de bù kě fēn xìng hé zhōng guó de tǒng yī xìng, zài mín zú fēn liè wèn tí de jiě jué fāng miàn, biǎo xiàn wèi rú guǒ zhǔ quán wèn tí bù jiě jué, jiù bù kě néng yǒu mín zú

---

214) Ernts B. Hass., 『Beyond the Nation-State』Standford, Calif: Standford University Press, 1964, p. 53.

de tǒng yī. Yī guó liǎng zhì, yī guó shì zhǔ quán hé tǒng zhì quán de gāo dù yǒu jī jié hé, suī rán zài yī gè zhǔ quán xià yǔn xǔ tóng shí cún zài jǐ gè tǒng zhì quán, dàn shì yī guó xià de liǎng zhì jué duì bú shì duì děng de wèi zhì, zài zhōng guó zhǔ quán xià de wéi yī tǐ zhì zhǐ yǒu zhōng guó zhèng quán, xiāng gǎng hé tái wān zhǐ shì yī jù tǒng zhì quán de tǐ zhì。)215)

「一国两制(yì guó liǎng zhì)」구상은 中国 政治·经济발전의 필연적 결과였다. 極左路線의 해악을 철저하게 체험한 中国은 实事求是(shí shì qiú shì)의 사상노선을 추구하게 되었다. 특히 中国은 现代化 계획을 구현하기 위해 经济건설·고도의 科学(kē xué)기술·管理制度 혁신을 실현하는 과정에서, 日本(rì běn) 등 西方国家의 자금·기술지원 이외에도 해외 화교자본의 수요가 절실했다. 따라서 统战(tǒng zhàn)는 이 발전 전략과 배합돼 「一国两制(yì guó liǎng zhì)」의 등장을 가능케 했다. 즉, 「一国两制(yì guó liǎng zhì)」는 社会主义 经济발전의 보완이자 社会主义 생산력 발전에 유리하다는 지도부 층의 묵시적 확신이 담겨져 있는 것이다.216)

中国이 의도한 「一国两制(yì guó liǎng zhì)」의 표면적인 목적은 中国 내부에 특별행정구를 설립해 구역 내 자본주의 制度와 中国의 社会主义 制度·상호불간섭·平和공존을 추구하려는 것처럼 표출되어있다. 「一国两制 (yì guó liǎng zhì)」에 대해 英国(yīng guó)의 마가렛 대처 수상은 물론 각국 학자 전문가들조차도 이에 대해 科学(kē xué)的이며, 平和的으로 国際분쟁을 해결하는 방법, 정치학중 国家論의 걸작이라고 높게 평가했다. 邓小平 (dèng xiǎo píng)도 역사상 어떠한 政府도 이와 같은 政策을 채택하지 않았다고 지적하기도 했다.

中国社會科学 院 政治研究所의 所長이었던 严家其(yán jiā qí)는 宪法学 (xiàn fǎ xué)의 관점에서 「一国两制(yì guó liǎng zhì)」란 한 国家가 본국의 憲法이나 각종 法律에 의거해 国家의 일부지역에 기타 지역과는 다른 政治·经济·社會 制度를 실시하는 것을 의미한다. 이러한 특정한 지역에 형성되는 政府는 그 国家의 地方自治 政府에 지나지 않으며 国家主權을 행

---

215) 翁松燃., "一国两制(yì guó liǎng zhì)推論",「九十年代」, 1985. 12월호. pp. 31~32. 재인용.

216) 邓小平(dèng xiǎo píng)建設有中国特色的社会主义., (增訂本), 三聯書店 Hongkong 分店: 1987.4. p. 47. 재인용.

사할 수 있는 권리를 갖지 못한다고 했다.217) 이렇게 볼 때 中国이 제기하고 있는 「一国两制(yì guó liǎng zhì)」는 단일제 国家가 본국의 憲法이나 각종 法律에 의거해 자국 내의 일정지역에 본국에서 보편적으로 실시되고 있는 政治·经济·社會制度와 기본적으로 상이한 制度를 실시하도록 허용하는 것에 불과하며, 이러한 지역적 성격을 띠는 政府는 그 国家의 地方自治政府라고 단정하였다. 따라서 中央政府가 특별권한을 부여하지 않은 한 国家主權과 관련된 권력을 행사할 수 없게 된다는 것이다.218)

外交问题에 있어서도 「一国两制(yì guó liǎng zhì)」는 统一后 台湾과 Hongkong에 일부 外事處理權(外交權을 国家대표권과 외사처리권으로 분류함)을 부여해 外交權이 中央정부에 의해 독점되는 단일體制나 연방體制와도 그 성격을 달리한다.

1986年 전국 통전 공작회의에서 中国 共产党(zhōng guó gòng chǎn dǎng) 中央政治局 위원인 习仲勋(xí zhòng xūn) 역시도 "「一国两制(yì guó liǎng zhì)」의 科学(kē xué)的 구상에 근거해 中国과 英国(yīng guó)는 Hongkong问题의 해결을 위한 협의에 도달했고, 祖国(zǔ guó)의 和平统一이라는 대업을 완수하는데 이 개념은 적극적인 影响을 갖는다."면서 "统一战线은 당의 총 노선이며 모든 政策의 주요 조성부분이 된다. (根据一国两制的科学构想, 中国和英国就香港问题的解决上达成了协议, 完成了祖国的和平统一大业, 这个概念具有积极的影响。统一战线是党的总路线方针, 是所有政策的构成组成部分。Gēn jù yī guó liǎng zhì de kē xué gòu xiǎng, zhōng guó hé yīng guó jiù xiāng gǎng wèn tí de jiě jué shàng dá chéng le xié yì, wán chéng le zǔ guó de hé píng tǒng yī dà yè. Zhè gè gài niàn jù yǒu jī jí de yǐng xiǎng. tǒng yī zhàn xiàn shì dǎng de zǒng lù xiàn fāng zhēn, shì suǒ yǒu zhèng cè de zhǔ yào gòu chéng bù fēn。)"219)고 밝혀 统一战线의 기본政策이 「一国两制(yì guó liǎng zhì)」라고 명백히 했다. 또 中国 共产党(zhōng guó gòng chǎn dǎng) 中央统战(tǒng zhàn)工作 閻明復 부장은 "统一战线을 발전시켜 祖国(zǔ guó) 统一을 완수하고 中華를 진흥시키자"220)는 보고를 하였고, 이를 위해 「一国两制(yì guó liǎng zhì)」를 실시

---

217) Yan jiaqi., "Concept points way to Reunification", 『Beijing Review』, No.14. 1985.4.8. p. 32. 재인용.
218) 翁松燃., op. cit., pp. 30~31. 재인용.
219) 新華社新聞稿., 1986.12.4. 재인용.

할 것을 강조했다.

이에 따라 中国에서 주장하는 「一国两制(yì guó liǎng zhì)」의 개념과 주요성격을 집약하면 다음과 같다.[221]

첫째, 서로 다른 지역에서 두개의 서로 다른 制度를 실시하는 것을 의미한다. 다시 말하면 두 개의 制度가 동일지역에서 실시되는 것이 아니며, 지리적으로 서로 격리돼 있는 것이다. 둘째, 두 制度는 분명히 서로 대립되는 이질적인 制度를 의미한다. 셋째, 두 制度의 상호关系는 不平等关系(주체와 종속 체와의 关系)를 형성한다. 즉, 하나는 主權을 갖는 法律, 政治的·主体的 制度를 의미하고, 다른 하나는 地方自治權하에서 제한받는 法律, 政治的·從屬的 制度를 의미한다. 그리고 「一国两制(yì guó liǎng zhì)」는 그 적용지역이 台湾·Hongkong·澳门(ào mén) 등 中国의 主權과 통치권이 미치지 못하는 지역에 엄격히 한정되고 있다. 따라서 中国大陆의 소수민족지구, 특히 티베트 新藏 등 지역은 그 실시 대상에서 제외되는 것이다. 또 「一国两制(yì guó liǎng zhì)」는 완전한 自治制가 아니라 제한된 自治制度임에 주목해야 한다. 완전 自治는 불가능한 것이다. 완전自治는 두 개의 中国을 의미하는 것이라고 배격했던 점에서 알 수 있다. 즉, 「一国两制(yì guó liǎng zhì)」는 현존하는 자본주의 制度를 궁극적으로 社会主义 制度로 전환시키는 과도적 행태인 것이다. 예를 들면 Hongkong 특별행정구의 기한을 50年으로 제한하고 있으며, 이러한 기한이 다시 연장될 수 있는 가능성을 中国지도자들은 강조하고 있지만, 그 기한이 결코 무제한적인 것이라고는 볼 수 없다.

4. 两岸會談과 统一派书

中国의 邓小平(dèng xiǎo píng) 体制와 台湾의 蒋经国(jiǎng jīng guó) 体制는 两岸关系(liǎng àn guān xī)를 유연적인 关系로 발전시켜나갔다. 상호간의 친척방문과 간접적인 투자방식에 의한 经济교류·민간교류 등이 가능해지면서 마침내 양국은 统一협상회의를 열게 됐다.

---

220) 甘掌., "評折中共的全国统战(tǒng zhàn)工作會議, 「中国大陆研究」, 1987. 1月호, pp. 22~26. 재인용.

221) 박두복., "중국의 통일정책과 대한반도정책의 상관성에 관한 연구", 「한국과 국제 정치」, 제 7권, 제 1호, 1991. 봄·여름, pp. 18~19.

1993年4月 초 회담의 절차 의식 및 서명 등에 관해 北京(běi jīng)에서 台湾 海基会(hǎi jī huì) 사무총장 邱进益(qiū jìn yì)와 中国 海协会(zhōng guó hǎi xié huì) 사무총장 唐树备(táng shù bèi) 등이 예비회담에서 합의된 내용에 따라 4月29일 中国의 大陆 海峡会(hǎi xiá huì) 회장 汪道涵(wāng dào hán)과 台湾의 海基会(hǎi jī huì) 이사장 辜振甫(gù zhèn fǔ)을 각 대표로 해 新加坡(xīn jiā pō)에서 회담을 갖고 4개항의 합의를 이끌어냄에 따라 민간교류의 단계가 兩政府 간의 공식단계로 발전할 수 있는 기틀을 만들었다. 그러나 经济교류의 필요성에 대해 상호인식을 갖고 있었으나, 구체적인 합의를 이루지는 못했다. 양측은 经济교류가 필요하고 그것을 강화해야 한다는 사실에 대해 공동으로 인식하였으므로 상부상조할 수 있는 방법을 모색했다. 따라서 양측은 台湾기업체의 对中国투자에 따른 권익보장문제, 양측의 상공업계 인사들이 상호 방문할 수 있는 问题 등에 관해 동의하였고 앞으로 때와 장소를 선택해 상담을 계속할 것에 동의한다는 내용을 공동성명 내에 언급했다.222) 각 대표와 양측의 실무진 각 5명이 배석한 이날 합의한 내용은 다음과 같다. 첫째, 中国·台湾 양측의 공증서 사용 인정에 관한 협의 둘째, 양측 간의 등기우편물 안내와 보상업무에 관한 합의. 셋째, 양측회의 연계화와 회담 制度化에 관한 합의. 넷째, 양측 회장단의 회담 공동성명에 관한 합의 또는 양측 간의 합의문서에 서명이 끝난 다음의 모든 절차는 国際會議에서 일반적으로 취하는 의식에 따랐다. 다만 특이한 점은 문서의 교환절차를 취하지 않았을 뿐만 아니라 서명과정에서 서로의 자리를 바꾸어 앉는 절차가 없었다는 점이다. 합의문서에 서명이 끝난 다음 두개의 문서를 서로 교환함으로써 주객의 분별을 없애고 대등한 입장을 각기 취했다.

회담의 공동성명은 다음과 같다.223)

中国海峡兩岸关系協會<약칭 海协会(zhōng guó hǎi xié huì)>의 汪道涵(wāng dào hán) 회장과 台湾 재단법인 海峡交流基金会(hǎi xiá jiāo liú jī jīn huì)<약칭 海基会(hǎi jī huì)>의 辜振甫(gù zhèn fǔ) (gù zhèn fǔ) 이사장은 양회를 대표하여 1993年 4月 27~29日 3일간 新加坡(xīn jiā pō)에서 회담을 개최했다. 이번 회담은 民間性·经济性·事務性 및 技能性 등을

---

222) 한영춘., "중국·대만 간 왕·고 회담의 내용 影响 및 반응", 계간 「중국」, 서울: 단국대 중국연구소, 1993.9. p. 2.
223) 한영춘., op. cit., pp. 11~13. 재인용.

정립하기 위한 회담이었으므로 中国 海峽会(hǎi xiá huì)의 상임부회장 唐树备(táng shù bèi), 부회장 겸 사무총장인 邹哲开(zōu zé kāi), 그리고 台湾 海基会(hǎi jī huì)의 부이사장인 邱进益(qiū jìn yì) 등이 참여했다. 양측은 회담을 통해 다음과 같은 내용에 합의했다.

첫째, 양측이 확정한 1993年 내에 타개해야 할 의제는 '양측의 关系규정을 위반하고 상대측 지역에 침입한 사람에 대한 송환과 관련 있는 问题' '해상 밀수 해상약탈 등의 범죄활동 问题와 관련 있는 내용' '양측해상에서 발생하는 어업분규에 관한 협상과 그 처리 问题' '양측의 지적 재산권확보에 관한 问题' 및 '양측 사법기관의 상호협조 问题(이것은 양측과 关系가 있는 법원간의 연락과 협조에 관한 것)' 등을 의제로 선정하고 사무적인 협상을 전개했다.

둘째, 양측은 상호간의 经济교류를 강화할 필요가 있음을 공동으로 인식했다. 그것은 상부상조의 방법이기 때문이다. 양측은 台湾상사 측의 对中国 투자권익과 상관이 있는 问题와 양측 상공계 인사들의 상호방문 问题 등에 동의하였으며 그 问题를 구체화하기 위해 적당한 시기에 적당한 장소에서 계속 협상을 전개할 것이다.

셋째, 양측은 에너지 자원의 개발과 교류를 강화하기 위해 계속 교섭할 것을 합의했다.

넷째, 양측은 청소年들의 상호방문 교류, 양측 언론계의 교류 및 科学(kē xué)기술자의 교류 등을 적극적으로 추진할 것에 합의를 도출했다.

다섯째, 양측 간의 합의서는 양측이 서명한 날로부터 30日이 지나야 효력이 발생한다.

본 공동합의서는 今年 4月29日 양측이 서명하였으며 합의문은 统一양식으로 4본을 작성하였고, 양측은 각기 2본씩 소유한다. 양측 간의 연락 关系를 制度化하는 합의에 따라 양측은 모든 절차를 공식화 할 수 있었다. 그러나 中国측에서 台湾측이 요구하는 '台湾기업의 투자권익 보장에 관한 내용'을 거부했기 때문에 합의하지 못했다. 中国측은 상호간의 政治的 교류 问题에 대한 합의가 있어야만 台湾측의 요구에 응할 수 있다는 자세였다. 이는 中国의 美国 시장점유율이 台湾의 점유율과 대등해 졌으며, 최근 9年간 经济 성장율도 3배로 증가됐기 때문에 中国은 台湾측의 经济的 우위성을 전제로 한 회담을 거부하려는 전략이었다. 결국 中国측이 台湾측의 자본을 필요로 했던 시절과는 달리 현재는 오히려 台湾측이 中国측의 시장을 필요로 하게 되었음을 뜻한다. 만일 中国측이 자본 통로를 차단할 경우 台湾经济는 곧 큰 위기에 빠질 가능성이 있다는 점도 이미 간파하고 있었던 것 같다. 그러므로 中国은 经济的인 问题를 통해 政治问题로 민간차원에서 관변차원으로 그리고 상호간 왕래를 통한 개방에서 통일을 추구하는 점진적 통일전략을 구상했다.

결국 台湾측은 회담의 목적을 经济问题에 두고 표면상 통일문제를 제시하는 전술을 취했다. 그와 같은 이유로 인해 회담을 통해 台湾기업들의 이익보장에 치중하고 있다는 비판을 받기도 하였다. 사실 台湾 기업들은 中国에 많은 투자를 하고 있으나 불확실 하다는 위험부담을 전제로 한 투기행위와 같은 상태였다. 台湾측은 그와 같은 위험성을 타파하기 위해 中国 고위층과의 회담을 통해 완전한 보장을 받으려고 했다. 반면 中国은 经济问题에서 政治问题로 전환시키려는 전략이 적중될 경우 台湾 제조업체의 이익을 보장해줄 뿐만 아니라 中国·台湾 양측이 台湾투자의 위험성을 분담해 책임진다는 입장을 취했다.

辜振甫(gù zhèn fǔ)·汪道涵(wāng dào hán) 회담이후 台湾측 대변인은 회담의 결과가 民間性과 事務性에 국한되었을 뿐 政治问题는 전혀 언급된 바 없다고 발표했다. 그러나 中国측 대표 중 한사람인 唐树备(táng shù bèi)는 내외신 기자들에게 큰 소리로 양측 간의 和平统一问题가 제기되었음을 상기시켰다. 이때 台湾측 대표들은 中国측의 발표에 대해 일언반구도 항변하지 못하고, 응답 자체를 회피하는 입장이었다. 많은 台湾人들은 台湾측의 이 같은 자세를 마치 벌레를 피하기 위해 발과 발가락을 자르는 것과 같다고 악평했으며 매우 수치스럽게 생각했다.

다른 한편 台湾측의 언론은 中国·台湾 양측의 政治问题를 근본적으로 협상하려면 우선 中国内의 政治制度가 民主化 되어야 한다는 점을 강조했다. 즉, 진정한 民主政治를 원한다면 自由가 보장된 政黨政治가 실현되어야 한다는 것이다. 台湾에는 民进党(mín jìn dǎng)이 건재 하는 한편 中国에는 그것이 존재하지 않는다는 점을 지적했다. 그러므로 政治협상을 추진하려면 우선 양측의 政治制度가 民主化 돼야하고, 그와 같은 自由로운 民主制度하에서 政治협상이 전개되어야 한다는 것이다.[224]

이후 海峡会(hǎi xiá huì)와 海基会(hǎi jī huì)는 北京(běi jīng)·厦门

---

224) 한영춘., op. cit., pp. 35~37. 재인용.

(xià mén)·台北(tái běi)·南京(nán jīng) 등지에서 7차례의 후속성 회담과 두 차례의 부회장급 당초 회담을 잇달아 가졌다.225) 그러나 事務性 협상에 있어서의 진전과 兩岸간의 政治的 상호솟系가 지속적으로 증가 됐으면서도 政治的인 경색은 타파되지 못했다.226)

中国은 1993年8月31日 '台湾问题와 中国统一'이라는 백서를 발표했다. (中国于1993年8月31日发表了《台湾问题和中国统一》的白皮书。zhōng guó yú yī jiǔ jiǔ sān nián bā yuè sān shí yī rì fā biǎo le < tái wān wèn tí hé zhōng guó tǒng yī> dē bái pí shū。)227) 이는 기존의 선언, 결의안 등을 하나의 통일된 문서로 집대성하고 체계화 시킨 것으로 그 발표가 台湾의 大陆政策(dà lù zhèng cè)(dà lù zhèng cè) 外交化 및 兩岸솟系(liǎng àn guān xī)의 国際化 政策추진과 이러한 政策의 효과가 가시화되고 있는 시기에 이루어졌다는 점에서 台湾 또는 台湾과 연관되는 国家들을 주로 겨냥하고 있다는 것을 알 수 있다.

同 백서는 서언과 결어를 제외한 5개 부문으로 구성돼있는데, 첫째, 台湾은 中国의 분할 불가능한 일부분임을 천명했으며, 둘째, 台湾问题의 유래, 셋째, 台湾问题 해결에 대한 中国의 기본방침, 넷째, 台湾海峡 兩岸솟系(liǎng àn guān xī)의 발전과 걸림돌, 다섯째 国際问题 중 台湾과 관련된 몇 가지 问题 등을 다루고 있다. (本白皮书中，除了序言和结论，由以下五部分构成。第一，阐明(míng)台湾是中国不可分离的一部分。第二，台湾问题的由来。第三，中国对于解决台湾问题的基本方针。第四，台湾海峡两岸솟系的发展和障碍。第五，在国际问题中于台湾相솟的几个问题。Běn bái pí shū zhōng, chú le xù yán hé jié lùn, yóu yǐ xià wǔ bù fēn gòu chéng. dì yì, chǎn míng tái wān shì zhōng guó bù kě fēn lí de yī bù fēn. dì èr, tái wān wèn tí de yóu lái. dì sān, zhōng guó duì yú jiě jué tái wān wèn tí de jī běn fāng zhēn. dì sì, tái wān hǎi xiá liǎng àn guān xī de fā zhǎn hé zhàng ài. dì wǔ, zài guó jì wèn tí zhōng yú tái wān xiāng guān de jǐ gè wèn tí。)

통일백서는 中国의 통일이 중화민족의 근본이익이며, 统一后에도 兩岸은

---

225) 聯合報., 1995.5.1. 第 10面. 재인용.
226) 孫升亮., "中国政府의 统一政策과 최근의 發展", 季刊「中国研究」, 서울: 中国大陆研究所, 1995. p. 40. 재인용.
227) 季刊 中国研究., 台湾问题와 中国의 统一 白书, 1995. 재인용.

협력할 수 있고 상부상조 할 수 있으며 경제도 발전시켜 중화를 진흥시킬 수 있다고 강조하고 있다. 또 台湾을 곤란하게 했던 問題들도 하나의 中国이라는 틀 안에서 합리적인 방안을 찾을 수 있다고 공언하고 있다. 아시아·태평양 지역 및 전 세계의 平和와 발전에도 크게 이바지할 것이라고 언급하고 있다.

5. 对台湾 主要 经贸政策과 實踐

1970年代까지 武力에 의한 台湾统一을 추구하던 中国은 台湾에 대한 经济교류가 台湾经济力을 향상시키고, 台湾의 军事力을 강화시켜 统一을 지연시킬 것이라고 여겨 台湾과의 교역을 금지시켰다. 1978年 中国의 对台湾 수입규모가 5억 달러에 불과하고, 이들 상품 대부분이 國際市場에서 中国이 우연히 구입한 것이라는 것이 이 사실을 잘 증명해준다.[228] 1979年 이래 中国은 '現代化'라는 구호아래 '祖国(zǔ guó) 统一 실현'을 1980年代 3대 임무의 하나라고 선언했다.[229] 따라서 经济개혁과 经济건설을 위해 안정된 社會환경을 조성하는 동시에 國際社會로부터의 외자도입을 위해 台湾과의 平和공존을 통한 经济关系를 정립하기 시작했다. 1979年5月 中国은 '台湾에 대한 무역전개에 관한 임시규정'을 공포하고 "台湾에 대한 무역은 台湾이 祖国(zǔ guó)의 품으로 돌아오는 과도시기에 있는 일종의 특수한 형식의 무역이며, 大陆과 台湾의 经济연계를 촉진하기 위해 台湾 상공계 인사들과 단결해 祖国统一을 위한 조건을 창조 한다"고 언급했다.[230] 中国과 台湾의 교역방식은 직교역과 제 3국을 경유한 간접교역으로 나눌 수 있으며, 간접교역은 주로 Hongkong시장을 통해 이루어지고 있었다.[231]

中国은 台湾회복과 祖国统一의 목표를 달성하기 위해 1979年부터 台湾과의 經貿关系를 발전시켜 나갔다. 中国은 台湾 상공계와 台湾人으로 하여금 台湾내부에 '이익단체'를 설립하도록 했으며, 台湾의 大陆 经贸政策이 两岸 經貿활동을 저해하고 쌍방의 经济이익을 축소시키는 주요 요인이라고 지적

---

228) 有容., "海峡兩岸的經貿关系", 「國際貿易」, 北京(běi jīng): 对外经济貿易部 国貿易研究所, 1990.7. pp. 4~10. 재인용.

229) 邓小平(dèng xiǎo píng)., "目前的形势和任務", 「邓小平文選」 山東: 人民出版社, 1983.7. pp. 203~204. 재인용.

230) 高長, 「大陆經贸政策與兩岸經貿关系」, 台北(tái běi): 五南圖書出版有限公司 1994. p. 115. 재인용.

231) 이민형, 「중국·대만 간 통일정책과 경제협력 전망」 산업연구원, 1991.5. p. 81. 재인용.

함과 동시에 台湾 민간 상공계와 政府부문이 三通(sān tōng)問題에 모순과 갈등을 갖고 있다고 판단했다.

따라서 "中国은 以民促官(민간부문으로 정부부문을 촉진시킨다), 以商圍政 (상업활동으로 政治를 둘러싼다) 등 방침과 함께 台湾과 经济무역관계의 급속한 발전만이 台湾经济의 中国 大陆시장에 대한 의존도를 높여 통일의 시기를 앞당길 수 있다고 평가했다.(有评论说, 中国只有实施以民促官＜由民间部门推进政府部门＞, 以商团政＜用商业活动包围政治＞的政策, 和台湾在经济贸易关系方面得到飞速的发展, 提高台湾经济对于中国大陆市场的依赖性, 才能早日促成统一大业. Yǒu píng lùn shuō, zhōng guó zhǐ yǒu shí shī yǐ mín cù guān＜yóu mín jiān bù mén tuī jìn zhèng fǔ bù mén＞, yǐ shāng tuán zhèng ＜yòng shāng yè huó dòng bāo wéi zhèng zhì＞ de zhèng cè, hé tái wān zài jīng jì mào yì guān xī fāng miàn dé dào fēi sù de fā zhǎn, tí gāo tái wān jīng jì duì yú zhōng guó dà lù shì chǎng de yī lài xìng, cái néng zǎo rì cù chéng tǒng yī dà yè.)"[232]

---

232) 嚴宗大., "兩岸經貿关系的回復, 省思與影響", 「兩岸关系與中国前途学 術研討賣」, 台北(tái běi): 財團法人民主文敎 基金會 主辦, 1991.11.9~10. p. 2. 재인용.

<표. Ⅲ-1-1-5/1> 나국의 台湾 통상政策 변화 추이

연 도	내 용
1979.01	台湾동포에게 고하는 글 발표를 통해 三通(sān tōng) 四流 발표
1980.03	상업부, 台湾상품 구매에 관한 보충규정을 발표, 台湾 원산지증 명을 첨부한 상품에 대해서 수입시 국내교역으로 간주, 관세면세
1980.04	鄧小平(dèng xiǎo píng), 福建省(fú jiàn shěng)에 台湾상품의 판매허가를 지시
1980.10	福建省(fú jiàn shěng)의 晋江(jìn jiāng)·金井(jīn jǐng) 지역에 한해 台湾상품의 사용을 허가
1981.05	台湾상품에 대한 관세특혜를 폐지하고 조절세를 부과, 對台湾 수출상품의 가격우대조치도 폐지
1981.11	복건에서 직접 수입한 상품에 대해서는 조절세 면제
1982.	福建省(fú jiàn shěng) 연안 항구에 台湾동포 접대소를 설치
1982.06	台湾상품에 대한 수입과 Hongkong 경유의 對台湾 원자재 수출 제한
1982.08	台湾상품수입시 對대공작소조판공실 또는 소속省市의 對臺辦公室의 비준을 받도록 함.
1984.04	大陸과 거래하는 Hongkong 台湾기업에 대해서 우대한다고 발표
1984.05	기밀문서-"보다 심층적인 계획으로 台湾과의 교역을 증진시키는 것은 祖國 統一을 진일보 실현시키는 것이다."
1984.08	台湾統一戰線 공작의 2단계 계획안에서 台湾과의 교역에 대한 3개 원칙을제기. 台湾人 台湾상품 台湾선박을 적극 유인 福建省(fú jiàn shěng)을 台湾에 대한 직접 교역창구로 지정
1984.09	對台湾 교역에 대한 새로운 조치를 제정공포
1985.04	台湾상품의 수입을 부분적으로 재개
1985.10	외환사정 악화로 인해 統一戰線 공작차원의 台湾상품 수입억제
1985.12	台湾과의 교역에 대해서 수출입 허가증 制度를 활용해
1987.07	對外經濟 무역부가 집중관리
1989.01	對外經濟 무역부에 台湾管理社을 설립
1989.12	Hongkong에 海峽 兩岸 상무협조회를 台湾측과 함께 구성, 발족시킴
1990.01	中國·台湾 무역확대 전문위원회를 설립키로 함
1990.10	台湾과의 직교역에 대비해 新臺幣에 대한 人民幣의 太鐶체계를 마련, 실행

資料出處: 『中國 台湾間 統一政策과 經濟協力 展望』, 産業研究院, p. 76. 재인용.

따라서 国際社會에서 台湾의 고립을 가속화시키면서도 中国은 经济促政治 以民促官 引導有利於祖国统一的方向 (经济로 政治를 자극시켜 민간부문으로 政府부문을 촉진시키므로 祖国统一의 유리한 방향으로 나아간다) 政策을 고수했다. 兩岸 經貿关系의 발전을 祖国统一 달성의 平和수단으로 인식함과 함께 武力에 의한 台湾 수복의지 포기하지 않음으로 非 平和的인 统一 카드도 갖고 있었다.

中国의 台湾에 의한 经济关系강화는 몇 가지로 나눠 설명 될 수 있다. 첫째, 台湾상품의 수입을 허가하고 여러 가지 우대 조치를 취했다. 1980年3月 邓小平(dèng xiǎo píng)은 福建省(fǔ jiàn shěng) 당국에 '台湾 상품수입을 허가 한다'고 지시했다. 4月 2日 中国세관은 정식으로 台湾상품에 대한 수입허가 신청을 받아들여 직접 수입하는 상품과 反제품에 대한 수입관세를 면제한다고 정식으로 밝혔다. 中国상업부는 台湾 상품구매에 관한 보충규정을 발표했다. 이 규정은 여러 가지 특혜를 주었다. 台湾産이라고 증명되는 상품은 국내무역이자 비관세품목이 되며 台湾업자들의 大陆 물자구입에 대해 우대와 특혜를 주었다. 北京(běi jīng)·天津(tiān jīn)·上海(shàng hǎi)·广州(guǎng zhōu) 등지에서 공개적으로 台湾製 상품메이커를 사용할 수 있었다.

同年 10月 福建省(fǔ jiàn shěng)·晋江(jìn jiāng)·金井(jīn jǐng) 지구의 人民들에게 台湾상품의 사용을 허가했다. 둘째, 台湾상인과의 직접 무역을 촉진시켰다. 1981年5月1日 台湾상인의 中国과의 직접무역을 촉진시키기 위해 中国 국무원은 세관, 각 수출입공사, 각 省市의 외무부문 중 台湾 수입상품에 대해 일률적으로 면세 우대조치를 정지시켰다. 台湾 상품운송에 대한 우대가격 조치를 취소해 반드시 일정신분을 갖고 있는 台湾상인이 직접 大陆에 올 때만 20% 할인혜택을 주었다. 同年 11月 福建省(fǔ jiàn shěng) 平潭(píng tán) '台湾어민접대소'는 中国 전매단위로 하여금 人民幣 3백만 원을 福州(fǔ zhōu)에 지원해 '신흥무역공사'를 세우도록 했으며, 각 어민 접대소에 分公司를 세워 台湾과의 무역업무를 담당케 했다. 셋째, 台湾에 中国의 농공원료를 간접적으로 판매했으며, 台湾상품의 수입을 管理했다. 1982年1月 中国은 台湾 면직물·전기제품·건축재료 등의 직접적인 구입을 불허했으며, Hongkong 상인을 경유해 大陆 농공 원료를 台湾에 판매할 것을 결정해 台湾이 필요로 하는 상품에 대해 일률적으로 25% 할인판매토록 했다. 넷째, 무역항을 개방하고 무역소를 설립했다. 1982年 1月 福州(fú zhōu)·泉州(quán zhōu)·厦门(xià mén)에 台湾에 대한 무역항을 개방하고 국무원의 비준 하에 台湾과의 무역을 위한 무역소를 설립했다. 다섯째, 수입지향政策을 폈으며 台湾상품에 대한 수입허가제를 실시했다. 1984年 Hongkong·新加坡(xīn jiā pō) 등지 상인을 통해 台湾상품을 대량으로 구입했다. 1987年 국무원은 台湾상품에 대한 수입허가제를 실시한다고 발표했다. 여섯째,

台湾과의 무역공작을 담당할 对台湾貿易辦公室을 설치했다. 1988年 末 대외부는 对台湾經貿关系司를 증설해 台湾상인의 투자와 兩岸 무역사무를 담당케 했다. 1989年 4月엔 对台湾工作指導總網을 제정해 台湾자본의 유입·經貿강화·정치이익 제일주의를 강조했다. 일곱째, 台湾상인 특혜우대법을 제정했다. 1983年 국무원은 台湾투자기업에 대해 첫 4年間 기업소득세를 면세하고 후 5年간 세의 반만을 징수한다고 규정했다. 여덟째, 台湾투자구를 설립했다. 복건에 台湾상인 유치를 위한 투자구를 설치했으며[233] 1988年 海南省(hǎi nán shěng)에 台湾투자구를 설치하였다. 아홉째, 台湾상인에게 입국에 편리를 제공한다는 명분하에 台湾상인들의 입국을 편리하게 하기 위한 3가지 간소화를 발표했다.[234] 열번째, 台湾상인들을 위한 투자환경을 개선에 박차를 가했다. 大陆의 용수·전력·통신·교통의 열악한 투자환경을 개선하는데 힘쓴 것 외에 복건에 台湾상인의 투자를 위해 4개의 항구와 하나의 비행장을 준비했다. 열 한번째, 台湾투자를 유도하기 위한 각종 토론회를 가졌다. 1990年 2月에 福州(fú zhōu)에서 台湾투자 입법토론회를 가졌으며, 同年 12月엔 福州(fú zhōu)에서 台湾 자본 유입문제 토론회를 열렸다.[235] 열 두번째, 선전공세를 강화했다. 經濟学 者 전문가를 통해 兩岸经济 무역관계의 상호보완성과 필요성을 논증케 했을 뿐만 아니라 台湾经济와 무역발전과 투자에 기여할 곳이 中国이라고 강조케 했다. 열세 번째, 台湾과 기타 国家와의 經貿关系를 방해했다.[236]

1990年 7·8月의 中国의 내부문건 중에서 兩岸经济 무역교류 확대를 위한 4대 작용을 제기하고 있는 것을 발견할 수 있다.[237] 첫째, 兩岸이 經貿의 결합을 심화시켜 台湾의 三不政策(sān bù zhèng cè)의 제한을 돌파한다. 둘째, 쌍방의 經貿왕래는 台湾의 분리경향을 잠재울 수 있는 길이다. 셋째, 祖国(zǔ guó)의 平和 统一의 수요는 물론 四化건설에 유리하다. 넷째, 台湾의 자금을 이용, 西方国家가 中国의 经济를 제재하는 것을 이겨낼 수 있으며, 적극적인 의의를 내포한다.

233) 傅棟成., "香港 台湾 大陆经济統合的前景", 「中国時報週刊」, 創刊號. 1992.1.5. pp. 15~16. 재인용.
234) 傅棟成., op. cit., p. 18. 재인용.
235) 張炳玉., op. cit., p. 180. 재인용.
236) 周建平., "欧洲共同体(tǐ)的異論與實踐", 「世界经济」, 北京(běi jīng): 1987. 第 3期, pp. 64~89. 재인용.
237) 黎建., "中共發展兩岸經貿往來的目的與最新舉措", 「中国大陆」, 1991.1. p. 13. 재인용.

第 2 节 江八点으로 본 中国의 统一政策

1993年3月24日 中国은 14全人代(quán rén dài)에서 談十四大对和平统一中国的意義<14全人代(quán rén dài)에서 和平统一 中国에 대해 말한 의의>라는 문장을 발표했는데, 여기서 "对台湾政策의 기본방침은 새로운 역사조건하에서 진일보 발전과 연장된다" "中国은 对台湾방침이 政策의 연속성과 일관성을 추구하며 현실성을 실현하는데, 祖国(zǔ guó) 和平统一 실현의 중대 의의를 지닌다. (对台湾政策的基本方针是在新的历史条件下进一步发展延长。中国对台湾的方针追求政策的连续性和一贯性, 实现现实性, 具有祖国和平统一的现实重大意义。Duì tái wān zhèng cè de jī běn fāng zhēn shì zài xīn de lì shǐ tiáo jiàn xià jìn yí bù fā zhǎn yán cháng. zhōng guó duì tái wān de fāng zhēn zhuī qiú zhèng cè de lián xù xìng hé yī guàn xìng, shí xiàn xiàn shí xìng, jù yǒu zǔ guó hé píng tǒng yī de xiàn shí zhòng dà yì yì.)"라고 밝힌 바 있다.238) 따라서 江八点(jiāng bā diǎn)도 이 같은 역사의 연속성 현실성을 기초로 해 포스트 邓小平(dèng xiǎo píng) 시대의 对台湾政策을 정확하게 보여주는 준거 틀이 되고 있다. 이는 台湾问题를 조속히 해결해 统一中国을 이루려는 최고지도부 층의 의사뿐만 아니라, 邓小平(dèng xiǎo píng) 사후의 政治변화에서 선점을 잡으려는 江泽民(jiāng zé mín)의 영도력 강화라는 포석도 내포돼있다. 台湾측에선 探亲政策(tàn qīn zhèng cè) 이래 민간교류가 两岸关系의 축이었던 과거의 상황과 조건보다 더 나아진 것이 없는 제안이라고 조심스럽게 평가절하 하면서도 江泽民(jiāng zé mín) 영도하의 中国과 또 다른 两岸关系정립이 이를 통해 가능케 될 것이라고 분석하고 있다.

1. 「一国两制」하의 江八点의 背景과 내용

1995年 춘절 전야 江泽民(jiāng zé mín) 中国 共产党(zhōng guó gòng chǎn dǎng) 中央 총서기 겸 国家주석은 中共中央 台湾工作办公室(gōng zuò bàn gōng shì), 国務院台湾事務辨公室, 台湾民主自治同盟, 中国和平统一促進會. 全国政协(zhèng xié) 祖国(zǔ guó)统一聯誼委員會, 中華全園台湾同胞聯

---

238) 人民日报(rén mín rì bào)., 1993.3.24. 재인용.

誼會, 海峽兩岸關系(liǎng àn guān xī)協會 등이 北京(běi jīng) 人民大会당에서 공동으로 개최한 신춘茶話會에서 「爲促進祖国统一大業的完成而持續奮鬪(祖国统一 대과업을 완성하고 지속적으로 투쟁하기 위해)」라는 제목하의 장문의 담화를 발표, 兩岸關系에 관해 8가지의 견해와 주장(이하 江八点(jiāng bā diǎn))을 밝혔다.[239)

이는 1979年 全人代(quán rén dài)가 발표한 '告台湾同胞書', 1981年의 '叶九条(yè jiǔ tiáo)', 1983年의 '邓六点(dèng liù diǎn)', 1990年 杨尚昆(yáng shàng kūn)와 中国時報기자 간의 인터뷰 내용에 이어 对台湾政策의 주요 변화를 보여주는 내용이었다. 특히 江八点(jiāng bā diǎn)이 中国人의 전통적인 대명절 춘절 전야에 발표됐다는 점과 함께 이처럼 台湾관련 공작 부서 7개가 모두 공동 참여했던 행사가 과거엔 없었다는 점에서 이날의 중요성을 읽을 수 있다.[240)

江八点(jiāng bā diǎn)이 나오자 台湾의 中国전문가들을 위시하여 각국의 中国 정세분석가들은 유수한 언론매체와 각종 서적을 통해 평론과 함께 견해를 밝혔다. 어떤 전문가들은 과거에 제기하지 못했던 것을 담고 있다고 평가하는가 하면 어떤 전문가들은 새로운 것이 전혀 없는 '새로운 병에 옛날 술을 담은 것'에 불과하다고 지적했다.

江八点(jiāng bā diǎn)은 다음과 같다.[241)

첫째, 하나의 中国 원칙을 견지한다. 中国의 主權과 領土는 절대로 분할할 수 없으며, 台湾독립을 조장하는 어떠한 언동과 행동도 결연히 반대한다. 둘째, 台湾의 외국과의 민간经济 문화關系에 대해 우리는 이의를 나타내지 않는다. 그러나 "兩個中国 一中一台(yì zhōng yì tái)"를 실현할 목적으로 하는 台湾의 소위 国際 생존공간의 확대라는 활동을 반대한다. 和平统一을 이룩한 후에만 台湾동포는 비로소 전 国家 각 민족들과 하나의 길을 걸어갈 수 있으며 위대한 祖国(zǔ guó)에 대한 국제상의 존엄과 명예를 진정으로 공유할 수 있다. 셋째, 海峽兩岸의 和平统一 담판을 갖는다. 담판과정 중 兩岸 각 당파 단체의 대표성을 띠는 인사들도 참여할 수 있다. 하나의 中国이라는 전제하에 어떠한 것도 대화할 수 있고 台湾당국이 관심을 갖는 각종

---

239) 人民日報(rén mín rì bào)(海外版)., 1995.1.31. 第 1面. 재인용.

240) 郭端華., "江泽民(jiāng zé mín)新春对臺八點講話分析", 「共黨問題研究」, 第 21卷 第 3期, 1995. p. 5. 재인용.

241) 人民日報(rén mín rì bào)., 1995.1.31. 재인용.

问题가 포함된다. 제 일보를 위해 양측 모두 먼저 정식으로 两岸의 적대 상황을 종식시키는 회담을 가질 수 있으며 협의에 도달할 수 있다. 이러한 기초 위에 공동으로 의무를 맡으며 中国의 主權과 領土보전을 수호하며 향후의 两岸 관계발전에 대해 계획한다. 넷째, 和平统一 실현에 노력하며 "中国人이 中国人을 공격하지 않는다. (中国人不打中国人。zhōng guó rén bù dǎ zhōng guó rén。)" 우리들은 武力사용을 포기하지 않으나 절대로 台湾동포에 대한 것이 아니며, 中国의 统一을 간섭하고 台湾독립을 획책하는 외국세력에 대한 것이다. 다섯째, 两岸 经济교류와 합작에 진력해 两岸经济가 공동으로 번영을 이루어 全 中華민족을 행복하게 한다. 우리 中国은 政治분열이 影响을 끼쳐 两岸 经济합작을 방해하지 않기를 주장한다. 어떤 상황 하에 있든 台湾상공인의 정당한 권익을 철저히 보호할 것이다. 상호호혜의 기초위에 상담할 뿐만 아니라 台湾상공인의 투자 권익을 보호하는 민간협의를 조인하는 것을 찬성한다. 응당 실질적인 절차를 취해 三通(sān tōng)을 빨리 실현할 것이며 两岸 事務性 회담을 촉진할 것이다. 여섯째, 중화문화는 전 中国人의 정신연대를 유지하며 和平统一을 실현하는 중요한 기초이다. 两岸동포는 서로 중화문화의 우수한 전통을 계승 발전시켜야 한다. 일곱째, 台湾동포의 생활방식과 주인노릇하려는 바람을 충분히 존중해 台湾동포의 정당한 권익을 보호할 것이다. 재외기구를 포함해 中国 共产党(zhōng guó gòng chǎn dǎng)과 政府 각 유관부서는 台湾동포와 연계를 강화해 그들의 의견과 요구를 경청할 것이며 그들의 이익에 관심을 갖고 어려움을 해결하도록 가능한 돕는데 진력할 것이다. 中国은 台湾 각 당과 각계인사들이 우리들과 两岸关系와 平和统一에 관련된 의견을 교환하는 것을 환영하며 그들의 왕래와 방문을 환영한다. 여덟째, 中国은 台湾당국 영도자가 적당한 신분으로 방문하는 것을 환영한다. 中国은 台湾측의 초청을 받기를 바라며 台湾으로 갈 수도 있고 먼저 어떠한 问题에 대해서도 의견교환을 할 수 있다. 中国人의 일은 中国人 스스로 해내야 하며 어떠한 国際상황의 도움을 빌릴 필요가 없다. (江八点如下。一、坚持一个中国的原则，是实现和平统一的基础和前提。坚决反对一切"台独"和分裂的言行。二、对于台湾同外国发展民间性经济文化关系，我们不持异议。但是，我们反对台湾以搞"两个中国"、"一中一台"为目的的所谓"扩大国际生存空间"的活动。只有达成和平统一，台湾同胞才能和全国各族人民一起共同前进，真正拥有伟大祖国的国际尊严和名誉。三、再次建议双方就"正式结束两岸敌对状态、逐步实现和平统一"进行谈判，并提议："作为第一步，双方可先就'在一个中国原则下，正式结束两岸敌对状态'进行谈判，并达成协议。在此基础上，共同承担义务，维护中国的主权和领土完整，并对今后

两岸关系的发展进行规划。"四、努力实现和平统一，中国人不打中国人。不承诺放弃使用武力，决不是针对台湾同胞，而是针对外国势力干涉中国统一和搞"台湾独立"的图谋的。五、大力发展两岸经济交流与合作。主张不以政治分歧去影响、干扰两岸经济合作。不论在什么情况下，我们都将切实维护台商的一切正当权益。在相互互惠的基础上，赞成签署台湾商人进行的经过投资权益保护的民间协议，不仅局限于商谈。应当采取实际步骤，加速实现直接"三通"。六、中华各族儿女共同创造的五千年灿烂文化，始终是维系全体中国人的精神纽带，也是实现和平统一的一个重要基础。两岸同胞要共同继承和发扬中华文化的优秀传统。七、要充分尊重台湾同胞的生活方式和当家作主的愿望，保护台湾同胞的一切正当权益。我们欢迎台湾各党派、各界人士，同我们交换有关两岸关系与和平统一的意见，也欢迎他们前来参观、访问。八、欢迎台湾当局的领导人以适当身份前来访问；我们也愿意接受台湾方面的邀请，前往台湾。中国人的事我们自己办，不需要借助任何国际场合。jiāng bā diǎn rú xià. Yī, jiān chí yí gè zhōng guó de yuán zé, shì shí xiàn hé píng tǒng yī de jī chǔ hé qián tí. Jiān jué fǎn duì yī qiè "tái dú" hé fēn liè de yán xíng. èr, duì yú tái wān tóng wài guó fā zhǎn mín jiān xìng jīng jì wén huà guān xī, wǒ mén bù chí yì yì. Dàn shì, wǒ mén fǎn duì tái wān yǐ gǎo "liǎng gè zhōng guó", "yì zhōng yì tái" wéi mù dì de suǒ wèi "kuò dà guó jì shēng cún kōng jiān" de huó dòng. zhǐ yǒu dá chéng hé píng tǒng yī, tái wān tóng bāo cái néng hé quán guó gè zú rén mín yī qǐ gòng tóng qián jìn, zhēn zhèng yōng yǒu wěi dà zǔ guó de guó jì zūn yán hé míng yù. Sān, zài cì jiàn yì shuāng fāng jiù "zhèng shì jié shù liǎng àn dí duì zhuàng tài, zhú bù shí xiàn hé píng tǒng yī" jìn xíng tán pàn, bìng tí yì: "zuò wéi dì yī bù ,shuāng fāng kě xiān jiù 'zài yí gè zhōng guó de yuán zé xià, zhèng shì jié shù liǎng àn dí duì zhuàng tài' jìn xíng tán pàn, bìng dá chéng xié yì. Zài cǐ jī chǔ shàng, gòng tóng chéng dān yì wù, wéi hù zhōng guó de zhǔ quán hé lǐng tǔ wán zhěng, bìng duì jīn hòu liǎng àn guān xī de fā zhǎn jìn xíng guīhuà." sì, nǔ lì shí xiàn hé píng tǒng yī, zhōng guó rén bù dǎ zhōng guó rén. Bù chéng nuò fàng qì shǐ yòng wǔ lì, jué bù shì zhēn duì tái wān tóng bāo, ér shì zhēn duì wài guó shì lì gān shè zhōng guó tǒng yī hé gǎo "tái wān dú lì lùn" de tú móu de. Wǔ, dà lì fā zhǎn liǎng àn jīng jì jiāo liú yǔ hé zuò. Zhǔ zhāng bù yǐzhèng zhì fēn qí qù yǐng xiǎng, gān rǎo liǎng àn jīng jì hé zuò. Bù lùn zài shén me qíng kuàng xià, wǒ mén dōu jiāng qiè shí wéi hù tái shāng de yī qiè zhèng dāng quán yì. Zài xiāng hù hù huì de jī chǔ shàng, zàn chéng qiān shǔ tái wān shāng rén jìn xíng de jīng guò tóu zī quán yì bǎo hù de mín jiān xié yì, bù jǐn jú xiàn yú shāng tán. yǐng dāng cǎi qǔ shí jì bù zhòu, jiā sù shí xiàn zhí jiē "sān tōng". Liù, zhōng huá gè zú ér nǚ gòng tóng chuàng zào de wǔ qiān nián càn làn wén huà, shǐ zhōng shì wéi xì quán tǐ zhōng guó rén de jīng shén niǔ dài, yě shì shí xiàn hé píng tǒng yī de yī gè zhòng yào jī chǔ. liǎng àn tóng bāo yào gòng tóng jì chéng hé fā yáng zhōng huá wén huà de yōu xiù chuán tǒng. Qī, yào chōng fèn zūn zhòng tái wān tóng bāo de shēng huó fāng shì hé dāng jiā zuò zhǔ de yuàn wàng, bǎo hù tái wān tóng bāo de yī qiè zhèng dāng quán yì. wǒ mén huān yíng tái wān gè dǎng pài, gè jiè rén shì, tóng wǒ mén jiāo huàn yǒu guān liǎng àn guān xī yǔ hé píng tǒng yī de yì jiàn, yě huān yíng tā mén qián lái cān guān, fǎng wèn. Bā, huān yíng tái wān dāng jú de lǐng dǎo rén yǐ shì dāng shēn fèn qián lái fǎng wèn; wǒ mén yě yuàn yì jiē shòu tái wān fāng miàn de yāo qǐng, qián wǎng tái wān. zhōng guó rén de shì wǒ mén zì jǐ bàn, bù xū yào jiè zhù rèn hé guó jì chǎng hé.)

이 담화의 내용을 보면 邓小平(dèng xiǎo píng)의 「一国两制(yì guó liǎng zhì）」구상과 크게 벗어나지 않는다. 江八点(jiāng bā diǎn)을 1979年1月 발표한 ‘台湾同胞書’이래 中国 영도그룹의 어록 및 기타 政府의 성명과 대비하면 기존 주장과의 차이를 느끼기 어렵다.

江八点(jiāng bā diǎn)에서 江泽民(jiāng zé mín)이 邓小平(dèng xiǎo píng) 사후 对台湾政策의 ‘政策说明权(zhèng cè shuō míng quán)’과 ‘工作指导权(gōng zuò zhǐ dǎo quán)’을 얻으려고 한다는 것을 알 수 있다. 邓小平(dèng xiǎo píng) 사후 中国은 对台湾업무의 전면동원 체계에 들어가 적극성·명확성·시간성을 띤 부서가 기구 조직인사 및 책략을 담당할 것이며, 특히 兩岸영도자가 兩岸 적당한 지점에서 직접 만나도록 적극 추진하는 데 중점을 둘 것으로 보인다. 따라서 江八点(jiāng bā diǎn)의 목적은 江泽民(jiāng zé mín)의 당내 영도지위를 공고히 하기 위한 것이며, 해외의 인심을 얻어 国際社會에서 江泽民(jiāng zé mín)이‘邓小平(dèng xiǎo píng) 사후 中国의 새로운 최고영도자’라는 무드를 조성하려는 데 있다.

江八点(jiāng bā diǎn)을 종합적으로 살펴보면, 江八点(jiāng bā diǎn)은 다음과 같은 사항을 분명히 하고 있다. 첫째, 하나의 中国원칙하에서 台湾독립과 분리주의를 반대한다. 둘째, 台湾과 여타 나라들과의 민간교류는 반대하지 않으나 공식적인 왕래는 반대한다. 셋째, 兩岸이 빠른 시일 내 담판을 하여 가격 적대상항을 끝내기를 바란다. 넷째, 武力사용을 포기하지 않는 것을 강조해 台湾독립과 외국세력을 견제한다. 다섯째, 兩岸 經貿교류의 발전을 가져와 빨리 三通(sān tōng)을 실현한다. 여섯째, 중화문화의 發揚을 강조해 国家统一을 실현한다. 일곱째, 台湾人民에게 희망을 주며 공동으로 兩岸关系발전을 촉진한다. 여덟째, 兩岸영도자의 상호방문을 환영하나 国際장소에서는 불가능하다 등을 확인하고 있다.

江八点(jiāng bā diǎn)이 나오게 된 관련 배경을 분석하면 江八点(jiāng bā diǎn)의 의미를 쉽게 알 수 있다.

첫째, 포스트 邓小平(dèng xiǎo píng) 시대가 도래 하고 있다. 邓小平(dèng xiǎo píng)은 共产党員이라는 신분만을 지니고 있으면서도 그동안 중요정책과 인사결정을 가지고 있었다. 그러나 邓小平(dèng xiǎo píng) 사후에는 江泽民(jiāng zé mín)을 축으로 하는 제 3세대 영도그룹이 毛泽东(máo zé dōng)과 邓小平(dèng xiǎo píng) 등과 같은 강력한 카리스마를 행사하지 못할 것이라는 관측이 지배적이다. 특히 邓小平(dèng xiǎo píng)이 없는 中国에서 고위층 간의 권력투쟁이나 내란이 발생하지나 않을까 아니면 改革(gǎi gé)・开放政策(kāi fàng zhèng cè)이 변화되지나 않을까 우려하고 있다.

둘째, 兩岸 經貿关系가 활발하게 발전하고 있다. 兩岸교류가 활발하게 진행되면서 兩岸무역 총액이 1994年에 1백60억 달러를 넘어섰다. 中国의 통계를 보면 1994年 9月까지 台湾제조업의 大陆투자 항목이 2만5천여 종이며, 전체협의 투자금액이 2백26억1천만 달러에 달한다. 台湾商의 해외투자가 境外大陆 투자자중 2위를 차지하고 있다는데서 台湾의 투자가 大陆의 경외투자 유치의 주요근원이 됨을 알 수 있다.[242] 中国은 台湾과의 經貿关系를 통해 자국의 經济발전에 필요한 자금과 기술을 얻을 수 있으며 台湾의 대中国 무역의존도를 높여 '三通(sān tōng)'을 실현, 통일의 조건을 성숙시킬 수 있다고 판단하고 있다. 따라서 中国은 兩岸 經貿关系를 적극적으로 강화시키면서 兩岸의 직접 통상・통항에 관한 공식적인 회담을 요구하고 있으며

---

242) 中国時報., "明年兩岸政治仍難突破, 惟經貿發展展示會更進一步", 1994.12.27. 第 9面. 재인용.

점차적으로 '三通(sān tōng)'을 달성해 「一国两制(yì guó liǎng zhì)」에 의해 교류와 통일 환경을 조성하려고 한다.

셋째, 台湾 내부에서 政治的인 변화가 일어나고 있다. 최근 台湾내 政治民主化와 政治엘리트 본토화의 발전추세가 政府로 하여금 两岸关系(liǎng àn guān xī)에서 台湾 地方이익을 보호하는 政策을 채택하도록 부추기고 있다. 政治혁신을 통해 民主化를 진행됨에 따라 中国의 统战(tǒng zhàn)은 어려움을 겪고 있다. 民主와 언론自由를 통해 台湾人 스스로가 台湾의 장래 问题에 대해 활발하게 의견을 개진할 기회를 향유하고 있기 때문이다. 특히 본토화의 색채가 농후한 民进党(mín jìn dǎng)이 창당한 후 발전을 거듭하며, 지지 세력을 확장시켜 나가고 있고, 자결과 台湾독립주장이 아직은 폭넓은 지지를 받고 있지 못하나, 부분적으로 台湾人들의 지원을 받고 있다. 이에 따라 统一问题는 더 이상 国·共 간의 问题라는 단순도식이 성립되지 않게 됐다.

넷째, 台湾의 外交政策(wài jiāo zhèng cè)의 성공적 수행과 더불어 美国(měi guó)·日本(rì běn) 등의 台湾政策이 변화하고 있다. 台湾은 실질적 外交를 강화함에 따라 여타 나라들과의 국교를 수립하거나 회복하고 있으며, 美国(měi guó)·日本(rì běn)과의 关系도 진일보하고 있다. 李登辉(lǐ dēng huī) 总统과 连战(lián zhàn) 행정원장이 未수교국들을 비공식적으로 방문하고 联合国(lián hé guó)가입을 위해 노력하므로 台湾의 联合国(lián hé guó)가입과 기타 주요 国際機構에 참여를 지지하는 분위기가 조성되고 있다. 유럽연합(EU)이 결의안을 통해 台湾의 联合国(lián hé guó)복귀를 지지했으며, 美国 상하양원이 청문회를 통해 결의안 혹은 부가 제안방식을 통해 台湾의 联合国(lián hé guó) 참여를 지지한 바 있다.[243]

이에 中国은 台湾을 하나의 독립적인 政治실체로 인정하는 것은 「两岸中国」(두개의 中国), 「一中一台(yì zhōng yì tái)」를 도모하려는 것으로 여겨 外交채널을 총 가동해 台湾의 外交政策(wài jiāo zhèng cè)에 쐐기를 박고 있다. 李登辉(lǐ dēng huī) 总统의 히로시마 아시안게임과 APEC 영수회담 참여를 좌절시켰다. 日本(rì běn)政府가 徐立德 行政部 원장에게 부여한 입국허가를 취소할 것을 요구하기도 했다. 江泽民(jiāng zé mín) 총서기는 러시아와 우크라이나 등지를 방문,'하나의 中国'을 지지할 것을 요청했다. 또

---

243) 聯合報., "中共高層關切台湾问题国際化", 1994.8.16. 第 4面. 재인용.

美国(měi guó)·日本(rì běn)의 两岸政策(liǎng àn zhèng cè)은 자국의 이익을 중시하면서 과거 中国 일변도에서 벗어나고 있다. 美国은 지난 1994년 9월 '北美事务协调会驻美办公处(běi měi shì wù xié tiáo huì zhù měi bàn gōng chù)'를 '台北(tái běi) 美国经济文化 代表處'로 개명하는 것에 동의하고 내각인사들이 台湾을 방문하는 것을 허가하는 등 台湾과의 关系를 조정하기 시작했다. 美国 상하 양원은 台湾의 联合国(lián hé guó)참여를 지지했다. 첨단병기를 구매하는데도 美国은 협조했다. 日本(rì běn)도 台湾의 江丙坤 经济부장에게 APEC经济협력체 장관급 예비회담에 출석할 기회를 주었으며, 오사카를 방문하게 하고 日本(rì běn) 통상장관인 桥本龙(qiáo běn lóng)·太郎(tài láng)와의 회담할 수 있도록 조치했다. 동시에 中国의 강력한 항의에도 불구하고 徐立德 行政部 원장의 입국, 아시안게임 개막식 참여를 허락한 바 있다.

따라서 江泽民(jiāng zé mín)은 1979年부터 현재까지 지속되고 있는 对 台湾政策의 기본방침인 "和平统一", 「一国两制(yì guó liǎng zhì)」을 재확인해야 했다. 즉, 祖国统一의 지도방침인 「一国两制(yì guó liǎng zhì)」는 台湾은 中国의 일부분이며, '两個中国' 혹은 '一中一台(yì zhōng yì tái)'는 허락될 수 없을 뿐만 아니라, 台湾독립은 절대로 반대한다는 것과 台湾问题를 해결하기 위해 平和 또는 武力 등 어떤 방식을 취하든지 간에 中国 내정이고 외국의 간섭은 절대로 용인하지 않는다는 것을 강조한 것이다. 현재 中国지도부는 平和방식을 견지해 담판을 통해 和平统一을 이루기를 바라면서도 동시에 근본적으로 武力사용을 배제하지 않고 있다. 그러므로 언제든지 武力에 의한 统一도 가능하게 된다. 统一后 실행될 수 있는 「一国两制(yì guó liǎng zhì)」는 国家의 주체인 大陆에선 社会主义 制度가 견지되고 台湾에선 원래의 制度를 보존된다. 그리고 Hongkong·澳门(ào mén)가 中国으로 반환되면 중화민족은 비로소 완전한 统一을 이루게 되고 이럴 때만이 台湾과 전 중화민족의 번영을 약속할 수 있다는 것이다.

이처럼 江八点(jiāng bā diǎn)의 대부분은 과거 여러 차례 제기되었던 내용이나 中国의 영도자가 전제 조건없이 台湾을 방문할 수 있다는 것과 孫中山의 주장을 两岸统一과 연계시켰다는 점에서 다소 다른 면을 보여주고 있다. 또 互惠互利의 기초 위에서 상담뿐만 아니라 台湾상인의 투자권익을 보호하는 민간협의를 체결하는 것에 찬성한다는 것만이 새로운 주장이다. 과거 台湾政府의 유관부문과 민간기업 인사들은 台湾상인의 大陆투자 권익을 확보하기 위해 中国과 台湾이 여러 차례 '兩岸投資保障协定(liǎng àn tóu zī bǎo zhàng xié dìng)'을 체결하기를 요구했다. 이에 中国은 中央政府와 台湾의 尖系는 中央과 地方의 尖系이므로 협의체결 问题는 존재하지 않는다는 반응을 보여 왔다. 이는 현재 国家와 国家간의 교류가 진행되지 않고 있다는 반증이다. 따라서 민간조직이 투자보호 협의를 체결할 제반여건이 형성되어 있지 않다.

그러므로 이번 江八点(jiāng bā diǎn)은 兩岸經貿의 새로운 환경 조성면에서 두드러진다.

그러나 江八点(jiāng bā diǎn)의 최대 핵심은 '하나의 中国' 원칙하에 中国의 정통성과 中央지위를 천명한 것이다. 中国은 台湾을 신성불가침의 中国領土중 '하나의 省'이라는 입장 하에 미완의 統一을 이룰 상대로만 간주하고 있음을 국내외에 밝힌 것이다. 台湾이 中华民国(zhōng huá mín guó)라는 이름으로 어떠한 国際機構에도 참여하거나 활동하는 것을 불허하며, 中国의 台湾이라는 신분에서만이 비로소 国際機構에서 지위를 확보할 수 있다는 것이다. 이는 中华人民共和国(zhōng huá rén mín gòng hé guó) 中央人民 政府가 中央정부이며, 台湾은 中华民国(zhōng huá mín guó)라는 국호를 포기해 北京(běi jīng)을 国家의 수도로 하며 五星雄을 국기로 삼아야 한다는 논리이다. 따라서 하나의 中国과 하나의 主權이라는 전제하에서만 台湾과 협상이 가능하다는 것이다.

台湾 역시 하나의 中国을 강조했으나 中国 共产党(zhōng guó gòng chǎn dǎng)과 상이함을 보여주고 있다. 台湾은 역사·지리·문화 혈연상의 中国을 하나로 보고 현재 中国은 분열상황에 처해있어 中华民国(zhōng huá mín guó)과 中国 共产党(zhōng guó gòng chǎn dǎng)이라는 완전 대등한 政治실체로 존재하고 있으므로 쌍방은 각자 관할하는 구역 내에서 관할권을 향유하며 어떤 일방이 상대방의 구역에 대해 통치권을 행사할 수 없다는 주장을 펴고 있다. 따라서 兩岸이 서로의 적대尖系를 포기하거나 兩岸 최고지도자의 회담이 이루어지지 않으면 兩岸尖系에 대해 낙관할 수 없다.

2. 国内 政治经济에서의 影响

江八点(jiāng bā diǎn)은 과거政策의 연장선에서 제시된 것이면서도 몇 가지 국내政治 经济的인 의미를 갖고 있다. 먼저 江泽民(jiāng zé mín)의 지휘

기반을 공고히 하는데 있다. 1995年1月24일 国台办(guó tái bàn) 주임인 王兆国(wáng zhào guó)은 台湾 海基会(hǎi jī huì) 비서실장인 焦仁和(jiāo rén hé)(jiāo rén hé)과 회담시 앞으로 中国 共产党(zhōng guó gòng chǎn dǎng) 江泽民(jiāng zé mín) 中央 총서기가 两岸관련 업무를 직접 관활 할 것이라고 밝히면서 새로운 对台湾政策이 제시될 것이라고 말한 바 있다.244) 특히 江八点(jiāng bā diǎn)이 邓小平(dèng xiǎo píng) 시대에서 포스트 邓小平(dèng xiǎo píng) 시대로 넘어가고 있는 시점에 中共中央과 국무원의 의사를 대변하고 있다는 점에서 江泽民(jiāng zé mín)의 지도자로서의 위치가 굳어져 가고 있다는 것을 보여주고 있다. 더욱이 과거 中国영도자 1세대부터 현 中国을 이끌고 가는 3·4세대 영도그룹까지 台湾问题에 대해서 견해가 일치하고 있다는 것도 밝혀주고 있다.

경제면에서 社会主义 市場经济의 강화를 위해 两岸关系의 안정 희구 노력을 내포하고 있다. 현재 社会主义 市場经济体制를 공고히 하기 위한 体制전환의 과도단계 조건 난제 및 대책마련을 통해 심화와 조정을 가속화하고 있다.245) 특히 经济法 확립 및 人民의 의식을 새롭게 고취시키는 것을 가장 중요시 하는데 여기에는 計劃经济하의 공평관념부터 市場经济의 효과와 이익관념까지 모두 포함하고 있다.246)

1980年 이래 地方의 분권화 강화에 따른 中央재정과 지방재정의 불균형, 제후 경제의 출현, 국유기업과 취업문제에 있어 국유기업의 경영体制 전환의 어려움 외에도 실업자의 대두 등도 해결해야 할 과제이다. 1994年 中国의 실업인구가 1백50만 명에 달하는 통계가 있으나 실제 실업인구는 5백만 명에 이른다. 향후 실업률이 4~5%에 달할 것으로 보여 인구증가에 따라 20세기 중반에 이르면 2억6천8백 만이 실업상태에 달할 것이다.247)

농업과 農村社會 问题도 간과할 수 없는 상황이다. 농민의 수입이 줄어가

---

244) 聯合報., "王兆国(wáng zhào guó)三段話透露对台湾政策走向", 1995.1.25. 第 2面. 재인용.
245) 張鴻文., "論向市揚经济体制過難的段階 條件 困難及対策", 「南開大学 学 報」, 天津(tiān jīn), 第 4 期, 1993.7. pp. 55~60. 재인용.
246) 余慶斌., "经济法制的價植目標選擇-從計劃经济立法的公平觀念向市場经济立法的效益觀念變", 「社會科学」, 上海(shàng hǎi), 第 12期, 1993.2. pp. 42~45. 재인용.
247) 宋国誠., "江八点(jiāng bā diǎn)與後鄧時期的兩岸关系", 「中国大陆研究」, 第 38卷, 第 5期, 1995.5. p. 10. 재인용.

고 부담이 늘어가고 있으며, 농업투자의 투자와 농촌 노동력의 과잉의 問題를 갖고 있다. 지난 1986年부터 1990年까지 제 7차 5개年 계획기간 중 농민의 수입이 1.3% 느는데 그쳤으며, 이것은 농촌의 불안요소가 되고 있다. 농촌 問題는 国家와 농민간의 关系에 적지 않은 影响을 끼칠 수 있다.[248]

江八点(jiāng bā diǎn)은 两岸 政治经济 면에서 몇 가지 의의와 影响을 끼치고 있다고 할 수 있다.

첫째, 邓小平(dèng xiǎo píng) 사후에도 对台湾政策이 불변하다는 것을 보여주고 있다. 邓小平(dèng xiǎo píng) 등 당내원로들이 세웠던 统一政策인 "和平统一", 「一国两制(yì guó liǎng zhì)」를 충실히 담고 있으며, 원칙면에서 철저 하리 만큼 과거 政策을 고수하고 있다. 현재 당 원로들은 여전히 발언권을 갖고 있으며, 统一에 대한 의지도 아직 상존한다. 따라서 中国의 政治经济 개혁이 완전한 성공을 거두지 못한 가운데 中国의 统一 政策기조가 급격하게 변할 가능성은 없다. 그러므로 江泽民(jiāng zé mín)은 邓小平(dèng xiǎo píng)의 和平统一 「一国两制(yì guó liǎng zhì)」 방침을 재천명 해야만 했으며, 과거 지도자들의 주요 성명에서 드러났던 政策에서 벗어날 수 없었다. 또 포스트 邓小平(dèng xiǎo píng) 시대에도 对台湾政策이 불변함을 국내외에 선언함으로 台湾측에 台湾이 독립만 추구하지 않는다면 平和공존이 가능하다는 것을 단적으로 나타내주고 있다. 또 개혁 개방에 의해 大陆人들의 자본주의에 대한 인상이 깊이 심어져감에 따라 새로운 이데올로기를 제시해야만 했다. 민족주의와 애국주의를 제창해 민족의식과 애국의식을 심어 中国의 现代化와 国家统一을 달성하려는 의도가 숨겨져 있다.

邓小平(dèng xiǎo píng)은 과거 "国家统一은 민족의 소망이며, 1백年 내 统一이 안된다 해도 1천年 내에 统一돼야 한다. (国家统一是民族的所望, 即使一百年内不能统一, 也要在一千年内达成统一。guó jiā tǒng yī shì mín zú de suǒ wàng, jí shǐ yī bǎi nián nèi bù néng tǒng yī, yě yào zài yī qiān nián nèi dá chéng tǒng yī.)"[249]고 강조한바 있다. 領土의 统一을 中国의 입장에서 보면 백 年의 대업이자 1천 年의 대업이며, 종국적으로 해결돼야 한다는 논리다. 中国은 먼저 Hongkong·澳门(ào mén) 問題를 해결한 후

---

248) 徐 勇., "现段階農民負擔的特點及对国家和農民关系影響", 「社會科學」, 第 7期, 1993.7. pp. 42~45; 「中国時報」, 1995.2.14. 第 9面. 재인용.

249) 邓小平(dèng xiǎo píng)., 「建設有中国特色的社会主义」, 广东(guǎng dōng): 人民出版社, 1984.12. p. 31. 재인용.

적극적으로 兩岸問題를 다룰 것으로 보인다. 특히 今年 "中·日馬關條約締結" 1백週年을 맞이해 中国은 과거의 심리적 상처를 아물게 하려고 하는데 이 같은 의사가 兩岸关系에 있어 적극적으로 나올 수 있게 하는 것이다. 둘째, 兩岸의 향후 经济합작 가능성과 효과가 높다는 것을 보여주고 있다. 1994年12月 台湾의 连战(lián zhàn) 행정원장이 兩岸关系는 经贸를 중심으로 발전 한다고 했듯이 江泽民(jiāng zé mín)은 政治와 兩岸 经济합작의 분리를 강조하고 있다. 北京(běi jīng) 经济무역부 통계에 따르면 1994年 兩岸 간접 무역총액은 1백63억 3천만 달러이며, 兩岸은 서로에 있어 4대 무역파트너로 자리 잡고 있다. 1994年9月 당시 台湾상인들의 大陆투자가 이미 2만5천8백49항목에 달하고, 실제 투자된 台湾자금도 73억4천만 달러에 이른다. 台湾자본은 이미 大陆내 외국투자액 중 2위를 점유하고 있다. Hongkong의 언론보도에 따르면 대북에서 亚太运营中心(yà tài yùn yíng zhōng xīn)을 형성하려고 할 때, 上海市도 浦东(pǔ dōng)에 亚太运营中心(yà tài yùn yíng zhōng xīn)을 건립할 계획을 세웠으며, 이 구상은 梅協會 王道涵 회장이 中央에 보고했으며 上海市 부시장 赵启正(zhào qǐ zhèng)의 책임 하에 추진되고 있다.250) 위에서 보듯 兩岸经济 발전전략은 대체로 접근하는 추세이다.

기본적으로 兩岸經貿 교류에 간여하지 않는다는 것이 양국 政府 모두의 공통된 인식이다. 中国政府는 台湾의 간접 經貿政策 보다는 兩岸의 직접 三通(sān tōng)실현을 통해 인위적 장막을 타파하는데 열중하고 있다. 물론 台湾은 三通(sān tōng)요구를 政治간여로 여기고 있다. 그럼에도 불구하고 兩岸 经济합작은 단순분업 구조에서 다양한 분업구조의 필요성에 따라 상호 기술과 시장을 제공하는 면으로 발전할 것이다.251) 장기적으로 보면 亚太运营中心(yà tài yùn yíng zhōng xīn)의 합작추진도 가능할 것으로 보인다.

大陆委員會(陆委会(lù wěi huì))의 주임위원인 萧万长(xiāo wàn cháng)은 '境外转运中心(jìng wài yùn zhuǎn zhōng xīn)'의 구상을 밝혀 현 단계에서 兩岸이 通航(tōng háng) 제한을 풀어야 한다는 것을 분명히 한 바 있다. 陆委会(lù wěi huì)는 이에 따라 1995年1月13日 전체위원회를 열어 현 단

---

250) 中華日報., (台北(tái běi)), 1995.2.22. 第 4面. 재인용.
251) 裵長洪., "論海峽兩岸産業向多元化分工結構躍進", 北京(běi jīng): 海峽映兩岸産業合作学 術研討會論文, 1995.2.16. 재인용.

계 关系발전 계획안을 통과시켜 향후 两岸 經貿교류의 3대 방침을 밝혔다. 첫째, 两岸 상호의 이익과 혜택을 누리는 經貿关系를 추진해 台湾이 亚太运营中心(yà tài yùn yíng zhōng xīn)이 된다. 둘째, 台湾기업인에 협조와 연계를 강화한다. 셋째, 政府는 현실주의에 입각하여, 两岸关系(liǎng àn guān xī)에 임하며, 两岸이 쌍방의 호혜·상호이익 关系를 인식해 쌍방의 산업발전에 힘쓴다.252) 中国은 两岸經貿 关系발전이 大陆의 经济발전에 유리하며 两岸의 연계에도 도움이 되고 统一에 궁극적으로 힘이 된다고 여기고 있다. 셋째, 两岸지도자의 직접적인 만남이 가능하다는 것을 보여주고 있다. 과거 中国은 여러 차례 国民党(guó mín dǎng) 영도자와의 회담을 희망했으나, 国民党 政府는 시기가 좋지 않다는 이유를 대며 거절한 바 있다. 李登辉(lǐ dēng huī) 总统은 1994年 아시아 월스트리트 신문과의 회견에서 히로시마 아시아게임에 참석하고 亞·太 經濟協力体 관련 회의에도 참석해 中国영도자와의 회담을 원했으나 亞·太 經濟協力体 회의에 참석할 수 없었으며, 히로시마 아시안게임에도 참석하지 못했기 때문에 中国영도자와의 대담 기회를 갖지 못했다고 말했다.253) 中国의 지도부는 國際會議 석상에서는 공식적으로 李登辉(lǐ dēng huī) 总统과의 만남을 원치 않으면서도 两岸지도자의 직접적인 회담을 바란다고 말하고 있다. 따라서 江八点(jiāng bā diǎn)에도 여전히 两岸지도자의 회담을 적극적으로 추진할 의사를 나타낸 것이다. 中国은 이에 台湾측이 분명한 의사를 보여주기를 바라고 있다. 넷째, 对美国(měi guó)政策 등 대외政策에도 影响을 미칠 것이다. 中国은 오랫동안 美国의 台湾问题 개입에 대해 中国 내정의 간섭이라고 강조했다. 따라서 台湾问题는 中国과 美国 간 이견이 드러나는 계기를 마련했다. 한 中国외교관은 大陆은 근본적으로 台湾독립에 대해 걱정하지 않으며 현재의 발전추세에서 볼 때, 시간과 주도권이 모두 中国의 손에 달려있다 면서도 상황이 바뀔 유일한 가능성은 美国에 달려있다고 지적한 바 있다. 美国과의 关系가 원만할 때, 台湾问题는 해결될 수 있다는 논리도 펴고 있다.254)

中国 共产党(zhōng guó gòng chǎn dǎng) 全人代(quán rén dài) 위원장인 乔石(qiáo shí)는 당시 中国 共产党 政治局 常務委員會 會議에서 "台湾이 아

---

252) 江丙坤., "兩岸經貿列爲首要推動工作", 「中国時報」, 1995.1.14. 第 2面. 재인용.

253) 中国時報., "兩岸領導人如何接觸 雙方無交集", 1994.10.4. 第 3面. 재인용.

254) 張偉国., "江澤民(jiāng zé mín)八點講話意在樹威", 「聯合報」, 1995.2.1. 第 10面. 재인용.

직 祖国(zǔ guó)의 품으로 돌아오지 않았는데, 美国人이 中国·美国关系에서 영원히 우위를 점유하고 있다.”[255]고 표시한데서도 이 같은 시각을 뒷받침해주고 있다. 江泽民(jiāng zé mín)을 포함한 기타 政治局 상무위원들도 이 같은 견해에 동의한 바 있다. 따라서 中国 共产党(zhōng guó gòng chǎn dǎng) 中央政治局은 적극적으로 台湾问题에 해결에 나설 것을 결의했다. 中国은 美国(měi guó)이 近年에 들어 台湾에 대한 태도에 변화를 나타내고 있다는 것을 우려하고 있다. 中国도 美国과의 关系가 원만해야만 大陆经济 발전 상황에 유리하며 邓小平(dèng xiǎo píng) 사후에도 大陆의 政治的 상황이 안정을 찾게 될 것이라는 논리를 펴고 있다. 따라서 江八点(jiāng bā diǎn)을 통해 中国이 和平统一의 방식으로 两岸의 현황을 해결하기를 원하고 있다는 것을 美国측이 이해하기를 바라고 있다. 또 江八点(jiāng bā diǎn)에 있어서 적극적으로 美国이 어떠한 이유로도 两岸问题에 개입하는 것을 저지하려는 의사가 분명히 나타나 있는 이유도 여기에 있다.

3. 1958年 台湾海峡 위기사태

1958年8月23日 中国이 金门岛에 돌연 맹공을 퍼부으면서 台湾海峡에 위기가 몰아닥치며 前苏联(qián sū lián)과 中国, 两岸, 그리고 中国과 美国(měi guó)과의 关系가 악화되는 결과가 초래되었다. 당시의 배경 및 전개과정을 시간 순으로 분석해 보면 다음과 같다.

中国은 1949年 건립 이래 철저히 社会主义를 추구해왔다. 그리고 社会主义의 精神的 지도자인 前苏联(qián sū lián)에 대해 무조건적인 지지를 보내는 一边倒 政策을 취했다. 中国에게 있어 前苏联(qián sū lián)은 세계제일의 社会主义 国家이자 또한 발전경험에 있어 귀감이었다. 中国은 사상적으로 前苏联(qián sū lián)의 맑스·列宁(liè níng)主义를 신봉했고 经济的으로도 前苏联(qián sū lián)式 经济모델을 채택하여 그대로 적용하였다. 1950年代 초 맺어진 양국 간 우호조약은 中国·苏联(sū lián) 간 주종 关系를 확인하는 의미가 있었다. 1953年에는 일련의 经济·기술원조 협정 등을 맺음으로써 양국 关系는 더욱 긴밀해졌다.[256]

---

255) 聯合報., “中共積極解決台灣問題”, 1995.2.21. 第 4面. 재인용.
256) 張登及., “中共的世界觀與其对外政策的演變－历史整体的詮釋與理念型的說明”, 国立台灣大学 , 政治学研究所, 碩士学位論文, (台北: 1994.6.), p. 77. 재인용.

台湾과 美国과의 关系역시 1953年 한국전쟁이 종결된 이래로 더욱 밀착되는 추세였다. 1954年에는 美国이 台湾과 공동방위조약을 맺어 台湾에 대한 影响力을 늘리고 对中国 방어태세를 공고히 하는 움직임을 보였다.

이에 같은 해 8月 周恩来(zhōu ēn lái)는 결코 명확하게 상대를 지적하지는 않았지만 美国을 겨냥하여 다음과 같은 발언을 함으로써 자신은 台湾·美国(měi guó) 동맹关系에도 불구, 단호하게 反제국주의의 역할을 수행할 것이란 메시지를 전했다.

"만일 中国이 台湾을 解放하는 것을 어떤 외부 침략자가 감히 방해한다면, 만일 그들이 감히 우리의 主權을 위배하고, 우리의 領土를 넘보고, 우리의 내정에 감히 간섭한다면 그들은 반드시 그러한 침략행위가 그들에게 남기는 엄청난 결과를 맞이하게 될 것이다."257)

1950年代 중반 이후 中国·苏联(sū lián) 간의 关系가 변화되는 조짐을 보였다. 1954年 흐루시초프가 中国을 방문하여 中国·苏联(sū lián) 공동성명이 발표되었는데, 이것은 과거 中国이 前苏联(qián sū lián)을 방문하던 전례를 깨고 처음으로 前苏联(qián sū lián) 고위관료가 中国을 방문한 것이었다. 이것은 中国과 前苏联(qián sū lián)과의 关系가 과거의 주종 일관적 关系에서 벗어나 中国이 前苏联과 어느 정도 동등한 위치에 섰다는 상징성을 지니고 있는 것이었다.258) 이 일로 中国의 对前苏联(qián sū lián) 복종 태도가 사라졌을 것으로 예상할 수는 없지만 中国으로서는 자신이 前苏联과 대등한 关系에 들어섰다는 자아정체감을 느낄 수 있었을 것이다.

다음해인 1955年 1月 美国의회는 台湾의 방위에 美国(měi guó)의 지원을 늘린다는 결의안을 통과시켰고 美国 소로스 당시 국무장관도 1957年 이전에 台湾이 명실상부한 반공기지가 되기를 희망한다고 밝히는 등 中国을 겨냥한 경계태세가 강화되었다.259) 毛泽东(máo zé dōng)이 사상적으로 자신보다 혁명을 덜 강조하였던 邓小平(dèng xiǎo píng)을 우경분자로 간주하고 南寧회의에서 不斷的進行革命 할 것을 강조한 것도 바로 이러한 상황에서

---

257) 石之瑜., 『中共外交政策(wài jiāo zhèng cè) 的理論與實踐』, (台北: 三民書局, 1994.), p. 164. 재인용. 願文; Stopler, China, Taiwan, and the Offshore Islands, p. 121. 재인용.

258) Macfarquhar and J. K Fairbank., History of China— People's Republic (1949-1965.); 王建朗驛, 上海(shàng hǎi): 上海人民出版社), p. 300. 재인용.

259) Chronology of recent events., http://www.taiwandc.org/hst-9596.htm. 재인용.

나온 것이다. 台湾·美国 동맹关系에 대비하여 혁명정신을 더욱 고취시키고 前苏联(qián sū lián)과의 유대를 강화하려는 中国의 의도였던 것이다.

그러나 1956年 들어 中国과 前苏联(qián sū lián)과의 关系는 틈이 생기기 시작했다. 前苏联(qián sū lián)은 匈牙利(xiōng yá lì)를 武力으로 침입하는 사태가 벌어지자 中国은 社会主义의 적은 자본주의이며 社会主义 国家끼리는 싸워서는 안 된다는 입장을 표명한 것이다. 前苏联(qián sū lián)에 대해 쇼비니즘적인 태도를 지양하고 社会主义 国家들 간에 平和的으로 공존할 것을 요구했다.260) 이것은 아무리 前苏联(qián sū lián)에 대해 일방적 지지를 보냈던 中国이지만 자신의 역할에 위배되는 前苏联(qián sū lián)의 행위에 대해 불찬성 입장을 전달한 것이었다.

同年 2月14日 제 20차 前苏联(qián sū lián) 共产党대회에서 前苏联(qián sū lián) 共产党 서기장 赫鲁晓夫(hè lù xiǎo fū)는 战争可避说(zhàn zhēng kě bì shuō)"社会主义가 제국주의에 비해 이미 강해진 마당에 핵전쟁은 위험하므로 되도록 전쟁을 피해야 한다. (社会主义与帝国主义相比已经具有强势, 核战争危险, 应该尽量避免。shè huì zhǔ yì yǔ dì guó zhǔ yì xiāng bǐ yǐ jīng jù yǒu qiáng shì, hé zhàn zhēng wēi xiǎn, yīng gāi jìn liàng bì miǎn。)"을 주장하며 平和공존의 이념이 前苏联(qián sū lián) 대내외 政策의 기류를 흐르는 기본원리라고 강조하였다. 또 개인숭배와 테러를 이유로 들어 이오시프 비사리오노비치 스탈린(Иосиф Виссарионович Сталин, 1879~1953)을 격하시키는 발언을 했다.261)

前苏联(qián sū lián)은 같은 社会主义 国家인 匈牙利(xiōng yá lì)를 침입하고 親西方으로 전향하려는 움직임을 보이면서 中国은 前苏联(qián sū lián)에 대해 과거와는 다른 태도를 보였다. 같은 해 刘少奇(liú shào qí)가 밝힌 "在国际事务的方针(zài guó jì shì wù de fāng zhēn)"262)에 "前苏联(qián sū lián)과 현재의 우위를 강화시키자"와 "대국주의를 반대한다."는 방침이 동시에 나타난 것은 中国의 정통성 관념 및 세계관에 혼란이 생겼음을 짐작케 하는 부분이다. 요약해보면 첫째, 前苏联(qián sū lián)과 각 人民民主国家와 현재의 우의를 강화시킨다. 둘째, 오 원칙에 찬성하는 아시아·아

---

260) 張登及., op. cit., p. 77. 재인용.
261) 김윤정., "중국 외교정책 결정요인 분석-모택동(máo zé dōng) 시대와 등소평 (dèng xiǎo píng) 시대 비교", 숙명여자대학교 석사논문, 1991. p. 27. 재인용.
262) 尹慶耀., 『中共外交與对外关系』, (台北: 国際关系中心, 1993), p. 29. 재인용.

프리카 国家들과 우호关系를 증진시킨다. 셋째, 자국과 外交·经济·文化 关系를 맺고 싶어 하는 모든 国家와 정상적인 外交·经济·文化 关系를 발전시킨다. 넷째, 전쟁을 반대한다. 다섯째, 세계 국민의 平和的 운동을 지지한다. 여섯째, 아시아·아프리카·라틴 아메리카의 反식민운동을 지지한다. 일곱째, 大国主义에 반대한다. 라고 정의하고 있다.

당시에 毛泽东(máo zé dōng)이 刘少奇(liú shào qí) 보다 더욱 단호하게 아무리 前苏联(qián sū lián)이라도 그의 단점은 배울 필요가 없다고 단언하였고 그 유명한"종이호랑이론<美国(měi guó) 제국주의는 종이호랑이에 불과하기에 언제든 싸워 이길 수 있다.>"263)을 강조한 것도 바로 1956年 7月의 일이다.

이것은 中国이 社会主义 지도자로서의 前苏联(qián sū lián)의 이미지에 대한 회의감을 느낌과 동시에 社会主义 国家로서 자신의 역할을 떠올렸기 때문이라고 분석할 수 있다. 社会主义를 배신한 前苏联(qián sū lián)을 쫓는다는 것은 당시 中国에게 있어 그동안 자신이 지켜오고 쌓아온 자아 정체성과 그에 다른 삶의 의미가 흔들리게 됨을 뜻하는 것이었다. 다음해 모스크바에서 열린 세계共产党대회에서 毛泽东(máo zé dōng)은 이 시대 가장 주요한 위험은 바로 수정주의라고 역설하였던 것은 대상을 밝히지는 않았지만 이제 亲西方쪽으로 방향을 돌리고 反제국주의에 서지 않으려는 前苏联(qián sū lián)을 설득시키려는 것이었다는 분석도 있다. 东风压倒西风(dōng fēng yā dǎo xī fēng)<社会主义는 제국주의에 반드시 이긴다.>를 제창하며 범세계적인 투쟁을 통해 中国·苏联(sū lián) 양국이 함께 美国에 더 큰 압력을 가하자고 주장하였던 것도 다 같은 맥락으로 볼 수 있다. 이러한 毛泽东(máo zé dōng)의 태도에 대해 그가 前苏联(qián sū lián)을 제치고 세계共产党운동의 지도자 위치를 쟁취하려는 의도가 반영된 것으로 분석하는 시각도 있다.264)

中国과 前苏联(qián sū lián)과의 갈등关系는 政治的 노선에서 뿐 아니라 经济방면에서도 드러났다. 1957年은 中国이 前苏联(qián sū lián) 모델을 채택한지 첫 번째 5개年 계획이 끝난 해였는데 결과가 좋지 않게 나왔다. 산

---

263) 毛泽东(máo zé dōng) 選集., "美帝主义是紙老虎", 第 5卷, 北京(běi jīng): 人民出版社, 1977., pp. 289~292. 재인용.
http://www.peopledaily.com.cn/deng/newfiles/a1120.html. 재인용.
264) 尹慶耀., op. cit., pp. 94~95. 재인용.

업부문의 낙후·생산부진, 그리고 중·경공업 간의 불균형이 초래되면서 前苏联(qián sū lián)의 모방은 中国에 결코 도움이 되지 못한다는 인식이 퍼지는 계기가 되었다. 더구나 자국 経済의 어려움을 해결하고자 前苏联(qián sū lián)은 中国에게 장기개발 차관을 상환 할 것을 공공연하게 재촉했을 뿐 아니라 차관 제공을 중단시켜 中国내부의 강한 불만을 샀다.

"우리더러 한국전쟁 참전비를 부담하라니 정말 말이 안 되는구나! 2차 대전 당시 美国(měi guó)도 동맹국에게 돈을 대여해줬지만 나중에 갚기 힘들어하자 받기를 포기하였다. 그러나 前苏联(qián sū lián)은 우리에게 돈을 빌려주면서 10年 내에 다 갚으라고 재촉할 뿐 아니라 이자까지 내라고 한다. 우리는 社会主义를 위해 싸워왔는데 결국 이런 꼴을 맞다니......"[265]

이러한 상황 속에서 1958年6月30日, 中国은 돌연 美国이 中国領土인 台湾을 침략하며 두 개의 中国을 획책하고 있다고 강도 높게 비난하고 나섰다. 7月 들면서 中国은 갑자기 台湾 问题를 매우 중요한 것으로 선전하였고 台湾, 中国 그리고 美国 간에 긴장정세가 조성되기 시작했다. 中国은 台湾의 国民党(guó mín dǎng)이 大陆 연해에서 军事的 소요를 일으키고 있다고 대폭 보도하기 시작했고, 金门岛(jīn mén dǎo)·马祖島(mǎ zǔ dǎo)를 포격하기 위해 福建省(fú jiàn shěng) 내에 대포를 설치하기 시작하였다. 이러한 돌연한 사태에 대응하기 위해 美国의 전술적 핵무기가 台湾으로 운반되었고 金门岛의 军事力이 1954年度의 3배로 증가하여 9만 명에 달하는 등 사태는 급격히 확대되었다.

이러한 긴장국면이 조성되는 상황 속에서 中国은 8月 23日부터 金门岛(jīn mén dǎo)에 맹공을 퍼부었다. 9月6日 周恩来(zhōu ēn lái)는 공식발표를 통해 "中国大陆人民은 金门岛(jīn mén dǎo)·马祖島(mǎ zǔ dǎo)도 같은 大陆연해에 존재하는 위협을 받아들일 수 없다. 中国政府는 연해도서를 점령한 蒋介石(jiǎng jiè shí) 군대에 대해 반격하고 필요한 군사행동을 취할 권리가 당연히 있다."[266]라고 밝혀 中国의 행위는 主權수호를 위한 정당한 행위임을 주장했으며, 9月20日 中国 외교부장 陈夷는 金门岛(jīn mén dǎo)와 马祖島(mǎ zǔ dǎo)를 수복한다는 강력한 의지를 피력했다.

---

265) 尹慶燿., op. cit., p. 15. 재인용.
266) 石之瑜., 近代中国对外关系新論, 国立編譯館主編(台北: 五南圖書出版公司, 1995.), p. 304. 재인용.

陳夷는 정전을 요구하는 美国(měi guó)의 공식입장에 대해 中国·美国 간에는 결코 전쟁이 없으므로 거론할 정전의 问题도 없다고 밝혔으며, 中国 외교부 대변인은 美国의 선박이 만약 金门岛(jīn mén dǎo) 밖 12해리 내에 진입한다면 침입자로 보겠다고 경고하였다. 또한 이번 台湾海峡 위기사태는 단지 내정问题이므로 美国이 개입하지 말 것을 요구하며 美国(měi guó)이 먼저 도전하지 않는 한 中国 자신은 정작 美国과 충돌이 생기기를 바라지 않는다고 정의하고 있다.

다음달 10月 들어 세계 전쟁사에 유례가 없는 사태가 中国에 의해 台湾 海峡에서 전개되었다. 10月6日 中国은 돌연 美国이 보호 운항만 하지 않는 다면 金门岛(jīn mén dǎo)가 台湾 내륙으로부터 물자를 공급받을 수 있도록 발포를 중지하여 물자 공급선을 통과시키겠다고 밝힌 것이다. 그러나 台湾 이 이에 응하지 않자 다시 金门岛 발포를 재개하였고, 13日 다시 동일한 요 구를 제안했다. 台湾은 이번에도 불응했고, 일주일이 지난 20일 中国은 다 시 美国이 개입만 하지 않는다면 포격을 정지할 뿐 아니라 원한다면 中国이 스스로 金门岛 주민을 위해 물자를 제공해주겠다고 밝히는 희극적인 사태를 연출해 내었다.

상술한 상황을 대상으로 中国의 武力동원 의도가 현실주의자들이 가정하 듯 생존유지나 領土확장 등의 국력의 극대화에 있었다고 분석한다면 그 설 명에는 분명 한계가 있을 것이다. 中国의 갑작스런 포격이 감행된 1958年 중 하반기에는 비록 台湾과 美国 간의 동맹关系가 中国과 대치하는 상황이 긴 했으나 결코 中国으로 하여금 자신의 생존과 안보에 심각한 위협을 가한 다고 느끼게 할 만한 세력이 金门岛(jīn mén dǎo)에 존재했던 건 아니었다. 포격까지 이미 감행한 상태에서 金门岛에 물자공급을 해주고 발포를 정지하 는 대가로 中国이 원한 것은 오직 台湾이 美国의 보호선 없이 혼자 金门岛 로 운항하는 것이었다. 1958年 金门岛(jīn mén dǎo) 발포사태를 통해 中国 이 획득한 성과는 안보획득이나 시장개척, 또는 台湾수복 등의 물질적인 것 이 아니다. 당시 中国의 전력이 台湾에 상륙 하기위해 충분치 못했음을 잘 알려진 사실이다. 中国은 美国의 원조를 받은 台湾의 军事力이 침공해 들어 가는 自国军을 내륙으로부터 격퇴할 수 있는 수준이었음을 모를 리 없었다.

예방차원에서 台湾问题를 통해 앞으로 늘어만 갈 것 같은 美国의 影响力 을 차단하려는 전략적 고려가 작용한 것이라는 분석이 있다. 그러나 당시 中国의 전력은 美国에 비해 월등히 뒤진 상태였을 뿐 아니라 자신을 지원해 줄 가능성이 있는 前苏联(qián sū lián)과의 关系마저 악화된 상황이었다. 군사를 연합하자는 흐루시초프의 제안을 거부한 직후 그러한 의도로 武力을 동원하였다고 설명하기 어렵다.

中国의 对台湾 武力동원 政策에는 中国의 민족정서가 강하게 작용한다고 보는 시각이 있다. 그러나 그러한 민족정서만 가지고는 1958年 발생한 台湾 海峡 위기 사태를 포괄적으로 설명해낼 수 없다. 당시는 台湾이 中国으로부터 독립하려는 움직임이 크게 일었던 때도 아니었으며 中国의 마음에 갑자기 台湾에 대한 민족주의 정서가 크게 자극될 만한 사건이 있었던 것도 아니다. 美国(měi guó)과 협력하는 台湾을 정벌하는데 포격의 주목적이 있었다면 金门岛(jīn mén dǎo)를 대포로 봉쇄하는데 그치는 것이 아니라 물자 공급선조차 통과 못하게 저지했을 것이다. 中国은 줄곧 台湾에게 진정한 中国人은 남에게 의존하지 않는다, 스스로 물자공급을 해라, 함께 反 제국주의 전선에 나서기만 한다면 내가 물자공급을 해주겠다고 말하는 등 자신의 관대성을 선전하였고, 자신의 주요한 관심은 오직 台湾에 있지, 美国과는 관련이 없다는 입장으로 일관했다. 美国이 먼저 도전하지 않는 한 美国과 충돌이 생기지 않기를 바란다는 공식입장의 표명은 향후 전개될 양국과의 충돌 책임을 모두 상대 国家에게 전가함과 동시에 자신의 정당성을 드러내는 中国의 전형적인 外交 스타일이다.

1958年 中国이 对台湾 武力政策을 전개한 주요 이유를 분석하기 위해서는 '왜 中国이 前苏联(qián sū lián)와 美国(měi guó)과의 关系악화를 무릅쓰고 台湾问题를 통해 자신의 이미지를 부각시키려 했을까'를 분석하는 것이 가장 핵심적인 작업이다. 위기 사태의 전반을 종합하여 분석해 보았을 때 中国이 정말 원했던 것은 台湾领土 수복 혹은 전략적 고려에 따른 안보적 이익이 아니었다. 中国이 흐루시초프의 中国·苏联(sū lián)연합 해안군대 창설제의를 거절한지 몇 주일 만에 金门岛 포격을 감행한 사실에서도 알 수 있듯이 1958年度 对台湾 武力政策의 목표는 台湾问题를 이용해 타락해가는 前苏联(qián sū lián)에게 자신은 前苏联(qián sū lián)의 亲西方政策을 따를 수 없고, 前苏联(qián sū lián)이 없이도 스스로 자주국방 능력을 가지고 있는 독립된 주체임을 드러냄과 동시에 美国 제국주의에 홀로 용감히 대적한다는 인상을 전 세계에 알리려는 것이었다고 분석하는 것이 매우 설득력 있다. 전쟁이 터진 뒤 中国의 입장을 지지하면서도 "中国이 武力으로 台湾을 회복하려는 노력에 대해서는 지원할 수 없다"[267)는 흐루시초프의 단

언은 中国으로 하여금 더 이상 남에게 의존 않겠다는 결심을 굳게 한 계기가 되었을 것이다. 中国은 武力政策을 통해 前苏联(qián sū lián)과는 다르게 어려운 상황에서도 끝까지 社会主义를 견지하는 정의 세력의 이미지를 대내외적으로 선전할 수 있었다. 武力동원은 자국의 이익 도모를 위한 것이 아니라는 無我觀을 지킬 수도 있었다. 反제국주의 및 反패권주의의 역할을 과감히 수행함으로써 당시 혼란에 빠진 자신의 자아 정체성과 国家이미지를 다시 한번 확고히 세울 수 있었던 것이다. 당시 台湾问题는 中国에게 있어 자신의 세계관을 변화시키고 자국의 존재의의와 정통성을 확인하기에 더 없이 적당한 사례로 보였던 것이며 이를 위해 中国은 武力동원이라는 극적인 수단을 동원하였던 것으로 분석하는 것이 가장 강력한 설명력을 갖는다.

1958年 中国의 对台湾 武力政策에는 中国의 전통·역사·문화 및 가치관 등의 문화심리 요인이 中国의 政策에 심도 있는 影响力을 미쳤다. 따라서 1958年 中国의 对台湾 武力政策은 中国 外交政策(wài jiāo zhèng cè)을 분석하는데 있어 문화심리적인 요인의 분석이 필요함을 드러내는 예이기도 하다.

4. 1995~96年 台湾海峡 위기사태

1995年의 台湾海峡 위기사태는 李登辉(lǐ dēng huī)의 美国 방문으로 인해 3국 간 긴장이 조성된 데 이어 7月 8月에 거행된 동해훈련, 10月의 황해훈련, 그리고 11月말 台湾의 총선을 일주일 앞둔 상황에서 거행된 훈련을 포함하여 다음해인 1996年 台湾의 최초 总统 직선제가 열리는 3月에 거행된 훈련까지 이어졌다. 1996年 李登辉(lǐ dēng huī) 总统의 연임저지를 위한 中国의 武力시위가 가장 강도 높게 전개되었기에 1996年 3月의 긴장 사태만을 가리켜 제 4차 台湾海峡 위기라고 보는 일부 시각도 있으나 일반적으로는 1995年 李登辉(lǐ dēng huī) 总统의 美国(měi guó) 방문을 계기로 발생한 일련의 武力동원 사태를 가리켜 제 4차 台湾海峡 분쟁이라고 지칭한다.

따라서 본 논문에서는 中国이 미사일 훈련연습을 거행하기 이전의 상황에서부터 1996年 两岸 및 中国·美国关系가 회복세를 보인 시기까지의 전개과정을 분석해 보고자 한다.

---

267) Tang Tsou., "Mao's Limited War in the Taiwan Strait", ORBIS, Vol. 3, No.3 (Fall 1959.), p. 338.

1995年5月15日 中国 新疆省(xīn jiāng shěng) 罗布泊(luó bù pō) 지하핵 실험 기지에서 TNT 40-100KT 규모의 지하핵실험이 실시되면서 中国·美国 간 긴장이 조성되었다. 다음 주인 23日 美国 行政府는 李登辉(lǐ dēng huī)가 美国(měi guó)을 사적으로 방문하는 것을 승인한다고 공식 발표했고, 한 시간쯤 후인 새벽 4시 中国외교부는 이에 대해 강도 높은 对美 비난문을 공식 발표했다.

"美国政府는 中国의 확고한 반대와 여러 번에 걸친 엄정한 교섭에도 불구, 李登辉(lǐ dēng huī)는 美国에 소위 '개인방문'하는 것을 승인한다고 선포하였다.....美国의회는 또 과거와 같은 구태의연한 카드를 빼들었다. 美国의회 중에는 분명 中国에 반대하며 심지어 中华人民共和国(zhōng huá rén mín gòng hé guó)의 정통성마저 인정하지 않는 사람들이 있다....이것은 완전히 그들이 역사와 현실에 대한 무지를 폭로하는 것이다. 中国국민은 독립과 主權을 쟁취하기 위해 한 세기를 걸쳐 투쟁해왔다. 이제 다시 일어선 中国 국민들에게 있어 国家主權과 祖国统一보다 더 중요한 건 없다. 国家의 主權을 수호하고 国家统一을 실현하기 위해 中国政府와 국민은 어떠한 도전이라도 다 받아들일 준비가 되어있다.268)

이것은 李登辉(lǐ dēng huī)의 사적 美国 방문의 의미를 자국의 主權과 정통성에 대한 도전으로 크게 확대한 것이다. 위협을 당하는 자신의 정당성을 드러내고 향후 발생될 모든 사태의 책임을 美国(měi guó)에게 넘기기 위해 다음과 같이 덧붙여 놓았다.

"中国政府는 中国·美国关系를 중시한다. 그리고 中国·美国关系를 개선시키고 발전시키는 것이 中国·美国 양국과 양국 국민의 근본이익에 부합할 뿐 아니라 아태지역과 세계의 平和와 안정에도 필요한 것이라 일관되게 여겨왔다..... 만일 美国(měi guó)이 정세를 잘못 판단하여 일방적으로 행동한다면 中国·美国关系에 심각한 손상을 입힐 뿐 아니라 이후에 발생하는 모든 나쁜 결과들도 모두 美国政府가 책임져야 할 것이다."

中国은 美国(měi guó)에 대해 강도 높은 비난을 가하면서도 美国에게 李登辉(lǐ dēng huī) 访美(fǎng měi) 허용의 의도를 다시 한 번 천명하도록 시간을 주는 모습이었다. 그것은 人民일보 5月 26日字 기사 내용을 보면 5月25日 거행된 中国외교부 대변인의 기자회견 자리에서 李登辉(lǐ dēng

---

268) 新華社 通信., 人民日报(rén mín rì bào), 北京(běi jīng), 1995.5.23. 재인용.

huī)의 방문허가가 혹시 美国의 对中国政策이 변했음을 의미하는 것은 아닐까라는 기자의 질문에 대변인 沈国放(shěn guó fàng)은 직접적인 대답을 하지 않았던 것에서 추론할 수 있다. 沈国放(shěn guó fàng)은 대답대신 美国이 台湾问题에 대한 中国의 요구를 승낙했기에 비로소 양국은 수교할 수 있었던 것이라는 원칙성을 강조하면서 美国이 입장을 바꿔줄 것을 요구하는데 그쳤다. 이것은 既存에 주장한 대로 상대에게 의도를 다시 한 번 밝힐 기회를 주는 中国의 독특한 의사소통 방식이었다.

이때만 해도 中国은 정작 美国에서 李登辉(lǐ dēng huī)의 访美(fǎng měi) 성사를 위해 적극적으로 로비를 전개했던 台湾에 대해서는 크게 괘념치 않은 모습을 보여주었다. 5月26日 대북에서 열린 反官营기구 협상에서 8명의 中国대표단을 이끌고 台湾에 도착한 당시 海协会(zhōng guó hǎi xié huī) 상무부회장은 台湾측에 Hongkong问题와 관하여 협상을 갖자고 제의하면서 政治的 问题가 两岸 간의 회담에 影响을 주어서는 안 된다고 밝혔던 것이다. 다음날인 27日과 28日에는 예정대로 台湾과 제 2차 辜振甫(gù zhèn fǔ)·汪道涵(wāng dào hán) 회담을 위한 1차 예비협상을 개최하여 상호 의견교환을 순조롭게 진행하였을 뿐 아니라 이후 제 2차 예비협상을 갖은 후 7月에 베이징에서 제 2차 辜振甫(gù zhèn fǔ)·汪道涵(wāng dào hán) 회담을 거행하는 것까지 합의한 것이다. 이렇듯 台湾과의 关系는 손상시키지 않으면서도 26日에는 迟浩田(chí hào tián) 국방부장관의 다음 달 访美(fǎng měi)일정 연기를 공식 발표했을 뿐 아니라 29日에는 다시 中国·美国 간의 핵에너지 협력에 관한 협상 및 7月로 예정돼 있던 美国 안보담당 차관보의 訪中일정을 연기할 것이라 선포함으로써 美国에 대한 저항 심리를 공식적 外交행태로 드러냈다. 이것은 위기사태가 조성된 초기 때만 해도 中国의 본 의도는 통일지향 차원에서 台湾의 독립을 저지하고 압력을 가하려는 민족주의적 사고에 있었다는 것 보다 美国(měi guó)에 의해 침해된 자국 이미지를 쇄신하고 강력한 자신의 모습을 드러내려는 데 더욱 치중했던 것이라 풀이할 수 있는 것이다. 中国의 입장은 분명 对美国 시위적 성격을 띠고 있었다.

그러나 6月7日 李登辉(lǐ dēng huī) 总统의 美国방문이 드디어 실현되자 台湾전체는 마치 축제의 분위기에 휩싸인 듯 열광했다. 李登辉(lǐ dēng huī) 总统의 취임까지 할 수 있다는 분위기가 1986年 창당된 이후 줄곧 독립 이슈를 부각 시켜온 강력한 야당 民主进步党(mín zhǔ jìn bù dǎng)(DPP)을 중심으로 台湾社會에 팽배해졌다. 中国으로서는 台湾을 그대로 둬서는 안 되겠다는 인식을 하기에 충분한 자극이 되었을 것이다. 6月8日 클린턴 美国 大統領이 美国(měi guó) 주재 中国대사를 만난 자리에서 "台湾이 어떻게 선전하든지 간에 李登輝(lǐ dēng huī)의 방문은 완전히 非政府차원에서 이뤄진 것이며, 그의 개인적인 방문에 불과하다. 나는 그를 정식 접대를 하지도 않았으며, 그의 美国방문이 美国政府가 台湾을 승인한다는 의미를 대표하지도 않는다...(중간생략)..나는 계속 中国과 건설적인 关系를 지속하기를 희망한다."[269]라는 美国(měi guó)의 공식입장을 전하였다. 일단 손상된 체면을 조금이나마 회복할 수 있게 된 中国은 16日 드디어 台湾에게 辜振甫(gù zhèn fǔ)·汪道涵(wāng dào hán) 회담을 연기할 것을 통보하여 台湾에 대한 직접 징벌의 뜻을 드러냈다. 그러면서도 18日 党기관지 人民日報(rén mín rì bào)에 美国의 道德性을 질타하는 장문의 사설을 게재함으로써 사건을 계속 美国과의 关系구도에서 설정해나가는 모습이었다.

"美国의 의회 일부의원들은 오늘은 이렇게 말하고 내일은 저렇게 행동하고 마음대로 남의 내정에 간섭한다. 만일 美国 行政府가 그러한 소위 '압력'에 굴복하여 타국과의 关系에서 신의를 배반하고 의를 저버린다면 무슨 소위 '国際的 신의'를 말할 수 있겠는가.... 어찌 中国국민의 믿음을 얻을 수 있겠는가?.... 우리는 美国(měi guó)이 그렇게 하는 것이 도대체 美国에게 어떤 도움이 되는지 묻고 싶다. 美国政府는 도대체 中国·美国(měi guó)关系를 어떤 방향으로 이끌어갈 생각인가? 우리는 현재 매우 주의하여 지켜보고 있다."[270]

中国은 양국关系 악화의 책임을 전적으로 美国의 非道德的 행위 탓으로 돌려놓은 후 台湾에 독립분위기가 고조되고 있음을 명백히 알면서도 6月22日 钱其琛(qián qí chēn) 당시 外交부장을 통해 1997年 이후 台湾과 Hongkong关系를 처리할 7개항 원칙을 태연히 발표했다. 이를 통해 앞으로 상황의 전개여하에 关系없이 台湾은 中国의 일부이며 Hongkong처럼 앞으로 귀속될 台湾을 위해 자신은 차근차근 준비하고 있다는 메시지를 전달하려 한 것이다. 결국 군사훈련이 실제로 이뤄지기 이전까지만 해도 中国은 台湾에 대한 압력 시행의 의도보다 양국 간의 아킬레스건인 台湾問題를 자극한

---

269) http://www.peopledaily.com.cn/199506/8/col_950608002837_jryw.html. 재인용.
270) 人民日報(rén mín rì bào)., "美国究竟将中美关系引向何方?". 1995.6.18. 사설. 재인용.

美国에 대해 강력한 자신의 이미지를 드러내려는 의도가 더욱 강하게 작용하고 있었다고 분석할 수 있다.

이러한 상황 하에서 7月7日 台湾政府가 공식입장을 밝혔다. 台湾政府는 그동안 실무外交와 対大陆政策(dà lù zhèng cè)을 추진해오면서 줄곧 두 가지가 동시에 추진될 수 있다고 여겨왔으며 앞으로도 그 중 어느 하나를 위해 다른 하나를 희생시키는 일은 없을 것이라는 내용이었다.[271]

7月18日 中国은 드디어 실제 미사일 발사연습을 실행할 것이라 선포하였고 이에 따라 다음날 台湾에서는 주식시장 지수가 총 229포인트 하락하는 초유의 사태가 빚어졌다.[272] 나아가 中国은 21日에서 23日에 걸쳐 台湾 북부 공해상에 대한 미사일 훈련을 실제로 거행했다. 아울러 23日에서 26日까지 나흘에 걸쳐 人民日報(rén mín rì bào)에 장문의 사설을 게재함으로써 이렇게 武力을 동원한 자신의 행위는 결단코 자국의 정통성을 지키기 위한 정당한 主權행사임을 国際的으로 알리려 애썼다.[273] 24日에는 사정거리 2,000km가 넘는 중거리 미사일 2기를 또 다시 발사하였는데, 이때 발사된 미사일 2기는 앞서 발사된 4기의 미사일보다 사정거리가 무려 3배가 긴 동풍 21호였다.

中国의 台湾 목조르기는 가시적인 성과를 거뒀다. 李登辉(lǐ dēng huī) 总统이 9月중 美国(měi guó)을 재방문하지 않겠다고 美国국무부에 통보한 것이다.[274] 7月 31日에는 中国 건군 68週年 기념석상에서 迟浩田(chí hào tián) 국방장관이 台湾당국이 독단적으로 中国의 분열을 획책해갈 경우 中国은 절대로 좌시하지 않을 것임을 천명하였다.[275] 이러한 자신의 입장을 더욱 강조하기라도 하듯 中国은 8月 2日·4日·6日 연속 삼회에 걸쳐 李登辉(lǐ dēng huī) 总统을 "민족의 대반역죄인"이라며 신랄하게 비난하는 사설을 기관지인 人民日報(rén mín rì bào)에 연속으로 게재하였다.

사태의 심각성을 수습하기 위해 台湾의 蕭万长(xiāo wàn cháng) 大陆委員會 주임이 나섰다. 그는 8月11日 "中华民国(zhōng huá mín guó)政府는 (실무外交를 통해 国際공간을 늘릴지언정) 台湾의 독립을 지지하지는 않는

---

271) 行政府大陆委員會, 『两案大事記』, (台北: 1998.5.), p. 8. 재인용.

272) http://www.taiwande.org/hst-9596.html. 재인용.

273) 人民日報(rén mín rì bào)., 1995.7.23. 사설. 재인용.

274) Hongkong 聯合報., 1995.7.30. 재인용.

275) 新華社 通信., 1995.7.30, 재인용.

다는 확고한 입장을 지니고 있으며, 이것은 몇 十 年을 거쳐 변하지 않은 기본입장이다. 그러나 도리어 中国당국에 의해 고의적으로 곡해되고 있다."[276)]는 한발 후퇴한 台湾政府 (장기적으로 統一을 지향하고 있는 현 여당인 国民党(guó mín dǎng))의 공식입장을 발표하면서 中国에게 미사일 훈련을 중지해 줄 것을 요청했다. 이렇게 台湾이 한걸음 양보의 메시지를 보냈음에도 불구하고 中国은 8月 15日에서 25日까지 열흘에 걸치는 긴 기간 동안 台湾 인근해역에서 제 2차 미사일 발사 훈련을 감행했다. 객관적으로 보았을 때 당시 中国은 또 다시 미사일을 발사하며 강도 높은 태도를 취해야 할 만한 이유가 존재하지 않았다. 2차 군사훈련을 통해 中国은 자신의 정통성 및 세계관에 도전해온 버릇없는 台湾에 대해 확실한 징벌을 가하고 이를 통해 외부적으로 손상되어진 자신의 정통성을 다시 세우는 동시에 前苏联(qián sū lián)이 무너진 후 자신을 향해 목을 죄여오는 美国(měi guó)을 중심으로 한 서구의 대외압력에 대해 강력히 경고하려는 의도가 강하게 작용했던 것이라 풀이할 수 있다.

中国의 강경 태세에 따라 台湾 내부정세 및 国際기류는 다시 中国에게 유리하게 전개되었다. 9月2日 李登辉(lǐ dēng huī) 台湾 总统은 "양측이 실질적 화합에 도달하기 위한 实用主义 노선을 채택해야 한다는 인식을 새롭게 하고 中国统一을 위한 건전한 분위기를 조성해야 한다."고 강조하면서 50여 年 전 国·共合作(guó gòng hé zuò)으로 日本(rì běn)에 대항해 승리를 거두었던 사실을 상기시키면서 민족주의에 호소하고 나섰다. 9月21日 UN에서는 "台湾에 있는 中华民国(zhōng huá mín guó)(Republic of China on Taiwan)"이라는 명의로 台湾의 회원가입을 승인하자는 안건이 카리비안·中央아메리카 그리고 아프리카 몇몇 国家들의 지지 하에 제출되었으나 정식으로 부결되었다.[277)] 10月21日 张万年(zhāng wàn nián) 中国 共产党(zhōng guó gòng chǎn dǎng) 中央군사위 부주석은 台湾이 독립을 시도할 경우 이제는 직접 台湾에 武力을 투입하겠다는 입장을 천명했다. 24日 클린턴과 江泽民(jiāng zé mín)이 회담을 개최하고 세 개의 공동성명<上海(shàng hǎi) 공동성명·수교성명, 8·17 공동성명> 원칙에 따라 台湾问题

---

276) 行政院大陆委員會., 两岸大事記, (台北: 1988.5.) p. 7. 재인용.
277) "Chronolgy of recent event., : in U.S-Taiwan and U.s-China Relations", http://www.taiwan.org/hst-9596.html. 재인용.

를 처리할 것이라는 공동입장이 표명되었으며, 11月17日 中国·美国(měi guó) 간에 고위수준의 軍事的 접촉을 재개한다는 타협이 이뤄짐으로써 양국 关系는 많이 진정된 양상을 보였다. 美国(měi guó)에 대한 中国의 비난수위도 낮아졌다. 다만 23日 新華社 通信을 통해 台湾당국자의 방식이 어떻게 바뀌던 간에 台湾이 中国의 일부라는 지위는 바꾸지 못할 것이라는 요지를 담은 사설이 개재되었다.278)

12月 2日로 예정된 台湾의 제 3회 입법원 총선거 일주일 前인 11月 末 民南沿海 福建省(fú jiàn shěng) 山东省(shān dōng shěng)에서 육·해·공 전군을 총 동원한 中国의 대규모 군사훈련이 마지막으로 전개되었다. 이것은 中国이 台湾의 독립 열기가 政治세력화 되는 것을 저지하려는 의도가 반영된 것이었다. 다음해인 1996年3月 台湾 최초이자 中国역사 처음으로 거행되는 总统 직선제를 보름 남짓 남겨둔 시점에서 中国이 台湾 최북단 基龍港에서 겨우 35km, 최남단 高雄(gāo xióng)에서 40km 떨어진 곳에 미사일 발사 훈련을 재개했던 것도 당시 당선이 유력시되는 李登辉(lǐ dēng huī)의 总统 재임을 저지하려는 中国의 의도에 따른 것으로 분석되고 있다. 武力위협을 자제해 달라는 美国의 요청에도 불구하고 훈련을 강행한 것은 脱中国을 주도하는 것처럼 보이는 李登辉(lǐ dēng huī) 总统과 야당인 民进党(mín jìn dǎng)의 집권을 막으려는 의도였던 것이다. 여기에는 美国 등의 西方国家들에 대해 中国내정을 간섭하지 말라는 강력한 경고의 의미도 함께 들어 있다고 보아야 한다.

그러나 압도적인 지지로 李登辉(lǐ dēng huī)의 재임이 확정된 후 两岸关系(liǎng àn guān xī)는 도리어 진정되는 기미를 보였다. 连战(lián zhàn) 台湾 행정원장이 中国과 平和협정 추진 용의를 밝히고 中国政府가 정상회담을 다시 제안하고 나섬으로써 两岸 간에는 긴장이 완화되기 시작했다. 中国의 최혜국대우(MFN) 연장이 확정되고 더 이상의 关系악화는 양국 모두에게 이로울 것이 없다는 공감대 속에서 美国(měi guó)·中国关系도 개선되기 시작하였다. 7月 9日 앤소니 레이크(lake ensoni) 美国 大統領 国家안보담당 보좌관이 中国을 방문하여 江泽民(jiāng zé mín)의 국빈자격 访美(fǎng měi)를 맞아들일 준비가 되어있다는 클린턴 美国 大統領의 메시지를 전하는 등 양국关系는 다시 关系악화 이전의 상태로 회복되어 갔다.

---

278) 人民日报(rén mín rì bào)., "中国的主權屬於全体中国人民", 1995.11.24. 재인용.

본 논문에서는 상술한 사태의 전개과정을 분석함으로써 1995~6年 中国의 对台湾 武力政策의 결정과정에 다음과 같은 두 가지 요인이 반영되어 있음을 알아낼 수 있었다.

첫째, 1995~6年 中国의 对台湾 武力政策에는 문화 심리적 요인이 적지 않은 影响을 미쳤다. 中国은 社会主义의 붕괴를 획책하는 것처럼 보이는 美国(měi guó)을 위시한 西欧国家들의 봉쇄압력에 대항함으로써 자신이 견지해온 反제국·反패권주의 역할을 수행하였다. 또한 자신이 패권국으로 규정한 강대국 美国에게 굴복하지 않는 정의로운 이미지를 선양할 수도 있었다. 대외적으로 社会主义의 종주국인 前苏联(qián sū lián)이 몰락하고, 내부로는 보수파와 개혁파 간의 갈등이 존재하는 가운데 邓小平(dèng xiǎo píng)의 임종이 육박해오는 시점에서 中国은 다시 한 번 자국의 확고한 자아 정체성과 패권주의에 반대하는 강력한 道德国家의 美国과의 关系 속에서 재설정해야 할 필요가 있었던 것이다. 脱냉전시대 각국이 앞 다투어 실리를 도모하려는 추세 속에서 中国은 자국의 행위는 사적인 이익을 도모한 것이 아니라는 無我이미지를 수호하고자 노력했다. 前苏联(qián sū lián)의 붕괴는 수정주의를 취하여 社会主义를 배반한 결과였으며, 자신만이 영원한 社会主义의 수호자라는 입장을 고수해왔다. 1992年12月 中国 共产党(zhōng guó gòng chǎn dǎng) 제 14차 전국대표대회 석상에서 江泽民(jiāng zé mín)은 "깃발을 선명하게 들고 반드시 社会主义의 길을 사수할 것임을 강조한다. 국민의 民主專制政治를 견지하고 中国 共产党(zhōng guó gòng chǎn dǎng)의 지도를 견지하면 马克思(mǎ kè sī)·列宁(liè níng)主义 및 毛泽东(máo zé dōng) 사상을 견지한다."[279]라고 발표하여 中国의 外交방침의 기본은 여전히 社会主义의 견지임을 밝힌 바 있다. 이러한 기본입장은 脱냉전시대 中国의 对美国 外交政策(wài jiāo zhèng cè)에 지속적으로 유지될 것으로 전망된다.

이러한 문화심리적 요인은 对台湾政策에도 影响을 미쳤다. 미사일 발사 훈련이 거행되기 이전의 상황만을 분석한다면 中国의 주요관심국은 台湾이 아닌 美国이었다. 그러나 실제 미사일 훈련은 7月7日 台湾政府가 对大陆政策(dà lù zhèng cè)과 실무外交를 함께 추구해나가겠다는 공식입장을 표명

---

279) 姜孝伯., "中共 外交政策(wài jiāo zhèng cè) 取向演與其變數之研究(1982~1992)", 国立政治大学, 東亞研究所, 博士学位論文, 台北: 1993. p. 30. 재인용.

한 직후에 거행되었다는 점, 그리고 군사훈련 직후 台灣주가가 폭락하고 해외자본이 이탈하자 台灣政府가 양보의 입장을 취했음에도 불구, 中国이 2·3차 훈련을 강행한 것은 台灣에 대한 中国의 징벌의지가 반영된 결과로 분석할 수 있다. 中国은 台灣이 자신의 정통성에 도전한다고 인식하게 되자 台灣에 대한 유보적인 입장을 바꾸고 강경한 태도를 취한 것이다. 中国은 台灣이 막강한 经济力 및 점차 성숙해지고 있다고 평가받는 民主化를 바탕으로 美国의 힘을 업고 자신의 세계관에 정식으로 도전 하려한다고 여겼던 것이다. 이 도전을 극복하지 못한다면 中国 共产党(zhōng guó gòng chǎn dǎng)이 1949年 이래 지켜온 国家 정통성을 수호하고 이미지에 도전하는 위협을 제거할 강렬한 의지와 능력을 가지고 있음을 드러내야 했고, 이는 곧 武力동원이라는 극적인 수단으로 연결된 것이다. 1996年 3月의 总统 직선제는 台灣에서 뿐 아니라 中国 역사상 최초의 국민에 의한 总统선거라는 점에서 台灣의 民主化를 한발 앞당기는 획기적인 사건이었다. 民主化의 성숙은 台灣국민들의 자아의식을 강화시키는 것으로 中国에게는 결코 유리하지 않는 것이었다. 따라서 台灣의 民主化과정을 军事的 수단을 통해 방해해 보려는 의도도 있었던 것으로 보인다.

1995~6年의 台灣海峽 위기사태에서는 1958年의 위기 당시 台灣军의 인명피해가 있었던 것과는 달리 台灣국민의 인명에 대한 손상이 없었으며 4차례에 걸쳐 훈련이 강행되었음에도 불구하고 台灣을 수복하기 위한 전쟁으로까지 확대되지 않았다. 이것은 당시 中国의 军事力이 현실적으로 台灣을 수복할 수 있을 정도로 现代化되지 못했다는 점, 그리고 台灣을 치기위해 하루 평균 12억 내외(1995年 당시 환율로 약 1억 4천만 달러)라는 엄청난 经济的 손실을 감수해야 한다는 전략적 고려에 기인하는 것이었다. 中国은 현실적 고려 하에서 台灣을 직접 치지는 못했으면서도 武力시위를 통해 台灣의 분리주의 움직임에 대해 강경한 경고를 가하는 효과를 얻을 수 있었다.

둘째, 1995~6年 台灣海峽 위기사태 당시 中国의 对台灣 武力政策 결정과정에는 문화 심리적 요인 외에도 中国의 안보에 대한 전략적 고려가 함께 작용하였다. 당시 中国의 안보환경은 美国과의 마찰로 인해 불안정한 상황이었고, 台灣海峽 위기사태는 李登辉(lǐ dēng huī) 访美(fǎng měi)허가라는 美国의 조치에 대한 中国의 적극적이고도 대담한 대응의 성격을 띠고 있다. 中国은 美国이 자신을 가상적 혹은 잠재적인 적으로 설정하고 越南(yuè nán)과의 국교정상화에 이어 러시아·台灣 등과 关系를 개선시킴으로써 자신을 전략적으로 포위하려는 움직임을 보이고 있다고 인식했다. 美国 역시 前苏联(qián sū lián)이 붕괴한 이후 中国이 그 뒤를 이어 자신의 초강대국의 지위를 위협하는 존재로 부상하고 있다는 판단을 내리고 있었다. 그것은 中国이 두 자리 수의 성장을 지속하고 있으며, 2020年에서 2040年 사이에 美国을 능가하는 강대국이 될 것이라는 일련의 보고서가 나온 데 따른 것이었다.

양국 간 신경전은 美国의 李登辉(lǐ dēng huī) 访美(fǎng měi) 허용 이전인 5月15日 中国 罗布泊(luó bù pō) 지하 核실험 기지에서 실시된 지하 核실험으로 인해 이미 가시화되고 있었다. 이것은 178개국이 핵확산금지조약에 서명한지 불과 나흘만의 일로서 NPT(핵확산금지조약)의 무기한 연장을 위해 비동맹국 등에게 포괄적 핵실험금지조약을 1996年까지 체결하겠다고 약속한 美国(měi guó)의 国際전략 구도 형성에 中国은 정면으로 도전장을 내민 것이다. 美国의 체면은 中国에 의해 여지없이 손상당했다. 클린턴 행정부가 들어선 이후 中国은 번번히 美国의 의도를 거스르며 美国외교팀을 궁지에 몰아넣곤 했다. 최혜국 대우를 미끼로 한 对中国 人權外交 및 中国을 통해 北韩 核问题를 해결 해보려던 시도도 이렇다 할 성과를 거두지 못했다. 이러한 상황에서 美国(měi guó) 행정부가 李登辉(lǐ dēng huī) 访美(fǎng měi)를 돌연 허가한 것은 中国에 대한 美国의 일종의 政策전환을 의미하는 것으로 해석될 수 있으며 이것은 中国에게도 인식되었던 것이다. 美国의 공식발표가 있은 지 한 시간 여 만에 강경한 어조의 잘 준비된 듯한 장문의 对美国 비난성명이 발표된 사실에서 中国도 나름대로 이미 그러한 美国의 행동을 예견하고 있었다는 추측이 가능하다.

미사일 훈련과정 중 서로 다른 미사일기지에서 서로 다른 종류의 미사일을 발사한 것, 특히 사정거리 2,000km가 넘는 중거리 미사일 동풍-21호를 발사한 것은 언제 어디서든 台湾은 물론 美国까지 공략할 수 있음을 과시하기 위한 것이라는 분석이다.[280] 8月 1日로 예정되어있던 치엔치치엔 外交부장과 워런 크리스토퍼(Warren Christopher) 美国 국무장관 간의 브루나이(beureunayi) 회담에 앞서 실력을 과시할 수도 있었다. 中国이 과감하게 유일한 초강대국인 美国과 대적한 것은 패권국에 대항하는 자국의 정의로운 이미지를 전 세계에 선양하려는 문화 심리적 요인이 작용한 것이기도 하지

---

280) 중앙일보., 1995.7.26. 국제면. 재인용.

만 이에 못지않게 美国이 北韩 核问题에 대한 제재결의안을 통과시키기 위해서라도 자신과의 갈등을 확대하기를 원하지 않는다는 발 빠른 계산을 中国이 하고 있었던 것으로 풀이된다.

美国(měi guó)에 대한 시위일 뿐 아니라 日本(rì běn)에 대한 경고의 의미도 함께 있었던 것으로 보인다. 동경대학 출신인 李登辉(lǐ dēng huī) 总统이 1995年 10月과 11月 사이에 日本(rì běn)에서 열릴 예정인 동창회에 참석하기를 희망했으며 동창회는 李登辉(lǐ dēng huī) 总统에게 안내장을 보낼 계획이었다고 한다.281) 따라서 당시 中国의 武力동원은 日本(rì běn)에 대한 경고의 메시지도 있었다. 日本(rì běn) 이가라시고조 관방장관은 22日 中国의 핵실험 실시와 관련 1995年 对中国 무상원조의 일부를 삭감하기로 결정했다고 발표함으로써, 中国에게 타격을 입힌바 있었다.

결론적으로, 1958年 台湾海峡 위기사태의 中国의도 및 목적과 1995~6年의 武力시위를 상호 비교해보았을 때 社会主义를 견지하고 패권세력에 반대한다는 정의세력이라는 国家이미지를 강조하려는 성향은 여전히 유지되고 있었다. 그러나 외부적으로 표명된 그러한 의도 이외에도 中国이 탈냉전이라는 과거와는 상이한 国際政勢 및 세계구도 속에서 中国위협론을 유포하며 자국의 생존을 위협해오는 美国 및 西方세력에 대응하고 国際공간을 확보하려했을 뿐 아니라 台湾의 독립에 따른 현실적 손실을 막으려는 등의 현실적 이익을 도모하려는 의도 또한 강력히 작용했음이 새롭게 드러나는 특징임을 알 수 있었다. 생존유지·国際空間 확보 및 실력과시 등 국익 수호를 위한 武力동원이라는 현실주의적 시각에서 이 사건을 분석할 수 있다. 美国에 대한 실력과시 및 경고, 그리고 이러한 수단을 통한 안보 및 経済的 이익의 수호는 1958年의 포격政策에서는 드러나지 않던 현실주의적 동기였다. 실제로 中国은 国際社會의 비난여론에도 불구 4차례나 걸친 미사일 훈련을 강행함으로써 자신의 道德性에 상처를 남기는 결과를 맞기도 하였다. 武力시위 행동이 国際舞臺에서 반감을 유발한 것이란 예상을 못 했을리 없는 中国이 자신이 과거부터 견지하려 노력했던 '道德的 政府'라는 이미지가 손상될 것이라는 우려에도 불구하고 강행한 것은 그 만큼 中国이 그를 통해 추구하려는 이익이 절박했던 것에 기인한다고 분석할 수 있는 것이다. 따라서 향후 전개되는 中国의 政策을 분석 또는 전망하기 위해서는 탈냉전 시기이래 드

---

281) 조선일보., 1995.5.28. 국제면. 재인용.

러나고 있는 中国의 현실주의적 성향을 고려해야 할 것이며 거기에 그치는 것이 아니라 中国의 문화 및 역사로부터 유래된 中国만의 특성, 즉 中国의 道德 중시 경향 이었던가 하는 사건 당시의 中国이 심리적으로 상정하고 있는 자신의 세계관 그리고 역할관 등이 무엇인지도 함께 고려해야 할 것이다.

5. 向後 兩岸关系 및 中国의 반응 전망

상술한 분석결과에 따라 中国의 外交政策(wài jiāo zhèng cè) 기저에는 문화 심리적 요인이 影响을 발휘하고 있음을 알 수 있었다. 자신의 道德的 면모를 강조한 자아관 및 정통성확립을 중요시 여기며 제국주의 및 패권주의에 대항하려는 역할관을 수행하려는 성향이 과거부터 지속되고 있었다. 또한 자국의 생존을 보존하고 위협에 대처하며 자국의 손실을 감소시키기 위해 타국에게 자신의 실력을 과시하고 강력한 경고를 주며 军事的 수단을 통해 압력을 가하는 등 현실주의적 外交행태가 냉전종식 이래 발견되고 있음을 알 수 있다. 따라서 앞으로 对中国 外交政策(wài jiāo zhèng cè)을 분석·전망함에 있어서 중요한 것은 中国이 어느 때에 가장 적대적인 태도로 돌변했으며, 왜 그런 반응이 나올 수밖에 없는지를 그들의 문화 및 심리적 배경에서 찾는 문화 심리적 접근방법 뿐 아니라 당시 中国이 추구하는 현실적 이익의 도모라는 현실주의적 접근방법과 함께 병행함으로써 포괄적이고 정확한 분석을 필요로 한다.

그렇다면 만일 中国의 빠른 성장세가 지속되어 나가고 台湾에서 经济力 강화, 民主化 성숙 그리고 독립 움직임이 지속될 경우 兩岸关系(liǎng àn guān xī)가 어떻게 지속될 것인지, 또한 中国의 반응은 어떻게 나타날 것인지를 전망해 보는 것은 매우 의의 있는 작업일 것이다. 본 논문에서의 사례 분석을 통해 中国은 자국의 의도를 관철시키기 위해 台湾海峡에 고의로 긴장을 조성하는 등, 台湾问题를 이용하여 경향이 있음을 알 수 있었다. 그러나 만일 中国과 台湾이 전개되어 나갈 경우 中国은 결코 台湾问题를 타 问题의 부각 또는 해결을 위한 이용가치 정도로만 성정할 수 없을 것이며 台湾问题를 해결하기 위해 나서야 하는 상황이 도래할 것이기 때문이다.

현재 中国은 1996年 3月의 对台湾 군사훈련 이래 国際社會의 반감을 유발할 가능성이 높은 武力위협보다는 台湾수교국에 대한 단교 압력 및 그 주변국에 대한 親中国化를 가속화함으로써 台湾을 고립시키는 전략을 쓰고 있다. 물론 台湾도 막강한 자금력을 바탕으로 南向政策을 전개하면서 国際空間의 확대를 기하고는 있으나 外交戦에서는 도저히 中国과 맞대응할 상황이 못 되는 실정이다.

1996年 및 97年만 보더라도 96年 5月에 江泽民(jiāng zé mín)은 이집트·케냐 등 5개국을, 96年 11月에 李鹏(lǐ péng)은 칠레·베네수엘라 등 3개국을, 96年 12月에 劉華秋 외사판공실 주임은 파나마를, 97年 1月 10~21日에 전기침 당시 외교부장은 니제르·적도기니 등 5개국을, 5月10~24日에 李嵐 부총리가 콜럼비아·아르헨티나 등 6개국을 다녀왔으며, 96年 8月에 니제르와 수교, 96年 11月에 남아공과 수교, 5月 24日에 바하마와 수교하는 등 국제공간의 확대에 가일층 박차를 가하고 있었다.

中国은 또한 1997年 Hongkong을 성공적으로 접수한 이후 台湾도 中国의 主權하에 복속시킴으로써 자신의 지속적인 발전에 기여할 수 있기를 바라고 있다. 과거 자신을 중심세계로 하여 주변국을 다스렸던 中国의 전통적 세계관의 影响하에 中国은 점차 Hongkong 및 台湾을 축으로 하나의 네트웍(Nerwork)을 형성하려는 움직임을 보이고 있다. 이 같은 경향은 1994年 한 해만 해도 中国과 Hongkong 그리고 台湾간의 교역액이 무려 7,310억 달러에 이른다는 사실에서도 확인될 수 있다.

中国에게 있어 台湾은 主權수호 및 민족주의적 의미 뿐 아니라 経済的으로도 향후 中国의 초강국으로서의 성장에 있어 매우 중요한 역할을 담당해 줄 기지로 인식되고 있다. 환언하면 문화 심리적 차원에서 国家의 정통성실현 및 台湾의 독립을 조장하는 패권세력들에 대한 저항을 하려 할 뿐 아니라 台湾이라는 풍부한 인재와 기술력·経済力을 획득한다는 실리의 추구라는 현실적 측면 모두에서 台湾은 中国에게 있어 매우 중요한 위치에 있다. 특히 현실주의적 의도를 발현하고 있는 中国임을 감안해 볼 때 향후 中国은 台湾의 독립을 조장하는 어떠한 대외적 압력에도 반드시 강경한 입장을 취할 것이다.

그러나 台湾 역시 탄탄한 経済力을 바탕으로 여전히 타국의 관심을 받는 대상이 되어있을 뿐 아니라 1986年 최초의 자생 야당인 民主进步党(mín zhǔ jìn bù dǎng)이 창설된 이래 1996年 최초의 总统직선제를 성공적으로 치루는 등 民主化를 향한 발걸음을 지속시키고 있다. 이러한 상황이 지속된다는 전제하 中国과의 关系에 있어서 주목할 만한 사실은 당시의 台湾국민 사이에 1949年이 아닌 18세기부터 台湾 역사가 시작되었으며 그러므로 台

湾과 中国은 원래부터 다른 国家였다는 "台湾意識" 및 독립의식이 강화되고 있다는 것이다.

향후 2,000年에 실시될 차기 总统 직선에서 독립을 주장하고 있는 民进党(mín jìn dǎng)이 독립 및 统一 이슈를 중심 의제로 부각시키며 장기적으로 统一을 지향하는 여당인 国民党(guó mín dǎng)에 맞설 경우 国民党(guó mín dǎng)이 선거에 승리할 가능성은 대체로 그리 높지 않은 것으로 점쳐지고 있다.

따라서 政治的인 问题에 관한 한 中国과 台湾은 향후 결코 의견의 일치를 통한 两岸关系의 개선을 이끌어낼 수 없는 실정이다. 그러면서도 현재 两岸 간에는 经济的으로 이미 활발한 교류 및 협력활동이 이뤄지고 있다. 中国과 台湾 간의 政治를 제외한 기타 부문에서의 교류 및 关系는 매년 심화되는 추세다. 大陆방문이 허가된 이래로 1996年에 이르기까지 이미 900만 명에 달하는 台湾주민이 中国을 방문했으며 3만 개의 台湾기업이 中国에 진출하여 300억 달러에 달하는 자본을 투자하고 있다.

中国 共产党(zhōng guó gòng chǎn dǎng)과 台湾 国民党(guó mín dǎng)은 이미 상호간 关系악화가 서로에게 이로울 것이 없다는 데 공감하고 있는 것이다. 1998年에는 1996年 이후 중지돼있던 两岸 간의 대화채널이 재개되는 일대 전진을 이룩하기도 하였다.[282]

1995~6年 당시의 台湾海峡 위기 이후 중지된 바 있는 대화가 1998年10月16日 다시 4가지 합의를 도출함으로써 양국 간의 关系개선에 있어 일대 진전을 이룩하였다. 함의의 내용으로는 첫째, 양국은 政治·经济 등을 포함한 각 방면에서 대화를 진행하기로 한다. 이를 위해 두 회의의 책임자가 구체적인 협상을 위해 필요한 사안 동포의 생명과 재산 그리고 안전에 대한 안건들에 대해 양회는 협력을 강화한다. 넷째, 中国의 大陆 海峡会(hǎi xiá huì) 汪道涵(wāng dào hán) 회장은 台湾의 海基会(hǎi jī huì) 辜振甫(gù zhèn fǔ) 이사장이 그를 台湾에 초청한 것에 대해 감사를 표하며 적당한 시기에 방문하기로 한다.

따라서 향후 两岸关系는 政治的인 면에서 변수가 돌발하지 않는 한 현재의 非政治부문에서의 교역 및 协力关系가 계속 지속될 것이라 전망할 수 있다. 问题는 앞에서 밝혔듯 台湾의 독립세력이 지속적으로 성장하여 2000年

---

282) 人民日报(rén mín rì bào)., 1998.10.16. 재인용.

代 总统선거에서 정권을 잡을 경우 兩岸 간의 关系는 급속히 냉각되어질 수 있다는 것이다. 4年 후 台湾에서는 어떠한 색채의 정권이 탄생할 것인가? 이는 향후 兩岸간의 关系를 가름하는 관건적인 변수가 될 것이다.

第 2 章 台湾의 対中国政策 分析

台湾은 台湾이 中国人民을 대표하는 유일한 合法政府이며, 台湾政府가 大陆에 대해 통치권을 갖고 있다는 등 하나의 中国政策을 펼쳐 나갔다. 그러나 70年代에 들어 이 같은 주장은 前苏联(qián sū lián)를 견제하기 위해 中国을 전략적으로 중시했던 美国의 세계政策과 中国의 美国(měi guó)·日本(ri běn) 유럽 각 国家들과의 外交 회복에 따른 台湾의 国際的 지위실추 및 고립과 함께 상징적인 작용만을 했다. 따라서 '하나의 中国' 정책은 수정돼야만 했다. 动员勘乱时期(dòng yuán kān luàn shí qī)의 마감과 대등지위 원칙에 의한 两岸 교류 원칙의 대두가 바로 그것이다. 80年代에 들어 中国이 和平统一과 「一国两制(yì guó liǎng zhì)」에 의한 적극적인 统一공세로 나오자 1981年 3月 소집된 国民党(guó mín dǎng) 제 12차 전국대표회의에서 '反共复国(fǎn gòng fù guó)'의 구호를 수정할 것과 '三民主义에 의한 中国统一'이라는 새로운 统一모델을 제기했으며, 三民主义의 统一中国 대동맹이라는 조직을 만들어 统一에 임할 것임을 천명했다. 그러나 政治的 民主·经济的 平等(píng děng)·社會的 다원화를 中国 전역에 실현하는 것을 강조하고 있는 三民主义의 中国统一 모델은 '三不政策(sān bù zhèng cè)'이라는 제한성 때문에 政治 선전적인 구호에 지나지 않았다. 1987年11月2日 蒋经国(jiǎng jīng guó) 总统이 探亲政策(tàn qīn zhèng cè)을 발표하자 两岸关系(liǎng àn guān xī)는 새로운 전환점을 맞게 됐다. 国民党(guó mín dǎng)은 12月7日 당 제 13기 전국대표대회를 소집해 '현 단계하의 大陆政策(dà lù zhèng cè)'을 제기하고, 大陆의 政治现代化·经济自由化·社會多元化·文化中国化 등 4가지 원칙을 제정했다. 台湾경험을 확대해야 한다고 강조하면서 中国大陆이 台湾의 발전모델을 배울 것을 요구했다. 1991年2月23日 国家统一委員會는 '国家统一綱領'을 수정 통과시켰고, 3月5日 李登辉(lǐ dēng huī) 总统은 그것의 실시를 공고했다. "国家统一綱領'은 台湾의 연속성 대표성 방안으로 两岸关系(liǎng àn guān xī)와 统一政策의 주요 근거를 담고 있었다. 이 같은 台湾式 하나의 中国방안의 제시 외에도 民进党(mín jin dǎng)을 축으로 한 台湾독립론도 꾸준히 그 세를 늘려가고 있었다.283)

---

283) 葉明德., "略论(luè lùn)一個中国". 「東亞季刊」, 第 25卷 第 2期, 1993.10.1. p. 6. 재인용.

第 1 节 李六条 이전의 台湾의 对中国政策

1949年 中国 共产党(zhōng guó gòng chǎn dǎng)이 中国大陆을 강점한 이래 国民党(guó mín dǎng) 政府 体制하의 台湾은 줄곧 '이데올로기론'과 '实用主义论' 간의 쟁론 속에서 统一 政策을 펴고 있었다. 전자가 中国 共产党(zhōng guó gòng chǎn dǎng)과의 투쟁을 제일의 목표로 삼고 있는 것이라면, 후자는 台湾의 现代化를 우선 과제로 설정하고 있었다. 그러나 台湾의 对中国政策은 '光復大陆国土' '三民主义'에 의한 中国统一'이라는 이데올로기를 앞세운 강경 일변도에서 점차 "国家统一纲领"과 같은 实用主义에 바탕을 둔 政策으로의 변화를 모색할 수밖에 없었다. 이 같은 政策변화는 그동안 금기로 여기던 台湾독립운동의 분위기를 조장하기도 했다. 中国이 台湾问题 해결방식으로 제기한 여러 제의에 台湾政府는 기본적으로 中国의 对台湾政策을 '平和를 가장한 统一战线의 일환'이라고 여기는 시각을 갖고 있었고, 台湾政府를 地方政府로 간주하는 통일방안을 통해 台湾을 붕괴시키려는 음모에 불과하다고 비난했다. 国民党 지도부는 中国이 两岸关系(liǎng àn guān xī)와 관련된 问题를 '台湾问题'라고 지칭하는데 심한 거부반응을 보였다. 즉 이들은 "中国问题만이 존재할 뿐 台湾问题라는 것은 근본적으로 존재하지 않는다."는 점을 강조했다. 또 中国과의 모든 접촉 담판 타협을 거부하는 것만이 中国의 政治的 음모를 봉쇄할 수 있는 길이라고 확신했다.

따라서 中国이 제안하는 党对党(dǎng duì dǎng) 담판을 받아들이는 것 자체만으로도 台湾政府가 地方政府임을 시인하는 것이라는 인식 속에서 中国의 각종 접촉 제의에 반대 입장을 분명히 했다. 그러나 台湾政府는 中国의 对台湾政策에 적극적으로 대처하기 위해 장기적으로 볼 때, 平和공세에 효과적으로 대처하는 것이 날이 갈수록 어렵고 台湾내부의 합일된 统一안의 부재가 결국은 내부의 동질성마저 파괴시킬 것이라고 판단하고 中国의 각종 제의를 거부하면서도 对中国 统一政策을 체계화시켜 나갔다.

1. 蒋介石시대의 对中国政策

1950年1月 中国 国民党(guó mín dǎng) 총재의 신분으로 蒋介石(jiǎng jiè shí)는 '告全国同胞书<gào quán guó tóng bāo shū(전국동포에 고하는 글)>'을 발표해 전 中国人民에게 한마음으로 끝까지 반공할 것을 요구했으며, 台

湾政府는 国家領土・主權回復・국민의 생명・재산의 自由를 보장하고, 共产党을 물리치는데 힘쓸 것이라고 강조했다.[284) 同年 국경일 연설에서 蔣介石(jiǎng jiè shí)은 台湾건설・반공大陆・동포를 구해 中国을 부흥시킬 것과 4억 5천만 동포의 의지와 역량을 모아 共产党을 소멸시킬 것을 선언했다. 이로써 '反共复国(fǎn gòng fù guó)'은 台湾의 国家统一 기본政策으로 자리잡게 됐다. 이 政策은 1978年 末까지 지속되면서, 三民主义 中国统一 政策의 기조가 됐다. 1951年부터 1978年까지 1953年 군사제일・반공제일이라고 강조한 것 외엔 해마다 새해 벽두와 경축일에는 '反共复国(fǎn gòng fù guó)'을 강조하였다.[285)

그러나 이때의 对中国政策도 변화의 가능성은 늘 잠재돼 있었다. 즉, 1951~1961年엔 오로지 中国정권의 전복만을 강조했으나, 1961~1971年은 여전히 中国 共产党(zhōng guó gòng chǎn dǎng)에 대해 '反共复国(fǎn gòng fù guó)'의 결심을 재차 선언하면서도 政治的 反共과 大陆內 反共产党 세력과의 내외결합을 강조한 非武力 반공이었다.

1971~1978年은 中国의 台湾에 대한 武力 不포기와 平和공세 속에서 不接觸・不談判・不妥協의 '三不政策(sān bù zhèng cè)'에 의한 对中国政策을 펴나갔다.

1955年과 1958年 두 차례의 台湾海峽 위기를 겪으면서 台湾政府는 美国(měi guó)의 지지획득 실패와 军事的 열세로 "反共复国(fǎn gòng fù guó)"의 희망을 잃어가고 있었다. 台湾과 美国 공동방어조약 체결 후 台湾은 军事的 행동의 기회와 가능성이 크지 않다는 것을 이해하기 시작했다. 1958年 10月23日 台湾과 美国은 동시에 발표한 성명 중에 "美国은 中华民国(zhōng huá mín guó)이 自由中国의 진정한 대표이고, 中国人의 희망과 바람의 진정한 대표라고 인정한다."고 제시하면서도, "中华民国(zhōng huá mín guó) 政府는 大陆人의 自由회복을 신성한 사명이라고 인정하고 있으며, 이 사명의 기초가 中国人의 마음속에 자리 잡고 있으며, 이 사명의 주요 방안과 달성을 孫中山 선생의 三民主义에 따라 실행할 것이며, 武力에 의하지는 않을 것"이라고 강조했다.[286)

---

284) 張其勻., 「中华民国(zhōng huá mín guó)創立史」, 台北(tái běi): 華岡出版社 1973. p. 160. 재인용.
285) 張炳玉., "中共 一国两制(yì guó liǎng zhì)统一政策與台湾海峽兩岸的經貿关系之研究(1979~1991)", 国立政治大学, 東亞研究所, 博士学 位論文, 1993.1. p. 120. 재인용.

1960年代에 들어 台湾은 군사에 의한 大陆국토 수복의 목표를 포기하지 않았다. 1962年 初 中国의 经济的인 어려움을 틈타 소규모 정탐부대로 하여금 大陆공격을 감행케 했으며, 정찰기를 통해 정보를 수집하기도 했다.[287] 1966年 中国에서 문화대혁명이 시작되자 台湾은 군사행동을 자제하고 政治가 군사를 우선하는 政策, '7할 政治, 3할 군사'라는 政治구호를 사용했다. 따라서 台湾政府는 군사수단에 의한 大陆광복을 포기한 채 大陆광복을 장기적인 목표로 삼고 中国 共产党(zhōng guó gòng chǎn dǎng) 스스로가 붕괴되기를 희망했다.

1970年代 들어서서 中国이 台湾을 대신해 联合国(lián hé guó)에 가입하고 美国과 中国이 '上海(shàng hǎi)성명'을 발표하고 台湾과 日本(rì běn) 등 각국과의 外交关系(wài jiāo guān xī)가 단절되면서 台湾은 外交的인 고립에 직면하게 된다. 그러나 "台湾政府의 大陆광복이라는 기본 국책은 절대로 변할 수 없다", "전 국민의 투표를 통해 탄생한 中华民国(zhōng huá mín guó)은 大陆광복에 매진해야 하며, 전국을 통일하여 동포를 구하고 우리의 问题를 해결해야 한다. 이외엔 어떠한 방도도 없다." 등 大陆광복과 동포를 구해야 한다고 강조했다.[288]

1949年 国民党(guó mín dǎng) 政府가 台湾으로 철수해 1978年 美国(měi guó)과의 단교까지 이 시기의 统一政策은 주로 '反共复国(fǎn gòng fù guó)'을 주요목표로 삼았다. 초기 '军事反共' 政策에서 '政治反共'까지 '復国' '统一'의 의지를 달성할 수 없었다. 따라서 台湾의 对中国统一 政策은 점차 변화되기 시작했다.

2. 蒋经国의 对中国政策 變化

1978年 蒋经国(jiǎng jīng guó)은 国民党(guó mín dǎng) 주석 및 행정원장의 신분에서 제 6대 总统으로 취임한 후 中国의 '3通4流' '叶九条(yè jiǔ tiáo)' '邓六点(dèng liù diǎn)' 「一国两制(yì guó liǎng zhì)」의 统战(tǒng zhàn)에 맞서 三民主义에 의한 中国统一 政策을 추진했다. 특히 中国의 각

---

286) 张五岳(zhāng wǔ yuè)., op. cit., pp. 200~201. 재인용.

287) 包宗和,「臺海兩岸互動的理論與政策面向(1950~1989)」, 台北(tái běi): 三民書局. 1991.4. 再版. p. 117.

288) 张五岳(zhāng wǔ yuè)., op. cit., pp. 202~221. 재인용.

종 政策엔 不接觸・不談判・不妥協의 「三不政策(sān bù zhèng cè)」으로 대항했다.[289]

1979年1月12日 国民党(guó mín dǎng) 孙运璿(sūn yùn xuán) 행정원장이 中国이 제시한 "告台湾同胞書"의 상호교류 제안에 관해 협상에 참여하는 전제조건으로, 첫째, 中国은 马克思(mǎ kè sī)・列宁(liè níng)主义를 버리고 세계혁명을 포기할 것, 둘째, 공산독재를 폐기하고 자유민권을 보장할 것, 셋째, 人民공사를 해체하고 人民재산을 반환해 大陆人民이 台湾人民과 동등하게 풍요로운 생활을 영위할 수 있도록 할 것을 주장했다. 同年 4月 4日 蒋经国(jiǎng jīng guó) 总统은 과거 반공 경험에 의거해 不接觸・不談判・不妥協의 입장을 밝혔다.[290] 이는 中国의 全人代(quán rén dài)가 제기한 "告台湾同胞書"에 대한 분명한 태도 표명이었다.

1981年4月5日 国民党(guó mín dǎng)은 제 12기 전국대표대회를 소집해 '三民主义에 의한 中国统一 政策(貫徹以三民主义统一中国案)'을 통과시키고, 정식적으로 '三民主义에 의한 中国统一'이라는 政治구호를 제기했는데, 이는 叶剑英(yè jiàn yīng)의 九條和平方案(hé píng fāng àn)(이하. 叶九条(yè jiǔ tiáo))에 대한 대응이었다. 三民主义에 의한 새로운 国家건설・反共复国(fǎn gòng fù guó)의 행동綱領 실천・统一后 中华民国(zhōng huá mín guó)의 건설 경험을 통한 大陆재건 등을 담고 있었다. 三民主义 中国统一과 三不政策(sān bù zhèng cè)은 台湾의 中国에 대한 기본입장으로 1970年代 초반의 '汉贼不两立(hàn zéi bù liǎng lì)'이라는 견해를 채택했다. 同年 9月30日 宋楚瑜(sòng chǔ yú) 행정원 신문국장은 "中国의 统一을 위해선 中共이 공산주의를 포기하고 三民主义에 의한 헌정을 선행해야 할 것"이라고 말했다.[291]

이후 각종 매체를 통해 부단히 中国에 대해 平和공세와 함께 中国이 政治现代化・经济 自由化・社會 多元化・文化 中国化 등을 실시해야 한다고 강조했다.

1982年6月2日 蒋经国(jiǎng jīng guó) 总统은 叶九条(yè jiǔ tiáo)의 주요 목적이 美国의 台湾에 대한 무기수출 계획을 막겠다는 의도가 내포돼있다고

---

289) 张五岳(zhāng wǔ yuè)., op. cit., pp. 204~205. 재인용.
290) 行政院新聞局., "堅苦卓絶繼往開來 — 一貫徵蔣故总统經国先生反共復国之訓示", 台北(tái běi), 1988.2. p. 136. 재인용.
291) 중앙일보., 1981.10.1. 재인용.

파악했다.292) 이때의 中国의 統一 제의에 대한 蒋经国(jiǎng jīng guó) 总统의 거부는 지금까지 台湾이 견지해온 中国의 和平统一 제의에 대한 거부를 종합화하고 구체화한 것으로 美国의 台湾 무기판매 问题를 자국의 对中国 逆统战(tǒng zhàn) 공세에 연결시켰다는데 중요한 특징이 있다. 이러한 蒋经国(jiǎng jīng guó) 总统의 거부는 대내적으로 국방력 강화를 통해 中国의 军事的 위협에 강력히 대처하겠다는 国民党(guó mín dǎng) 政府의 확고한 의지를 표현한 것으로써 中国의 각종 平和공세 강화에 따른 민심의 동요를 방지하고 대외적으로는 美国의 台湾关系法에 의거, 台湾에 대한 무기판매를 비롯한 실질적인 关系의 강화를 유도하기 위한 것이라고 중요 동기를 찾을 수 있을 것이다.293)

이처럼 統一 问题에 있어 台湾은 줄곧 피동적이고 수세적인 입장을 취해왔으나, 中国이나 国際政勢의 질적 변화로 인해 大陆에 대한 기존태도와 政策의 변화가 불가피하게 됐다. 中国에 대해 단순政策만으로는 점차 심화되고 있는 統一의 강요에 효과적으로 대응할 수 없게 됐다.

同年 6月10日 孙运璿(sūn yùn xuán) 행정원장은 제 11차 中国·美国 "中国大陆问题" 토론회 석상에서 "三民主义에 의한 中国统一은 과거 30여 年 동안 两岸실험의 결과이며, 일찍이 三民主义가 멀게는 공산주의에 가깝고 中国 실정에 맞으므로 中国问题를 해결할 수 있다"고 밝혔다. 또 孙运璿(sūn yùn xuán) 행정원장은 "우리는 中国의 統一이전 中国人의 自由의사에 기초를 두야 한다고 믿는다.___四项坚持(sì xiàng jiān chí)를 포기하고 생활방식을 빨리 바꿔야 大陆의 政治·经济·社會·文化 등 각 방면에서 自由中国과의 차이를 줄일 수 있으며, 中国 和平统一의 조건이 자연히 성숙된다."고 말했다.294)

1982年12月2日 蒋经国(jiǎng jīng guó) 总统은 "중공정권은 다른 制度의 장기적 존재를 허가할 수 없는데, 이로써 중공정권은 역량 면에서 이외 지역에서 自由制度의 유지를 어떻게 보증하는 것이 최종목표를 달성하기 전의 수단이다"라고 평가했다.295) 中国의 新宪法(xīn xiàn fǎ)에 대해 蒋经国

---

292) 중앙일보., 1982.6.2. 재인용.
293) 박두복., op. cit., p. 23. 재인용.
294) 蔡政文·林嘉誠, 「臺海兩岸政治问题」, 台北(tái běi): 国家政策研究资料中心, 1989.7. p. 134. 재인용.
295) 중앙일보., 1982.12.17. 제 1면. 재인용.

(jiǎng jīng guó) 总统은 西藏(xī zàng)을 예로 들면서 中国이 台湾에 특별 행정구를 설치하겠다는 제안을 거절했다.296)

1983年9月 孙运璿(sūn yùn xuán) 원장은 邓六点(dèng liù diǎn)에 대해 台湾의 국기와 国家를 사용하지 못하게 하겠다는 것으로 의도로 인식하고, 台湾 地方化의 음모라고 반대했다. 1984年10月9日 蒋经国(jiǎng jīng guó) 总统은 국경일 치사에서 邓小平(dèng xiǎo píng)의 「一国两制(yì guó liǎng zhì)」에 대해 "中国의 「一国两制(yì guó liǎng zhì)」는 自由세계를 미혹해 平和공존의 허상을 만들려는 것"이라며, 四项坚持(sì xiàng jiān chí)와는 서로 모순되며, 反共复国(fǎn gòng fù guó)의 기본국책과 中国에 대한 불타협의 입장은 어떠한 상황에서도 절대불변이라는 것을 재천명했다.297)

台湾의 国民党(guó mín dǎng) 政府가 中国의 和平统一 협상제의를 일괄적으로 거부한 데는 몇 가지 이유가 있다.

첫째, 国民党(guó mín dǎng)은 "三民主义"와 "反共复国(fǎn gòng fù guó)"이라는 원칙을 고수해오고 있다. 反共은 대의명분이었기 때문에 中国이 제안한 统一협상에 응한다면 이는 곧 国民党(guó mín dǎng)은 그 명분을 상실하게 돼 党의 존립에 크게 타격을 받을 것이다. 둘째, 中国의 和平统一 방안은 台湾政府가 统一后 특별행정구가 된다는 것을 제안하고 있기 때문에 国民党(guó mín dǎng)은 国號·国雄·国歌를 모두 포기하고, 中国에 귀숙된 하나의 省으로 전락한다는 것을 의미하므로 이는 国民党(guó mín dǎng)의 굴욕과 패배를 스스로 인정하는 것과 다름없다는 것이다. 셋째, 中国의 统一방안은 台湾统一을 내부问题로 전제하고 있기 때문에 만약에 여기에 응한다면 정통 中国政府로서의 지위주장을 台湾政府가 스스로 철회하는 것과 같다. 넷째, 中国이 제안한 自由왕래와 각종 교류의 보장은 中国과의 교역에서 얻을 수 있는 台湾내부의 经济人들의 수를 증가시켜 中国과의 교류를 촉구하는 여론이 확대돼 국론을 분열시키고 国民党(guó mín dǎng) 政府의 지도이념을 파괴할 것이다. 다섯째, 과거 2차례에 걸쳐 행하여졌던 国·共合作(guó gòng hé zuò)에서 国民党(guó mín dǎng)은 共产党의 统一戰線에 이용돼 패퇴한 경험으로 共产党에 대한 불신이 깊을 뿐만 아니라 티베

---

296) Shuhua Chang., 「Communication and China's National Integration: An Analysis of People's Daily and Central Daily News on the China Reunification Issue」, Maryland University of Maryland, 1986, p. 26.
297) 중앙일보., 1984.10.9. 제 1면. 재인용.

트 自治區 설치를 인정해 이루어졌던 中国 티베트 平和협정이 1965年9月 티베트 강제병합으로 귀결되었음을 중시, 中国의 「一国两制(yì guó liǎng zhì)」에 대해 매우 냉소적이다. 또한 台湾社會의 经济的 풍요에 따라 统一의 필요성이 절실하지 않다.

그러므로 台湾政府는 中国의 和平统一 협상 제의에 대해 일절 응하지 않겠다는 입장을 확실히 표명하고, 台湾의 经济건설이 中国에 비교해 훨씬 모범적이며, 안정적이라는 사실을 강조하면서 中国의 和平统一 공세의 의미를 퇴색시키고, 이로 인한 台湾 내부의 동요를 감소시키려 했다.

그러나 对中国政策의 미소한 변화를 읽을 수 있다. 예를 들어 1981年7月 国民党(guó mín dǎng) 陆工会(lù gōng huì) 白万祥(bái wàn xiáng) 주임은 中国을 지칭하는데, 공개적인 장소에서 '匪伪(fěi wěi)' '匪军(fěi jūn)'이라는 호칭을 사용하지 않았다.[298] 1982年 '自由中国之聲'이라는 잡지는 统一을 3단계로 분리 진행할 수 있다는 주장을 폈다.[299] 1984年1月30日 孙运璿(sūn yùn xuán) 원장은 台湾人은 国際学 術・科学(kē xué)기술・문화 등 각 방면에서의 회의와 활동 중 大陆人들과 접촉할 수 있다고 나타냈다. 동시에 台湾동포의 大陆 親知房門, 经济행위에 대해 과거 일방적인 금지에서 점차 간여를 줄이겠다고 강조했다. 金门(jīn mén)・马祖(mǎ zǔ) 등과 가까운 곳에서 조업하는 中国어선에 대해 위반하지 않았다면 '匪船(fěi chuán)'으로 처리하지 않겠다고 했다.

이밖에도 과거 절대적 대립으로부터 변화를 시도한 것을 찾아볼 수 있다. 당과 政府내에 逆统战(tǒng zhàn)기관을 만들어 逆统战(tǒng zhàn)기능을 강화했으며, 사격(1979年10月) 및 배드민턴<1981年1月의 国際经济联盟(guó jì jīng jī lián méng)>과 IOC(1987年 3月)등에서 과거와 같은 경직성을 탈피, 그들의 명칭을 변경(中国台北射擊協會 등), 中国과 동시에 참가하는 등 신축성 있는 政策을 추구하기에 이르렀다. 1979年 3月엔 北京(běi jīng)주재 외신기자의 대북방문을 초청하고 美国(měi guó)・日本(rì běn) 등에 유학중인 大陆유학생과 학자들의 台湾방문을 추진하기 위한 '大陆留学生奉任處'를 설립했다.

---

298) 中国時報., 1981.7.16. 第 2面. 재인용.
299) 郭相枝・董彩琴., "国共关系近四十年演變之探討", 「台湾研究」, 1988. 第 4期. p. 6. 재인용.

이와 같이 台湾은 大陆에 대한 부정적 소극적 태도에서 적극 탈피, 国民党(guó mín dǎng)·共和党 우月비교라는 体制우위론에 입각해 그들의 国際的 고립을 탈피하면서 동시에 中国 平和공세의 허구성을 폭로하는데 주력하고 있었다고 볼 수 있다.

1986年3月29日 国民党(guó mín dǎng)은 제 12기 3中全會를 소집해 蒋经国(jiǎng jīng guó) 总统은 '中国의 统一과 世界 平和'라는 제목의 치사에서 中国의 统一에 대해 政治·经济·社會·文敎·대외 矢系방면에서 5가지를 제기했다.300) 蒋经国(jiǎng jīng guó) 总统은 시대의 변화·조류의 변화·환경의 변화를 강조하면서, 国民党(guó mín dǎng)도 관념과 견해 면에서 변해야만 한다고 지적했다.

1987年7月 계엄령을 해제한 후 10月 人道主义원칙으로 台湾人의 大陆探親을 허가했다. 이는 40여年 대결로 치달았던 两岸의 대립종식을 의미할 뿐만 아니라, 台湾의 새로운 大陆政策(dà lù zhèng cè)의 시발점이 됐다. 1987年1月15日 행정원 제 2053차 회의에서 大陆探親을 통과시키고, 3개 원칙에 따라 허가한다고 밝혔다. 첫째, 反共국책과 국토수복의 목표불변. 둘째, 国家안정 확보와 中国의 통전의 방지. 셋째, 전통윤리와 人道主义 입장의 기조였다.301)

그런데 大陆에 대한 台湾의 본격적인 태도변화는 1988年 蒋经国(jiǎng jīng guó) 总统의 사망, 특히 蒋经国(jiǎng jīng guó) 总统에 의해 이미 추진되어온 国民党(guó mín dǎng) 政府의 台湾化<本土化(běn tǔ huà)>政策이 台湾系 중심으로 추진되면서부터 이루어졌다. 이러한 의미에서 台湾출신인 李登辉(lǐ dēng huī) 总统의 등장을 추인한 1988年7月7日 国民党(guó mín dǎng) 제 13기 전국대표대회는 对中国政策의 질적 변화 면에서 주요 전환점을 이루었다고 볼 수 있다. "国民党(guó mín dǎng)은 전국대표대회에서 '중공과 中国의 한계분리' '중공정권과 大陆동포 분리간주' 및 '政府의 三不政策(sān bù zhèng cè)과 海映兩岸事務의 분리처리' 등 3가지에 공통된 인식을 갖고 '현 단계 大陆정제안'을 통과시켰다. 또 '民間·間援·單向·漸進·安全'의 원칙 하에서 '三通(sān tōng) 四流'를 처리하고, 台湾의 경험과 역량을 통해 中国大陆의 政治民主化·经济自由化·社會多元化·文化中国化의 목표

---

300) 중앙일보., 1986.3.30. 제 1면. 재인용.
301) 蔡政文·林嘉誠., op. cit., p. 141. 재인용.

를 달성한다. (国民党在全国代表大会中持有三种共同意识, 即"中共和中国的界限分离", "视为中共政权和大陆同胞分离"和"政府的三不政策与海峡两岸事务的分离处理"等, 通过了"现阶段大陆提案"。再者, 在"民间·间接·单向·渐进·安全"的原则下, 实现"三通, 四流", 通过台湾的经验和力量, 达成中国大陆"政治民主化·经济自由化·社会多元化·文化中国化"的目标。guó mín dǎng zài quán guó dài biǎo dà huì zhōng chí yǒu sān zhǒng gòng tóng yì shī, jì 'zhōng gòng hé zhōng guó de jiè xiàn fēn lí', 'shì wéi zhōng gòng zhèng quán hé dà lù tóng bāo fēn lí' hé 'zhèng fǔ de sān bù zhèng cè yǔ hǎi xiá liǎng àn shì wù de fēn lí chù lǐ' děng, tōng guò le 'xiàn jiē duàn dà lù tí àn'. Zài zhě, zài 'mín jiān, jiān jiē, dān xiàng, jiàn jìn, ān quán' de yuán zé xià, shí xiàn 'sān tōng, sì liú', tōng guò tái wān de jīng yàn hé lì liàng, dá chéng zhōng guó dà lù 'zhèng zhì mín zhǔ huà, jī ing jì zì yóu huà, shè huì duō yuán huà, wén huà zhōng guó huà' de mù biāo。)"고 했다.[302] 또한 国民党(guó mín dǎng)의 中央党委員會 전체 구성원의 평균연령이 제 12기 대회의 70세에서 58~68세로 낮아졌으며, 中央상무위원회의 평균연령도 64~70세에서 63~67세로 낮아졌다. 개편된 国民党(guó mín dǎng) 권력구조에 있어 지식수준의 제고와 기술관료 집단의 세력 확장이 눈에 띄게 나타났다.

国民党(guó mín dǎng) 지배구조의 근본적 변화에 따라 나타난 政策결정과정의 脫이데올로기와 현실주의 성향은 본토 수복政策에서 장기적 분단 현상을 받아들이는 현실주의 政策으로의 전환을 가져왔으며, 이에 따라 台湾독립과 台湾人의 大陆 이탈현상을 효과적으로 저지시키는데 중요한 역할을 해왔던 민족주의의 위치도 크게 전락됐다. 이러한 민족주의로부터의 탈피는 현실적으로 융통성 있는 政策선택의 폭을 넓혀주었으며, 이에 따라 台湾은 中国大陆을 하나의 현실적 실체로 결정해 가면서 과거와 같은 경직성에서 탈피, 신축성 있는 政策의 추구를 가능케 한 것이다. 经济발전과 규모의 확대에 따라 西方과의 무역 마찰이나 임금상승 등 많은 어려움을 맞게 됨으로써 이에 대한 하나의 대응책으로서 中国과의 经济 교류의 요구가 급증함에 따라 "三不政策(sān bù zhèng cè)" 수정에 대한 제고가 필요해졌다.

---

302) 장병옥., op. cit., p. 125. 재인용.

3. 李登辉의 国家统一纲领

李登辉(lǐ dēng huī) 总统은 제 7대 蒋经国(jiǎng jīng guó) 总统의 서거로 1988年 2月 20日부터 总统职을 승계한 후 1990年5月20日 제 8대 总统으로 취임하기까지 이전과 다른 大陆政策(dà lù zhèng cè)을 주도해 나갔다. 특히 8대 总统 취임연설에서 향후 大陆政策(dà lù zhèng cè)의 내용과 방향에 관해 중대한 발언을 통해 两岸关系(liǎng àn guān xī)의 새로운 전기를 마련했다.[303] "李登辉(lǐ dēng huī) 总统이 1988年2月22日 기자회견에서 밝힌 大陆政策의 요점은— 첫째, '三不政策(sān bù zhèng cè)'은 지속적인 원칙이다. 둘째, 中国은 四项坚持(sì xiàng jiān chí)와 武力에 의한 台湾 침략의 의도를 포기해야 한다. 셋째, 「一国两制(yì guó liǎng zhì)」는 中国에 맞지 않는다. 넷째, 하나의 中国원칙을 견지한다. (李登辉总统在1988年2月22日记者招待会中发表的大陆政策要点为：一、三不政策是持续的原则。二、中国应该放弃四项坚持和依靠武力侵略台湾的意图。三、一国两制不适合中国。四、坚持一个中国的原则。Lǐ dēng huī zǒng tǒng zài yī jiǔ bā bā nián èr yuè èr shí èr rì jì zhě zhāo dài huì zhōng fā biǎo de dà lù zhèng cè yào diǎn wéi: yī, sān bù zhèng cè shì chí xù de yuán zé. èr, zhōng guó yīng gāi fàng qì sì xiàng jiān chí hé yī kào wǔ lì qīn luè tái wān de yì tú. Sān, yì guó liǎng zhì bù shì hé zhōng guó. sì, jiān chí yí gè zhōng guó de yuán zé。)" 1990年5月22日 기자회견에서 밝힌 大陆政策(dà lù zhèng cè)의 요점은— 만약 첫째, 中国이 民主政治 및 自由经济 制度를 추진한다면. 둘째, 海峡에서 武力사용을 포기한다면. 셋째, 하나의 中国전제하에 우리가 대외关系를 전개하는 것을 막지 않는다면. 中华民国(zhōng huá mín guó)는 대등한 입장에서 교류하고 国家统一에 대해 토론한다는 것을 전제하고 있다.

이는 東歐 前苏联(qián sū lián)의 붕괴 냉전体制의 해체 등 일련의 国际정세의 변화에 따라 经济力이 중시되는 新国际질서의 등장과 台湾의 경제성장이 国际社會에서 인정받게 됨으로 对中国政策의 변화를 요구하기에 이르렀다는 것이다. 또한 台湾내부에서 民主化의 가속화에 따라 两岸关系(liǎng àn guān xī)의 새로운 정립을 시도하게 됐으며, 台湾은 상호간 문화교류를

---

303) 聯合報., "李总统兩次就職記者會內容比較表", 1990.5.23. 재인용.

통해 台灣이 갖고 있는 문화적 과도성과 주변성을 극복하고 중화문화의 정통성과 주도권의 경쟁에서 주체의 위치를 확립할 필요가 가중됐다고 볼 수 있다.

1988年7月 国民党(guó mín dǎng) 제 13기 전국대표대회 이전까지 현역 군인·경찰·공무원 등의 제한은 있었지만 일반주민 국공립교사 및 직원 등의 大陆방문을 허용했으며, 中国政府 또한 台湾동포의 大陆방문을 조건없이 환영함으로써 40年間 적대적 단절상태에서 민간교류의 새 시대를 열었다. 国民党(guó mín dǎng) 제 13기 당대회에서 '현 단계 大陆政策(dà lù zhèng cè) 초안'을 통과시키면서 이때까지 추진되어온 两岸关系(liǎng àn guān xī)를 종합하면서 政治·经济·社會·文教의 4방면에서 구분해 앞으로 政策이 추진될 것을 강조했다. 台湾경험과 민간역량을 집중하여 大陆의 自由化와 民主化를 가속화시킨다는 것을 기본요지로 삼았다.

특히 李登辉(lǐ dēng huī) 总统은 국방과 外交 및 大陆政策(dà lù zhèng cè)을 직접 관장하겠다고 천명한 후 1990年6月 大陆政策과 民主化에 대한 논쟁을 종식시키기 위한 国是會議를 개최해서 각개의 의견을 수렴해 개헌을 통한 내부 政治民主化의 수용과 과감한 大陆政策을 건의했다. 당시의 国事会议(guó shì huì yì)의 주요의제는 国會改革·地方制度·中央政府体制·憲法修正·大陆政策과 两岸关系였다.

台湾人의 福祉와 大陆의 民主·自由를 촉진시킨다는 전제아래 大陆의 개방과 안전이 보장된 大陆政策을 결의하고 구체적인 실천 问題에 있어 '一国两區 兩個政府'로서 쌍방의 政治실체를 인정하고 政治的 統一 담판은 시기가 아직 이르다는 제한적 非政治的 민간교류 확대를 결의했다. 民进党(mín jìn dǎng)도 참여해 政策을 제시하며 제한적이나마 台湾 독립운동이 공식적인 政治쟁점화 되는 계기가 형성됐다.

国民党(guó mín dǎng)은 체계적인 大陆政策(dà lù zhèng cè)의 결정과 집행을 위한 조직을 강화해 나갔는데, 国民党(guó mín dǎng) 中央위원회에 종래의 大陆工作會 보다 상위조직인 大陆工作所를 만들고, 10月엔 최고 결정기구로서 总统이 위원장이 되는 国家统一委員會(약칭. 国统会(guó tǒng huì))를 总统府에 설치했다. 1991年 1月엔 행정원에 기존의 大陆工作會를 폐지하고, 실질적인 大陆업무의 상설 집행기구인 大陆委員會를 설치했다. 3月엔 三不政策(sān bù zhèng cè)에 따라 大陆과의 교류라는 기본방침을 유지하기 위한 민간 연락기구로서 海峽交流基金会(hǎi xiá jiāo liú jī jīn huì)<약칭. 海基会(hǎi jī huì)>를 조직해 大陆政策(dà lù zhèng cè)에 대한 자문·政策결정·政策집행의 3단계 과정을 포괄할 수 있는 조직체계를 정비했다.[304]

특히 海基会(hǎi jī huì)는 3분의 2를 政府가 출자하고, 3분의 1은 개인이 찬조한 것이며, 다음과 같은 임무를 갖고 있다. 첫째, 两岸의 수출입 문건의 접수비준 운송. 둘째, 大陆문건의 공증과 전달. 셋째, 两岸의 도망자 추적. 넷째, 两岸무역 분쟁조정 해결. 다섯째, 문화학술교류 촉진. 여섯째, 일반 사무적인 자문 제공. 일곱째, 台湾人의 大陆방문의 合法的인 권익협조 및 보호. 여덟째, 台湾政府의 기타사항 처리 등 "三不政策(sān bù zhèng cè)" 아래 两岸의 간접교류를 合法化하는 방안으로 "新三不政策"을 내놓았다. 이러므로 台湾은 政經分離·官民分離라는 원칙아래 공식적인 접촉을 제외한 거의 모든 방면의 민간교류를 묵인 합법화시키는 가운데 실질이익과 国家보안의 평행을 유지했다. 동시에 中国의 四项坚持(sì xiàng jiān chí)에 대응하는 '三不愛'를 강조해 台湾국민들에 대한 中国의 统一政策에 대한 경계심을 고취시켰다. 1991年2月23日 国统会(guó tǒng huì)는 "国家统一綱領"을 수정 통과시켰으며, 总统府는 3月5日 정식으로 실시를 공포했다. 3月 14日 행정원은 '国统纲领(guó tǒng gāng lǐng)'을 통과시켜 两岸关系(liǎng àn guān xī)의 처리원칙을 세웠다.

과거 中国 共产党(zhōng guó gòng chǎn dǎng)을 불법정권으로 여겨 그 실체를 인정하지 않으려던 태도에서 벗어나 李登辉(lǐ dēng huī) 总统은 中华人民共和国(zhōng huá rén mín gòng hé guó)이라는 국호를 직접 사용, 적대적 태도보다는 실질적인 태도로 两岸关系(liǎng àn guān xī)를 풀어나갈 것임을 나타냈다. 또 中国의 和平统一 공세와 「一国两制(yì guó liǎng zhì)」에 대응해 三不政策(sān bù zhèng cè)(不接觸·不談判·不妥協)을 견지하던 것에서부터 벗어나 양국 政府간 회담을 가질 수 있다고 했다. 물론 中国이 台湾을 대응 政府로 받아들인다는 전제하의 담판이었으나 中国의 「一国两制(yì guó liǎng zhì)」에 대해 적극적으로 대처해 나갈 것임을 천명했다. 이는 과거 中国이 四项坚持(sì xiàng jiān chí)와 일당독재를 포기해야

---

304) 馬英九, "四年來的大陸政策與兩岸关系", 「中国大陆研究」, 第 34卷 第 12期, 1991. 12. p. 11. 재인용.

한다는 강경한 태도에서 탄력적인 태도를 보인 것이다. 즉 李登辉(lǐ dēng huī) 总统이 친히 "三不政策(sān bù zhèng cè)" 포기를 선언하지는 않았으나, 动员勘乱时期(dòng yuán kān luàn shí qī)의 종식과 3가지 조건하에서 中国정권과의 대등한 담판을 말했다.305)는 데서 쉽게 알 수 있다.

또 中国의 党对党(dǎng duì dǎng) 담판으로 两岸 统一问题를 해결하려던 의도에 반대한다고만 밝히던 과거의 태도에서 两岸 中国人民의 공의를 존중해 民主과정의 이념에 따라 国家统一 과업에 임할 것임을 선언하기도 했다

"国家统一纲领"은 '自由·民主·均富의 원칙하에 中国의 统一완성'306)이라는 목표에서 알 수 있듯이 크게 네 가지로 분석할 수 있다.307)

---

305) 聯合報., 1990.5.21. 재인용.

306) 黃天中·张五岳(zhāng wǔ yuè) 主編., 「兩岸关系與大陆政策」, 台北(tái běi): 五南圖書出版公司, 1993. p. 532. 재인용.

307) 黃昆輝, 「大陆政策(dà lù zhèng cè)與兩岸关系」, 行政院大陆委員會編; 邵宗海, 「大陆政策與兩岸关系」, 台北(tái běi); 華泰書局, 1994. p. 3. 재인용.

<표. III-2-1-3(1)> 歷代 国统会(guó tǒng huì) 會議內容

1990.10.-1992.2. 國家統一綱領通過	1992.2.-1995.2. 一個中國 確立	1995.2.-현재. 兩岸關系 정당화 주장
<1990.10.> 李登輝(lǐ dēng huī) 總統: 主權 自由・民主・ 均富의 統一전제. 不 포기, 내부의 단결과 공통된 인식강화. <1991.2> 國統會(guó tǒng huì): 國家統一綱領 통과, 國家統一의 원칙추진. <1991.5> 兩岸關系(liǎng àn guān xī) 조정 先안정추구, 後변화. <1991.11> 李登輝(lǐ dēng huī) 總統: 중공관원 당원 입국 問題 연구	<1992.4.> 李登輝(lǐ dēng huī) 總統: 一個中國 의미 깊은 연구필요 표시 <1992.8.> 國總會: 一個中國의 미 확립, 兩岸 하나의 中國 견지, 中共은 中華人民共和國 우리는 中華民國, 台湾과 大陸은 中國의 일부. 大陸실사구시로 우리와 공동합작 自由民主 균부의 中國건설. <1992.12> 李登輝(lǐ dēng huī) 總統: 각 방면兩岸關系 발전노력	<1995.4.8.> 李登輝(lǐ dēng huī) 總統: 兩岸 분치 현실 하에 中國統一추구, 기술경험제공 大陸농업 개선 협조 兩岸商務航運 예비계획, 적당한 시기에 쌍방이 어떻게 적대상태를 종식시킬 담판을 거행할지 예비성 회담 진행 國統會幕僚小組報告- 民國38年부터 지금까지 中國은 임시분열 상태에 처해있고 兩個政治 실체 分治, 하나는 台湾의 中華民國 하나는 大陸의 中華人民 共和國

자료출처 : 『중앙일보』, 1995.4.9.

첫째, "一個中國" 견지와 中国统一 추구로서, 国统纲领(guó tǒng gāng lǐng)은 하나의 中国 원칙 및 大陆과 台湾은 中国의 領土임을 강조하면서 中国은 하나이지만 中国정권이 中国과 대등하지는 않다고 밝히고 있다. 台湾과 大陆이 하나의 中国 두 개의 지구라는 논리는 台湾과 中华民国(zhōng huá mín guó)은 하나의 등호가 될 수 없으며, 台湾은 中华民国(zhōng huá mín guó) 政府의 소재지이자 中华民国(zhōng huá mín guó)의 부흥기지라는 것이다. 따라서 中国统一은 역사적 사명으로 삼고 있다. 또 이 綱領은 명확하게 "两個中国", "一中一台(yì zhōng yì tái)", 台湾독립을 반대하지 않고 있으나 반대의사가 행간에 충분히 나타나 있다. 둘째, 和平统一 견지와 武力 사용반대로 国统纲领(guó tǒng gāng lǐng)은 理性・平和・平和・对等・互惠의 원칙을 강조하며, 통일방식은 平和的 이어야 한다고 지적하고 있다. 이로써 '反共大陆'에서 '民主・自由・均富에 의한 中国统一'로 바뀐 것으로 武力统一이 和平统一로 변한 것을 분명히 하고 있다. 动员勘乱时期(dòng yuán kān luàn shí qī)의 종결은 中国 共产党(zhōng guó gòng chǎn dǎng)을 더 이상 반란조직으로 보지 않고 있다는 것을 증명해주고 있다. 셋째, 台湾지역 人民의 권익의 존중을 통일의 전제로 삼고 있다. 넷째, 和平统一은 단계적으로 이루어질 것이라는 것을 나타내주고 있다.

따라서 "统一綱領은 近程(互惠交流段階), 中程(相互信賴合作段階), 遠程(统一協商段階)라는 세 단계로 나누고 있다. <tǒng yī gāng lǐng fēn wéi sān gè jiē duàn, jí jìn chéng (hù huì jiāo liú jiē duàn), zhōng chéng(xiāng hù xìn lài jiē duàn), yuǎn chéng(tǒng yī xié shāng jiē duàn)。>"[308]

초보단계인 互惠交流段階는 4가지로 나누고 있다.[309]

첫째, 교류촉진으로 이해하고 호혜로 적의를 없앤다. 교류 중 상대방의 안전과 안정에 대해 위협하지 않는다. 호혜 중 상대방의 政治실체를 부정하지 않고 양호한 상호 역동关系를 건립한다. 둘째, 两岸 교류질서를 건립하고 교류 규범을 제정하며, 중개기구를 설립해 两岸人民의 권익을 보호한다. 각종 제한을 점차 완화하고 两岸 민간교류를 확대해 쌍방 社會의 번영을 촉진한다. 셋째, 国家统一의 목적 하에 两岸人民의 福祉를 증진한다. 大陆지역은 经济개혁을 가속화하고 여론의 개방을 추진해 民主政治를 실현한다. 台湾지역은 헌정 개혁을 가속화해야 하며 国家건설을 추진해 均富社會를 건립한다. 넷째, 两岸은 적대 상태를 마감해 하나의 中国원칙하에 平和방식에 의해 일체의 쟁점을 해결하고, 国際社會에서 상호존중하고 상호 배척하지 않는 상호신뢰 합작단계에 진입한다.

---

308) 趙春山., 「大陆政策(dà lù zhèng cè)與兩岸关系」, 台北(tái běi): 民主文敎基金會, 1991.11. pp. 81~82. 재인용.
309) 宋国誠., "江八点(jiāng bā diǎn)與後鄧時期的兩岸关系", 「中国大陆研究」, 第38卷 第5期, 1995.5. pp. 4~15. 재인용.

단기의 상호 호혜적 교류단계에 있어서 가장 중요한 과제는 海峽 兩岸이 각자 상대방을 政治실체로 인정하는 일이다. 그러한 상호실체의 認定問題는 中国측이 견지하고 있는 「一国两制(yì guó liǎng zhì)」 원칙으로 인해 그 실현에 어려움을 안고 있다. 과거 台湾측도 "汉贼不两立(hàn zéi bù liǎng lì)"의 입장을 견지함으로써 상대방을 인정하지 않았으나, 同 统一綱領에서는 이러한 기존의 입장에서 탈피, 상대방을 大陆을 실질적으로 통치하는 政治실체로 인정하게 됐다. 따라서 同 綱領에서는 「一国两制(yì guó liǎng zhì)」에 대한 반대를 명문으로 규정하고 있지 않지만 「一国两制(yì guó liǎng zhì)」에 입각한 Hongkong 방식 즉 中央政府와 地方政府 간의 关系설정을 전제로 한 中国의 통일방식은 당연히 배격되고 있다고 볼 수 있다. 이에 따라 최우선 政策과제는 中国 당국으로 하여금 「一国两制(yì guó liǎng zhì)」를 수정하고 台湾의 政治실체에 대한 기존의 부정적 태도를 변화시키는 일이 과제였다. 그리고 海峽兩岸의 민간교류의 확대가 台湾统一 政策의 초기단계 중 또 다른 과업으로 설정되고 있다. 이를 위해 台湾측은 海基会(hǎi jī huì)를 설치, 台湾측의 중개 기구로서의 기능을 해오고 있다. 中国측도 중개 기구를 두게 됐다. 이 단계에 있어 中国大陆의 经济개혁과 개방 및 民主法治化의 적극적인 추진을 유도해가고 또 이를 위해 大陆과 문화·학술·예술교류를 적극화 해가는 입장을 취했다.

특히 이 단계에 있어서 中国으로 하여금 平和的 방식에 의한 분쟁의 해결과 台湾에 대한 武力침공 政策을 포기하는 선언을 하도록 유도해 나가는 것을 중요한 政策과제로 설정하고 있다. 그런데 中国은 台湾 독립운동이 台湾에 대한 武力사용의 포기를 못하게 하는 중요한 명분으로 작용하고 있기 때문에 同 綱領에서는 台湾내의 독립이나 분리주의 운동이 상대방의 武力사용의 구실로 작용하는 것을 적극 회피해 가야한다는 점을 강조했다. 특히, 国際社會에서의 활동 공간을 확대하기 위한 현실주의 外交를 적극 추진해가면서도 이러한 현실주의 外交政策(wài jiāo zhèng cè)이 "一中一台(yì zhōng yì tái)" 台湾독립에 대한 中国측의 의구심을 촉발시키지 않는데 政策의 중요성을 두고 있다.

중간단계인 "相互信賴合作段階"도 4가지로 나누고 있다. 첫째, 兩岸은 대등한 政府통로를 만든다. 둘째, 兩岸은 通邮(tōng yóu)·通航(tōng háng)·通商(tōng shāng)을 개방해 공동으로 大陆東南沿海地區를 개발하고 기타 지역으로 확대해 나가 兩岸 人民생활의 격차를 줄여간다. 셋째, 兩岸은 상호협력을 해 나가 国際조직과 활동에 참가한다. 넷째, 兩岸 고위층 인사의 상호방문을 추진해 통일 협상의 유리한 조건을 조성한다. 이 단계에 있어 중요한 政策과제는 공식적 政府 교류채널을 확립하는데 있다. 이것은 민간교류가 政府와 官房의 접촉교류로의 진입을 의미한다. 이와 관련 中国측은 党对党(dǎng duì dǎng)의 담판에 의한 접촉교류를 우선시키고 있는데 비해 台湾측은 집권당이 兩岸关系(liǎng àn guān xī)나 统一問題를 전적으로 책임질수 없다는 이유로 이러한 党对党(dǎng duì dǎng)의 담판을 반대하고 대등한政府간의 교류채널을 건립 해가야 한다는 입장을 취하고 있는 것이다. 그런데 台湾측에서 볼 때, 이러한 政府 교류채널이 형성되기 위해선 우선 中国이 武力사용 포기를 선언하고 상대방의 政治실체를 부정하지 않겠다는 의사를 분명히 해야 한다. 따라서 武力불사용과 台湾의 政治실체 인정에 대한中国측의 명시적 태도 표명이 전제되지 않는 한 제 2단계의 상호신뢰단계로의 진입이 더 이상 불가능하게 될 것이다. 그리고 中国측이 우선적으로 착수해야 한다고 강조하고 있는 三通(sān tōng)은 직접적인 개방을 台湾측은중간단계에 있어서의 政策으로 설정했다. 台湾은 순수한 経済的 고려에서는이러한 三通(sān tōng)을 앞당길 수 있다는 입장을 취하면서도 政治的으로는 제 1단계 민간교류 단계에 있어서 특히 台湾의 政治실체 인정과 武力불사용에 대한 中国측의 명시적 선언이 없는 한 고려할 수 없다는 입장을 취했다. 특히 三通(sān tōng)이 이루어지기 위해선 政府접촉이나 대등한 政府간의 담판을 불가피하게 하는 것인데 상대방의 政治실체 인정에 대한 問題의 해결에 기초가 마련되지 않는 한 어떤 형태의 政府접촉이나 담판이 불가능하다는 것이다.

　마지막단계인 "统一協商段階"는 다음과 같다.310) 兩岸统一 협상기구를 만들어 兩岸人民의 의사에 따라 政治民主・経済自由・社會平等(píng děng) 및국내 国家化의 원칙을 병행한다. 통일 대업의 협상을 통해 헌정 体制를 제정하고 民主・自由・均富의 中国을 이룩한다. 台湾의 政治的 실체 인정에대한 中国측의 태도 변화와 상호 신뢰구축을 바탕으로 兩岸간의 政府접촉을비롯한 政府간 교류채널이 열리고 또 쌍방 민간교류는 물론 政府차원 교류가 크게 확대돼 国家统一 기반이 상당히 유리한 조건을 형성하게 되는 경우

---

310) 송국성., op. cit., p. 62. 재인용.

兩岸간에는 統一협상을 위한 기구를 설립해 国家統一을 위한 방안과 統一 이후 헌정体制에 관한 협상을 진행한다. 그러나 国家統一의 형태와 体制와 관한 問題는 中国의 장래에 엄청난 影響을 주는 중요성을 가질 뿐만 아니라 또 시급히 해결해야 할 성질의 問題가 아니라는 점에서 이에 대한 본격적인 논의는 조건과 계기가 형성 될 때까지 미루는 입장을 취했다.

4. 台湾獨立论의 대두와 野党의 統一政策

"台湾독립운동에 관한 이론은'台湾地位未定论', '台湾民族论(台湾人은 中国人이 아니다)"国·共話談论 '联合国(lián hé guó)干涉论 '台湾住民自決论"台湾Hongkong化论"台湾革命论 '台湾主權獨立论 '一中一台(yì zhōng yì tái)论' 등 12가지에 달한다. 그러나 현재까지 독립 운동가들에 의해 주장되고 있는 것은 台湾地位未定论, 台湾民族论, 台湾住民自決论, 台湾主權獨立论, 一中一台(yì zhōng yì tái) 论 등 5가지로 나눌 수 있다. (关于台湾独立运动的理论达到了12种, 分别是：台湾地位未定论, 台湾民族论（台湾人不是中国人）, 国·共谈话论, 联合国干涉论, 台湾住民自杀论, 将台湾香港化论, 台湾革命论, 台湾主权独立论, 一中一台论。但是, 到目前为止, 独立运动者所主张的分为五种, 分别是：台湾地位未定论, 台湾民族论, 台湾住民自杀论, 台湾主权独立论, 一中一台论。guān yú tái wān dú lì yùn dòng de lǐ lùn dá dào le shí èr zhǒng, fēn bié shì: tái wān dì wèi wèi dìng lùn, tái wān mín zú lùn (tái wān rén bú shì zhōng guó rén), guó gòng tán huà lùn, lián hé guó gān shè lùn, tái wān zhù mín zì shā lùn, jiāng tái wān xiāng gǎng huà lùn, tái wān gé mìng lùn, tái wān zhǔ quán dú lì lùn, yī zhōng yī tái lùn. dàn shì, dào mù qián wéi zhì, dú lì yùn dòng zhě suǒ zhǔ zhāng de fēn wéi wǔ zhǒng, fēn bié shì: tái wān dì wèi wèi dìng lùn, tái wān mín zú lùn, tái wān zhù mín zì shā lùn, tái wān zhǔ quán dú lì lùn, yī zhōng yī tái lùn。)"

1970年代 이후 '台湾主權獨立论'은 民主운동과 그 괘를 같이 하는데, 소수의 外省人(wài shěng rén)을 비판하고 다수 本省人(běn shěng rén)을 통치하는 非民主性에 대한 강한 거부감에서 나왔다. 특히 中国이 对台湾政策을 강화함에 따라 '台湾主權獨立论'은 대내외적으로 커다란 반향을 일으켰다. 이와 함께 台湾 생존발전을 우선 고려해야 한다는 주장이 거세게 일어

났다.

현재 民主进步党(mín zhǔ jìn bù dǎng)<약칭. 民进党(mín jìn dǎng)>의 副总统 후보인 谢长廷(xiè cháng tíng)은 台湾독립에 대해 이렇게 설명하고 있다.311)

첫째, 统一을 위한 统一은 반대한다. 统一은 일종의 수단이며 목적이 아니다. 목적은 민중의 행복과 안전 존엄에 있다. 둘째, 国民党(guó mín dǎng)의 소위 三民主义에 의한 中国统一은 구호에 지나지 않으며, 현실 政策의 관점에서 보면 어떠한 의의도 없다. 共产党의 소위 和平统一도 근본적으로 台湾 주민의 존재를 무시하고 있기 때문에 양측에 대해 모두 반대한다. 셋째, 현재의 가장 급한 问题는 台湾이 国際지위회복에 있으며 전 세계가 台湾问题가 하나의 国際问题라는 것을 인정케 해야 한다. 넷째, 주민자결의 주장 하에 台湾장래의 선언은 国·共兩党의 결정에 따를 수 없으며, 畸形 萬年国會의 결정은 어떤 대표성도 띄지 않고 1천 9백만 台湾거주민의 결정에 따라야 한다. 이는 台湾존재를 国際에 인식케 하는 최선의 방책이다. 다섯째, 장기적인 国·共의 대결로 台湾은 이미 外省人(wài shēng rén)과 国民党(guó mín dǎng)의 운명공동체가 돼 새로운 台湾認識을 형성했다. 国民党(guó mín dǎng)는 新台湾認識을 인식하지 않고 적대적인 태도만 고수하고 있다. 여섯째, 台湾 大陆 兩政府는 현 단계에서 统一의 자격을 갖고 있지 않다. 兩政府는 中国人을 대표할 자격이 없었다. 필요시 양측은 통일이라는 이름을 차용해 社會의 진보를 막을 것이다. 兩政府는 兩岸问题를 긴장상태로 몰아가서는 안 되며 自由民主社會를 건설하는데 힘써야 하는데 이런 조건아래서 양측 민중이 교류함으로 피차간의 신뢰를 확립해야만 통일여부를 진일보할 수 있다. 또 다른 독립론은 台湾人은 中国人이라는 사실을 부인하지 않으면서 하나의 민족이 하나의 国家가 형성할 수 있는 것을 어느 누구도 인정하지 않는다는 논리를 펴고 있다. 台湾과 大陆의 역사·지리·문화상의 격리로 인해 본 성인에 가장 유리한 방식은 동일 민족이 두개의 国家를 형성하는 것이라는 주장이다.

이외에도 台湾 민족国家라는 新国家论, 페어뱅크 교수의 海洋中国과 大陆中国의 차이에 대한 논리를 받아들여 현대 中国이 당면한 모순과 충돌은 두개의 中国의 차이성에서 오기 때문에 이를 극복할 수 있는 길은 台湾독립에

311) 黃国昌., 「中国意識與台湾意識」, 台北(tái běi): 五南圖書出版公司, 1992. p. 96.

있다는 海洋中国论도 있다.

1983年 입법원 선거에서 나중에 民进党(mín jìn dǎng)을 건립한 후보자들이 연합해 하나의 綱領을 제기했다. 이중 台湾자결이라는 문구가 관심을 끌었는데, 이는 1986年9月28日 民进党(mín jìn dǎng)이 창당된 후 새로운 党 綱領으로 채택됐다. 台湾의 미래는 人民의 공동결정에 따른다는 내용은 台湾독립의 완곡 표현이라고 분석됐다. 民进党(mín jìn dǎng)은 台湾问题의 본질을 다음과 같이 설명하고 있다.312) 2천1백만 自由台湾人은 독립国家로서의 台湾의 위치를 완전히 구비하고 있으나 国際社會에서 응당한 존중과 지위를 점위 하고 있지 못하다. 台湾问题를 바라보는 관점이 中国政府와 台湾 国民党(guó mín dǎng)과 다름을 보여주고 있다.

1987年10月13日 제 1기 中常委(zhōng cháng wěi) 제 41차 회의에서 "民主进步党(mín zhǔ jìn bù dǎng)現段階中国大陆政策"을 통과시켰으며, 1989年4月24日 제 3기 中常委(zhōng cháng wěi) 제 19차 회의에서 수정안을 통과시키며 臺海 两岸의 적의와 대항을 중지하고 쌍방의 공존공영을 촉진하자고 강조했다. 당시 台湾政府가 금지했던 통항 직접무역을 추진할 것도 강조했다.313)

5. 台湾의 对中国 经济政策과 실천

中国과의 교역에 대해 부정적인 시각을 갖고 있었던 台湾은 大陆상품을 '运匪物资(yùn fěi wù zī)'라고 하여 일반인들의 취급을 법으로 엄격히 제한했다. 또한 国際市場에서 中国과 经济的 전쟁(对经济作戰)을 수행한다는 차원에서 中国상품의 해외진출을 적극적으로 저지하려고 했다. 따라서 1965年 9月 행정원 산하에 力行小组(lì xíng xiǎo zǔ)를 설립했는데, 国防部长(guó fáng bù zhǎng)·财政部长(cái zhèng bù zhǎng)·经济部长(jīng jì bù zhǎng)·交通部长(jiāo tōng bù zhǎng)·国家安全局(guó jiā ān quán jú) 등 中央 주요 부처들의 수장들로 소조를 구성하고 임무는 中国과의 经济的 전쟁을 수행하는 것이었다.314) 力行小组(lì xíng xiǎo zǔ)의 위원장은 국무위

---

312) 柳金財., "民主进步党(mín zhǔ jìn bù dǎng)大陆政策(dà lù zhèng cè)(1986-1994)－「一中一台(yì zhōng yì tái)」之趣向". 国立政治大東亞研究所 碩士学 位論文, 1995.6. pp. 26~27.
313) 民进党(mín jìn dǎng)., "民主主權宣達書－在台灣是台灣, 中國是中國的現實基礎上重構兩岸秩序", 1994.8.2. p. 20.

원이 맡도록 했으며, 위원수는 14~17인 정도였다. 초대위원장은 俞国华(yù guó huá) 前행정원장이 맡았다. 力行小组(lì xíng xiǎo zǔ)는 막강한 권한을 지닌 비밀기관으로서 산하에 港台貿易公司(gǎng tái mào yì gōng sī)·民生百货公司(mín shēng bǎi huò gōng sī)를 설립하고, Hongkong·新加坡(xīn jiā pō)·캐나다 등지에 이들 지점을 설치했다. 이들 지점들은 台湾经济에 긴요한 한약재·농공원자재 등을 中国으로부터 독점적으로 수입해 台湾에 공급하는 양면적 성격도 갖고 있었다. 따라서 1970년 1백 65만 달러에 불과하던 대中国 수입규모가 1978年엔 4천6백70달러로 늘어나는 등 매년 증가추세를 나타냈다. 力行小组(lì xíng xiǎo zǔ)는 1988年 폐지되고 大陆 공작회보가 그 기능의 일부를 이어 받았다.

1984年 台湾政府는 Hongkong·澳门(ào mén)를 경유해 台湾에 들어오는 상품에 대한 제한을 완화하기 시작했다. 실제상 민간의 大陆과의 무역을 허락했다. 1985年 大陆에서 들어오는 상품에 대해 '不接觸·不鼓動·不干涉'의 원칙을 밝혔다.

台湾은 中国으로부터 한약재·과일·향료 등을 대량 수입했으며, 中国은 台湾産 섬유류 일용품을 수입했다. 비공식적인 간접무역에 의한 것이었지만 쌍방은 经济교류의 불가피성을 인지하게 됐다. 台湾의 많은 기업가들도 中国의 经济관련 자료들을 적극적으로 수집했으며, 中国과의 经济교류를 상당히 낙관하고 있었다. 1987年 상반기의 쌍방 교역량은 台湾의 大陆에 대한 수출액이 4억3천만 달러, 大陆의 台湾에 대한 수출액이 1억1천만 달러에 달했다. 이는 1986年 같은 기간보다 80% 정도가 증가한 액수였다. 台湾은 台湾원화의 절상 등으로 인해 수출경쟁력이 약화되자 中国의 값싼 원자재를 도입해 생산비를 절감한다는 차원에서 中国 農工원자재에 대한 수입을 적극 개방해 나갔다. 1987年 7月엔 国家안정을 해치지 않을 것, 국내의 산업에 影响을 주지 않을 것, 국내제품의 国際경쟁력을 향상시킬 수 있을 것이라는 내용의 간접수입 3개 원칙을 발표해 이에 저촉되지 않는 품목에 대해서는 中国으로부터 수입제한을 철폐했다. 1987年8月 29개 품목에 대해 최초로 수입을 허용한 台湾政府는 그 후 계속적인 확대조치를 실시했다. 1990年엔 5백 19개 품목에 대해 中国으로부터 수입을 허용했다.315)

---

314) 이민형., 「중국·대만 간 통일정책과 경제협력 전망」, 산업연구원, 1991.5. p. 74.
315) 이민형., op. cit., pp. 80~81. 재인용.

<표. III-2-1-5(1)> 台湾의 대中国 通商(tōng shāng)政策 變化推移

연 월	내 용
1985.07.	中國에 대한 간접교역 3개 원칙을 발표
1987.08.	29개항의 농공원자재 품목에 대해서 간접수입을 허용
1987.09.	中國에 대한 반제품, 부품 수출을 금지
1988.03.	經濟部 國際貿易局,간접교역 4개 원칙을 발표
1988.07.	大陸産 농공원료 50개 품목의 간접수입을 허용
1988.08.	大陸商品 간접수입처리 원칙, 大陸商品 수입 통관세처리 원칙을 발표
1988.08.	經濟部 國際貿易局에 수입품목 결정권을 위임, 대륙 상품수입에 대한 사전 경고제를 도입
1988.10.	大陸商品에 대해서 완화조치, 大陸商品에 대한 감정 처리권한을 경비 총사령부에서 재경부 海關總署로 이관
1989.01.	大陸産 농공원료 40개 품목을 추가로 허용
1989.05.	陳履安(chén lǚ ān) 經濟部長(jīng jì bù zhǎng), 大陸에 대한 간접투자를 제한적으로 허용할 방침이라고 발표
1990.04.	台湾의 상공인 대거 中國방문
1990.07.	經濟部, 2천8백여 개 항목에 대해서 Positive List방식으로 大陸에 대한 간접투자 허용
1990.10.	兩岸 민간교류단체를 설립

자료출처 : 이민형, 『중국·대만 간 통일정책과 경제협력 전망』 산업연구원, 1991.5, p. 80.

台湾의 中華经济硏究所의 자료에 따르면 台湾의 경우 中国에 대한 주요 수출 품목도 초기의 섬유류나 일용품에서 점차 기계류 전자제품으로 바뀌었다. 台湾의 많은 기업이 中国내 经济特区에 직접 투자할 방법을 모색했다. 이 당시 台湾政府의 中国关系완화조치 이외에 台湾원화의 평가절상에 따른 생산원가 상승으로 台湾의 많은 기업이 어려움을 겪고 있었다는 것도 이들이 大陆에 대한 진출을 적극 의식하게 된 요인으로 작용 했던 것 같다.

台湾은 美国(měi guó) 등으로부터 강한 통상압력을 받았었기 때문에 새로운 시장 확보가 절실했다. 특히 台湾내 기업가들은 大陆과의 经济교류 확대의 필요성에 대한 台湾政府의 인식보다 강하므로 직·간접으로 中国과의 经济교류를 활발하게 추진하게 됐다. 물론 台湾政府도 과거와 같이 政治的인 이유만으로 台湾과 中国의 经济교류 확대를 더 이상 억제할 수 없는 상태라는 인식 속에서 中国과의 经济교류 확대가 中国측의 의도대로만 추진되는 것을 방지하고, 台湾의 이익이 균형을 이루는 선에서 점진적으로 확대해 나가고 있다.

1989年 天安门(tiān ān mén) 사건이 일어난 후 西方国家들의 대中国经济제재, 大陆투자에 대한 철회 등에 따라 兩岸 간의 무역액의 증가율도 다소

주춤해졌으나 台湾기업인들의 大陆투자는 여전히 계속 진행됐다.[316] 그중 台湾의 大陆수출액은 28억9천6백만 달러에 달해 台湾의 대외무역 총액의 4.38%였으며 台湾의 수입액은 5억8천6백만 달러로 台湾 대외수입 총액의 1.12%를 점유했다. 中国과의 교류가 점차 중요한 위치를 점하고 있다는 것을 알려준다. 1979年부터 1989年까지 台湾이 Hongkong을 경유해 台湾과의 무역액이 총 74억9천만 달러에 달했다는 것을 주의해 살펴볼 필요가 있다. 1990年 两岸이 Hongkong을 경유한 무역 총액이 40억4천3백만 달러로 1989年 같은 기간에 비해 16.08%가 성장했는데, 그중 수출이 13.18% 성장한 32억7천8백만 달러였고, 수입이 30.42% 성장한 7억6천5백만 달러였다. 1991年 台湾海峡 무역총액이 57억9천3백11만 달러에 달했으며, 그중 수출이 42.36% 성장한 46억6천7백15만 달러, 수입이 47.11% 성장한 11억2천5백15만 달러였다.

台湾기업인의 台湾투자는 中国·苏联(sū lián) 기업이 주를 이루었고, 평균 단일 투자금액이 1백만 달러 이하였으나 台湾기업인들의 경영규모가 점차 확대됨에 따라 台湾기업인의 투자 방식도 초기의 합작경영, 합자경영에서 독자적인 투자형태로 변해갔다. 비교적 대형 기업이 설립돼 단일 항목 투자액도 증가되는 추세였다. 동시에 교역상품도 台湾의 수입품이 초기에는 노동집약적 산업이었으나 점차 자본과 기술 집약산업으로 변해갔다. 품목수가 늘어났으나 인조섬유·기계설비·전기 전자제품·플라스틱원료가 4대 수입품을 형성했다.

이와 같은 两岸經貿关系의 급속성장은 台湾과 中国의 經济자원 구성이 상호보완 关系를 갖고 있기 때문이다. 台湾은 자금·기술·管理능력을 갖고 있으며, 中国은 천연자원 값싼 노동력과 토지를 갖고 있기 때문이다. 台湾기업인의 中国에서 經貿활동이 활발해지는 이유는 노동비가 상승하고 환경问题, 台湾원화의 상승압력 등에 따라 中国의 값싼 노동력과 원료가 생산원가를 떨어뜨릴 수 있으며, 中国에서 소비시장을 분산시키고 후유 생산설비를 활동할 수 있다는 이점이 있기 때문이다. 또 中国은 자금과 기술이 유입돼 經济의 现代化를 촉진하기를 원하기 때문인데, 中国은 과거 수年 동안 연해 가공공업을 추진했으며 台湾이 이에 대해 도움을 줄 수 있기 때문이다.

---

316) 魏艾., "台湾两岸經貿关系的發展及其限制", 月刊 「问题與研究」, 第 30卷 第 2期, 1991.2.10. p. 11. 재인용.

그러나 兩岸 政治·经济 환경의 한계로 兩岸經貿의 발전 특히 투자关系는 기본적으로 초기 발전단계에 머물러있다. 经济 면에서 볼 때 国際市場에서 台湾经济는 노동집약 상품의 수출을 완전히 배제한 상황에서 经济성장을 가져올 수 없는 经济구조를 갖고 있다. 장기적으로 볼 때, 中国은 台湾의 경쟁 상대이다. 政治 면에서 中国은 武力 不使用을 거부하는 政策을 고수하고 台湾은 中国시장과 자원의 과도한 의존关系가 台湾经济의 공동화를 조성할 수 있다고 걱정하고 있다. 심지어 中国이 台湾에 대해 经济제재를 가하면 台湾은 치명적인 타격을 입을 것이라는 조심스러운 전망도 있다.

따라서 国家안전과 经济이익을 모두 고려해 台湾은 中国과의 关系에 있어 민간·간접·단향·점진·안전의 원칙을 채택해야 했으며, 經貿政策에도 이와 같은 보수적인 경향이 자리 잡게 됐다.

第 2 节 李六条로 본 台湾의 统一政策

江八点(jiāng bā diǎn)에 대해 台湾측의 반응은 적극적이었다. 江泽民(jiāng zé mín)의 제안이 과거 对台湾政策의 연속선상의 주장에 불과하고 과거보다는 비교적 실리가 강화된 내용을 담고 있다고 평가하면서도 江八点(jiāng bā diǎn)에 상응할 수 있는 台湾의 统一政策을 수립해야 했다. 運戰 행정원장이 "상황에 적극 대처해 교류를 증가하고 상호 존중하며 统一을 추구한다.<面对现状 增加交流 相互尊重 追求统一(miàn duì xiàn zhuàng zēng jiā jiāo liú xiāng hù zūn zhòng zhuī qiú tǒng yī)>"라는 소위 運四條[317] 를 제기한 후 李六条(lǐ liù tiáo)는 자연스럽게 제시될 수밖에 없었다. 1995年4月8일 国家统一委員會 주임위원의 신분으로 国统会(guó tǒng huì) 개편 후 제 1차 회의에서 李登辉(lǐ dēng huī) 总统은 兩岸 頂上关系를 건립해 통일의 유리한 형세를 조성하자는 담화를 발표했다. 또 国统会(guó tǒng huì) 위원들은 3가지 결론을 도출해냈다. 첫째, 「国家统一綱領」의 이름과 내용은 수정할 필요가 없다. 둘째, 国统纲領(guó tǒng gāng lǐng)은 兩岸영도자의 회담에 관해 양호한 점진적 방안을 담고 있다. 셋째, 国统纲領은 하나의 中国목표 불변을 추구하고 있다.[318]

---

317) 明 報., 1995.2.22. 재인용.
318) 明 報., 1995.4.11. 재인용.

1. 李六条의 立場과 內容

李登輝(lǐ dēng huī) 总统의 약 3千자로 된 담화내용[319] 속에서 문화선전이나 구호식 내용은 비교적 찾아보기 힘들다. 江八点(jiāng bā diǎn)과 몇 가지 면에서 일맥상통한 면을 보여주고 있다. 李登輝(lǐ dēng huī) 总统이 两岸교류에 있어서 중화문화의 기초를 언급했는데, 이는 江八点 중 여섯 번째 내용과 동일한데 江泽民(jiāng zé mín)은 중화 각 민족 자녀들이 공동으로 창조한 5천 年의 찬란한 문화는 和平统一 실현의 중대한 하나의 기초라고 인식했다. 또 李登輝(lǐ dēng huī) 总统은 两岸 經貿왕래의 증진과 상호이익 상호보조 关系발전에 대해 江泽民(jiāng zé mín)의 제안에 동의했다. 中国의 농업에 台湾의 기술경험을 제공하기를 바란다고 표시했다. 더욱이 江泽民(jiāng zé mín)이 和平统一담판의 선결조건으로 제안했던 台湾이 하나의 中国원칙을 받아들어야 하며, 이에 따라 공동으로 임무를 담당하고 中国主權과 領土완전수복에 李登輝(lǐ dēng huī) 总统이 답했다. 李登輝(lǐ dēng huī) 总统은 北京(běi jīng)政府의 宗主權을 받아들이는 것을 中国의 武力 不使用과 바꿀 것을 원치 않았으며, 1991年에 이미 적대상태 중지를 선포했으므로 大陆에 대해 武力을 사용하지 않을 것이라고 재천명하지 않았다. 两岸 분열통치의 사실을 확인했으나 中国의 宗主權을 받아들이지는 않았다.

---

319) 중앙일보., 1995.4.9. 제 2면. 재인용.

<표. III-2-2-1(1)> 李六条(lǐ liù tiáo)와 江八点(jiāng bā diǎn)의 比較

인 물	李 登 輝	江 澤 民
시 간	1995. 4. 8.	1995. 1. 30.
장 소	國家統一委員會會議	中共對臺系統新春宴會
직 위	中華民國(zhōng huá mín guó) 總統 國統會(guó tǒng huì) 主任委員	中共總書記 國家主席(zhǔ xí)
요 점	兩岸 분치현실 하에 中國統一 추구.	「一個中國」 原則에 따라 兩岸 統一 추구. 「一個兩制」실현.
	兩岸 분열·분치의 객관적 국면 「一個中國」 의미에 대해 공동이해.	中國은 하나, 台灣은 中國의 일부분 분열·분치 주장의 반대.
	兩岸 平和방식으로 분쟁해결.	和平統一, 단, 台灣에 대한 武力사용 非排制
	兩岸平等(píng děng) 國際機構에 참여.	台灣의 非民間性 國際활동 반대
	兩岸 영도자는 먼저 國際經濟 체육기구에서 자연스럽게 만날 수 있다.	兩岸지도자 상호방문, 회담, 國際장소의 도움 불필요.
	臺澎 金馬에 武力 사용 포기 후 兩岸 협상진행 어떻게 적대 關系종식할 담판가질지를 연구	「一個中國」 원칙하에 兩岸 먼저 적대상태 종식 하에 담판진행.
	大陸의 농업개선협조·經濟발전·常務와 航運에 대해 계획 세운다.	政治분열로 兩岸 經濟합작 간여 안한다. 兩岸 直 三通(sān tōng) 실현가속화.
	중화문화 기초, 兩岸經濟 교류.	중화문화는 兩岸統一의 중요기초.
	兩岸공동으로 Hongkong·澳門(ào mén) 번영유지, Hongkong 澳門(ào mén) 民主 촉진.	

자료출처:『중앙일보』1995.4.9.

事務性, 기능성 협상을 단기간 내에 政治性 단계까지 끌어올리기를 희망했으나 台湾측은 国统纲领(guó tǒng gāng lǐng)의 가까운 목표에 머물러있다고 보고 있으며, 쌍방의 政治실체에 대해 부정하지 않기를 요구하며 적대상태의 정지를 요구했다.

"李六条(lǐ liù tiáo)는 다음과 같다. 첫째, 兩岸분단 政治하의 中国统一을 추구한다. 民国38年 이래 台湾과 大陆은 2개의 서로에 속박될 수 없는 政治실체로 나뉘어 海峽 兩岸 분열·분치의 정세를 형성해 国家统一의 问题가 생겼다. 따라서 统一问题를 해결하기 위해 实事求是(shí shì qiú shì)가 불가피하며, 역사를 존중하고 兩岸분치의 현실에서 国家统一을 가능케 할 방식을 찾아야 한다. 객관적인 대치라는 현실에서 兩岸은 '하나의 中国'의 의미에 대해 비교적 공통적인 의사를 갖게 됐다. 둘째, 중화문화 기초 하에 两岸 교류강화. 중화문화는 全 中国人 모두의 정신지주이다. 우리는 역사 이래 고 유문화를 유지하고 발양됐으며 문화가 两岸교류의 기초가 된다고 주장하며, 공존공영의 민족정감을 높여 상호 형제의 정을 배양했다. 문화영역에 两岸 은 각항 교류의 광범위하게 강화해야 하며, 학술·科学(kē xué)기술·체육 등 각 방면의 교류와 합작을 추진해야 한다. 셋째, 两岸 经济貿易 关系증진 ·호혜平等(píng děng) 关系발전이다. 全 세계가 经济발전의 조류에 직면해 있으며, 中国人은 반드시 상호이익 상호보조 경험을 나누어야 한다. 台湾은 기술과 경험을 제공하기를 원하고 大陆농업의 개선에 협조할 것이다. 동시 에 기존의 투자와 經貿를 기초로 해 大陆의 经济번영을 도울 것이며 생활수 준을 제고할 것이다. 유관부문은 여러 면에서 토론하고 미리 계획을 세워야 한다. 넷째, 两岸이 国際機構에 공히 참여해 양측 지도자들의 자연스러운 대 면 추구이다. 현재 两岸이 공동으로 国際经济 체육조직에 참여했으며 쌍방 지도자가 출석회의에서 자연스럽게 만날 수 있다면 两岸의 적의를 누그러뜨 리는데 도움을 줄 것이고, 피차 신뢰를 키울 것이며, 향후 공동합작의 기초 가 된다. 다섯째, 两岸은 平和的인 해결방법에 의해 쟁점해결시도이다. 台湾 독립세력 혹은 외국 간여는 절대로 台湾에 대한 武力사용의 이유가 되지 않 으며, 中华民国(zhōng huá mín guó)의 입국정신과 政策을 왜곡하는 것이다. 两岸이 정식으로 적대상황을 종속시킬 회담을 가져야 한다. 여섯째, 两岸 공 히 Hongkong·澳门(ào mén) 번영과 Hongkong·澳门(ào mén)의 民主촉진 이다. Hongkong과 澳门(ào mén)의 지속적인 발전을 추구하며 民主化를 달 성하는데 노력해야 한다. (李六条如下。1. 在两岸分治的现实上追求中国统 一。民国三十八年以来，台湾与大陆分别由两个互不隶属的政治实体治理，形成 了海峡两岸分裂分治的局面，也才有国家统一的问题。因此，要解决统一问题， 就不能不实事求是，尊重历史，在两岸分治的现实上探寻国家统一的可行方式。 只有客观对待这个现实，两岸才能对于「一个中国」的意涵，尽快获得较多共 识。2. 以中华文化为基础，加强两岸交流。博大精深的中华文化，是全体中国 人的共同骄傲和精神支柱。我们历来以维护及发扬固有文化为职志，也主张以文 化作为两岸交流的基础，提升共存共荣的民族情感，培养相互珍惜的兄弟情怀。 在浩瀚的文化领域里，两岸应加强各项交流的广度与深度，并进一步推动信息、 学术、科技、体育等各方面的交流与合作。3. 增进两岸经贸往来，发展互利互 补关系。面对全球致力发展经济的潮流，中国人必须互补互利，分享经济。台湾 的经济发展要把大陆列为腹地，而大陆的经济发展则应以台湾作为借鉴。我们愿

意提供技术与经验，协助改善大陆农业，造福广大农民；同时也要以既有的投资与贸易为基础，继续协助大陆繁荣经济，提升生活水准。至于两岸商务与航运往来，由于涉及的问题相当复杂，有关部门必须多方探讨，预作规划。4.　两岸平等参与国际组织，双方领导人藉此自然见面。目前两岸共同参与若干重要的国际经济及体育组织，双方领导人若能藉出席会议之便自然见面，必然有助于化解两岸的敌意，培养彼此的互信，为未来的共同合作奠定基础。5.　两岸均应坚持以和平方式解决一切争端。台湾的独立势力或者外国干涉绝对不是针对台湾使用武力的理由，而是对中华民国的立国精神和政策的歪曲。两岸应该正式召开结束敌对状态的会谈。6.　两岸共同维护港澳繁荣，促进港澳民主。追求香港和澳门的持续发展，为实现民主化而努力奋斗。lǐ liù tiáo rú xià. Yī, zài liǎng àn fēn zhì de xiàn shí shàng zhuī qiú zhōng guó tǒng yī. mín guó sān shí bā nián yǐ lái, tái wān yǔ dà lù fēn bié yóu liǎng gè hù bù lì shǔ de zhèng zhì shí tǐ zhì lǐ, xíng chéng le hǎi xiá liǎng àn fēn liè fēn zhì de jú miàn, yě cái yǒu guó jiā tǒng yī de wèn tí. Yīn cǐ, yào jiě jué tǒng yī wèn tí, jiù bù néng bù shí shì qiú shì, zūn zhòng lì shǐ, zài liǎng àn fēn zhì de xiàn shí shàng tàn xún guó jiā tǒng yī de kě xíng fāng shì. Zhǐ yǒu kè guān duì dài zhè gè xiàn shí, liǎng àn cái néng duì yú 「yí gè zhōng guó」 de yì hán, jìn kuài huò dé jiǎo duō gòng shí. èr, yǐ zhōng huá wén huà wéi jī chǔ, jiā qiáng liǎng àn jiāo liú. bó dà jīng shēn de zhōng huá wén huà, shì quán tǐ zhōng guó rén de gòng tóng jiāo ào hé jīng shén zhī zhù. wǒ mén lì lái yǐ wéi hù jí fā yáng gù yǒu wén huà wéi zhí zhì, yě zhǔ zhāng yǐwén huà zuò wéi liǎng àn jiāo liú de jī chǔ, tí shēng gòng cún gòng róng de mín zú qíng gǎn, péi yǎng xiāng hù zhēn xī de xiōng dì qíng huái. zài hào hàn de wén huà lǐng yù lǐ, liǎng àn yīng jiā qiáng gè xiàng jiāo liú de guǎng dù yǔ shēn dù, bìng jìn yī bù tuī dòng xìn xī, xué shù, kē jì, tǐ yù děng gè fāng miàn de jiāo liú yǔ hé zuò. sān, zēng jìn liǎng àn jīng mào wǎng lái, fā zhǎn hù lì hù bǔ guān xì. Miàn duì quán qiú zhì lì fā zhǎn jīng jì de cháo liú, zhōng guó rén bì xū hù bú hù lì, fēn xiǎng jīng jì. tái wān de jīng jì fā zhǎn yao bǎ dà lù liè wéi fù dì, ér dà lù de jīng jì fā zhǎn zé yīng yǐ tái wān zuò wéi jiè jiàn. wǒ mén yuàn yì tí gòng jì shù yǔ jīng yàn, xié zhù gǎi shàn dà lù nóng yè, zào fú guǎng dà nóng mín. tóng shí, yě yào yǐ jì yǒu de tóu zī yǔ mào yì wéi jī chǔ, jì xù xié zhù dà lù fán róng jīng jì, tí shēng shēng huó shuǐ zhǔn. Zhì yú liǎng àn shāng wù yǔ háng yùn wǎng lái, yóu yú shē jí de wèn tí xiāng dāng fù zá, yǒu guān bù mén bì xū duō fāng tàn tǎo, yù zuò guī huà. Sì, liǎng àn píng děng cān yǔ guó jì zǔ zhī, shuāng fāng lǐng dǎo rén jì cǐ zì rán jiàn miàn. Mù qián liǎng àn gòng tóng cān yǔ ruò gān zhòng yào de guó jì jīng jì jí tǐ yù zǔ zhī, shuāng fāng lǐng dǎo rén ruò néng jì chū xí huì yì zhī biàn zì rán jiàn miàn, bì rán yǒu zhù yú huà jiě liǎng àn de dí yì, péi yǎng bí chǐ de hù xìn, wéi wèi lái de gòng tóng hé zuò diàn dìng jī chǔ. Wǔ, liǎng àn jūn yīng jiān chí yǐhé píng fāng shì jiě jué yī qiè zhēng duān. tái wān de dú lì shì lì huò zhě wài guó gān shè jué duì bú shì zhēn duì tái wān shǐ yòng wǔ lì de lǐyóu, ér shì duì zhōng huá mín guó de lì guó jīng shén hé zhèng cè de wāi qǔ. liǎng àn yīng gāi zhèng shì zhāo kāi jié shù dí duì zhuàng tài de huì tán. Liù, liǎng àn gòng tóng wéi hù gǎng ào fán róng, cù jìn gǎng ào mín zhǔ. Zhuī qiú xiāng gǎng hé ào mén de chí xù fā zhǎn, wèi shí xiàn mín zhǔ huà ér nǔ lì fèn dòu。)"[320]

2. 国內 政治界의 反應

民进党(mín jìn dǎng)의 施明德(shī míng dé) 주석은 李六条(lǐ liù tiáo)에 대해 两岸关系의 발전은 台湾 2천1백만 人民의 안전과 福祉, 台湾의 主權독립 확보가 최종 목표라고 강조하면서 李六条(lǐ liù tiáo) 중 两岸이 적대 상태를 종식하고 中国은 무조건적으로 台湾에 대한 武力사용을 포기해야 两岸이 비로소 平和공존할 수 있다는 견해를 중시한다고 말했다. 許信良은 李六条(lǐ liù tiáo)에 관해 새로운 주장이 없다고 혹평하고 台湾이 江八点(jiāng bā diǎn)에 대해 가장 적절하게 반응을 보이는 방법은 江泽民(jiāng zé mín)을 台湾으로 초청하는 것이라고 언급했다. 許信良는 "만약 그는(李登辉(lǐ dēng huī)) 总统이니 특사를 中国에 파견해 江泽民(jiāng zé mín)을 台湾으로 초청해 国際外交 예의에 따라 접대하고, 국빈의 예에 따라야 한다."면서 "江泽民(jiāng zé mín)이 초청을 거절한다면 소위 两岸지도자 상호 방문이라는 江泽民(jiāng zé mín)의 통전 선전이 스스로 깨뜨려지는 것이다."라고 지적했다.

---

320) 中国時報., 1995.4.9. 第 1面. 재인용.

한편 新党은 李六条(lǐ liù tiáo)에 대해 两岸关系(liǎng àn guān xī)에 있어 실질적인 효과를 줄 새로운 내용이 없다는 반응을 보였다. 신당 입법의 원인 陈奎元(chén kuí yuán)은 国统纲领(guó tǒng gāng lǐng)의 범위에서 벗어나는 내용이 없으며 현 단계에서 对中国关系를 증진시킬 내용이 없다고 지적했다. 따라서 외부의 기대를 저버렸다고 평가 절하했다. 李庆华(lǐ qìng huá)는 分裂·分治 사실인정, 台湾침략의 武力포기, 台湾의 国际발전 공간에 대해 압박하지 않는다는 3가지 의제에 대해 언급하고 있으나 실질적인 해결 방안 제기가 없었다고 지적했다.321) 그는 台湾의 主權은 中国의 승인여부와 상관없으며 台湾은 国际社會에서의 影响力 확대에 대해서도 中国과 조율할 필요가 없고, 당시의 적대상황에 있는 两岸에 있어 안정을 보장할 수 있도록 적극적으로 대화를 요구해 台湾의 권익을 유지해야 한다고 강조했다. 台湾政府가 两岸의 직항 등의 问题에 대해 현실적이고 적극적인 태도를 보여야 한다고 거듭 강조했다.

3. 台湾의 对中国에 대한 政治·经济的 影响

李六条(lǐ liù tiáo) 중 Hongkong 台湾과의 关系에 대해 中国측은 즉각적인 반응을 보였다. 즉 정경분리 원칙 하에서 政治的으론 中华人民共和国(zhōng huá rén mín gòng hé guó)을 주로 하는 '하나의 中国'과 經貿 기타 민간교류는 현상유지 내지 느슨한 개방을 밝혔다. 中国 副总理 钱其琛(qián qí chēn)은 1995年6月22日 '香港特别行政区筹委员会(xiāng gǎn tè bié xíng zhèng qū chóu wěi yuán huì)'에서 1997年 이후의 台湾·香港(xiāng gǎn_Hongkong)关系에 대해 7가지 기본원칙과 政策<이하 钱七条>을 전달했다.

钱其琛(qián qí chēn)은 经济문화교류, 인원왕래 등을 포함하는 台湾 香港(xiāng gǎn_Hongkong)의 각종 민간교류의 기본이 유효함을 밝혔다. 国家主權과 两岸关系(liǎng àn guān xī)와 관련된 사무에 대해선 香港(xiāng gǎn_Hongkong) 특별행정구 政府가 中国 中央人民政府의 지시에 따라 처리한다는 것을 강조했다. 香港(xiāng gǎn_Hongkong)·台湾간의 민간교류, 香港(xiāng gǎn_Hongkong)동포·台湾 동포의 정당한 권익은 양쪽의 번영을 보호 촉진하도록 부여한다고 했다.

"钱七条의 내용은 다음과 같다. 첫째, 香港(xiāng gǎn_Hongkong)·台湾은

---

321) 中国時報., 1995.4.9. 第 3面.. 재인용.

현재의 각종 민간교류왕래 关系·经济문화교류·인원왕래 등을 포함해 기본적으로 변화가 없다. 둘째, 台湾거주민과 台湾 각종자본이 香港(xiāng gǎn_Hongkong)에 투자무역과 기타 商工활동에 종사하는 것을 격려하며 환영한다. 台湾거주민과 台湾의 각종자본은 香港(xiāng gǎn_Hongkong)에서 정당한 권익인 법에 따라 보증을 받는다. 셋째, 「一国两制(yì guó liǎng zhì)」 원칙에 의거해 香港(xiāng gǎn_Hongkong) 특별행정구와 台湾 간의 항공노선과 해상운수 노선은 특별 특수항공 노선의 管理에 따른다. 香港(xiāng gǎn_Hongkong) 특별행정구와 台湾 간의 海·空·운수교통은 상호호혜원칙에 따라 진행한다. 넷째, 台湾거주민은 香港(xiāng gǎn_Hongkong) 특별행정구 法律에 따라 香港 혹은 현지에서 취학·취업·거주할 수 있다. 台湾거주민의 香港출입국 편의를 위해 中央人民政府는 증명서 소지에 관한 问题를 안배한다. 다섯째, 香港(xiāng gǎn_Hongkong) 특별행정구의 교육·科学(kē xué)기술·문화예술·체육·의료위생·劳動社會福祉·社會工作 등 각 방면의 민간단체와 종교단체는 상호 불간섭과 상호존중 원칙에 따라 台湾의 유관단체 조직들과 关系를 유지 발전시켜나갈 수 있다. 여섯째 香港특별행정구와 台湾 간의 각종 명의로 진행한 政府 접촉왕래 상담협의서 서명과 기구 설립은 반드시 中央人民政府의 비준을 신청해야 하고 혹은 中央人民政府로 부터 권한을 위임받아 특별행정구 행정장관이 비준할 수 있다. 일곱째, 台湾의 현 香港에 있는 기구와 인원은 계속 상주시킬 수 있고, 그들은 행동상 "中华人民共和国(zhōng huá rén mín gòng hé guó) 香港(xiāng gǎn_Hongkong) 特別行政區基本法"322)을 엄격하게 준수해야 하며, 하나의 中国원칙을 위배해서는 안 되며, 香港의 안정 번영을 해칠 활동에 종사해서는 안 된다. 우리는 그들이 祖国(zǔ guó) 统一을 위해 香港의 번영 유지해 공헌하기를 격려하며 환영한다. (钱七条的内容如下。1.港、台两地现有的各种民间交流交往关系，包括经济文化交流、人员往来等，基本不变。2.鼓励、欢迎台湾居民和台湾各类资本到香港从事投资、贸易和其他工商活动。台湾居民和台湾各类资本在香港的正当权益依法受到保护。3. 根据 "一个中国"的原则，香港特别行政区与台湾地区间空中航线和海上运输航线，按" 地区特殊航线"管理。香港特别行政区与台湾地区间的海、航运交通，依照双向互惠原则进行。4. 台

---

322) 신정식., 「1997년 홍콩(xiāng gǎn_Hongkong)의 대중국반환과 관련한 홍콩법규집」, 대외경제정책연구원 지식정보센터, 1994.12. p. 55. 재인용.

湾居民可根据香港特别行政区法律进行香港地区，或在当地就学、就业、定居。为方便台湾居民出入香港，中央人民政府将就其所持证件等问题作出安排。5. 香港特别行政区的教育、科学、技术、文化、艺术、体育、专业、医疗卫生、劳工、社会福利、社会工作等方面的民间团体和宗教组织，在互不隶属、互不干涉和互相尊重的原则基础上，可与台湾地区的有关民间团体和组织保持和发展关系。6. 香港特别行政区与台湾地区之间以各种名义进行的官方接触往来、商谈、签署协议和设立机构，须报请中央人民政府批准，或经中央人民政府具体授权，由特别行政区行政长官批准。7. 台湾现有在香港的机构及人员可继续留存，他们在行动上要严格遵守《中华人民共和国香港特别行政区基本法》，不得违背'一个中国'的原则，不得从事损害 香港的安定繁荣以及与其注册性质不符的活动。我们鼓励、欢迎他们为国家统一和保持香港繁荣稳定作出贡献。Qián qī tiáo de nèi róng rú xià. Yī, gǎng tái liǎng dì xiàn yǒu de gè zhǒng mín jiān jiāo liú jiāo wǎng guān xī, bāo kuò jīng jì wén huà jiāo liú, rén yuán wǎng lái děng, jī běn bú biàn. èr, gǔ lì, huān yíng tái wān jū mín hé tái wān gè lèi zī běn dào xiāng gǎng cóng shì tóu zī, mào yì hé qí tā gōng shāng huó dòng. tái wān jū mín hé tái wān gè lèi zī běn zài xiāng gǎng de zhèng dāng quán yì yī fǎ shòu dào bǎo hù. Sān, gēn jù 'yí gè zhōng guó' de yuán zé, xiāng gǎng tè bié xíng zhèng qū yǔ tái wān dì qū kōng zhōng háng xiàn hé hǎi shàng yùn shū háng xiàn, àn 'dì qū tè shū háng xiàn' guǎn lǐ. xiāng gǎng tè bié xíng zhèng qū yǔ tái wān dì qū jiān de hǎi, háng yùn jiāo tōng, yī zhào shuāng xiàng hù huì yuán zé jìn xíng. Sì, tái wān jū mín kě gēn jù xiāng gǎng tè bié xíng zhèng qū fǎ lǜ jìn xíng xiāng gǎng dì qū, huò zài dāng dì jiù xué, jiù yè, dìng jū. Wèi fāng biàn tái wān jū mín chū rù xiāng gǎng, zhōng yāng rén mín zhèng fǔ jiāng jiù qí suǒ chí zhèng jiàn děng wèn tí zuò chū ān pái. Wǔ, xiāng gǎng tè bié xíng zhèng qū de jiào yù, kē xué, jì shù, wén huà, yì shù, tǐ yù, zhuān yè, yī liáo wèi shēng, láo gōng, shè huì fú lì, shè huì gōng zuò děng fāng miàn de mín jiān tuán tǐ hé zōng jiào zǔ zhī, zài hù bù lì shǔ, hù bù gān shè hé hù xiāng zūn zhòng de yuán zé jī chǔ shàng, kě yǔ tái wān dì qū de yǒu guān mín jiān tuán tǐ hé zǔ zhī bǎo chí hé fā zhǎn guān xī. Liǔ, xiāng gǎng tè bié xíng zhèng qū yǔ tái wān dì qū zhī jiān yǐ gè zhǒng míng yì jìn xíng de guān fāng jiē chù wǎng lái, shāng tán, qiān shǔ xié yì hé shè lì jī gòu, xū bào qǐng zhōng yāng rén mín zhèng fǔ pī zhǔn, huò jīng zhōng yāng rén mín zhèng fǔ jù tǐ shòu quán, yóu tè bié xíng zhèng qū xíng zhèng zhǎng guān pī zhǔn. Qī, tái wān xiàn yǒu zài xiāng gǎng de jī gòu jí rén yuán kě jì xù liú cún, tā mén zài xíng dòng shàng yào yán gé zūn shǒu < zhōng huá rén mín gòng hé guó xiāng gǎng tè bié xíng zhèng qū jī běn fǎ>, bù dé wéi bèi ‘yí gè zhōng guó’ de yuán zé, bù dé cóng shì sǔn hài xiāng gǎng de ān dìng fán róng yǐ jí yǔ qí zhù cè xìng zhì bù fǔ de huó dòng. wǒ mén gǔ lì, huān yíng tā mén wèi guó jiā tǒng yī hé bǎo chí xiāng gǎng fán róng wěn dìng zuò chū gòng xiàn。)”323)

中华人民共和国(zhōng huá rén mín gòng hé guó) 主席令 제 26호에 의하면, “中华人民共和国(zhōng huá rén mín gòng hé guó) 香港(xiāng gǎn_Hongkong) 特別行政區基本法”은 부속문서 1- ‘香港(xiāng gǎn_Hongkong) 특별행정구 행정장관의 선출방법’, 부속문서 2- ‘香港특별행정구 입법회의 선출방법과 표결절차’, 부속문서 3- ‘香港특별행정구에서 실시되는 전국성 法律 및 香港특별행정구의 區旗, 區章의 도안을 포함하여 1990年4月4日 中华人民共和国(zhōng huá rén mín gòng hé guó) 제 7기 전국대표대회 제 3차 회의에서 채택되어 공포하며, 이는 1997年 7月 1日부터 시행한다고 정의하고 있다.

표면상 1997年 이후. 台湾·香港(xiāng gǎn_Hongkong) 关系에 대한 규범을 제시한 것이었지만 李六条(lǐ liù tiáo) 중‘两岸은 공히 香港(xiāng gǎn_Hongkong)·澳门(ào mén)의 번영을 보호하고, 香港(xiāng gǎn_Hongkong)·澳门(ào mén)의 民主를 촉진 시킨다.’에 대해 台湾이 香港사무에 간섭하려고 한다는 中国측의 불쾌한 반응이 내포돼있다. 中国은 台湾이 香港사무에 공동으로 참여해 台湾의 지위를 中国과 동등한 위치로 올려놓겠다는 도전과 계산이 숨어있다고 판단하고 있다. 香港(xiāng gǎn_Hongkong) 기본법 규정에 따르면 香港특구는 향후 中国 中央政府의 관할하의 自治區로 香港에게 상당한 自治權을 부여해주게 된다. 예를 들어, 香港 입법기구가 제정하는 法律은 香港에선 원칙상 中国法律을 배제한 채 적용되며 행정입법 사법기구의 설립은 일정 범위 내에서 中国의 간여를 받지 않게 된다. 그러나 台湾과

---

323) 錢 文, “中国確定97後處理港臺关系7項準則”,『廣角鏡月刊』, 1995. 7. pp. 74~75. 재인용.

의 关系는 기본법에 명시돼있지 않다. 즉, 기본법은 中央政府와 香港(xiāng gǎn_Hongkong)关系와의 关系, 香港(xiāng gǎn_Hongkong)의 대외关系를 포함할 뿐이므로 台湾과의 각종 협정해결 등을 香港 단독으로 처리하도록 하지 않을 것이다.

따라서 1997年과 1999年 이후 香港(xiāng gǎn_Hongkong)과 澳门(ào mén)에 상주하는 台湾의 각종 기구들이 계속 상주하면서 台湾·香港·澳门 간의 친밀한 关系를 유지토록 하려는 台湾의 政策은 상당한 타격을 입을 것으로 보인다. 즉 钱七条가 1997年 이후 台湾의 駐 香港지구와 인원이 계속 상주할 것을 보장하고 있지만 中国을 중심으로 하는 하나의 中国원칙 때문에 台湾이 아직까지 인정하지 않는 "中华人民共和国(zhōng huá rén mín gòng hé guó) 香港(xiāng gǎn_Hongkong) 特別行政區基本法"을 준수해야 한다. 台湾·香港 간의 어떠한 政府활동도 北京(běi jīng)의 전권 지배하에 있기 때문에 台湾·香港의 經貿关系도 影响을 받게 될 것이다. 물론 经济 문화교류 인원왕래 등을 포함하는 香港 台湾 간의 현존 각종 교류는 기본적으로 유지되고 台湾人의 香港 투자무역은 법으로 보호받을 것을 钱七条는 밝히고 있다. 또 香港(xiāng gǎn_Hongkong) 특별행정구와 台湾 간의 항공노선 및 해상수송노선은 쌍방 호혜원칙에 따라 진행된다고 강조하고 있다. 그러나 香港을 大陆시장의 발판이자 중계점으로 간주하며 향후 台湾을 중심으로 하는 亚太运营中心(yà tài yùn yíng zhōng xīn)을 성립하는데 중요한 역할을 담당할 것이라는 台湾의 香港(xiāng gǎn_Hongkong) 重視论은 벽에 부닥칠 것이 분명하다.

4. 1995年 李登輝 台湾 总统의 访美

1990年代 냉전의 종식에 따라 제 2차 세계대전 이후 지속되어온 양극 体制가 붕괴되고 美国(měi guó)의 압도적 힘의 우위라는 国際体制의 구조가 형성되었다. 즉 냉전 종식 이후 美国만이 政治力·经济力·军事力을 포함하여 중요한 모든 国家的 능력을 구비하고 있으며, 이런 힘의 덕택으로 美国만이 전 세계에 걸쳐 모든 영역에서 主權的 행동을 할 수 있게 되었다는 것이다.[324]

---

324) 강성학., 「카멜레온과 시스프스」, 나남, 1995. p. 181.

탈냉전시대 美国(měi guó)의 압도적 힘의 우위아래 美国에 대적할 수 있는 잠재적 国家들로서 러시아·中国·德国(dé guó)·日本(rì běn) 등을 꼽을 수 있다. 하지만, 과거 냉전시대 美国과 대결했던 러시아는 비록 엄청난 핵무기를 비롯한 강력한 军事力을 보유하고 있지만, 1990年代 이후 经济的 침체와 함께 누구도 예측하지 못했을 정도로 빠르게 쇠퇴함에 따라 美国과의 경쟁능력을 상실했다. 中国은 1978年 이후 改革·开放 政策으로 인해 급속한 经济的 성장을 이룩했지만, 과거 前苏联(qián sū lián)이 가졌던 政治的·经济的·军事的 능력만큼 성장하지는 못했다. 德国(dé guó)과 日本(rì běn) 또한 经济的 강대국임에는 틀림이 없지만, 美国과 대적할 만한 충분한 政治的·军事的 능력을 갖고 있지 못하다.

따라서 탈냉전시대 1995年 전후의 国際질서는 政治力·经济力·军事力을 포함하여 거의 모든 부문에 걸쳐 美国(měi guó)의 압도적 힘의 우위 속에서 다른 강대국들과의 关系에서 압도적인 影响力을 발휘하는 美国을 중심으로 전개되는 体制라고 할 수 있다.

1949年 中国 共产党(zhōng guó gòng chǎn dǎng) 정권이 수립된 이래 中国·美国关系는 1950年 한국전쟁에서의 대결과 1954年 트루만 美国 大統領이 台湾의 国民党(guó mín dǎng) 政府를 合法的인 中国政府로 승인하고 상호방위조약을 체결함으로써, 1972年 닉슨이 中国을 방문하기까지 적대关系를 유지하였다. 하지만, 1972年 이후부터 中国과 美国은 前苏联(qián sū lián)봉쇄라는 공동목표를 위해 전략적인 제휴关系가 이루어짐으로써, 양국 关系는 개선되기 시작했다. 1972年2月 상하이에서 中国●美国 공동성명을 발표하고 1973年 양국 간 연락사무소가 설립되었다.

中国과 美国의 关系정상화는 양국 간의 关系개선에도 불구하고 台湾问题로 인해 상당기간 지연되었다. 결국 美国(měi guó)은 中国이 제시한 세 가지 원칙(台湾과의 关系단절·상호방위협정 폐기·台湾에서의 미군철수)을 받아들임으로써, 1978年12月16日 外交关系 수립에 관한 공동성명을 발표하여, 1979年1月1日 부로 外交关系(wài jiāo guān xī)를 수립하였다. 关系정상화 이후에도 中国과 美国은 台湾의 안보를 보장하는 美国의 台湾关系法으로 인해 어색한 关系가 유지되었으나, 中国과 美国은 3年간의 조정을 통해 1982年8月17日 美国의 对台湾 무기판매에 관한 공동성명을 발표하고 台湾问题를 일단락 지음으로써 점진적인 개선을 이루었고 양국 간의 전략적 제휴关系는 1980年代까지 지속되었다.[325]

그러나 1980年代의 中国과 美国(měi guó)의 전략적 제휴 关系는 1990年代 들어 1989年 천안문 사건으로 인한 美国 국내의 中国 비난여론과 1991年 前苏联(qián sū lián)의 붕괴로 인해 前苏联(qián sū lián)견제라는 공동목표를 상실함으로써 새로운 단계로 접어들었다. 美国은 脱냉전기에 걸 맞는 방향으로 세계전략을 조정할 필요성을 느끼게 되었고, 세계 최대의 인구와 병력 그리고 改革·开放政策의 성공을 통해 축적한 经济力을 바탕으로 中国이 동아시아지역에서 影响力을 급속하게 확대하게 됨에 따라 美国은 中国을 협력 상대로서 보다는 견제의 대상으로 간주하게 되었다.326)

이러한 상황에서 中国·美国 关系에 있어서 台湾问题는 가장 첨예한 갈등요인으로 다시 부각되었다. 台湾问题에 대한 中国의 입장은 "하나의 中国" 원칙이며, 台湾독립이나 외세의 간섭을 단호히 배제하고 필요하다면 武力사용도 불사한다는 입장이다. 美国은 이에 대해 "하나의 中国" 원칙을 인정하면서도 유사시 자동개입을 규정한 "台湾关系法"을 근거로 계속 台湾과 접촉하는 政策을 취하고 있다. 이는 中国의 입장에서 볼 때 이율배반적인 형태가 아닐 수 없다. 美国으로서는 아·태지역에서의 지속적인 影响力 행사를 위해 그리고, 날로 강해지는 中国에 대한 견제를 위해서라도 台湾카드를 버릴 수 없는 실정이다. 따라서 脱냉전시기 台湾问题에 대한 中国과 美国의 이러한 입장차이로 인해 양국은 여러 차례의 갈등을 보였다.

"脱냉전시기 台湾问题를 둘러싼 中国·美国 关系의 갈등은 먼저, 1992年9月 부시 大統領이 台湾에 대해 F-16기 150대 판매에 동의함으로써 본격적으로 시작되었다고 할 수 있다. 이후 클린턴 行政府 들어서도, 美国(měi guó)은 1994年9月 台湾과의 关系격상 政策을 채택하고, 台湾고위관료의 美国방문을 허용하고 台湾의 UN 등 国際機構 가입을 지지하는 등 台湾에 대한 지원政策을 강화하였다. 또한 美国의회도 1994年4月 台湾에 대한 美国의 무기제공을 合法化한 '台湾关系法'이 '8·17 공동성명'에 우선 한다는 것을 선언하며, 台湾과의 의회 수준의 접촉을 요구하면서 1994-1995 'Foreign Relations Authorization Act'을 통과시키고 1994年5月1日 美国 클린턴 大統領은 이 법안을 인준하였다. (在非冷战时期, 中美之间围绕台湾问题的矛盾

---

325) 서진영., 「중국의 대외관계: 동북아 신질서와 중국」, 고려대학교 아세아 문제 연구소, 2000. p. 101.

326) 신상진., "탈 냉전기 중국·미국 관계와 대만문제", 「한국동북아 논총」, 제 1집, 1996. pp. 1~2.

正式开始于1992年9月，布什总统同意向台湾销售150台F-16 战斗机。后来进入克林顿政府时期，美国在1994年9月采取了升格和台湾关系政策，允许台湾的领导人到美国访问，支持台湾加入联合国等国际机构，强化了对台湾的支持政策。再者，美国议会于1994年4月将对台湾提供武器的合法化写入'台湾关系法'，并在'8·17共同声明'中优先做了宣言，要求和台湾议会等高层进行接触，通过了1994-1995'Foreign Relations Authorization Act', 1994年5月1日美国总统克林顿批准了此法案。Zài fēi lěng zhàn shí qī, zhōng měi zhī jiān wéi rào tái wān wèn tí de máo dùn zhèng shì kǎi shǐ yú yī jiǔ jiǔ èr nián jiǔ yuè, bù shí zǒng tǒng tóng yì xiàng tái wān xiāo shòu yī bǎi wǔ shí tái f-shí liù zhàn dòu jī. Hòu lái jìn rù kè lín dùn zhèng fǔ shí qī, měi guó zài yī jiǔ jiǔ sì nián jiǔ yuè cǎi qǔ le shēng gé hé tái wān guān xī zhèng cè, yǔn xǔ tái wān de lǐng dǎo rén dào měi guó fǎng wèn, zhī chí tái wān jiā rù lián hé guó děng guó jì jī gòu, qiáng huà le duì tái wān de zhī chí zhèng cè. Zài zhě, měi guó yì huì yú yī jiǔ jiǔ sì nián sì yuè jiāng duì tái wān tí gòng wǔ qì de hé fǎ huà xiě rù 'tái wān guān xī fǎ', bìng zài 'bā yī qī gòng tóng shēng míng' zhōng yōu xiān zuò le xuān yán, yāo qiú hé tái wān yì huì děng gāo céng jìn xíng jiē chū, tōng guò le yī jiǔ jiǔ sì zhì yī jiǔ jiǔ wǔ 'Foreign Relations Authorization Act', yī jiǔ jiǔ sì nián wǔ yuè yī rì měi guó zǒng tǒng kè lín dùn pī zhǔn le cǐ fǎ àn。)"[327]

"8·17 공동성명"은 美国(měi guó)의 "台湾关系法"으로 인한 양국 간의 갈등관계를 완화하기 위한 것으로 美国의 对台湾 무기판매에 관한 공동성명이다. 공동성명의 주요내용은 美国이 台湾에 대한 무기 수출을 점차 축소한다는 것이다. 이러한 美国의 台湾에 대한 무기 수출과 关系강화정책에 대해中国은 강력 반발하였다. 中国은 美国이 지난 1972年·1979年·1982年 세번의 양국 간의 공동성명을 준수할 것을 강력하게 요구하면서, 中国·美国关系가 악화될 것임을 경고함으로써 양국 간의 긴장은 높아졌다.

이처럼, 台湾问题를 둘러싸고 美国의 台湾에 대한 무기 수출과 关系강화정책으로 인해 中国·美国 关系의 갈등이 지속되는 상황에서 1995年6月 中

---

327) Jaw-ling Joanne Chang., "How Clinton Bashed Taiwan-and Why", Orbis (Fall 1995). p. 575. 재인용.

国의 강력한 반대에도 불구하고 李登辉(lǐ dēng huī) 台湾 总统의 美国 방문이 이루어졌다. 이로서 中国·美国 关系는 급속도로 악화되었다.

台湾问题에 있어서, 이전에는 中国·美国(měi guó) 간의 갈등요인이 발생할 때마다 中国은 美国과의 关系악화를 우려하여 美国에 대한 경고성 발언에 그쳤으나, 이번에는 경고성 발언이 아닌 실질적으로 台湾海峡에서 军事的 행동을 보임으로써 中国은 강경한 外交政策(wài jiāo zhèng cè)을 전개하였다. 1995年7月18日 中国외교부 대변인은 7月 21日부터 台湾海峡에서 미사일 실험이 있을 것이라고 발표하면서, "우리가 하려는 것은 台湾问题에 있어 美国이 옳은 길을 가도록 촉구하기 위해서이며, 中国·美国 关系의 중요성을 깨닫게 하려는 것"328)임을 분명히 함으로써 台湾问题에 있어서 中国의 강경한 입장과 의지를 보여주었다.

1980年代 중반까지 两岸关系에 있어서 中国의 적극적인 태도에 비해 台湾의 대응은 기존의 政策을 유지하는 것이었다. 즉 台湾은 中国 共产党(zhōng guó gòng chǎn dǎng)과 접촉하지 않고(不接触), 담판을 하지 않으며(不谈判), 타협하지 않는다(不妥协)는 三不政策(sān bù zhèng cè)을 지켜나갔다. 그러나 이러한 台湾의 政策에 변화를 가져오게 하는 결정적 요인은 1986年 5月 3日의 소위 "中华航空 사건"이었다. 1986年 台湾중화항공의 보잉 747이 한 台湾人에 의해 납치되어 中国의 广州(guǎng zhōu)에 착륙하게 되었으며, 이에 대한 中国과 台湾关系者들의 사고 수습협상이 원만하게 전개됨에 따라 台湾은 1987年11月 台湾人의 본토 친척방문을 허용하고, 两岸간 민간접촉을 부분적으로 허용함으로써 기존의 "三不政策(sān bù zhèng cè)"을 사실상 폐기하였다.

이러한 三不政策(sān bù zhèng cè)의 사실상의 폐기 이후 台湾의 中国政策은 1988年1月 中国 본토출신의 蒋经国(jiǎng jīng guó)의 사망에 이어 台湾출신의 李登辉(lǐ dēng huī)가 台湾 总统에 취임하면서 새로운 전환점을 맞이하였다. 1990年代 이전 中国 본토출신이 지배하던 台湾 国民党(guó mín dǎng) 政府는 台湾이 中国의 일부이며 统一이 되어야 한다는 점에 대해서는 中国의 共产党 정권과 이견이 없었다. 다만 台湾의 自保主义와 自由民主主义 体制를 기초로 한 통일이 달성되어야 한다는 점에서 共产党이 주

---

328) Robert S. Ross., "The 1995-96 Taiwan Strait Confrontation", International Security, Vol. 25. No.2. Fall, 2000. p. 95. 재인용.

도하는 통일에 대해서는 반대한다는 입장이었다.

그러나 1990年代 이후 台湾政府의 統一政策에 중요한 변화가 나타나기 시작했다. 즉 냉전체제의 해체라는 国際질서의 변화에 따라 経済力을 중시하는 新国際질서의 등장과 台湾의 経済성장이라는 새로운 환경 속에서 台湾은 大衆政策의 변화를 요구받은 것이다. 台湾의 大衆政策의 변화는 李登輝(lǐ dēng huī)의 总统취임으로 가시화되기 시작했다. "李登辉(lǐ dēng huī)는 1990年5月22日 台湾 제 8대 总统 취임 내외기자회견에서 李登辉(lǐ dēng huī)의 실무外交가 '두 개의 中国'을 만들어내는 것이라고 中国 共产党(zhōng guó gòng chǎn dǎng)이 비판했다는 질문에 대해 '中华民国(zhōng huá mín guó)는 主權을 갖는 독립국가이며, 中华民国(zhōng huá mín guó)은 台湾에 존재하고 있으며, 中国大陆은 中华民国(zhōng huá mín guó)의 일부라고 인식하고 있다.'라고 명확하게 표명하였다. (李登辉在1990年5月22日台湾第八届总统就职国内外记者招待会中, 针对李登辉的实务外交是制造'两个中国'遭到中国共产党批判的提问, 阐明道:'中华民国是具有主权的独立国家, 中华民国存在于台湾, 中国大陆是中华民国的一部分'. lǐ dēng huī zài yī jiǔ jiǔ líng nián wǔ yuè èr shí èr rì tái wān dì bā jiè zǒng tǒng jiù zhí guó nèi wài jì zhě zhāo dài huì zhōng, zhēn duì lǐ dēng huī de shí wù wài jiāo shì zhì zào "liǎng gè zhōng guó" zāo dào zhōng guó gòng chǎn dǎng pī pàn de tí wèn, chǎn míng dào : "zhōng huá mín guó shì jù yǒu zhǔ quán de dú lì guó jiā, zhōng huá mín guó cún zài yú tái wān, zhōng guó dà lù shì zhōng huá mín guó de yí bù fēn。)"[329] 이는 台湾政府가 "하나의 中国"이라는 원칙에 마지못해 동의하면서도 "하나의 中国"은 바로 台湾이고, 그 主權은 大陆까지 미친다는 입장이었다.

이후 1991年2月23日 台湾 总统府의 직속기구인 国家统一委員會는 "国家统一綱領[330]을 수정, 통과시켰으며, 总统府는 3月5日 정식으로 실시를 공포했다. 3月 14日일 행정원은 "国家统一綱領"을 통과시켜 两岸关系의 처리원칙을 세웠다. 또한 1994年 행정원의 大陆委員會는 "两岸关系(liǎng àn guān xī)說明書"를 발표하였다. "国家统一綱領"에서부터 "两岸关系(liǎng àn

---

329) 대동청., "이등휘(lǐ dēng huī) 총통시대의 대륙정책", 「극동문제」, 2001.2. p. 69.
330) 정재일·송봉규., "중국과 대만의 통일정책 비교", 「상지대학교 논문집」, 제 20집, 1998. pp. 175~178.

guān xī)說明書"에 이르면서 台湾政府의 对中国政策은 하나의 완결된 체계를 이루었다. 즉 "두 개의 대등한 政治실체"를 핵심으로 대내적으로 "分裂·分治" 대외적으로는 "平等(píng děng)대표권"과 "교차승인"을 주장하면서 台湾의 "独立主权国际"의 지위를 확립하는 것이다. 이에 따라 台湾政府는 中国政府의 반대에도 불구하고 国際무대에서 "实用外交"를 적극 추진함으로써 中国을 자극하고 1994年 이후 两岸关系(liǎng àn guān xī)는 긴장상태를 유지하였다.331)

이와 함께 台湾은 1994年 国防白书를 통해서 "하나의 中国"이란 단지 역사적·지리적·문화적·종족적 실체를 의미하는 것이라고 주장하면서, 台湾과 中国의 "두 개의 政治的 실체" 존재와 国際영역에서 台湾과 中国의 상호 공존을 강조하였다. 또한, 台湾은 中国이 제안한 "「一国两制(yì guó liǎng zhì)」"는 수용할 수 없다고 거부하면서, 사실상 두 개의 政治的 실체가 존재하고 이들 간의 平和공존이 統一보다 중요하다는 점을 강조하였다.332)

이런 상황에서 中国은 "하나의 中国" 원칙을 고수하고 또한 台湾이 전개하고 있는 外交활동을 위축시키기 위한 전략적 차원에서 1995年1月 江泽民(jiāng zé mín)은 "祖国(zǔ guó)统一을 위한 8가지 조건"인 소위 "江八条(jiāng bā tiáo)"를 발표하였다. 中国의 江八条(jiāng bā tiáo)에 대한 공식적인 台湾政府의 발표는 1995年2月21日 台湾 행정원장 连战(lián zhàn)에 의해 발표된 "連四條"라고 할 수 있다. 이는 "江八条(jiāng bā tiáo)"의 주요 내용인 하나의 中国에 반대하는 것으로 그 주요내용은 현실을 직시하고(面对现况)·교류를 증진시키고(增加交流)·상호존중하고(相互尊重)·统一을 추구하자(追求统一)는 내용이다.

이어서 台湾政府의 두 번째 공식적인 발표는 1995年4月8日 台湾 总统 李登辉(lǐ dēng huī) 国家统一委員會의 綱領과 과거의 中国政策 및 현재의 상황을 기초로 하여 6가지 中国政策인 이른바 "李六条(lǐ liù tiáo)"를 발표하였다. 여기에서 李登辉(lǐ dēng huī) 总统은 中国의 「一国两制(yì guó liǎng zhì)」 방식을 부정하고 「一国两治·分裂分治(fēn liè fēn zhì)」의 기초 위에서 国家的 统一의 방법을 찾아야 한다고 주장하였다. 그 중심내용은 다음

---

331) 주유진., "중국과 대만의 통일정책과 양안관계에 관한 연구", 원광대 대학원 석사논문, 2001. p. 23.
332) Jean-Pierre Cabestan, "Taiwan's Mainland Policy: Naormalization, Yes; Reunification, Later", The China Quarterly, No.148 (December, 1996). 재인용.

과 같다.333)

첫째, 中国이 주장하는 하나의 中国을 부정하며, 「一国两治」라는 현실을 중심으로 国家의 统一을 추구하자. 둘째, 중화문화를 기초로 하여 쌍방은 각종 영역에서의 교류를 강화하자. 셋째, 台湾의 경험으로 大陆의 농업을 개선하고 台湾의 大陆투자와 무역을 강화 시키자. 넷째, 两岸은 平和的인 방법으로 모든 问题를 해결하고 中国은 台湾에 대한 적대 상황을 종결한다는 것을 선포하고, 쌍방은 적대关系의 종결을 위한 담판과 협상을 실행하자. 다섯째, 1997年 이후 台湾은 香港(xiāng gǎn_Hongkong)과 澳门(àomén)과의 정상적인 왕래를 계속 유지할 것이다. 여섯째, 쌍방은 香港(xiāng gǎn_Hongkong)과 澳门(àomén)지역의 번영과 안정을 공동으로 유지하며 民主化를 추진하자는 내용이다.

李六条(lǐ liù tiáo)에서 알 수 있듯이 台湾은 中国이 주장하는 "하나의 中国" 원칙과 「一国两制(yì guó liǎng zhì)」의 统一방식에 반대하였다. 이러한 台湾의 입장은 1995年6月 李登辉(lǐ dēng huī)가 코넬 대학에서 발표한 연설, "국민이 바라는 바는 항상 내 마음에 있다."에서"台湾에 존재하는 中华民国(zhōng huá mín guó)","中华民国(zhōng huá mín guó)은 台湾에 있다"라고 주장한 데서 극명하게 나타난다. 결국, 台湾海峡위기 이전 台湾의 大衆政策은 공식적으로는 "하나의 中国" 원칙에 마지못해 동의하면서도, 中国이 주장하는 하나의 中国원칙과 「一国两制(yì guó liǎng zhì)」统一방식에 반대하고, 하나의 대등한 政治体制로서 사실상 두 개의 中国, 「一中一台(yì zhōng yì tái)」政策을 전개 하였다고 할 수 있다.

台湾은 1993年 连战(lián zhàn) 행정원장에 의해 공식화된 "弹性外交(tán xìng wài jiāo)" 전략에 따라 적극적인 대외政策을 전개하였다. 이는 台湾의 상당한 외환보유고와 经济力을 바탕으로 추진되었으며, 개별国家에 대한 经济援助와 재정적 지원으로 台湾은 여러 나라와 수교를 맺게 되었다. 이후 李登辉(lǐ dēng huī) 台湾 总统은 1994年부터 이른바 "세일즈 外交"를 본격화함으로써 台湾의 国際적 지위는 많이 향상되었다. 특히, 이러한 탄성 外交와 세일즈 外交를 기조로 하는 당시의 台湾 外交는 티베트 망명政府와 关系를 강화했고, UN 재가입을 추진했으며, 아프리카·중남미 일부 国家들과 수교를 하였다. 그 결과 1995年 말 현재 台湾과의 수교국은 30개국으로 늘어

---

333) 박광득., "총통선거 후의 대만과 양안관계", 「한국동북아 논총」, 제 18집, 2001. p. 102.

났다.

이러한 中国의 봉쇄망을 뚫고 国際社會에서 主權国家로 인정받기 위한 台湾의 노력은 1995年 6月 8日 李登辉(lǐ dēng huī) 台湾 总统의 美国방문이 성사됨으로써 外交的으로 가장 큰 성과를 거두었다고 할 수 있다.

1994年 5月 李登辉(lǐ dēng huī) 台湾 总统은 코스타리카를 방문하기 위해 가던 도중 연료를 공급받기 위해 美国 호놀룰루 공항에 잠시 기착하여 호놀룰루에서 하룻밤을 쉴 수 있기를 美国政府에 문의하였으나, 美国은 中国의 반발을 우려해 이를 거부함으로써 台湾 总统은 비행기 내에서 하룻밤을 묵는 수모를 겪었다. 그러나 李登辉(lǐ dēng huī) 台湾 总统은 호놀룰루에서 수모를 겪은 지 1年 뒤인 1995年 6月 그의 모교인 코넬(Cornell) 대학교 졸업식에 참석할 수 있도록 하는 개인자격의 비자를 발급받고, 美国을 방문함으로써 主權国家로서 인정받기 위한 台湾의 外交的 노력은 절정에 달하였다.

이러한 李登辉(lǐ dēng huī) 台湾 总统의 美国방문 성공은 台湾政府가 과거와 같이 中国의 일부가 아니라 国際社會에서 台湾이 中国과 대등한 政治的 실체로 인정받기 위한 행동을 가시화한 것으로 볼 수 있다. 이러한 사실은 1995年 6月 코넬 대학에서의 연설에서 "台湾에 존재하는 中华民国(zhōng huá mín guó)", "中华民国(zhōng huá mín guó)는 台湾에 있다."라고 주장한 것과 그리고 1995年 9月 李登辉(lǐ dēng huī) 总统이 金门岛를 방문한 자리에서 "台湾은 이제 하나의 政治的 실체로서 어느 누구도 그것을 부정할 수 없다"라고 주장하고 台湾은 中国이 주장하는 「一国两制(yì guó liǎng zhì)」 통일방식이 아닌, 民主主义(mín zhǔ zhǔ yì)·自由(zì yóu)·平等(píng dēng)한 번영의 制度的 기반 위에서 통일을 추구할 것이라고 밝힌 것에서 알 수 있다.

1995年 美国(měi guó)의회는 클린턴 行政府에게 李登辉(lǐ dēng huī) 台湾 总统의 访美(fǎng měi)를 허가해 줄 것을 계속해서 요청하였다. 그러나 美国政府는 의회의 압력에도 불구하고, 李登辉(lǐ dēng huī) 台湾 总统의 美国방문을 허가하지 않을 것이라고 中国政府에게 약속하면서, 李登辉(lǐ dēng huī) 台湾 总统의 美国방문을 허가하는 것은 美国의 政策과 일치하지 않는 것이라고 中国을 안심시켰다. 1995年 4月 17日 워런 크리스토퍼(Warren Christopher) 국무장관은 뉴욕에서 钱其琛(qián qí chēn) 中国 외교부장과 만나는 자리에서 이러한 美国행정부의 입장을 재천명하였다.[334] 하지만 갑자기 美国이 李登辉(lǐ dēng huī) 台湾 总统의 美国방문을 허용함으로써 中

国을 격분시켰다. 中国의 입장으로서는 美国이 李登辉(lǐ dēng huī) 台湾 总统의 访美(fǎng měi)를 허가하는 것은 곧 台湾독립에 대한 美国의 지지로 보았기 때문에 용납하기 어려운 사건이었다.

美国이 李登辉(lǐ dēng huī) 台湾 总统의 访美(fǎng měi)를 허용하자, 中国은 이에 대한 대응으로서 钱其琛(qián qí chēn) 외교부장은 주중 美国(měi guó)대사인 스태플론 로이를 불러 美国의 이 같은 결정은 양국 外交关系의 기초인 "하나의 中国" 원칙을 위반함으로써, 中国의 主權을 침해하였다고 엄중 항의하고 美国이 李登辉(lǐ dēng huī) 台湾 总统의 访美(fǎng měi) 허가를 취소하지 않을 경우 양국关系가 심각하게 훼손될 것이라고 경고하였다.335) 또한, 中国은 1995年7月 예정이던 遲浩田 국방부장 등 고위 지도자의 访美(fǎng měi) 계획을 철회하는 등 外交的 공세를 취하였다. 이처럼, 江泽民(jiāng zé mín) 주석을 비롯한 中国지도부는 처음에는 军事的 행동이 아닌 外交的 공세를 전개하는 수준에서 대응하였다.

그러나 中国지도부는 军事的 강경대응 조치를 취해야 한다는 人民解放军 강경파들의 압력에 직면하였고, 몇 번의 中国 共产党(zhōng guó gòng chǎn dǎng) 政治局 회의를 거쳐 军府(jūn fǔ)가 주장하는 강경대응으로 선회하였다. 따라서 中国은 美国과 台湾에 대한 外交的 공세와 함께 台湾隣近海에서 미사일 실험과 군사훈련을 강행함으로서 军事的 강경政策를 전개하였다.

中国人民解放军은 1995年 7月 21日부터 7月 28日까지 台湾근해 반경 10해리 公海上에서 台湾의 두 주요항구인 基隆港(jī lóng gǎng)과 高雄港(gāo xióng gǎng) 邻近海域(lín jin hǎi yù)에 대한 M-9급 지대지 미사일 발사훈련을 실시하였다. 8月 15日부터 8月 25日까지 台湾海峡 남부에서 미사일 실험과 해군과 공군의 합동군사훈련을 실시함으로써 台湾海峡에서 긴장을 고조시켰다. 또한, 1995年11月 中国은 台湾의회선거가 있기 2주전 中国은 3번째의 대규모 군사훈련을 시작했다. 中国은 이번 훈련은 명백히 台湾을 목표로 하는 것이며 中国의 일체성을 유지하고 台湾독립을 선동하는 세력들을 저지하기 위한 것이라고 밝혔다.336)

---

334) Jaw-ling Joanne Chang., "Lessons from the Taiwan Relations Act", Orbis (Winter, 2000), p. 70.

335) 조선일보., 1995.5.24. 재인용.

336) Robert s. Ross., "The 1995~1996 Taiwan Strait Confrontation", InternationalSecurity, Vol.25, No.2, Fall. 2000. p. 102.

이러한 中国의 '军事的 강경政策은 1996年 들어서도 台湾 최초의 民主的 总统 선거를 앞두고 또 다시 台湾에 대한 '军事的 위협을 가함으로써 계속되었다. 1996年3月5日 中国은 관영 신화통신을 통해, 3月 8日부터 15日까지 台湾의 동북해안에 위치한 주요무역항인 基隆港(jī lóng gǎng)에서 25~35마일 떨어진 해역과 台湾남부에 위치한 제 1무역항인 高雄港(gāo xióng gǎng)에서 80~90마일 떨어진 해역을 탄착지역으로 설정, 同지역에 대해 지대지 미사일 발사훈련을 실시할 예정이라고 발표하고, 3月 8日 발표대로 中国은 미사일 발사실험을 실시하였다. 또한 台湾 总统 선거직전인 3月 18日부터 23日까지 台湾에 대한 모의 상륙작전을 실시하였다.[337]

이러한 中国의 '军事的 위협에 대해 1996年3月10日 美国(měi guó)의 워런 크리스토퍼(Warren Christopher) 국무장관은 "中国의 오판"을 경고하며, 항모전단인 니미츠(Nimitz)호와 인디펜던스(Independence)호를 台湾海峡에 파견함으로써 中国과 美国(měi guó), 中国과 台湾사이의 军事的 긴장이 최고조에 달하였다.

中国은 이처럼 台湾 海峡에서의 '军事的 위협과 함께 1996年3月11日 钱其琛(qián qí chēn) 외교부장이 "台湾은 中国의 일부이며, 武力사용을 포기한 적이 없으며, 台湾은 中国의 일부이지 美国의 일부가 아니다"고 발표함으로써 美国에 대한 外交的 공세를 강화하고, 3月20日 中国의 전국人民대표대회 상무위원장인 乔石(qiáo shí)는 中国은 台湾이 독립을 선언하거나 외세가 침입할 경우 본토와 台湾의 통일을 위해 모든 필요한 조치를 취할 것이라고 경고했다. 또한 3月21日 中国의 沈国放(shěn guó fàng) 외교부 대변인은 "台湾이 国际공간 확보를 주장하며, 여러 나라들과 外交关系(wài jiāo guān xī)를 수립하는 것은 "두개의 中国"을 만들자는 것이다. 台湾은 분리독립기도를 완전 포기해야 한다."[338]라고 말하면서 台湾의 外交행보와 美国에 대한 비난을 멈추지 않았다.

이후 中国은 美国의 항공모함 파견에 대해 강경 대응할 것이라고 경고하면서도 3月23日 台湾 总统선거 이후 일체의 군사훈련을 중지함으로써 台湾 海峡의 위기는 진정되었다.

---

337) Weixing Hu., "The Taiwan Strait and Asian Pacific Security", The Journal of East Asian Affairs, Vol.11, No.1 (Winter/Spring. 1997.), pp. 150~152. 재인용.
338) 중앙일보., 1996. 3. 24. 재인용.

5. 2001年 陈水扁 台湾 总统의 访美

1990年代 脱냉전의 도래와 함께 형성된 美国(měi guó)의 압도적 힘의 우위 속에서 美国 중심의 国際질서는 21세기 들어서도 별로 다른 것이 없다. 즉 1995年 전후의 国際질서와 2001年 전후의 国際질서 모두 美国의 압도적 힘의 우위 속에서 美国 중심의 国際질서로 별로 차이를 보이지 않는다.

脱냉전시대 美国(měi guó)의 압도적 힘의 우위아래 美国에 대적할 수 있는 잠재적 国家들인 러시아・中国・德国(dé guó)・日本(rì běn) 역시 1995年 전후의 상황과 크게 다르지 않으며, 美国과 대적할 만한 충분한 政治的・经济的・军事的 능력을 갖고 있지 못하다.

2001年 1月에 출범한 조지 W. 부시(George W, Bush) 행정부 역시 美国의 압도적 힘의 우위아래 美国의 적극적 세계 개입과 헤게모니의 행사를 통한 国際질서의 안정을 목표로 하고 있으며, 21세기 들어서도 军事的으로나 经济的으로도 세계유일 초강대국인 美国을 중심으로 수직적 계층질서339)를 유지하고 있다.

따라서 脱냉전의 도래와 함께 형성된 美国(měi guó)의 압도적 힘의 우위 속에서 다른 강대국들과의 关系에서 압도적인 影响力을 행사하고 있는 美国을 중심으로 전개되는 国際질서는 21세기 현재까지도 변함없이 지속되고 있다.

1995年 李登辉(lǐ dēng huī) 台湾 总统의 美国방문으로 촉발된 1995~1996年의 台湾海峡 위기 이후 美国과 日本(rì běn)은 협력증진의 필요성을 느끼고, 1996年8月17日 美国(měi guó)・日本(rì běn) 동맹을 강화하는 안전보장에 관한 美国・日本공동선언을 발표하였다. 中国은 안전보장에 관한 美国・日本 공동선언의 목적이 양국의 군사동맹关系를 강화하고 아・태지역에서의 美国국익을 강화하기 위한 것이며, 또한 中国을 봉쇄하기 위한 것으로 보았기 때문에 美国(měi guó)・日本(rì běn) 공동선언의 체결에 강력하게 반대해왔다. 따라서 中国・美国 关系는 악화될 수밖에 없었다.

이처럼 악화된 中国・美国 关系는 1997年 江泽民(jiāng zé mín)의 美国방문을 계기로 새로운 전기를 맞게 되었고 1997年 정상회담 이후 中国과 美国은 여러 부문에서 협력을 추진해왔다. 1995年~1996年 台湾 海峡위기시 武力충돌의 위협을 겪은 中国・美国 양국은 정상회담에서 핫라인을 설치

---

339) 강성학., 「카멜레온과 시지프스: 변천하는 국제질서와 한국의 안보」, 나남, 1995. p. 93.

하기로 합의하고 이어서 우발적인 해상충돌을 방지하기 위한 해상사고를 막는 협정을 체결하였다. 또한, 中国·美国 关系는 1997年 양국 정상회담에 이어 1998年6月 클린턴이 中国을 방문하여 양국이 "건설적 동반자 关系"를 수립하는데 노력키로 합의하고, 美国은 台湾의 독립을 지지하지 않으며, 두 개의 中国 혹은 하나의 中国 하나의 台湾을 지지하지 않으며, 台湾의 UN가입을 지지하지 않는다는 이른바 「三不政策(sān bù zhèng cè)」을 선언함으로써 양국은 새로운 발전단계로 접어든 것처럼 보였다.

그러나 1999年 들어 中国의 불공정 무역관행과 그로 인한 美国의 무역적자, 中国의 민주화운동 억압, 西藏(xī zàng)问题 등으로 인해 美国내에서는 中国에 대한 비난여론이 비등해졌다. 그리고 美国의 台湾에 대한 무기 수출과 전역미사일방어体制(TMD)问题로 中国·美国 关系는 어려움을 맞게 되었다. 이러한 양국 关系는 1999年 코소보 사태와 5月8日 유고 주재 中国대사관 오폭사건, 그리고 李登辉(lǐ dēng huī) 台湾 总统의 "两国论(liǎng guó lùn)" 발언 이후 갈등이 고조되었다. 이러한 상황에서 中国은 美国과 台湾을 향해 武力행사를 경고하고 탄도미사일 발사실험 강행·중성자탄 보유선언 등 강경입장을 견지하는 한편 러시아와 전략적 파트너십을 강화하여 美国과 나토에 맞서려는 입장을 분명히 했다.340)

하지만 수 개월간 얼어붙었던 양국关系는 오클랜드에서 개최된 APEC 정상회의에 앞서 1999年9月11日 中国·美国(měi guó) 정상회담을 통해 다시 전환점을 맞았다. 클린턴 美国 大統領과 江泽民(jiāng zé mín) 中国 国家주석은 뉴질랜드 오클랜드의 아시아·태평양经济협력체(APEC) 정상회의를 계기로 11月 단독 정상회담을 가졌으며, 비록 클린턴이 中国이 台湾问题를 武力을 사용해 해결하려 들면 중대결과가 초래 될 것이라는 경고를 하기는 했으나 양국 간의 최대 갈등요인인 台湾问题는 정상회담에서 더 이상 거론되지 않았다.

이처럼 1995~1996年 台湾海峡 위기 이후 中国·美国 关系는 갈등과 협력을 반복하면서 양국 모두 中国·美国 关系가 결정적으로 훼손되는 것을 방지하기 위해 노력하고 있다. 특히, 中国의 입장에서는 改革·开放을 지속적으로 추진하기 위해서는 美国과의 협력 关系가 필수적이기 때문에 中国

---

340) 이태환., "중국·미국 관계의 변화", 중국의 대외관계: 동북아 신질서와 중국」, 서울 : 고려대 아세아문제연구소, 2000. p. 107.

지도부는 타협과 협상을 통해 中国·美国 关系를 개선하려는 노력을 보였다. 台湾问题와 관련해서도 中国은 "하나의 中国"이라는 원칙을 고수하고, 美国의 台湾에 대한 무기 수출과 전역미사일방어체재(TMD)의 台湾 편입시도에 대해 강력하게 항의하면서도 中国·美国 간의 갈등이 위기로 상승되지 않도록 노력하는 자세를 보였다.

1997年 初 美国의 레이크 国家안보담당 보좌관은 台湾에 더 이상의 새로운 무기를 판매하지 않을 것이라고 中国측에 약속하였으나, 같은 해 6月22日 台湾에 스팅거 미사일, 발사대, 그 밖의 무기를 판매한다는 계획을 의회에 통보하였다. 또한, 1998年 4月에는 美国(měi guó) 행정부의 각료로서는 처음으로 윌리엄 블레인 리처드슨(William Blaine Richardson) 에너지장관이 台湾을 방문하고 李登辉(lǐ dēng huī) 台湾 总统을 만난 자리에서 美国(měi guó)은 台湾의 안보와 안정을 위해 노력할 것이라는 클린턴 美国 大統領의 약속을 전했다. 더욱이 존슨 台湾주재 美国대표부 대표는 방어무기 판매를 포함한 美国의 台湾에 대한 政策은 아무런 변화가 없다고 표명하였다.341)

中国은 이러한 美国의 태도가 台湾에 대한 무기판매의 궁극적인 철폐를 주장한 1982年의 美国과 中国의 공동성명을 위반한 것으로 台湾에 대한 첨단무기 판매를 허용한 것은 결코 묵과할 수 없는 행위라고 비난하였다. 이에 대해 클린턴 행정부는 台湾에 대한 무기판매가 台湾의 자위능력의 강화에 있는 것이며, 中国이나 이 지역 国家들과의 군비확장 경쟁을 유발하는 것과 같은 능력을 台湾에 제공할 의사는 없기 때문에 1982年의 "8·17 공동성명"을 위반한 것이 아니라고 강조하였다. 또한 中国이 平和的 统一노력에 대한 확언이 있다면 美国政府는 台湾에 제공하는 무기의 양을 증가하거나 질을 향상할 의도가 없으며, 반대로 무기판매를 점차적으로 감축할 방침임을 발표하였다. 이러한 美国의 台湾에 대한 무기판매에 대해 美国과 中国 양국 간의 갈등은 해결되지 않은 채 양국 간의 잠재적 갈등 요인으로 남아 있었다.

이후 2001年 들어서 美国은 台湾에 첨단무기 판매계획을 발표함으로써 양국 간의 갈등은 증폭되었다. 2001年 양국 간의 台湾 무기판매에 관한 갈

---

341) 원정민., "탈냉전시대 미국의 중국정책", 서울: 고려대 대학원 석사논문, 2001. pp. 41~42. 재인용.

등은 다음과 같다. 먼저, 2001年 初 美国(měi guó)은 미사일방어体制(MD)와 관련된 최첨단 무기인 이지스함을 台湾에 판매하려고 하였다. 이에 대해 中国은 美国에 강력한 항의를 함으로써, 결국 美国은 이지스급에서 한 단계 낮은 키드급 구축함 4척과 8척의 디젤 잠수함을 台湾에 판매하기로 결정하였다.342) 하지만, 台湾에 대한 무기판매 자체를 반대하는 中国의 반대에도 불구하고 美国은 台湾에 대한 무기판매를 강행할 것임을 표명함으로써, 中国·美国 간의 갈등은 해결의 실마리를 찾지 못하고 있다. 그리고 美国은 2003年 初 수십억 달러 규모의 키드급 구축함과 디젤급 잠수함을 台湾에 인도할 것343)이라고 공언함으로써 中国·美国 간의 갈등은 점차 증폭되었다.

또한 美国은 2001年9月 F-16 전투기에 장착되는 공대지미사일(AGM-65G) 40기를 台湾에 판매하기로 결정하였다. 이에 대해 9月6日 朱邦造 외교부 대변인은 中国·美国 关系악화 및 台湾海峡 긴장 격화 가능성을 엄중 경고하면서, "美国이 台湾에 이 같은 공격 무기들을 판매한다면 1982年의 '8·17 공동성명' 등 양국 간 합의한 3개 공동성명을 또 다시 위반하는 것"이라고 지적한 뒤 "美国의 이런 행동은 台湾내 独立主义자들에게 美国의 의도를 오판하게 하는 등 독립을 부추기는 결과를 빚게 될 것"이라고 美国을 비난했다.344)

美国 국방부는 9月6日 "대상륙작전 및 영공수호에 필요한 F-16 전투기 장착용형 공대지 매버릭 미사일 40기 등을 台湾에 판매하고 LAU-117 발사기 48대, 연습탄 10기도 함께 제공할 계획"이라고 밝혔다. 또한 1천8백만 달러 상당의 台湾 군수 패키지에는 미사일 외에도 정비·조종사훈련·부품 및 소프트웨어 등 후방지원도 포함돼 있다

이처럼 美国(měi guó)의 台湾에 대한 무기판매에 대해 中国·美国 양국은 합의점을 찾지 못하고 갈등이 지속되고 있다.

北韩의 1998年8月 대포동 미사일 발사를 계기로 美国의 주도하에 日本(ri běn)은 1998年 末. 美国과 TMD(Theater Missile Defense) 합작을 정식으로 결정하였고, 台湾政府 또한 TMD가입을 결정하였다. 中国은 美国과 日本

---

342) Michael R. Gordon., "Military Analysis: U.S. Weapons Help Taiwan Stave Off Threat", The New York Times, April. 25. 2001. 재인용.

343) 중앙일보., 2002.4.4. 재인용.

344) 중앙일보., 2001.9.10. 재인용.

(rì běn)이 주축이 된 TMD체계를 美国(měi guó)의 패권주의 政策과 日本 (rì běn)의 军国主义(jūn guó zhǔ yì)가 표출된 것으로 우려하면서도 台湾 의 TMD편입에 대해 심각한 위협으로 인식하고 있다. 中国은 台湾이 TMD 체계에 편입된다면, 台湾의 독립 세력이 강화되고 이는 장차 中国统一에 도 전이 될 것이며, 또한 美国에 의해 주도되고 있는 TMD体制에 台湾을 포함 시키려는 것은 美国이 台湾지역에서 군사패권을 더욱 강화시켜 台湾에 대한 中国의 政治的 主權을 武力화시키려는 책략이라고 인식하고 있다.

1995~1996年 台湾 海峡 위기 이래 美国은 의회를 중심으로 台湾에 TMD배치를 지지하는 목소리가 높아지고 있다. 실제로 台湾海峡 위기 이후 美国은 台湾에 대해 패트리어트 미사일과 조기경보 레이더 등 전략미사일방 어 무기를 제공하고 台湾을 TMD体制에 참여시키는 것에 긍정적인 입장을 보이고 있다. 반면에 中国은 台湾을 TMD에 포함시키려는 것은 中国에 대한 내정간섭이자 中国의 主權과 領土에 대한 침해행위로 간주하고 이에 대한 강경한 거부입장을 천명하고 있다.

"中国이 台湾의 TMD편입에 반대하는 이유를 요약하면 다음과 같다. 첫 째, 台湾은 中国의 일부분이기 때문에 TMD의 台湾편입은 中国主權에 대한 내정간섭이며 1982年 공동선언의 명백한 위반이라는 것이다. 둘째, 台湾이 TMD에 편입되면 台湾에서의 분리 독립의 움직임이 촉발될 수 있다는 것이다. 셋째, TMD는 中国의 台湾에 대한 중심적인 军事政策인 미사일 공격의 위협 을 중화시킬 수 있다는 것이다. (中国反对台湾划入战区导弹防御<TMD> 计 划的原因主要如下。第一，台湾是中国的一部分，将台湾划入TMD是对中国主 权内政的干涉，违反了1982年签署的共同宣言。第二，如果将台湾划入TMD， 会触发台湾的分离独立动向。第三，TMD 会加重中国对台湾中心军事政策_导 弹攻击的威胁。zhōng guó fǎn duì tái wān huà rù zhàn qū dǎo dàn fáng yù<TMD> jì huà de zhǔ yào yuán yīn rú xià. dì yī, tái wān shì zhōng guó de yī bù fēn, jiāng tái wān huà rù TMD shì duì zhōng guó zhǔ quán nèi zhèng de gān shè, wéi fǎn le yī jiǔ bā èr nián qiān shǔ de gòng tóng xuān yán. dì èr, rú guó jiāng tái wān huà rù TMD, huì chù fā tái wān de fēn lí dú lì dòng xiāng. dì sān, TMD huì jiā zhòng zhōng guó duì tái wān zhōng xīn jūn shì zhèng cè_dǎo dàn gōng jī de wēi xié。)"

따라서 台湾의 TMD편입에 대한 中国과 美国의 서로 다른 시각과 접근법으로 인해 台湾海峡에서 中国·美国 간의 갈등이 높아지고 있으며, 양국 간의 심각한 이슈로 대두되고 있다.

이처럼 中国·美国 关系의 최대 현안인 台湾问题를 둘러싸고 美国의 台湾에 대한 무기판매와 TMD 体制의 台湾 편입시도 등으로 인해 中国·美国 关系의 갈등이 지속되는 상황에서, 2001年5月 中国의 강력한 반대에도 불구하고, 陈水扁(chén shuǐ biǎn) 台湾 总统의 美国방문이 이루어졌다. 이는 台湾问题를 둘러싼 中国·美国 간의 갈등을 급속도록 악화시킬 수 있는 사안이었지만 中国은 1995年 李登辉(lǐ dēng huī) 台湾 总统의 美国방문 때와는 달리 美国에 대한 경고성 발언에 그침으로써 다소 온건한 外交政策(wài jiāo zhèng cè)을 전개하였다.

Ⅳ. 中国과 台湾의 统一论과 限界性

第 1 章 中国과 台湾의 统一政策의 葛藤構造

동구와 前苏联(qián sū lián)의 몰락, 新国제질서의 등장은 中国과 台湾关系에 있어 새로운 변수로 작용하기 시작했다. 따라서 中国의 对台湾政策, 台湾의 对中国政策도 변화를 모색하게 됐다. 그러나 中国과 台湾关系는 江八点(jiāng bā diǎn)과 李六条(lǐ liù tiáo)의 대두에도 불구하고, 과거의 단절과 대립부분을 쉽게 극복할 수 없을 뿐만 아니라 앞으로의 关系를 낙관할 수 없는 일정 한계성을 내포하고 있다. 이 한계는 쌍방의 단순한 政治的 구호나 형식의 변화만으로 해결하기 어려우며, 서로의 요구를 자제하고 상대방을 인정하는 형식 절차를 거쳐 타협점을 찾아가야 해결될 수 있을 것이다. 현재 江八点(jiāng bā diǎn)과 李六条(lǐ liù tiáo)으로 본 两岸关系(liǎng àn guān xī)의 한계는 통일방식에 대한 쌍방 지도부의 입장 차이와 정책실천에 있어서 쌍방의 제한적인 상황・經貿교류・확대에 의한 쌍방의 의존성에 대한 반발작용, 国際政治经济 변화변수에 의한 影响 등의 측면으로 나눠 설명될 수 있다.

第 1 节 中国과 台湾政治의 形成过程과 실천

中国과 台湾 간의 상호 政治力을 통한 "하나의 中国"에 의한 통일에는 两国지도부가 공동 인식을 갖고 있으나, 이를 달성하는 구체적인 방법과 절차에 있어서는 일정 평행선을 달리고 있을 뿐 구체적인 협의는 如今까지 자기주장에 대한 평행선을 이루고 있다. 과거 香港(xiāng gǎn_Hongkong)・澳门(ào mén) 问题와 함께 中国의 통일논의가 활발하게 일어났으나, 政策입안까지에는 일정 한계가 존재했던 것이 이를 증명해주고 있다. 특히 台湾이 주장하는 「一国两府(yì guó liǎng fǔ)」가 中国 共产党(zhōng guó gòng chǎn dǎng)의 中国大陆에 있어서의 政治的 실체를 인정한다는 점에서 과거 일관되게 주장하던 台湾政府만이 中国 유일의 합법정부라는 입장포기를 나타내주고 있으나, 이에 상응해 中国에 대해 「一国两制(yì guó liǎng zhì)」에서 제안한 특별행정구 자치政府가 아닌 台湾의 실질적 政治실체를 대등하게 인정 해주기를 원하는 것을 기조로 삼고 있기 때문에 中国측에서도 받아들이기 힘든 제안이다.

中国은 两岸 간 분열이 과거 東·西独(xī dú)이나 联合国(lián hé guó)가 입 이후에 韩国(hán guó)·朝鲜(cháo xiǎn)에서 보는바와 같이 완전 분열이 아니라 政府주체 이전이 이미 실현되고, 국가주권의 완전한 통합이 유지되고 있는 상황 하에서 나타나는 지역적·국부적 분열이라고 정의하고 있다. 따라서 两岸关系(liǎng àn guān xī)의 통합에 있어서는 과거 東独·西独(xī dú)이나 韩国(hán guó)·朝鲜(cháo xiǎn) 关系에서 추구되었거나 추구되고 있는 '하나의 민족 두개의 国家','하나의 国家 두개의 실체'와 같은 방식의 원용이 불가능하다는 입장을 취함으로써 中国은 台湾측이 추구하는 「一国两府(yì guó liǎng fǔ)」나 「双中承认论(shuāng zhōng chéng rèn lùn)」을 거부하고 있다.

결국에는 중국과 대만이 지향하는 통일정책은 향후 两岸의 민간교류가 더욱 확대되면서 两国국민들이 统一政策에 대해 관심과 우려 속에서 각종 政策에 직·간접적으로 影響을 끼칠 수도 있을 것이다. 이를테면 문화대혁명은 中国 共产党(zhōng guó gòng chǎn dǎng)과 政府 뿐만 아니라 中国 국민 전체에게도 커다란 피해를 주었다. 이 때문에 문화대혁명 후, 中国국민들의 党과 政府에 대한 불만은 매우 고조된 상태였고, 이런 불만은 1978~79年의 '민주벽운동' 등을 통해 표현되기 시작되었다. 이러한 여러 가지 움직임을 통해 中国국민들이 주장하고자 한 것은 '민주'에 대한 요구였다. 如今에 와서 중국통일에 대한 중국과 대만 간의 견해에 대한 변천과정에 있어서 1세대와 2세대는 혁명 전의 상황을 잘 알아 中国 共产党(zhōng guó gòng chǎn dǎng)과 社会主义 体制에 대한 믿음을 완전 버리지 못하였으나, 3세대와 4세대는 다르다는 점이다. 제 3세대의 경우, 문화대혁명 초기에는 홍위병으로 적극적으로 참여했으나, 이후 농촌지역으로 下放을 당하면서 党과 政府에 강한 불만을 품게 되었고, 제 4세대의 경우는 共产党과 혁명에 감사하는 마음이 없을 뿐더러 외국의 상황을 알고 낙후한 中国의 党과 政府에 대해 '경제발전'과 '민주'라는 기준으로 평가하기 시작했다. 이러한 제 3·4세대들의 민주 요구는 상기에서 거론된 바 있는 '민주벽운동'을 기점으로 1985年의 학생운동·1986年의 학생운동·1986年 말, 1987年 初의 민주화운동, 1989年6月4日. '천안문 사건' 등을 통해 변위되고 있음을 알 수 있다.

中国은 两岸이 中央과 地方의 방식을 피하고 平等(píng děng)한 지위에서 政治的 담판을 진행할 수 있는 유일한 방법은 바로 党对党(dǎng duì dǎng) 담판이라고 주장하고 있는 반면에, 台湾은 이에 「三不政策(sān bù zhèng cè) 」을 주장하였고 "国家统一纲领"을 반포한 이래 两岸의 정치성 담판은 반드시 国统纲领(guó tǒng gāng lǐng)이 중간단계에 진입한 후에야 비로소 가능한 것이며, 그리고 그것의 진행방식도 정식 政府신분의 政府对政府(zhèng fǔ duì zhèng fǔ)의 담판이지 결코 党对党(dǎng duì dǎng) 방식이 아니라는 것을 주장하고 있다. 즉, 台湾의 「一国兩政治」實体에서는 中国이 현재 잠시 두개의 지역으로 분열되어 있고, 두 지역에 각각 존재하고 있는 중화민국 政府와 中华人民共和国(zhōng huá rén mín gòng hé guó)政府는 본질상 완전히 대등한 政治실체로서 쌍방이 현재 관할하고 있는 토지와 인구 그리고 실행하고 있는 제도는 각각 다르나 양자의 상호교류 과정은 당연히 平等(píng děng)한 지위에서 이루어져야 한다는 것이다.

1. 中国과 台湾指導者의 認識差異

两国지도부의 인식 차이는 两岸의 실질적인 统一논의를 가로막고 있다. 江泽民(jiāng zé mín)은 台湾과 기타 国家와의 문화경제발전 关系에 대해선 이의를 달지 않았지만 台湾의 务实(wù shí)外交政策에 대해선 분명한 의사를 나타냈다. 과거 党对党(dǎng duì dǎng) 담판에서 两岸지도자가 적당한 신분으로 상호방문하자는 것은 진일보한 제의였으나, 이는 과거와는 달리 台湾에서 国民党(guó mín dǎng)가 政治를 일방적으로 리더 해나가는 것이 현재 변해가고 있다는데서 적지 않은 요인을 찾을 수 있다. 따라서 과거에 비해 中国지도부가 台湾을 보는 시각이나 台湾지도부가 中国을 보는 시각이 급격하게 변하지 않는 한 적극적인 통일논의는 배제될 수밖에 없다.

两国지도자간의 이견은 江八点(jiāng bā diǎn)과 李六条(lǐ liù tiáo) 외에서도 지난 1995年 9月 对日抗戰勝利 50週年 기념활동에서도 쉽게 드러났다. 李登辉(lǐ dēng huī) 总统은 9月3日 대북에서 거행된 경축행사에 总统재임 8年 기간 중 처음으로 참석, 치사를 통해 江八点(jiāng bā diǎn)과 李六条(lǐ liù tiáo)가 미래 两岸关系 추진의 가교가 될 것이라면서도 쌍방의 상치되는 견해의 기초가 된다고 평가했다. 이날 北京(běi jīng)에서도 고위층 인사와 1만 명의 각계 대표가 천안문 광장에서 인민영웅기념 外 헌화의식을 가진 후 인민대회당에서 기념집회를 가졌다. 江泽民(jiāng zé mín) 国家主席(zhǔ xí)도 이날 "中国 共产党(zhōng guó gòng chǎn dǎng)과 中国政府는 조국의 주권과 영토의 완전회복을 위해 일체의 모든 수단을 사용할 것"임을 재천명하면서 "어떤 사람이 외부인의 힘을 빌려 조국을 분열시켜 조국을 배반하려고 하는데, 이는 천고의 죄인이 되는 것"이라고 강조했다.345) 이것은 台湾의 务实(wù shí)外交를 펴나가는 李登辉(lǐ dēng huī) 总统 등 台湾 지도부를 이같이 간접적으로 비난하면서, 中国과 台湾사이에서 자국의 이익을 꾀하고 있는 美国의 对中国政策 변화를 겨냥한 발언이다. 또 中国부총리 겸 외무부장인 钱其琛(qián qí chēn)은 1995年9月30日 뉴욕에서 两岸분열이 고착화되고, 두개의 国家가 되고 난 후 통일을 고려하는 것은 緣木求魚에 지나지 않는다며, 이는 절대로 용납할 수 없다고 강조했다.346)

〈표. IV-1-1-1/1〉江泽民과 李登辉의 抗戰紀念活動中의 觀點 差異

구 분	江澤民(jiāng zé mín)	李登輝(lǐ dēng huī)
항전 승리평가	항일전쟁의 승리로 중화민족은 중흥의 중대한 전환점을 맞이했으며 國家의 독립과 민족해방의 기초를 세웠다.	日本의 패망은 제국주의 백 年 동안 中國에 미쳤던 모든 물질적 그리고 마음의 상처가 이로서 해결된 것을 상징한다. 中國人이 궐기해 中國의 민족주의 의식을 최고봉에 달하게 했다.
항전 승리의 원인	항일전쟁은 근대 中國이 대외침략 반대해 처음으로 승리를 획득한 민족해방전쟁이다. 이 승리에는 역사적인 動因이 있는데 바로 中國 共産黨이 역사무대에 등장 했다는 것이다.	8年 항전으로 우리中國은 약한 것을 강한 것으로 보완해 최후의 승리를 획득했는데 장개석의 영도력이 최대의 관건이었으며, 적을 제압할 수 있었던 민심회복도 간과 할 수 없는 요소다

---

345) 星島日報., 1995.9.4. 재인용.
346) 聯合報., 1995.10.2. 第 1面. 재인용.

		今年 1月30日. 中國 共産党당국이 현 단계 兩岸關系를 주장했다.
兩岸關系 (liǎng àn guān xī)	현재 台湾내에 兩個中國 一中一台라는 민족분열을 획책해 和平統一 대업을 파괴하려는 풍조가 존재하고 있다. 그들은 공공연히 외국에 나가 台湾은 하나의 주권독립國家라고 말하고 있다. 이는 전 민족이익과 완전 상치한다. 역사적으로 외세에 의해 조국을 분열시키는 어떤 누구도 패망했으며 중화민족에 역적 있었다는 것을 증명해주고 있다.	李登輝(lǐ dēng huī) 總統. 4月8日 國家統一위원회의에서 현 단계정세에서 兩岸정상 關系건립을 위해 6가지로 주장을 했다. 우리台湾은 이 두 주장이 향후 兩岸關系의 교량역할을 해야 하며 쌍방의 동화기초가 된다고 생각한다. 우리 台湾은 새로운 정세에 대처해 兩岸 모두 새로운 확신을 해야 하며, 진정한 화해를 조성해야만 中國의 再統一을 위한 유리한 환경을 이룩할 것이다.

資料出處: 星島日報, 1995.9.4.

钱其琛(qián qí chēn)은 담판을 통해 兩岸의 통일문제를 해결해야 하며 中国人의 일은 외부의 조력이 필요 없기 때문에 兩岸지도자가 국제회의석상에서 만나는 것도 불필요하다고 지적했다. 또 회담의 3개의 조건을 제시했는데 '좋은 분위기, 적당한 기대, 좋은 결과'가 배합돼야 한다고 했다. 다음날 钱其琛(qián qí chēn)은 어떤 조건하에서도 "兩個中国·一中一台(yì zhōng yì tái)·台湾독립추진" 등은 허락 될 수 없다면서, 「一個中国」을 강조했다. 그는 어떤 사람들이 "하나의 中国"에 대해 의심을 품고 있으며, 심지어 中国이라는 개념이 모호하다고 하는 데에 분명히 반대한다고 밝히면서 中国역사상 분열이 발생했고, 내부의 변화도 있었으나 中国人은 하나의 中国을 인정하고 있으며 兩岸의 분열로 分裂·分治가 고정화될 수 없다고 말했다.

하나의 中国에 의한 통일에는 兩国지도부가 공동 인식을 갖고 있으나, 이를 달성하는 구체적인 방법과 절차에 있어서는 일정 평행선을 달리고 있을 뿐 구체적인 협의는 아직은 배격되고 있다. 과거 香港(xiāng gǎn_Hongkong)·

澳门(ào mén) 问题와 함께 中国의 통일논의가 활발하게 일어났으나 政策입안까지에는 일정 한계가 존재했던 것이 이를 증명해주고 있다. 특히 台湾이 주장하는 「一国两府(yì guó liǎng fǔ)」가 中国 共产党(zhōng guó gòng chǎn dǎng)의 中国大陆에 있어서의 政治的 실체를 인정한다는 점에서 과거 일관되게 주장하던 台湾政府만이 中国 유일의 합법정부라는 입장포기를 나타내주고 있으나, 이에 상응해 中国에 대해 「一国两制(yì guó liǎng zhì)」에서 제안한 특별행정구 자치政府가 아닌 台湾의 실질적 政治실체를 대등하게 인정 해주기를 원하는 것을 기조로 삼고 있기 때문에 中国지도부가 받아들이기 힘든 제안이다. 따라서 中国지도부는 联合国(lián hé guó)을 비롯한 각종 국제기구에서 台湾이 中国과 대등한 지위를 확립하려는 의도에 대해 경계를 하고 있다. 즉, 「两个中国·一中一台(yì zhōng yì tái)」를 추구하는 것에 불과하다는 불신이 내포돼있다. 中国으로서는 李登辉(lǐ dēng huī) 总统을 입으로는 통일을 주장하나 속으로는 독립을 꾀함(鸣统暗独(míng tǒng àn dú))하는 위선자로 인식하고 있다.

2. 中国과 台湾政府의 统一에 대한 노력

两岸 关系에 있어 中国의 기본입장은 크게 분단의 특수성·분단의 국부성·주체의 확정성 등 3가지로 나눌 수 있다.[347] 中国은 분단을 国·共两党 간 합작의 결렬 및 내전의 결과에 의해 초래된 것으로 보고 美国·英国(yīng guó)·苏联(sū lián) 등 전승국 간의 얄타협정과 같은 국제협정에 따른 분할 점령에 의해 이루어진 과거 東独·西独(xī dú)이나 韩国(hán guó)·朝鲜(cháo xiǎn) 분열과는 성격이 다르다고 강조한다. 즉 中国의 분단의 기본 특징은 정권교체와 国家권력의 이전 问题와 직접적으로 연계돼 있다는 데서 찾고 있다.

이와 같은 中国 분단배경의 특수성은 분열 상황의 극복과 통일 실현에 가장 중요한 결정요인으로 작용하며 이에 따라 국제적 요인 변화에 결정적인 影响을 받는 東独·西独(xī dú)이나 韩国(hán guó)·朝鲜(cháo xiǎn)의 统一과는 달리 两岸간의 问题해결의 관건은 주로 国·共两党 간의 화해와 两岸간의 政治·经济상황의 발전에 있음을 강조함으로써, 台湾측이 추구하는

---

347) 외교안보연구원., "중국의 통일백서 발표와 양안관계", 『주요국제문제분석』, 1993. 11. 17. pp. 11~13.

两岸关系(liǎng àn guān xī)의 국제화나 大陆政策(dà lù zhèng cè)의 외교화를 적극적으로 반대하고 있다.

따라서 中国은 两岸간 분열이 과거 東独·西独(xī dú)이나 联合国(lián hé guó)가입 이후에 韩国(hán guó)·朝鲜(cháo xiǎn)에서 보는바와 같이 완전분열이 아니라 政府주체 이전이 이미 실현되고, 국가주권의 완전한 통합이 유지되고 있는 상황 하에서 나타나는 지역적·국부적 분열이라고 정의하고 있다.

이러한 사실은 1백50여 개의 国家가 中国과 외교关系를 수립하고 있고, 이들 国家들의 대부분이 예외없이 台湾과의 외교关系를 단절하고 있음에서 잘 반영된다고 강조하고 있다. 즉 과거 東独·西独(xī dú)이나 현재의 韩国(hán guó)·朝鲜(cháo xiǎn) 关系에서 볼 수 있는 교차승인 현상이 两岸 간에는 결코 존재 할 수 없는데 바로 이러한 사실이 两岸 간의 분열의 국부적 성격을 명확히 하고 있다고 한다. 이러한 분단의 국부성으로 인해 两岸关系(liǎng àn guān xī)의 통합에 있어서는 과거 東独·西独(xī dú)이나 韩国(hán guó)·朝鲜(cháo xiǎn) 关系에서 추구되었거나 추구되고 있는 '하나의 민족 두개의 国家', '하나의 国家 두개의 실체'와 같은 방식의 원용이 불가능하다는 입장을 취함으로써 中国은 台湾측이 추구하는 「一国两府(yì guó liǎng fǔ)」나 「双中承认论(shuāng zhōng chéng rèn lùn)」을 거부하고 있다.

주체의 확정성은 분단의 국부성과 연결되는데 여기에는 두 가지 의미가 내포돼있다. 하나는 国家主權 대표의 확정성 问题로 지난 40여 年에 걸쳐 中国의 国家主權은 中华人民共和国(zhōng huá rén mín gòng hé guó)政府에 의해 대표 되어왔다. 다른 하나는 종합국력(실력) 대비에 있어 中国大陆이 지도적 지위에 있음을 의미한다. 여기서 말하는 종합국력이란 토지·인구·자원·经济·科学(kē xué)기술·국방 등 내재적 능력과 발전 잠재력 및 국제사회에 있어서의 影响力 등의 총화를 의미한다.348)

이러한 의미에서 종합국력상의 대비는 東独·西独(xī dú)이나 韩国(hán guó)·朝鲜(cháo xiǎn) 간에는 그렇게 심각한 격차를 보이지 않고 있으나, 两岸 간에는 심각한 비대칭성을 보이고 있다. 이러한 两岸간 종합국력상의 심각한 격차와 비대칭성에서 中国은 자국만이 两岸关系 발전과정에 있어 주

---

348) 박두복., "중국양안관계의 발전방향", 「신 아시아」, 제 2권 제 3호, 1995. 가을호. p. 40.

도적 지위나 역할을 해나가야 한다는 당위성을 찾고 있다. 따라서 中国은 两岸 간의 政治问题 처리에 있어 台湾이 주장하는 완전대등 원칙에 입각한 两岸关系(liǎng àn guān xī)의 발전요구를 거부하고 있다. 즉 中国은 大陆의 주체적 지위의 인정과 台湾의 특수지위를 존중한다는 기본원칙 하에서 两岸关系(liǎng àn guān xī)를 처리해나가고 있다.

中国의 党对党(dǎng duì dǎng) 담판 주장과는 달리 台湾은 「三不政策 (sān bù zhèng cè)」「国家统一纲领」으로 이어지는 统一政策을 펴가며, 政府对政府(zhèng fǔ duì zhèng fǔ)의 담판으로 이끌어가려고 한다. 이는 政治性 담판에 있어 적지 않은 장애요소로 등장하고 있다. 또 和平统一을 견지하면서 中国측에 무력으로 统一问题를 해결하려는 의도를 버리라고 계속 종용하고 있다. 台湾측은 中国이 계속해서 台湾을 무력으로 침공 할 수 있다는 가능성을 버리지 않고 있으며, 이는 两岸关系발전과 政治性 접촉담판에 커다란 장애가 되고 있다고 주장하고 있다. 两岸이 모두 평화수단에 의한 통일을 강조하면서도 근본적으로 평행선을 달릴 수밖에 없는 이유가 여기에 있다.

3. 中国과 台湾政党 및 有關機關의 统一에 대한 노력

中国 共产党(zhōng guó gòng chǎn dǎng)과 台湾의 国民党(guó mín dǎng)을 위시로 한 각 党의 시각차도 政策실현의 한계성으로 작용한다. 中国 共产党(zhōng guó gòng chǎn dǎng)의 시각은 中国政府의 统一观과 동일하나 台湾에서 统一에 대한 各 党의 견해는 사뭇 다르다.

지난 1992年12月 총선에서 50석을 확보함으로써 政治的 기반을 확고해 내간 民进党(mín jìn dǎng)을 중심으로 한 台湾독립론은 급격한 확산과 더불어 国民党(guó mín dǎng)의 政治的 입지 약화, 大陆政策(dà lù zhèng cè)을 둘러싼 다양한 의견대립 등은 台湾의 对中国政策 변화에 중요한 변수로 작용하고 있다.

<표. IV-1-1-3/1>李 总统 談話와 海协会(zhōng guó hǎi xié huì)의 反應 对照表

李登輝(lǐ dēng huī) 總統	海協會(zhōng guó hǎi xié huì)
辜・汪 회담 및 兩岸사무성 회담, 兩岸關系가 협상시대로 접어들었다. 兩岸關系(liǎng àn guān xī)의 발전은 전 중화민족을 재 융합이라는 새로운 페이지를 연 역사의 과정이다.	조속히 제 2차 辜・汪 회담을 가져 政策性 대화를 통해 한 제도를 형성한다. 海基會(hǎi jī huì)와 海協會(zhōng guó hǎi xié huì)의 책임자가 빨리 예비성 접촉을 갖는다. 현재 兩岸 政治는 아직 분열의 상황인데 兩會가 사무성 問題의 협상 중 政治의 민감한 問題를 회피할 수 있다.
兩岸분치의 현실위에서 中國統一 추구	海協會(zhōng guó hǎi xié huì)와 海基協은 이미 海峽兩岸의 모두 일개 中國을 견지한다는 공동인식을 달성했으며 마땅히 견지해야 한다.
중화문화의 기초 하에 兩岸교류강화, 兩岸은 각항 교류를 강화해 정보・학술・科學(kē xué)・체육 등 교류 합작을 추진한다.	兩會는 적당한 방식에 따라 서로 중화문화 전통을 계승 발전시키고 공동으로 토론하고 兩岸관련 단체와 인사는 이 방면에서 상관 문화교류, 인원왕래 방면에서 마땅히 필요한 작용을 한다.
兩岸 經貿往來 互利互補 關系증진 기술과 경험제공 中國 농업개선 협조 投資와 무역을 기초로 해 中國經濟 번영에 협조, 兩岸 常務와 航運往來미치는 問題 상당히 복잡해지며 유관부문 여러 면에서 토론해 예비 계획화	兩會 經濟・科學(kē xué)기술의 상담을 빨리 전개, 兩岸 經濟・科學기술・농업 등 각항 교류합작에 대해 심도 있는 의견교환, 兩會공동으로 유관인사가 적당한 이름으로 經濟 교류회담 개최, 兩岸상무와 航運의 직접왕래는 海協會와 海基會(hǎi jī huì)가 각자 권한을 수여받은 후 兩岸 주관 부문의 인사초청 兩會 전문가의 신분으로 대화진행

兩岸 平等(píng děng)으로 국제조직참여, 쌍방지도자의 자연스러운 만남	무응답
兩岸 和平統一의 방식을 견지해 일체의 분쟁을 해결해야 한다.	무응답
兩岸공동의 香港(xiāng gǎn_Hongkong)· 澳門(ào mén)의 번영, 香港(xiāng gǎn_Hongkong)· 澳門(ào mén) 민주촉진	무응답

資料出處:「中國時報」, 1995.4.29.

또 国民党(guó mín dǎng)의 주류를 이루고 있는 台湾省 출신자들이 兩岸의 統一을 표방하면서도 궁극적으로는 台湾독립을 추구하는 성향을 갖고 있다는 것도 무시 못 할 변수이다. 海协会(zhōng guó hǎi xié huì)과 海基会(hǎi jī huì)의 활동여부도 중요하다.

民进党(mín jìn dǎng)은 江八点(jiāng bā diǎn)에 대해 4가지로 평하면서 兩国 모두 민주화를 달성한 이후에나 대등한 담판이 가능하다고 지적했다.[349]

民进党(mín jìn dǎng) 中央常會는 2月8日 兩国의 실질 대등 담판을 강조하면서, 쌍방이 민주절차에 의해 상호 대등한 政府가 탄생한 후 제 3국에서 민선 总统선거 이후 적당한 시기에 회담을 가져야 한다고 강조했다. 그러면서 中国이 台湾에 대한 무력행사 가능성을 포기하지 않은 것에 대해 유감의 뜻을 나타냈다.

民进党(mín jìn dǎng)의 4가지 성명 내용은 다음과 같다.

첫째, 民进党(mín jìn dǎng)은 兩国이 실질 대등한 담판을 갖는 것을 지지하며 정당한 민주절차에 따라 탄생한 中央政府가 담판의 유일한 상대임을 지지한다. 둘째, 民进党(mín jìn dǎng)은 현재 台湾이 대통령 선거가 끝나지 않은 상황에서 台湾 总统이 정당한 台湾 민의의 기초가 구비되기 전에 어떠

---

349) 自由時報., 台北(tái běi), 1995.2.9. 재인용.

한 사람도 台湾을 대표해 两国 최고지도자 간의 직접담판을 가져서는 안 된다. 两国 최고지도자의 담판은 반드시 台湾 민선 总统선거 후에 제 3국에서 공개적으로 진행되어야 하며 상호신뢰의 기초를 구축하는데 노력해야 한다. 셋째, 民进党(mín jìn dǎng)은 两国 간 우호 호혜의 經貿关系를 발전시키려는 노력을 낙관한다. 넷째, 中国이 지금까지 공개적으로 台湾 2천1백만 명의 自由(zì yóu)인민을 무력으로 위협하는 것을 포기하지 않는 것은 两国关系에 불리한 影响을 끼침으로 유감이다.

邱义仁(qiū yì rén) 民进党(mín jìn dǎng) 부비서장은 台湾의 민선 总统만이 담판을 위한 정당성을 갖고 있으며, 中国의 江泽民(jiāng zé mín) 총서기도 영도력을 공고히 하는데 노력해야 한다면서 民进党(mín jìn dǎng)은 中国 최고지도자가 민주적인 절차에 의해 탄생되기를 기대하나 中国내부에 대해 民进党(mín jìn dǎng)은 개입하지 않을 것이며 中国이 포스트 邓小平(dèng xiǎo píng) 시기에 올바른 방식에 따라 지도자를 선출할 수 있기를 바란다고 강조했다.[350]

더욱이 民进党(mín jìn dǎng)은 1991年에 제정한 台湾독립 綱領을 포기하지 않을 것이라는데 주목해야 한다.[351] 이는 비록 1996年 대선에서 国民党(guó mín dǎng) 후보인 李登辉(lǐ dēng huī) 总统이 재선된다 해도 1995年 말에 있었던 국회의원선거에서 台湾人의 약 3분의 1 지지를 차지한 民进党(mín jìn dǎng)의 对国民党(guó mín dǎng) 공세가 계속될 것이기 때문이다.

民进党(mín jìn dǎng)의 大陆政策(dà lù zhèng cè)은 台湾독립이라는 목표를 추구하면서도 政·經분리 원칙을 고수하고 있다. 台湾 国民党(guó mín dǎng)政府가 台湾이 中国의 일부분이며, 台湾이 中国과 통일할 수 있다는 논리를 편다면 台湾의 香港(xiāng gǎn_Hongkong)化 顚落이 가능하다고 비평하면서 李登辉(lǐ dēng huī) 总统의 统一政策은 两岸政治 关系의 긴장을 가중시킬 것으로 여기고 있다.[352]

中国의 海协会(zhōng guó hǎi xié huì)은 两岸은 平等(píng děng)하게 국제기구에 참여해 쌍방 지도자가 자연스럽게 만나는 기회를 가져야 한다는 李六条(lǐ liù tiáo)에 대해 中国政府의 강한 거부 태도와는 달리 언급자체를

---

350) 自由時報., 台北(tái běi), 1995.2.9. 재인용.
351) 中国時報., 台北(tái běi), l995.2.11. 재인용.
352) 自由時報., 台北(tái běi), 1995.5.31. 재인용.

자제했으며, 兩岸의 사무성 회담을 政策性 대화로 확대시켜 제도화하는데 힘써야 한다는 반응을 보였다. 그러면서 兩岸政治 상황을 분열 상황이라고 제시하고, 兩會의 사무성 問題협상 중 政治상의 민감한 問題를 회피할 수 있다고 언급했다.

海协会(zhōng guó hǎi xié huì)은 海基会(hǎi jī huì)와 공동으로 经济교류 회담을 개최해 兩岸商務와 航運의 직접왕래에 대한 권한을 수여받아 전문가 회담을 가질 것을 제의했다.

4. 中国과 台湾国民의 统一에 대한 见解

과거 中国과 台湾은 兩岸关系와 관련된 政策결정을 최고지도부의 독점사항으로 제한해 왔다. 따라서 统一問題에 대해 兩国인민들의 개인적인 입장이나 주장이 개진될 수 있는 여지가 봉쇄됐다. 그러나 1980年代 후반에 들어 兩岸 간의 교류협력이 확대되고, 쌍방의 统一政策이 현실화되면서 兩国은 兩岸관련 업무처리 및 统一政策 추진을 위한 체계화된 기구의 설립필요성을 인식했다. 또 兩岸관련 政策의 결정과 집행과정에서 비록 兩国이 정도의 차이는 있지만 일반 주민들의 여론을 일정하게 반영하지 않을 수 없는 상황에 직면했다. 따라서 현 兩岸关系(liǎng àn guān xī)를 바라보는 兩岸국민들의 시각도 统一政策 실현에 있어 고려할 問題로 등장했다. 이는 统一政策 추진을 위해 내부의 인식과 목소리를 하나로 귀결시켜 내부단속 내지 내부단결을 이루는 것이 상대방에 대해 전략적인 우위를 점유할 수 있는 요소라는 兩国지도부의 인식과도 상통한다. 이와 더불어 兩岸관련 政策의 수립추진을 위한 统一政策 관련조직의 확대와 강화로 이어졌다.

1995年1月15~22日 2천5백7통 유효 통화에 의한 中国時報의 여론조사에 따르면, 台湾人들은 兩岸 关系 전망에 대해 58.5%가 현상유지를 주장했으며, 14.8%는 统一을 10.1%는 독립을 바랐다. 향후 台湾과 中国과의 关系에 변화에 대한 질문엔 41.2%가 낙관했으며, 9.7%가 과거와 비슷할 것이라고. 9.9%는 비관했다. 台湾의 국제지위에 대해서는 50.4%가 높아질 것이라고 대답했으며 6.9%는 낮아질 것이라고 비관했다.[353]

陆委会(lù wěi huì)가 中华微信所(zhōng huá zhēng xìn suǒ)에 의뢰해 1995年 8月 31日부터 9月 3日까지 台湾지역 20세 이상 1,067명과의 전화

---

353) 中国時報., 台北(tái běi), 1995.2.6. 재인용.

유효 통화에 의한 '台湾 현지인의 현재 兩岸정세에 대한 의견'이라는 여론조사에서 응답자의 88%가 中国 當国의 台湾政府에 대한 태도가 우호적이 아니라고 대답했으며, 70%는 中国이 台湾 현지인에게 매우 우호적이 아니라고 대답했다.354) 이 수치는 지난 1994年 이래 조사 최고치를 기록한 것이다. 또 80% 이상의 台湾人이 中国이 台湾政府와 李登辉(lǐ dēng huī) 总统이 台湾독립을 추구하고 있다고 비판하는 데에는 찬성하지 않았다. 陆委会(lù wěi huì)는 이와 관련해 台湾에 대한 中国의 최근의 무력시위가 역작용을 했다고 분석했다. 또 台湾주민은 政府의 개방과 大陆과의 민간교류 속도에 대해 41%가 알맞다고 했으며, 31.1%는 속도가 너무 늦다고 대답했다. 미래 兩岸발전 방면에 대해선 42.8%가 현상유지를 하며, 상황을 봐가면서 독립이든 统一을 결정해야 한다고 주장했으며, 24.2%는 현상유지 후 统一을, 12.2%는 영원한 현상 유지를, 8%는 현상유지 후 독립을, 3.7%는 빠른 독립을 강조했다.

여론조사 중 86.9%는 总统이 직선에 의해 선출되는 것이 국제사회에서 台湾독립을 의미하는 것이라는 의견에 관해 반대했으며, 89.7%가 中国이 주장하는 중화민국은 주권 독립国家가 아니며, 중화민국은 民国38年(1949年)이래 존재하지 않는다는 논리에 반대했다. 또 中国은 하나이며, 中国大陆이 中国을 대표하며 台湾은 마땅히 이 주장을 먼저 받아들이고 나서 兩岸关系(liǎng àn guān xī)에 있어 안정을 가져올 수 있다는 中国의 주장에 대해서도 반대했다. 83.3%는 台湾의 현재 현실외교의 목적이 台湾독립에 있다는 中国의 주장에 대해서도 반대했으며, 81.6%가 政府에 의해 台湾독립을 주장하는 인사들의 귀국이 허락되는 것이 台湾독립을 지지하는 무언의 태도라는 中国측의 견해에도 반대한다고 밝혔다. 이밖에도 兩岸 分裂·分治가 台湾독립이라는 주장에 80.2%가 반대했으며, 84.7%는 李登辉(lǐ dēng huī) 总统의 访美(fǎng měi)가 台湾독립 추구라는 것에도 반대했다.

이에 대해 台湾 淡江大学(dàn jiāng dà xué)의 张五岳(zhāng wǔ yuè) 교수는 성별·연령·당적·종족을 불문하고, 兩岸关系(liǎng àn guān xī)에 대해 일치성을 보여주었다고 평가했으며, 国際关系연구중심 주임인 陈德昇(chén dé shēng)은 中国의 최근 台湾에 대한 일련의 조치가 오히려 반대효과를 가져왔다고 지적하기도 했다.

---

354) 聯合報., 台北(tái běi), 1995.9.18. 재인용.

향후 兩岸의 민간교류가 더욱 확대되면서 兩国국민들이 統一政策에 대해 관심과 우려 속에서 각종 政策에 직간접적으로 影响을 끼칠 수도 있을 것이다. 亞洲週刊의 보도에 의하면 북경과 香港(xiāng gǎn_Hongkong)의 거주민들은 兩岸关系(liǎng àn guān xī)와 인민해방군의 무력시위에 대해 70%이상이 大陆이 결코 무력으로 台湾问題를 해결하지 않을 것이라고 인식하고 있다.355)

5. 民主化에 대한 요구 및 兩岸고위층 접촉으로부터 統一问題 解決

문화대혁명은 中国 共产党(zhōng guó gòng chǎn dǎng)과 政府뿐만 아니라 中国국민 전체에게도 커다란 피해를 주었다. 이 때문에 문화대혁명 후, 中国국민들의 党과 政府에 대한 불만은 매우 고조된 상태였고, 이런 불만은 1978~79年의 '민주벽운동' 등을 통해 표현되었다. 이러한 여러 가지 움직임을 통해 中国국민들이 주장하고자 한 것은 '민주'에 대한 강렬한 요구였다.356)

당시의 中国에서 말하는 민주 또는 民主主义(mín zhǔ zhǔ yì)는 自由民主主义(zì yóu mín zhǔ zhǔ yì)와 직접적인 관련은 없다. 1970年代 말의 민주화운동, 그리고 1986年 · 1989年의 민주화운동에서 제기된 民主主义(mín zhǔ zhǔ yì) 내용은 애매모호하며 또 주장하는 사람에 따라 그 폭이 무척 크다. 예를 들어, 어떤 사람은 自由民主主义(zì yóu mín zhǔ zhǔ yì)의 내용에 대해 삼권분립 · 다당제도 · 직선제를 통한 최고지도자 선출 등을 주장하였고, 어떤 사람들은 막연하게 "더 많은 自由(zì yóu)와 권리"를 주장하였다.

1980年代 改革(gǎi gé) · 开放政策(kāi fàng zhèng cè)이 본격화되면서 개인의 经济활동의 自由(zì yóu)와 사적재산의 소유가 보장되었고, 法이 정한 한도 내에서의 기본적 권리─신체 · 언론 · 출판 · 집회 · 결사 · 이주 · 사상 · 종교의 自由(zì yóu) 등이 이전에 비해 많이 신장되었다. 반면 党과 政府 조직체계, 간부들의 민주의식과 준법정신, 법의 제정과 집행 등은 국민의 요구를 전혀 따라가지 못했다. 이 때문에 政府개혁에 대한 필요성은 시간이 가면 갈수록 더욱 크게 제기되었다.

한편, 中国국민의 구성 분포 변화도 政治体制 개혁에 대한 필요성을 더욱 크게 만들었다. 1982年을 기준으로, 中国국민의 분포를 세대별로 나누어 보

---

355) 中国時報., 台北(tái běi), 1995.8.2. 재인용.
356) Goldman., Sowing the Seeds of Democracy in Chinna, p. 14. 재인용.

면, 中国혁명 전에 성인이 된 1세대가 약 11%, 1950年代와 60年代에 성인이 된 2세대가 약 13%, 1966年에서 1976年 사이에 성인이 된 3세대가 22%, 1980 年代에 성인이 된 4세대가 20% 정도를 차지했다. 여기서 중요한 것은 제 3세대와 제 4세대가 中国 전체인구의 과반수를 차지한다는 사실이다.

1세대와 2세대는 혁명 전의 상황을 잘 알아 中国 共产党(zhōng guó gòng chǎn dǎng)과 社会主义 体制에 대한 믿음을 완전 버리지 못하였으나, 3세대와 4세대는 다르다. 제 3세대의 경우, 문화대혁명 초기에는 홍위병으로 적극적으로 참여했으나, 이후 농촌지역으로 下放을 당하면서 党과 政府에 강한 불만을 품게 되었다. 제 4세대의 경우는 共产党과 혁명에 감사하는 마음이 없을 뿐더러 외국의 상황을 알고 낙후한 中国의 党과 政府에 대해 '경제발전'과 '민주'라는 기준으로 평가하기 시작했다. 이러한 제 3·4세대들의 민주 요구는 1985年의 학생운동·1986年의 학생운동·1986年 末, 1987年 初의 민주화운동, 1989年6月4日. '천안문 사건' 등을 통해 확언 할 수 있었다.

지난 7月 20日에 北京에서 가질 예정이었던 第 2次 辜汪会议(gū wāng huì yì)이 무기한 연기된 이래 현 단계 两岸 고위층 접촉회담의 주요장애들에 관해 하나의 中国이란 개념이 담고 있는 내용의 차이, 「一国两制(yì guó liǎng zhì)」와 「一国兩政治」實体 간의 차이, 「党对党(dǎng duì dǎng)」담판과 「政府对政府(zhèng fǔ duì zhèng fǔ)」의 차이, 「和平统一」과 「무력사용의 非배제」, 「국제공간의 적극개척」과 「台湾 대외关系의 끊임없는 저지」등 여러 측면에서 검토할 수 있을 것이다.357)

첫째, 하나의 中国이 담고 있는 서로 다른 의미는 两国 간의 견해 차이를 뚜렷하게 보여주고 있다. 비록 两岸은 모두 하나의 中国이란 원칙을 주장하고 있지만 中国측의 입장은 하나의 中国이란 곧 중화인민공화국을 말하며, 中华人民共和国(zhōng huá rén mín gòng hé guó) 政府는 中国의 유일한 합법정부로서 台湾은 단지 中华人民共和国 관할하의 하나의 城 혹은 특별행정구역에 불과하다는 것이다. 이에 반해 台湾측은 하나의 中国은 마땅히 1912年 성립돼 지금까지 존재하는 중화민국을 가리켜야 한다고 여기고 있으며, 중화민국의 주권은 원래 전체 中国에 해당하는 것이나 단지 현재의 통치권이 台湾·澎湖(péng hú)·金门(jīn mén)·마祖(mǎ zǔ)에 제한되고 있을 따름이라 주장한다. 两岸이 하나의 中国이란 개념에 서로 다른 의미를 부여하

---

357) 蔣五岳., 季刊 [中国硏究], 1995. 여름호, p. 48. 재인용.

고 있기 때문에 中国이 하나의 中国이란 원칙을 고수한다는 전제하에 兩岸
이 어떤 방식으로도 접촉과 담판을 진행할 수 있다고 주장하지만 台湾측은
흥미를 잃게 되는 것이다.

〈표. IV-1-1-5/1〉第 2次 辜·汪会议

회 담 성 질	: 제 1차 辜·汪會議(gū wāng huì yì)와 上同,
	민간 성·사무 성·경제성·기능성 확립
시점과 지점	: 7月20日 2~4日 北京에서
의 제 내 용	: 1) 兩檜 連繫강화, 兩檜협상 기능강화,
	어업분쟁 조기협의 달성
	2) 유관 臺商 투자권익 보장협의
	3) 兩岸 민간경제교류회의, 무역 분쟁 지적재산권 보호
	토론회 정기화
	4) 兩岸 문교신문교류
	5) 농업교류
	6) 科學(kē xué)기술교류
	7) 여행교류
	8) 兩岸교류 기타 중요문제(辜·汪政策性對話)

資料出處: 工商時報, 1995. 5. 29.

兩岸关系(liǎng àn guān xī)의 지위를 정함에 있어 「一国兩制(yì guó
liǎng zhì)」와 一国兩政治 實体의 차이도 분명하다. 中国의 「一国兩制(yì
guó liǎng zhì)」는 中国 本土지역에서는 社会主义 제도를 실행하고 台湾에
서는 자본주의 제도를 계속 실행할 수 있는 것을 포함한다.

「一国兩制(yì guó liǎng zhì)」가 비록 연방제보다 더 많은 자주공간을
누릴 수 있다고 하지만 두 제도의 지위와 상호 关系는 결코 대등하지 않다.
中国이 中央의 주체이고 台湾은 地方의 부속체로써, 台湾이 누리게 되는 자
치권은 결코 中国 中央政府가 부여한 것이기 때문이다.

台湾의 一国兩政治 實体에서는 中国이 현재 잠시 두개의 지역으로 분열되
어 있고 두 지역에 각각 존재하고 있는 중화민국 政府와 中华人民共和国
(zhōng huá rén mín gòng hé guó) 政府는 본질상 완전히 대등한 政治실체
로서 쌍방이 현재 관할하고 있는 토지와 인구 그리고 실행하고 있는 제도는
각각 다르나 양자의 상호교류 과정은 당연히 平等(píng děng)한 지위에서
이루어져야 한다는 것이다.

소위 政治실체라 함은 그 의미가 대단히 광범위해 하나의 国家, 하나의

政府 혹은 하나의 政治조직 등을 가리킬 수 있다.358) 中国 쌍방이 两岸의 지위를 정함에 있어 서로 다른 입장을 주장하고 있고 각각 非대등과 대등의 입장을 고수하고 있는데 이는 两岸 고위층 접촉회담에 가장 중요한 장애가 되고 있다.

中国측은 两岸이 中央과 地方의 방식을 피하고 平等(píng děng)한 지위에서 政治的 담판을 진행할 수 있는 유일한 방법은 바로 党对党(dǎng duì dǎng) 담판이라고 주장하고 있다.359) 叶剑英(yè jiàn yīng)이 党对党(dǎng duì dǎng) 담판을 제안한 이후 이 党对党 담판방식은 中国이 추구하는 주요한 담판 방식이 되고 있으며, 台湾은 国民党(guó mín dǎng)과 共产党의 대등한 담판에서부터 최근 两岸의 기타 각 당파도 两岸의 담판에 공동 참여할 수 있다는 주장에 이르기까지 中国은 시종일관 党对党(dǎng duì dǎng) 담판의 기본구도를 견지하고 있다. 中国의 입장은 党对党(dǎng duì dǎng) 담판은 中央政府와 地方政府 간의 민감한 问题들을 피할 수 있고, 국제법 원칙(하나의 国家에는 두개의 政府가 존재할 수 없다)에도 부합될 뿐만 아니라 国民党(guó mín dǎng)과 共产党의 두 차례에 걸친 협조의 전례를 따를 수 있다는 것이다.360)

台湾은 이에 「三不政策(sān bù zhèng cè)」을 주장하였고 "国家统一纲领"을 반포한 이래 两岸의 政治性 담판은 반드시 国统纲领(guó tǒng gāng lǐng)은 중간단계에 진입한 후에야 비로소 가능한 것이며, 그리고 그것의 진행방식도 정식 政府신분의 政府对政府(zhèng fǔ duì zhèng fǔ)의 담판이지 결코 党对党(dǎng duì dǎng) 방식이 아니라는 것을 주장하고 있다.

两岸쌍방이 政治性 접촉담판에 있어 서로 다른 방식을 주장하고 있음으로 인해 고위층 접촉회담의 진행방식에 대해서는 더욱 하나의 교차점도 찾지 못하고 있다. 台湾은 和平统一을 견지하면서 中国측에 대해 무력으로 统一问题를 해결하려는 의도를 버리라고 계속 종용하고 있다. 台湾측은 中国이 계속해서 台湾을 무력으로 침공할 수 있다는 가능성을 버리지 않고 있으며,

---

358) 张五岳(zhāng wǔ yuè)., "分裂国家统一政策之比較研究", 台北(tái běi): 国立政治大学 東亞研究所 博士学 位輪文, 1991.7. p. 49. 재인용.

359) 邓小平(dèng xiǎo píng)., "中国大陆和台湾和平统一的設想", 「邓小平文選(3卷)」, 北京(běi jīng): 人民出版社, 1993. p. 31. 재인용.

360) 国務院台湾事務離公室., 「台湾问题與中国的统一派皮書」, 北京(běi jīng), 1993. 8. 11. 재인용.

이는 兩岸关系발전과 政治性 접촉담판에 있어 가장 큰 장애 요소가 된다고 주장하고 있다.

中国의 입장은 和平统一이 中国政府의 기존 방침이나 台湾의 독립과 제국주의 세력의 개입을 막기 위해서 각 주권 国家는 모두 군사수단을 포함한 필요한 모든 수단을 택해 본국의 주권과 영토의 안전을 보호 할 권한이 있다는 것이다. 中国政府가 본국의 내정에 관련된 문제를 해결하기 위해 어떤 종류의 수단을 채택하든 간에 어느 외국이나 혹은 中国을 분리하려는 자의 허락을 받을 의무는 결코 없다는 논리이다.

비록 中国이 1979年 이래 줄곧 和平统一 방침을 제시하고 있으나 통계자료에 의하면 1979年 1月부터 1993年 12月까지 中国의 각계 지도자들과 중요 선전매체는 모두 94차례에 걸쳐 무력을 사용한 台湾침공 가능성을 배척하지 않는다는 내용의 담화와 성명을 발표했으며 江八点(jiāng bā diǎn) 이후에도 꾸준히 이를 거론하고 있다.[361]

中国의 일관된 주장은 주권은 완정한 것으로 분할하거나 나누어 향유할 수 있는 것이 아니고, 中华人民共和国(zhōng huá rén mín gòng hé guó) 政府는 台湾을 포함한 전체 中国을 대표하는 中国의 유일한 합법政府라는 것이다. 中国은 하나의 中国이란 원칙을 고수한다는 전제하에 兩岸의 상호승인을 용납할 수 없을 뿐만 아니라 台湾이 政府 간 국제기구에 참가하는 것에 대한 일관된 제제와 봉쇄 외에도 台湾이 非政府 간 국제기구에 참여하고 실질적인 외교를 추진하는 데에 관해서도 끊임없이 방해를 하고 있다. 따라서 台湾에 존속하고 있는 중화민국 政府와 2천1백만 국민으로 하여금 国際法 의미에 있어서 기본적 존엄과 대우도 누릴 수 없도록 하고 있다.

비록 兩岸이 토지 면적이나 인구 비례상 현저한 차이를 가지고 있다고 하더라도 국제법이 규정하고 있는 국가의 구비조건을 1백80여개 联合国(lián hé guó) 회원 국가들과 비교해 보면 台湾의 토지면적은 3분의 1이상 회원국의 토지면적을 넘어서고 있으며, 인구수도 3분의 2이상 회원국의 인구를 초과한다. 특히 경제무역의 실세능력과 经济사회 등 각종 지표에 따르면 台湾은 4분의 3이상 회원국의 수준을 초月하고 있다.

이상에서 보듯이 兩岸이 고위층 접촉회담을 진행하기 위해선 中国이 兩岸

---

361) 行政院 新聞局編, 「对中共所謂不排除使用武力犯臺之研究」, 台北(tái běi), 1994.4. pp. 12~67. 재인용.

政治性 접촉 담판이 갖고 있는 장애에 대해 구체적이고 판별 가능한 양보가 선행되어야 할 것이다. 이러한 양보는 하나의 中国이란 개념에 대한 새로운 정의, 两岸 분열·분치 현실에 대한 실무적 태도, 台湾에 국제생존 공간제공, 台湾민주화에 대한 정확한 인식 등을 포함할 수 있다. 이러한 中国의 양보 외에도 两岸 고위층 접촉회담의 진행을 위해 台湾측 또한 여러 조건들에 대한 적극적인 준비 작업이 있어야 할 것이다.

첫째, 台湾내부의 공통된 인식을 수립하며 台湾내부 공통 인식을 응집하려면 시기적으로 1996年 总统 선거가 끝난 후가 비교적 적당하였다. 왜냐하면 台湾의 민주화 전환이 아직 완성되지 않은 상황 하에서 현 정권이 완전한 정당성과 합법성을 갖고 있다는데 자국 내에서 반문의 소지가 있으며, 이러한 조건하에 어떤 정권이 大陆과 고위층 접촉이나 담판을 진행하더라도 모두 매국노 혹은 台湾人의 이익을 팔아먹었다는 죄명을 모면하기 힘들기 때문이다. 이에 반해 1996年 대선시 각 정당 후보자들은 각종 政治的 견해와 호소를 제시하고 국민투표를 진행함으로써 민의의 귀착을 볼 수 있을 것이기 때문이다. 대선 후 집권자는 선거인의 투표 의향에 근거해 两岸关系 (liǎng àn guān xī)에 대해 비교적 큰 조정력을 행사할 수 있을 것이다. 그때 국민의 선택을 거쳐 탄생한 정권은 자연히 내부의 공통인식 问题에 대해 비교적 걱정할 필요가 없을 것이다.

둘째, 国统纲领(guó tǒng gāng lǐng)을 다시 강화하고 수정해야 한다. 两岸关系(liǎng àn guān xī)를 규범지은 최고의 政治纲领이며, 입법근거인 国统纲领(guó tǒng gāng lǐng) 자체가 비록 '两岸人民关系條例[362]와 각종 시행세칙 법률규범을 그 기준으로 삼고 있으나 아직 입법과정을 완성하지 못하고 있다. 人民关系條例는 총 6장 96조로 구성돼있으며, 两岸关系(liǎng àn guān xī)와 관련된 행정·민사·형사·벌칙 등을 구체적으로 규정하고 있다. 특히 제 1조에서는 조례의 제정목적을 "统一 이전에 台湾지구의 안전과 주민의 권익복지를 확보하고, 台湾지구와 大陆지구 주민의 왕래를 규범화하며, 여기에서 파생되는 문제들을 처리하기 위해 본 조례를 제정한다."라고 명시하고 있다. 만약이 그것이 政治性 纲领문서라면 3年間 两岸关系(liǎng àn guān xī)와 台湾 국내의 政治·경제·사회 구조가 이미 거대한 변화를 맞고 있는 상황에서 이에 상응하는 조정은 당연한 것이며, 中国의 비협조,

---

362) 国立編驛館編., 「国家统一纲領與大陆政策」, 台北(tái běi), 1993. pp. 85~105;

주요 반대당의 불인정, 台湾人의 이해부족 등을 제쳐 놓더라도 그 내용 설계자체 또한 깊이 생각해 볼만하다. 예를 들면 国统纲领(guó tǒng gāng lǐng)은 초보단계에서 무력사용 포기, 국제간 상호 존중과 상호 不배척, 상호 政治실체의 인정, 본토의 经济개혁을 통한 민주법치의 실현, 台湾의 개헌과 군부사회 건립의 촉진 등 다섯 가지 요건을 주장하고 있으나 도대체 이러한 조건들이 어느 정도 실현된 후에야 비로소 중간단계에 진입할 수 있다는 것인가. 특히 政府 대화 교류의 통로와 접촉이 부족한 상황에서 또 어떻게 中国으로 하여금 선의의 회답을 하도록 할 수 있을 것인가. 台湾내의 政治·经济·사회 발전에 대응하고 两岸关系(liǎng àn guān xī)의 진전을 위해 台湾政府는 사실 国统纲领(guó tǒng gāng lǐng)의 강화와 수정을 다시 검토해야 한다.

셋째, 「三不政策(sān bù zhèng cè)」의 새로운 조정이 필요하다.

넷째, 两岸 간 정책성 대화 교류의 통로를 마련해야 한다.

다섯째, 다방면의 국제기구를 이용한 접촉과 담판이 선행되어야 한다.

江泽民(jiāng zé mín)은 邓小平(dèng xiǎo píng)의 건강악화가 전해지고 있는 요즘 江八点(jiāng bā diǎn)을 통해 台湾问题가 포스트 邓小平(dèng xiǎo píng) 시대엔 政治사무의 우월성을 보여주었으며, 台湾당국도 당시에 포스트 邓小平(dèng xiǎo píng)은 시기에 两岸이 안정적이고 우호적인 关系 속에서 지낼 것을 강조하고 있다. 两岸의 政治변화에 따르면 两岸关系(liǎng àn guān xī)는 가속화되고 발전될 것이다. 江泽民(jiāng zé mín)이 两岸을 정식으로 적대关系에서 종막을 고하고 담판을 진행해 협의에 이르고 两岸영도자의 직접회담을 제안했다. 台湾도 이에 대해 중대한 결심을 밝힌 바 있다.

〈표. IV-1-1-5/2〉第 1次 辜·汪會談 後의 兩會 會談經過表

1993.04.28.~29.	海基會 理事長 辜振甫(gù zhèn fǔ)와 海協會 (zhōng guó hǎi xié huì) 汪道涵(wāng dào hán) 新加坡 (xīn jiā pō)에서 辜汪會議 (gū wāng huì yì) 擧行	쌍방 公證書사용 인정합의, 登記郵便物 조회 보상업무합의, 兩會會談 連繫제도 합의, 共同聲明
1993.08.30.~9.1.	許惠佑(xǔ huì yòu) 孫亞夫(sūn yà fū) 양 副비서장 北京(běi jīng)에서 第 1次 欸務性嚴簡	쌍방 實質性회담과 節次性 회담에 대한 이견
1993.11.2.~17.	許惠佑(xǔ huì yòu) 孫亞夫(sūn yà fū) 廈門(xià mén)에서 밀항객과 어업권 분규, 兩會회담의 편리한 교류방식 협상	司法管轄權 論爭
1993.12.18.~22.	許惠佑(xǔ huì yòu) 孫亞夫(sūn yà fū) 台北(tái běi)會議	밀항객·비행기납치범·어업권 분쟁초안 협상했으나 협의 不署名
1994.02.01.~05.	海基會 부이사장 焦仁和(jiāo rén hé)와 海協會 (zhōng guó hǎi xié huì) 부회장 唐樹備(táng shù bèi) 北京(běi jīng)會談	焦唐會談(jiāo táng huì tán) 發表
1994.03.25.~30.	許孫(xǔ sūn) 北京(běi jīng) 4次 事務性 會談	쌍방 焦唐 공동인식에 대한 논쟁
994.07.30.~8.7.	許孫(xǔ sūn) 台北(tái běi) 5次 事務性 會談 焦唐 2次 회담	事務性 협상 2次 焦唐 공동신문 발표협의 미 취득
1994.11.22.~27.	許孫(xǔ sūn) 南京(nán jīng) 6次 事務性 會談	쌍방 台北(tái běi) 焦唐會談 공동인식 논쟁
1995.01.22.~27.	許孫(xǔ sūn) 北京(běi jīng) 7次 事務性 焦唐 會談	쌍방어업권 분규 공동선박에 대한 논쟁, 焦唐會談(jiāo táng huì tán), 無成果

資料出處:「聯合報」, 1995. 5. 1. 第10面.

미래 台湾은 三阶段(sān jiē duàn) 三机构(sān jī gòu)에 의한 직접대화를 추구할 것이며, 兩會 事務性 통로에 따라 陆委会(lù wěi huì) 国台办(guó tái bàn)의 관방접촉까지 행정원과 국무원 총리급 회담방식까지 진행할 것이다. 사무성·문화경무성 및 법률정치성 속성에 까지 兩岸교류의 방식을 발전해 나갈 것이다.

第 2 节 改革·开放時代 中国 国際政治 经济의 影响

中国은 「一国兩制(yì guó liǎng zhì)」와 国·共 兩党 간의 대등 담판 등을 중심으로 兩岸尖系 개선에 대해 공세적이고 적극적인 政策을 전개함에 따라 이에 대한 효과적인 대응논리와 정책의 개발이 절실했다. 따라서 中国 측의 통일논리에 대한 대응논리로서 一国兩区论(yì guó liǎng qū lùn)과 兩岸政府간 대등담판을 제시함과 더불어 兩岸尖系(liǎng àn guān xī)를 국제화하고 大陆政策(dà lù zhèng cè)을 외교화해 나가야 하는 전략적 양면성을 갖고 있다. 향후 中国은 台湾에게는 물론 台湾과 尖系개선에 나서는 国家들에게 외교단절 등의 강경조치와 더불어 기존의 「一国兩制(yì guó liǎng zhì)」 统一政策을 더욱 공고히 해나갈 것이다. 台湾 역시 大陆에 대한 주권을 실질적으로 포기하고 大陆지역을 통치하는 政治실체로서의 中国을 인정함으로써 兩岸尖系(liǎng àn guān xī)를 국제화하고 大陆政策(dà lù zhèng cè)을 외교화 하게 되었다. 이는 李六条(lǐ liù tiáo)에서도 찾아 볼 수 있다. 또한 新国제질서 형성에 있어 经济요인의 중요성이 부각됨으로써 台湾은 그들의 방대한 경제력을 바탕으로 국제사회에 있어서 中国大陆과 공존을 모색하게 됐다. 앞서 지적했듯이 台湾은 大陆政策(dà lù zhèng cè)을 외교화를 통해 풀어가려고 있다. 兩岸尖系 성격의 불명확성은 과거 台湾이 大陆政策 추진에는 물론 对内政治와 외교정책 전개에도 많은 마이너스 효과를 가져왔기 때문이다.

일찍이 1949年 당시 国·共내전에서 패한 藉介石의 国民党(guó mín dǎng) 정부가 台湾으로 이주해 온 이후 台湾해협을 사이에 둔 兩岸정부는 오랫동안 政治·군사적 적대관계 속에서 대치 상태를 유지해 왔다. 그러나 1978年 改革(gǎi gé)·开放政策(kāi fàng zhèng cè)를 주창한 邓小平(dèng xiǎo píng) 体制의 등장 이후 中国이 台湾에 대해 상호 교류를 제의하는 등

对台湾政策의 변화를 가져오게 되었다. 改革·开放政策을 선언한 1978年의 共产党 第十一届三中全会(dì shí yī jiè sān zhōng quán huì)에서 中国 共产党(zhōng guó gòng chǎn dǎng)은 两岸의 통일이 기존의 무력사용이 아니라 평화통일의 방법으로 이루어져야 한다고 선언하였다. 이어서 1979年의 全人代 상무위원회에서 발표한 "告台湾同胞书(gào tái wān tóng bāo shū)"에서도 中国은 무력으로 台湾을 해방시키겠다는 기존의 주장을 일정기간 보류할 수 있음을 재천명함과 동시에 两岸의 우편·항공·통상 분야에 있어서의 상호개방이라는 '三通(three lnks)'政策을 처음으로 주장하였다. 中国정부가 제시하고 있는 구체적인 교류방안은 '三通(sān tōng) 四流'정책이다. '三通(sān tōng)'은 통상·통우·통항을 의미하며, '四流'는 경제·문화·학술·科学(kē xué)기술·체육방면의 교류를 의미한다. 이에 대해 台湾도 초기의 소극적·부정적인 태도를 완화하여 1987年 이후 점진적으로 两岸교류를 확대해 감으로써, 两岸관계에는 커다란 변화가 전개되기 시작하는데, 1987年 蒋经国(jiǎng jīng guó) 总统은 台湾국민들의 中国 친척방문을 허용함과 동시에 계엄령 해제를 선포하였다. 이 2개항의 결정은 향후 台湾의 민주화와 两岸관계에 모두 중대한 전기를 마련하는 계기가 되었다. 1949年 台湾으로 이주한 이후 国民党(guó mín dǎng)은 계엄령을 선포하고 일당독재를 실시해 왔던 台湾의 국내 政治的 환경에 있어서 가장 극적인 변화는 1988年 蒋经国(jiǎng jīng guó)이 사망하고 계엄령 철폐로 1986年9월 135명의 국회의원들이 모여 야당인 민주진보당이 결성되어 의회에 진출하는 등 台湾의 政治구조가 개편되고, 国民党(guó mín dǎng)의 위상이 변화함에 따라 台湾에서도 대륙문제에 대한 인식의 전환은 더욱 구체화되기 시작하였다.

이처럼 1987年 이후 中国과의 사회·경제·문화 방면에서의 민간 교류는 지속적으로 성장하여 왔다. 특히 中国의 경제개혁이후 对中国 무역과 투자 등 경제교류의 확대를 요구하는 민간의 압력은 台湾정부의 기본인식을 전환시킨 중요한 요인이다. 그러나 李登辉(lǐ dēng huī) 总统의 집권이후 两岸간 政治·군사적 갈등은 오히려 심각 해졌는데, 그것은 '하나의 中国' 원칙에 대한 台湾정부의 입장 변화 때문이다. 여기서 台湾정부가 三通(sān tōng)문제에 많은 융통성을 보임으로써, 中国경제로의 과도한 집중과 이에 따른 산업공동화 및 경제예속에 대한 우려에도 불구하고 两岸교류는 지속적으로 확대되고 있다. 경제개발을 보다 가속화시키고자 하는 中国과 本土의 무한한 잠재력을 이용하고자 하는 台湾 양측이 모두 两岸교류의 확대를 절실히 필요로 하고 있기 때문에 兩岸 당국으로서도 이러한 현실을 도외시 할 수는 없는 것이다. 따라서 앞으로도 兩岸교류의 전망은 단기적인 불확실성에도 불구하고 확대와 섬화의 방향으로 전개될 수밖에 없다는 것이다.

改革·开放시대 中国 国際政治 经济의 影响은 1980年代에 들어서서 대외개방 정책을 실시한 中国은 짧은 기간에도 불구하고 수출확대 정책을 통한 성장정책에 많은 성과를 거두고 있는 것으로 평가되고 있다. 특히 日本(rì běn)·NICs·中国의 공업화가 진첩됨에 따라 이들 제국 간 다양한 상호의존관계가 나타나게 되었다. 동아시아제국의 상호의존 메커니즘은 선발국에서부터 후발국으로의 산업이전이라고 할 수 있다. 이러한 과정을 거쳐 섬유 및 철강 등 성숙산업의 비교우위가 미국☞日本(rì běn)☞NICs☞中国으로 이전하는 이른바 국제적 catch up 성장패턴이 나타나고 있다.

1. 香港(xiāng gǎn_Hongkong) 澳门의 中国귀속과 务实外交, 台湾 孤立化

香港(xiāng gǎn_Hongkong)의 장래를 결정한 지난 1984年의 中国·英国(yīng guó) 공동선언에서 합의된 일정에 따라 모든 준비가 완료되면 香港(xiāng gǎn_Hongkong)은 1997年 7月 1日을 기해 1세기 반에 걸친 英国(yīng guó)의 식민지 지배에서 벗어나 中国에 반환되었고, 澳门(ào mén)은 1999年 中国에 반환되었다.

中国측은 英国(yīng guó)과의 공동선언에서 Hongkong 통치의 3대 원칙으로 1국 2体制·자치보장·Hongkong人의 Hongkong 통치 등을 3대 원칙으로 제시했다. 현재의 자본주의 体制를 인수 후 50年 동안 보장하고 Hongkong에 고도의 자치를 부여하며, Hongkong 통치는 Hongkong人의 손에 맡긴다는 뜻이다. 그러나 현지인들은 Hongkong이 지금과 같은 지위와 自由(zì yóu)를 계속 누릴 수 있을지 의혹의 시선을 거두지 못하고 있다. 이 같은 불안감은 Hongkong 경제에도 惡影响을 미치고 있다. 세계 8위의 활기찬 경제력을 자랑하는 Hongkong의 지난 1995年 3·4분기 실질 성장률은 4.5%로 과거 5年 간 최저치를 기록했으며, 실업률은 3.6%로 과거 11年 간 최악으로 나타났다. 당시에 中国·英国(yīng guó) 兩国은 앞으로 입법국 해산여부·과도기 예산편성·人权(rén quán)문제 등을 놓고 힘겨운 줄다리기를 했었다. 그러나 협상과정에서 양측의 이견을 줄이는데 어려움을 겪게 되었으나, 中国은 성공적인 Hongkong 인수 작업이 台湾统一에도 影响을 미친다고 판단하고 있었기 때문에 현지인들의 불안감을 증폭시키는 험악한 분위기는 조성하지 않으려고 하였다.

台湾은 大陆政策(dà lù zhèng cè)을 외교화를 통해 풀어나려고 있다. 两岸关系 성격의 불명확성은 과거 台湾이 大陆政策(dà lù zhèng cè) 추진에는 물론 对内政治와 외교정책 전개에도 많은 마이너스 효과를 가져왔다. 특히 台湾의 政治개혁의 진전을 어렵게 해왔다. 台湾에서의 政治민주화와 国民党(guó mín dǎng) 政府의 台湾化가 진전되면서부터 정통성 위기문제는 해결되지 않으면 안 될 절박한 수준에까지 이르게 됐다. 이를 해결하기 위해 추진된 입법부의 개혁과 헌법수정, 지방자치와 中央政府 体制의 개혁 등도 모두 两岸关系(liǎng àn guān xī)의 성격규정 문제와 직접적으로 연계된다.

台湾의 법적영역과 国民党(guó mín dǎng) 통치영역의 상호불일치 问题는 台湾의 政治개혁의 진전을 속박해왔기 때문에 반드시 해결해야 할 과제로 등장했다. 台湾은 大陆에 대한 주권을 실질적으로 포기하고 大陆지역을 통치하는 政治실체로서의 中国을 인정함으로써 两岸关系(liǎng àn guān xī)를 국제화하고 大陆政策(dà lù zhèng cè)을 외교화하게 되었다. 이는 李六条(lǐ liù tiáo)에서도 찾아 볼 수 있다. 또한 新국제질서형성에 있어 经济요인이 중요성이 부각됨으로써 台湾은 그들의 방대한 경제력을 바탕으로 국제사회에 있어서 中国大陆과 공존을 모색하게 됐다. 따라서 台湾은 동남아와 중동국가에 대한 휴가외교 · 라틴아메리카와 남아프리카공화국에 대한 금천외교와 의전외교 또는 정당외교 · 의회외교 · 체육외교 · 국경통과외교 등을 통한 현실외교를 강화하면서 美国(měi guó) · 日本(rì běn) 및 서방국가와도 실질关系로의 승격을 도모하고 있다.363)

특히 東独 · 西独(xī dú)의 统一은 台湾으로 하여금 두 개체를 상호 독립된 政治실체로 인정하는 것은 분단을 영속화하는 것이 아니라 오히려 统一에 유리한 조건을 형성할 수 있다는 이론적 주장을 하게 됐다.

连战(lián zhàn) 행정원장은 1993年2月20日 행정원장 임명과 관련된 입법원에서의 聽聞會를 통해 中国을 공식 승인한 国家와도 외교관계를 수립할 수 있다는 双中承认政策(shuāng zhōng chéng rèn zhèng cè)을 공식적으로 표명했으며 李登辉(lǐ dēng huī) 总统도 1993年4月9日 국민대회에서의 연설

---

363) 孫升亮., "中国政府의 统一政策과 최근의 발전", 季刊「中国研究」, 中国大陆研究所, p. 41. 재인용.

을 통해 联合国(lián hé guó)을 비롯한 각종 국제기구의 가입을 위해 전력을 다할 것임을 강조했다.364) 李登輝(lǐ dēng huī) 总统은 1993年5月20日 기자회견을 통해 "台湾의 联合国(lián hé guó)가입이 많은 어려움을 갖고 있는 것은 사실이나, 이는 결코 방법이 없다는 것을 의미하지 않으며 현실을 변화시킬 수 있다는 자신감을 가져야 한다."라고 역설했다.365) 이에 따라 台湾은 双中承认论(shuāng zhōng chéng rèn lùn)에 입각, 两岸关系(liǎng àn guān xī)를 국제화하고 大陆政策(dà lù zhèng cè)의 외교화를 적극적으로 추구했다. 이 같은 그동안 견지해 왔던 「三不政策(sān bù zhèng cè)」 등 기존 大陆政策의 조정에 중요한 요인으로 작용했다. 台湾政府가 적극적으로 务实(wù shí)外交政策을 추구하게 된 데는 몇 가지 배경을 갖고 있다. 两岸 민간교류가 대폭 증가하면서 민간교류를 규범화하고 제도화 하는 조치를 취해야 했으며, 中国측이 「一国两制(yì guó liǎng zhì)」와 国·共两党 간의 대등담판 등을 중심으로 两岸关系 개선에 대해 공세적이고 적극적인 政策을 전개함에 따라 이에 대한 효과적인 대응논리와 정책의 개발이 절실했다. 따라서 中国측의 통일논리에 대한 대응논리로서 一国两区论(yì guó liǎng qū lùn)과 两岸政府 간 대등담판을 제시함과 더불어 两岸关系(liǎng àn guān xī)를 국제화하고 大陆政策을 외교화해 나가야 했다.

政治的 실체 확보 및 국제적 지위강화를 위한 台湾의 적극적인 외교공세에 대해 中国은 台湾政府의 당시의 외교행태는 "하나의 中国" 원칙을 위배해 궁극적으로 독립을 실현하고자 하는 것으로 도저히 묵과할 수 없다는 부정적 입장을 보였다. 海协会(zhōng guó hǎi xié huì)의 汪道涵(wāng dào hán) 회장과 唐树备(táng shù bèi) 부회장은 1993年6月 캐나다 오타와를 방문한 자리에서 台湾이 하나의 中国원칙을 견지한다면 联合国(lián hé guó)에서의 지위를 中国과 함께 공유할 수 있을 것이라는 입장을 표하기도 했으나, 台湾의 외교政策上에서 볼 때 台湾의 联合国(lián hé guó)가입은 불가능하다.

台湾은 국제사회로부터 台湾의 政治的 실체를 인정받음으로써, 독립된 국제적 지위를 확보하고 이를 바탕으로 两岸关系(liǎng àn guān xī)를 대등한 政府간의 关系로 발전시키려고 하기 때문에 中国의 「一個中国」 政策과 상

---

364) 중앙일보., 1993.4.10. 재인용.
365) 중앙일보., 1993.5.19. 재인용.

충한다. 이는 中国외교부 吴建民(wú jiàn mín) 대변인의 台湾 联合国(lián hé guó) 가입问题와 관련한 中国의 공식적인 입장 천명에서도 엿볼 수 있다. 吴建民(wú jiàn mín) 대변인은 联合国(lián hé guó)은 주권국들의 조직으로서 中国의 일부분인 台湾은 가입자격이 없으며, 台湾이 联合国(lián hé guó)에 가입 하고자 하는 것은 「一中一台(yì zhōng yì tái)」를 조장해 中国의 분열 상태를 장기화하려는 것이라고 말했다. 그는 분열 장기화는 중화민족의 근본이익에 위배되는 것으로서 台湾동포를 포함한 中国人民 모두가 결사반대 하는 것이라고 덧붙였다.

台湾政府의 계속적인 무력사용 포기요구에도 불구하고 中国이 이를 회피하는 이유도 바로 여기에 있다. 中国은 台湾政府의 외교가 단순히 대외적 활동을 강화하고 국제적 지위를 제고하는 수준을 넘어서 联合国(lián hé guó) 가입추진 등을 통해 궁극적으로 台湾의 독립을 추구하는 방향으로 전개되고 있다는 인식을 갖고 있다. 따라서 中国은 국제사회에서의 台湾고립화를 계속 강화해 나갈 것이다. 이 같은 政策은 최근 李登辉(lǐ dēng huī) 台湾 总统의 美国방문 후 美国과의 关系악화는 물론 台湾에 대한 일련의 무력시위도 불사케 하는 요인인 것이다. 향후 中国은 台湾에게는 물론 台湾과 关系개선에 나서는 国家들에게 외교단절 등의 강경조치와 더불어 기존의 「一国两制(yì guó liǎng zhì)」统一政策을 더욱 공고히 해나갈 것이다.

그러나 中国은 몇 가지 딜레마를 갖고 있기 때문에 융통성을 보일 가능성도 적지 않다. 철저한 台湾 고립화는 台湾经济를 위축시킬 것이며 台湾의 对中国觀의 악화를 가져올 것이다. 또 台湾에 대한 军事的 위협 강화는 주변국들의 경계심을 고조시킬 뿐만 아니라 城内 집단안보 보장 体制구성을 통해 台湾의 안보를 확보하고자 했던 台湾의 입장을 강화시키고 美国·法国(fǎ guó)·德国(dé guó) 등 주요 서방국가들의 台湾에 대한 무기판매 구실을 제공하는 역효과를 초래할 가능성도 있다. 美国(měi guó)·日本(rì běn) 등이 中国의 军事力 강화 추세를 겨냥하여 中国위협론을 주장하고 있는 상황도 무시할 수 없는 사실이다. 中国은 병력 50만을 감축해 2백50만 명의 体制유지와 정예화를 시도하고 있다.

2. 中国·美国, 对美国의 关系變化 등 对外关系의 급변

中国·日本(rì běn) 关系는 기본적으로 政治 军事的인 측면에서의 대립요

인과 *经济的*인 측면에서의 협력 요인을 동시에 내포하고 있다. 中国·日本 (rì běn) 两国은 과거 역사 청산 问题·영토분규·대台湾关系·동북아지역 에서의 影响力 경쟁 등 대립요소가 있는 问题보다는 两国이 협조 가능한 부분에 주안점을 둘 것이다. 단기적인 측면에서 상호협력에 대한 현실적 필요성 때문에 日本(rì běn)의 대中国政策은 급변하지 않을 가능성이 적으나, 日本(rì běn)이 中国의 军事力 강화에 대한 경계 등의 변수로 인해 台湾카드를 사용, 악화될 소지도 있다. 또 台湾에 대한 무기판매와 고속전철·원자력발전소 건설 등 台湾의 대규모 프로젝트에 참여하는 问题와 더불어 台湾·法国(fǎ guó)·德国(dé guó)이 자국의 经济的 이익을 위해 台湾과의 关系를 확대할 움직임도 있다. 그러나 여기에도 분명한 한계가 있다. 1993年1月7日 法国(fǎ guó)의 대台湾 무기판매는 中国·法国(fǎ guó) 关系를 심각하게 악화시켰으며, 이로 인한 모든 책임은 法国(fǎ guó)이 져야 한다고 강조하고, 대台湾 무기판매 교섭 창구역할을 해온 广州(guǎng zhōu) 駐在 法国(fǎ guó) 영사관 철폐를 요구하기도 했다. 따라서 台湾과의 关系를 강화하면서도 이들 国家들은 中国의 「一個中国」 원칙을 수용하고 中国의 반발을 무마할 수 있는 수위 내에서만 台湾과의 关系를 강화할 것이다.

한편 美国(měi guó)은 1979年1月1日 中国과 정식외교 关系를 수립한 후에도 台湾과 실질关系를 계속 유지하면서 影响力을 발휘하고 있다. 中国의 입장에선 台湾과 美国(měi guó)의 关系의 역학구조가 中国·美国(měi guó) 关系에 미치는 影响에 신경을 쓰고 있다. 中国의 人权(rén quán)상황·불공정무역관행·제 3국에 대한 核기술 지원 및 무기 수출에 대한 美国의 비판과 中国의 강한 반발은 两国关系를 악화시키기 충분하다. 1992年9月 美国이 台湾에 1백50대의 F16 전투기 판매를 결정하면서 中国·美国 关系는 더욱 악화되기도 했다. 美国은 台湾에 대한 첨단무기 판매결정이 1982年 '8.17공보(성명)'을 위반한 것이라는 中国의 주장에 中国·台湾의 军事的 균형을 유지하기 위한 것이기 때문에 '8.17공보' 위반이 아니라고 강조한 바 있다.

美国 클린턴 행정부는 中国과의 关系를 대립보다는 상호이해와 협력의 확대로 풀어나가려고 하고 两国 간의 극도의 대립 상태가 两国 모두에게 이익이 되지 못할 것이라는 기본적인 시각을 갖고 있다. 그러나 台湾问题를 둘러싸고 美国과 中国은 대립의 양상을 보이고 있다. 中国은 台湾과 美国 간의 关系가 재정립돼 나가는 것을 경계하고 있다. 台湾이 국제사회에서 활동 영역을 확대해 나가는데 美国(měi guó)의 역할을 은근히 기대하고 있다는

점을 중시하고 있다. 특히 1995年5月2日 美国(měi guó) 하원은 396대 0이라는 압도적인 표 차이로 李登辉(lǐ dēng huī) 总统의 访美(fǎng měi)를 찬성하고, 同月 9日에는 상원에서 97대 1이라는 표 차이로 동일한 결의안을 통과시켰을 뿐만 아니라 李登辉(lǐ dēng huī) 总统의 访美(fǎng měi)를 달갑게 여기지 않았던 美国政府가 李登辉(lǐ dēng huī) 总统을 개인의 신분으로 访美(fǎng měi)를 허용했다는 점을 中国은 중시했다. 물론 美国이 "中国이 中国의 유일한 합법政府이며 台湾은 中国의 일부분"이라는 것을 재확인했으나, 中国은 美国의 台湾에 대한 政策을 경계하고 있다. 李登辉(lǐ dēng huī) 总统의 访美(fǎng měi)로 급랭으로 치닫던 미국 클린턴 政府와 中国政府의 대립 양상이 江泽民(jiāng zé mín) 国家주석의 访美(fǎng měi)로 다소 누그러졌으나, 향후 台湾과 美国, 中国과 美国과의 关系변화에 따라 언제든지 两岸을 둘러싼 각국 간의 관계는 최악의 사태까지도 이를 수 있다. 台湾이 경제력을 바탕으로 美国(měi guó)과 실리적인 关系를 통해 국제사회에서 对中国 수세 국면의 전환을 시도함에 따라 현존의 政治·经济学的 역학구조가 조율될 가능성도 없지 않다. 两岸关系를 기존의 국내관계에서 국제관계로 전환시키려는 台湾의 务实实用(wù shí shí yòng) 외교정책에 따라 통일이냐 분리냐는 政策대립이 国際政治·经济 무대에서 빈번하게 나타나게 될 것이다.

美国의 입장에서 보면 아시아에서의 주도권 유지라는 国家이익은 물론 세계 질서를 주도를 위해선 아시아 国家들의 평화 질서 유지가 절실하게 필요하기 때문에 국익에 손상이 가지 않는 이상 질서 유지를 위해 세력 균형자로서의 역할을 계속 수행해나가려 할 것이다. 이는 台湾·中国과의 关系에서도 그대로 적용될 것이다. 中国이나 日本(rì běn)이 아시아 지역을 주도하면 美国이 설 자리가 없어지기 때문에 中国과의 关系정립에도 신중을 기할 것이다. 台湾카드를 조심스럽게 사용하면서 美国은 中国과 台湾사이에서 줄다리기를 하게 될 것이다.

3. 철저한 国益 우선의 實利 외교추구

본 논문에서 앞서 살펴보았듯이 1949年 国·共 내전에서 패한 蒋介石(jiāng jiè shí)의 国民党(guó mín dǎng) 정부가 台湾으로 이주해 온 이후 台湾해협을 사이에 둔 两岸정부는 오랫동안 政治·군사적 적대관계 속에서 대치상태를 유지해 왔다. 그러나 1978年 改革(gǎi gé)·开放政策(kāi fàng zhèng cè)을 주창한 邓小平(dèng xiǎo píng) 体制의 등장 이후 中国이 台湾에 대해 상호 교류를 제의하는 등 对台湾政策의 변화를 가져 오고, 이에 대해 台湾도 초기의 소극적·부정적인 태도를 완화하여 1987年 이후 점진적으로 两岸교류를 확대해 감으로써, 两岸관계에는 커다란 변화가 전개되기 시작하였다. 중화인민공화국의 수립 이후 两岸관계의 변화는 크게 다음과 같은 세 단계로 구분해 볼 수 있다.

제 1단계는 군사적 대치단계로서 1949年부터 中国이 改革(gǎi gé)·开放政策(kāi fàng zhèng cè)을 선언한 1978年까지의 시기이다. 이 기간 동안 台湾과 中国은 서로 무력에 의한 故土수복과 台湾해방을 주장하여 两岸 간에는 크고 작은 군사적 마찰이 지속적으로 발생하였다. 1971年 中国의 UN 복귀와 美国·中国 관계개선 이후 직접적인 군사적 충돌은 줄어들었으나 긴장상태는 여전히 유지되었다.366)

최근 들어난 일련의 자료에 의하면 실은 이 기간 동안에도 国民党(guó mín dǎng)과 共产党의 최고지도자들 간에는 긴밀한 연락선이 존재 했으며, 대륙과 台湾의 통일방안에 대한 비공식 협상이 매우 구체적으로 진행되었다고 한다. 이러한 사실은 全人代 상무위원장을 지낸 乔石(qiáo shí)에 의해서도 확인되었다. 이 협상에서 毛泽东(máo zé dōng)과 周恩来(zhōu ēn lái) 등 共产党 지도부에 의해 제안된 통일방안은 이후 邓小平(dèng xiǎo píng)의 「一国两制(yì guó liǎng zhì)」 제안과 상당히 유사한 내용을 포함하고 있다.

제 2단계는 평화적 대치단계인데, 1978年 中国의 改革·开放에서 1987年 台湾이 40年 동안 유지되어 온 계엄령을 해제하기까지의 시기이다. 이 단계에서 两岸관계의 개선과 변화를 적극적으로 주장한 것은 中国이었다. 현재까지 中国의 台湾정책에서 기본원칙이 되고 있는 '和平统一·「一国两制(yì guó liǎng zhì)」'의 통일방식이 구체화되는 것도 이 시기이다.

两岸관계의 제 3단계는 1987年 이후부터 지금까지 민간교류를 중심으로 한 교류확대의 시기이다. 两岸관계의 변화에 새로운 계기가 된 것은 크게 세 가지인데, 改革(gǎi gé)·开放政策(kāi fàng zhèng cè)의 가속화에 따른

---

366) Sheng Li-Jun., China's Dilemma: The Taiwan Issue, ISEAS, Singapore. 2001. pp. 90~91. 재인용.

中国의 경제발전과 台湾의 政治的 민주화 및 민간의 교류확대 요구와 냉전体制의 해체라는 국제정세의 변화가 그것이다.

中国의 台湾정책 및 통일정책은 1978年 이후로 中国측이 주장해온 「一国两制(yì guó liǎng zhì)」를 정책의 기본 틀로 삼고 있다. 여기서 '一国'이 의미하는 것은 물론 중화민국이 아닌 중화인민공화국으로서, 中国은 两岸관계에 있어 중화민국이라는 국호나 中央·전국·국립·국가·中央정부 등의 명칭사용을 台湾은 물론 수교국들에도 허용하지 않고 있다. 이는 台湾을 하나의 지방정부로만 인정하겠다는 것으로 两岸정부의 회합에 대해서도 中国은 국가와 국가간 혹은 정부와 정부간이 아닌 共产党과 国民党(guó mín dǎng) 간의 협의로 그 의미를 축소하고 있다.

改革(gǎi gé)·开放政策(kāi fàng zhèng cè)을 선언한 1978年의 共产党第十一届三中全会(dì shí yī jiè sān zhōng quán huì)에서 中国 共产党(zhōng guó gòng chǎn dǎng)은 两岸의 통일이 기존의 무력사용이 아니라 평화통일의 방법으로 이루어져야 한다고 선언하였다. 이어서 1979年의 全人代 상무위원회에서 발표한 "告台湾同胞书(gào tái wān tóng bāo shū)"에서도 中国은 무력으로 台湾을 해방시키겠다는 기존의 주장을 일정기간 보류할 수 있음을 재천명함과 동시에 两岸의 우편·항공·통상 분야에 있어서의 상호개방이라는 '三通(sān tōng)(three lnks)'정책을 처음으로 주장하였다.[367] 한편 1981年9月 全人代 위원장이던 叶剑英(yè jiàn yīng)은 신화통신과의 인터뷰를 통해 『9개항 평화통일방안』과 제 3차 国·共合作(guó gòng hé zuò)을 제의하였으며,[368] 1983年8月 中国 叶剑英(yè jiàn yīng)의 『9개항 평화통일방안』의 내용은 다음과 같다. 첫째, 中国과 台湾간의 회담은 양당간의 대등담판을 거행하고 제 3차 국·공합작의 실행에 의하여 조국통일 대업을 완성한다. 이를 위하여 쌍방은 대표를 파견하고 상호접촉을 통하여 충분한 의견을 교환한다. 둘째, 통신·통항·통상·친지 방문 관광 및 학술·문화·체육 교류에 대하여 편의를 제공하고, 이를 위해 유관협의를 달성한다. 셋째, 국가통일 후 台湾을 특별행정구로 편입하고, 고도의 자치권을 향유하게 한다. 또한 台湾은 독자의 군대를 보유한다. 中央정부는 台湾 지방업

---

367) NPC., "Message to Compatriots in Taiwan," 1979.1.1. 재인용.
368) Ye Jianying., "On Taiwan's Return to Motherland and Peaceful Reunification" 1981.9.30. 재인용.

무에 불간섭한다. 넷째, 台湾의 현행사회·경제제도 및 생활방식을 변함없이 유지시키고, 외국과 체결한 경제·문화관계도 그대로 유지 시키며, 개인 재산·주택·토지·기업 소유권 및 합리적 계승권·외국자본에 대한 불침범을 보장한다. 다섯째, 台湾당국과 각계 대표들의 전국적 政治기구에 대한 참정권 및 국가 관리에 대한 참정권을 부여한다. 여섯째, 台湾의 재정 곤란 시 中央정부가 보조한다. 일곱째, 台湾人의 대륙이주와 自由왕복을 허용·보장한다. 여덟째, 台湾 공·상계 인사의 대륙투자, 각종 경제사업 건설을 환영하고 그에 대한 합법적 권익과 이윤을 보장한다. 아홉째 台湾人들의 조국통일에 대한 각종 제의를 환영한다.

최고지도자 邓小平(dèng xiǎo píng)도 『조국통일 6개 원칙』 369)을 선언하였다. 또한 邓小平(dèng xiǎo píng)는 1984年6月 Hongkong과 台湾문제에 대해 평화 통일의 구체적인 실현방안으로써 "「一国两制(yì guó liǎng zhì)」(one Country, two System)" 방식을 제시하였는데, 『9개 방안』이나 『6개 원칙』에서 이미 그 내용은 천명된 바 있으나, 「一国两制(yì guó liǎng zhì)」라는 표현은 이때 처음 사용된 것이다.370) 이는 그 후 지금까지 中国의 통일정책에서 가장 기본적인 원칙으로 인정되고 있다.

中国정부가 제시하고 있는 구체적인 교류방안은 '三通(sān tōng) 四流'정책이다. '三通(sān tōng)'은 통상·통우·통항을 의미하며, '四流'는 경제·문화·학술·科学(kē xué)기술·체육방면의 교류를 의미한다. 中国이 '三通(sān tōng)'과 상호교류를 강조하는 전략적 이유는 다음과 같은 몇 가지 이유로 관측된다. 첫째는 밀접한 경제교류와 민간교류를 통해 하나의 민족이라는 정서를 확대시킴으로써 통일을 위한 대전제를 형성한다는 것이다. 이를 통해 아직까지 政治的으로 中国과 직접 담판하는 것을 피해왔던 台湾당국에 압박을 가하는 한편 台湾내의 독립 성향을 인적·물적 교류를 통해 희석시키고자 하는 것이다. 둘째는 两岸의 교류확대이다. 특히 台湾 경제인의 对中国투자 확대를 통해 中国에 대한 台湾의 경제적 예속성을 가중시켜 两岸문제에서 유리한 입지를 구축하고자 하는 것이다. 마지막으로 교류확대를 통해 국제사회에서 中国의 입지를 강화하고 两岸문제는 외국이 간여할 수

---

369) 邓小平(dèng xiǎo píng)., "On China's Reuification", 1983.8.8. 재인용.
370) 邓小平(dèng xiǎo píng)., "One Country, two Systems", 1984.6.22. 재인용.

없는 순수한 내정문제임을 확고히 과시하고자 하는 것이다.

이처럼 인민공화국의 수립 이후로 兩岸 문제에 대한 中国의 기본적인 인식은 "台湾문제의 해결"이라는 국내차원의 문제로 간주하는 것이다. 물론 현재의 中国지도부가 가지고 있는 인식은 毛泽东(máo zé dōng) 시기와 많은 변화를 보이고 있다. 특히 台湾문제의 해결이 민족의 자주성 회복이라는 차원에서 이루어져야 한다는 점은 여전히 고수하고 있으나 그것을 실현하는 방법에 있어서는 평화적이고 점진적이어야 한다고 강조하고 있다. 다만 이를 위해서는 台湾정부가 '하나의 中国'이라는 원칙을 준수하여야 한다.

邓小平(dèng xiǎo píng)의 『조국통일 6개 원칙』은 다음과 같다. 첫째는 台湾의 인사·군사문제에 대한 불간섭, 둘째로는 台湾의 경제사회제도·생활방식과 党·政·军 및 정보조직의 유지, 셋째로 台湾군대의 자위능력 확보·유지와 이를 위한 대외 무기구입의 허용이다. 넷째는 통일 후 台湾은 北京과 독립된 기존의 입법권과 법률 및 독립된 사법권과 사법기관을 가지고 대륙법률의 台湾적용을 금지하며, 台湾법원은 최종심판권을 가진다. 다섯째로 台湾은 독립된 대외경제 관계를 유지하며, 台湾人은 台湾의 여권과 외국인에 대한 독자적 비자발급을 허용하며, 台湾의 외국과의 독자적인 협정체결권도 보장한다. 여섯째가 台湾은 기존의 국기와 '中国·台湾(Taipei China)'의 칭호를 사용할 수 있다는 것이다.

兩岸문제의 해결을 中国내부의 민족적인 문제로 받아들여져야 한다는 전제조건을 충족해야 한다는 것이다. 엄밀히 말하면 中国정부는 무력사용에 의한 통일을 포기했다기보다는 보류하고 있다고 해야 옳다. 가령 첫째, 台湾 독립선언이다. 둘째, 외세의 台湾침략이다. 셋째, 중대한 내란 등 세 가지 경우에는 台湾에 대해서 무력을 사용할 수 있다는 것이 中国정부의 공식적인 입장이다.

2000年 台湾의 总统 선거 직전 中国은 이 세 가지 조건에 넷째, 통일을 위한 협상을 지연시킬 때라는 조건을 추가하였다. 이는 台湾독립을 주장해 온 민주진보당의 陈水扁(chén shuǐ biǎn) 후보가 당선될 것에 대한 中国측의 경계심을 표현한 것으로 보인다.

1949年 이후 中国측은 兩岸관계의 가장 큰 원칙이 '하나의 中国'이라는 점에 대해 일관된 태도를 취하고 있다. 그러나 구체적으로 보면 그 의미는 兩岸관계의 변화에 따라 약간씩 다르게 표현되어 왔다. 그 최초의 의미는 첫째, 세계에는 오직 하나의 中国만 존재한다. 둘째, 台湾은 中国의 일부이

다. 셋째, 中国 共产党(zhōng guó gòng chǎn dǎng) 정부는 中国 전체를 대표하는 유일한 합법적 정부이다. 라는 것이었다. 그러나 1998年 1月 中国은 '하나의 中国'을 다음과 같이 정의하였다. 첫째, 세계에는 오직 하나의 中国만 존재한다. 둘째, 대륙과 台湾은 中国의 일부이다. 셋째, 中国의 주권과 영토적 통합은 분리될 수 없다는 것으로 그 정의를 수정하였다. 이 정의는 1991年 国民党(guó mín dǎng)이 제시한 「국가통일강령」과 유사하다.

최근 들어서도 中国은 1995年 江泽民(jiāng zé mín)이 많이 밝힌 『8개 조항』 <江八点(jiāng bā diǎn)>」만이 통일의 유일한 원칙이라고 주장하면서 台湾독립 반대·두개의 中国정책 반대·台湾의 국제기구 가입 반대 등의 원칙을 고수하고 있다.371)

江八点(jiāng bā diǎn)의 내용은 다음과 같다. 즉 첫째, "하나의 中国" 원칙 견지·台湾독립 반대이다. 둘째, 台湾의 국제적 생존 공간 확대 반대이다. 셋째, 평화통일 협상재개·两岸간 적대관계 청산이다. 넷째, 台湾독립시 무력사용 불사이다. 다섯째, 两岸간 경제교류와 台湾상인의 투자보호·삼통 실현이다. 여섯째, 중화문화의 공동발전과 승계이다. 일곱째, 台湾동포의 생활방식 존중이다. 여덟째, 台湾지도자의 中国방문 환영이다. 단, 국제무대에서의 회동은 불가 등 이다.

2003年 3月의 제 171 全人代에서 胡錦濤 신임 党 총서기 겸 국가주석이 제시한 『台湾 和平统一 4개항 원칙』도 기존의 정책과 일관성을 유지하고 있다. 胡錦濤 주석의 4개 원칙은 첫째, 하나의 中国 원칙 견지이다. 둘째, 两岸 경제문화교류 확대이다. 셋째, 台湾인민에 거는 통일기대 관철이다. 넷째, 两岸동포 민족부흥 공동추진 등이다.

더구나 两岸관계 및 통일문제에 대한 国民党(guó mín dǎng) 정부의 기본 입장은 고토의 회복이라는 것이다. 中国의 개방정책 초기까지도 통일문제에 대한 台湾측의 입장은 여전히 강경하였다. 1981年 叶剑英(yè jiàn yīng)의 『9개항 平和统一方案』에 대하여 蒋经国(jiǎng jīng guó) 总统은 이에 대한 즉각적인 거부의사를 표명하였다. 中国이 「一国两制(yì guó liǎng zhì)」에 의한 통일을 제의했을 때에도 蒋经国(jiǎng jīng guó)은 「一国两制(yì guó liǎng zhì)」가 아니라 「一国良制」라는 표현을 들어 이를 거부하였다. 즉 한 국가의 가장 좋은 제도를 선택해야 하며, 그것은 당연히 台湾의 体制와

---

371) Sheng Li-Jun., China and Taiwan, ISEAS, 2002. pp. 72~73.

제도를 의미 한다는 것이다. 国民党(guó mín dǎng)은 '三民主义'에 의한 통일을 党의 정식 강령으로 채택하는 등 中国의 새로운 통일공세에 대해 내부적으로 결속을 도모하였다. 台湾은 '불접촉·불담판·불타협' 이라는 「三不政策(sān bù zhèng cè)」이 台湾이 대륙과 분리되어 전쟁상태에 처해있는 상황에서 국가의 안전과 사회의 안정을 수호하기 위한 잠정적인 조치라는 논리로 그 불가피성을 강조하였다. 中国과의 교류를 실질적으로 인정하고 있는 최근까지도 台湾정부의 공식입장은 기본적으로 「三不政策(sān bù zhèng cè)」을 고수하고 있다.

台湾정부의 강경한 태도는 中国이 제시한 일련의 통일방안을 평화를 위장한 통일전선 전술의 일환으로 간주하였기 때문이다. 台湾정부는 中国이 台湾에 대한 무력사용을 포기하지 않은 상태에서 평화 통일을 강조한다는 것 자체가 모순이라는 점과 台湾정부를 단순히 지방정부로 간주하는 中国의 문제 해결방식은 결국 台湾을 파괴·흡수하기 위한 政治的 음모라고 일축하였다. 台湾정부는 中国의 각종 제의에 응하는 것은 台湾 스스로 지방정부임을 자인하는 것이므로 어떠한 형태의 제의에도 반대한다는 입장을 보였다.372)

蒋介石(jiǎng jiè shí) 사후 蒋经国(jiǎng jīng guó)과 共产党 지도부 사이에서도 역시 통일을 위한 비밀협상이 이루어 졌다. 이 협상은 蒋经国(jiǎng jīng guó)이 사망하기 직전인 1987年까지 진행 되었으나, 蒋经国(jiǎng jīng guó)이 共产党의 제의를 거절함으로써 결국 결렬되었다. 蒋经国(jiǎng jīng guó)이 共产党의 제의를 거부한 가장 큰 이유는 台湾 国民党(guó mín dǎng) 정부가 지방정부로 전락할 것에 대한 우려 때문이었던 것으로 보인다. 그러나 1971年 UN에서 탈퇴한 이후 국제사회에서 사실상 고립상태에 놓여있던 台湾으로서도 외교적 명분을 위해서라도 어떤 형태로든 양안교류에 대한 입장을 표명하지 않을 수 없었다. 이에 台湾정부는 1985年 『대륙교역 三原则』을 제정하여 中国과의 간접무역을 인정하였다. 三原则의 내용은 첫째, 中国과의 직접 교류금지이다. 둘째, 기업인의 中国관리와의 접촉금지이다. 셋째, 간접무역에 대한 정부의 불간섭 등 이다. 그러나 三原则에 의한 对中国교역은 여전히 행정당국의 엄격한 심사규정으로 인해 两岸교류의 확대에 실질적인 도움을 주지는 못했다. 따라서 이 시기 两岸 간의 교류는 직접교류보다 주로 Hongkong을 매개로 한 간접교역과 투자의 형태로 전개되

---

372) Sheng Li-Jun., op. cit., p. 92. 재인용.

었다.

兩岸관계의 변화는 1987年을 전후하여 나타난다. 1987年 蔣经国(jiǎng jīng guó) 总统은 台湾국민들의 中国 친척방문을 허용함과 동시에 계엄령 해제를 선포하였는데, 이 2개항의 결정은 향후 台湾의 민주화와 兩岸관계에 모두 중대한 전기를 마련하는 계기가 되었다.

1949年 台湾으로 이주한 이후 国民党(guó mín dǎng)은 계엄령을 선포하고 일당독재를 실시해 왔다. 台湾의 국내 政治的 환경에 있어서 가장 극적인 변화는 1986年9月 135명의 국회의원들이 모여 민주진보당이라는 야당 결성을 발표함으로써 일어났다. 그것이 本土에서의 패배이후 지속되어온 国民党(guó mín dǎng) 일당 지배에 대한 명백한 도전을 의미했음에도 불구하고 신당 결성은 허용 되었으며, 같은 해 10월의 총선거에서 신당은 23%라는 높은 득표율을 획득하였다. 1987年 国民党(guó mín dǎng)은 40여 年 간 지속되어 온 계엄령을 해제함으로써 台湾의 민주화가 비가역적인 단계에 들어섰음을 천명하였다.

1988年6月15日 国民党(guó mín dǎng) 정부는 中国의 「一国兩制(yì guó liǎng zhì)」 주장에 대한 대응으로 대륙정책에 대한 세 가지 원칙을 채택했다. '격려원칙·특별법 逆원칙·간접과도 원칙'이 그것이다.[373] 이어서 台湾은 1988年7月 国民党(guó mín dǎng) 제 13차 전국대회를 통해 『현 단계 대륙정책』을 마련하였고, 8月에는 행정원에 兩岸교류의 활성화를 위한 정부기구로서 대륙공작회 (1991年 대륙위원회로 승격)를, 国民党(guó mín dǎng) 中央상임위원회에 대륙공작지도 소조를 각각 설치하였다.

'격려원칙'은 대륙과의 주권논쟁을 피하고 기존의 '三不原則'은 정부수준에 국한하고 非政治영역의 교류에는 격려·협조·간섭을 하지 않는다는 것이다. '특별법 逆원칙'은 대륙과의 교류증대로 발생되는 법적인 분쟁은 특별법을 제정하여 해결하는 것으로 이에 따라 『台湾지구와 대륙지구 인민관계 조례』가 제정되었다. '간접과도 원칙'은 대륙과의 교역·투자 등에서 대륙과 직접 상대하는 것을 제한하고 간접적으로 접근하도록 한 것이다.

1988年 蔣经国(jiǎng jīng guó)이 사망하고 계엄령 철폐로 야당인 민주진보당이 결성되어 의회에 진출하는 등 台湾의 政治구조가 개편되고, 国民党

---

373) 최의철·신현기., 『南北韓 통일정책과 교류협력』, 백산자료원, 2001. pp. 26~27. 재인용.

(guó mín dǎng)의 위상이 변화함에 따라 台湾에서도 대륙문제에 대한 인식의 전환은 더욱 구체화되기 시작하였다. 1990年5月 제 8대 총통에 취임한 李登輝(lǐ dēng huī)는 취임연설에서 兩岸관계에 있어 실질적 행동을 취할 것임을 밝혔다. 이에 따라 台湾당국은 1990年9月 총통부에 국가통일위원회를 설치하고, 1991年 4月에는 임시헌법을 폐지하여 兩岸 간의 교류를 위한 법률적인 장애를 제거하였다. 한편 재단법인 성격을 띤 1991年2月 '해협교류기금회'가 민간 중개기구로 설립됨에 따라, 台湾의 대륙정책은 정책의 제정에서 구체적인 사무의 집행까지 일관된 体制를 갖추기에 이르렀다.

1991年2月 台湾은 기존의 三原則을 수정한 『兩岸 경제무역 교류촉진을 위한 五原則』을 제시하였다. 첫째, 쌍방의 직접무역과 直接雙向이다. 둘째, 상호혜택과 이익(互惠互利)이다. 셋째, 교류형식의 다양화(型式多樣)이다. 넷째, 장기적 안정성(長期穩定)이다. 다섯째, 의리와 약속 엄수(重義守約) 등을 주장하였다. 물론 이러한 원칙의 선언이 즉각적·구체적인 조치로 이어진 것은 아니지만 과거의 三原則이 행정당국의 엄격한 심사규정으로 인해 兩岸교류에 설질적인 도움을 거의 주지 못한 반면, 对中国 교류제한을 점진적으로 완화시켜 나가는 실질적인 계기가 된 것은 바로 이 五原則 이었다고 할 수 있다.

이처럼 1987年 이후 中国과의 사회·경제·문화 방면에서의 민간 교류는 지속적으로 성장하여 왔다. 특히 中国의 경제개혁이후 对中国 무역과 투자 등 경제교류의 확대를 요구하는 민간의 압력은 台湾정부의 기본인식을 전환시킨 중요한 요인이다. 그러나 李登輝(lǐ dēng huī) 总统의 집권이후 兩岸 간 政治·군사적 갈등은 오히려 심각 해졌는데, 그것은 '하나의 中国' 원칙에 대한 台湾정부의 입장변화 때문이다. 台湾출신으로 독립지지파인 李登辉(lǐ dēng huī)는 1980年代까지는 통일문제에 있어서 '하나의 中国'이 최고의 원칙임을 선언하였다. 그러나 1990年 그는 '하나의 中国, 두 개의 정부'라는 주장을 표명하기 시작하였다. 1991年2月 国民党(guó mín dǎng) 정부는 『국가통일강령』을 제정하여 '하나의 中国' 원칙을 재확인하는 한편, 中国과 台湾의 관계는 '하나의 中国, 두 개의 동등한 政治的 실체'라고 정의하였다.

「一国两制(yì guó liǎng zhì)」에 대신해서「一国两區」라는 표현이 나타난 것도 이 때이다. 이는 '하나의 中国' 이라는 원칙은 유지하되 中国도 독립된 政治的 실체로서 台湾을 인정하라는 의미로 해석된다. 1992年3月 中国의 兩岸관계 협회와 台湾의 兩岸교류기금회는 '하나의 中国' 원칙을 다시 확인하였다. 그러나 1994年 台湾정부는 다시 '두 개의 합법적 실체'라는 주장을 내놓았고, 1996年 李登辉(lǐ dēng huī) 총통은 '두 개의 中国'이라는 주장을 선언하기에 이르렀다. 이러한 台湾정부의 입장변화에 대한 中国의 반응은 당연히 매우 강경 하였다.

1996年의 이른바 两岸사태는 여기서 촉발된 것이었다. 国民党(guó mín dǎng)과 台湾내부의 반발도 적지 않았다. 李登辉(lǐ dēng huī)는 자신의 발언이 왜곡되었다고 변명했지만 그의 진의는 분명 했으며, 이후에도 기회가 있을 때마다 李登辉(lǐ dēng huī)와 그의 측근들은 사실상 '두 개의 中国'이라는 주장을 반복하였다.

两岸관계에서 또 하나의 심각한 사건은 2000年 3月의 총통선거에서 야당인 민주 진보당의 陈水扁(chén shuǐ biǎn) 후보가 당선된 것이다. 国民党(guó mín dǎng)의 台湾이주 이후 40여 年 동안 유지되어온 계엄령이 철폐된 1987年 당시만 해도 설사 야당의 결성이 허용되고 일련의 민주화 조치들이 취해진다 하더라도 오랜 일당 집권으로 다져진 国民党(guó mín dǎng)의 기반을 뒤집기는 거의 불가능한 일로 생각되었다. 그러나 民进党(mín jìn dǎng)이 결성된 지 불과 십 수 年 만에 台湾 최초의 정권교체가 이루어진 것이다. 선거운동 초반만 하더라도 陈水扁(chén shuǐ biǎn) 후보의 승리를 예상한 사람은 거의 없었다. 陈水扁(chén shuǐ biǎn) 후보의 극적인 당선에는 몇 가지 변수가 작용했는데, 国民党(guó mín dǎng)의 내분으로 두 명의 후보가 선거에 나선 것과 国民党(guó mín dǎng) 소속 현직 总统이던 李登辉(lǐ dēng huī)가 암묵적으로 지지한 것 등이 陈水扁(chén shuǐ biǎn) 후보가 과반수에 못 미치는 지지율로 승리를 얻을 수 있었던 결정적인 요인으로 보인다.

이 선거에서 陈水扁(chén shuǐ biǎn)은 39.0%의 지지율로 당선되었으며, 国民党(guó mín dǎng) 사무국장 출신인 무소속의 宋楚瑜 후보는 36.84%를, 国民党(guó mín dǎng)의 连战(lián zhàn) 후보는 23.10%를 각각 얻었다. 国民党(guó mín dǎng)의 후보가 양립하게 된 것은 李登辉(lǐ dēng huī)가 당시 총통이 퇴임 이후 자신의 政治的 입지를 고려하여 대중적 인기나 政治的 기반에서 앞서 있던 宋楚瑜 보다 비교적 자신의 影响力 아래 있던 连战(lián zhàn) 후보를 지지했기 때문이다. 일부에서는 李登辉(lǐ dēng huī)가 독립파인 陈水扁(chén shuǐ biǎn) 후보를 지원하기 위해 대중적 지지가 미약한 连战(lián zhàn)을 후계자로 지명했다고 분석한다. 2000年 선거직후 国民党(guó mín dǎng)을 탈당한 李登辉(lǐ dēng huī)는 2004年 선거에서는 각종 독립지지 집회를 주도하는 등 노골적으로 陈水扁(chén shuǐ biǎn) 총통을 지원하였다.

兩岸문제에서 민주진보당은 台湾독립을 공식적으로 주장해 왔으며, 陈水扁(chén shuǐ biǎn) 후보 역시 선거운동 과정에서는 台湾독립을 공약으로 내걸었다. 그러나 우려와는 달리 총통 당선이후 통일문제에 대해 陈水扁(chén shuǐ biǎn) 总统은 상당히 유연한 자세를 취하였다. 취임사에서 그는 "대륙이 무력으로 침공할 의사가 없는 한"이란 전제 하에, 첫째, 임기 내에 독립 不선포, 둘째, 국호 不변경, 셋째, '양국론' 입헌 不추진, 넷째, 통일과 독립여부를 묻는 국민투표 不실시 등 '4大 不可論'과 『국가통일강령』을 준수하고, 국가통일위원회를 없애지 않겠다는 내용의 '5大 方針'을 약속했다. 그러나 陈水扁(chén shuǐ biǎn)은 자신이 '中国人'임을 인정하라는 中国의 요구는 거부하였다. 취임사에서 그는 자신을 '中国人'이 아닌 '华人(huá rén)'으로 지칭함으로써, 여전히 台湾독립이라는 民进党(mín jìn dǎng)의 공식입장을 포기한 것은 아님을 드러내었다.

陈水扁(chén shuǐ biǎn) 정권에 대해 中国은 첫째, '하나의 中国' 원칙을 재확인한 1992年의 합의로 돌아갈 것. 둘째, 台湾의 지도부가 '中国人'임을 인정할 것. 셋째, 台湾독립을 주장한 民进党(mín jìn dǎng)의 강령을 수정할 것 등을 요구하였다. 이에 陈水扁(chén shuǐ biǎn) 总统은 台湾독립을 주장한 民进党(mín jìn dǎng)의 강령에 대해서도 수정할 수 있다는 의사를 암시하였다. 陈水扁(chén shuǐ biǎn) 정권의 이러한 태도 변화는 中国정부를 자극해 긴장 상태를 유발시키지 않으려는 의도임과 동시에 현실적으로 확대되어 가고 있는 兩岸교류를 인정하지 않을 수 없기 때문이다.

그러나 陈水扁(chén shuǐ biǎn) 总统의 모호한 태도는 吕秀莲(lǚ xiù lián) 副总统을 비롯한 당내의 강경파들과 선거에서 그를 지지한 본성 출신 유권자들로부터 큰 반발을 불러일으켰다. 집권이후 지지율 하락이 계속되자 陈水扁(chén shuǐ biǎn)측은 다시 독립지지의 입장으로 선회하였고, 2004年 3月의 선거를 앞두고 이러한 입장은 더욱 강화되었다. 최근 台湾내에서 통일파와 독립파의 갈등이 표면화되고 있는 데에는 陈水扁(chén shuǐ biǎn) 정부의 非일관된 정책변화가 주요한 원인 가운데 하나라고 해도 틀리지 않는다.

정권교체에도 불구하고 兩岸교류가 확대 발전하고 있다는 점은 台湾정부의 対中国정책이 교류의 불가피성이라는 현실을 인정하고 다원적인 의사표현을 수렴하는 방향으로 전환하였음을 보여준다. 그러나 공식적으로 台湾정부는 '不접촉·不담판·不타협'의 三不政策(sān bù zhèng cè)을 여전히 포기하지 않은 상태이다. 台湾은 자신들이 통일이념으로 표방하는 '민주·自由(zì yóu)·균부'의 원칙이 실현될 수 없는 통일은 아무런 의미가 없다. 따라서 대륙 정권이 台湾에 대한 무력사용의 포기와 台湾의 政治的 실체를 인정하는 동시에 中国 共产党(zhōng guó gòng chǎn dǎng)의 정치적 민주화·경제적 자유화·사회적 다원화에 전력을 다하지 않는 한 中国의 통일문제를 구체적으로 논의할 수 없다는 입장을 고수하고 있다.

中国이 台湾의 WTO가입에 반대한 것은 국제사회에서 台湾이 독립적인 경제단위임을 인정받게 됨으로써 나아가 台湾이 독립국임을 선언하게 되고, '두 개의 中国'이 고정화될 것을 우려하였기 때문이다. 그러나 中国의 반대에도 불구하고 台湾의 가입이 승인됨에 따라 한편에서 보면 两岸관계에 대한 中国 측의 입장이 강경해지는 등 부정적인 影响도 나타날 가능성이 적지 않은 것으로 예상된다. 하지만 다른 한편에서 보면 台湾의 WTO가입은 两岸관계를 개선하고 교류를 확대하는데 중대한 전기를 마련해 줄 수도 있다. 中国의 改革·开放 이후 최근까지 两岸교류는 中国측이 일관되게 적극적인 자세를 취해 온데 반해 台湾측은 여러 국내외 상황과 특히 국내 政治적 상황에 따라 가변적이기는 했으나 대체로 소극적인 자세를 취해 왔다.

그러나 台湾이 中国과 더불어 WTO에 가입하였고, 앞으로 회원국으로서의 권리를 확보하기 위해서는 中国과의 정상적인 무역과 투자 및 인적교류 등을 규제하기 어려워질 것이기 때문이다. 따라서 中国과 台湾의 WTO가입은 两岸교류의 확대를 촉진시키는 긍정적 효과가 훨씬 더 클 것으로 전망된다. '台湾의 WTO가입을 환영한다.'는 대외경제무역 합작부와 국무원 台湾사무판공실의 성명이나 WTO 가입 후에도 台湾기업에 대한 우대조치를 지속하겠다는 中国정부의 최근 발표는 中国측의 기대를 담고 있다. 台湾의 입장에서도 中国과의 교류에서 200억 달러 이상의 흑자를 기록하는 등 막대한 이익을 보고 있는 동시에 对中投資를 통한 산업구조 개편도 자연스럽게 추진되고 있으므로 교류확대 외에는 다른 대안이 없다고 보아야 하겠다. 특히 WTO 회원국으로서 양측의 지위는 两岸교류를 지금까지처럼 선택적인 것이 아니라 필연적인 것으로 변화시킬 것이다.

WTO가입 이후 两岸교류의 발전에 또 하나 상징적인 사건은 양국 국적기의 상호 왕래이다. 2003年1月26日 台湾을 출발한 中国의 중화항공 소속 보잉 747 여객기는 Hongkong을 거쳐 상하이의 浦东(pǔ dōng)공항에 도착하였다. 이 항공기는 中国 최대명절인 춘절을 지내기 위해 台湾으로 가는 中国내 台湾기업인과 가족 256명을 태우고 이날 오후 台湾으로 돌아갔다. 台湾의 부흥 항공도 같은 날 상하이 운항에 나섰으며, 이밖에 台湾의 6개 민간항공사는 춘절기간 동안 台湾・Hongkong・상하이를 운항하면서 1천2백여 명의 台湾귀성객을 수송하였다. 中国측은 이를 계기로 양국 간 민항기의 정기노선 개설을 위한 협상을 台湾측에 강력히 요구하고 있으나, 台湾측은 아직 정기노선의 개설에는 유보적인 태도를 취하고 있다. 하지만 이미 국적기 왕래의 선례를 만든 데다 中国에 진출한 台湾기업인들의 요구가 커 양국 간 정기노선의 개설은 결국 시간문제일 것으로 보인다.

이처럼 WTO가입을 전후하여 台湾정부가 三通(sān tōng)문제에 많은 융통성을 보임으로써, 中国경제로의 과도한 집중과 이에 따른 산업공동화 및 경제예속에 대한 우려에도 불구하고 兩岸교류는 지속적으로 확대되고 있다. 경제개발을 보다 가속화시키고자 하는 中国과 本土의 무한한 잠재력을 이용하고자 하는 台湾양측이 모두 兩岸교류의 확대를 절실히 필요로 하고 있기 때문에 兩岸당국으로서도 이러한 현실을 도외시 할 수는 없는 것이다. 따라서 앞으로도 兩岸교류의 전망은 단기적인 불확실성에도 불구하고 확대와 심화의 방향으로 전개될 수밖에 없다는 것이다.[374]

물론 兩岸교류의 미래를 반드시 낙관할 수만은 없게 하는 요인들도 남아 있는 것이 사실이다 그 중에서도 가장 중요한 문제는 역시 中国의‘하나의 中国’원칙과 台湾의‘양국(특수한 두 정부)론’의 대립으로 인한 政治 외교적 갈등이다. 台湾내부의 복잡한 政治상황도 兩岸관계를 어렵게 만드는 한 요인이다. 台湾내부에서는 台湾독립을 주장하는 이른바 독립파의 세력이 만만치 않으며, 陈水扁(chén shuǐ biǎn) 总统의 民进党(mín jin dǎng)도 台湾독립을 党의 정강에 포함시키고 있다. 특히 2004年 3月의 선거에서 陈水扁(chén shuǐ biǎn) 总统은 극적으로 재선에 성공 하였으나, 선거운동 과정에서 격화된 독립파와 통일파 간의 갈등으로 심각한 후유증을 겪을 전망이다. 독립파의 지지를 업고 당선된 陈水扁(chén shuǐ biǎn) 总统으로서는 对中国정책에 상당한 제한을 받을 수밖에 없으리라는 점도 兩岸관계의 전망을 더욱 불

---

374) Taiwan Economic News, 20 Feb. 2001. 재인용.

확실하게 만들고 있다.

2004年 선거를 앞두고 陈水扁(chén shuǐ biǎn) 정권은 국호개칭·헌법 개정·국민투표 등의 주장을 잇달아 내놓는 등 갑자기 兩岸문제에 대해 강경한 입장으로 선회하였다. 이러한 변화는 경기침체 등으로 취임 직후 80%에 달했던 지지도가 30~40%대로 추락한 陈水扁(chén shuǐ biǎn) 总统측이 2004年의 선거에서의 재선을 노린 政治的 승부수라고 할 수 있다. 유권자 가운데 本土출신 노년세대의 비중은 10%대에 불과한 반면 本土에 아무런 정서적 유대감을 가지고 있지 않은 20~30대 청년층의 비중은 60%에 달하기 때문이다. 문제는 선거 이후의 후유증 이다.

陈水扁(chén shuǐ biǎn) 진영의 선거운동은 台湾내 독립파들의 反中·反외성인 정서를 자극시킴으로써 잠재 해있던 통일파와 독립파 간의 갈등을 확산시켰다. 선거기간 동안 타이베이와 주요 도시들에서는 국호개칭과 헌법 개정 등을 요구하는 독립파의 시위와 이에 반대하는 통일파의 시위가 연이어 벌어졌는데 대표적인 사건이 2004年2月28日 '2·28사건' 57週年을 맞아 台湾독립을 지지하는 200만 명이 참가한 인간사슬 시위이다. 이에 맞서 야당도 3月13日 전국 25개 도시에서 300만 명에 이르는 대규모 시위를 벌임으로써 독립파와 통일파의 세 대결은 극단으로 확대되었다. 선거결과에 관계없이 이처럼 노골화되고 격화된 台湾사회 내부의 갈등과 대립을 어떻게 재수습 할 것 인가는 앞으로 兩岸관계의 진전에 기장 중요한 과제로 대두할 전망이다.

그러므로 앞으로 兩岸교류의 순조로운 발전과 협력의 증진을 위해서는 이러한 정치적·사회적 갈등을 어떻게 부작용 없이 해결해 나가느냐 하는 것이 가장 중요한 관건이 될 것이다. 하지만 이러한 요인들이 지금까지 진행되어 온 兩岸교류의 추세를 근본적으로 변화시킬지 가능성은 그다지 없어 보인다. 우선 台湾의 입장에서 보면 兩岸교역에서 연 200억 달러 이상의 흑자를 기록하고 있는 만큼 과거 兩岸사태와 같은 긴장은 결코 바람직하지 않기 때문이다. 또 中國의 입장에서도 이미 주권이 반환된 Hongkong과는 달리 台湾과의 경제적·정치적 관계를 어떻게 전개해 나가느냐가 앞으로 中國이 해결해야 할 중요한 과제이다. 경제적으로는 물론 정치적으로나 국제적으로 中國의 미래에 중대한 影響을 미치리라는 점을 당연히 인식하고 있기 때문이다. 요컨대 兩岸교류의 전망은 단기적인 불확실성에도 불구하고, 중장기적으로 확대와 발전의 방향으로 계속적으로 전개될 수 밖에 없다는 것이다.

4. 아시아의 영도 국가로서의 影响力 확대

21세기와 WTO시대를 맞이하여 中国经济는 새로운 대내외 환경 속에서 어떻게 지난 20여 年에 걸친 改革(gǎi gé)·开放政策(kāi fàng zhèng cè)의 성과를 계승하고 새로운 성장 동력을 개발해 냄으로써, 고도성장을 지속해 갈 것 인가? 이를 분석하고 전망하는데 매우 중요한 사건들이 최근 잇달아 열렸는데, 2001年부터 시작된 제 10차 5個年 계획과 2002年 11月에 개최된 中国 共产党(zhōng guó gòng chǎn dǎng) 제 16차 전당대회, 그리고 2003年3月6日 개막된 제 10기 전국인민대표대회가 바로 그것이다.

2001年3月 제 9기 전국인민대표대회 제 4차 회의에서 채택된 「中华人民共和国(zhōng huá rén mín gòng hé guó)국민경제와 사회발전 제 10차 5個年 계획요강」은 2001年부터 2005年까지 추진될 10차 5個年 계획의 주요 목표와 추진계획을 담고 있다. 5個年 계획은 비교적 단기발전 계획이므로 이를 통해 中国의 중장기발전전략을 총체적으로 분석하기는 어렵지만, 10차 계획은 이전의 5個年 계획들과는 다른 의미를 가진다. 그것은 10차 계획이 21세기에 들어선 후의 첫 5個年 계획이자 社会主义 시장경제 体制가 초보적으로 수립된 후의 첫 5個年 계획이기도 하기 때문이다. 뿐만 아니라 10차 계획은 2001年 12月의 세계무역기구(WTO) 가입과 中国 共产党(zhōng guó gòng chǎn dǎng)의 지도부가 전면적으로 교체된 16차 전당대회를 앞둔 시점에서 시작되었기 때문에 사실상 21세기 中国경제의 장기발전전략의 핵심 목표들을 모두 담고 있다고 해도 과언이 아니다.

2002年 11月 8日부터 14日까지 개최된 中国 共产党(zhōng guó gòng chǎn dǎng) 제 16차 전국대표대회 역시 中国사회와 경제의 21세기 발전전략과 방향을 분석하고 전망하는 데, 여러 측면에서 매우 중대한 의미를 가진 대회였다. 中国 共产党(zhōng guó gòng chǎn dǎng)의 전당 대회는 5年마다 개최되므로 통상 지난 5年間의 경제 및 기타 각 부문의 정책에 대한 평가와 향후 5年間의 정책방향이 제시되어 왔다. 그러나 당시의 대회가 21세기 들어서 처음 열리는 대회인 데다가 中国이 WTO에 가입한 지 1年 만에 열리는 대회라는 점이다.

대회에서는 WTO시대라는 새로운 대내외 환경 속에서 中国이 어떤 전략을 가지고 어떠한 방향으로 나아갈 것인가를 전망해 볼 수 있는 중요한 보고와 토론들이 진행되었다. 말하자면 16차 党 대회는 여느 대회와 달리 中

国사회 경제가 한 단계를 접고 새로운 단계로 나아가는 기원이었던 것이다. 16차 대회가 15차 대회 이후의 5年間에 대해서가 아니라 江泽民(jiāng zé mín) 주석이 통치해 온 지난 13年間의 정책과 실적에 대한 종합평가를 시도한 것도 이러한 이유에서이다. 16차 대회에서 또 한 가지 주목할 것은 이 대회에서 共产党 지도부에 대한 전면교체가 이루어졌다는 점이다. 물론 지도부의 인적교체가 반드시 전략과 정책의 변화를 의미하는 것은 아니다.

특히 改革·开放의 가속화라는 정책의 대원칙은 지도부의 교체와 무관하게 지속될 것이다. 그러나 WTO가입과 21세기의 출범이라는 새로운 대내외 환경 속에서 中国경제가 새로운 발전을 위한 원동력과 전략의 개발이 요구되는 시점에서 새로운 지도부가 구성되었다는 점은 역시 의미심장하다.

제 16차 전당 대회에서 선출된 中国 共产党(zhōng guó gòng chǎn dǎng)의 새로운 지도부의 중심에 있는 인물은 역시 혁명 4세대를 대표하는 胡锦涛(hú jīn tāo) 신임 총서기이다. 이로써 지난 1989年 천안문 사태의 여파로 집권한 江泽民(jiāng zé mín) 주석의 시대는 일단 막을 내리게 되었다. 李鹏(lǐ péng) 全人代 상무위원장과 그동안 경제개혁 정책을 주도해 온 朱镕基(zhū róng jī) 총리 등이 離任됨으로써, 70대에 들어선 旣存지도부는 政治일선에서 퇴진하게 되었다. 그러나 江泽民(jiāng zé mín) 총서기는 中央군사위 주석직에 유임됐으며, 권력의 핵심인 政治局 상무위원회에도 江泽民(jiāng zé mín)의 측근들이 과반수 이상을 차지함에 따라 胡锦涛(hú jīn tāo) 体制는 과거 邓小平(dèng xiǎo píng)이 그랬던 것처럼 상당기간 江泽民(jiāng zé mín)의 막후 지도를 받는 과도体制를 거치게 되었다.

政治局 상무위원에는 胡锦涛(hú jīn tāo) 신임 총서기 외에 吴邦国(wú bāng guó) 부총리·温家宝(wēn jiā bǎo) 부총리·贾庆林(jiǎ qìng lín) 베이징시 서기·曾庆红(zēng qìng hóng) 政治局 후보위원·黄菊(huáng jú) 上海(shàng hǎi)시 서기·吴官正(wú guān zhèng) 山东省(shān dōng shěng) 서기·李长春(lǐ cháng chūn) 广东省(guǎng dōng shěng) 서기·罗干(luó gàn) 中央정법위 서기 등 9명이 선출되었다.

胡锦涛(hú jīn tāo)를 비롯한 共产党의 새로운 지도부는 이전의 지도부와는 다른 몇 가지 특징들을 가지고 있어서 앞으로 中国의 정책방향에도 이러한 점이 상당한 影响을 미칠 것으로 전망된다. 첫째, 이들은 대부분 1940年代 전후에 출생하여 中国 인민공화국 수립 이후 社会主义体制 하에서 본격적으로 성장하여 교육받은 세대이다. 특히 이들은 대약진운동과 문화혁명의 폐해를 직접 체험하거나 목격했으며, 이러한 政治이념 투쟁의 직·간접적인 피해자들로서 명시적으로든 암묵적으로든 毛泽东(máo zé dōng)식의 사상이념 노선과 政治투쟁에 대해 혐오감을 가지고 있어서 脱이념적인 성향을 가지고 있다. 특히 이들의 대부분은 공학을 전공한 테크노크라트 출신이어서 더욱 脱政治的인 측면이 많다.

中国의 政治무대에서 테크노크라트가 우대받는 현상이 새삼스러운 일은 아니다. 1997年 개최된 제 15차 党 대회에서 선출된 政治局員 23명(정 위원 21명, 후보 위원 2명)중에서도 78%에 해당하는 17명이 테크노크라트였다. 그러나 지난 16기 一中全会(yī zhōng quán huì)에서 발표된 신임 政治局員 명단에서는 이런 현상이 더욱 두드러졌다. 政治局員 25명 중 20명이 이공계 대학을 졸업했거나 기술관료 출신이다. 최고 권력기구인 政治局 상무위원의 경우에는 전원이 이공계 졸업자로 工程师(gōng chéng shī) 혹은 고급 工程师(gōng chéng shī) 자격증을 갖고 있다. 출신 대학별로는 이공계가 강한 清华大学(qīng huá dà xué) 출신의 약진이 눈에 띄는데, 清华大学(qīng huá dà xué) 출신의 政治局 위원은 胡锦涛(hú jǐn tāo) 총서기 등 상무위원 9명 중 4명을 포함해 모두 5명이다.

둘째는 改革·开放에 대한 태도이다. 이들은 政治경력의 측면에서 보면 邓小平(dèng xiǎo píng)의 改革(gǎi gé)·开放政策(kāi fàng zhèng cè)이 본격화된 이후에 정부와 共产党의 지도층에 등장했기 때문에 경제개혁과 体制에 대해 实用主义적인 태도를 가지고 있으며, 시장경제에 대해서도 긍정적인 시각을 가지고 있다. 셋째는 이들은 대부분 지방정부나 党 조직에서의 실적을 인정받아 中央政治무대에 등장하였기 때문에 지방과 현장경험이 풍부하다는 점이다.

대표적으로 胡锦涛(hú jǐn tāo) 신임 총서기는 中央政治무대에 등장하기 이전에 甘肃省(gān sù shěng) 건설위원회 부주임 등을 지냈으며, 贵州(guì zhōu)와 西藏(xī zàng) 자치구 등 지방정부에서 활동하였다. 제 16기 全人代에서 총리로 선출된 政治局 상무위원 원자바오도 깐쑤성의 지방정부에서 10年 동안 활동하다가 中央으로 발탁된 인물이다.

그러나 새로운 지도부에 대해 부정적이거나 우려하는 관점도 있는데, 특히 이들이 대부분 국제 외국 유학이나 해외근무의 경험이 거의 없어 국제적 감각이 부족하고 민족주의적·국수주의적 대외관이 강하다는 점이다. 따라서 中国의 새로운 지도부는 对美关系를 비롯한 대외정책과 台湾과의 통일문제 등에 있어서 江泽民(jiāng zé mín) 시대에 비해 국가이익 위주의 적극적인 외교정책을 전개해 나갈 것으로 보인다. 다만 이들은 경제발전을 우선시하는 实用主义的 성향이어서 호전적인 대외정책은 추구하지는 않을 것으로 예상된다.

10차 계획과 16차에서 나타난 中国경제의 중장기발전 목표를 보면 먼저 「제 10차 5개年 계획요강」은 제 9차 5個年 동안 中国경제가 복잡한 국내외 경제 환경 속에서도 경제운영의 질적 수준과 효율을 제고하여 종합적인 국가경쟁력을 증대시켰으며, 주요 농공업 제품의 생산량이 세계적인 수준에 올라서면서 상품 부족현상을 근본적으로 해결했다고 평가하였다. 생활수준의 향상으로 소비구조가 개선되었고, 농촌 빈곤인구의 기본적인 의식주 문제가 해결되었다. 改革·开放의 측면에서도 시장체계의 건설이 전면적으로 추진되어 거시경제 조절메커니즘이 완비되는 한편 대외무역과 외자이용의 규모가 확대되고 구조개선 및 질적 수준의 제고가 달성되었다는 것이다.

그러나 이러한 성과에도 불구하고 경제사회 발전의 여러 문제점들이 여전히 나타나고 있는데, 10차 계획의 해결해야 할 주요한 당면과제는 다음과 같은 것들이다. 즉 첫째, 산업구조의 불합리·지역발전의 불균형·낮은 도시화 수준·국민경제의 전체적인 여건의 낙후·국제경쟁력 취약이다. 둘째, 科学(kē xué)기술 및 교육수준의 낙후·科学(kē xué)기술개발능력의 부족, 인적자원의 부족이다. 셋째, 수자원과 석유 등 주요자원의 결핍, 일부지역의 생태환경 약화이다. 넷째, 社会主义 시장경제体制의 불안정·생산성 발전을 제약하는 계획 体制요소의 잔존이다. 다섯째, 인구증가에 따른 압력 확대·취업모순·농민과 일부도시 주민들의 소득증가 지연으로 인한 소득격차 확대이다. 여섯째, 일부영역에서 시장경제질서의 혼란, 부패 및 사치·낭비현상과 형식주의·관료주의의 만연 등이 그것이다.

이러한 당면과제들을 해결하기 위한 10차 계획의 기본목표와 방침은 다음과 같다. 첫째, 경제발전의 가속화이다. 즉 경제발전이 中国의 모든 문제해결의 관건이므로, 이를 위해서 세계경제의 발전추세를 인식하고 위기의식을 긴장감과 강화하여 경제건설의 중심이 동요하지 않도록 하는 한편 내수확대 방침을 지속적으로 추진하고 속도와 효율이 상호 통일된 기초 위에서 발전을 가속화해야 한다는 것이다. 둘째, 구조조정을 통한 경제효율의 제고이며, 신속히 산업구조조정을 완수함으로써 국민경제의 전체적인 여건과 국제경쟁력을 제고이다. 셋째, 改革·开放의 심화이다. 경제발전과 구조조정은

体制개혁과 科学(kē xué)기술의 개발에 의거해야 하며, 이를 위해서 시장개혁을 심화하고 社会主义 시장경제体制의 개선을 가속화하는 한편, 대외개방을 확대하여 적극적인 외자도입정책과 수출전략을 실시한다. 넷째, 도시 및 농촌주민의 생활수준의 지속적인 제고이다. 이는 社会主义의 본질적인 요구이자 경제발전의 근본 목표이다. 따라서 도시와 농촌 특히 저소득층과 농민의 소득을 높여야 하며, 고용증대와 취업확대·소득분배의 합리화·사회보장제도의 확대 등을 추진한다. 다섯째, 社会主义 정신문명과 민주법제의 건설이다.

본 논문의 앞장에서 살펴보았듯이 共产党 16차 전당 대회 역시 江泽民(jiāng zé mín) 시대의 성과에 대한 평가로부터 출발하였다고 볼 수 있다. 江泽民(jiāng zé mín) 주석의 재임기간 1989年부터 2002年까지 13年間의 성과에 대해 대회는 이 기간 동안 中国경제가 기본적인 의식주 문제와 지속적인 시장 경제화를 성공적으로 달성했다고 평가하였다. 그 중에서도 특히 先경제 발전을 통한 사회문제 해결, 내수시장·科学(kē xué)기술 지속 가능한 발전의 중시, 지속적인 시장 경제제도의 도입, 대외개방을 통한 경쟁력 확보 등 네 가지를 향후 계승해야 할 중요한 교훈으로 제시하였다. 이것은 앞으로도 中国이 첫째, 邓小平(dèng xiǎo píng)의 '先富论(xiān fù lùn)'에 입각한 선 성장 후 배분이라는 정책 우선순위를 견지할 것. 둘째, 내수시장의 지속적 개발, 科学(kē xué)기술 성과의 산업화, 자원 및 환경문제 등을 경제정책의 주요과제로 삼을 것. 셋째, 시장경제제도 구축을 위한 노력이 지속될 것. 넷째, 기존의 대외개방정책을 적극적으로 계승할 것임을 시사한다.

中国경제의 장기적인 발전 목표와 과제에 16차 대회는 현재 中国은 일부 연해지역은 小康(xiǎo kāng) 단계에 접어들었으나 아직 전국적인 범위에서는 小康(xiǎo kāng) 단계에 들어서지 못했다고 평가하고, 2020年까지 GDP를 현재 4배 수준으로 성장시킴으로써 전면적인 小康(xiǎo kāng) 수준을 달성할 것으로 제시하였다. 2020年까지 GDP를 4배 수준으로 끌어 올리겠다는 것은 앞으로 매年 7%대의 성장을 20年間 지속한다는 것을 의미한다. 뿐만 아니라 이것은 앞으로 中国경제가 양적 성장과 함께 낙후지역의 개발을 통한 국민경제의 균형발전을 도모하겠다는 의미이기도 하다.

이러한 장기목표를 달성하기 위한 구체적인 전략으로는 다음과 같은 8개의 항목이 제시되었다. 즉 첫째, 정보화와 공업화가 결합된 新型공업화의 추진. 둘째, 농촌경제의 발전과 도시화를 통한 농촌문제의 점진적 해결. 셋째, 서부지역의 자원개발을 통한 장기적 성장 동력의 확보. 넷째, 국유기업의 효율적 관리와 非공유 경제부문의 발전을 촉진하는 방향으로의 제도개혁 확대. 다섯째, 실업·물가·국제수지 등 거시 경제적 안정의 유지, 여섯째 소득분배의 개선. 일곱째, WTO가입 및 세계화 추세에 부응하는 대외 개방수준의 제고 여덟째, 노동집약적 산업의 적극적인 발전을 통한 실업문제 해결 등이 그것이다.

共产党 16차에 당의 지도부가 개편된 데 이어 2003年 3月의 전국 인민대표 대회에서는 국가의 주요 직책에 대한 교체가 이루어졌다. 이 대회에서는 胡锦涛(hú jǐn tāo) 총서기가 국가주석을 겸하게 되었고, 그동안 경제개혁을 주도해 온 朱镕基(zhū róng jī) 총리의 후임으로 温家宝(wēn jiā bǎo) 부총리가 총리에 선출되었다. 또 권력서열 2위인 全人代 상무위원장에는 吴邦国(wú bāng guó) 부총리가, 전국政治협상회의 주석에는 江泽民(jiāng zé mín)의 측근인 贾庆林(jiǎ qìng lín) 前 北京(běi jīng) 党 서기가 선출됐다. 역시 江泽民(jiāng zé mín)의 측근인 曾庆红(zēng qìng hóng) 党 서기는 국가부주석에 선출되었고, 黄菊(huáng jú) 政治局员은 상임부총리를 맡아 재정·금융부문을 총괄하게 되었다. 이밖에 回良玉(huí liáng yù) 전 장쑤성 서기는 농업담당 부총리, 유일한 여성 政治局员인 吴仪(wú yí)는 대외무역담당 부총리에, 曾培炎(zēng péi yán) 국가발전계획위원회 주임은 국가体制개혁 담당 부총리로 각각 선출되었다. 반면 朱镕基(zhū róng jī) 총리를 비롯해 李鹏(lǐ péng) 全人代 상무위원장과 李瑞环(lǐ ruì huán) 정협 주석 등은 全人代 대표명단에서 빠짐으로써 은퇴가 확정되었다. 그러나 共产党 16차에서 党 군사위 주석에 유임되었던 江泽民(jiāng zé mín) 前 주석은 이번 대회에서도 국가 군사위 주석으로 선출됨으로써 향후 상당기간 외교 및 两岸관계 등에서 최고지도자의 역할을 할 것으로 보인다.

제 10기 全人代의 특징은 연소화·전문화·전문직능화·전문지식화 등으로 요약되는데, 2002年11月 共产党 16차에서 이루어진 지도부의 연소화와 혁명당에서 집권당으로 변신을 시작한 共产党의 노선변화가 全人代에서 추인된 것이다. 또한 대표들의 고학력화와 세대교체가 진행되었으며, 사영기업가들이 신흥세력으로 등장하였다. 대회에서는 인민대표 2,985명 가운데 79%인 2,100명이 새로 선출되는 등 신인들이 대거 진출했고, 전문대 卒 이상이 2,760명으로 92.46%를 차지했다. 이것은 5年 전인 제 9기 全人代에 비해 10%이상 늘어난 것이다. 참가자들의 연령도 41~60세에 70%이상이 집중되는 등 낮아졌다.

한편 대회 개막일인 3月5日 朱镕基(zhū róng jī) 총리는 「정부공작보고」에서 적극적인 내수확대를 통해 2003年에도 7% 내외의 경제성장률을 달성할 것이며, 이를 위해서 재정지출 확대정책을 유지하고 민간소비 영역을 넓혀나가는 등 내수확대 방침을 유지하겠다고 밝혔다. 구체적인 내용으로는 첫째, 장기 건설국채를 발행해 도로·철도·항만 등 각종 사회간접자본 시설에 대한 건설공사를 대폭 늘려 경기활성화를 유발하도록 하며 둘째, 2002年 단행할 계획이었으나 도시 저소득 빈민층에 대한 보조금지급에 재원을 투입하는 바람에 연기해 온 공무원 봉급 및 퇴직자 연금 인상조치도 내수진작차원에서 단행할 방침이며 셋째, 이와 함께 농업과 농촌경제발전을 2003年의 최대 중점과업으로 설정하고 이를 위해 농민들에 대한 각종 세금과 요금을 줄이는 등 각종 개혁조치를 통해 농가소득을 늘려나가며 넷째, 첨단산업과 新산업에 대한 지원을 계속 확대하고 다섯째, 국제경쟁력을 갖춘 대기업 그룹을 적극 육성하는 한편 이들 대기업의 해외증시 상장도 적극 지원하며 여섯째, 모든 수단을 동원해 일자리 창출을 위해 노력하는 한편 연금과 양로 제도·의료 보험제도 등 각종 사회보험을 확충한다는 것 등 이다.

그러나 제 10기 全人代에서 발표된 정부 공작보고는 朱镕基(zhū róng jī)의 퇴임을 앞두고 나온 것이기 때문에 내용의 대부분이 2003年 정부사업으로 국한됐으며 그것도 개략적인 윤곽만 제시하고 있을 뿐 구체적인 대책이나 방안은 결여되었었다. 장기발전 전략이라는 측면에서 보면 제 10기 全人代는 共产党 16차의 전략과 차이가 없는 것으로 보인다.

10·5 계획과 16차의 전제는 향후 共产党과 中国정부의 가장 기본적인 정책 방침은 改革(gǎi gé)·开放政策(kāi fàng zhèng cè)의 지속적인 추진이 될 것임을 명백히 표명하였던 것이다. 共产党 제 16차 대회에서 신임 총서기로 선출된 胡锦涛(hú jǐn tāo)는 선출 직후 연설을 통해 中国 共产党(zhōng guó gòng chǎn dǎng)과 정부가 앞으로 추진해 나갈 정책방향은 邓小平(dèng xiǎo píng)과 江泽民(jiāng zé mín)으로 이어지는 改革·开放노선을 계승하는 것임을 명백히 표명했는데, "邓小平(dèng xiǎo píng)의 위대한 이론의 기치를 높이 받들고 3개 대표 사상을 관철해 전면적인 小康(xiǎo kāng) 사회를 건설하는 것이 16차 대표들의 소임"이라는 것이다.

여기서 특히 주목되는 것은 邓小平(dèng xiǎo píng)의 이론과 江泽民(jiāng zé mín)의 '三个代表论(sān gè dài biǎo lùn)'이 共产党의 지도이념으로 공식화되었다는 점이다. 胡锦涛(hú jǐn tāo)는 江泽民(jiāng zé mín)이

대회의 개막연설에서 3개 대표 중요 사상이 요구하는 바를 전면적으로 관철해야 한다고 강조한 점을 상기시킨 뒤, 이는 향후 20年간 共产党과 국가의 투쟁목표이자 경제·政治·문화·국방·통일·외교 등 각 방면의 정책방침을 명확히 밝혀준 것이라고 평가했다.

제 16차 대회에서 党 헌장에 새로 추가된 江泽民(jiāng zé mín)의 '三个代表论(sān gè dài biǎo lùn)'은 中国 共产党(zhōng guó gòng chǎn dǎng)이 선진생산력, 선진문화의 발전방향, 광범한 인민대중의 근본이익을 대표하려야 한다는 것이다. 이중 선진생산력을 대표한다는 것은 향후 정책의 중심을 경제건설에 둔다는 점을 명시한 것이며, 선진문화의 발전방향을 대표한다는 것은 共产党의 이념이 새로운 환경이 요구하는 방향으로 변화할 필요가 있다는 점을 광범위한 인민대중의 이익을 대표한다는 것은 시장경제화에 따른 다양한 이해관계의 출현에 共产党이 조정자로서의 역할을 강화해야 한다는 의미이다. 그러나 '三个代表论(sān gè dài biǎo lùn)'이 주목받는 것은 이것이 향후 共产党이 조정자로서의 역할을 강화해야 한다는 의미이며, 정책방향을 제시하고 있는 동시에 共产党이 中国사회에서 가지는 장기적인 정체성을 규정하고 있기 때문이다. 즉 '三个代表论(sān gè dài biǎo lùn)'은 앞으로 共产党이 劳动者와 농민 등 기층 대중뿐만 아니라 자본가와 지식인 등 改革·开放 이후에 中国사회의 전면에 부상한 다양한 계급·계층들의 이해관계를 적극 수용해 나갈 것임을 시사한다.

지속적인 경제개혁과 社会主义 시장경제体制의 개선을 위한 10·5계획의 주요 목표와 방침을 보면 첫째, 국유기업의 개혁이다.

그 내용은 (1)국유기업의 개혁을 심화하여 명확하게 설정된 소유권, 적절히 규정된 권한과 책임, 정부와 기업의 기능분리, 科学(kē xué)的 경영 등을 내용으로 하는 '현대적 기업제도'를 도입한다. (2)일부 국가독점 경영기업을 제외한 중대형 국유기업은 주식시장에의 상장, 외국인 투자자와의 합작, 상호주식보유 등을 통해 유한책임회사나 주식회사로 전환한다. (3)국유기업의 자산에 대한 관리·경영·감독체계를 분리하여 출자자의 기능을 다할 수 있게 하며, 국유자산 경영주체에 대한 외부감독을 강화한다. 이를 통하여 기업 내부개혁과 科学(kē xué)的 관리를 강화하고 장려제도 및 규칙제도를 수립한다. (4)중소 국유기업의 개방을 확대하여 제휴·합병·도급경영·주권합작제·양도 등의 다양한 방식으로 재산권 제도 및 경영메커니즘을 개혁한다. (5)국유기업에 대한 파산·합병정책을 지속적으로 실시하여

퇴출기조를 개선하고, 장기손실·자산부족·전망이 없는 기업에 대해서는 법에 따라 파산 처리한다. (6)개인 및 해외투자자의 참여를 통해 국유기업의 體制개선을 적극 장려하고 비상장 국유기업의 주권 구조조정과 주권거래를 추진하여 혼합 소유제기업으로 전환한다. 나아가 국유기업의 體制전환을 규범화하고 관련정책 및 규정을 개선하며, 국유자산의 재산권 거래에 대한 감독을 강화한다는 것 등이다.

둘째, 소유제의 구조조정 및 개선이다. 소유제 개혁의 기본방침은 공유제를 기본으로 각종 소유제경제가 공동으로 발전할 수 있는 기본 경제제도를 수립한다는 것이다. 이를 위해서는 (1)국민경제에서 국유 경제제도를 주도적 역할을 유지하면서 각종 형식의 집체경제의 발전을 도모하는 한편 사영 및 개체기업의 발전의 지도하고, (2)첨단기술 및 서비스 산업부문에 유한책임과 무한책임이 상호 결합한 회사를 설립하도록 장려하며, (3)시장진입·토지사용·신용대출·세수·상장·수출입 등의 부문에서 기업 및 사회투자를 제한하는 불합리한 규정을 폐지하고, (4)외자 개방부문에 대해서는 기본적으로 내자 유입을 허용하고 법에 따라 각종 소유제기업의 합법적 권익을 보호한다는 것 등이다.

셋째, 주요시장의 육성, 발전과 통일되고 공정한 거래가 이루어지는 규범화된 시장체계의 수립이다. 이를 위해서는 (1)경쟁메커니즘을 도입하여 전력·철도·통신·항공 등의 독점 업종관리 체계를 개혁한다. (2)지방주의를 타파하고 통일시장 형성을 저해하는 각종 규제를 폐지한다. (3)가격관리 체계를 개혁하여 시장의 가격형성 메커니즘을 개선하고, 정부의 가격결정에 청문회 등에 제도를 수립하여 실효성과 투명도를 제고한다. (4)국채·기업채권·선물·증권·어음·보험·외환 시장을 발전시키고, 노동력시장의 단일화와 부동산시장의 활성화를 추진한다는 것 등이다.

넷째, 금융조직과 금융시장의 감독관리체계의 개선이다. 이를 위해서는 (1)국유 상업은행에 종합적인 개혁을 실시하여 조건에 부합되는 국유은행은 국가지주의 주식제 상업은행으로 전환하고 리스크 방지 메커니즘을 건설하여 경쟁력을 제고 한다. (2)감독관리 체계를 완비하여 중소 금융기구를 규범화하고 정책성 은행의 기능을 발휘할 수 있도록 개선한다. (3)금융기구 내부구조를 개선하여 제한과 장려정책이 통일된 경영메커니즘이 형성되도록 하며, 회계제도를 개선하여 금융자산의 품질을 제고한다. (4)금융 감독을 강화하여 금융리스크를 예방하고 금융 감독의 분업구조를 개선하여 감독기관

간의 협조를 강화한다. (5)간접조절을 위주로 하는 中央은행 조절체계를 개선하여 화폐시장이 안정적으로 발전할 수 있도록 하고 공개시장 업무를 확대하여 이자율의 확대한다는 것이다. 이밖에 재정·세수체계의 개혁과 행정관리체계 및 정부기구의 개혁도 社會主义 시장体制의 개선을 위한 주요목표로 제시되었다.

한편 제 16차에서는 국유기업의 개혁과 함께 비공유제 부문의 육성이 주요과제로 제시되었다. 中国 경제에서 비공유제부문, 특히 사영기업부문은 社會主义 시장경제론 이후 특히 1999年 제 9기 全人代 2차 회의에서 社會主义 시장경제의 주요 구성부문으로 규정된 이후 그 위상이 강화·격상되어온 것이 사실이지만 여전히 전체 조업생산에서 차지하는 비중은 10% 미만에 불과하다. 따라서 사영기업부문을 육성하기 위한 금융·세제 및 제도개혁 등이 적극 추진될 것으로 보인다.

특히 지금까지 사영기업들은 은행 대출·주식상장·채권발행 등 금융 접근성 측면에서 상당한 제한을 받아 왔으나, 앞으로는 이 분야에 대한 사영기업들의 접근기회가 확대될 것으로 보인다. 또한 소유권 문제의 법제개혁 등도 사영기업에 유리한 조건을 형성할 것으로 기대된다. 사영기업의 발전은 직접적으로 부가가치 생산을 증대시키고 고용창출을 통해 中国경제가 당면한 실업문제의 해결에 기여할 뿐만 아니라 간접적으로는 경쟁의 확대를 통해 국유기업의 개혁에도 기여할 것이다.

대내적인 경제개혁과 함께 대외개방정책도 계속 확대되었다. 10·5계획은 WTO가입을 하면서 대외개방을 확대하여 개방형 경제를 발전시키기 위한 주요방침으로 첫째, 대외개방 수준의 제고. 둘째, 새로운 수출시장 개척과 수출상품 구조의 개선을 통한 대외무역의 발전. 셋째, 외자의 효율적인 이용. 넷째, 기업의 다국적 경영지원 등을 제시하였다. 특히 지금까지 中国의 개방정책은 수출과 외자유치 등 수동적인 측면에 집중되어 왔으나, 앞으로는 中国기업의 해외투자를 비롯한 세계화전략이 적극 추진되고 이를 위한 각종 지원책들이 강구될 것으로 기대된다. 이러한 방침은 16차에서도 재확인되었는데, 이처럼 中国이 대외개방 정책을 보다 확대 추진함에 따라 汉国·中国·日本(rì běn) 자유무역지대(FTA)의 결성 등 지역경제 협력에서도 새로운 진전이 있을 것으로 보인다.

5. 大中华经济圈 現實 摸索

中华经济圈(zhōng huá jīng jì quān)의 발전을 촉진하는 가장 큰 요인으로는 台湾·Hongkong 및 中国 화남지역으로 연결되는 화남경제권내 시장의 존도는 심화되고 있다고 할 수 있다.

이 지역에 대한 경제권은 일반적으로 화남경제권으로 지칭되고 있으며 전형적인 「前店後廠」형이다. 즉, 台湾, Hongkong이 前店(본사) 기능을 담당하고 광동·福建省(fú jiàn shěng)이 後廠(공장지대)의 기능을 담당하고 있다는 것이다.

이러한 화남경제권의 주요 형성요인으로는 中国改革·开放정책의 최전선에 위치한 광동·福建省(fú jiàn shěng)의 입지조건, 1980年代 중반 이후 台湾·Hongkong의 국제경쟁력 저하, 台湾·Hongkong의 산업구조 고도화 압력, 1984年 中国·英国(yīng guó) 간 Hongkong 귀속문제 해결 및 中国·台湾 간 점진적 긴장완화 등을 들 수 있다.

동아시아 제국은 지난 30~40여 年 동안 눈부신 경제성장을 이룩해 왔다. 과거 농업 및 저부가가치 제조업부문이 생산의 대부분을 차지하였던 이들 국가들이 생산을 고부가가치 제조업 및 서비스중심으로 점차 전환하게 된 것이다. 동아시아 제국에서의 이러한 발전과정은 歐美선진국에 대한 catch-up과정으로 이해할 수 있다. 동아시아 제국의 歐美선진국에 대한 catch-up과정은 日本(rì běn)제품이 歐美시장에서 본격적인 경쟁력을 갖춘 30여 年 前부터 시작되었다고 할 수 있다. 이후 日本(rì běn)은 고도성장을 지속하여 노동집약제품 생산국 및 기술도입 국가에서 선진국으로 발전했다. 그 이후 1960年代에 본격적인 발전을 시작한 NICs제국은 1970年代에 들어서서 수출 드라이브 정책에 힘입어 철강 및 전지제품 등 자본집약 및 조립 산업과 관련된 제품의 국제경쟁력을 키워나갔다. 1980年代 이후에는 보다 고도화된 첨단산업으로 진출하는 발전과정을 거치고 있다.

1980年代에 들어서서 대외개방 정책을 실시한 中国은 짧은 기간에도 불구하고 수출확대 정책을 통한 성장정책에 많은 성과를 거두고 있는 것으로 평가되고 있다. 中国은 이미 노동집약 제품에서 상당한 비교우위를 확보하고 있으며, 보다 고부가가치의 상품에 대해서도 국제경쟁력을 점차 강화해 하고 있다.

日本(rì běn)·NICs·中国의 공업화가 진점됨에 따라 이들 제국 간 다양한 상호의존 관계가 나타나게 되었다. 동아시아제국의 상호의존 메커니즘은 선발국에서부터 후발국으로의 산업이전이라고 할 수 있다. 이러한 과정을 거쳐 섬유 및 철강 등 성숙산업의 비교우위가 미국☞日本(rì běn)☞NICs☞中国으로 이전하는 이른바 국제적 catch up 성장패턴이 나타나고 있다.

한편, 台湾·Hongkong 및 中国 화남지역으로 연결되는 화남경제권은 中华经济圈(zhōng huá jīng jì quān)내 '내발적 catch up의 성장패턴'을 가져왔다. 특히 Hongkong '외연적 확대'의 핵심역할을 한 广东省(guǎng dōng shěng)은 내륙지역과의 다양한 경제관계를 통해 경제성장의 파급효과를 가져오고 있다. 물론 이들 지역과 내륙간의 경제격차가 확대되고 있는 점은 사실이나 다른 한편 상호보완 관계가 심화되고 있는 것도 간과할 수 없다.

广东省(guǎng dōng shěng)의 3개 경제특구는 국내 29개 성·시 및 27개 부 위원회와 자금·기술·인력·원자재 공급 등의 협력관계를 맺고 내륙과 해외를 연결하는 가교 역할을 하고 있다. 최근에는 원자재의 확보 및 특구에 필요한 생필품 조달을 목적으로 특구측이 인근 광서장족 자치구인 호남성·강서성 등의 지역에 투자하는 건수도 늘어나고 있다. 종전에는 특구측이 내륙에 투자하는 경우 상업과 무역관계가 대부분이었으나 최근에는 수출용 원자재의 조달과 생산기지 및 생필품 공급기지 등의 건설이 증가하고 있고 규모도 대형화되고 있다.

<표. IV-1-2-5/1>에 의해서도 广东·福建省(fú jiàn shěng)의 내륙에 대한 성장 파급효과를 어느 정도 파악할 수 있다. 〈표. IV-1-2-5/1〉에 의하면 广东·福建省(fú jiàn shěng)과 인접한 광서장족 자치구인 강서성의 공업총생산 연평균 증가율이 1980年代와 1990年代에 두드러지는 변화를 보이고 있다. 이들 지역의 80年代 동 증가율은 전국 평균인 18.5%에도 미치지 못했으나 1990年代 同증가율은 각각 40.6% 및 38.5%로 전국 평균인 33.9%를 크게 넘어서고 있다. 즉, 화남경제권의 인근지역에 의한 catch-up 성장이 1990年代 들어서서 가시화되고 있다는 것이다.

한편, 广东省(guǎng dōng shěng)의 경제특구인 深圳(shēn zhèn)시는 1990年代의 목표를 산업구조의 고도화에 두고 전국 각 지역의 기업 및 연구소 등과의 협력에 의해 기술 집약형 고부가가치산업의 발전을 모색하고 있다. 深圳(shēn zhèn)시는 이러한 기술집약형 산업의 개발을 추진해가는 과정에서 호남성·湖北省(hú běi shěng)·사천성·귀주성 등 내륙지역과의 긴밀한 협력을 통해 상호산업 구조조정을 적극적으로 추진할 것으로 보인다.

中国에서는 대외개방정책 실시 이후 연해지역과 내륙지역과의 경제발전 수준의 격차가 심화되고 있다. 中国정부 당국은 이러한 격차를 해소하기 위해 최근 새로운 산업정책 및 외자도입정책을 통해 내륙지역에 대한 외국인 투자를 장려하고 있다. 특히 中国은 외자도입정책을 통해 연해지역에 대해서는 선진기술 첨단산업의 진출을 장려하고 있으며, 내륙지역에 대해서는 단순가공·노동집약 산업에 대해서도 선별적으로 허용하고 있다. 이러한 정책은 결국 中国내 지역 간 catch up 성장을 보다 활성화하기 이한 인위적 조치라고 볼 수 있다.

〈표. Ⅳ-1-2-5/1〉中国 지역별 공업총생산 연평균 증가율

(단위: %)

구 분	1981~90	1990~96	구 분	1981~90	1990~96
全国(quán guó)	18.5	33.7	河南(hé nán)	19.8	34.9
北京(běi jīng)	14.5	29.1	湖北(hú běi)	16.9	31.6
天津(tiān jīn)	14.6	28.2	湖南(hú nán)	16.8	28.2
河北(hé běi)	20.0	34.7	广东(guǎng dōng)	25.3	39.5
山西(shān xī)	18.3	27.8	广西(guǎng xī)	17.7	40.6
内蒙古(nèi měng gǔ)	17.7	25.3	海南(hǎi nán)		38.9
辽宁(liáo níng)	15.2	30.1	四川(sì chuān)	18.0	34.8
吉林(jí lín)	17.1	23.4	贵州(guì zhōu)	19.5	20.6
黑龙江(hēi lóng jiāng)	14.7	20.4	云南(yún nán)	19.2	28.8
上海(shàng hǎi)	11.6	27.1	西藏(xī zàng)	11.6	17.4
江苏(jiāng sū)	21.9	37.3	陕西(shǎn xī)	17.3	22.9
浙江(zhé jiāng)	23.5	42.0	甘肃(gān sù)	15.8	24.0
安徽(ān huī)	20.0	35.4	青海(qīng hǎi)	18.7	23.0
福建(fú jiàn)	23.1	46.9	宁夏(níng xià)	20.2	23.5
江西(jiāng xī)	18.6	38.5	新疆(xīn jiāng)	20.5	28.0
山东(shān dōng)	22.9	39.0			

資料出處:「中国統計年鑑」, 各 年號

한편, 台湾은 1980年代 중반 이후 지속적으로 추진해온 산업구조 고도화 정책이 아직 미진하다도 보고 이를 보다 적극적으로 추진하기 위해 1995年 Asian Pacific Regional Operation Center(APROC)계획을 국가프로젝트로

결정했다. 이 계획의 주요목적은 아시아·태평양지역에서 台湾의 산업에 대한 우위성 및 지리적·문화적 조건을 이용하여 台湾을 동아시아시장에서 비즈니스센터로 발전시켜 台湾의 산업구조 고도화와 지속적인 성장을 추진하다는 것이다. 台湾의 이러한 계획에는 中国과의 域際間 산업구조 정책이 중요한 의미를 가진다.

결과적으로 中国 广东·福建省(fǔ jiàn shěng)의 시험적인 대외개방과 이들 지역과 台湾·Hongkong으로 연결되는「화남경제권」은 내발적 catch up 성장경로를 통해 中华经济圈(zhōng huá jīng jì quān)의 탄생을 촉진하는 역할을 했다고 볼 수 있을 것이다.

中华经济圈(zhōng huá jīng jì quān)은 전 세계교역의 8.4%(1996年 기준)를 차지하고 있으며, 中华经济圈(zhōng huá jīng jì quān) 역내 상호교역은 전 세계교역의 2.5%를 차지하고 있다. 중화권 3개 지역(中国·台湾·Hongkong)의 1996年度 대외무역 총액은 8,866억 달러로 미국의 1조 4,141억 달러, 德国(dé guó)의 9,649억 달러에 이어 세계 제 3위를 차지하고 있다. 이들 각국이 세계무역 규모에서의 순위를 보면, 中国은 세계 11위, Hongkong 8위, 台湾은 14위의 순위를 보이고 있다. 中华经济圈의 1996年 수입총액은 4,387억 달러로 미국 7,913억 달러, 德国 4,437억 달러에 이어 세계 3위를 차지하였다. 中华经济圈의 외환보유고는 1996年 기준 2,568억 달러로 단일국가로는 세계 제 1위인 日本(rì běn)의 2,170억 달러를 능가하였다. 세계 외환보유고 순위는 中国이 2위·台湾이 3위·Hongkong이 5위를 기록했다. 이처럼 풍부한 외환보유고를 바탕으로 台湾의 6個年 경제개발 계획, 中国의 上海(shàng hǎi) 포동지구 및 三峽(sān xiá) 공사 등 대규모 공사들이 진행하였다.

大中华经济圈(zhōng huá jīng jì quān)의 현실을 살펴보면 中华经济圈 (zhōng huá jīng jì quān)의 경제규모는 1997年 당시 GDP기준으로 1조 5,00억 달러에 이르러 미국·日本(rì běn)·德国(dé guó)·法国(fǎ guó)을 이어 세계 제 5대 경제실체로 대두되었다는 점을 간과해서는 안 될 것이다.

第 3 节 中国과 台湾关系의 葛藤構造와 对立의 性格變化

中国과 台湾간의 统一은 中国이나 台湾에 커다란 제도적 변화가 생기지 않는 한 불가능한 일이다.「一国两制(yì guó liǎng zhì)」에 의한 和平统一

도 무력에 의한 무력統一도 사실상 그 실현 가능성이 희박하다는 주장들이 제기되고 있다. 1949年 이전까지 毛泽东(máo zé dōng)을 중심으로 한 中国共产党(zhōng guó gòng chǎn dǎng) 지도부는 중국 국내의 일부지역에 정권을 수립하고, 그 당시에 中国을 대표했던 国民党(guó mín dǎng) 中央政府의 정통성을 인정하지 않으면서 무력으로 대항했던 역사가 있었다.

과거 수십 年 동안 台湾의 国民党(guó mín dǎng) 政府와 中国 共产党(zhōng guó gòng chǎn dǎng) 政府는 서로 자신들이 中国전체의 政府라는 입장을 견지하여 왔다. 이러한 정통성에 대한 대립적 입장차이로 台湾과 中国은 마찰을 빚어왔다. 그러나 1980年代에 들어서자 台湾政府는 이러한 입장을 포기하고 자신을 臺續의 政府로 정의하였다. 이것은 '一个国家, 两种体制(yí gè guó jiā, liǎng zhǒng tǐ zhì)'라는 本土의 입장을 수용할 수 있는 바탕이 마련된 것이다. 결과적으로 台湾政府 역시 국제사회에서의 활동을 강화하면서 台湾이 中国의 일부가 아니라 별개의 国家임을 강조하고 있다. 요약하자면, 台湾政府의 자기이해는 전체 中国의 政府에서 中国 일부의 政府로 다시 中国과는 전혀 관련성이 없는 政府로 단계적으로 발전해 가고 있다.

이처럼 台湾측이 실질적으로 两岸关系(liǎng àn guān xī)를 국내关系에서 국제关系로 규정해 감으로써, "하나의 中国政策"이 퇴색되고 있는데서 나타난 새로운 섭화, 즉 台湾사회내에 분리주의 세력이 크게 강화되면서 台湾측은 기존의 「하나의 中国」 政策보다는 분단현실의 상호존중에 의한 台湾의 政治실체 인정에 우선순위를 두면서 两岸关系(liǎng àn guān xī)를 기존의 국내关系에서 국제关系로 전환시키는 政策을 추구하고 있는 것이다. 요컨대 两岸 간의 대립의 성격은 정통성 대립에서 统一 대분리라는 새로운 대립으로 성격이 변화해 오고 있는 것이다. 两岸关系(liǎng àn guān xī)의 갈등구조는 크게 台湾을 统一시키려 하고 있는 中国의 对臺續政策과 大陆으로부터 분리 독립하려는 台湾의 분리 독립政策으로 대비할 수 있다. 특히 英国(yīng guó)과 원만한 외교담판을 통해 150年간 잃어버렸던 Hongkong주권을 회복한 中国은 21세기 최대목표는 台湾统一 임을 숨기지 않고 있다. 국토의 완전한 统一을 국시로 삼고 있는 中国의 台湾统一 전략으로는 和平统一과 무력统一로 구분할 수 있다. 그래서 台湾统一에 대한 전략은, 첫째는 「一国两制(yì guó liǎng zhì)」에 의한 统一을 추구하고 있으며, 둘째는 经济통합으로 政治통합을 달성한다는 우회政策과, 셋째는 台湾을 제압하기에 충분한 军事力을 확보하여 무력사용도 배제하지 않는다는 입장을 보이고 있다.

中国이 台湾을 統一하려고 하는 첫 번째 이유는 강력한 中国을 건설하여 동아시아에서 자신들이 과거에 누렸던 종주국으로서의 지위를 회복하기 위해서이다. 그래서 中国은 100年 전에 내세웠던 "蛮法自疆(mán fǎ zì jiāng" 운동을 지금까지 계속하고 있는 것이다. 辛亥革命(xīn hài gé mìng)·共产革命(gòng chǎn gé mìng) 그리고 1978年의 邓小平(dèng xiǎo píng)의 개혁에 이르기까지 모두가 이 "蛮法自疆(mán fǎ zì jiāng" 운동의 흐름 속에서 치러낸 일사 분란한 발전정책이었다. 현재의 추세대로 나간다면 中国은 21세기에 들어서서 2020年경에 美国(měi guó)과 日本(rì běn)을 제치고 세계 제 1위의 경제대국으로 변모할 것이라는 예측이다. 世界银行(shì jiè yín háng)(IBRD)·经济協力開發機構(OECD)·英国(yīng guó)의 国際战略问题研究所(IISS) 등은 2020年경에는 中国이 세계 최대의 경제대국으로 부상하게 될 것이라고 예측하고 있다.

이러한 강력한 中国건설을 위해서 台湾統一은 政治的·经济的으로 필수적이며 핵심문제이다. 그래서 中国은 「一国两制(yì guó liǎng zhì)」政策으로 台湾을 统一하려하나, 台湾은 "하나의 中国, 하나의 台湾" 政策으로 台湾독립을 꾀하고 있어서, 两岸 간에 갈등의 근원이 되고 있는 것이다. 中国은 「一国两制(yì guó liǎng zhì)」를 전제로 两岸关系(liǎng àn guān xī)에 대해 철저히 内定化政策을 취하고 있는 반면, 台湾은 台湾이 사실상의 주권을 보유하고 있는 주권国家로서 两岸关系(liǎng àn guān xī)에 대해 국제화政策을 취하고 있는 것이다. 两岸关系(liǎng àn guān xī)에 대한 台湾의 국제화政策을 보면 다음과 같이 요약할 수 있다. 国家統一綱領(The Guidelines for National Unification)에 의한 台湾의 对大陆政策(dà lù zhèng cè)의 핵심은 "하나의 中国, 두 개의 政治실체"로 요약할 수 있다. 이 "하나의 中国, 두 개의 政治실체"는 상호 간에 대등성을 원칙으로 하기 때문에 台湾의 对大陆政策(dà lù zhèng cè)은 국제화와 외교화에 초점을 맞추고 있다. 그리고 이론적 토대로 台湾측은 1991년2月 大陆政策 추진의 최고 지도원칙으로 "国家統一綱領"을 제정한 것이다. 이 国家統一을 위한 指針은 国家統一에 대한 台湾政府의 이정표와 같은 역할을 하고 있다. 이 指針은 台湾과 中国大陆이 합리성·평화·형평성 및 호혜주의 원칙에 따라 自由(zì yóu)·민주·경제적으로 번영된 国家로 統一되어야 한다는 점을 강력히 주장하고 있다. 台湾 "国家統一綱領"의 목표는 建立民主·自由·均富的 中国이다.

여기에 제시된 海峽两岸 간의 기본关系나 政治的 지위를 규정하는 기본원칙이 바로 一国两区论(yì guó liǎng qū lùn)(One Country Two Regions)인 것이다. 이 방안에는 大陆에 존재하는 中国政府와 台湾에 존재하는 国民党(guó mín dǎng) 政府를 두개의 대등한 政府로 전제하고 양자 간의 상호접촉과 협상에 따라 统一을 모색하자는 기본 취지가 깔려 있다. 따라서 中国으로서는 이 방안이 전제하는 대등한 政府의 개념이 「一国两制(yì guó liǎng zhì)」에서의 특별행정구 자치政府와는 전혀 다른 내용을 갖고 있어서 절대적으로 반대하고 있는 것이다.

상기의 의미를 기조로 하여 "国家统一綱領"에 내포된 내용에서 볼 때, 분단현실의 상호존중을 강조하고 있다. "国家统一綱領"에서의 분단현실이란 中国 共产党(zhōng guó gòng chǎn dǎng)이 통치하고 있는 大陆에 대해 台湾 国民党(guó mín dǎng)은 사실상의 주권을 갖지 않고, 中国 共产党(zhōng guó gòng chǎn dǎng)도 大陆을 통치하는 政治실체임을 인정하는 한편, 国民党(guó mín dǎng)이 통치하는 台湾에 대해 台湾 国民党(guó mín dǎng)이 사실상의 주권을 갖고 있음을 확인하는 것이다.

다시 말하면 台湾이 "国家统一綱領"에서 주장하는 一国两区论(yì guó liǎng qū lùn)은 中国의 社会主义와 台湾의 자본주의가 中央과 地方의 关系로 불공평하게 수직적으로 공존하는 것이 아니라 독자적인 통치지역과 통치권을 갖는 두개의 政治실체가 수평적인 동등한 입장에서 존재하는 것을 말하는 것이다. 그러므로 台湾은 국제무대에서 中国과 대등한 国家 간의 독립적인 지위로 격상 내지는 회복을 꾀하고 있으며, 지속적으로 UN 재가입을 추진하는 등 국제무대에서 생존공간을 확보하기 위해 외교적으로 부단히 노력하고 있다. 台湾은 两岸关系(liǎng àn guān xī)를 準 国際关系(국제화) 혹은 分断国 关系로 처리해 가려는 기본방향을 반영하고 있는 것이다.

이러한 것을 놓고 보면, 改革·开放과 四项坚持(sì xiàng jiān chí)는 어느 것을 우선순위에 두느냐가 중요한 问题이지만, 결국 이들의 关系는 이론상 모순关系에 놓여있기 때문에 만약 中国이 四项원칙을 강조하게 되면 改革·开放은 뒷걸음 칠 수 밖에 없다는 결론에 다다르게 된다.

邓小平(dèng xiǎo píng)의 논리는 马克思(mǎ kè sī)·列宁(liè níng)主义 사상, 毛泽东(máo zé dōng)사상 坚持, 社会主义 坚持, 인민민주主义(mín zhǔ zhǔ yì)의 坚持, 강력한 党의 영도 가운데에만 改革(gǎi gé)·开放의 가속화를 하여 经济특구지역에서도 中国式이라는 모델을 계속적으로 유지한다는 것이다. 그러나 그것은 이미 무너져 버렸으며, 四項원칙은 하나의 이론에 불과한 것으로 받아들여지고 있다는 것이다. 이것은 결코 '두개의 기본점'이 조화를 이룰 수 있는 조건이 아니다. 즉, 하나를 강조하면 다른 하나는 약화되기 마련이라는 것이다.

앞서도 언급했지만 邓小平(dèng xiǎo píng) 시기에 새로이 등장한 '兩手抓' 이론은 물질문명과 정신문명의 조화 속의 現代化 추구라는 점에서 논리상 이율배반적인 이론이다. 이 논리는 '두개의 기본점'의 범위를 넓혀서 물질문명은 改革(gǎi gé)·开放을 포함한 经济전반의 발전을 의미하고, 정신문명은 물질문명을 둘러싼 도덕성·문화·규율의 발전을 의미한다. 이것은 이미 中国의 经济흐름이 빨라지고, 다양화되고 복잡해짐에 따라 이 논리도 포괄적인 의미로 변형되어 현실과 상황에 맞는 논리를 제시하려고 하는 것이다. 中国의 改革(gǎi gé)·开放은 실제로부터 출발하여야 하기 때문에 中国의 실정이 바뀌면 논리도 그에 맞춰서 합리화 될 수도 있음을 의미한다.

현재로서는 中国의 经济개혁은 성공을 거두고 있다고 잠정적으로 볼 수 있다. 市場经济 방식의 도입으로 经济특구나 연안地方의 비약적인 발전은 물론 이러한 움직임은 내륙까지 확산되고 있으며, 이미 국제적으로도 亞·太 지역은 美国·中国·日本(rì běn)의 3국구도로 재편되어가고 등 中国의 위상과 影响力이 커질 것으로 전문가들은 내다보고 있다. 그러나 中国의 발전은 그렇게 낙관적인 것만은 아니다. 발전과정 중에 있으나 많은 문제점들을 안고 진행 중에 있다. 이러한 흐름은 어떠한 요소로 인하여 궤도를 달리할 소지가 있는 것이다.

如今 中国이 联合国(lián hé guó) 상임이사국이고, 세계의 대다수 国家들과 수교하고 있는 반면, 台湾은 联合国(lián hé guó)에서 배제된 '국제고아'이며, 다만 몇 십 개의 작은 国家들과 외교关系를 가지고 있기 때문에 주권을 포기해야 한다는 논리도 역시 설득력이 부족하다. 왜냐하면 국제적으로 国家들 간의 关系는 자국의 이익을 기초로 하는 것이기 때문에 외교关系도 정의가 아니라 이익에 따라 변할 수 있기 때문이다. 따라서 외교关系를 맺은 国家가 많다고 하여 정통성을 주장할 수는 없는 것이다. 이 논리에 의하면 중화인민공화국도 联合国(lián hé guó)에 가입한 1971年까지는 정통성이 없었다는 말이 된다. 게다가 联合国(lián hé guó)헌장은 모든 国家가 그 크기에 关系없이 平等(píng děng)한 지위를 가진다고 규정하고 있다.

따라서 中国과 台湾关系의 갈등구조와 대립의 성격변화는 中国과 台湾간의 「中国통일」에 대한 기존의 의미를 상실케 하는 新사고의 가치관을 지닌

"유럽 新경제를 위장한 코뮤니즘에 접목되어 변조되어가는 혁명적 집단(제 4인터내셔널)"에 교배되어가는 가는 국제적 현실을 보는데서 시시각각 견해를 달리할 수 있다.

1. 中国과 台湾关系의 二重的 葛藤構造

两岸关系(liǎng àn guān xī)의 이중적 갈등구조와 대립의 성격변화를 보면 대체로 中国과 台湾은 経済 및 인적교류에서 급진적인 발전을 이루고 있는 반면, 정치·군사·외교적인 면에서는 심각한 긴장关系를 형성함으로써 극단적인 이중구조를 띠고 있다.[375]

中国과 台湾은 非政治的 분야에서는 급격한 발전을 이룩해 왔다. 인적 및 経済교류에 대한 하나의 사례를 들어보면, 1949年 中国 共产党(zhōng guó gòng chǎn dǎng) 정권이 수립된 이후 台湾海峡을 통한 직교역은 중단되었다가 1997年1月 两岸을 가로질러 两岸을 연결하는 무역직항로 개설하기로 합의한 후 4月18日 48年 만에 처음 직항로가 개설되었다. 이로써 中国의 福建省(fú jiàn shěng) 福州(fú zhōu) 厦门(xià mén)과 台湾의 高雄(gāo xióng)항구를 직접 잇게 되어 中国과 台湾 간의 교류를 본격화시키는 촉매 역할을 한다는 점에서 양측 분단사에 한 획을 긋는 의미를 지니게 되었다. 그러나 직항로 개설은 형식상 완전한 직항은 아니었다. 당시 钱其琛(qián qí chēn) 외교부장이 台湾에 대해 제한조항을 없애고, 완전한 직항을 촉구했으나, 台湾측의 완강한 거부로 台湾이 高雄(gāo xióng)에 域外 보세구역을 설정하여 中国으로부터 운송된 화물을 제 3국으로 옮기는 換積만을 허용하였다.

또한 政治·军事的인 측면에서는 1991年 양측의 半官營 교류기구인 中国측 海峡两岸关系(liǎng àn guān xī)協會<약칭. 海峡会(hǎi xiá huì)>와 台湾측 海峡交流基金会(hǎi xiá jiāo liú jī jīn huì)<약칭. 海基会(hǎi jī huì)>가 발족되고, 1993年4月 新加坡(xīn jiā pō)에서 두 기구의 대표인 汪道涵(wāng dào hán)과 辜振甫(gù zhèn fǔ) 간의 역사적인 汪·辜 會談이 열렸으나, 1995年 李登辉(lǐ dēng huī) 台湾 总统의 访美(fǎng měi)를 계기로 两岸의 政治的 关系는 급속히 냉각되었고, 이로 인해 급기야 台湾 海峡에서의 台湾 독립운동을 저지하기 위한 中国인민해방군의 미사일 훈련으로 첨예

---

375) 박두복., "중국 양안관계의 발전방향", 「신 아시아」, 통권 5호, (1995. 가을호), p.33. 재인용.

한 대립양상을 보여 왔다. 왜냐하면 中国政府가 李登辉(lǐ dēng huī) 总统에 대한 평가에 있어서 신중한 입장을 보여 왔으나, 최근 들어와서 台湾 독립을 추구하는 분리주의자로 규정함으로써 访美(fǎng měi)事件과 总统 직접선거 자체를 분리 독립운동으로 간주하였기 때문이다. 왜냐하면 台湾 分離獨立은 中国의 统一政策인 「一国两制(yì guó liǎng zhì)」에 정면으로 배치된다는 점이다. 그 결과 외교적인 면에서도 中国의 台湾 孤立政策과 台湾의 弹性外交(tán xìng wài jiāo)가 국제사회의 각 방면에서 충돌을 빚고 있다 하겠다.

이처럼 两岸 간에 经济 및 인적교류는 활발하나 정치·군사·외교적인 측면에서는 첨예하게 대립하는 심각한 이중구조를 띠고 있다.

两岸 交流史는 다음과 같다. 첫째, 1987年11月 台湾·中国 大陆 친척방문 개방. 둘째, 1989年11月 台湾 大陆 간 통화개방 및 大陆行 우편물 수속 개시. 셋째, 1990年9月 两岸 적십자회 「금호문 협의」 서명, 쌍방 밀입국자 송환에 합의. 넷째, 1990年9月 台湾기업체에 对大陆投資 및 기술합작 허용. 다섯째, 1991年 1月 台湾 행정원 산하 大陆위원회 설립. 여섯째, 1991年2月 台湾 政治협상 위해 해협교류기금회 설립. 일곱째, 1991年5月 台湾 무력 统一 방침 폐지. 여덟째, 1991年12月 中国 大陆海峡 两岸关系(liǎng àn guān xī)협회 설립. 아홉째, 1999年 1月 中国 中国人 台湾왕래 허용. 열 번째, 1993年4月 제 1차 「汪·辜 會談」 新加坡(xīn jiā pō)에서 개최. 열한 번째, 1995年6月 李登辉(lǐ dēng huī) 台湾 总统 美国(měi guó)방문, 中国 제 2차 汪·辜 會談 연기. 열두 번째, 1995年 7月~1996年 8月 中国 台湾 겨냥 3차례 대규모 미사일 훈련 실시. 열세 번째, 1997年4月 台湾 高雄(gāo xióng)·厦门(xià mén) 간 직항허용. 열네 번째, 1997年9月 江泽民(jiāng zé mín) 中国 国家주석 政治대화제개 용의 천명 등 이다.

两岸 간의 대립의 성격은 蒋经国(jiǎng jīng guó) 总统 집권 시까지는 주로 「하나의 中国」 원칙이 견지되는 전제하에서 누가 전체 中国을 대표하느냐 하는 正統性을 둘러싼 대립 갈등이었다고 한다면 李登辉(lǐ dēng huī) 집권 시기에 접어들면서 나타난 两岸关系의 대립은 보다 다른 성격으로 변화되어 왔다.

과거 수십 年 동안 台湾의 国民党(guó mín dǎng) 政府와 中国 共产党 (zhōng guó gòng chǎn dǎng) 政府는 서로 자신들이 中国전체의 政府라는 입장을 견지하여 왔다. 이러한 정통성에 대한 대립적 입장차이로 台湾과 中国은 마찰을 빚어왔다. 그러나 1980年代에 들어서자 台湾政府는 이러한 입장을 포기하고 자신을 臺續의 政府로 정의하였다. 이것은 '一个国家, 两种体

制(yí gè guó jiā, liǎng zhǒng tǐ zhì)'라는 本土의 입장을 수용할 수 있는 바탕이 마련된 것이다. 그러나 台湾의 고유한 문화적 정체성, 中国이 台湾을 지배한 기간이 비교적– 짧다는 사실, 台湾語와 北京(běi jīng)語가 유통되지 않는다는 사실을 강조하는 台湾국민과 단체가 서서히 늘어나고 있으며, 이들은 台湾사회를 非中国系 사회로 정의하면서 台湾의 독립성을 쟁취하려고 시도하고 있다. 台湾政府 역시 국제사회에서의 활동을 강화하면서 台湾이 中国의 일부가 아니라 별개의 国家임을 강조하고 있다. 요약하자면, 台湾政府의 자기이해는 전체 中国의 政府에서 中国 일부의 政府로 다시 中国과는 전혀 관련성이 없는 政府로 단계적으로 발전[376]해 오고 있는 것이다.

그렇다면 两岸关系(liǎng àn guān xī)의 대립의 성격을 변화시킨 중심적인 问题는 무엇인가?

그것은 바로 台湾 독립问题이다. 台湾에서 독립问题가 본격화된 것은 国民党(guó mín dǎng)이 내전에서 败北하여 台湾으로 진주하면서 실시한 台湾人에 대한 억압政策에 뿌리를 두고 있다. '개(日本)가 가고 돼지가 왔다'는 말이 광범위하게 유포될 정도로 台湾人의 国民党(guó mín dǎng)에 대한 감정은 악화되어 있었다. 台湾판 양민학살 사건인 '2·28사건'을 거치면서 지금까지도 台湾민주화의 발목을 잡고 있다. 따라서 台湾에서의 독립问题는 反国民党(guó mín dǎng) 민주화운동과 연계되면서 전개되고 있는 양상을 띠고 있다. 이에 따라 주로 大陆에서 건너온 大陆人 중심의 国民党(guó mín dǎng)은 统一논의를 독점하고 독립논의를 엄격하게 금지시켰던 것이다.

그러나 1987年 계엄령이 해제되고, 国民党(guó mín dǎng) 내의 갈등이 확대되는 시점에서 李鄧輝 总统은 '台湾人으로 台湾을 다스린다(以台治台(yǐ tái zhì tái))'는 政策과 親 美国政策을 통해 탄력외교를 수행하거나 统一问题에 대해 반공 统一 대신 台湾의 주권을 강조하는 '하나의 中国, 하나의 台湾'이라는 사실상의 '台湾化'로 统一 政策을 변경[377]하였던 것이다. 이것은 1992年 10月에 국가통일위원회(The National Unification Council)에서 "하나의 中国"에 대한 정의를 내리면서 부터이다. 핵심은 台湾은 中国의 일부이며, 大陆도 물론 中国의 일부분이므로 中国은 1949年에 일시적으로 분할되어서

---

376) Samul P. Huntington., 문명의 충돌, 이희재 역, (서울: 김영사, 1997.), pp. 232~233. 재인용.
377) 이회옥., "양안관계가 남북관계에 미치는 영향", 타협을 위한 대결, (서울: 현대경제사회연구원), 1997. pp. 236~237. 재인용.

台湾海峡을 사이에 두고 분리된 政治실체에 의해 통치되고 있다는 것이다.

1995年12月2日 행해진 台湾 총선에서 国民党(guó mín dǎng)의 李登辉(lǐ dēng huī) 总统의 점진적 분리주의 경향에 반대하고 나선 新黨이 종전의 의석에서 3배인 21석이나 차지하였고, 国民党(guó mín dǎng)은 간신히 과반석(165석중 85석)을 얻었으나, 여전히 台湾독립을 주장하는 民进党(mín jìn dǎng)은 이전보다 4석이나 많은 의석을 차지하였다.

이처럼 台湾측이 실질적으로 两岸关系(liǎng àn guān xī)를 국내关系에서 국제关系로 규정해 감으로써, "하나의 中国政策"이 퇴색되고 있는데서 나타난 새로운 섭화, 즉 台湾사회 내에 분리주의 세력이 크게 강화되면서 台湾측은 기존의 「하나의 中国」政策보다는 분단 현실의 상호 존중에 의한 台湾의 政治실체 인정에 우선순위를 두면서 两岸关系(liǎng àn guān xī)를 기존의 국내关系에서 국제关系로 전환시키는 政策을 추구하고 있는 것이다. 요컨대 两岸 간의 대립의 성격은 정통성 대립에서 统一 대분리라는 새로운 대립으로 성격이 변화해 오고 있는 것이다.

2. 中国과 台湾关系에 대한 中国과 台湾의 政策

两岸关系의 갈등구조는 크게 台湾을 统一시키려 하고 있는 中国의 对臺續政策과 大陆으로부터 분리 독립하려는 台湾의 분리 독립政策으로 대비할 수 있다. 특히 英国(yīng guó)과 원만한 외교담판을 통해 150年間 잃어버렸던 Hongkong주권을 회복한 中国은 21세기 최대목표는 台湾统一 임을 숨기지 않고 있다. 국토의 완전한 统一을 국시로 삼고 있는 中国의 台湾统一 전략으로는 和平统一과 무력统一로 구분할 수 있다. 그래서 台湾统一에 대한 전략은, 첫째 「一国两制(yì guó liǎng zhì)」에 의한 统一을 추구하고 있으며, 둘째는 经济통합으로 政治통합을 달성한다는 우회政策과, 셋째는 台湾을 제압하기에 충분한 军事力을 확보하여 무력사용도 배제하지 않는다는 입장을 보이고 있다.

이에 대해 台湾은 첫째, "国家统一綱領"을 제정하여 "하나의 中国, 두개의 政治실체"라는 一国两区论(yì guó liǎng qū lùn)으로서, 中国의 一国两制(yì guó liǎng zhì)論에 대응하고 있으나, 차츰 "하나의 中国, 하나의 台湾"이라는 台湾분리 독립으로 변화되어 가고 있다. 둘째, 经济의존도 심화에 따른 经济통합을 우려하여 三不政策(sān bù zhèng cè)(sān bù zhèng cè)와 台湾

企人들의 大陆 投資억제 政策으로 台湾산업의 공동화현상을 방지하는데 전력을 다하고 있다. 그리고 셋째, 軍事力 증강으로 이에 맞대응 하고 있다.

그러므로 본 논문에서는 상기와 같이 中国과 台湾의 정치·경제·군사·외교적인 측면에서 본 쌍방의 政策에 의거하여 과거 단순하게 결론지었던 中国과 台湾의 统一政策에 대한 비교 형태를 새로운 접근 이론으로 两岸关系(liǎng àn guān xī)에 미친 요소들을 대비하여, 단계별 비교 형태를 보다 구체적으로 분석해 보고자 한다.

中国이 台湾을 统一하려고 하는 첫 번째 이유는 강력한 中国을 건설[378] 하여 동아시아에서 자신들이 과거에 누렸던 종주국으로서의 지위를 회복하기 위해서이다. 그래서 中国은 100年 전에 내세웠던 "蛮法自疆(mán fǎ zì jiāng)" 운동을 지금까지 계속하고 있는 것이다. 辛亥革命(xīn hài gé mìng)·共产革命(gòng chǎn gé mìng) 그리고 1978年의 邓小平(dèng xiǎo píng)의 개혁에 이르기까지 모두가 이 "蛮法自疆(mán fǎ zì jiāng)" 운동의 흐름 속에서 치러낸 일사 분란한 발전政策이었다.[379] 특히 1978年 第十一届三中全会(dì shí yī jiè sān zhōng quán huì)에서 改革(gǎi gé)·开放政策(kāi fàng zhèng cè)을 표방한 이래 매년 10%대의 발전을 거듭하고 있고, 여기에다 세계무역과 금융의 중심지인 Hongkong까지 반환되어 강력한 中国건설의 실현 가능성은 더욱 높아가고 있는 것이다.

현재의 추세대로 나간다면 中国은 21세기에 들어서서 2020年경에 美国과 日本(rì běn)을 제치고 세계 제 1위의 경제대국으로 변모할 것이라는 예측이다.[380] 世界银行(shì jiè yín háng)(IBRD)·经济協力開發機構(OECD)·英国(yīng guó)의 国際战略问题硏究所(IISS) 등은 2020年경에는 中国이 세계 최대의 경제대국으로 부상하게 될 것이라고 예측하고 있다.

이러한 강력한 中国건설을 위해서 台湾统一은 政治的·经济的으로 필수적이며 핵심문제이다. 그래서 中国은 「一国两制(yì guó liǎng zhì)」 政策으로 台湾을 统一하려하나, 台湾은 "하나의 中国, 하나의 台湾" 政策으로 台湾 독립을 꾀하고 있어서, 两岸 간에 갈등의 근원이 되고 있는 것이다. 中国은

---

378) 劉 吉·許 明 外., 「장쩌민과 신 중국건설의 청사진」, 김태만·원동욱·강승호 옮김, (서울 : 동방미디어, 1998.). p. 87. 재인용.

379) 이상우., "동아시아 평화와 중국·일본·미국·러시아의 역할", 「신아시아」, 통권 5호, (1995. 가을호), p. 51.

380) 김익겸., 「젊은 보수주의자의 동북아 읽기」, (서울: 도서출판 지정, 1997.), p. 85.

「一国两制(yì guó liǎng zhì)」를 전제로 两岸关系(liǎng àn guān xī)에 대해 철저히 内定化 政策을 취하고 있는 반면, 台湾은 台湾이 사실상의 주권을 보유하고 있는 주권国家로서 两岸关系(liǎng àn guān xī)에 대해 국제화 政策을 취하고 있는 것이다. 더욱이 Hongkong의 주권을 회복하고, 中国 共产党(zhōng guó gòng chǎn dǎng) 第十五次全国人民代表大会(十五全代会)에서 江泽民(jiāng zé mín) 1인体制를 완성한 이후부터 中国은 1998年부터 台湾과의 统一을 겨냥 台湾측과의 고위급 접촉에 나서는 등 본격적인 공작에 착수하여 왔다.

国家统一에 기본목표를 두고 있는 中国의 对台湾政策은 그 목표와 수단에 있어서 분명한 연속성과 일괄성을 견지해 왔다. 또 이러한 和平统一 政策이 하나의 원칙과 이론적 체계로 발전되어 온 것이 一个国家, 两种体制(yí gè guó jiā, liǎng zhǒng tǐ zhì)이다. 「一国两制(yì guó liǎng zhì)」는 台湾统一의 대원칙인 것이다. 이 제도의 핵심은 하나의 中国을 전제로 中国大陆의 社会主义 体制와 자치권을 갖는 台湾의 자본주의体制가 中央政府와 地方政府의 关系로 평화공존 하자는 것이다.

1982年10月 邓小平(dèng xiǎo píng)은 Hongkong반환 问题를 해결하기 위해 英国(yīng guó) 수상 마가렛 대처(Margaret Thather)와의 英国(yīng guó)·中国 공동선언(Joint Declaration of the United Kingdom of Great Britain and Northern Ireland and the Government of the People's Republic of China on the Question of Hong Kong: 中·英關于香港问题聯合聲明_1985年5月 北京(běi jīng)에서 비준서 체결)에 대한 비준서를 협의하는 과정에서 처음으로 「一国两制(yì guó liǎng zhì)」라는 개념을 제기하면서 Hongkong问题에 이를 적용할 것이라고 밝혔다.[381]

그 내용은 "台湾은 중화인민공화국의 신성한 영토의 일부분이다. 조국의 统一대업을 완성하는 대업은 台湾동포를 포함해 全 中国人民의 신성한 직책이다.(台湾是中华人民共和国神圣领土的一部分. 完成祖国的统一大业是包括台湾同胞在内的全体中国人民的神圣职责。tái wān shì zhōng huá rén mín gòng hé guó shén shèng lǐng tǔ de yí bù fēn. wán chéng zǔ guó de tǒng yī dà yè shì bāo kuò tái wān tóng bāo zài nèi de quán tǐ zhōng guó rén mín de shén shèng zhí zé。)"라고 강조한 것이다.[382] 1984年 2月 22日

---

381) 人民日报(rén mín rì bào)., 1982.10.20. 재인용.

邓小平(dèng xiǎo píng)은 북경에서 美国 워싱턴 대학 국제문제 연구센터 고문인 브레진스키(Zbigniew K. Brzezinski)와의 회견에서 정식으로 「一国两制(yì guó liǎng zhì)」라는 용어를 사용했다.

邓小平(dèng xiǎo píng)은 "统一 后 台湾은 그들의 자본주의를 계속 유지하고 大陆은 社会主义를 실시하지만 하나의 统一된 中国이다. 하나의 中国, 두개의 제도이다. Hongkong问题도 같다. 하나의 中国, 두개의 제도이다"383) 라고 했다. 또한 邓小平(dèng xiǎo píng)은 1984年 12月 19日 英国(yīng guó) 대처(Margaret Thather) 수상을 접견한 자리에서 "「한나라에서의 두 가지 제도」의 구상은 Hongkong问题 때문에 제기한 것은 아닙니다. 그것은 台湾问题 때문이었습니다. 1981年 국경일 전야에 叶剑英(yè jiàn yīng)·委员长(wěi yuán zhǎng)이 台湾问题에 관하여 9가지 조항384)을 담은 성명을 발표하였습니다. 비록 「한나라에서 두 가지 제도」라고 개괄하여 말하지는 않았지만, 그 뜻이나 다름 없었습니다. 그러다 2年 전에 Hongkong问题가 제기되면서 「한나라에서의 두 가지 제도」를 내놓게 되었던 것입니다."385)라고 자신의 의지를 피력했던 것이다.

叶剑英(yè jiàn yīng)이 제기한 '统一政策 9개 조항'의 <원문내용>은 다음과 같다.

1981年9月30日, 엽검영은 전국인민대표대회상무위원회 위원장의 자격으로 <대만이 조국으로 돌아와 평화통일을 실현하는 9조 방침>을 제출하고 '9조 방침'이라 약칭한다. 그 내용은 다음과 같다. 첫째, 공산당과 국민당은 평등하게 협상하고 제 3차 협력을 실현하여 조국의 통일대업을 공동으로 완성한다. 둘째, 서로 소식을 전하고 무역을 전개하여 이해를 증신 시킨다. 서로 우편·상업·취항·친척방문·관광과 학술을 전개한다. 셋째, 국가가 통일된 후에 대만은 특별행정구로 고도의 자치권을 가지고 군대를 보유하며 중앙정부는 대만 지방 사무를 간섭하지 않는다. 넷째, 대만은 사회와 경제제도·생활방식, 그리고 국외와의 경제·문화관계를 변하지 않는다. 다섯째,

382) 郭立民., 中共对臺政策資料選輯(1949-1991) 上冊, 台湾營業出版社, 1992. p. 522. 재인용.

383) 人民日报(rén mín rì bào)., 1984.2.23. 재인용.

384) 叶剑英(yè jiàn yīng)., "關於台湾回歸祖国實現和统一的方針政策", 三中全會以來 重要文獻選集(北京_běi jīng): 人民出版社, 1982.), pp. 965~967. 재인용.

385) 등소평(dèng xiǎo píng)문선., "중국은 약속을 굳게 지킨다", 「등소평문선(상)」, (서울: 범우사, 1994.), 김승일 옮김, p. 148.

대만 당국과 각계 인사는 전국성 정치기구의 지도자 직위를 담당해서 국가 관리를 참여할 수 있다. 여섯째, 대만 지방재정이 어려울 때 중앙정부의 도움을 받을 수 있다. 일곱째, 대만 각 민족 공민은 거취가 자유롭다. 여덟째, 대만사람의 합법적인 권익과 이윤을 확보한다. 아홉째, 조국을 통일하는 것은 사람마다 다 책임 있다. (1981年9月30日, 叶剑英以全国人大常委会委员长的身份, 提交了《关于台湾回归祖国, 实现和平统一的九条方针》, 简称 '九条方针', 其内容是：一) 共产党和国民党两党对等谈判, 实行第三次合作, 共同完成祖国统一大业；二) 互通音讯, 开展贸易, 增进了解, 双方共同通邮、通商、通航、探亲、旅游以及开展学术；三) 国家实现统一后, 台湾可作为特别行政区, 享有高度自治权, 保有军队, 中央政府不干预台湾地方事务；(四) 台湾现行社会, 经济制度不变, 生活方式不变, 同国外的经济、文化关系不变；五) 台湾当局和各界人事可担任全国性政治机构的领导职务, 参与国家管理；六) 台湾地方财政遇到困难时, 可由中央政府辅助；七) 台湾各族人民_来去自由；八) 台湾人_保证其合法权益和利润；九) 统一祖国, 人人有责_Yī jiǔ bā yī nián jiǔ yuè sān shí rì, yè jiàn yīng yǐ quán guó rén dà cháng wěi huì wěi yuán zhǎng de shēn fèn, tí jiāo le <guān yú tái wān huí guī zǔ guó, shí xiàn hé píng tǒng yī de jiǔ tiáo fāng zhēn>, jiǎn chēng 'jiǔ tiáo fāng zhēn', qī nèi róng shì：(yī) gòng chǎn dǎng hé guó mín dǎng liǎng dǎng duì děng tán pàn, shí xíng dī sān cì hé zuò, gòng tóng wán chéng zǔ guó tǒng yī dà yè；(èr) hù tōng yīn xùn, kāi zhǎn mào yì ,zēng jìn liáo jiě, shuāng fāng gòng tóng tōng yóu, tōng shāng, tōng háng, tàn qīn, lǚ yóu yǐ jí kāi zhǎn xué shù；(sān) guó jiā shí xiàn tǒng yī hòu, tái wān kě zuò wéi tè bié xíng zhèng qū, xiǎng yǒu gāo dù zì zhì quán, bǎo yǒu jūn duì, zhōng yāng zhèng fǔ bù gān yù tái wān dì fāng shì wù；(sì) tái wān xiàn xíng shè huì, jīng jì zhì dù bú biàn, shēng huó fāng shì bú biàn, tóng guó wài de jīng jì, wén huà guān xì bú biàn；(wǔ) tái wān dāng jú hé gè jiè rén shì kě dān rèn quán guó xìng zhèng zhì jī gòu de lǐng dǎo zhí wù, cān yǔ guó jiā guǎn lǐ；(liù) tái wān dì fāng cái zhèng yù dào kùn nán shí, kě yóu zhōng yāng zhèng fǔ fǔ zhù；(qī) tái wān gè zú rén mín_lái qù zì yóu；(bā) tái wān rén_bǎo zhèng qí hé fǎ quán yì hé lì rùn；(jiǔ) tǒng yī zǔ guó, rén rén yǒu zé_)

이후 「一国两制(yì guó liǎng zhì)」는 1982年12月4일 中国 全人代 제 5

기 제 5차 회의에서 中华人民共和国(zhōng huá rén mín gòng hé guó) 신헌법(82憲法)이 통과되면서 법적인 차원으로 끌어 올려졌다.

그 결과 如今 Hongkong에서 실시하고 있는 中国의 「一国两制(yì guó liǎng zhì)」政策은 台湾统一을 바라본 하나의 바로미터가 된다는 점에서 시사하는 바가 크다 하겠다.

〈표. IV-1-3-2/1〉 政治제도 및 경제제도

	영국령 식민지	Hongkong특구
행정상 Status	본국의 직할 식민지 (Crown Colony)	고도의 자치권을 갖는 地方행정구역
수 장	英國(yīng guó)政府가 임명하는 총독	특구 내 선출위원회가 선출하는 행정수반, 中央政府가 임명
政治활동의 自由	결사·집회·행진·데모의 자유	좌동(단지 반역, 분리 선동, 반란 및 國家기밀 누설행위 금지, 외국의 政治조직 및 단체의 활동금지 특구 내 政治조직 및 설립금지 조항첨가
입법기관	입법회 – 총독의 자문기관 (법규는 특허장에 의해 여왕을 대신하여 총독이 제정·시행)	입법의회
적용법	英國法(영문)	특구 기본법·현행법· 입법의회 제정법률(중문·영문)
외 교	英國(yīng guó)政府	中央政府
국 방	英國政府	中央政府
사 법	종심권은 추밀원 법사위원회	종심권은 신설되는 종심법원에 귀속
공용어	영어 및 中國語	中國語 및 영어
공무원 제도	英國(yīng guó)국적 공무원, 中國국적 공무원	현공무원 유임 단, 주요직(국장급 이상)은 Hongkong 거주 15年 이상으로 외국에 거주권이 없는 Hongkong 영주권자로서, 中國공민
經濟제도	자본주의 經濟	2047年까지 현 제도유지
經濟政策의 원칙	최소한의 政府개입	2047年까지 현행 자본주의 불변
재정정책	완전독립, 균형 재정	좌동
징세권	유	좌동
조세정책	저세율	좌동
통상정책 등	관세·외환관리 없음·출입국 자유	좌동
국제기구에의 참가	원칙적으로 불가	中國 Hongkong 명의로 가능
통화	Hongkong 달러	좌동

資料出處: 東北(dōng běi)亞論, p. 417.

위 <표. IV-1-3-2/1>에서 보았듯이 主權回歸 이후 Hongkong의 새 헌법격인 기본법에 따라 中国 政府는 Hongkong의 외교 및 국방問題에 대해 통제권을 가지게 되어 있다. 이 「一国兩制(yì guó liǎng zhì)」는 邓小平(dèng xiǎo píng)이 台湾과의 统一을 겨냥해 고안한 사상초유의 기발한 政治 시스템으로 台湾统一의 바로미터(barometer)가 될 것이다.

中国이 台湾을 统一하려고 하는 두 번째 이유는 강력한 中国을 건설하는 데 걸림돌이 되는 改革(gǎi gé)·开放의 부작용, 즉 통화팽창, 성장위주 政策으로 인한 지역 간 소득 불균층 등과 소수민족분리주의 운동, 毛泽东(máo zé dōng) 사상의 精神的 지주로서의 상실과 前苏联(qián sū lián)몰락과 동구 공산권 国家들의 붕괴로 인한 马克思(mǎ kè sī)-列宁(liè níng)主义의 지도이념으로서의 지위상실에 따른 지도이념의 진공상태를 사전에 차단하고 台湾统一로 중화민족주의를 고취시켜 내부결속을 다지기 위해서이다. 그러므로 만약 台湾이 정식으로 독립하게 된다면 지금까지 中国의 政治的 统一을 당연한 일로 생각해 왔던 국민들의 가치관에 커다란 혼란이 생기게 된다. 따라서 大陆의 따른 지역에서도 독립의 움직임이 나타나는 도미노현상이 생길 가능성이 농후한 것이다. 이러한 현상이 발생할 경우 国家의 统一을 수호해야 한다고 생각하고 있던 사람들은 台湾독립을 허용한 中国지도부의 무능에 커다란 불만을 품을 수 있으며, 이는 中国의 政治体制에 큰 혼란을 가져올 수 있다386)는 것이다. 실제로 그동안 잠재적 위협요소로만 간주되던 소수민족 분리 독립問題가 邓小平(dèng xiǎo píng) 사망 직후 中国내 최대 이슈로 부상했다. 신장-위구르 자치구에서 주로 발생하고 있는 소수민족 분리 독립운동387) 발발지역과 사상자 수는 다음과 같다.

---

386) 한홍석., 「강택민(jiāng zé mín) 시대의 중국」, (서울: LG경제연구원, 1997.), pp. 325~326.
387) 龍飛, "從伊寧事件看中共「民族自治」 問題", 「中共研究」, 제 31권 5기(1997. 5.), pp.13~25. 재인용.

<표. Ⅳ-1-3-2/2> 분리 독립운동 발발지역

일 시	발발지역	사상자수	비 고
1996. 봄.	신장-위구르 자치구, 카스		무장폭동
1997.2.5~6.	신장-위구르 자치구, 伊寧	사망 10명, 부상 100명	위그르족과 한족주민 충돌
1997.2.25.	신장-위구르 자치구, 우루무치	사망 7명, 부상 74명	시내버스 연속폭발
1997.3.7.	북경시내	사망 5명	버스폭발
1997.15. 전 대회 후	신장-위구르 자치구, 내몽고	사망 9명	政府관리와 의회의원

資料出處 : 남홍우 "Hongkong의 중국반환과 장래" Seminar Paper, 1997. 3. 28.
　　　　신태용, "Hongkong의 주권반환과 향후 전망" 서강대 공공정책대학원
　　　　학술Seminar Paper, 1997. 6. 3. 재인용.

　따라서 体制의 심각한 도전 요인이 될 수 있는 소수민족 분리 독립운동
등 여러 가지 복합적인 요인이 국내政治 상황을 위험한 사태로까지 발전시
키는 것을 사전에 차단하기 위해 中国지도부는 어떤 대가를 치르더라도 반
드시 台湾의 독립을 저지해야 한다는 입장이다.388) 中国의 국내 상황과 台
湾 統一问题는 강력한 中国건설과는 밀접한 관련이 있는 것이다.
　中国은 政治的으로 Hongkong의 주권을 회복한 다음 처음으로 당해 年度
9月 12日부터 18日까지 中国 共产党(zhōng guó gòng chǎn dǎng) 第十五次
全国人民代表大会를 개최하였다. 이 대회는 邓小平(dèng xiǎo píng) 사후
江泽民(jiāng zé mín) 国家주석 겸 党 총서기의 1인 지배体制를 공고화시키
고, 21세기 中国의 새로운 청사진을 마련 한다는 점에 그 의의가 있다고 하
겠다. 이 대회에서 江泽民(jiāng zé mín) 총서기는 政治보고에서 "하나의 中
国 원칙 하에서 两岸의 敌对狀態를 정식으로 종결시키는 협상을 진행할 것"
을 다시 제의했으며, 「하나의 中国」 원칙에 따라 台湾의 독립은 절대 용납
할 수 없다고 못 박았다. 台湾과의 和平统一 의지를 거듭 밝히면서도 외국
세력이 台湾독립을 도모할 경우 무력사용의 포기는 불가능하다는 점을 동시

---

388) 김영화., 「강택민(jiāng zé mín) 과 중국정치」, (서울: 도서출판 문원, 1997.), pp.
　　282~283.

에 강조했다. 즉 台湾독립, 2개의 中国, 「하나의 中国, 하나의 台湾」 및 외국세력의 간섭을 반대하며 中国의 일부분이라는 台湾의 지위를 변화시키려는 어떠한 세력, 어떠한 방법도 결코 허락하지 않을 것389)이라는 것이다.

외교적인 측면에서도 中国과 台湾은 충돌을 빚고 있다. 中国은 국제무대에서 台湾에 대한 고립政策을 펴면서 역내 초강대국으로서 면모를 확고히 하기 위해 1990年代 들어 老挝(lǎo wō)·緬甸(miǎn diàn)·泰国(tài guó) 등 인도차이나반도 대부분 지역의 国家들과 외교关系를 강화하고 있으며, 인도차이나 반도에서 마지막 남은 柬埔寨(jiǎn pǔ zhài)와도 关系강화를 모색하고 있다. 洪森(hóng sēn) 柬埔寨(jiǎn pǔ zhài) 총리는 中国政府의 「하나의 中国」 政策을 지지한 반면, 拉那烈(lā nà liè) 제 1총리가 무기 수출에 관여했다는 이유로 台湾대표부를 폐쇄하고, 台湾항공사의 대북~프놈펜 간 직항로선 개설도 취소하는 등 당시에 親中国노선을 견지하자 台湾은 1979年7月28日 对北駐在 柬埔寨(jiǎn pǔ zhài) 무역대표부를 폐쇄하도록 조치했다.390)

또한 국제적 생존공간을 확보하기 위해 중남미에서 실무외교를 펼치고 있는 台湾에 대해 中国은 외교적으로 집요하게 방해공작을 펴고 있다. 실무외교는 李登辉(lǐ dēng huī) 总统이 과거 전통적인 외교政策의 추진과정에서 나타났다. 국제사회에서의 고립이라는 외교問題를 해결하기 위해 추진해 온 외교政策의 일환이었다.

당해 年度 9月 7日부터 10日까지 열렸던 파나마 국제회의에 李登辉(lǐ dēng huī) 总统이 참석하게 되자 中国은 공동의장으로 초청됐던 클린턴 美国 대통령과 자크 시라크 法国(fǎ guó) 대통령이 참석치 못하도록 방해공작을 폈으며, 코피아난 联合国(lián hé guó) 사무총장도 李登辉(lǐ dēng huī) 总统이 참석하는 한 联合国(lián hé guó)대표를 파견하지 않겠다고 했던 것이다. 그 뿐만 아니라 Hongkong에서 열릴 国际国币基金(guó jì huò bì jī jīn zǔ zhī) (IMF) 회담 만찬에 참석하려던 台湾政府 재정부장과 中央은행 총재에 대해 Hongkong 당국은 입국비자를 거부했다.391) 또한 中国은 连战(lián zhàn) 台湾 副总统이 무역진흥을 위해 유럽을 방문했을 때 连战(lián zhàn)을 맞아들인 冰岛(bīng dǎo)에 대한 보복조치로 냉동 생선의 수입주문

---

389) 大公報., 1997.9.13. 재인용.
390) 세계일보., 1997.7.29. 재인용.
391) 세계일보., 1997.9.21. 재인용.

을 취소했으며, 西班牙(xī bān yá)는 유사한 조치를 취하겠다는 위협을 받고 连战(lián zhàn)과 약속된 회담들을 취소하기도 했다. 한편 中国과 台湾 양측을 승인하는 외교적 모험을 기도했던 利比里亚(lì bǐ lǐ yà)는 Hongkong 주재 영사관이 폐쇄 당하는 응징을 받아야만 했다. 아울러 中国은 지난 1日 台湾과 수교국인 카리브 해의 소국 「세인트루시아」와 외교关系를 수립함으로써, 台湾의 수교국을 30개국에서 29개국으로 감소시켰다. 거기에 그치지 않고 台湾은 中国의 반대로 4차례나 아시아·태평양경제협력체(APEC) 정상회담에 초청되지 않았으며, 中国은 각종 국제회의에서 台湾배제를 요구하면서 국제무대에서 '하나의 中国' 원칙으로 台湾의 생존공간을 압박해 들어가고 있는 것이다.

两岸关系(liǎng àn guān xī)에 대한 台湾의 국제회政策을 보면 다음과 같이 요약할 수 있다. 国家统一纲領(The Guidelines for National Unification)에 의한 台湾의 对大陆政策(dà lù zhèng cè)의 핵심은 "하나의 中国, 두 개의 政治실체"로 요약할 수 있다. 이 "하나의 中国, 두 개의 政治실체"는 상호 간에 대등성을 원칙으로 하기 때문에 台湾의 对大陆政策(dà lù zhèng cè)은 국제화와 외교화에 초점을 맞추고 있다. 그리고 이론적 토대로 台湾측은 1991年 2月 大陆政策 추진의 최고 지도원칙으로 "国家统一纲領"을 제정한 것이다. 이 国家统一을 위한 指針은 国家统一에 대한 台湾政府의 이정표와 같은 역할을 하고 있다. 이 指針은 台湾과 中国大陆이 합리성·평화·형평성 및 호혜주의 원칙에 따라 자유·민주·경제적으로 번영된 国家로 统一되어야 한다는 점을 강력히 주장하고 있다.[392] 台湾 "国家统一纲領"의 목표는 建立民主·自由·均富的 中国이다.

여기에 제시된 海峡 两岸 간의 기본关系나 政治的 지위를 규정하는 기본원칙이 바로 一国两区论(yì guó liǎng qū lùn)(One Country Two Regions)인 것이다. 이 방안에는 大陆에 존재하는 中国政府와 台湾에 존재하는 国民党(guó mín dǎng) 政府를 두개의 대등한 政府로 전제하고 양자 간의 상호 접촉과 협상에 따라 统一을 모색하자는 기본 취지가 깔려 있다. 따라서 中国으로서는 이 방안이 전제하는 대등한 政府의 개념이 「一国两制(yì guó liǎng zhì)」에서의 특별행정구 자치政府와는 전혀 다른 내용을 갖고 있어서

---

392) 行政院 大陆委員會., 国家發展會議两岸关系議題共同意見, (台灣: 冠順印刷事業有限公司, 中华民国(zhōng huá mín guó) 八十六年二月), p. 15. 재인용.

절대적으로 반대하고 있는 것이다.

台湾이"一国两区论"(yì guó liǎng qū lùn)과 함께 주장하는"一国两府"(yì guó liǎng fǔ)(하나의 中国에 두 개의 政府) 또는"一中一台"(yì zhōng yì tái)(하나의 中国과 하나의 台湾)의 주장은 점진적인 台湾독립을 의미하는 것으로 볼 수 있다. 이 주장을 종합해 보면 다음의 세 가지로 구성되어 있다고 할 수 있다. 첫째는 주권공유 问题로서 台湾은 그들이 中国의 유일한 합법政府라고 주장하지는 않으나 실질적으로 台湾을 统治해 왔고, 과거에 유일政府로 공인받은 적도 있어 국제적으로는 中国과 대등하게 하나의 주권 国家로서 활동한다. 둘째, 中国이 유일한 합법 政府이기는 하나 台湾도 여태 껏 中国과 같은 国家体制를 운영해 왔기 때문에 대등한 주권국가로서 행동한다는 것이다. 셋째는 현상유지 또는 현상불변 政策이다. 당분간은 쌍방이 현 体制를 유지하면서 상호 선의의 경쟁을 통하여 中国本土가 台湾과 대등한 정도의 经济생활이나 수준에 이르렀을 때 수평적인 통합을 할 수도 있으나 당장은 그 시점이 언제인지 모르는 만큼 현 상태로 유지하자는 것이다. 그러나 이러한 세 가지 내용을 종합해 보면 台湾은 中国으로부터 점차적으로 독립하겠다는 것의 간접적인 표현이다.

상기의 의미를 기조로 하여"国家统一綱領"에 내포된 내용에서 볼 때, 분단 현실의 상호 존중을 강조하고 있다."国家统一綱領"에서의 분단 현실이란 中国 共产党(zhōng guó gòng chǎn dǎng)이 통치하고 있는 大陆에 대해 台湾 国民党(guó mín dǎng)은 사실상의 주권을 갖지 않고, 中国 共产党(zhōng guó gòng chǎn dǎng)도 大陆을 통치하는 政治 실체임을 인정하는 한편, 国民党(guó mín dǎng)이 통치하는 台湾에 대해 台湾 国民党(guó mín dǎng)이 사실상의 주권을 갖고 있음을 확인하는 것이다. 즉, 中国 共产党(zhōng guó gòng chǎn dǎng)과 国民党(guó mín dǎng) 政府의 합법적인 지위를 인정하자는 것이다. 곧 이것은 쌍방이 하나의 독립된 政治 실체로서의 지위를 인정하면서 상호 간섭을 지양하고, 国家 간의 교류 원칙에 따라 상호关系를 발전시키자는 것이다.[393] 이것이 곧 台湾의 两岸关系(liǎng àn guān xī)에 대한 국제화政策이며, 台湾측의 大陆政策(dà lù zhèng cè)이 국내政治的 성격으로부터 점차 외교화 되어가고 있다는 것을 잘 나타내고 있는 것이다. 그래서 统一과정 또한 3단계로 나누고 있다.[394] 제 1단계는 교류와 상호호

---

393) 박두복., op. cit., p. 35. 재인용.

혜의 단계이고, 제 2단계는 상호신뢰와 합작단계이며, 제 3단계는 협상통일 단계로 정하고 있다.

다시 말하면 台湾이 "国家统一綱領"에서 주장하는 一国两区论(yì guó liǎng qū lùn)은 中国의 社会主义와 台湾의 자본주의가 中央과 地方의 关系로 불공평하게 수직적으로 공존하는 것이 아니라 독자적인 통치지역과 통치권을 갖는 두개의 政治실체가 수평적인 동등한 입장에서 존재하는 것을 말하는 것이다. 그러므로 台湾은 국제무대에서 中国과 대등한 国家 간의 독립적인 지위로 격상 내지는 회복을 꾀하고 있으며, 지속적으로 UN 재가입을 추진하는 등 국제무대에서 생존공간을 확보하기 위해 외교적으로 부단히 노력하고 있다. 台湾은 两岸关系(liǎng àn guān xī)를 準国際关系(국제화) 혹은 分斷 国 关系로 처리해 가려는 기본방향을 반영하고 있는 것이다.

이러한 台湾측의 大陆政策(dà lù zhèng cè)의 국제화와 외교화政策은 两岸 간의 상호关系에는 물론 국제사회에 있어서 两岸 간의 경쟁과 대립을 심화시키는데 매우 중요한 影响을 미치고 있다.

3. 中国의 改革·开放과 四项原则의 矛盾关系

中国 共产党(zhōng guó gòng chǎn dǎng)의 총체적인 改革·开放사상의 객관적 조건은 中国 내부로부터 일어난 것이 아니다. 如今 세계 新技術혁명이 전 지구에 일어났고, 이것은 인류科学(kē xué)기술의 최신 성과와 经济 발전을 가져왔다. 특히 주목할 점은 세계 모든 国家로 하여금 도전케 하였으며, 여기에 中国 역시 이에 대한 도전을 받게 되었을 뿐 아니라, 이러한 도전에 中国은 中国 나름대로의 中国특색의 社会主义 新体制를 구축해야 했다. 이렇듯 어쩔 수 없이 놓여진 형세 하에서 经济体制 개혁을 하게 되었고, 근본적으로 속박된 생산력의 舊经济·舊政治体制를 바꿔야만 하게 되었다.

中国의 現代化과정은 1985·1986·1987年에 걸쳐 극도로 요구되었고 변화 되어갔다. 국민经济는 신속히 발전되어갔고, 인민 생활수준도 높아져 갔다. 그러므로 새로운 많은 상황과 새로운 问题, 새로운 요구와 그에 대한 해결해야 할 问题들로 하여금 전통 관념은 도전을 받게 된 것은 자연스런 현

---

394) 行政院大陆委員會., 「国家發展會議兩岸关系議題共同意見」, 台北: 冠順印刷事業有限公司, 中华民国(zhōng huá mín guó) 一八十六年 二月, pp. 16~17; The Republic of China Year Book 1996. p. 109. 재인용.

상이었다.

특히 新舊体制의 교차 과정에서 나타나는 많은 제도상 불건전·관리상 부패·사회 총수요와 공급의 조절 問題 등 많은 부문에서 통치상 존재하는 엄중한 관료주의와 부패현상이 나타났으며, 이러한 것에 대한 많은 불만들이 있었다.

그동안 邓小平(dèng xiǎo píng)이 계속적으로 강조하는 바는 現代化를 위하여 改革·开放과 四项原则(sì xiàng yuán zé)의 조화 가운데 발전이다. 이것은 근본 내용상 서로가 상반된 내용으로 되어있음을 알 수 있다.

이를테면 먼저 改革·开放을 강조하기 위해서는 서방의 문물·기술·제도 생활양식·경제원조 등을 전반적으로 도입하는 과정에서 中国은 经济 면에서 市場经济 도입을 经济特区395)지역에서 이미 도입을 시행하게 되었는데, 그 결과 经济特구지역의 市場经济의 모습은 자본주의와 뚜렷한 구별이 되지 않을 정도가 되어버렸다. 여기에는 经济제도뿐만 아니라, 政治的인 면에서도 제도상 中国 내륙地方과 같은 中央집권적인 형태는 이미 아니다. 당시의 经济特구는 中国의 대외经济 개방政策을 구현하기 위한 하나의 모델이다. 经济特구의 설치가 정식으로 결정되었던 것은 1980年 이었다. 1980年 8月에 广东省(guǎng dōng shěng) 经济特區條例가 공포되어 广东省(guǎng dōng shěng)의 深圳(shēn zhèn)·珠海(zhū hǎi)·汕头(shàn tóu)에 经济특구가 설치되고 계속해서 10月에 福建省(fú jiàn shěng)의 厦门(xià mén)에도 특구가 설치되었다. 그 이후 海南岛(hǎi nán dǎo)도 经济特區로 지정하여 현재 中国의 经济개방 지역은 5개 经济特區와 15개 开放都市로 되어 있으며, 이것은 점차 늘려서 전면적인 市場经济화 계획이고 지난 14대 보고에서 江泽民(jiāng zé mín) 총서기는 市場经济 도입을 전면 실시할 것을 표명하기에 이르렀던 것이다.

이러한 것을 놓고 보면, 改革·开放과 四项坚持(sì xiàng jiān chí)는 어느 것을 우선순위에 두느냐가 중요한 問題이지만, 결국 이들의 关系는 이론상 모순关系에 놓여있기 때문에 만약 中国이 四項원칙을 강조하게 되면 改革·开放은 뒷걸음 칠 수밖에 없다는 결론에 다다르게 된다.

邓小平(dèng xiǎo píng)의 논리는 马克思(mǎ kè sī)·列宁(liè níng)主义 사상, 毛泽东(máo zé dōng)사상 坚持, 社会主义 坚持, 인민民主主义(mín

---

395) 人民日报(rén mín rì bào)., 1992.10.20. 제 14대 보고문. 재인용.

zhǔ zhǔ yì)의 堅持, 강력한 党의 영도 가운데에만 改革・开放의 가속화를 하여 经济특구지역에서도 中国式이라는 모델을 계속적으로 유지한다는 것이다. 그러나 그것은 이미 무너져 버렸으며, 四項원칙은 하나의 이론에 불과한 것으로 받아들여지고 있다는 것이다. 이것은 결코 '두개의 기본점'이 조화를 이룰 수 있는 조건이 아니다. 즉, 하나를 강조하면 다른 하나는 약화되기 마련이라는 것이다.

이러한 改革・开放과 四項原則(sì xiàng yuán zé)의 논리를 놓고 볼 때, 이 논리는 변화될 가능성을 많이 갖고 있다. 그 상황에 맞는 논리로의 전환이 필요하다. 현 中国의 政治상황도 제 14대를 전후하여 보듯이 이전의 상황과는 많이 달라졌다. 그 中央党 구성원 역시 이전의 元老로부터 많이 '年少化'되었고, '革命性'을 강조하던 제 1・2세대 보다는 점차 기술적・기능적 관료로 바뀌어가고, 그들의 사고조차도 '不斷革命' 보다는 지식적・합리적으로 옮아가고 있음을 볼 수가 있다.396)

이미 邓小平(dèng xiǎo píng) 死後 中原式 社会主义의 노선은 '두개의 기본점'의 논리가 상황에 맞추어 점점 변하는 과정을 거치고 있으며, 나아가 그것은 어떤 中国 나름대로의 논리전개 라기 보다는 합리성에 근거한 아무런 특징도 없이 다양한 모델도입으로 인한 개량주의 노선운용에 가깝다고 볼 수 있다.

앞서도 언급했지만 邓小平(dèng xiǎo píng) 시기에 새로이 등장한 '兩手抓' 이론은 물질문명과 정신문명의 조화 속의 现代化 추구라는 점에서 논리상 이율배반 적인 이론이다. 이 논리는 '두개의 기본점'의 범위를 넓혀서 물질문명은 改革・开放을 포함한 经济전반의 발전을 의미하고, 정신문명은 물질문명을 둘러싼 도덕성・문화・규율의 발전을 의미한다. 이것은 이미 中国의 经济흐름이 빨라지고, 다양화되고 복잡해짐에 따라 이 논리도 포괄적인 의미로 변형되어 현실과 상황에 맞는 논리를 제시하려고 하는 것이다. 中国의 改革・开放은 실제로부터 출발하여야 하기 때문에 中国의 실정이 바뀌면 논리도 그에 맞춰서 합리화 될 수도 있음을 의미한다.

본 논문에서는 이것은 부분적으로 드러나는 논리상 모순의 범위를 넓게 잡아서 큰'틀'속에 용해시키기 위한 구도라고 밖에 볼 수 없다고 단정 짓고 있다.

---

396) 人民日报(rén mín rì bào)., 1992.10.20. 재인용.

邓小平(dèng xiǎo píng)의 現代化과정 중 가장 강조하는 것은 '兩手抓'의 방침이다. 이것은 전술한 바와 같이 물질문명과 정신문명간의 조화 가운데 발전한다는 것이다. 이러한 요소는 아주 복잡한 이중성을 갖고 있고, 각기 다른 구성원간의 각자의 이익을 추구하고 있다.

첫째, 물질문명과 정신문명을 양손에 움켜잡는 것이다. 邓小平(dèng xiǎo píng)은 말하기를 "社会主义 国家에서 진정한 马克思(mǎ kè sī) 정당을 집 정한 이후, 반드시 생산력 발전을 하여야 하고, 게다가 이러한 기초 상에서 인민의 생활수준을 높여야 한다는 것이다. 이것은 곧 물질문명 건설이다. 과 거 오랜 기간 동안 우리는 생산력 발전을 소홀히 하여왔다. 그러므로 현재 우리는 특별히 물질문명 건설에 주의하여야 한다. 이와 동시에 社会主义 정 신문명건설을 하여야 하고, 가장 근본적인 것은 전 인민으로 하여금 社会主 义 이상을 갖게 하며, 도덕성을 갖게 하고, 문화를 개선하며, 규율을 지키게 하는 것이다"고 하였다. 정신문명 건설을 강화하지 않으면 물질문명의 건설 역시 파괴되고 구부러진 길로 가게 된다는 것이다.

둘째, 개인이익·국부이익·단기이익을 주의하면서, 集体利益·장기이익 등의 여러 이익의 상호 关系를 더욱 고려하는 것이다. 邓小平(dèng xiǎo píng)의 이러한 问题처리 방법은 개인이익 보다 집체이익을, 부분이익 보다 전체이익을, 단기이익 보다 장기이익에 중점을 두는 차원에서 问题 해결방 안을 모색하였다.

셋째, 열심히 노력하는 사람은 자신의 노력의 성과에 따라 먼저 더 부유 해 질수 있다는 것이다. 그것은 공동부유에도 도움이 된다고 보았다.

이것은 邓小平(dèng xiǎo píng)의 중요한 政策의 제출이다. 분배제도의 평균주의 타파는 社会主义의 经济규율과 中国 社会主义 초급단계의 국정에 부합하는 社会主义 생산력 발전을 움직이는 것이다.[397]

이와 동시에 邓小平(dèng xiǎo píng)은 시종 "社会主义와 자본주의의 다른 점은 곧 共同富裕이지만 양극 분화는 아니며, 일부지역·일부민이 먼저 부 유해지면 보다 많은 사람들이 부유해지고, 결국은 모든 사람들이 부유해 진 다."는 것이다.

넷째, 한 손에는 改革·开放이요. 한 손에는 经济범죄를 타파하는 것이다. 일찍이 1980年代 초 经济특구 건립 시에 邓小平(dèng xiǎo píng)은 '兩手

---

397) 宋永佳., "始終不渝地堅持", 「兩手抓」, 『中国政治』, (1992.5), pp. 17~18. 재인용.

抓'를 하여야 함을 강조하였는데, 한 손에는 改革·开放이요, 한 손에는 经济 범죄를 타파해야 함을 엄중히 얘기했는데, 이것은 사상 政治공작의 포괄적 내용이다.

改革·开放을 가속화하면 할수록 中国 共产党(zhōng guó gòng chǎn dǎng) 지도자들은 이에 대한 부패 성향을 방지하기 위한 정신문명 건설을 강조하고 있다. 물론 이것의 핵심은 四項基本 原則이다.

여기서 주장하는 马克思(mǎ kè sī)主义는 여전히 社会主义 정신문명 건설의 근본으로서 党조직과 党 員들의 지도사상으로 작용되고 의존하고 있다는 데에서 모순을 낳게 된다.

일예로써, 現代化 과정에서 改革·开放을 가속화 할수록 정신문명 건설 또한 강조하게 되는데, 이에 수반되는 改革·开放은 서방 선진국의 기술과 자본 제도를 도입에 따른 中国에 적용하는 것으로서, 社会主义와 자본주의 적합과정에서의 중요한 의미를 갖고 있기 때문에 정신문명의 강조는 당연하다고 여겨진다. 그런데, 이 정신문명 건설은 毛泽东(máo zé dōng) 시대의 혁명을 전제로 한 '紅'을 강조하던 정신문명과는 내용이 다른 것이다. 毛泽东(máo zé dōng) 시대의'정신문명'은 더 혁명적으로 中国을 전진 시키자는 의도였다. 그러나 1978年 이후 改革·开放을 하면서 정신문명 건설은 내부적인 정신사상 강화에서 외부의 문명과의 접촉에서 일어나는 새로운 問題였다. 외부의 제도와 기술과 자본을 끌어들여 올수록 中国특색의 社会主义 건설은 사실상 어려운 것이며, 四項原則(sì xiàng yuán zé) 강조는 改革·开放을 돕는 것이라기보다는 보수로의 회귀로 이끄는 모순关系에 놓이게 되는 것이다.398)

이에 대해 邓小平(dèng xiǎo píng)은 現代化과정에서 改革·开放을 하면서 사항원칙을 강화하는 데는 이들 간의 모순 关系에 있는 논리를 조화를 가지고 유지하는 가운데 中国을 中国특색에 맞게 발전하자는 것이다. 그러나 제 3세대로 넘어가서 물질문명 강조와 정신문명의 강조가 얼마나 조율하면서 지켜 나가느냐가 관건이다.399) 왜냐하면, 이것의 유지는 속성상 쉽지 않은 問題이기 때문이다. 改革·开放을 강화하고 사상을 자유화하면 제 2의

398) 劉去 編., 『中国 共产党(zhōng guó gòng chǎn dǎng) 70年』, (上海人民出版社, 1991), pp. 797 ~801. 재인용.
399) 楊嫻·杜家芳 主編., op, cit., pp. 278~307. 재인용.

천안문 사태는 얼마든지 예견되는 것이고, 반대로 사항 견지를 강화할 때는 또한 政治보수화를 가져오게 하는 것이다. 改革·开放과 사항 원칙간의 问题는 앞으로 中国이 中国式 社会主义를 고수하고 있는 한 现代化건설에서 가장 큰 과제라고 할 수 있다.

1978年 이후의 邓小平(dèng xiǎo píng)으로부터 시작된 现代化과정은 어려운 고비를 넘으면서도 계속적으로 괄목할 만한 성장을 계속 하여오고 있다.

이를 위해 우선 社会主义가 추구하고 있는 평균주의 원칙의 '大锅饭(dà guō fàn)' 등 '左'의 이론에 의한 사회경제 내용과 社会主义 실현노정의 새로운 개념이 요구되었다. 당시 邓小平(dèng xiǎo píng)이 제출한 中国특색의 社会主义를 보면 社会主义가 추구해온 평균주의는 생산력 발전에 방해가 되고, 노동인민의 생산 적극성을 저해하며, 인민노동성의 발휘를 가져오지 못한 병폐적 구조였다. 이를테면 농촌의 일정한 集体에 토지를 지급하여 그 集体內에서 생산을 책임지는 형식으로써, 第十一届三中全会(dì shí yī jiè sān zhōng quán huì) 이래 농촌에 점진적으로 확산되어 왔으며, 承包田 (chéng bāo tián)의 소유권은 集体에 있고, 承包者(chéng bāo zhě)는 다만 使用權만을 가지고 있었다.

이에 대해 中共党 13代에서 확정한 社会主义 초급단계 이론은 의미상 기존의 이오시프 비사리오노비치 스탈린(Иосиф Виссарионович Сталин, 1879~1953)의 模式을 과감히 던져버리고, 소유제 방식도 다양화된 경쟁개념을 도입하였다는 점이다.

예를 들면, 농촌에서 개혁의 결과는 인민공사 해체와 承包制의 확립이었고, 그로인해 도시역시 거대한 변화가 발생하였는데, 공업과 상업기업 가운데도 임금·승포와 주식회사가 설립을 가져왔다. 그 결과 中央집권적 범위는 축소되었고, 각 省과 많은 기업의 자주권도 확대되었다. 이러한 것들은 모두 효율적인 결과를 가져다주었다. 经济효율과 능률이 향상으로 인한 공업·농업 생산이 증대되는 등 中国의 改革(gǎi gé)·开放政策(kāi fàng zhèng cè)에 있어서 특히 经济부분은 이전의 모순의 발견과 问题의 해결로부터 시작하여 새로이 발전하는 데는 성공을 가져왔다고 평가되고 있다.

그러나 社会主义 经济발전에서 생길 문제점 또한 적잖은 것을 예상할 수 있다.400) 첫째, 의식의 변화이다. 둘째, 经济발전에 따른 부패의식이다. 셋

───────────────

400) Ji, 杰柳辛, 曉端 譯., "中国的改革(gǎi gé); 问题與矛盾", 『中国政治』, (1991.7), pp.

째, 中国의 经济에서 가장 우려되는 부분은 산업부문 간의 불균형 발전을 들 수 있다. 넷째, 지역 간의 불균형 발전이다.

상기와 같은 현상은 대체로 社会主义经济에 자본주의적 요소가 가미되어 나타나는 현상이라고 볼 수 있다. 이것은 곧 社会主义 건설의 구조적 문제점으로 나타난다. 그렇다면 中国의 社会主义 노선은 中国지도자들이 목표로 하는 방향으로 가고 있는가에 대한 의문이 생기게 된다. 中国특색의 社会主义란 現代化과정에서 改革·开放과 四项坚持(sì xiàng jiān chí) 원칙의 조화에 있는데 과연 四项原则(sì xiàng yuán zé)이 그대로 잘 지켜질 것인가라는 강한 의문점을 갖게 한다.

如今 中国관료들은 자기에게 부여된 권력은 많으나 이를 사용할 수 없어 고민이다. 改革(gǎi gé)·开放政策(kāi fàng zhèng cè)의 실효를 거두면서 中央政府의 일방적인 명령이 하부에 쉽게 적용되지 않는다는 점이다. 이는 中国의 政治·经济 현실을 단적으로 말해주는 하나의 사례이다.

현재로서는 中国의 经济개혁은 성공을 거두고 있다고 잠정적으로 볼 수 있다. 市場经济 방식의 도입으로 经济특구나 연안地方의 비약적인 발전은 물론 이러한 움직임은 내륙까지 확산되고 있으며, 이미 국제적으로도 亞·太지역은 미국·中国·日本(rì běn)의 3국구도로 재편되어가고 등 中国의 위상과 影响力이 커질 것으로 전문가들은 내다보고 있다.

그러나 中国의 발전은 그렇게 낙관적인 것만은 아니다. 발전과정 중에 있으나 많은 문제점들을 안고 진행 중에 있다. 이러한 흐름은 어떠한 요소로 인하여 궤도를 달리할 소지가 있는 것이다. 그것은 中国의 현실을 보는데서 찾을 수가 있다.

中国의 현실은 아직 社会主义를 고수하고 있는 社会主义 国家이기 때문이다. 그리고 발전단계에 있으나 선진국의 수준에 이르기는 아직 멀다. 또한 社会主义 市場经济 도입의 초기단계로서 확실한 정착이 되어있지 못한 상태라는 점도 향후 정국불안의 요소이다.

이와 같은 현실 속에서 温饱问题(wēn bǎo wèn tí)(먹고 입는 问题)가 해결되면서, 국민들의 욕구는 시시각각으로 다르게 분출되어 나오기 시작한다. 이러한 현상들을 몇 가지만 살펴보면, 中国의 농촌에서 일고 있는 대규모 소요사태가 자주 발생하고 있다. 농민의 소요사태의 원인은 농촌지역 党·

22~24. 재인용.

政 관리들의 농민착취 행위 등 政府관리들의 권력 남용과 같은 요인에서 발생되고 있으나, 경우에 따라 다양하다. 이러한 것을 中央관리들이 통제하기는 불가항력인 것 같다. 그 만큼 中央과 地方은 멀어졌고, 中央집중식도 많이 바뀐 듯한 인상을 준다. 지금까지 中国政治를 관측하는 분석의 '틀'은 주로 保·革 대립의 구도였다. 1970年代 末 文革派를 몰아낸 직후만 해도 政策차이에 그쳤던 양자 간의 대립은 갈수록 격렬해져 1980年代 保·革 간의 대립은 격렬했었다. 90年代 이르러서야 지속적인 邓小平(dèng xiǎo píng)의 政治体制 개혁에서 젊은 층으로의 세대교체를 이루면서 이러한 保·革 간의 問題는 줄어들었다고는 하나, 상기에서 주지한 바 있듯이, 이와는 달리 새롭게 등장한 것이 中央집권이 약화되면서 改革·开放과 더불어 地方政府의 자치 움직임이 확대를 가져왔다는 점이다.401) 이것은 당연히 中央과 地方간의 갈등의 요소로 떠오르게 되었다. 广东省(guǎng dōng shěng)이 中央政府의 의사를 거부하고 버틸 수 있는 능력을 갖췄다는 問題는 간단한 것이 아닐 것이다.

이처럼 개방화의 물결은 교육의 장인대학에도 침투하여 中国내의 주요대학들은 의무적 군사교육과 공산주의 이념교육을 피하려는 학생들이 많아지고 있다. 한편 미래의 불안감 때문에 政治에 관심보다 취업에 관심이 많으며, 돈 벌 기회가 많은 해안지역 대학을 선호하게 되었으며, 이와 같은 사례는 中国의 전체 구조적으로 볼 때, 불균형 발전의 일면인 것이다.402)

그 결과 中国은 经济의 改革·开放으로 인하여 오는 결과는 문제점보다 발전이라는 긍정적 측면에 훨씬 비중을 두고 '改革·开放'을 '四项基本原则' 보다 우선에 두고 있다. 그러나 이전의 中国式 社会主义 발전으로 인한 '改革·开放'에 대한 '四项原则(sì xiàng yuán zé)'강조는 자유로운 经济발전을 가로막는 작용에 불과하였다. 이러한 것에 대한 대체 논리가 필요하였으며, 그것은 '물질문명건설'에 따르는 '정신문명건설'로서 총체적 개념에서 양쪽을 서로 보강할 수 있는 개념으로 의미를 변화시키고 있다는 점에서 '改革·开放', '四项原则(sì xiàng yuán zé) 堅持'라는 극단적 대치개념에서의 사용보다는 '물질문명건설'과 '정신문명건설'로 좀 더 보완关系를 강조하는

---

401) 楊啓先., "中国 社会主义的 特色與今後改革的任務", 『改革』, (1992.3), pp. 30~36. 재인용.
402) 세계일보., 1993. 6. 17. 재인용.

개념의 유연성이 필요로 하게 되었다. 반면에 그 속에 의미하고 있는 근본은 社会主义 노선을 견지하려는 马克思(mǎ kè sī)·列宁(liè níng)主义, 毛泽东(máo zé dōng)사상이 근본을 이루고 있고, 그것은 社会主义 우월성을 최종에서는 입증하겠다는 의도를 갖고 있다는 점에서 또 다른 변형된 모순 关系를 가져옴으로써, 이러한 제반 현상들은 改革·开放에 따른 市场经济 도입의 가속화로 中国지도부는 中国의 体制에 대해 위기를 느끼고 있다고 볼 수 있다.

상기에서 주지한 바 있듯이, 물질문명과 정신문명 건설의 강조는 中国을 균형되고, 조화 있게 발전시켜온 것은 사실이다. 그러나 1960年代의 물질문명과 정신문명이 1970年代와 같을 수 없고, 1970~80年代의 두개의 문명이 1990年代 그리고 2000年代와는 또 다르다. 즉, 주장하고 있는 이론은 비슷하지만 그 내용은 그 시대의 상황과 실제에 맞아야 한다. 그러므로 그 내용에 있어서 中国의 변화하는 실제에 따라 변형되고 있는 것이 사실이다.

이와 같은 의미에서 '市场经济'는 이미 자본주의의 형태의 전유물이 아니며, 社会主义가 이것을 시행하면 '社会主义식 市场经济'라는 합리화된 이론이 나오고 있는 것이다.

中国이 市场经济 도입과 사상의 자유화를 실시하게 되었을 때, 오는 '和平演变(hé píng yǎn biàn)'을 떨쳐버릴 수가 없으며, 이러한 요소들은 经济의 개방화현상에 의하여 각지에서 나타나고 있는 것이 현실이다. 그러나 中国 지도부의 결론은 "우리의 개방화 하지 않는 것은 더욱 어려운 것이다."[403] 라고 하였다.

이처럼 市场经济의 도입은 신중히 실시되고 있으며, 불안한 요소를 지니고 있지만 中国실정에 맞게 최선책을 선택하여 추진하고 있다고 본다.

4. 台湾의 对中国 经济構造에 따른 问题

中国은 经济的인 측면에서는 台湾의 大陆에 대한 의존도를 점차 심화시켜 나가는 政策을 펴고 있다. 经济的인 측면에서 台湾의 大陆의존도가 심화될 시 台湾에 대해 大陆에 대한 经济의존도의 심화로 단기적으로는 政治的인 影响力을 행사할 수 있기 때문이다. 台湾 사회내부에 있는 구체적이고 현실

---

403) 方 生., "再談对外开放和利用資本主义问题", 『改革』, (1992.3.), p. 25. 재인용.

적인 이해 关系를 가지고 있는 親中国세력의 사회집단이 출현하게 되면, 이 집단은 台湾의 政策결정 과정에 심대한 影响을 미칠 수 있기 때문이다. 그 래서 中国은 台湾기업이 中国진출에 유리한 관세면제 등의 조치를 취하고 있다. 台湾기업들의 大陆진출은 연해지역에서 중서부 內地까지 진출하고 있 으며, 인프라 구조(Infra Structure)에 대거 진출하고 있는 실정이다.404)

1988年 당시 본격적인 两岸교류가 시작된 이후 지금까지 台湾기업의 大 陆에 대한 投資는 이미 210억 달러를 넘어섰을 뿐만 아니라 投資업종과 两 岸 간 经济합작 분야가 크게 다변화되고 있는 상황이다. 또 中小企業 위주 로 진행되던 大陆投資에서 대기업들이 뛰어드는 등 两岸 간 经济교류는 질 적 양적으로 괄목할 만한 변화를 보이고 있다. 이러한 추세는 台湾기업들이 中国에 投資를 증대시켜 台湾에 심각한 산업의 공동화현상이 일어나도록 经 济政策을 펴고 있는 것이다. 이것은 장기적인 측면에서는 결국 经济통합으 로 政治통합을 달성하는 迂廻政策인 것이다. 일예로써, 李登辉(lǐ dēng huī) 总统이 당해 年度 9月 국내 기업인들에게 본토에 대한 投資를 삼가도록 촉 구한 이후 처음으로 台湾기업 대표단으로 台湾 상공회와 太子气車关系企業 集團의 회장인 许胜发(xǔ shèng fā)을 단장으로 한 고위급 台湾기업 대표단 과 江泽民(jiāng zé mín)이 만난 사례를 들 수 있다.

이후 经济的인 측면에서 台湾의 大陆에 대한 의존도는 점차 심화되어 가 고 있다. 현재 台湾은 两岸 간의 무역총량을 台湾 전체 무역총량의 10%로 제한시켜 놓았으나, 이미 무너지고 있는 실정이다.

이에 대해 台湾은 中国에 대한 经济의존도를 줄이고, 산업의 공동화현상 을 방지하기 위한 방안의 일환으로 자국기업들의 对中投資 규제강화를 골자 로 한 새로운 中国 投資政策 기준을 마련하여 전력과 항만·공항·철도·고 속도로·소각로·공단 등 13개 기간산업 분야에 대해 전면적으로 금지시키 고 있다.

그럼에도 불구하고 台湾기업인들의 对中国投資는 两岸간의 직항로 개설과 함께 증가하는 추세에 있으며, 급기야 中国과의 서신·무역·교통왕래의 自 由(zì yóu), 즉 三通(sān tōng)<通邮(tōng yóu)·通商(tōng shāng)·通航 (tōng háng)>을 실현하자는 台湾人들이 전체의 60%를 넘어서고 있는 실정 이다. 그러나 台湾政府는 台湾기업들의 中国진출을 억제하는 戒急用忍(jiè jí

---

404) 강명상., 「이등휘(lǐ dēng huī) 총통 전」, (서울: 을유문화사, 1997.), p. 247.

yòng rén)(인내로 서두름을 막는다) 政策을 채택하고 있으면서, 三通(sān tōng)으로 인해 기업은 물론 台湾내 모든 분야에서 中国의존도가 너무 커질 것을 우려해 三通(sān tōng)을 반대하고 있는 것이다. 따라서 台湾政府의 经济통합에 대한 위기의식과 大陆에 投資하려는 기업인 간에 갈등을 겪고 있으며, 大陆政策(dà lù zhèng cè)에 影响을 받고 있는 것이 如今의 추세이다.

이러한 台湾의 对中国经济 의존도 심화현상은 종국에 가서는 中国이 노리는 궁극적인 목적이 经济교류 확대를 통해 台湾经济와의 일체화를 추진하여 台湾독립의 의도를 무산시키려는 획책임을 알면서도 이에 대해 뚜렷한 대책이 없는 台湾政府로서는 깊은 딜레마에 빠져있다.405) 政府가 中国과의 무역 关系를 억제시킴으로써 经济성장을 느리게 할 것 인지, 아니면 国家안보에 대한 위험을 무릅쓰고, 经济성과를 더욱 북돋을 수 있는 자유스러운 两岸교류 经济政策을 채택할 것인지, 선택을 해야 할 어려운 입장에 놓여있는 것이다.

현재 台湾经济의 전환형식을 보면 두 가지 변수를 고려할 수 있다.406) 첫째, 台湾의 현 经济전환 형식상 국제산업 분업에 있어 의존성이 매우 크다는 것을 알 수 있다. 현재 台湾이 국제산업 분업구조 하에서 그 지위가 공고하지 못하다. 둘째, 현재의 전환 형식이 中国의 산업 분업구조에 의존성이 높아져 가고 있다는 것이다.

台湾의 정보산업은 美国(měi guó)과 日本(rì běn)의 분업体制내에 소속돼 있다. 전 세계 정보산업의 분업구조에 있어 日本(rì běn)은 DRAM·LCD 등을 제공하고 있으며, 美国은 세계정보 상품의 주요판매처로써 台湾은 생산부가가치가 비교적 낮은 非 고기술 주변상품의 생산을 맡고 있다. 台湾의 많은 컴퓨터 주변기기가 세계市場에서 중요한 위치를 점유하고 있으나, 台湾의 정보업의 대부분 업무가 OEM방식을 취하고 있다는 한계성을 갖고 있다. 이밖에 台湾의 대외의존도는 나날이 증가되고 있다.407)

정보산업이 美国과 日本의 의존성에 높다고 한다면, 섬유공업과 화학공업은 中国에 대한 의존성이 높다. 1994年 국제市場의 수요증가와 中国市場의 수요증대로 台湾의 섬유화학 상품의 가격이 상승돼 1993年보다 대폭적으로 상승했다. 台湾의 中央은행에 따르면 각 대기업들 1995年에 대규모 投資를

---

405) Tse-Kang., The Taiwan-China Connection (Colorado: Westview Press, 1996.), p. 121.
406) 陳文鴻 朱文暉., op. cit., pp. 64~71. 재인용.
407) 陳文鴻 朱文暉., op. cit., pp. 64~67. 재인용.

할 계획을 갖고 大陆에 对投资건수가 1백18건이 달하고 석유화학 공업의 비율이 42.6%에 달했다. 이들 대기업의 中国投资에 대해 台湾政府는 여전히 저자세를 보이고 있으나 中国은 기타 国家의 석유화학 投资에 대해선 제한하고 있으면서도 台湾에 대해선 개방하고 있다. 따라서 台湾의 奇美公司는 막대한 흑자를 보았다.[408]

中国과의 经济교류가 台湾에 미친 影响을 보면 긍정적인 면과 부정적인 면 모두를 살펴보아야 한다.[409] 먼저 긍정적인 면은 다음과 같다.

첫째, 台湾상품의 수출경쟁력의 제고이다. 台湾의 주요 수출상품인 방직류·신발류·완구류·잡제품 등의 원자재가 中国으로부터 저렴한 가격으로 도입됨에 따라 台湾기업의 생산비를 절감시키는 효과를 주고 있다. 또한 中国과 台湾의 지리적 근접성으로 인해 수송비와 시간이 적게 들어 일부산업에서는 산업 내 분업이 활발하게 진행되고 있으며 국제市場의 변화에도 신속하게 대처할 수 있는 부수적인 효과도 얻고 있다.

둘째, 台湾의 산업구조 고도화政策에 긍정적인 효과를 주고 있다. 중소기업이 전체 기업의 90%이상을 차지하고 있으며, 이들 대부분의 중소기업이 노동집약적 산업에 종사하고 있는 현실을 감안할 때 台湾이 추구하고자 하는 기술·자본집약적 산업으로의 산업구조조정은 상당히 어려움이 많았다. 그러나 中国으로의 노동집약적 기업의 대량진출은 台湾을 기계·설비·중요 품목 등 기술·자본집약적 고부가가치를 생산하는 기지로 만들고, 中国에 진출해 있는 台湾기업들은 이를 바탕으로 中国의 값싼 노동력과 원자재를 이용해 조립, 가공하는 노동집약적 과정을 담당함으로써 台湾의 산업구조를 고도화 시킬 수 있는 가능성을 제공하고 있다.

셋째, 中国이라는 새로운 市場은 台湾에게 수출市場 다변화와 통상마찰 완화, 과다한 자본의 유출기회를 제공해주고 있다. 台湾의 수출市場이 美国·日本·유럽 등 일부지역에 편중돼 이들 지역과 통상마찰이 빈번해지고 있는 시점에서 中国이라는 거대한 市場은 台湾 수출市場을 다변화 시켜주고 있다. 또한 1989年 외환보유고가 국민 총생산액에서 차지하는 비율이 48.7%나 돼 台湾은 경제력에 비추어 너무 과도한 규모의 외환보유고를 갖

---

408) 陳文鴻 朱文暉., op. cit., pp. 68~71. 재인용.
409) 이민형., 「중국·대만 간 통일정책과 경제협력 전망」, 산업연구원, 1991.5. pp. 107~109. 재인용.

고 있다. 이러한 台湾에게 中国은 자본投資의 좋은 기회를 제공하고 있다.

넷째, 경제외적 효과로서 台湾의 안전에 커다란 효과를 주고 있다. 台湾人의 대량 中国방문으로 인한 两国 국민들의 빈번한 접촉은 两国국민들 사이의 적대감은 물론 中国의 무력사용 가능성도 해소시키는데 크게 도움이 되고 있다.

그러나 中国과의 经济교류는 台湾에게 부정적인 결과도 갖다 주었다.

첫째, 산업공동화 현상을 들 수 있다. 노동집약적 산업 또는 일부 원자재 가공 산업의 대량 이전은 台湾 经济의 자체적인 经济 재순환에 커다란 차질을 줄 수 있으며, 유사시 中国市場에 대한 높은 의존도는 台湾의 안전을 해칠 수도 있다. 따라서 가까운 시기에 예상되는 两国政府 간 협상에서 台湾을 불리하게 할 수도 있다.

둘째, 수출市場에서 中国이 台湾의 경쟁国家로 부상할 수 있다. 台湾기업들의 수출 노하우 전수는 中国 수출산업의 경쟁력을 향상시킬 수 있으며, 이는 결과적으로 수출 주도형 台湾经济에 치명적인 타격을 줄 수 있다.

셋째, 中国으로부터의 값싼 원자재 도입으로 인해 일부 원자재 산업이 피해를 입고 있으며, 특히 농업부문의 피해가 극심하다. 台湾의 주요 농업지역인 雲林縣의 1989年 오이 재배면적이 1985年 보다 90%가 줄어들었고 생산량도 86%가 감소된 것으로 나타나있다.410)

台湾이 亞·太 經營 中心을 실시하면서 단시간 내에 中国의 经济무역에 대해 엄격한 제한을 풀어나갔는데 政治的인 원인 외에 经济的 요인이 작용하고 있다. 1991年부터 台湾은 中国과의 经济矣系를 급속도로 발전시켜나가 台湾经济가 中国에 의존토록 했는데 이는 两岸经济의 보완성이 매우 강화되고 있으며 中国의 投資환경이 변화중인 台湾의 대외직접 投資가 적합했기 때문이다.

현재 台湾의 中国投資는 다음과 같은 특징을 보이고 있다. 노동집약 상품의 지속적인 中国이전, 중소기업의 中国이전 가속화, 中国市場 개척과 中国市場을 위주로 한 내수기업 등이다.

中国은 台湾의 大陆의존도를 심화시키는 经济的 방식에 의한 장기적·점진적 통합방식을 추구해나가고 있다. 台湾과의 교역을 省間교역으로 간주해 관세를 면세하는 등 台湾상품에 대해 각종 우대조치를 취하고 있다. 1993年

---

410) 이민형., op. cit., p. 74. 재인용.

台湾의 对中国무역흑자는 64억8천만 달러로 台湾의 대외무역흑자 가운데 82%를 차지하고 있다. 经济교류 증가와 함께 인적교류도 날로 증가돼 1987年 이래 1993年 말까지 台湾人의 中国방문이 6백만 명이 넘어서고 본토 中国人의 台湾 방문자수는 5만5천 명에 달하고 있어 台湾과 大陆간의 经济 인적교류 증가와 상호의존도가 날로 증가하고 있다. 따라서 政经分離 원칙아래 진행되는 현 经貿关系가 언제든지 급속하게 政治的인 교류로까지 발전할 가능성이 항상 잠재되고 있다.

中国에 대한 台湾의 수출의존도는 1987年엔 台湾의 대외수출 중 中国의 존도가 2.29%였으나 1993年 8.9%로 증가됐다. 그러나 제 3국을 통한 삼각무역 등의 수출량을 감안하면 16.5%에 달할 것으로 추정된다. 이에 비해 1993年 中国의 台湾 수출의존도는 1.2%에 불과했다.

台湾의 对中国 무역의존도 제한政策에도 불구하고 그 효과를 거두기가 어려울 것으로 보인다. 대외무역흑자 가운데 中国으로부터 얻는 무역흑자 비중이 날로 커지고 있다.[411] 1990年度 20%의 비중을 보이던 것이 1993年 台湾의 대외무역 흑자 79억 달러 가운데 中国으로부터 획득한 흑자가 약 65억 달러로 82%의 비중을 보이고 있다. 이 같은 추세로 볼 때, 中国은 1996年 美国을 능가하는 台湾의 제일 큰 무역파트너로 부상할 것으로 예상된다.

〈表. IV-1-3-4/1〉大陆에 대한 台湾 貿易黑字 依存度(1990-1993年)

年度	台湾 대외 무역흑자(A)	台湾의 对中国 무역흑자(B)	对中国 흑자비율
1990	12,495.2	2,512.9	20.11%
1991	13,229.1	3,541.2	26.63%
1992	9,479.3	5,169.0	54.53%
1993	7,869.8	6,481.9	82.36%

資料出處: 『兩岸経済統計月報』 1994. 5. 재인용.

현재 兩岸간의 经济협력体制의 양상을 보면 이를 더욱 입증해준다. 中国의 저임금으로 제조돼 제 3국으로 수출되는 수직분업 구조를 띠고 있는 台湾과 中国의 经貿交流구조가 노동집약적 산업에서 점차 기술 집약·내구 소

---

411) 유희문., "양안경제관계와 중화경제권의 경제통합", 계간 「중국연구」, 1995. 여름호, pp. 60~61

비재 산업·유통업·서비스업 등으로 광범위하게 확산되고 있다.

특히 兩岸의 經貿关系가 국내政治的 요인에 의해 影响을 별로 받지 않는 것은 주시해 볼 가치가 있다. 1979年 이후 台湾수출이 1982年-49.4%, 1983年-18,8%, 1986年-17.8% 등 세 차례 감소한 현상을 보였으나, 이때 교역감소는 政治的인 요인 보다는 中国의 전반적인 대외수입 감소에 의한 것이며, 1987~1993年 기간 중에 1989年 천안문 사건, 1991年 台湾 民进党(mín jìn dǎng)의 台湾독립주장 등 政治的 불안요소가 있을 때도 台湾의 수출은 꾸준히 증가했다.412)

江八点(jiāng bā diǎn)과 李六条(lǐ liù tiáo) 후 非政治的 关系발전과 심화를 통해 大陆에 대한 台湾에서의 離心的 경향을 효과적으로 방지하는 수단이나 政策을 개발해 갈 것으로 보인다. 台湾과의 经济협력을 강화하고 상호 의존성을 심화시키기 위해 大陆에 진출하는 기업에 특혜조치를 제공하는 등 다양한 政策을 펴나가면서 동시에 兩岸 간의 经济的 인적교류의 증대에 따라 나타나는 다양한 법적 충돌현상을 해결하기 위해 兩岸关系(liǎng àn guān xī)의 규범화 보다는 현실주의적 입장을 취할 가능성이 크다.

1970年代 末 이래 추구해온 改革(gǎi gé)·开放政策(kāi fàng zhèng cè)에 따라 자본주의 经济요소를 적극 배양해 왔다는 점에서 中国 社会主义 体制는 자본주의 体制와의 교류에 보다 자신감을 갖게 됐다. 이러한 자본주의 体制와의 공존이나 적응을 할 수 있는 中国 社会主义 体制의 유연성은 江八点(jiāng bā diǎn) 후 中国으로 하여금 兩岸간 경제교류나 非政治的 기능적 접근에 대해 보다 적극적인 자세를 갖게 할 것이다.

국제경제블록화에 따라 大陆经济는 개혁의 심화와 市場개방을 추구하며 台湾은 亞·太 經營中心계획을 적극적으로 추진하므로 兩岸은 江八点(jiāng bā diǎn)과 李六条(lǐ liù tiáo) 후 객관적으로 국제경쟁력의 제고라는 새로운 국면에 직면해 상호합작을 강화할 것이다. Hongkong·澳门(ào mén)에 대한 순조로운 中国영토화는 大陆 台湾·Hongkong·澳门(ào mén)라는 4개의 经济를 실질적이고 직접적인 投資关系로 발전할 것이며 亞·太 經營中心의 추세로 발전될 것이다. 따라서 직항問題는 필연적인 수순이 될 것이다.

---

412) 유희문., op. cit., p. 59. 재인용.

〈표. IV-1-3-4/2〉 中华经济圈의 規模(1993年)

(단위: 10억 달러)

구 분	국내 총생산액	수출액	수입액
미 국	6,378	465	603
일 본	4,216	362	242
독 일	1,880	363	327
中華經濟圈 (zhōng huá jīng jì quān) (中+臺+Hongkong)	875	312	320
중 국	545	92	139
대 만	220	85	77
홍 콩	110	135	104

資料出處: 「中國通商(tōng shāng)情報」, 1995. 1. p. 2. 재인용.

兩岸经济의 밀접은 中华经济圈(zhōng huá jīng jì quān)의 형성을 가능케 될 것이며, 최대의 中華市場權을 건립할 것이다. 분리하면 해가되고 합하면 이롭다는 원칙하에 兩岸经济 합작은 낙관적이다. 그러므로 中国 Hongkong ·台湾을 포괄하는 中华经济圈(zhōng huá jīng jì quān)의 출현이 가속화될 것이다. 그러면서도 中国과 台湾 간의 교류가 각국의 이익추구라는 것과 맞물려 움직이고 있다는 것이다. 특히 中国은 台湾의 对中国 의존도를 높여 经济 협력이 政治통합화로 발전시킬 것을 염두에 두고 있으나 台湾은 经济무역 关系에만 국한하기를 원하고 있다. 经济협력의 강화에도 兩国이 상이한 산업발전 体制를 형성하고 있기 때문에 산업구조의 분업화 추구에는 한계가 있는 것도 분명하다. 따라서 江八点(jiāng bā diǎn)과 李六条(lǐ liù tiáo)가 兩国 간의 직교역을 가능케 하고 通航(tōng háng)의 问题를 해결하기 까지 에는 많은 시간이 요구될 것이다.

5. 军事力 对立

中国은 军 現代化 계획과 함께 军구조 조정도 불가피하게 되었는데, 1백만 명을 감군하고 11개의 大軍區를 7개로 조정했으며, 36개 야전군을 24개 집단군으로 전환했다. 军 現代化의 중점은 지상군 보다는 해군·공군력 증강에 중점을 두고 있다. 특히 최첨단 무기는 러시아로부터 구매하고 있는 중이며, 병력유지·첨단무기수입·자체 무기개발·방위산업 등에 투자한 1990 年代 국방예산은 日本(rì běn)측 자료(日本防衛白书 1996年 판)에 의하면 1992年부터 1996年까지 매년 평균 16.7%정도씩 증가하고 있는 것으로 나타나고 있다. 그러나 中国은 국방예산413)과 지출에 대해 세계 각국과는 달리 21세기에 들어선 如今까지도 공식적으로 발표를 하지 않아 투명성이 결여되어 있다.

〈표. Ⅳ-1-3-5/1〉 中国 军費 推移

(단위 : 억 엔)

년　도	1992	1993	1994	1995	1996	비　　고
예산액	370 (13.8%)	425 (14.9%)	520.4 (22.4%)	631.0 (21.2%)	702.3 (11.3%)	%표시는 전년대비 신장률

資料出處: 日本防衛白書 1996.

특히 英国(yīng guó)의 IISS 등 유수 연구기관과 전문가들은 中国의 军에 대한 제반 비용은 政府에서 지출하는 예산상의 수치만을 말하는 것으로써, 기타 军部내의 생산액과 이익금의 재투자나 军에 대한 福祉厚生 지원이 포함되지 않는 것이다. 실제 지출은 잠정적으로 英国(yīng guó)의 국제전략문제연구소(IISS)에서는 中国人民 해방군의 총 지출을 280억 달러로 추정하고 있으며, 스톡홀름 국제평화연구소(SIPRI)에서는 360억 달러를 초과할 것으로 추정하고 있다.414)

中国은 1988年 이후 군 現代化를 추진하고 있는데 現代化 추진의 중점은 新战略(zhàn lüè)수행을 위한 장거리 작전능력을 가진 무기장비의 확보와 합동작전 및 기동성을 위주로 전환하는 것이다.415) 그 중에서 지상군은 1949年 건국 후 1970年代 중반까지는 광활한 국토와 인구를 이용한 '인민

413) Far Eastern Economic Review., "New Menace or Misunderstood Giant?", (April 13, 1995.). 재인용.
414) 김익겸., 젊은 보수주의자의 동북아 읽기, (서울: 도서출판 지정, 1997.), p. 88. 재인용.
415) 中共研究., "一九九六年 中共军事", 中共研究 3권 1기, (1997.1.), pp. 42~60. 재인용.

전쟁전략'을 유지했는데, 이는 적을 내륙으로 끌어들여 지구전으로 방어한다는 방대한 병력중심의 전략개념에서 출발했다. 그러나 1985年 6月에 개최된 党 군사위원회 확대회의에서 새로운 안보환경에 맞추어 국경지역에서의 소규모분쟁 및 제한적 국지전에 대비한 '有限局部戰爭' 개념으로 전환하고 화력기동력 및 원거리 투사능력 향상에 중점을 둔 軍 現代化계획을 추진하고 있다. 특히 걸프(gulf)전 이후 첨단科学(kē xué) 무기의 위력과 전장운용 시스템의 획기적인 발전을 실감하고 1993年 이후부터는 첨단군사장비가 운용되는 제한 전에 대비하기 위한 '高技術條件下 局部戰爭战略(zhàn luè)'의 新军事战略(zhàn luè)을 채택416)하고 있다. 결국 中国军은 첨단기술 무기에 의한 국지전 승리의 목표 하에 군 現代化를 위한 노력을 강화417)하고 있는 것이다. 그래서 1884年부터 미래 局部戰爭의 요구와 부대의 신속반응과 각 합동작전 능력을 강화하기 위한 신속 반응부대 및 신속전개 부대를 창설하고 있다. 신속 반응부대 및 신속전개 부대편성은 다음과 같다.

---

416) 梅 林., "中共军队对高技術戰爭的認識", 「中共硏究」, 第 31권 7기, (1997.7.), pp. 58~67. 재인용.
417) 박현옥., "중국군사력 증강이 한반도에 미치는 영향", 「한국논단」, 1997. 10 月호, p. 181.

<표. Ⅳ-1-3-5/2> 신속반응 부대 및 신속전개 부대편성

종류	구성	편성 시기	전개속도	수송수단	최대공수 능력	장비	소속
신속 반응 부대	공중강하 제15군 (제43· 44· 45사)	1992 ~1993	7~10시간 (전국범위)	IL-76/96 Y-8/Y-7	장비포함 1개 연대	포 소형전차 방공유도탄 로켓 지프차	제남군구 제43·44· 45사
	육군 제162 사단	1993 ~1994	1~4日 (전국범위)	공중· 철도	1개 대대	궤도 장갑차 자주포	54집단군 제남군구
	육군 63사단	〃	〃	〃		헬기·각종 유도탄·로켓	21집단군 广州(guǎng zhōu) 군구
	육군 제149 사단	〃	〃	〃			13집단군 成都軍區 (chéng dū jūn qū)
신속 전개 부대	제38 집단군	1993 ~1994	2~7日 (전국범위)	철도수송		신형 주전차 보병 전투차 전차 견인차	북경군구
	제39 집단군	〃	〃	〃			沈陽軍區 (shěn yáng jūn qū)

資料出處: 中國軍事(台湾) 1994.

위 표에서 보는 바와 같이 지금 15军의 제 43사는 河南省(hé nán shěng) 开封市(kāi fēng shì)에 주둔하고 있으며, 15军의 제 44사와 제 45사는 모두 湖北省(hú běi shěng)에 위치하고 있다. 그리고 신속 개편된 부대들은 항상 고도의 전쟁 대비상태에 처해 있으며, 신식무기와 장비를 우선적으로 공급받고 있다. 이런 부대들의 장비는 주로 경형 화포를 포함한 경형 무기들로서 전략적이고 전술적인 공중 운송에 편리하게 되어 있다. 일단 군사위기가 발생하게 되면 이런 부대들이 제일 먼저 동원된다. 현재 中国军의 이런 신속반응 부대들의 작전임무 범위는 54집단군 제 162사는 台湾과 韩半島(hán bàn dǎo)이며, 兰州军区(lán zhōu jūn qū)의 21 집단군 제 63사는

新疆(xīn jiāng)과 中央아시아이며, 成都軍区(chéng dū jūn qū)의 13 집단 군 제 149사는 中国-越南(yuè nán) 변경구역이다. 이러한 輕型 신속반응부 대들은 모두 台湾에 참여할 임무를 지니고 있다.418)

또한 英国(yīng guó)의 권위 있는 잡지인 제임스 방위주간(James Defence Weekly)이 지적한 바에 의하면 中国 해방군에서 규모가 가장 크고 火力이 강한 신속반응 부대들로는 北京(běi jīng)軍區의 38집단군과 沈阳軍 区(shěn yáng jūn qū)의 39집단군이다. 이 두 집단군은 각각 3개의 탱크와 보병 혼합부대를 가지고 있을 뿐만 아니라, 国家에 중대한 위기가 발생할 경우 中国의 24개 집단군 중에서 가장 먼저 투입되는 부대들인 것이다.419) 이상과 같이 中国의 지상군들은 특수부대화 되었다. 소규모 국지전에 능동 적으로 대응할 수 있는 능력을 보유하여 단순 방어개념의 군 편제를 적극적 ・공세적으로 탈바꿈한 것이다.

1980年代에 中国의 해군은 現代化의 과정에서 급속하게 발전되었다. 脫 냉전후 가장 활발하게 해군력 증강420)에 힘을 쏟고 있는 것이다. 특히 遠洋 立体 작전능력을 보유하기 위한 항공모함 확보에 진력하고 있다. 현재 中国 의 해군 軍鬪艦들을 살펴보면, 다음과 같다. 旅大級(lǚ dà jí)의 구축함은 폭 뢰발사장치가 있을 뿐만 아니라 50개의 대형수뢰 布雪軌를 갖고 있다. 江湖 級(jiāng hú jí)의 미사일 호위함은 로켓식 폭뢰장치가 있을 뿐만 아니라, 두 개의 함대공 미사일발사장치도 갖고 있다. 배수량이 400톤이며 길이가 58.3 미터인 海南級(hǎi nán jí)의 잠수정도 폭뢰장치를 갖고 있으며, 海島級 미 사일정의 속도는 45노트에 달하고 있다. 夏級(xià jí)의 미사일 核잠수정의 배수량은 8,000여 톤으로서 1982年에 진행한 제 1차 수중 미사일 발사시험 의 발사거리는 1,800킬로미터였다. 그러나 기존의 구식 함정을 2005年에 교체되었다.421)

"세계의 해군 추세"란 책에 의하면 1990年에 中国은 琼沙级(xióng shā jí) 수륙운수함 7척, 옥강급 탱크 상륙함 3척, LST-1급 탱크 상륙함 15척,

---

418) 王兆军・吴国光., 「등소평(dèng xiǎo píng) 이후의 중국」, 김태룡 역, (서울: 조선 일보사, 1994.), pp. 305~306. 재인용.
419) 王兆军・吴国光, op. cit., p. 306. 재인용.
420) Tai Ming Cheung., "China's Perception of Security in Asia and its Naval Policy", in Choon Kun Lee, ed., Sea Power and Korea in the 21st Century, (Seoul: The Sejong Institute,1994.).
421) 王兆军・吴国光., op. cit., pp. 307~308. 재인용.

옥강급 중형 상륙함 31척, 楡林级(yú lín jí) 중형 상륙함 1척, 美国 제 LSM 중형 상륙함 11척 등을 보유하고 있다는 것이다. 특히 中国은 이미 核잠수함까지 생산할 수 있다고 한다. 核잠수함은 당시에 1대를 보유하고 있었으나 1994年1月5日 1대를 더 진수시킴으로써 核잠수함은 2척으로 늘어났다.[422]

〈표. IV-1-3-5/3〉 XIA級 战略(zhàn luè) 核 潛水艦 제원

구 분	톤 수	크기(m)	속 력	승조원	무 장	잠항수심
전략核 탄도미사일 잠수함	8,000톤	12×10×8	22KTS(수중)	104명	SLBM 12 CSS-N-3 (2,700km) 어뢰 6×533mm	300m

資料出處: JANE'S FIGHTING SHIPS, Captain Richard Sharpe RN '94~'95

그 뿐만 아니라, 로디오노프 러시아 장관은 당해 年度 4月15日 中国 군사과학원에서 행한 연설에서 中国과 러시아 간 전략적 협력의 중요성을 강조하면서, 对中国 무기판매를 중시할 것을 분명히 했다. 그리고 两国 간에 비밀교섭이 진행 중인 무기는 미사일 탑재 구축함 2척[423]과 최신예 잠수함 4척 등 무려 수십억 달러 어치로 알려졌다. 그러나 재래식 잠수함으로는 러시아로부터 신형 KILO급으로 기존의 재래식 잠수함보다 성능이 우수한 것으로 1995年 2月 중에 1척이 진수되었고, 1998年 까지 4척이 인수되었다. 당시에 러시아는 中国에 대해 소브레메니級 核탄두 장착 가능한 미사일 구축함 2대를 판매키로 결정했다고 美国 헤리티지재단이 밝혔다.

〈표. IV-1-3-5/4〉 KILO급 잠수함 제원

구 분	톤 수	크기(m)	속 력	승조원	무 장	잠항수심
Kilo	3,076톤	73.8×9.9×6.6	17KTS	52명	어뢰189×533mm	300m

資料出處: JANE,S FIGHTING SHIPS,Captain Richard Sharpe RN'94-'95

KILO급 잠수함은 러시아 해군이 사용하는 수출 모델과 거의 같은 정도의

---

422) 王兆军·吳国光., op. cit., p. 308. 재인용.
423) 조선일보., 1997.2.2. 재인용.

능력이 있는 최신예 형이다. KILO급은 재래형인 디젤잠수함으로서는 정숙 고속항행이 가능하다. KILO급은 잠수시에 7~8노트의 속도로 6천 해리의 항행능력을 가지며, 해양에서 60日刊 머무를 수 있다. KILO급은 18발의 type 53어뢰(1발의 탄두 중량 4백kg)를 장비하고 12회의 재장전이 가능한 것이다.

이상과 같이 中国은 원양 해군작전 능력을 제고시키고 있다. 그 결과 中国 해군의 근해 방어범위가 2백만 평방마일에서 3백만 평방마일로 확대되었으며, 해양통제(sea control) 개념에서 해양억지(sea deterrence)로 바뀌면서 항공모함 건조와 核잠수함 전력강화에 노력하고 있다. 특히 러시아의 위협이 급격히 감소된 후에는 南方重視战略으로 전환하면서 南沙群岛(nán shā qún dǎo) · 钓鱼岛(diào yú dǎo) 등 해양자원의 보호와 함께 日本 및 인근 동남아 国家들과 끊이지 않는 영토분쟁과 台湾统一을 위해서 막강한 해군력의 보유는 필수적인 것이다. 그러나 현재 中国 해군은 기본적으로 연안 초계의 전력수준에 머무르고 있다.424)

공군력에서도 걸프(gulf)전에 影响을 받아 신속대응 전력(Rapid Reaction Strategy)에 바탕을 두고 제공권 장악을 위한 공중전과 지상공격 능력 향상에 주력해 왔으며, 核전략에서도 최소억지에서 제한 억지로 전환하여 적의 군사 시설 뿐만 아니라, 민간시설까지도 공격할 수 있는 전략이 수립되었다. 中国은 러시아와 군수품 교역 비밀협정을 체결한 후 1996年에 수호이(SU)27 展觀爆擊機 48대를 구입하여 台湾海峽에 전진 배치했다. 中国공군은 1996年9月20日 역대 최대 규모의 군사훈련을 실시했다. 특히 이 훈련은 방어전보다 공격 전술을 중심으로 전개했다고, 1997年4月14日 刘顺宝(liú shùn bǎo) 中国 공군사령관이 신화통신을 통해서 발표했다. 그리고 21세기 초입에 들어와 조기경보기 · 전자전투기 도입 등 中国 공군력을 대폭 향상시키고 있으며, 공군의 現代化도 해군과 함께 우선적으로 실시하고 있다. 그러나 재정과 첨단 과학기술의 한계로 자체 개발425)은 부진한 반면 러시아 등 외부로부터 첨단무기 구입 및 기술지원을 통해 결함을 보충하고 있는 실정이다. 그러나 아직까지 근접 항공지원 능력을 가진 근대적인 항공 전력을 구축하지 못하고 있으며, 공군의 공중급유나 공중경계관제(AWACS) 능력은

---

424) 日本防衛年鑑., 1997. p. 71. 재인용.
425) 日本防衛年鑑., op. cit., p. 71. 재인용.

제로 상태로 평가[426])되고 있다.

中国은 J10이라고 불리 우는 신세대 전투기를 개발하고 있으며, J10이 실용화되느냐의 여부는 아직까지 불확실하다. 비행 실험까지는 적어도 앞으로 2年은 더 필요하고 순조롭게 진행되어도 실전 배치까지는 7~8年이 걸릴 것으로 보고 있다.

中国은 300만 명 규모에 달하는 병력과 450메가톤 규모에 달하는 350여 개의 核탄두와 ICBM을 보유하고 있는 세계 4대 核강국이다. 中国의 주요 核전력과 核미사일의 성능제원은 다음 도표와 같다.

〈표. IV-1-3-5/6〉 中国의 주요 전략 核미사일 성능제원

구 분		명 칭	사정(km)	탄두(위력)	유도방식	비 고
미사일	ICBM (大陸간 탄도미사일 약간)	CSS-4	13,000	탄두(5MT)	관 성	액체 2단
	IBRM MRBM 약100기	CSS-2	2,800	단탄두(1~3MT)	관 성	액체 1단
		CSS-3	4,750	단탄두(2MT)	관 성	액체 2단
		CSS-5	1,800	단탄투(250KT)	관 성	고체 2단
	SLBM(잠수함발사 탄도미사일 12기)	CSS-N-3	1,700	단탄두(250KT)	관 성	고체 2단

資料出處: 日本防衛白書 1996年 版

〈표. IV-1-3-5/5〉 SU-27 전투기 제원

구 분	최대속도	상승고도	전투반경	임 무	무 장	비 고
SU-27	M2.35	18,000m	1,500km (810NM)	공대공	GUN: 30mm×1 미사일: 공대공AA-10×6 로켓: 130mm×5	F-15급

資料出處: JANE'S "ALL THE WORLD'S AIRCRAFT" Mark Lambert '94~'95.

中国과 台湾 간의 统一은 中国이나 台湾에 커다란 제도적 변화가 생기지 않는 한 불가능한 일이다.

「一国两制(yì guó liǎng zhì)」에 의한 和平统一도 무력에 의한 무력统一

---

426) 日本防衛年鑑., op. cit., pp. 70~71. 재인용.

도 사실상 그 실현 가능성이 희박하다는 주장들이 제기되고 있다.

1949年 이전까지 毛泽东(máo zé dōng)을 중심으로 한 中国 共产党 (zhōng guó gòng chǎn dǎng) 지도부는 中国 국내의 일부지역에 정권을 수립하고, 그 당시에 中国을 대표했던 国民党(guó mín dǎng) 中央政府의 정통성을 인정하지 않으면서 무력으로 대항했던 역사가 있었다.

如今 中国이 联合国(lián hé guó) 상임이사국이고, 세계의 대다수 国家들과 수교하고 있는 반면, 台湾은 联合国(lián hé guó)에서 배제된 '국제고아'이며, 다만 몇 십 개의 작은 国家들과 외교关系를 가지고 있기 때문에 주권을 포기해야 한다는 논리도 역시 설득력이 부족하다. 왜냐하면 국제적으로 国家들 간의 关系는 자국의 이익을 기초로 하는 것이기 때문에 외교关系도 정의가 아니라 이익에 따라 변할 수 있기 때문이다. 따라서 외교关系를 맺은 国家가 많다고 하여 정통성을 주장할 수는 없는 것이다. 이 논리에 의하면 중화인민공화국도 联合国(lián hé guó)에 가입한 1971年까지는 정통성이 없었다는 말이 된다. 게다가 联合国(lián hé guó) 헌장은 모든 国家가 그 크기에 关系없이 平等(píng děng)한 지위를 가진다고 규정하고 있다.

또한 中国이 무력을 행사하기 위한 军事力만 가지고도 台湾을 统一하는데도 상당한 어려움이 존재하는 것으로 전문가 및 각 국제문제연구소에서는 다음과 같이 분석하고 있다.

英国(yīng guó) 국제전략연구소(IISS) 해군전문가 존 다우닝은 최근의 연구보고를 통해 中国은 1천1백 척의 전함을 보유하고 있으나, 효과적인 공격무기인 잠수함과 구축함·프리깃함 등은 전체의 10%에도 못 미치고, 대부분 구형이라 台湾의 포격에 큰 타격을 받을 것이라고 지적했다.

스웨덴 국제평화연구소도 中国军 장비의 노후화를 지적, 中国军의 军事力이 지나치게 높게 평가받고 있다고 밝히기도 했다. 한편 台湾 淡江大 군사전략연구소는 中国军이 보유하고 있는 상륙정은 일시에 병력 6천명과 탱크 3백 대 만을 상륙시킬 능력이 있을 뿐이며, 공정대원의 낙하도 한계가 있다는 보고서를 냈다.[427]

데이비드 샘보 런던대학 교수는 美国 국제 전략문제연구소(CSIS) 계간지 워싱턴 쿼털리(Washington Quarterly) 1996年 봄 호에 기고한 「中国 军事力 진짜인가 종이 호랑이인가」란 논문에서 军 现代化 노력에도 불구하고,

---

427) 동아일보., 1996.3.9. 재인용.

中国军의 무기가 거의 모든 분야에서 尖端圈에 비해 10~20年 뒤진 상태라고 지적428)하고 있다. 향후 中国이 台湾을 무력으로 접수하기에는 앞으로도 10年은 더 걸릴 것으로 내다보고 있는 것이다.

第4节 中国과 台湾关系와 中国·美国 覇權的 葛藤의 構造와 危機의 상존성

美国은 对台湾 構造政策으로 中国을 다루고자 하는 것이 역력하다. 对苏联(sū lián) 防禦战略(zhàn luè)의 하나로 中国카드를 이용해 왔던 美国은 前苏联(qián sū lián)이 사라진 지금 台湾카드로 中国을 다루고자 하는 것이다. 台湾을 中国의 일개 城으로 여기는 中国과 中国政府와 대등한 政治的 실체로서 인정해 달라고 하는 台湾 그리고 동아시아에서 美国의 이익을 보호하기 위해서도 中国에 台湾을 양보할 수 없는 美国과의 三者間 힘겨루기는 앞으로도 계속될 전망이다. 中国은 美国의 이런 일련의 对台湾政策이 中国의 統一 妨害와 분열을 목표로 하고 있다고 의구심을 자아내고 있다. 왜냐하면 中国과 台湾 간에 정치·군사·외교적 갈등이 심화되면 될수록 两岸关系(liǎng àn guān xī)는 两岸의 问题로 국한되는 것이 아니라, 台湾은 국제적인 국내问题로 내정问题와 외교问题가 交叉되어 中国과 美国 간의 패권적 갈등으로 이어지기 때문에 两岸关系(liǎng àn guān xī)는 两岸 간의 이중적 갈등구조와 함께 中国 对美国(měi guó)·日本(rì běn) 간의 国際政治的 갈등까지 내포하는 중층적 갈등구조를 특징으로 하고 있다.

그럼에도 脱냉전 후 中国이 美国에 도전할 수 있는 유일한 초강대국으로 부상함에 따라 中国을 억누르기 위해 美国은 对台湾카드를 사용하고 있는 것이다. 탈냉전기의 两岸关系(liǎng àn guān xī)의 이중적 갈등구조는 "台湾关系法"과 美国(měi guó)·日本(rì běn) 新安保体制에 의해 곧바로 中国 对美国(měi guó) 및 日本(rì běn)과의 갈등으로까지 확대 되는 중층적 갈등구조를 이루고 있는 것이다. 이러한 중층적 갈등구조 하에서 两岸 간의 갈등이 美国과 日本(rì běn)의 개입으로 확대될 때 동아시아는 천하대란을 맞게 될 것이다.

여기서 美国이 中国과 台湾 간의 정치·군사·외교적 갈등关系에 개입하

---

428) 경향신문., 1996.3.13. 재인용.

는 근거는 "台湾关系调停法"이다. 两岸 간에 분쟁이 발발할 때마다 美国은 '台湾关系法'을 근거로 两岸关系(liǎng àn guān xī)에 개입함으로써 台湾은 사실상 中国과 美国 사이에 외교적 갈등을 야기 시키는 주된 원천이 되어왔다. 즉, '两岸분쟁은 两岸 간의 问题임에도 两岸분쟁은 中国과 美国의 첨예한 외교적 갈등이다.'라는 등식을 성립시켜 왔던 것이다. 왜냐하면 中国은 两岸问题를 국내问题로 다루고 있으나 台湾은 가능하면 美国(měi guó)을 끌어들여 국제 문제화시키려 하고 美国 또한 中国을 견제할 목적으로 台湾을 이용하고 있기 때문에 两岸关系와 中国·美国의 패권다툼과는 밀접한 관련이 있는 것이다.

中国을 다루는데 台湾처럼 좋은 카드가 존재하지 않기 때문이다. 台湾에 대한 中国의 무력위협 앞에 美国은 台湾의 요청이란 명분아래 항상 개입하여 무력시위를 벌여온 것이다. 지금 对台湾·美国政策은 모호한 政策을 유지하고 있는데 이는 中国을 자국의 이익을 침범하지 못하도록 견제하기 위한 카드로 台湾을 이용하기 때문이다. 모호한 政策이란 台湾과 공식关系를 단절했음에도 불구하고 비공식적으로 창구를 개설하여 台湾을 사실상의 상호방위조약 안에 두는 것을 뜻한다.

냉전종식에도 불구하고 亞·太 지역정세의 불안정과 불확실성, 특히 급속한 经济성장을 바탕으로 한 中国의 军事力 팽창 등 군사대국화와 대내외적 위기상황에 직면해 있는 朝鲜(cháo xiǎn)과 관련된 韩半岛(hán bàn dǎo)정세의 불안정 등이 日本으로 하여금 냉전이후 시대에 들어와 美国과의 新安保体制를 구축하여 불확실한 지역정세에 대비할 필요성을 절감하도록 했던 것이다.

냉전당시 우리는 기존질서를 위협하는 세력에 대항하여 기존질서를 지키기 위한 동맹을 유지하고 있었다. 如今에도 여전히 기존질서를 위협하는 세력이 존재한다. 단지 이제는 朝鲜(cháo xiǎn)과 中国이 前苏联(qián sū lián)을 대신하여 体制 위협적인 세력으로 등장했다는 것이 이전과 다른 점이라고 했듯이 이런 시각에서 보면 냉전종식과 함께 前苏联(qián sū lián)의 위협이 사라졌지만 中国의 위협은 더 큰 무게로 다가오고 있었기 때문에 台湾海峡의 무력시위는 美国이 美国(měi guó)·日本(rì běn) 新安保体制를 구축하기 위해 조장했을 가능성도 농후하다. 왜냐하면 동아시아 현상유지의 가장 중요한 축이 美国(měi guó)·日本(rì běn) 안보동맹体制이기 때문이다.

탈냉전시대에 美国은 자국의 사활적 이해关系(Vital Interest)가 걸려있는

亞·太 지역에 대해 계속적인 정치·군사·경제적인 참여政策을 新 亞·太 전략(EASR: 1995.2.)으로 표방한 바 있다. 新美国(měi guó)·日本(rì běn) 방위협력指針(가이드라인)은 종래 전수방위(국내방위)의 좁은 틀에 묶여있던 日本의 軍事的 활동범위를 아시아·태평양으로 확대시켰다는 의미를 갖는다. 그러나 적용지역과 관련된 '주변지역'(옛 가이드라인은 극동이라고 표현했다. 日本政府 통일 견해로 극동은 필리핀 以北 台湾과 汉国 포함이라고 정의되어 있음)의 범위, '유사'란 어떤 상태를 말하며, 누가 판단하는가, 공해상 기뢰제거는 어디까지 가능한 가 등등 모호한 부분들이 많다.

이러한 시각에서 美国(měi guó)이 日本(rì běn)을 美国·日本 新 安保体制로 끌어들이는 유인 요인으로 작용한 것은 바로 中国이었던 것이다. 그래서 美国의 국익에 도전 할 수 있는 잠재적 세력으로 中国과 日本임을 감안, 美国·日本 新安保体制를 바탕으로 对中国견제와 동시에 日本을 美国·日本 안보 关系의 틀에 묶어둠으로써 日本(rì běn)의 军事的인 독자노선 옵션을 견제하기 위해서였다고 볼 수 있다.

中国과 台湾关系와 中·美 패권적 갈등의 구조와 위기의 상존성에 있어서, 아시아에서 中国이 선호하는 다극구도를 구축하는데 가장 큰 장애물이 美国이 주도하는 美国·日本 동맹이다. 따라서 美国·日本 对中国이라는 양면关系를 와해시키고 이들 3대국간 등거리의 3각关系로 국면을 몰고 가기 위해 日本과 美国 간에 거리가 생기도록 일을 꾸미고 그 사이가 벌어지도록 하는 것이 中国의 전략이기 때문이다. 이런 측면에서 中国이 台湾분쟁에 있어 무력사용을 포기하지 않겠다는 것은 美国을 상대로 하는 것이 아니라, 사실 日本에게 강력한 경고를 하는 것이다. 효과적으로 자신이 태평양으로 진입하고 해양 권익을 얻기 위해서 中国은 시기적절하게 台湾을 점령하는 것이 자신의 전략과 이익에 부합한다. 이것은 中国 영해가 다음 세기에 필연적으로 강적이 되는 日本에 의해 전면 봉쇄당할 것인가 하는 생사 존폐의 問題임을 의미하는 것이다. 지역政治라는 시각에서 보면 台湾은 日本이 동남아로 남하하여 中国을 전면적으로 압박하는 주요 발판이 되기 때문이다. 21세기에 있어서 台湾을 잃는 것은 곧 中国의 전체 전략의 존폐여부를 의미하는 것이기 때문에 中国은 절대로 어떤 형식의 台湾독립의 노력도 용인하지 않을 것이다.

1. 中国과 台湾关系에 대한 新路線의 형성배경과 战略的 特徵

中国과 台湾 간에 정치·군사·외교적 갈등이 심화되면 될수록 两岸关系 (liǎng àn guān xī)는 两岸의 问题로 국한되는 것이 아니라, 台湾은 국제적 인 국내问题[429])로 내정问题와 외교问题가 交叉되어 中国과 美国 간의 패권 적 갈등으로 이어지기 때문에 两岸关系(liǎng àn guān xī)는 两岸 간의 이 중적 갈등구조와 함께 中国 对美国·日本 간의 国際政治的 갈등까지 내포하 는 중층적 갈등구조를 특징으로 하고 있다.

美国은 对台湾 構造政策으로 中国을 다루고자 하는 것이 역력하다. 对苏 联(sū lián) 防禦战略(zhàn luè)의 하나로 中国카드를 이용해 왔던 美国은 前苏联(qián sū lián)이 사라진 지금 台湾카드로 中国을 다루고자 하는 것이 다. 台湾을 中国의 일개 城으로 여기는 中国과 中国政府와 대등한 政治的 실체로서 인정해 달라고 하는 台湾 그리고 동아시아에서 美国의 이익을 보 호하기 위해서도 中国에 台湾을 양보할 수 없는 美国과의 三者間 힘겨루기 는 앞으로도 계속될 전망이다. 中国은 美国(měi guó)의 이런 일련의 对台湾 政策이 中国의 統一 妨害와 분열을 목표로 하고 있다고 의구심을 자아내고 있다. 그러나 美国은 1978年 中国과 수교하면서 中国의 단 하나의 中国(只 有一個中国) 政策을 지지했고, 지금도 지지한다고 하며 中国의 분열은 동북 아는 물론 세계정세에 惡影响을 끼친다고 누누이 말하고 있다. 美国·中国 国交正常化 關聯文書(1978.12.15-16)인 美国·中国外交 关系수립에 대한 공동성명(1979.1.1)에 "美国政府는 하나의 中国밖에 없으며 타이완은 中国 의 일부라고 하는 中国의 입장을 확인한다."라고 명시되어 있다.

그럼에도 脫냉전 후 中国이 美国에 도전할 수 있는 유일한 초강대국으로 부상함에 따라 中国을 억누르기 위해 美国은 对台湾카드를 사용하고 있는 것이다. 그 증거로 美国의회는 빌 클린턴 대통령에게 1996年4月13日 台湾 과의 关系를 격상시키고 台湾방위가 <中国·美国(měi guó) 공동성명>에 우선한다는 법적 구속력을 갖춘 조항들이 포함된 <국무원 대외관계수권법 안>을 빌 클린턴 대통령에게 제출한 적이 있다. 클린턴 대통령이 거부권을 행사했던 이 법안은 美国주재 台湾 대표부격인 "駐美国台北经济文化代表處" 를 "駐美国台北代表處"로 격상시키고, 台湾방위와 台湾에 대한 무기판매를

---

429) Tom Plate., "U.S. on China and Taiwan", The Korea Herald, September 19, 1997. p. 7. 재인용.

명문화한 1979年에 <台湾关系法>430)이 발효되었다. 특히 이 법의 제 2조는 '台湾주민과 사회경제 제도를 위협하는 무력 및 강제행동에 대해 美国은 대항한다.'고 되어있다. 그러나 이 법은 관계국의 위기시에 자동적으로 무력개입 할 수 있는 안보동맹조약 등과는 차원이 다른 美国 국내법이다. 엄밀히 말하면 美国은 中国의 台湾政策에 인도적·도덕적 차원 이상의 직접적인 개입은 할 수 없는 형편이다.

상기의 법에 준용하여 台湾에 대한 무기판매의 점진적인 축소를 규정한 1982年 中国·美国 간에 체결된 <8.17공동성명>431)에 우선한다는 법적구속력이 있는 조항들을 포함하고 있다. 美国의 对台湾 무기판매에 관한 中国·美国 공동성명으로 제 5항에는 美国政府는 中国과의 关系에 막대한 중요성을 부여하고 中国의 주권과 영토적 통합을 침범하거나 혹은 中国의 내정에 간섭하거나 또는 2개의 中国내지 1개의 中国, 1개의 台湾政策을 실시할 의사가 없음을 반복하여 천명한다. _ <제 6항>은_ 美国政府는 台湾에 장기간에 걸쳐 무기를 판매하는 政策을 취할 의사가 없으며, 台湾에 판매할 무기의 성능과 수량이 中国·美国 국교정상화 이후 수년간의 공급수준을 초과하지 않도록 하며, 台湾에의 무기판매를 점차 감소시키고 일정한 기간을 경과하여 해결할 것임을 밝힌다. 이 법안은 또 李登辉(lǐ dēng huī) 台湾 总统을 재초청하고 台湾을 中国의 세계무역기구의 가입에 관계없이 이 기구에 가입시킨다는 법적구속력은 없으나 압력을 행사하는 의회 의견 조항들도 포함되어 있다. 공화당이 점령하고 있는 강경 의회는 台湾카드를 이용하여 中国의 패권주의를 분쇄하고자 했으나 클린턴 행정부가 中国과의 关系를 고려하여 거부권을 행사한 것이다. 비록 美国 행정부가 거부권을 행사하였지만 中国에 거부감과 두려움을 함께 가지고 있는 美国은 언제든지 台湾카드를 이용해 中国을 다룰 준비가 되어 있는 것이다.

또한 클린턴 美国 대통령과 하시모토 日本(rì běn) 수상은 1996年4月17日 동경에서의 정상회담 후 <美国·日本 안전보장공동선언-21세기를 향한 동맹: The U.S.-Japan Joint Declaration on Security Alliance for the 21st century>을 발표했다. 주요내용은 동북아에서 日本의 军事的 역할을

---

430) 한홍석., 「강택민(jiāng zé mín) 시대의 중국」, (서울: LG경제연구원, 1997.), p. 329. 재인용.

431) 해리 하딩., 「중국과 미국」, 안인해 역, (서울: 나남출판, 1995.), p. 582. 재인용.

강화하는 것을 골자로 이루어져 있다. 막대한 재정적자를 지고 있는 美国으로서는 전후 안보 무임승차를 해온 日本으로 하여금 이제는 그 经济力에 맞게 동북아 안보를 책임지는 의무를 하라는 것이다. 이런 日本의 政治군사대국화432)는 실은 美国의 잠재적인 상대자 中国을 견제하기 위한 것이다. 냉전 이데올로기의 한쪽 축인 前苏联(qián sū lián)의 붕괴는 아이러니하게도 세계에 대한 美国의 影响力을 약화시켰다. 이로 인해 냉전 이후 아·태 지역에서는 美国에 의존한 안보体制 대신에 아시아国家끼리의 다국 간 안보体制를 마련해야 한다는 목소리까지 나오고 있는 실정이었다. 美国(měi guó)은 동아시아에서의 불안요소로 韩半岛(hán bàn dǎo)를 꼽고 있지만 다분히 中国을 의식하고 있는 것이 사실이다. 안보 협력의 범위를 지금까지의 '日本(rì běn)유사시'에서 '극동유사시'로 넓혀 日本(rì běn)이 美国(měi guó)과 더불어 아·태 지역을 공동방위 하고자 하는 것인데 이 '극동유사시'란 바로 中国에 대한 견제의 의미가 들어 있는 것이다.

따라서 탈냉전기의 两岸关系(liǎng àn guān xī)의 이중적 갈등구조는 "台湾关系法"과 美国(měi guó)·日本(rì běn) 新安保体制에 의해 곧바로 中国对美国 및 日本과의 갈등으로까지 확대되는 중층적 갈등구조를 이루고 있는 것이다. 이러한 중층적 갈등구조 하에서 两岸 간의 갈등이 美国과 日本의 개입으로 확대될 때 동아시아는 천하대란을 맞게 될 것이다. 1996年 당시 4조8천억 엔의 방위비를 지출 美国에 이어 세계 2위를 차지한 日本(rì běn)는 현재 새로운 美国·日本 안보体制를 통해 中国의 军事力 확대를 저지하면서 자국의 影响力을 강화해 나가려는 전략을 추구하고 있다. 日本이 냉전 종식 후 자위대의 역할 증대를 상정하고 있다는 것은 日本(rì běn) 军国主义(jūn guó zhǔ yì) 부활과 밀접한 관련이 있다. 과거 军国主义와 침략전쟁, 식민 지배를 포함해 日本역사를 긍정적으로 평가하고 국제적인 진출을 적극화해야 한다는 「자유주의 사관」을 바탕으로 한 日本 보수 우경화를 표방하는 新国家主义가 급속히 확산되고 있다. 자민당 헌법조사회가 1997年8月 초 실시한 국민여론조사의 개헌 찬성률은 75.9% 1996年3月 국민여론조사 47%, 1996年8月 지식인 여론조사 57%, 1997年3月 국회의원 여론조사 60% 등 갈수록 확대되고 있는 추세이다.

그 근거가 되는 日本(rì běn) 자위대 전력은 아래와 같다.

---

432) 신도겐이치., 「일본 군사대국화 현장」, 박선숙 옮김, (서울: 사계절, 1994.).

구 분	육상자위대	해상자위대	항공자위대
병 력	152,155명 (정원의 84.7%)	44,135명 (정원의 95.8%)	45,883명 (정원의 96.5%)
주요부대	5개 방면대 13개 사단	5개 자위함대 5개 지방대	3개 항공방면대 1개 항공혼성단
주요장비	전차 1,130대 장갑차 730대 대전차헬기 (AH1S)84대	호위함 60척 이지스함3척 잠수함16척 대잠초계기(P3C)98대	전폭기(F15,F4) 374대 정찰기23대 조기경보기(E2C)13대

資料出處: 日本防衛白書 1996年 版

이 뿐만 아니라 日本(rì běn)의 국방政策은 기술안전보장 政策이다. 유사시 우수한 병기를 독자적으로 생산해 낼 수 있는 기술력의 확보가 国家안보의 독립성을 보장하고 있다. 이것이 日本 군사政策의 핵심인 것이다. 日本 軍事力을 평가할 때 혼란이 오는 이유는 보이지 않는 기술력으로 무장하고 있기 때문이다.

따라서 兩岸关系(liǎng àn guān xī)의 중층적 갈등구조에 의한 台湾问题는 中国의 내부问题로 국한되는 것이 아니라 아시아·태평양 지역의 안전과 이익에 影响을 미치는 국제问题로 변하게 되며 中国의 전반적인 대외关系, 특히 中国·美国, 中国·日本 关系에 影响을 미치게 되는 것이다.

2. 台湾关系法과 中国·美国의 霸权竞争

美国이 中国과 台湾 간의 정치·군사·외교적 갈등关系에 개입하는 근거는 "台湾关系調停法"이다. '台湾关系法'으로 통칭되는 이 법은 1979年1月 美国이 台湾과의 국교관련 조치를 취한 직후인 그해 3月26日 美国 상하원이 '台湾关系法'을 통과시켜 4月 제정 발효되었다. 台湾 평화유지 및 이를 위한 美国의 방위물자 제공, 美国의 이익수호를 위한 대응력 유지 등을 골간으로 하고 있다.

그래서 兩岸 간에 분쟁이 발발할 때마다 美国은 '台湾关系法'을 근거로 兩

岸关系(liǎng àn guān xī)에 개입함으로써 台湾은 사실상 中国과 美国사이에 외교적 갈등을 야기 시키는 주된 원천이 되어왔다. 즉, '两岸분쟁은 两岸간의 问题임에도 两岸분쟁은 中国과 美国의 첨예한 외교적 갈등이다.'라는 등식을 성립시켜 왔던 것이다. 왜냐하면 中国은 两岸问题를 국내问题로 다루고 있으나 台湾은 가능하면 美国을 끌어들여 국제 문제화시키려 하고 美国 또한 中国을 견제할 목적으로 台湾을 이용하고 있기 때문에 两岸关系와 中国·美国의 패권다툼과는 밀접한 관련이 있는 것이다. 美国은 中国과 台湾의 统一은 국내问题로 美国이 간섭하지 않을 것이라고 천명을 하면서도 中国이 台湾을 무력으로 위협하고 침공하는 것은 좌시할 수 없다고 공언해 왔다. 또한 美国은 中国이 台湾과 무력이 아니라 평화적으로 统一을 추구하여야 한다고 주장해 왔다. 美国은 中国과 台湾이 단기간 내에 和平统一을 이룬다는 것이 사실상 불가능 하다는 것을 잘 알고 있으므로 그것을 이용해서 中国과 台湾이 당사자 간의 대화를 통한 和平统一을 지지한다고 하면서 台湾이 쉽게 中国의 影响圈 안에 들어가는 것을 원하지 않고 있는 것이다.

中国을 다루는데 台湾처럼 좋은 카드가 존재하지 않기 때문이다. 台湾에 대한 中国의 무력위협 앞에 美国은 台湾의 요청이란 명분아래 항상 개입하여 무력시위를 벌여온 것이다. 지금 对台湾·美国政策은 모호한 政策을 유지하고 있는데 이는 中国을 자국의 이익을 침범하지 못하도록 견제하기 위한 카드로 台湾을 이용하기 때문이다. 모호한 政策이란 台湾과 공식关系를 단절했음에도 불구하고 비공식적으로 창구를 개설하여 台湾을 사실상의 상호방위조약 안에 두는 것을 뜻한다.433) 1978年 당시 中国과 美国과의 수교 이후 台湾과 政治的 关系를 단절시켰던 美国은 지금 다시 台湾과 비공식적인 关系를 강화하고 있다. 또한 台湾의 우방国家 역할을 자청해서 하려하고 있다. 台湾 또한 그들의 经济力을 바탕으로 中国으로부터 台湾을 지키려는 생존권 차원에서 对美国 의존도를 높이며 美国내의 反中国感情에 적극 견제하고 있다. 단, '하나의 中国' 政策을 인정하면서도 美国은 对中国견제와 동아시아에서 美国의 이익을 지키기 위해 以夷制夷 政策으로 台湾카드를 적극 이용하고 있는 것이다.434)

中国과 美国의 패권적 갈등의 대상이 되고 있는 台湾의 전략적 가치는 다

---

433) 김인호., 「중국의 이해」, (서울: 세종출판사, 1997.), pp. 40~41.
434) 김인호., op. cit., p. 47.

음과 같다. 첫째, 台湾은 동아시아의 중요한 해상교통로(Sea Lane)이다. 세계 해상무역의 4분의 1을 차지하고 있는 南中国海에 위치하고 있어 전략적으로 아주 중요하다. 따라서 台湾에 적대적인 정권이 들어설 경우 해외무역에 크게 의존하고 있는 아시아의 経済는 큰 위험에 처하게[435] 될 것이다. 그러므로 台湾의 전략적 가치는 나날이 부각되고 있는 것이다. 中国은 해양입국[436]을 꿈꾸며 해군·공군력 증강과 함께 군사전략적 중심을 台湾海峡 및 南中国海 해역으로 전환했다. 江泽民(jiāng zé mín)도 1992年10月 제14차 전당대회 政治보고에서 앞으로 군대의 사명은 장차 '조국통一의 수호, 영토보전 및 해양권익'이 될 것이라고 했다.[437] 아시아·태평양시대에 돌입하면서 南中国海에서 中国과 동남아 각국 및 日本이 釣魚島와 南沙群岛(nán shā qún dǎo)(Spartly Islands)를 사이에 두고 영유권 분쟁으로 각축을 벌이고 있는 것은 그 좋은 증거라 할 수 있다. 둘째는 台湾은 中国이 南中国海 뿐만 아니라 태평양으로 진출하는 교두보이다. 그래서 台湾은 中国이 아시아에서의 中華秩序 재건의 기틀을 마련하는 政治·経済·军事的 요충지인 것이며, 특히 経済的으로는 中国大陆의 市場과 Hongkong의 금융과 무역, 台湾의 자본과 기술을 잇게 되는 大華経済圏(Great China Economic Circle)[438]의 完成을 意味하는 것이다. 이것은 결국 美国을 중심으로 한 亞·太 経済圏과의 대립을 의미하는 것이다. 그러나 台湾측은 같은 중화민족으로서 大陆이 부강해지는 것은 바람직하나 공산주의가 태평양으로 진출하는 결과를 초래하기 때문에 民主主义(mín zhǔ zhǔ yì) 수호차원에서 中国의 주권이 台湾까지 미치는 것을 반대하고 있다는 것이다.

따라서 台湾海峡은 첫째, 政治的으로「一国两制(yì guó liǎng zhì)」라는 对中国主义[439]로 실질적인 주권의 범위 확대를 꾀하는 中国과 동아시아에

---

435) 시사저널., Hongkong 다음은 대만? 어림없는 소리 말라", 제 404호(1997.7.24.), p. 64.

436) 이수훈., "Hongkong 반환과 해양국 중국의 등장; 바다의 시각",「전통과 현대」, 1997. 가을호, pp. 268~307.

437) 하빈.,「등소평(dèng xiǎo píng) 사후의 중국」, 허남익 옮김, (서울: 연암출판사, 1995.), p. 79. 재인용.

438) 유세희·김광용., "냉전체제 이후 국제정치경제질서와 대중화경제권",「중소연구」제 20권 제 2호, (1996년 여름), pp. 295~322; Harry Harding., "The Concept of 'Greater China': Themes, Variations and Reservations", The China Quaterly 136, (December 1993.), pp. 660~686. 재인용.

439) 고성빈., "중국과 미국의 패권경쟁; Hongkong 귀속을 전후한 전망",「신아시아」,

서 패권을 유지하려는 美国의 霸权竞争 지대이며, 둘째는 经济的으로는 中华经济圈(zhōng huá jīng jì quān)과 美国 중심의 亞·太经济圈과의 이익 충돌지점이며, 셋째는 공산주의와 民主主义(mín zhǔ zhǔ yì)라는 서로 다른 이데올로기가 대립하는 가치충돌의 場인 것이다. 즉, 台湾统一로 中国의 주권이 확대되면 이와 동시에 经济的으로 中华经济圈(zhōng huá jīng jì quān)의 완성을 의미하는 것이며, 이것은 곧 美国 등 서구에서 우려하는 中国위협론의 현실화를 뜻하는 것이다.

3. 中国·日国 新安保体制 構築과 台湾海峡

美国·日本 안보공동선언은 1994年 말부터 이른바 '나이 이니셔티브(Joseph Nye Initiative)'를 바탕으로 추진된 바, 美国의 新 亞·太 전략으로 알려진 '동아시아전략보고서'(EASR; 1995.2.)[440]에서 美国의 1994年 외교政策指針에서 클린턴 행정부는 "개입과 據張의 국가안보전략(National Security Strategy of Engagement and Enlargement)"을 세워서 美国의 亞·太 지역의 市場民主主义(mín zhǔ zhǔ yì)性向의 国家들 간의 동맹 강화, 각 국 내부갈등에 대한 다자간 노력, 지역안보 위협에 대한 평화유지 활동 강화 등으로 美国의 세계전략 목표는 우선 강력한 방위능력을 유지하고 협력적 안보를 촉진해 안보를 강화하며 해외市場을 개방해 세계경제발전을 촉진하며 해외에서 民主主义(mín zhǔ zhǔ yì)를 신장하는 것이라고 규정하였다. 결론적으로 세계적 问題에 더 적극적인 지도력 발휘를 의도하는 것이었다. 이것에 근거하여 1995年 2月에 美国은 "동아시아에서의 美国의 안보전략(US Security Strategy for the East-Asia Pacific Region)"을 발표하였다. 이 보고서의 핵심은 '동아시아 전략구상'에서 제시한 병력감축 계획을 취소하고 현재 약 십만 명의 전진배치 병력을 가까운 장래에 안정적으로 유지한다는 것이었다.

이러한 전략구상은 日本(ri běn)의 新防衛計劃大網[441](1995.11) 등의 연장선상에서 이루어진 것이다. 日本政府는 1995年11月 안전보장회의와 임시

통권 12호, (1997. 여름호), p. 155. 재인용.

440) 이석수., "미국은 아태지역 포기할까?", 「신동아」, 별책부록, (1996. 1월호), pp. 422~425. 재인용.

441) 「GAIKO FORUM」., 긴급증판 (일본), (1996. 6. 20.), pp. 163~169.

각료회의를 열어 자위대 전력의 질적 향상과 적극적인 국제 군사공헌 확대를 내용으로 한 새로운 防衛計劃人網을 확정했다. 新防衛人網은 냉전 후의 국제정세 변화에 대응 지난 79年 마련된 防衛計劃大網을 19年 만에 개정한 것이다. 新防衛大網의 골자는 美国·日本 안보体制의 강화, 联合国(lián hé guó)평화유지활동(PKO)에의 적극참여, 자위대 전력의 질적 고도화 등이다. 특히 新防衛大網에서 PKO에의 참여를 국토방위에 준하는 역할로 규정, 향후 日本(rì běn)의 국제적인 军事的 역할 확대를 지향하고 있다. 탈냉전 시대를 맞아 자위대의 새로운 모습을 제시한 新防衛大網은 재래식 무기를 과감히 축소했으나, 해군력의 핵심인 잠수함부대의 현행유지·헬기공수여단 등 기동부대의 증강, 조기경보体制를 비롯한 첨단장비 보완 등 军事力의 효율화를 통해 전력강화를 꾀하고 있다.

냉전종식에도 불구하고 亞·太지역정세의 불안정과 불확실성, 특히 급속한 経済성장을 바탕으로 한 中国의 军事力 팽창 등 군사대국화와 대내외적 위기상황에 직면해 있는 朝鮮(cháo xiǎn)과 관련된 韩半岛(hán bàn dǎo)정세의 불안정 등이 日本으로 하여금 냉전이후 시대에 들어와 美国과의 新安保体制를 구축하여 불확실한 지역정세에 대비할 필요성을 절감하도록 했던 것이다. 그러나 美国·日本 経済마찰로 인한 美国·日本 关系의 악화와 1995年9月 美国해병의 12세 오키나와 초등학교 학생에 대한 성폭행 사건으로 가시화된 오키나와 미군기지 철수여론은 美国·日本 안보 반대 여론으로 증폭되어 日本(rì běn) 전국으로 확산되고 있었다. 이러한 日本내의 美国·日本 안보에 대한 반대여론의 비등으로 美国·日本 안보를 재정의 하는 과제는 용역하지 않았다.

탈냉전시대 中国의 부상과 함께 떠오른 中国위협론을 뒷받침 해주는 台湾 근해에서의 미사일발사 훈련 등 对台湾 군사훈련으로 인한 两岸간 긴장고조 朝鮮(cháo xiǎn)의 기존 정전협정 무효화 기도의 일환으로 비무장지대 불인정 선언(1996.4.5.) 및 계속된 비무장지대로의 무장병력 파견 등 军事的 모험주의의 감행은 日本내 美国·日本 안보 반대여론을 극적으로 역전시켜 1996年4月 美国·日本 新安保体制를 구축하는데 결정적 요인으로 작용442) 했던 것이다. 사실 태평양사령부의 참모장인 찰스 라슨이 당시의 美国의회

---

442) 김국진., "미국·일본 신안보체제와 한반도 안보", 「동북아」, 제 5집, (1997. 봄·여름), p. 168.

증언에서 "朝鮮(cháo xiǎn)이 지역안정에 가장 큰 위협요소"라고 증언했듯이 美国과 日本은 新防衛指針에 있어서의 주변 유사는 주로 朝鮮(cháo xiǎn)에 의한 韩半岛(hán bàn dǎo) 유사시를 염두에 두고 있음에는 틀림없다.

거대한 미군을 주둔시키는 목적이 朝鮮(cháo xiǎn)을 저지하기 위한 것이라는 주장은 현실적으로 설득력을 갖기 어려웠다. 그래서 또 다른 적이 필요했던 것이다. 美国(měi guó) 국방부의 아시아 전문가 제임스 몰리가 당시 도쿄의 한 회의에서 "아시아의 전략적인 구도는 냉전당시와 크게 달라지지 않았다. 냉전당시 우리는 기존질서를 위협하는 세력에 대항하여 기존질서를 지키기 위한 동맹을 유지하고 있었다. 如今에도 여전히 기존질서를 위협하는 세력이 존재한다. 단지 이제는 朝鮮(cháo xiǎn)과 中国이 前苏联(qián sū lián)을 대신하여 体制 위협적인 세력으로 등장했다는 것이 이전과 다른 점이다."443)라고 했듯이 이런 시각에서 보면 냉전종식과 함께 前苏联(qián sū lián)의 위협이 사라졌지만 中国의 위협은 더 큰 무게로 다가오고 있었기 때문에 台湾海峡의 무력시위는 美国(měi guó)이 美国・日本 新安保体制를 구축하기 위해 조장했을 가능성도 농후하다. 왜냐하면 동아시아 현상유지의 가장 중요한 축이 美国・日本 안보동맹体制이기 때문이다.

냉전이후 아・태 지역의 불확실성과 불안정에 대처하기 위하여 美国・日本 新安保体制를 태동시킨 美国・日本 안보공동선언444)(1996.4.)은 적어도 美国의 입장에서 볼 때 다음과 같은 3단계의 역사적 발전단계를 거쳐서 이룩된 것으로 볼 수 있다.445) 첫째, 태평양전쟁 패전직후 美国・日本 안보는 日本(rì běn)의 军国主义(jūn guó zhǔ yì)의 부활을 막기 위한 감시와 견제 기능을 담당하였다. 둘째, 汉国전쟁 발발이후 냉전종식까지의 美国・日本 안보는 日本의 방위와 对苏联(sū lián) 및 对中国 봉쇄를 위한 주 기능을 담당해 왔다. 셋째, 냉전이후 시대 美国・日本은 美国・日本 新安保体制를 바탕으로 亞・太 지역의 평화와 안정유지에 역점을 둔다는 것이다.

미국하원 국제관계위원회는 1997年5月7日 동아시아지역 주둔 미군 병력수를 10만여 명 선으로 유지시켜야 한다는 내용의 결의안을 승인했다. 이번에 승인된 결의안은 아시아・태평양지역의 주요政治・안보적 갈등에 대한

---

443) 김국진., op. cit., p. 175. 재인용.
444) 조선일보., 1997.5.9. 재인용.
445) 송영식., "클린턴 2기 행정부의 대외정책 전망", 「외교」, 제 41호, (서울: 한국외교협회, 1997.3.), p. 78.

평화적이고 항구적인 해결책이 마련될 때까지 美国은 10만여 명의 병력을 아·태 지역에 주둔시켜야 한다고 명시하고 있다. 결의안은 또 예산상 이유로 인해 아·태 지역 미군 병력이 감축되어서는 안 된다는 것을 명시하고 있다.

냉전종식 직후 日本내에서는 日本의 안보政策 옵션에 관하여 공개적인 논의가 가시화 되었다. 이러한 안보政策 옵션논의는 냉전종식으로 前苏联(qián sū lián)의 军事的 위협이 소멸되었고, 日本(rì běn)자위대는 자국의 국토를 스스로 방위할 수 있다는 전제하에서 전개되었다. 첫째, 안보의 독자노선이다. 둘째, 다자간 안보 메커니즘에 의존. 셋째, 러시아나 中国과의 동맹关系를 결성한다는 것도 현실적으로 불가능하므로 美国과의 안보동맹의 지속이 가장 바람직한 政策옵션이라는 결론을 내리고 对美国(měi guó) 安保细带를 강화하려 하였다.

이와 관련하여 美国은 美国·日本 新防衛指針을 통해 크게 다섯 가지 전략적 목적을 겨냥하고 있다. 첫째는 亞·太 지역에 10만 명의 병력을 주둔446)시키고 있는 美国으로선 다음 세기까지 이 지역에서 자국의 안보이익을 지켜가면서 "세력균형의 추" 역할을 계속할 수 있는 발판을 마련한 것이고, 둘째는 亞·太 지역에 안보위기가 발생했을 때 日本으로 하여금 더 큰 军事的 역할과 방위비 분담을 맡도록 한 것이며, 셋째는 经济军事대국으로 급부상하고 있는 中国에 대한 견제이다. 넷째는 美国의 经济力 회복과 관련하여 역동적으로 발전하고 있는 亞·太 지역과의 지속적 经济교류의 확보를 자국의 사활적 이해关系로 인식하여 对 亞·太 지역 안보역할을 계속 수행할 필요성을 느꼈기 때문이며, 다섯째는 韩半岛(hán bàn dǎo)의 현상고착을 위해서다.

탈냉전 시대에 美国은 자국의 사활적 이해关系(Vital Interest)가 걸려있는 亞·太 지역에 대해 계속적인 정치·군사·경제적인 참여政策을 新 亞·太 전략(EASR: 1995.2.)으로 표방한 바 있다. 新 美国·日本 방위협력指針(가이드라인)은 종래 전수방위(국내방위)의 좁은 틀에 묶여있던 日本의 军事的 활동범위를 아시아·태평양으로 확대시켰다는 의미를 갖는다. 그러나 적용지역과 관련된 '주변지역'(옛 가이드라인은 극동이라고 표현했다. 日本 政府 통일 견해로 극동은 필리핀 以北 台湾과 汉国 포함이라고 정의되어 있

---

446) 김국진., op. cit., pp. 177~178. 재인용.

음)의 범위, '유사'란 어떤 상태를 말하며, 누가 판단하는가, 공해상 기뢰제거는 어디까지 가능한 가 등등 모호한 부분들이 많다.

이러한 시각에서 美国이 日本(rì běn)을 美国(měi guó)·日本(rì běn) 新安保体制로 끌어들이는 유인요인으로 작용한 것은 바로 中国이었던 것이다. 그래서 美国의 국익에 도전 할 수 있는 잠재적 세력으로 中国과 日本임을 감안, 美国·日本 新 安保体制를 바탕으로 对中国 견제와 동시에 日本을 美国·日本 안보关系의 틀에 묶어둠으로써 日本의 军事的인 독자노선 옵션을 견제하기 위해서였다고 볼 수 있다.

美国·日本 新安保공동선언에 이어 1997年9月23日 美国·日本 新防衛指針447)을 발표했다. 당시에 1997年8月17日 가지야마 세이로쿠(握山静六) 日本 관방장관이 "美国·日本 방위협력이 적용되는 지리적 범위에 台湾海峽이 당연히 포함된다."고 발언하였다. 이에 대해 中国이 주변지역에 台湾海峽이 포함 되는지를 명확히 해명하라고 강력히 촉구하고 나섬으로써, 两国 간의 외교마찰이 노골화 되었다. 江泽民(jiāng zé mín) 中国 国家주석은 中国·日本 정상회담에서 "美国·日本 新安保선언과 이에 따른 美国·日本 방위협력指針의 개정이 台湾海峽 유사시 日本(rì běn)이 美国을 도와 개입하는 방향으로 연결된다면 中国政府와 인민들이 결코 용납하지 않을 것"이며, 또한 "日本(rì běn)에 军国主义(jūn guó zhǔ yì)세력이 있다."고 강력하게 경고했다. 李鹏(lǐ péng) 총리도 "만일 개입을 전제로 한다면 이는 中国에 대한 내정간섭"이라고 하자, 하시모토 총리는 "美国·日本 방위指針 개정논의는 中国을 포함한 특정지역을 염두 해 둔 것이 아니다."라고 말했으나, 中国측의 의심을 해소시키기에는 역부족이었다. 1996年3月 中国의 对台湾 무력시위에서 나타났듯이 앞으로도 两岸의 긴장关系는 江泽民(jiāng zé mín)의 권력 유지에 유용한 동반자로 활용될 가능성이 언제나 존재한다. 江泽民(jiāng zé mín)으로서는 내부의 불만이나 분열을 台湾问题를 이용하여 통합시키는데 아주 중요한 재료이기 때문이다.

이렇듯 新防衛指針(New Guideline)의 가장 큰 특징은 전략적 모호함에 있다. 새 가이드라인이 방위 협력을 위한 실무사항을 구체화하고 있음에도 불구하고 모호한 부분이 상당히 남아있고, 美国·日本 两国은 방위협력의 효과를 극대화하고 자유재량 범위를 최대한 확보하기 위해 모호한 상태로

---

447) 세계일보., 1997. 9. 6. 재인용.

두고 있는 것이다. 그 중에서도 적용지역과 관련된 '주변지역'448)의 범위가 가장 큰 문제로 부각되고 있다. 적용지역 중 台湾海峡은 초미의 관심사이다. 美国·日本 两国이 아무리 부정해도 中国과 朝鲜(cháo xiǎn)을 실질적 혹은 잠재적 가상 적으로 완전히 봉쇄하는 성격이 짙기 때문에 中国·日本 간에 외교적 마찰449)이 있었던 것이다. 문제는 현재의 가이드라인이 직접 거명하지 않았어도 台湾海峡을 사실상 적용대상에 포함시켰다는 사실이 중요하다. 그래서 新指針의 핵심골자는 한마디로 유사개념의 중심이동이라고 할 수 있다. 기존指針이 日本 '단독유사', 즉 日本이 무력공격을 받을 경우에 대비한 美国·日本 협력방안이었다면 新指針은 日本 주변 유사시를 상정하여 韩半岛(hán bàn dǎo)问题 및 台湾问题 등 동아시아 갈등에 대비한다는 것이다. 美国·日本 양측은 최종합의서에서 이를 日本의 평화와 안정에 중대한 影响을 미치는 주변사태라고 표현했다. 결국 유사시 미군과 日本의 자위대가 공동작전을 펼치는 중심무대가 韩半岛(hán bàn dǎo) 및 台湾海峡 등의 주변지역으로 옮겨졌다는 것을 의미한다.

中国은 이러한 상황을 이용할지도 모른다. 美国·日本 新安保体制를 빌미로 军现代化에 더욱 박차를 가하고 美国과의 충돌로 인한 反美정서를 십분 이용하여 중화민족주의를 고취시켜 내부결속을 다지려 할지도 모른다. 사실 1996年 3月에 개최된 전국인민대표대회 제 8기 4차 전체회의는 국내의 현안问题들이 산적해 있었으나 台湾海峡의 무력시위로 台湾问题를 부각시켜 회의기간 동안 최대 이슈(issue)가 台湾问题로 바뀌었던 것이다. 특히 前苏联(qián sū lián) 붕괴 후 러시아와 동부 국경선을 확정하고, 군축을 체결하여 러시아로부터의 위협은 사라진 반면, 中国病이라고 일컫는 改革·开放의 부작용, 즉 물가상승, 통화팽창, 국유기업 개혁문제, 지역·직업 간 소득불균형, 치안불안 등 산적한 국내문제가 발생하거나 江泽民(jiāng zé mín)의 政治的 입지를 강화시킬 필요가 있는 경우 中国이 台湾을 하나의 쐐기로 활용할 수도 있다는 것이다.450) 사실 江泽民(jiāng zé mín)은 기본적으로 대외관계를 자신의 권력을 공고히 하는데 이용하려 했다. 즉, 대외关系를 잘 처

---

448) 김영화., 『강택민과 중국정치』, (서울: 도서출판 문원, 1997.), p. 311.
449) 김재철., "강택민의 권력공고화 노력과 정치변화", 『주변 4강 1995년』, (서울: 세종연구소, 1996.), p. 90.
450) 함태경., "중국과 대만의 통일정책 비교연구: 강팔점과 이육조를 중심으로", 1995년 서강대, 공공정책대학원, 석사학위논문. pp. 45~46. 재인용.

리함으로써 당내에서의 자신의 입지를 강화하려 한다는 것이다.451) 그러나 乔石(qiáo shí)과 李瑞环(lǐ ruì huán) 中国人民政治協商會議 주석과 같은 江泽民(jiāng zé mín)의 경쟁자들은 江泽民(jiāng zé mín)이 음력설 前夜에 新年辭 형식으로 발표한 '8개항 제의'와 같은 对台湾统一 제안政策을 지지하지 않았을 뿐 아니라,452) 台湾 总统 李登辉(lǐ dēng huī)의 美国 방문을 계기로 江泽民(jiāng zé mín)의 对台湾 및 对美国 宥和政策을 비판했다453)는 것이다.

또한 아시아에서 中国이 선호하는 다극 구도를 구축하는데 가장 큰 장애물이 美国이 주도하는 美国·日本 동맹이다. 따라서 美国·日本 对中国이라는 양면关系를 와해시키고 이들 3대국간 등거리의 3각关系로 국면을 몰고 가기 위해 日本(rì běn)과 美国 간에 거리가 생기도록 일을 꾸미고 그 사이가 벌어지도록 하는 것이 中国의 전략454)이기 때문이다. 이런 측면에서 中国이 台湾분쟁에 있어 무력사용을 포기하지 않겠다는 것은 美国을 상대로 하는 것이 아니라, 사실 日本(rì běn)에게 강력한 경고를 하는 것이다. 효과적으로 자신이 태평양으로 진입하고 해양권익을 얻기 위해서 中国은 시기적절하게 台湾을 점령하는 것이 자신의 전략과 이익에 부합한다. 이것은 中国영해가 다음 세기에 필연적으로 강적이 되는 日本에 의해 전면 봉쇄당할 것인가 하는 생사 존폐의 问题임을 의미하는 것이다. 지역政治라는 시각에서 보면 台湾은 日本(rì běn)이 동남아로 남하하여 中国을 전면적으로 압박하는 주요 발판이 되기 때문이다. 21세기에 있어서 台湾을 잃는 것은 곧 中国의 전체 전략의 존폐여부를 의미하는 것이기 때문에 中国은 절대로 어떤 형식의 台湾독립의 노력도 용인하지 않을 것455)이다.

4. 中国·美国 정상회담과 台湾问题

中国의 江泽民(jiāng zé mín) 国家주석과 美国의 클린턴 대통령은 두 나

---

451) South China Morning Post., December 6, 1995. 재인용.
452) The Washington Times., October 1, 1997. 재인용.
453) 何频, 「邓小平(dèng xiǎo píng) 사후의 중국」, 허남익 옮김, (서울: 연암출판사, 1995.), p. 84. 재인용.
454) 문화일보., 1997.11.3. 재인용.
455) 冷溶·高屹, 「学 習邓小平(dèng xiǎo píng)同志南巡重要談話」, 上海(shàng hǎi): 人民出版社, 1992., p. 235. 재인용.

라 간의 새로운 关系정립을 위한 정상회담을 가졌다. 1989年 천안문 사태 이후 中国내 人权(rén quán) 및 台湾問題에 대한 커다란 의견 차이에도 불구하고 대화를 통한 협력과 교류를 더욱 확대하기로 한 것이다. 中国・美国 정상회담의 주요쟁점중의 하나인 台湾問題에 대한 中国・美国의 입장은 다음과 같다.

〈표. Ⅳ-1-4-4/1〉 中国・美国 정상회담 쟁점

쟁 점	中國 입장	美國 입장
台湾問題	美國의 台湾무기 수출중단 台湾政治人 초청 등 台湾 카드화 불용	하나의 中國 원칙 견지 台湾 關系法 계속유지
美國・日本 안보대화	美國・日本 안보指針 개정 불필요, 美國・中國・日本 3국政府 간 안보대화 불필요	방위指針은 특정국 겨냥한 것 아니다

資料出處 : 台湾問題는 朝群日報 1997. 10. 26.; 美國・日本 安保對話는 漢國經濟新聞 1997. 10. 25.

위 표에서 본 바와 같이 中国・美国 两国关系의 발전을 가로막고 있는 台湾問題를 해결할 수 있는 돌파구를 마련하지 못해 中国・美国 关系가 획기적으로 발전하지는 못할 것이라는 전망이다. 그러기 때문에 台湾問題가 표면화되면 两国정상 간의 전략적 협력에도 불구하고, 中国・美国 两国은 언제든지 갈등과 긴장국면으로 접어들 소지를 안고 있는 것이다. 정상회담에서도 클린턴은 '하나의 中国' 원칙은 인정하면서도 中国과 台湾사이 갈등의 평화적 해결을 종용하면서 美国 무기의 台湾판매를 간섭하지 말라고 경고한 사실은 이를 증명하고 있다. 또한 美国의 백악관 国家안보위 아시아담당 책임자 제프 베이더(Bader)는 江泽民(jiāng zé mín) 中国 国家主席의 访美(fǎng měi)에 관한 사전브리핑에서 「우리는 台湾을 희생시키면서까지 中国과 关系개선을 하고 싶은 의사는 없다.」 「우리는 변하지 않았고, 변하지 않을 것이며, 台湾에 대한 우리의 무기판매 政策도 마찬가지」 라고 말했으며, 中国・美国 정상회담 이후 곧바로 台湾주재 美国 대표부격인 台湾 美国연구소(AIT)의 리처드 부시 所长은 1997年11月1日 台湾도착 성명에서 "美国의 对台湾政策이 변경되지 않았다는 사실을 재확인 한다."고 말했을 뿐만 아니라, 클린턴 행정부의 对台湾关系는 '台湾关系法'에 의해 보장되고 있다.[456]

---

456) Tse-Kang Leng., The Taiwan-China Connection, (colorado: westview press, 1996.), p. 49. 재인용.

고 말함으로써, 台湾问题는 中国·美国 两国 지도자간의 방문에도 불구하고 人权(rén quán)问题와 함께 근원적으로 해소시키지 못하고 있는 것이다.

5. 台湾统一 전망

中国은 1997年7月1日 「一国两制(yì guó liǎng zhì)」로 Hongkong의 주권을 회복하고, 1999年12月20日 澳门(ào mén)을 반환받은 다음 21세기에는 台湾을 统一하여 동아시아에서 과거의 中華秩序를 재건하려 하고 있다. 中国이 台湾을 统一하는데는 「一国两制(yì guó liǎng zhì)」에 의한 평화적인 방법과 무력통일이 있다. 南巡講話시 邓小平(dèng xiǎo píng)의 발언은 그 사실을 확인시켜 주고 있다.

"....하나는 「一国两制(yì guó liǎng zhì)」를 사용하여 조국을 평화적으로 统一하는 것과 동시에, 台湾问题에 무력사용을 포기하지는 않을 것이다. ..... 台湾问题 해결에 어떠한 방식을 사용하든지, 이는 中国의 내정이며, 외국인은 간섭할 권한이 없다. ..... 台湾독립 세력은 台湾 뿐만 아니라, 美国이나 日本에도 존재하는 바, 台湾问题가 조기에 해결되지 않으면, 외세가 간섭할지도 모를 일이다. 어떻게 우리가 무력사용을 하지 않을 수 있는가 ?......"[457]

그리고 中国지도자들은 기회 있을 때마다 台湾독립시 무력사용 배제 불가능성에 대해서 주장해 왔다. 中国의 对台湾 和平统一과 무력통일에 대한 전망은 다음과 같다. 첫째, 台湾에 대한 和平统一은 台湾 국민들의 독립열망이 걸림돌 구실을 하고 있다. 그 구체적인 증거가 1996年3月 总统선거시 보여준 투표성향을 보면 알 수 있다.

---

457) Tse-Kang Leng., op. cit., p. 49. 재인용.

〈표. IV-1-4-5/1〉台湾 总统 候補別 得票結果

기 호	후 보	득표수(표)	득표률(%)
1	陳履安	1,074,044	9.98
2	李登辉(lǐ dēng huī)	5,813,699	54.00
3	彭明敏	2,274,586	21.13
4	林洋港	1,603,790	14.90

資料出處: 1997 世界年鑑 (台湾), pp. 88~89.

위의 표에 나타난 민의를 분석해보면 台湾人의 70% 가까이가 台湾의 독립을 원하고 있는 것으로 여겨진다. 国民党(guó mín dǎng) 李登辉(lǐ dēng huī) 후보를 향한 표와 제 1야당 彭明民 후보를 향한 표는 台湾독립이나 적어도 현상유지를 바라는 台湾人의 표로 보아야 할 것이다. 이러한 民意에 편승해서 民进党(mín jìn dǎng)의 彭明民 후보와 国民党(guó mín dǎng) 李登辉(lǐ dēng huī) 후보는 궁극적 목적은 같지만 그 방법론에 있어서는 다르다. 彭明民 후보는 统一에 대해 급진적이고, 李登辉(lǐ dēng huī) 후보는 온건적이며 합법적이고, 평화적인 방법을 취하고 있었다.

台湾사회에서 가장 중요한 사회세력인 중산층들이 급진적 분리주의 보다는 온건적 분리주의를 선호하고 있는 것이다. 1993年 중반부터 李登辉(lǐ dēng huī)의 외교와 中国政策 구상은 민주화와 台湾 국민들의 자치에 대한 기대감과 생존에 대한 욕구에 의해 지지 받아온 것이다.[458] 그래서 中国이 지속적인 고도의 经济성장으로 세계 제 1의 经济대국으로 성장한 후 政治개혁과 더불어 台湾사회와 별반 다름이 없을 때를 제외하고는 실질적으로 평화적인 统一은 어렵다는 것이다. 독립과 统一에 대한 여론조사에서도 잘 나타나고 있다.

---

458) Tse-Kang Leng., op. cit., pp. 49~50. 재인용.

〈표. IV-1-4-5/2〉 獨立과 統一에 대한 輿論調査

(단위: %)

구 분	1989.6	1991.1	1991.12	1992.6	1993.6	1994.12	1995.7
통 일	20.5	31.3	27.2	29.9	20.8	22.6	20.0
독 립	2.1	3.6	3.2	6.4	–	11.7	14.0
현상유지	57.5	45.0	42.8	41.6	43.1	43.3	46.0
무 응 답	19.7	20.1	26.3	22.2	–	23.4	20.0

資料出處: 輿論調査資料(台北: 大陸委員會, 1993. 10, 1995. 10.); 聯合報, 1993. 7. 30.

위 표의 결과를 토대로 台灣국민들의 독립과 統一에 대한 의식을 분석해 보면 台灣의 새로운 中国政策은 단순히 国家엘리트들에 의한 결과물이 아니라 다양한 政治세력들 사이에서 상징적으로 대표되는 협상인 것이며, 1980年代 후반부터 시작된 민주화의 자연스러운 결과인 것이다.459) 台灣국민의 오직 1/4만이 統一을 원하고 있으며 대다수 국민들은 현상유지를 선호하고 있는 것으로 나타나고 있다.460)

中国과 러시아는 1996年 4月 24日日 前苏联(qián sū lián)·中央아시아 3국(카자흐스탄·타지키스탄·키르기스스탄)과 국경지역 병력배치 및 무기를 일정수준으로 제한하는 것을 골자로 국경지역 군축조약을 체결하였으며, 전략적 동반자 关系에 합의하는 한편 1997年 11月에는 과거 300年간 국경분쟁의 진원지였던 동부 국경을 劃定하고 兩国 간의 무역액을 2000年까지 200억 수준까지 확대하기로 합의했다. 공동선언의 요지는 다음과 같다. 첫째, 양측은 국제법 규정과 联合国(lián hé guó) 헌장을 준수하고 兩国국민이 선택한 發展路程을 상호 존중한다. 양측은 상대측의 단일성 자주성 영토권(영토적 통일성)을 이해하며 존중한다. 둘째, 兩国 간 다국 협력 体制를 확대 발전시키기 위한 兩国정상 간의 상호방문·총리 간 정기적인 만남·외무장관 간의 정기적인 회담 体制를 구축한다. 셋째, 전 세계평화유지와 국제협력 및 발전을 위해 중요한 국제問題에 대해서는 협력을 강화한다. 넷째, 兩国정상은 공동노력의 결과로 일련의 원칙들과 经济贸易投资·科学(kē xué) 기술·인문분야에서 러시아·中国 간 상호이득이 되는 협력关系가 구축됐음

---

459) 조선일보., 1997.11.30. 재인용.
460) 문화일보., 1997.11.11. 재인용.

을 주목한다는 것 등이다.

中国이 台湾의 자치에 대해 강경하게 하면 할수록 统一을 달성할 수 있는 기회는 점점 멀어질 것이다. 그 좋은 증거가 1997年 11月 29日에 실시된 台湾 地方선거에서 台湾 독립国家 추진을 공개적으로 천명하고 있는 民进党(mín jìn dăng)이 전체 23개 지역 중 12개 지역에서 승리했으며, 전체득표율에서도 41.5%인 国民党(guó mín dăng)을 상회하는 43.67%의 높은 지지를 받았다461)는 사실이다. 이것은 台湾국민들의 民意가 현상 유지에서 독립 쪽으로 점점 기울고 있다는 증거를 보여주고 있는 것이다. 둘째, 이러한 台湾의 民意를 기초로 해서 본다면 中国의 台湾统一은 오로지 军事的 압력에 의해서만이 统一이 가능하게 될 것인데 이 또한 美国・日本 방위指針의 '주변유사시' 규정은 台湾海峽에서의 军事的 충돌 등이 發生할시 美国・日本 两国의 军事的 개입을 불가피하게 하므로 台湾统一은 军事的 압력으로도 어려울 것으로 전망된다.

脫냉전기 台湾海峽을 둘러싼 中国과 美国 간의 패권적 갈등 关系는 '中国 위협론'을 표면화시키며, 韩半岛(hán bàn dăo)의 불안정한 안보상황과 함께 美国・日本 新安保体制가 구축되는데, 결정적인 작용을 했으며, 美国・日本 新安保体制는 中国과 러시아간에 전략적 동반자关系462)를 구축하는 결과를 가져왔다.

韩半岛(hán bàn dăo)를 둘러싼 안보환경은 美国・日本 新安保협력体制와 中国・러시아 간의 전략적 关系강화 사이의 대립으로 요약 할 수 있는 것이다. 특히 「一国两制(yì guó liăng zhì)」에 의한 강력한 中国건설과 美国의 개입과 확대 전략이라는 新 亞・太 전략의 전략적 거점으로 台湾이 부각된 것이다. 台湾은 政治的・经济的・军事的 이데올로기적인 측면에서 中国과 美国의 상호 충돌 지점인 것이다. 中国은 여전히 「一国两制(yì guó liăng zhì)」에 의한 台湾 统一政策을 포기하지 않고 있으며, 美国 또한 美国・日本 新安保공동선언에 의한 新防衛指針의 '주변유사'에 台湾海峽을 사실상 포함시키고 있다.

이러한 중층적인 갈등 구조 하에서 台湾이 독립을 포기하지 않고 "台湾이

---

461) 중앙일보., 1997.11.12. 재인용.
462) Tom Plate., "U.S. on China and Taiwan", The Korea Herald., September 19, 1997. 재인용.

항구적인 독립을 추구하면 할수록, 北京(běi jīng)은 더욱 강경해질 것"이며, 이것은 곧 中国과 台湾 간의 갈등을 유발시키고 결국 中国과 美国 간의 첨예한 외교적·軍事的 갈등으로까지 확대되는 구조적 요인을 가지고 있으며, 또한 언제든지 다시 부상할 수 있다는 점에서 위기의 상존성이 잠재되어 있는 것이다.

第 2 章 中国과 台湾의 新统一 外交 路線 實證事例

毛泽东(máo zé dōng)이 인간과 환경과의 关系에 있어서 결정적으로 중요한 것은 인간의 정신이라고 주장한 반면, 邓小平(dèng xiǎo píng)은 社会主义 건설에 있어서 의지적인 요소와 정신의 역할을 부정하지는 않으나 经济 발전과 科学(kē xué)·기술의 향상 등 객관적 환경의 변화를 보다 강조하였다. 그리하여 实用主义 노선은 공업화 또는 现代化를 지상과제로 추진해야 한다는 입장을 취하였다. 现代化를 추진하는 데 있어서 邓小平(dèng xiǎo píng)은 이상론보다는 현실주의적 입장에서 서두르지 않고 주어진 问题들을 하나씩 해결해감으로써 社会主义 体制를 다져 나가려 하였다.

中国으로서는 이러한 새로운 노선을 이론적으로 정당화 해 줄 수 있는 이데올로기의 정립이 불가피 해졌다. 따라서 그들은 이념적 측면과 발전政策에서 马克思(mǎ kè sī)·列宁(liè níng)主义 및 毛泽东(máo zé dōng) 사상의 전형을 벗어나 새로운 길을 걷는 이념의 부단한 개조작업을 시도해 갔다. 사실상 毛泽东(máo zé dōng) 이후의 中国지도부는 政治·经济 전반에 걸친 개혁이 불가피함을 인정하고 있었기 때문에 그의 개혁이론은 긍정적인 평가를 받을 수 있었다. 그러나 많은 영역에서 서로 상충되고 있어 이념적 분열뿐 아니라 권력투쟁을 야기하는 등 부작용도 발생되었다. 왜냐하면 그들은 经济的으로는 马克思(mǎ kè sī) 이론을 수정하면서 자본주의를 수용하지만 政治的으로는 马克思(mǎ kè sī)·列宁(liè níng)主义의 정통을 유지하려는 이른바 社会主义 「体(tǐ)」(Substance)·자본주의 「用(yòng)」(Function)의 政策선택을 채택하고 있기 때문이다.

社会主义를 고수하는 한 马克思(mǎ kè sī) 이론과의 결별은 불가능하며, 社会主义 이념을 빌리지 않고는 一党統治를 정당화 할 수 없는 한계가 있기 때문이다. 이처럼 이러한 政策들은 상호공존이 불가능하기 때문에 그 실행과정에서 갖가지 심각한 사회问题들을 야기 시켰다. 이처럼 「中国 특색의 社会主义는 미래의 이상으로서 공산주의 현실에 있어서의 国家자본주의」 라는 융통성 있는 이념노선으로써 한 사회를 건설하고 体制를 유지하려는 邓小平(dèng xiǎo píng)의 관리 이데올로기라 하겠다. 이와 같은 개혁파의 주도적 개방 및 개혁政策이 추진되는 과정에서 보수파가 소외됨에 따라 精神汚染에 관한 논쟁이나 三信危机(sān xìn wēi jī) 그리고 马克思(mǎ kè sī)

主义의 이론에 대한 새로운 해석 등의 부작용이 수반되었다.

현재 中国은 「社会主义의 초급단계에 머물러 있음을 인식」해야 한다고 강조하면서 초급단계에 속하는 현실적 상황은 马克思(mǎ kè sī)主义가 지도적인 지위를 확보하고 있으나, 여러 형태의 经济형태와 학설, 관념 내지는 사조가 공존하고 있기 때문에 부단히 변혁하는 단계라고 정의하였다. 이후 많은 어려움 속에서도 꾸준히 지속적으로 추진되던 개혁가도는 1989年의 6·4 「천안문 사태」를 中国政府가 무력으로 강경하게 유혈 진압하는 참극을 초래하면서 난관에 봉착하게 되기에 이른다. 이와 같은 천안문 사태를 수습하는 과정에서 中国은 대담한 改革(gǎi gé)·开放政策(kāi fàng zhèng cè)이라는 经济사회의 다원화·개방화·시장화를 촉진하기도 하였지만, 또 다른 한편으로는 新·舊 제도의 모순과 경기과열에서 파생되는 인플레이션, 그리고 관료들의 부정부패 등 심각한 经济개혁의 부작용을 산출하고, 무엇보다도 「천안문 사태」와 같은 政治사회의 불안요인을 유발시킨다는 점을 심각히 주목하게 되었다.

「천안문 사태」이후 中国은 美国이 人权(rén quán)보호를 대외政策의 중요한 가치로 추구하는 것은 中国내 经济·政治的 자유화 세력에게 美国의 가치관을 주입시켜 美国式 民主主义(mín zhǔ zhǔ yì)를 수용하도록 하려는 데, 그 근본 저의가 있다고 인식하고 있다. 이와 같은 인식에 입각, 中国은 美国의 对中国 人权(rén quán)개선 요구에 대해 강경한 태도를 보이고 있다. 中国은 내정불간섭, 상호주권 존중 및 平等(píng děng) 호혜 원칙이 新국제질서 형성의 기본원칙이 되어야 한다는 점은 강조하면서, 中国의 人权(rén quán)问题는 근본적으로 中国 내부问题임으로 美国 등 타국이 간섭할 성질의 问题가 아님을 주장하고 있다. 또한 中国은 美国의 '人权(rén quán) 외교'가 타국에 대해 이중적인 기준을 적용하는 비현실적인 政策이라고 비난하고 있다.

中国의 实用主义 노선의 핵심 근간이 되는 대외개방 政策은 经济발전에 의한 国家现代化가 제 1차적인 国家목표로 설정된 만큼 주로 经济改革·开放에 그 초점이 맞추어졌다. 그동안 中国의 改革(gǎi gé)·开放政策(kāi fàng zhèng cè)은 中国의 政治·经济·문화·사회생활 전반에 막대한 변화를 야기했을 뿐만 아니라 亞·太地域 및 세계经济·政治 전반에 지대한 影响을 미쳤다. 앞으로도 中国의 社会主义 市场经济 体制 및 政治 体制 개혁이 진일보 확대되면서 이로 인한 국제무대에서의 中国의 影响力은 더욱 증대될 것이다. 또한 이러한 추세는 中国이 대외개방의 확대 및 주변国家들과의 다양한 关系발전, 국제사회에서의 역할 증대를 도모하는데 유리하게 작용할 것으로 판단된다.

中国이 改革(gǎi gé)·开放政策(kāi fàng zhèng cè)을 핵심政策 노선으로 결정한 이후 中国외교의 국제무대에 있어서 韩半岛(hán bàn dǎo)政策은 동북아政策에 종속되어 있으며, 상당한 비중을 지닌 체 그 일환으로 추진되고 있다는 것은 제언을 요구하지 않는다. 특히 이것은 汉国이 비약적인 经济성장을 이룩함으로써 동북아에서는 물론 세계经济에서 차지하는 비중이 높아진 사실에 기인하는 바 크다. 물론 지정학적인 관점에서도 韩半岛(hán bàn dǎo)에 대하여 이데올로기보다 실리를 더 중시하는 实用主义 외교노선을 추진하여 왔다.

中国이 改革(gǎi gé)·开放政策(kāi fàng zhèng cè)을 추진해나가는 과정에서 성공적 달성을 통해 요구되는 자본과 기술을 바로 汉国이 보유하고 있다는 점에서 韩半岛(hán bàn dǎo) 정세의 변화가 시작되었다고도 할 수 있다. 여기에는 전통적으로 中国이 韩半岛(hán bàn dǎo)에 특수한 이해关系를 가져왔다는 인식이 작용하고 있음은 물론, 韩半岛(hán bàn dǎo)와의 접경지역이라 할 수 있는 东北(dōng běi) 3省에는 中国의 주요 공업지대가 밀집해 있다는 점, 그리고 日本의 군사대국화 할 가능성에 대한 위협의식이 전제되고 있다.

특히 中国은 韩半岛(hán bàn dǎo)에의 안정적인 구조가 구축되기를 희망해 왔던 것이다. 보다 구체적으로는 中国은 韩半岛(hán bàn dǎo)의 军事的 긴장완화와 韩国(hán guó)·朝鲜(cháo xiǎn)의 关系개선을 통한 평화정착을 희망하며, 최근의 中国의 对韩半岛政策의 변화도 이런 측면에서 해석해야 할 필요가 있다. 왜냐하면 韩半岛의 세력균형에 급격한 변화가 일어나게 될 경우 이는 필연적으로 中国의 안보에 직접적인 影响을 미치게 될 것이기 때문이다.

1982年9月1日 中国 共产党(zhōng guó gòng chǎn dǎng)이 北京(běi jīng)에서 개최한 제 12全代會에서 기존의 毛泽东(máo zé dōng)의 『3個 世界論』을 대치한 『獨立自主外交路線』을 대내외에 천명한 때부터 中国은 특정 강대국과 전략적 협력이나 강대국 간의 이해 대립에의 개입을 가능한 한 회피하면서 오로지 자국의 국익만을 고려하는 『독립자주 외교』를 추구해 왔으며, 국가 간 이념과 体制를 초월한 『평화공존』을 강조하여 왔다. 「獨立自

主 外交路線」이란 中国이 美国(měi guó)・苏联(sū lián) 양 강대국과의 사이에서 전략적・지역적 이해를 고려하여 이들과의 긴장완화를 추구하면서, 美国・苏联 양 강대국과의 矣系에서 우호적인 중립을 지키면서 쌍무적 矣系(Bilateral Relations)를 증진시키고, 어느 일국과의 동맹矣系를 반대한다는 것이다. 中国은 汉国과 台湾의 경우를 실례로 거론하면서 经济发展이 선행되어야 政治的 민주화가 가능하다는 입장을 견지하고, 经济발전을 위해서 政治발전을 일시적으로 유보할 수 있다는 점을 주장하고 있다. 즉, 中国은 人权(rén quán)이 国家의 생존권과 發展勸을 저촉해서는 안 된다는 입장을 보이고 있는 것이다. 中国이 이와 같이 '평화외교'를 강조하는 이유는 中国이 国家经济의 지속적인 발전과 성공여부가 주변国家와의 矣系개선을 통한 역내안정과 평화유지에 달려있다고 판단하였기 때문이다. 또한 中国의 現代化를 지속적으로 추진하기 위해서는 자본과 기술의 공급원인 서방과의 협력에 있어서도 단순한 전술적・단기적인 차원을 탈피하여야 한다는 것이다.

지금까지의 中国 实用主义 외교가 노정해 온 바와 같이 政治논리 보다 经济논리가 더욱 첨예하게 된 21세기에는 대외적 명분보다는 자국의 실리를 추구하는 实用主义的 경향이 中国 외교政策에 있어 더욱 철저하게 반영되어 나타날 것이다. 그러나 中国은 자국의 『독립자주』나 『反패권주의 외교』는 안보적 측면을 강조하고 있어서, 이를 보완하고 동시에 经济를 우선시 할 수 있는 『全방위외교』를 강조하여 대외矣系를 재조정하고 있다. 『全방위외교』의 기본요소로는 사상과 이념을 초월한 经济우선의 평화외교와 다자적 접근을 들 수 있다. 여기서 한 가지 지적할 점은 中国이 비록 지나친 对美国 의존에서 탈피하려는 시도를 하고 있기는 하지만 中国의 지도층이 現代化를 추진하고 있는 이상 美国은 분명히 中国의 가장 중요한 동반자일 수밖에 없다는 사실을 간과해서는 안 된다는 것이다.

中国과 台湾의 新统一외교 노선 실증사례의 근거를 제시할 기준점은 21세기 中国은 经济건설을 성공적으로 완수하여 국제무대에서 명실상부한 강대국으로 부상 아시아 지역의 영도国家로서의 影响力 확대를 모색하려는 데에서 그 주안점을 찾을 수 있을 것이다. 中国의 实用主义 외교는 如今 21세기에 더욱 치열한 양상을 띠고 세계经济대전에 능동적으로 대처하기 위해 『大中华经济圈(zhōng huá jīng jì quān)』의 실현을 모색하는데, 그 주안점으로부터 초점이 맞추어 지고 있다고 볼 수 있다.

第 1 节 中国 实用主义 统一外交 路線의 전개전망

현대 국제사회에서는 统一的으로 강제적인 집행을 행사할 수 있는 세계적인 통합政府가 없이 개별 다수의 주권国家가 병존하는 사회라는데 그 특징이 있다. 이러한 주권国家를 그 기본단위로 하여 성립하는 국제사회에서 国家 간의 현실关系를 규율하는 自国 国益中心의 원칙에 입각한 国家 간의 国際政治关系는 외교政策을 통하여 이루어지는 国家행위의 종합이라고 할 수 있다.

이러한 의미에서 一国의 외교政策은 国家이익에 의해 규정되어 구체적인 목표를 설정하게 되고, 이에 따라 특정의 政策이 수립되어 그 후 적절한 행위로 표출 된다는 버나드 고든(Bernard K. Gordon)의 외교政策과 국익 및 목적의 关系는 하나의 연속성을 지니고 있는 것으로 이해 할 수가 있다.463)

따라서 각 国家는 부단히 국제환경을 자국에 유리하고 이익이 되는 방향으로 조정 관리하고 통제해야만 하는 과제에 직면하게 된다. 이러한 이유로 외교政策에 대한 정의는 매우 다양하고 학자들 간에도 의견일치가 되어있지 않는 상태이므로, 외교政策의 연구에 있어서 주요한 쟁점중의 하나가 되어 있다. 이에 여기에서는 여러 학자들의 외교政策에 대한 정의를 종합적으로 살펴본 후 간략히 实用主义 외교政策에 대한 정의를 명기하고자 한다. 체계분석(System Analysis)에 있어서 그의 관점을 제시한 바 있는 모델스키(G. Modelski)는 "외교政策이란 타국의 행위를 변화시키고, 국제환경에 대한 자국의 행위를 조정하기 위해 부단하게 전개되는 행위체계이다."464) 라고 정의 하였다.

이와 같이 체계의 투입과정의 산물로서의 외교政策 개념과는 대조적으로 제임스 로제노(J. N. Rosenau)는 "국제환경의 바람직한 국면을 유지하거나 바람직하지 않은 국면을 변경시키기 위해 政府가 취하거나 취하겠다고 공언한 권위적 조치" 또는 "조직된 国家사회가 국제환경과 투쟁하고 거기에서 이익을 취하려고 노력하는 모든 태도와 행위"라고 정의 했다.465) 홀스티(K.

---

463) 장덕환., 「현대외교정책론」, (서울: 형설출판사, 1983.), p. 37. 재인용.

464) George Modelski., A Theory of Foreign Policy, (New York: Fredrich A. Praeger Publisher, 1962.), pp. 3~4. 재인용.

465) J. N. Rosenau., "Foreign Policy as Adaptive Behavior", Comparative Politics, Vol. Ⅱ, No.3, (April, 1970), p. 366. 재인용.

J. Holsti)에 의하면 "외교政策이란 목적을 규정하고 선례를 설정하며 또는 행위의 노선을 규정하는 결정과 그 결정을 실시하기 위한 행위이다."라고 정의하고 있다.466) 또한 외교政策을 행위 하는 개체들의 다양화를 강조한 허만(Charles F. Hermann)은 "国家政府의 政策 결정자가 의도적으로 국제적 행위자(International Actor)의 행위에 影响을 주기위해 취하는 공식적 행위로 구성되며, 이때에 국제적 행위자는 각자의 이익을 위해서 행위 하는 政策결정자, 政府기관 또는 민간단체의 대리인, 타국 政府 등을 뜻하는 것"이라고 정의하였다.467)

이상과 같은 諸 学者들의 외교政策에 대한 견해들을 종합하여 볼 때, 외교政策이란 한 国家의 政策결정자가 타 国家 또는 국제적 실체를 대상으로 하여 자국의 이익을 극대화하고 国家목표를 달성하기 위해 政治・经济・군사・사회・문화 등의 모든 영역에 있어서의 자국의 행위를 타국 또는 국제적 체계에 대해 적응시키고 타국에 影响을 미치려는 의도적이고 공식적인 행동指針이라 할 수 있다. 이에 근거하여 볼 때, 中国에서의 实用主义 외교政策이란 이념적 독단성과 극도의 전체주의 성향 그리고 中央통제의 계획经济로부터 벗어나 현실적인 유용성과 실리성에 근거하여 대내외적 환경에 적응하는 한편 中国 자국에게 유리한 내적・외적 조건을 개변시켜 나가는 외교政策이라고 정의 할 수 있다.468)

1. 中国 实用主义 统一外交 路線의 전개과정

1976年 毛泽东(máo zé dōng)과 周恩来(zhōu ēn lái)가 사망한 후 中国의 권력体制에는 급격한 지각변동이 일어났다. 同年 10月에는 华国锋(huà guó fēng)은 党 주석으로서 毛泽东(máo zé dōng)의 위치를 승계하였으며, 毛泽东(máo zé dōng)주의자이며 홍의 대표세력인 江青(jiāng qīng)・张春桥(zhāng chūn qiáo)・姚文元(yáo wán yuán)・王洪文(wáng hóng wén) 등

---

466) K. J. Holsti., International Politics; A Framework for Analysis (Englewood Cliffs; Prentice-Hall, 1977), p. 29. 재인용.

467) Charles F. Herman,, "Policy Classification", in James N Rosenau, Vincent Pans, and Maurice A. East(ed,), The Analysis of International Politics (N.Y.: The Free Press, 1972.), p. 70. 재인용.

468) 소치성., "중공실용주의외교와 동북아의 국제질서", 「중소연구」, 제 11권 3호(한양대 중소연구소, 1987.), p. 211.

이른바 4인방을 체포하여 中国내의 새로운 권력노선의 형성을 시사했다. 한편 천안문 사건으로 실각되었던 邓小平(dèng xiǎo píng)은 毛泽东(máo zé dōng)의 死後 과도기적 상황을 수습하려는 党의 원로들에 의해 1977年7月 再복권되면서 中国 共产党(zhōng guó gòng chǎn dǎng) 내에서 그의 위치를 넓히게 된다.469) 이어서 1977年 8月에 개최된 11全代會에서 邓小平(dèng xiǎo píng)은 그의 핵심세력인 胡耀邦(hú yào bāng)을 党 조직부의 책임자 자리에 앉게 하고, 1978年12月 개최된 11기 3中全會에서 실권을 장악한 후 1979年 9月에 개최된 4中全會에서 彭真(péng zhēn) 등 6명의 개혁파 인물을 새로이 政治局員으로 선출하고 赵紫阳(zhào zǐ yáng)을 후보위원으로 선출함으로써 그의 지지기반을 확보하였다.470) 또한 1980年2月 제 11기 5中全會를 비밀리에 개최하여 毛泽东(máo zé dōng) 최대의 정적인 劉少奇를 사후 복권시켜 毛泽东(máo zé dōng)의 격하를 암시하였고, 毛泽东(máo zé dōng)을 지지하는 汪东兴(wāng dōng xīng)·吴德(wú dé)·陈锡联(chén xī lián)을 政治局으로부터 숙청하고 대신 胡耀邦(hú yào bāng)과 赵紫阳(zhào zǐ yáng)을 中国 共产党(zhōng guó gòng chǎn dǎng) 권력의 핵심부인 政治局 상임위원으로 선출하였다. 1980年 9月에 개최된 전국인민대표대회 제 5기 3차 회의에서 华国锋(huà guó fēng)을 국무원 총리직에서 물러나게 하고, 赵紫阳(zhào zǐ yáng)을 총리로 임명하였다. 더 나아가 1982年 9月에 개최된 제 12기 전국대표대회에서 华国锋(huà guó fēng)을 모든 공직에서 축출하고, 中央政治局 상무위원을 邓小平(dèng xiǎo píng)의 측근인사들로만 구성함과 동시에 邓小平(dèng xiǎo píng)은 政治局 상무위원과 党 군사위원회 주석, 党 中央고문위원 등 党의 중요직을 모두 차지하였다. 이밖에도 문혁기간 중 邓小平(dèng xiǎo píng)과 함께 수난을 당한 万里(wàn lǐ)·胡乔木(hú qiáo mù)·姚依林(yáo yī lín)·杨尚昆(yáng shàng kūn) 등이 政治局員이 되어471) 12全代會 이후의 中国政治 색채는 实用主义(專)의 노선을 나타내는 이른바 「邓小平(dèng xiǎo píng) 体制」가 확립되어져 갔다.

---

469) Edmund   Lee., "Beijings Balancing Act", Foreign Policy, 1983, NO 51, pp. 29~30. 재인용.
470) 송영우., "등소평 체제의 외교와 그 딜레마", 「현대이념연구」, 제 4집(건국대 현대이념 비교연구회, 1986.), p. 3. 재인용.
471) 김영준., 「모택동(máo zé dōng) 사상과 등소평(dèng xiǎo píng)의 사회주의」, (서울: 아세아문화사, 1985.), p. 390.

毛泽东(máo zé dōng)이 인간과 환경과의 关系에 있어서 결정적으로 중요한 것은 인간의 정신이라고 주장한 반면, 邓小平(dèng xiǎo píng)은 社会主义 건설에 있어서 의지적인 요소와 정신의 역할을 부정하지는 않으나 经济발전과 科学(kē xué)·기술의 향상 등 객관적 환경의 변화를 보다 강조하였다.

그리하여 实用主义 노선은 공업화 또는 现代化를 지상과제로 추진해야 한다는 입장을 취하였다. 现代化를 추진하는 데 있어서 邓小平(dèng xiǎo píng)은 이상론보다는 현실주의적 입장에서 서두르지 않고 주어진 问题들을 하나씩 해결해감으로써 社会主义 体制를 다져 나가려 하였다. 이것이 잘 반영된 말이 "사실에서 진리를 구한다.<实事求是(shí shì qiú shì)>"와 "실천만이 진리를 검증하는 유일한 기준이다.<实践是检验真理的唯一标准(shí jiàn shì jiǎn yàn zhēn lǐ de wéi)>"이다. 毛泽东(máo zé dōng) 사상은 政策목표로서 平等(píng děng)의 실현을 삼았지만, 「实用主义(shí yòng zhǔ yì)」는 능률을 극대화하는 것으로 보고 있다.472) 邓小平(dèng xiǎo píng) 지도体制는 中国을 근대화된 社会主义 国家로 발전시키기 위해 经济개혁과 政治개혁을 추진하면서, 동시에 市場기구를 확대하여 「市場社会主义」를 발전시켜 왔으며473) 대외经济 关系에 있어서도 「自力更生」 보다도 개방 및 협력을 적극 추구하여 「4개 现代化」 (농업·공업·科学(kē xué)기술·국방) 전략의 성공적 완수를 위한 재정·물자·기술지원을 얻으려는 政策을 추진하고 있다.474) 이러한 개방政策은 이념과 体制보다는 현실을 중시하고 현실에 있어 선진상태에 있는 서방国家들의 科学(kē xué)과 기술 및 经济운용을 따르는 것을 의미하였다.

中国으로서는 이러한 새로운 노선을 이론적으로 정당화 해 줄 수 있는 이데올로기의 정립이 불가피 해졌다. 그리하여 기능적으로 유능하고 전문성을 지닌 젊은 간부들을 충원함으로써 개혁추진을 장기적으로 보증받기 위한 이념수립에 진력하였다. 그 결과 邓小平(dèng xiǎo píng)의 이념노선으로써 「中国 특색의 社会主义」가 출현하게 되었다. 그들은 「中国 특색 社会主义」 란 「马克思(mǎ kè sī)主义의 보편적인 진리와 中国의 구체적 실제를

---

472) 정상구., 「현대 중국의 정치와 외교」, (서울: 내외신서, 1990.), p. 76.

473) 안병준., 「중공 정치외교론」, (서울: 박영사, 1987), p. 247.

474) 최선철., "중국의 경제개혁과 다국적 기업", 「중소연구」, 11권 1호, (한양대 중소연구소, 1987.), p. 65. 재인용.

결합하여 자신의 길을 걷는 방식」이라고 풀이하면서, 이는 「中国의 오랜 역사적 경험을 총괄하여 얻어진 결론」이라고 했다. 12全代會는 권력 구조 면에서도 많은 변화를 보여주었다. 中央위원회 정 위원 210명과 후보위원 138명으로 구성된 中央위원회는 약 60%에 해당하는 211명이 새로이 선출된 자이며, 약 60%가 60세 이하로써 연령화를 반영시킨 셈이고, 약 60%가 대학 및 전문학교 출신으로써 지식화를 이루었으며, 약 75%가 대학 및 전문직에 종사한 기술관료(technocrat)로써, 전문화를 성취시킨 셈이 되었다.

따라서 그들은 이념적 측면과 발전政策에서 马克思(mǎ kè sī)·列宁(liè níng)主义 및 毛泽东(máo zé dōng) 사상의 전형을 벗어나 새로운 길을 걷는 이념의 부단한 개조작업을 시도해 갔다. 사실상 毛泽东(máo zé dōng) 이후의 中国지도부는 政治·经济 전반에 걸친 개혁이 불가피함을 인정하고 있었기 때문에 그의 개혁이론은 긍정적인 평가를 받을 수 있었다. 그러나 많은 영역에서 서로 상충되고 있어 이념적 분열뿐 아니라 권력투쟁을 야기하는 등 부작용도 발생되었다. 왜냐하면 그들은 经济的으로는 马克思(mǎ kè sī) 이론을 수정하면서 자본주의를 수용하지만 政治的으로는 马克思(mǎ kè sī)·列宁(liè níng)主义의 정통을 유지하려는 이른바 社会主义「体(tǐ)」(Substance)·자본주의「用(yòng)」(Function)의 政策선택을 채택하고 있기 때문이다. 社会主义를 고수하는 한 马克思(mǎ kè sī) 이론과의 결별은 불가능하며, 社会主义 이념을 빌리지 않고는 一党 統治를 정당화 할 수 없는 한계가 있기 때문이다.

이처럼 이러한 政策은 상호공존이 불가능하기 때문에 그 실행과정에서 갖가지 심각한 사회問題들을 야기 시켰다. 이처럼 「中国특색의 社会主义는 미래의 이상으로서 공산주의 현실에 있어서의 国家자본주의」라는 융통성 있는 이념노선으로써 한 사회를 건설하고 体制를 유지하려는 邓小平(dèng xiǎo píng)의 관리 이데올로기라 하겠다.[475] 이와 같은 개혁파의 주도적 개방 및 개혁政策이 추진되는 과정에서 보수파가 소외됨에 따라 精神汚染에 관한 논쟁이나 三信危机(sān xìn wēi jī) 그리고 马克思(mǎ kè sī)主义의 이론에 대한 새로운 해석 등의 부작용이 수반되었다. 여기서 三信危机(sān xìn wēi jī)란 첫째, 马克思(mǎ kè sī)主义 이론. 둘째, 社会主义 제도의 장

---

475) 장공자., "중국특색의 사회주의와 개혁정치", 「국제정치논총」, 제 30집 2호 별책,p. 258. 재인용.

래. 셋째, 党 간부 등에 관한 부정적 사상경향을 뜻한다. 이러한 보수파의
비판적 자세의 골자는 马克思(mǎ kè sī)・列宁(liè níng)主义를 이탈해서는
궁극적 해결책이 될 수 없다는 것이다. 개혁・보수의 이견이 나타나는 가운
데 1985年9月16日 第十二届四中全会(dì shí èr jiè sì zhōng quán huì)와
18日의 전국대표대회, 24日의 第十二届五中全会(dì shí èr jiè wǔ zhōng
quán huì)가 계속적으로 개최되었다. 여기에서 중요한 인사조치가 취해졌는
데 그 특징은 다음과 같다.[476] 첫째, 中央위원회 위원 343명 가운데 약
81.3%인 279명이 신진간부라는 점. 둘째, 대부분이 실무경험이 있는 전문
가들이라는 점. 셋째, 군부출신이 대폭 감소되었는데, 12全代전대의 20%에
서 13%로 감축되었다는 점 등이다.

이와 같은 개혁파의 승리에도 불구하고 양파 간에는 양립할 수 없는 전제
조건이 존재하고 있었기 때문에 대립을 면치 못하였다.

군부와 보수파는 「人民日报(rén mín rì bào)」와 「解放军报(jiě fàng jūn
bào)」 등 언론을 이용하여 1986年 말부터 1月에 걸쳐 대대적인 反邓小平
(dèng xiǎo píng) 선전을 계속하였다. 이러한 분위기가 조성되는 가운데 胡
耀邦(hú yào bāng)은 1987年 1月 16日 소집된 中央政治局 확대회의에서
사퇴하였다. 胡耀邦(hú yào bāng)의 사임은 보수파로서는 일대 승리이기도
하였지만, 개혁파는 오히려 보다 적극적인 政治体制 개혁을 주도하기로 결
정하는 계기가 되었다. 이리하여 1987年10月25日 第十三届全国人民代表大
会(dì shí sān jiè quán guó rén mín dài biǎo dà huì)에서 건국 이래 최대
규모의 권력 구조의 개편이 이루어졌다.[477] 첫째, 中央위원회는 175명의
새로운 中央위원을 선출하였는데 이 중 60명이 신인으로서 평균연령은 12
全代의 약 60대에서 약 4세가 젊어진 55.2세를 기록하였다. 또한 전문직 종
사자가 57명에 달함으로써 종전의 14%에서 20%로 신장세를 보여 주었다.
둘째, 政治局의 인사개편에서도 대폭적인 변화를 가져왔다. 원로들이 대거
퇴진함으로써, 실제 보수세력의 급격한 퇴조를 보였다.

이는 政治局 상임위원회가 改革・开放을 주도해 나갈 수 있는 中核機構로
서 권한행사를 충분히 효과적으로 담당할 수 있도록 하였다. 邓小平(dèng
xiǎo píng) 또한 政治局 및 中央위원회에서 퇴임하였으나, 党宪의 규정상 中

---

476) 건국대 중국문제연구소(편)., 「현대중국론」, (서울: 희성 출판사, 1989), p. 96.
477) 건국대 중국문제연구소(편)., op. cit., p. 104. 재인용.

央위원회 자격을 가진 자만이 党 中央군사위원이 될 수 있다는 내용을 개정하여 中央위원이 아니면서도 군사위원회 주석직을 계속 장악할 수 있었다. 그리고 부주석 총서기인 赵紫阳(zhào zǐ yáng)을 선정함으로써 명실 공히 邓小平(dèng xiǎo píng)·赵紫阳(zhào zǐ yáng) 体制를 구축하게 되었다. 이와 같은 邓小平(dèng xiǎo píng) 体制의 군건한 확립아래 第十三屆全国人民代表大会(dī shí sān jiè quán guó rén mín dài biǎo dà huì)에서 赵紫阳(zhào zǐ yáng)은 소위 「社会主义 초급단계론」을 발표하면서 현재 中国은 「社会主义의 초급단계에 머물러 있음을 인식」해야 한다고 강조하면서 초급단계에 속하는 현실적 상황은 马克思(mǎ kè sī)主义가 지도적인 지위를 확보하고 있으나 여러 형태의 经济형태와 학설, 관념 내지는 사조가 공존하고 있기 때문에 부단히 변혁하는 단계라고 정의하였다. 이후 많은 어려움 속에서도 꾸준히 지속적으로 추진되던 개혁 가도는 1989年의 6·4 천안문 사태를 中国政府가 무력으로 강경하게 유혈 진압하는 참극을 초래하면서 난관에 봉착하게 되었다.

이로 인해 1988年 3月에 개최되었던 제 7기 全人代에서 더욱 군건히 구축되었던 邓小平(dèng xiǎo píng)·赵紫阳(zhào zǐ yáng) 体制가 와해되는 위기의 국면을 맞게 되었다. 온건주의 개혁론자로서 邓小平(dèng xiǎo píng)의 후계자였던 赵紫阳(zhào zǐ yáng)은 실각되었고, 지도층 내에서는 보수·개혁파간의 심각한 권력투쟁양상이 전개되었다. 그러나 1989年 6月 개최된 제 13기 4中全會에서 江泽民(jiāng zé mín)이 党 총서기에 기용됨으로써, 보수·개혁파 간의 치열했던 권력투쟁 양상은 일단락되기에 이르렀다. 즉, 江泽民(jiāng zé mín)은 政治的으로는 보수성향을 띠면서 经济的으로는 개혁파인 인물로써, 그의 党 총서기로의 기용은 中国 최고실권자 邓小平(dèng xiǎo píng)의 改革·开放 노선의 추진을 유지하는 방향으로 리더쉽 구조가 개편됐다는 것을 의미하기 때문이다. 또한 새로 구성된 6인 政治局 상무위원회 역시 개혁·온건파의 주도하에 보수·개혁파가 대체적인 균형을 이루도록 개편되었다. 그 당시 李鹏(lǐ péng)과 姚依林(yáo yī lín)은 보수적 성향이었고, 江泽民(jiāng zé mín)과 李瑞环(lǐ ruì huán)은 개혁적인 성향이었으며, 乔石(qiáo shí)과 宋平은 중도적인 성향을 나타내는 인물들이었다.

이와 같은 천안문 사태를 수습하는 과정에서 中国은 대담한 改革(gǎi gé)·开放政策(kāi fàng zhèng cè)가 经济사회의 다원화·개방화·시장화를 촉진하기도 하였지만, 또 다른 한편으로는 新·舊 제도의 모순과 경기과열에서 파생되는 인플레이션, 그리고 관료들의 부정부패 등 심각한 经济개혁의 부작용을 산출하고, 무엇보다도 「천안문 사태」와 같은 政治사회의 불안요인을 유발시킨다는 점을 심각히 주목하게 되었다. 이에 邓小平(dèng xiǎo píng) 정권은 경기과열을 억제하고 经济·政治·사회의 안정화에 역점을 둔 3단계(1989年－1991年)의 『治理整顿(zhì lǐ zhěng dùn)』政策을 실시하였다. 이에 따라 中央政府의 경제관리와 통제가 다시 강화되고, 물가안정화를 강조하면서 불필요한 投资를 억제하였다.

그러나 이처럼 经济的·政治的·안정화를 강조하면서도 邓小平(dèng xiǎo píng)은 1992年1月「南巡将和(nán xún jiǎng hé)」를 통해 개혁과 개방의 심화와 확대를 역설함으로써, 中国의 改革·开放 행군은 더욱 가속도를 내게 되었다. 「南巡将和(nán xún jiǎng hé)」는 1992年1月 최고실력자 邓小平(dèng xiǎo píng)이 1984年 이후 처음으로 주해와 深圳(shēn zhèn) 등 经济특구를 방문하면서 经济개혁과 개방 확대를 더욱 독려하며 역설한 내용을 지칭하는 것으로 中国 共产党(zhōng guó gòng chǎn dǎng) 中央 제 2호 문건으로 정리되어 각급 관료들에게 하달되었다.

이후 마침내 1992年 10月에 개최된 中国 共产党(zhōng guó gòng chǎn dǎng) 제 14차 전국대표대회에서는 「社会主义 市场经济」를 전면적으로 대내외에 표방하면서 본격적인 市场经济로의 전환과 개방화를 모색하게 되었다.

1992年10月12日 개막된 제 14차 中共党 전국 대표대회(14全代)에서 江泽民(jiāng zé mín) 中国 共产党(zhōng guó gòng chǎn dǎng) 총서기는 政治보고서를 통해 邓小平(dèng xiǎo píng)이 창안한 「中国 특색의 社会主义 건설 노선」의 14年 간에 걸친 성과를 총괄하고 「社会主义 市场经济」건설을 위한 새로운 혁명의 90年代에 수행할 개혁과 건설의 주요 목표를 제시했다. 2만7천자에 달하는 「改革·开放과 现代化 건설을 가속화 中国 특색의 社会主义 사업의 승리를 쟁취하자」는 제목의 보고서는 단적으로 邓小平(dèng xiǎo píng)의 经济건설 노선이 이룩한 업적을 찬양하고 1992年 初 「南巡将和(nán xún jiǎng hé)」를 계기로 새로이 제기된 「社会主义 市场经济」를 실현하기 위한 청사진을 펼치는데 주안점을 두고 있다. 이 보고서는 社会主义 市场经济 体制의 확립을 위해 상호 관련되는 몇 가지 측면을 다음과 같이 열거하고 있다. 첫째, 국유기업－특히 중·대형기업의 경영메커니즘을 전환, 기업을 市场에 참여시켜 활력을 강화하고 체질을 향상시킨다. 政府

와 기업 간의 政·企 분리를 통해 기업의 자율성을 확대한다. 둘째, 주식제 政·企 분리의 촉진과 기업의 메커니즘을 전환, 나아가 사회자금 축적에 도움이 되기 때문에 이를 적극적으로 실시한다. 소형 국영기업을 임대 또는 매각, 집단이나 개인에게 경영을 맡길 수도 있다. 셋째, 가격개혁·市場육성과 經濟体制개혁의 열쇠인 가격개혁의 속도를 촉진한다.

또한, 14全代를 통해 가장 특기할만한 것은 邓小平(dèng xiǎo píng) 이후의 시대에도 지금의 改革·开放의 实用主义 노선이 지속되어 성공할 수 있도록 国家지도부를 제 3세대로 완전히 세대 교체한 것을 들 수 있다. 이는 1993年 3月의 中国 全人代 제 8기 1차 회의에서 더욱 확실히 확인되는 사실로서 사상 최대 규모의 지도부 개편을 통해 최고 실력자 邓小平(dèng xiǎo píng)의 사후에 대비한 改革·开放体制를 더욱 공고히 했다는 평가를 받고 있다. 이의 내용을 간략히 살펴보면, 세대교체는 제 3세대 지도자 그룹을 구성하고 있는 江泽民(jiāng zé mín)·李鹏(lǐ péng)·乔石(qiáo shí)·李瑞环(lǐ ruì huán) 이 각각 国家주석·총리·全人代 상무위원장, 그리고 政治協商會議(政协(zhèng xié) 주석직 등 주요 国家기구의 최고위직을 차지한데서 뚜렷이 나타났다. 총리직을 제외하고는 国家주석, 全人代 상무위원장, 政协(zhèng xié) 주석의 전임자가 각각 杨尚昆(yáng shàng kūn)·万里(wàn lǐ)·李先念(lǐ xiān niàn) 등으로 모두 邓小平(dèng xiǎo píng)과 어깨를 나란히 했던 제 2세대였던 점을 감안하면 세대교체의 의미는 보다 분명해진다고 할 수 있다.

이외에 또 다른 지도부 개편에 있어서의 특징은 1992年 10月의 14全代의 경우와 마찬가지로 개혁파 우위의 保·革 균형이 도모됐다는 특징을 갖는다는 점이다. 기본적으로 保·革 균형을 지향했다는 것은 李鹏(lǐ péng) 총리가 유임되고 邓家华(dèng jiā huá) 부총리, 李铁映(lǐ tiě yìng)·李贵鲜(lǐ guì xiān) 등 개혁에 대체로 소극적인 일부 보수파인사들이 국무원에 그대로 유임되었다는 사실에서 알 수 있다. 그러나 보수파 王震(wáng zhèn) 이 차지했던 国家부주석 자리에 非共産党员인 荣毅仁(róng yì rén)이 선출되고 中国의 고르바초프라고 불리우는 朱镕基(zhū róng jī)가 邓家华(dèng jiā huá)를 제치고, 제 1부총리가 된 점. 또 국무위원인 李铁映(lǐ tiě yìng) 보다 서열 높은 陈锦华(chén jǐn huá)를 건너뛰어서 李岚清(lǐ lán qīng)이 부장급에서 단번에 부총리로 승진한 사실과 41명의 부장 주임 중 10명이 새로운 인물들로 발탁 되었다는 점 등은 保·革 균형 가운데서도 개혁파 우위를 지향했음을 보여주는 사례로 지적할 수 있다.

이상에서 살펴본 바와 같이 이념이나 政治的 충성의 党性을 강조했던 毛泽东(máo zé dōng)과는 달리 经济발전과 政治的 안정, 国家근대화에 보다 큰 역점을 두는 邓小平(dèng xiǎo píng) 体制의 굳건한 확립은 中国 实用主义 외교노선의 형성배경에 결정적인 影响을 끼쳤다고 할 수 있다.

1954年9月 제 1기 全人代에서 毛泽东(máo zé dōng)과 周恩来(zhōu ēn lái)는 中国经济의 现代化를 위한 의지를 표명하였으나, 이것이 4개 现代化 계획으로 제출된 것은 1964年12月 이었다. 이후 1975年10月 제 4기 全人代에서 周恩来(zhōu ēn lái)에 의해 그 내용이 자세히 언급되나,[478] 周恩来(zhōu ēn lái)와 毛泽东(máo zé dōng)의 사망과 4인방 사건 등의 政治的 혼란으로 인하여 시행이 지연되다가 1977年7月 中国 共产党(zhōng guó gòng chǎn dǎng) 제 10기 3中全會에서 邓小平(dèng xiǎo píng)이 복권됨과 더불어 본격화되기에 이르렀다.[479] 1978年 第十一届三中全会(dì shí yī jiè sān zhōng quán huì)를 기해 中国 共产党(zhōng guó gòng chǎn dǎng)내에 명실상부한 최고 지도권을 장악한 邓小平(dèng xiǎo píng)은 점증하는 내부로부터의 욕구를 충족시키고 빈곤으로부터의 해방을 실현하는 것이야말로 참된 社会主义 건설과 안보를 보장해 주는 것이라고 하여 经济발전을 통한 现代化와 안보를 연결지어 "专家治所(zhuān jiā zhì suǒ)"의 『专』 우선政策을 강조하였다.[480] 邓小平(dèng xiǎo píng)은 毛泽东(máo zé dōng)의 社会主义 건설방식을 과감하게 개혁하여 中国大陆에 농업·공업·국방·科学(kē xué)기술의 4개 现代化를 실현시켜 社会主义 强国을 건립한다는 원대한 계획을 수립하였다. 이것은 종전에는 교조적 社会主义 노선만을 통하여 经济개발을 촉진하려고 하였으나, 实用主义 노선에서는 社会主义 体制나 자본주의 体制를 따로 가릴 것 없이 经济발전을 가장 잘 수행할 수 있는 经济제도를 택하겠다는 것이기도 하였다.

다시 邓小平(dèng xiǎo píng)이 4개 现代化에 어느 정도 역점을 두었는지

---

478) 단가봉., "중국 현대화와 공산주의", 동아연구 제 4집, (서울: 서강대 동아연구소), p. 121. 재인용.

479) 은천기., "중공의 개방화 정책과 한반도", 중국연구 제 5집, (서울: 건국대 중국문제연구소), p. 62. 재인용.

480) 邓小平(dèng xiǎo píng) 文選., "在全国科学 大會開幕式上的講話", pp. 82~97. 재인용.

는 『1980年代 中国의 임무』를 피력한 것에도 잘 나타나 있다. 邓小平(dèng xiǎo píng)은 이를 "첫째, 패권주의를 반대하고 세계평화를 유지하는 것. 둘째, 台湾을 수복하여 조국統一을 실현하는 것. 셋째, 经济건설을 강력하게 밀고 나가는 것인데 이는 바로 4개 现代化를 강력하게 추진하는 것이다. 이들 가운데 핵심적인 것은 现代化 건설이다. 이것은 우리들이 국제问题와 국내问题의 해결에 있어 가장 중요한 问题이다"라고 강력하게 역설하였다.481)

이와 같이 中国이 핵심 당면과제로 설정한 4개 现代化노선의 주요政策 개요를 살펴보면, 먼저 농업분야의 경우 농업의 기계화와 경지면적의 확대, 상품 식량기지의 건설, 그리고 自留地 경영인정과 확대 도모 등을 지적할 수 있다. 공업 분야에 있어서는 철강·전력·연료·수송 등 기초공업의 발전중시와 기계공업 특히 경공업발전을 중시한다는 것이다. 다음으로 국방 분야인 국방의 现代化는 军을 생산 활동에서 해방시켜 오직 군사훈련에만 전념하게 하며 근대전과 근대科学(kē xué) 지식에 대한 교육강화와 특히 군사科学(kē xué)의 발전을 강조하였다. 科学(kē xué)기술 분야는 邓小平(dèng xiǎo píng)이 특히 역점을 둔 중점분야로서 邓小平(dèng xiǎo píng)은 国家건설에 필요한 것은 科学(kē xué)기술이지 혁명 이데올로기가 아니라면서 당면한 国家목표를 금세기 내에 전면적으로 4개 现代化를 실현하는 것으로 설정하고, 现代化한 科学(kē xué)기술이 없이는 농업·공업·국방의 现代化도 달성할 수 없는 것이라고 강조하였다. 따라서 이를 위해 사상과 기술을 분리하여 구분 지으며, 선진기술을 적극적으로 도입하고 연구개발(R&D)을 적극 추진한다는 것이다. 이와 같이 中国으로서는 상기한 바와 같이 4개 现代化 노선에 国家의 운명을 거의 걸었다시피 총력을 기울여 추진하고 있는 실정이다. 하지만 이의 성공적인 달성을 위해서는 필연적으로 서방국가들로부터 막대한 자본과 投資를 유치하면서 科学(kē xué)기술을 도입해야 하는 과제에 직면하게 되었던 것이다. 결과적으로 이는 과거 毛泽东(máo zé dōng) 体制에서 강조되었던 혁명이념과 政治우선의 입장에서 과감하게 탈피하여 国家이익을 우선으로 도모하게 하는 实用主义 외교노선의 형성배경으로 작용하였던 것이다.

---

481) 邓小平(dèng xiǎo píng) 文選., "目前的形勢和任務", 1975/82, 北京(běi jīng) : 人民 朮版社, 1983., pp. 203~207. 재인용.

前苏联(qián sū lián)은 제정러시아시대 이래 동아시아에 있어서 지속적으로 세력을 팽창시켜 왔다. 이러한 前苏联(qián sū lián)의 对아시아 政策중에서 가장 근간이 되는 政策은 아시아 각국과 非아시아 세력인 美国사이에서 前苏联(qián sū lián)은 자국이 세계 열강일 뿐만 아니라, 아시아의 강대국임을 인식시키면서 동시에 影响力을 확대하는 것이었다. 中国은 1949年 政府수립 직후부터 前苏联(qián sū lián)에 편향되는 외교정책을 구사하였다. 특히 中国은 共产革命(gòng chǎn gé mìng) 과정 중 前苏联(qián sū lián)에 대해 그들을 진정한 공산주의자로 보지 않았었다. 그 단적인 실례로써 1944年6月 이오시프 비사리오노비치 스탈린(Иосиф Виссарионович Сталин, 1879~1953)이 프랭클린 델러노 루스벨트(Franklin Delano Roosevelt, 1882~1945) 대통령의 특사 해리만과 中国问题를 중심으로 회담하는 자리에서 中国 共产党(zhōng guó gòng chǎn dǎng)을 가짜 공산주의자(Margarine Communist)라고 지칭한 사실을 들 수 있다. 투쟁방법에 있어서도 毛泽东(máo zé dōng)은 中国이 농업国家이고 지주들의 횡포가 심하다는 점을 들어가 그 주체가 되어야 한다고 주장함으로써, 前苏联(qián sū lián)과 대립하였다.

1949年 中国정권의 수립 시까지 前苏联(qián sū lián)이 中国 共产党(zhōng guó gòng chǎn dǎng)의 지도자들을 신뢰하지 못하고, 国民党(guó mín dǎng) 政府와 외교关系를 맺고 있었음에도 불구하고 건국 이래 극단적인 反美国노선을 표방함과 동시에 親苏联(sū lián) 일변도 政策을 추진하였다. "毛泽东(máo zé dōng)은 1949年 论人民民主主义 專政에서 말하기를 '우리는 前苏联(qián sū lián)人의 길을 걸어야 한다. 이것이 나의 결론이다. 우리는 일변도의 길을 추구해야 하는데 그 일변도란 제국주의로 향하는 일변도가 아니라, 社会主义로 향하는 일변도의 길을 걸어야 하며, 절대로 예외는 없다. 제 3의 길은 존재하지 않는 것이다.'(毛泽东于1949年在《论人民民主专政》中发表了中国的外交路线立场, 他说：'我们应该走前苏联的路。这是我得出的理论。我们应该追求一边倒的路线，所谓一边倒，不是向着帝国主义的一边倒，而是应该向着社会主义的一边倒，没有例外。不存在第三条路'。Máo zé dōng yú yī jiǔ sì jiǔ nián zài 《lùn rén mín mín zhǔ zhuān zhèng》 zhōng fā biǎo le zhōng guó de wài jiāo lù xiàn lì chǎng, tā shuō: wǒ mén yīng gāi zǒu qián sū lián de lù. zhè shì wǒ dé chū de lǐ lùn. wǒ mén yīng gāi zuī qiú yī biān dǎo de lù xiàn, suǒ wèi yī biān dǎo, bú shì xiàng zhē dì guó zhǔ yì de yī biān dǎo, ér shì yīng gāi xiàng zhē shè huì zhǔ yì de yī biān dǎo, méi yǒu lì wài. bù cún zài dì sān tiáo lù。)"482) 라고 中国 외교노선의 입장을 밝혔다. 이러한 前苏联(qián sū lián) 편향의 政策노선은 이후 毛泽东(máo zé dōng)이 1949年12月 前苏联(qián sū lián)을 방문하고 1980年까지 30年 간 유효한 中国·苏联(sū lián) 우호동맹 상호원조 조약을 1950年 2月에 체결함으로써 더욱 구체화되어 나타났다.

이 조약 체결 후 前苏联(qián sū lián)은 中国에 제한적 군사원조를 즉각 개시하였고, 1954年부터는 3억 불에 달하는 차관을 제공하였다. 또한 1950年에 中国·苏联(sū lián) 经济협력 협정이 체결되고, 이 조약에 근거하여 4개의 中国·苏联(sū lián) 합작회사가 설립되었다. 이와 같이 中国과 前苏联(qián sū lián)과의 关系는 여러 부문에서 총체적으로 급속히 밀착되어 갔던 것이다. 그러나 1953年 이오시프 비사리오노비치 스탈린(Иосиф Виссарионович Сталин, 1879~1953)의 사망을 계기로 하여 中国·苏联(sū lián) 关系는 재조정되는 징후를 보이기 시작하였는데, 특히 주목할 만한 中国 외교政策의 변화로는 中国이 점차로 前苏联(qián sū lián)의 影响圈에서 벗어나 독립적인 외교政策을 전개하기 시작하였다는 사실이다.

親苏联(sū lián)一邊倒路線을 걷던 中国은 이후 1956年경부터 서서히 前苏联(qián sū lián)과의 关系가 악화되어 소위 中国·苏联(sū lián)분쟁(Sino-Soviet Dispute)을 겪게 되었다. 中国·苏联(sū lián)분쟁의 기원은 멀게는 两国사이의 지정학적·역사적 차이에서 가까이는 1959年 이후의 이념적이고 政策적인 이견까지 포괄할 수 있을 것이다. 그러나 中国은 中国·苏联(sū lián)분쟁이 1956年 흐루시초프가 전개한 反이오시프 비사리오노비치 스탈린(Иосиф Виссарионович Сталин, 1879~1953)운동에서 시작되었다고 하고 있다. 아무튼 1950年代 일련의 사건들을 통해 누적된 中国의 对苏联(sū lián) 불만은 마침내 1960年代에 접어들면서 표면화되었다. 中国은 1960年4月 『紅旗』 『人民日报(rén mín rì bào)』 등 中国의 대표적 기관지를 통하여 정면으로 前苏联(qián sū lián)에 대하여 이데올로기상의 공격을 가하였는데, 여기에서 中国은 평화공존(Peaceful Co-existence)을 주장하는 前苏联(qián sū lián)의 지도부가 공산주의의 순수성을 오염시키는 현대의

---

482) 毛泽东(máo zé dōng)., "講人民民主專政―記念中国共山党二十八週年". 「毛泽东選集」, 第 四券, 北京(běi jīng): 人民出版社, 1964., pp. 1476~1478. 재인용.

수정주의자들이라고 거세게 비난하였다. 그러나 前苏联(qián sū lián)도 中国의 教條主义가 马克思(mǎ kè sī)·列宁(liè níng)主义에 대한 위협적 존재가 된다고 반박하는 한편, 中国에 대한 일체의 经济的·기술적 원조를 중단하는 보복조치를 단행하였다. 그 당시까지 약 11,000명의 前苏联(qián sū lián) 기술자가 中国에 파견되어 기술 지도를 해주었고, 약 25,000명의 中国人이 기술교육과 훈련을 위해 前苏联(qián sū lián)에 파견되었다. 前苏联(qián sū lián)의 지도자들은 이러한 经济的 압력을 통해 中国의 지도층이 그들의 태도를 바꾸어 좀 더 타협적이 되기를 바랐던 것이다.483)

그러나 中国은 이전보다 더 비타협적인 자세를 견지하였으며 이후 中国·苏联(sū lián) 간의 분열상은 1961年 알바니아 问题를 계기로 社会主义 진영 전체로 파급 되었다. 당시에 이오시프 비사리오노비치 스탈린(Иосиф Виссарионович Сталин, 1879~1953)의 추종자였던 알바니아 노동당수 호차(Enver Hoxha)는 中国과 마찬가지로 흐루시초프의 이오시프 비사리오노비치 스탈린(Иосиф Виссарионович Сталин, 1879~1953) 격하 및 평화공존 노선에 대해 심한 반발을 표시하였는데, 1961年 前苏联(qián sū lián) 共产党 제 22차 대회에서 흐루시초프가 알바니아를 격렬히 비난하자, 中国은 적극적으로 알바니아를 지지함으로써 前苏联(qián sū lián)과 대립하였다. 이를 기점으로 中国·苏联(sū lián)분쟁은 점차 국제공산주의 운동에서의 주도권을 장악하기 위한 경쟁으로 이어지게 되었다.

이후 前苏联(qián sū lián)과의 关系는 이데올로기적·政治的인 대립 关系에서 军事的인 대립 关系로 까지 飛化되었다. 1969年3月2日 珍宝岛(zhēn bǎo dǎo)(Damansky Island)에서 무력군사 충돌이 발발함으로써 中国·苏联(sū lián) 대전의 위험성을 가져오는 사태로까지 발전되었으며, 中国·苏联(sū lián) 两国은 서로 상대국이 먼저 침공했다고 주장하는 가운데 그해 3月까지 빈번히 우수리江과 黑龍江의 점에서 영유권问题로 무력충돌을 일으켰다.484) 그 여파로 两国은 모두 국경지역의 军事力을 증강해 나갔다.

한때 월남전이 확전 양상을 띠어 美国(měi guó)의 위협이 본격화되자 中国지도부에서는 前苏联(qián sū lián)과의 협조를 모색해야 할 것인가 하는

---

483) 신영준., 「중공의 도전」, (서울: 홍성사, 1981.), p. 56.
484) 김찬규., 「한국·중국·소련(sū lián) 영토분쟁의 현황」, (서울: 국토통일원, 1978.), p. 24~33.

问题를 두고 안보논쟁이 일기도 하였지만[485] 1968年 前苏联(qián sū lián)의 체코 침공사태를 계기로 前苏联(qián sū lián)을 美国과 같은 제국주의 国家로 취급하고 이에 대항하였으며, 이는 추후 국경충돌로까지 이어지게 되었다. 1978年 12月에 越南(yuè nán)이 親中国 国家인 캄푸치아에 대한 침공을 감행했는데, 이를 前苏联(qián sū lián)이 배후에서 지원하였고, 1979年 12月에는 前苏联(qián sū lián)이 직접적으로 아프가니스탄을 침공함으로써 1970年代 末의 中国・苏联(sū lián) 关系는 극도로 악화되었으며, 따라서 80年代의 中国・苏联(sū lián) 关系 역시 더욱 더 첨예한 대결상태로 돌입하게 될 것으로 예상되어졌다. 그러나 1980年代에 접어들면서 中国은 1982年9月 北京(běi jīng)에서 개최된 『제 12全代』를 통해 『독립자주외교 노선』을 표방하고, 조건부이나마 对苏联(sū lián) 关系의 개선용의를 표명함으로써 또 다시 대외정책상의 전환을 시도하였다.

中国은 1980年代에 들어서면서 국내외적인 환경의 변화로 인하여 前苏联(qián sū lián)으로부터의 军事的 위협을 별로 심각하게 느끼지 않거나, 前苏联(qián sū lián)의 위협에 자체의 역량만을 가지고서도 대항할 수 있다고 인식하게 되었다. 따라서 굳이 美国과 军事的으로 결속됨으로써 前苏联(qián sū lián)로부터의 위협을 증가시키기 보다는 两国关系를 개선하여 안보적 위협을 감소시키는 것이 现代化 건설에도 유리하다는 판단이 내려진 것이라 볼 수 있다. 前苏联(qián sū lián) 共产党 서기장 브레즈네프는 1982年3月 24日 타시켄트에서 中国과의 전제조건 없는 关系개선을 위한 협상을 제의하고 이후 「바쿠연설」을 통해 재 강조 하였다. 따라서 中国은 당시 前苏联(qián sū lián)측의 연이은 전제조건 없는 关系개선 제의[486]에 대해 이전에 볼 수 없었던 대단히 긍정적인 반응을 보였다.

그런데 中国은 前苏联(qián sū lián)과의 关系개선을 위한 협상을 개시하면서, 经济・무역・문화・스포츠 등 非政治的 영역에서는 상당한 적극성을 띠면서 막상 两国关系발전에 민감한 영역인 政治的인 차원에서의 교류와 현상에 대해서는 소위 『3대 장애요인』의 선결을 내세우며 신중을 기하는 태도로 나왔다. 소위 3대 장애요인이란 첫째, 中国・苏联(sū lián) 국경과 외

---

485) 박하일., 「미국의 대 중국전략」, (서울: 대왕사, 1983.), p. 177~178. 재인용.

486) Akio Kimura., "Sino-Soviet relation: New development and their limits", Journal of Northeast Asian Studies, Vol. Ⅱ, No.1, 1983. Mar. pp. 22~23. 재인용.

몽고의 대규모 前苏联(qián sū lián)军 주둔. 둘째, 越南(yuè nán)의 캄푸치아 침공에 대한 前苏联(qián sū lián)의 지원. 셋째, 前苏联(qián sū lián)의 아프가니스탄 점령을 일컫는다.

이는 中国이 자국의 国家이익을 극대화하기 위해서 前苏联(qián sū lián)과의 关系발전 속도와 수위를 조절하고 있음을 시사하는 것이다. 부연하면 中国의 现代化를 위해서는 여전히 중요한 동반자인 美国을 비롯한 서방세계에 대해서 의혹을 야기 시키지 않는 범위 내에서 前苏联(qián sū lián)과의 긴장완화를 도모하고자 하는 노력의 일환이라고 할 수 있다. 中国은 1983年 20年間 폐쇄돼 왔던 前苏联(qián sū lián)과의 교역을 매년 증가시켜 왔다. 또한 학술교류와 유학생 교환에도 합의를 보았다.

이러한 两国关系의 발전은 1984年 前苏联(qián sū lián)의 아르히포프 제1부수상의 訪中으로 절정에 이르렀다. 同 방문을 통해 两国은 经济기술협정, 科学(kē xué)기술협력협정, 经济·무역·科学(kē xué) 및 기술협력을 위한 中国·苏联(sū lián)위원회 설립에 관한 협정을 체결함으로써 两国关系의 발전을 위한 토대를 구축하였다.

이러한 실질적 협상 외에도 28個月 사이에 3명의 前苏联(qián sū lián) 지도자가 차례로 사망함에 따라 이들의 장례식은 中国·苏联(sū lián) 两国의 고위지도자들이 자연스럽게 만나 상호이해의 증진을 도모하는 좋은 기회가 되었다. 특히 1985年 3月에는 체르넨코의 장례식에 부수상 李鹏(lǐ péng)이 참석하여 前苏联(qián sū lián)의 새 지도자인 고르바초프와 우호적인 분위기에서 협상을 가짐으로써 两国关系의 급진전에 대한 새로운 기대를 갖게 하였다. 실제로 前苏联(qián sū lián)에서 1985年 고르바초프가 등장한 이후 两国关系는 政治的 영역에서도 상당한 关系발전을 보았다. 中国이 이와 같이 反蘇·親서방적인 대외政策 노선에서 탈피하여 前苏联(qián sū lián)에 대한 접근政策을 추구하게 된 동기로는 여러 가지 제 요인들이 복합적으로 작용하였으나 결론적으로 크게 다음의 두 가지로 대별할 수가 있다.

그 첫째로 中国의 对苏联(sū lián) 접근은 中国·苏联(sū lián) 간의 사상적 갈등요소가 대폭 완화됨에 따른 결과라고 할 수 있다. 1970年代를 통해 中国은 대표적인 제국주의 国家라고 비난하던 美国에 대한 접근政策을 추구함으로써 이제 더 이상 前苏联(qián sū lián)의 평화공존 노선에 관해 비판할 수 없게 되었으며, 또한 자본주의의 원리를 도입하면서까지 实用主义的 개방政策을 추진하였기 때문에 前苏联(qián sū lián)을 『修正主义』라고 비난할 수 없게 되었다. 즉, 中国의 对美国 접근과 대내적인 实用主义 政策이 곧 中国・苏联(sū lián) 간의 사상적 갈등요인을 해소시켜주는 계기가 되었던 것이다. 둘째로, 中国이 对苏联(sū lián) 접근을 추진한 가장 중요한 이유로서 4개 现代化 전략의 추진을 통한 社会主义 강국의 실현이라는 목표달성을 위해 평화적인 대외환경이 그 어느 때 보다도 절실하게 요청되었기 때문이라고 할 수 있다. 따라서 经济건설이라는 国家的 과제 완수에만 전념하기 위해서는 그 전제 조건으로서 평화로운 국제환경을 조성할 必要가 제기되어졌으며, 아울러 이는 中国 实用主义 외교노선의 형성배경에 중요한 要因으로 작용하였다.

1971年 北京에서의 키신저와 周恩来(zhōu ēn lái)의 극적인 만남 이래 줄곧 밀월의 关系를 지속하던 中国・美国 两国关系는 1980年代에 진입하면서 냉각내지는 악화라는 새로운 갈등국면으로 진입하였다.[487] 당시 两国의 밀월关系에 냉각기류가 흐르게 된 가장 중요한 쟁점은 역시 台湾问题였다. 1979年 两国이 국교를 수립한 이후 항상 两国关系에서 잠재적 변수로 남아 있던 台湾问题가 쟁점화한 직접적 이유는 물론 1979年 美国(měi guó)의회의 "台湾关系法" 통과와 1981年에 강력한 반공주의를 표방하는 로널드 윌슨 레이건(Ronald Wilson Reagan, 1911~2004) 행정부의 출범과 관련이 있다. 이 법안은 台湾에 대한 충분한 자위능력을 보장하고 美国의 공약을 강조한 법안으로서, 1979年4月 美国의회에서 통과되었다. 그러나 보다 근본적인 원인은 中国 국내의 변화에서 찾아야 할 상황을 맞이하였다. 中国 내에서는 이미 对美国 편향외교가 많은 문제점과 비판을 불러일으키고 있었고, 아울러 지도층에서도 美国의 전략적 동반자로서의 유용성이 감소되었다고 판단하였었다.

이는 기존의 两国关系에 어떤 형태로든지 조정이 필요하다는 인식을 팽배시켰는데 이 과정에서 美国는 1981年6月 台湾에 대하여 FX전투기 판매를 결정을 가져왔는데, 이러한 상황은 中国・美国 关系를 곧 긴장시켜 1981年 10月 멕시코 칸쿤(Can Cun)에서 개최된 남・북 정상회담에 참석한 레이건과 赵紫阳(zhào zǐ yáng)의 회담에서 갈등상황이 연출되기 시작하는 계기다 되었다. 같은 해 11月 黃華는 헤이그와의 회담에서 台湾에 대한 무기판매

---

487) Carol Lee Hanrin., "China Reassesses the superpower", Pacific affair, Vol.56. No.2, 1983. summer, pp. 209~231. 재인용.

问题를 거론하고 황화는 美国과의 외교兲系격하를 위협하기도 하였다.[488]
台湾问题는 美国에 있어서 그 평가가 비록 부차적 일지라도 中国에게 있어
서는 중요한 것이다. 邓小平(dèng xiǎo píng)의 모든 「体」는 당시 80年代
의 주요목표에 台湾统一 조항을 넣고 있었기 때문이다.

　이러한 台湾问题는 1982年 부시가 中国을 방문하여 1979年1月1日 中国
·美国 국교정상화 성명을 존중한다는 레이건의 친서를 전달하고 9개항의
공동성명을 발표하였다.[489] 그 내용은 단일 中国政策을 견지하겠다는 것과
台湾에 대한 무기 판매를 1979年 전후의 수준으로 유지한다는 것이다. 소위
「8·17 공동성명」의 주요골자는 中国이 台湾问题가 中国의 내정问题임을
강조하고 美国도 中国의 주권·영토问题 및 中国내정에 간섭할 뜻이 없음을
천명하였으며, 中国 또한 美国의 对台湾 군수물자 판매가 일정한 기간이 경
과한 후 종결시켜야 한다는데 동의하였다. 이후 两国의 兲系는 점차 개선되
는 조짐을 보이기 시작했다. 그러나 两国兲系는 中国의 对美国 섬유수출에
대한 美国의 제한조치와 1983年 4月 中国의 테니스선수인 赵紫阳(zhào zǐ
yáng)의 美国 망명사건 이후 다시 악화되어 결국에는 1983年 예정된 美国
과의 모든 스포츠·문화 교류를 취소할 것을 中国지도층에서 결정하는 상황
에까지 이르게 되었다.

　이러한 中国의 소위 『당근과 채찍(Carrot and whip)전술』의 압력 하에
서 세계전략상 中国의 反苏联(sū lián) 가치를 믿고 있던 로널드 윌슨 레이
건(Ronald Wilson Reagan, 1911~2004) 행정부는 中国의 对苏联(sū lián)
봉쇄를 막기 위한 노력으로 对中国 선진科学(kē xué)기술 및 무기판매에
관한 제한조치를 계속해서 완화함으로써 많은 양보를 하였다.[490] 실제로
1983年 5月에는 볼드리지 상무장관이, 9月에는 와인버거(Caspar Weinberger,
1917~2006) 국방장관이 연이어 中国을 방문하여 中国에 대하여 科学(kē
xué)·기술이전 및 상품구매에 합의하고 아울러 1984年의 赵紫阳(zhào zǐ
yáng)과 레이건의 교환방문에도 합의를 보았다.[491]

488) 송영우., "중공의 3등거리외교", 「중국연구」, 제 4집, (서울: 건국대 중국문제연구소,
　　　1985.), p. 5.
489) Beijing Review., No.35.30 Aug 1982, p. 25. 재인용.
490) Chu Hsin-nin., "Communist China's Contemporary Foreign Policy(1978-1984)",
　　　Issues & Studies, Vol. 21, No.10 1985 Oct., p. 95. 재인용.
491) 尹慶耀., 「中国的统战外交」, 台北(tái běi): 幼獅文化事業公司, 1984., p. 196. 재인용.

이렇듯 약 2年간의 両国의 긴장关系는 美国(měi guó)측의 일방적인 양보로 새로운 개선의 조짐을 보이기 시작했다. 그러나 다시 이전과 같은 전략적 차원에서의 对美편향을 자제하려는 中国측의 노력은 계속되었다. 왜냐하면 中国은 美国과의 거리를 어느 정도 두는 것이 前苏联(qián sū lián)에 대해 능동적인 입장을 취할 수 있다고 생각했다.

또한 제 3세계의 독자성에 관한 中国의 이미지를 제고시키는 데도 유리하다고 판단하였다. 따라서 이러한 상황은 中国을 美国에 의존하지 않게 하였으며 实用主义 외교노선으로 나가도록 하는 하나의 요인이 되었다. 한편 1984年 美国을 방문한 赵紫阳은 그동안의 美国의 제 3세계 政策과 군비경쟁 政策에 대한 비판을 잊지 않았다. 또한 당해 年度 4月에 있었던 레이건의 답방 때도 美国측은 명백히 中国과의 전략상의 대화를 확대하고, 가능한 한 부담스러운 台湾问题를 건드리지 않으려고 한 반면, 中国은 의도적으로 台湾问题의 중요성을 부각시켜 美国의 经济 및 기술상의 협력을 유도하였으며, 전략상의 협력에는 관심이 없음을 분명히 하였다.492)

美国과의 전략상의 협력을 자제하려는 데는 물론 국내의 반발을 의식한 측면이 다분히 작용하였으나, 前苏联(qián sū lián)의 의혹을 경감시키려는 노력도 또한 한몫을 하였다고 볼 수 있다. 실제로 레이건의 访中중의 연설 가운데 극단적으로 反苏联(sū lián)的인 부분을 TV방송과 신화사 통신의 보도에서 삭제하였다. 또한 레이건의 방중 전날 前苏联(qián sū lián)의 제 1부 수상인 아르히포프가 中国政府의 초청으로 5月 중순에 中国을 공식 방문할 것임을 발표하여, 美国과의 关系발전에 대응하여 前苏联(qián sū lián)과의 긴장완화 노력도 함께 내보여 中国의 美国(měi guó)·苏联(sū lián)에 대한 等距離外交의 추구와 독자적인 지위 확보를 위한 노력을 과시하였다.

결국 이러한 노력은 中国이 对美国关系에서의 통제수단으로 台湾카드 내지는 前苏联(qián sū lián) 카드를 적절히 사용하여, 일정한 거리를 유지하면서, 中国의 现代化에 필요한 선진科学(kē xué)과 기술이전에 대한 협상에서 우위를 점하면서 아울러 对美国 关系에서 中国의 자주성을 과시하고자 하는 치밀히 계산된 외교적 전략이라고 할 수 있겠다.

이상에서 살펴본 바와 같이 준 동맹 关系에 필적하던 中国·美国 关系의

---

492) 피터 J. 오피츠., "레이건의 중국방문 후의 미국·중국 관계의 결산", 「중소연구」, 8권 4호, (서울: 한양대 중·소 연구소, 1984.), p. 109. 재인용.

이완 현상은 中国이 美国에의 지나친 의존을 피하면서 자국의 이익에 합당한 实用主义 외교노선으로 나아가게 하는 형성배경으로 작용하였다. 환언하면 이것은 中国이 기존关系의 틀에서 탈피하여 美国(měi guó)·苏联(sū lián) 두 강대국과의 关系에서 균형된 발전을 추구하면서, 美国·苏联 两国 중 어느 일국과의 급속한 关系진전을 피하면서, 사안과 쟁점에 따라 국익을 최우선으로 고려하여 적극 대처하는 신축성 있는 등거리외교政策을 펼치고 있다는 것을 뜻하는 것이다.

그러나 한 가지 지적할 점은 中国이 비록 지나친 对美国 의존에서 탈피하려는 시도를 하고 있기는 하지만 中国의 지도층이 現代化를 추진하고 있는 이상 美国은 분명히 中国의 가장 중요한 동반자일 수 밖에 없다는 사실을 간과해서는 안 된다는 것이다. 이외에 관련하여 덧붙이면 中国은 또한 과거 前苏联(qián sū lián)과의 경쟁시기 제 3세계와 일부 공산国家에 대해 취해 왔던 일방적이고 시혜적인 经济的 원조와 政治 军事的 지원이 국익에 부합되지 않는다고 판단하였다.[493] 더욱이 국내 经济건설에 필요한 자본이 부족하고 강대국과의 협력강화를 모색하고 있는 상황에서 中国은 제 3세계 보다는 美国과 日本 그리고 서구 등과의 关系발전을 더 중요한 외교政策 목표로 간주하여야 했다. 따라서 제 3세계에 대한 中国의 지지와 원조는 상징적인 차원에 국한될 수밖에 없었으며, 이 또한 中国 实用主义 외교의 한 단면이라고 할 수 있다.

中国의 实用主义 노선의 핵심 근간이 되는 대외개방 政策은 经济발전에 의한 国家現代化가 제 1차적인 国家목표로 설정된 만큼 주로 经济改革·开放에 그 초점이 맞추어졌다. 中国은 개방政策의 성공적 달성을 통해 국민의 생활수준을 향상 시키고 국력을 증대시킴으로써 현 정권에 대한 국민의 지지를 유도하고 社会主义 体制를 공고하게 유지하려 하고 있다. 이와 관련 中国은 2000年까지 中国经济가 도달하고자 하는 「小康阶段(xiǎo kāng jiē duàn)」 는 국민의 물질적 욕구를 어느 정도 충족시킬 수 있는 단계를 의미한다.[494] 中国은 「小康阶段(xiǎo kāng jiē duàn)」 를 실현하기 위해서는 국민 총생산액을 1980年의 4배로 증대하는 등 도시 주민의 경우 1인당 연평

---

493) John F. Copper., "The PRC and the Third World: Rhetoric and Reality", Issues & Studies, vol. 22, No.3. (March 1986), pp. 111~113.

494) China News Analysis., No.1477, (January 15, 1993), p. 6.

균 소득이 2000元, 농민의 경우 1인당 연평균 소득이 1000元에 달해야 하고, 교육과 科学(kē xué)기술 및 市場经济가 일정정도까지 발전해야 한다고 인식하고 있었기 때문이다.

中国 共产党(zhōng guó gòng chǎn dǎng) 건립 100週年이 되는 2021年까지 『社会主义 市場经济 体制』를 확립하여 市場经济를 발전시키고, 国家건립 100週年인 2050年까지는 社会主义 现代化를 실현하여 중진경제국으로 도약하고자 하고 있다.[495] 따라서 中国의 외교政策도 实用主义 노선에 입각하여 기본적으로 改革(gǎi gé)·开放政策(kāi fàng zhèng cè)의 성공적인 추진을 위하여 美国과 日本 등과의 经济협력을 강화하는데 중점이 두어졌으며, 선진국 주도의 국제 경제기구에 가입하는 등 기존 국제경제 질서를 수요 하는 방향으로 변화·발전되었다. 이와 같이 中国은 이념의 상이에 의해서보다는 经济的 실리와 전략적 이익을 고려하여 대외政策을 추진하였다. 하지만 中国의 改革(gǎi gé)·开放政策(kāi fàng zhèng cè)은 经济的으로는 『社会主义 市場经济 体制』 확립기치 하에 자본주의의 장점을 대폭 수용하지만 政治的으로는 社会主义 이념을 견지해 나가는 방향에서 추진되고 있다.

따라서 이의 한계점으로 제시된 一個中心(경제건설), 两個基本點(改革·开放과 4항 원칙) 원칙이 中国 改革(gǎi gé)·开放政策(kāi fàng zhèng cè)의 指針으로 되어 왔던 것이다.

전술 한 바와 같은 목표 하에 1978年 이래 社会主义 体制를 공고화하기 위해 中国이 추진해 온 经济 改革·开放은 기본적으로 다음과 같은 기조를 견지하면서 전개되어 왔다.

그동안 中国의 改革(gǎi gé)·开放政策(kāi fàng zhèng cè)는 中国의 政治·经济·문화·사회생활 전반에 막대한 변화를 야기했을 뿐만 아니라 亞·太 地城 및 세계경제·政治 전반에 지대한 影响을 미쳤다. 앞으로도 中国의 社会主义 市場经济 体制 및 政治体制 개혁이 진일보 확대되면서 이로 인한 국제무대에서의 中国의 影响力은 더욱 증대될 것이다. 또한 이러한 추세는 中国이 대외개방의 확대 및 주변国家들과의 다양한 关系발전, 국제 사회에서의 역할증대를 도모하는데 유리하게 작용할 것으로 판단된다.

改革(gǎi gé)·开放政策(kāi fàng zhèng cè)을 핵심政策 노선으로 결정한 이후 中国외교는 이데올로기보다 실리를 더 중시하는 实用主义 외교노선을

---

495) 赵紫阳(zhào zǐ yáng) ., "沿着有中国特色的 社会主义建设", (香港), 1987.10.26.

추진하여 왔다. 1982年 9月 1日 中国 共产党(zhōng guó gòng chǎn dǎng)이 北京(běi jīng)에서 개최한 제 12全代會에서 기존의 毛泽东(máo zé dōng)의 『3個 世界論』을 대치한 『獨立自主外交路線』을 대내외에 천명496)한 때부터 中国은 특정 강대국과 전략적 협력이나 강대국 간의 이해 대립에의 개입을 가능한 한 회피하면서 오로지 자국의 국익만을 고려하는 『독립자주 외교』를 추구해 왔으며, 국가 간 이념과 体制를 초월한 『평화공존』을 강조하여 왔다.

「獨立自主 外交路線」 497)이란 中国이 美国·苏联 양 강대국과의 사이에서 전략적·지역적 이해를 고려하여 이들과의 긴장완화를 추구하면서, 美国·苏联 양 강대국과의 关系에서 우호적인 중립을 지키면서 쌍무적 关系(Bilateral Relations)를 증진시키고, 어느 일국과의 동맹 关系를 반대한다는 것이다. 「獨立自主 外交路線」의 주요골자는 다음과 같다. 첫째, 中国은 어떠한 强大国 혹은 国家집단과도 야합하지 않고, 어떠한 强大国의 압력에도 굴복하지 않는다. 둘째, 中国은 平和原則을 바탕으로 社會主義 国家를 포함한 모든 国家와 关系를 發展시킨다. 셋째, 日本(rì běn)의 일각에서는 军国主义의 부활을 획책하고 있는데 兩国关系를 방해하는 요소를 제거하여 자손 대대에 걸쳐 우호关系를 유지하도록 하여야 한다. 넷째, 中国은 美国과의 关系를 계속 發展시켜 나가기를 희망하나, 「台湾关系法」 등 问题로 인해 暗影이 存在하고 있다. 다섯째, 前苏联(qián sū lián)이 성의를 가지고 中国의 안보를 위협하는 3大要因(국경지대에 배치된 대규모 병력·월남에 대한 지원·아프가니스탄 진주)을 점차 줄여 간다면 兩国关系는 正常化 될 수 있다. 여섯째, 中国은 第 3世界에 속하는 社會主義 国家이며, 다른 第 3 世界 国家와 함께 帝国主义·覇權主义·植民主义를 反對하고 투쟁하는 것을 신성한 国際的 임무로 삼는다. 第 3世界 国家들의 共同任務는 经济的 獨立을 이룩하여 이미 쟁취한 政治的 獨立을 견고히 하는 것이다. 일곱째, 中国 共产党(zhōng guó gòng chǎn dǎng)은 马克思(mǎ kè sī)主义의 기초위에서 自由(zì yóu) 독립·완전平等(píng děng)·상호존중·상호 내정불간섭의 原則에 따라 各国 共产党 및 劳动界(láo dòng jiè)급 政党들과 关系를 발전시킨다는

---

496) Beijing Review., No.52, (Dec. 27. 1982.), pp. 10~11. 재인용.
497) 총성의., "중공의 제 3세계 외교정책", 「중소연구」, 10권 4호(서울: 한양대 중소연구소, 1986), p. 32.

것이다. 즉, 독립자주 외교政策의 핵심은 외교 전략의 주요 목표로서 4개 現代化 추진을 위한 국제협력 확보와 평화적 국제환경 조성 그리고 세계무대에서 中国의 보다 독자적인 지위(Status)확보에 주력한다는데 있다. 이러한 독립자주 외교노선은 궁극적인 공산주의 혁명을 분명히 부인하고 있지는 않지만 보다 장기적인 평화와 협력이 투쟁보다 강조되고 있다.

또한 中国의 現代化를 지속적으로 추진하기 위해서는 자본과 기술의 공급원인 서방과의 협력에 있어서도 단순한 전술적·단기적인 차원을 탈피하여야 한다는 것이다. 그러나 中国은 자국의 『독립자주』 나 『反패권주의 외교』 는 안보적 측면을 강조하고 있어서, 이를 보완하고 동시에 经济를 우선시 할 수 있는 『全방위외교』 를 강조하여 대외关系를 재조정하고 있다. 『全방위외교』 의 기본요소로는 사상과 이념을 초월한 经济우선의 평화외교와 다자적 접근을 들 수 있다.

中国이 이와 같이 '평화외교'를 강조하는 이유는 中国이 国家经济의 지속적인 발전과 성공여부가 주변 国家와의 关系개선을 통한 역내안정과 평화유지에 달려있다고 판단하였기 때문이다.

따라서 中国은 '평화외교'라는 기치아래, 주변国家와의 선린关系를 공고히 하고, 미수교국들과의 외교关系를 수립하고 또 인접国家와의 국경问题를 원만히 해결하여 온 것이다. 그리하여 특히 中国은 이스라엘·독립国家 연합·인도와의 수교·越南(yuè nán)과의 정상화 및 수교(1992.2.11.) 그리고 무엇보다도 동맹국인 朝鲜(cháo xiǎn)의 반대에도 불구하고 汉国과의 수교(1992.8.24.)를 실현시킨 것이다. 이와 같이 1990年代에 들어서도 中国은 유리한 전략적 환경과 신장된 국력을 토대로 이념과 体制에 좌우됨이 없이 모든 나라들과 외교关系를 수립하는 『全방위외교(Omnidirectional Diplomacy)』 를 전개하여 국제무대에서의 影响力 확대를 모색하고 있다. 이에 여기에서는 中国외교의 커다란 양축이 되고 있는 对苏联(sū lián)·美国(měi guó)关系와 韩国(hán guó)·朝鲜(cháo xiǎn)을 포함한 对韩半岛(hán bàn dǎo)关系를 통하여 이를 살펴보고자 한다.

1979年4月3日 中国이 前苏联(qián sū lián)과 1950年度에 체결하여 1980年 4月까지 효력이 유효한 『우호동맹 및 상호원조조약』 을 연장하지 않을 것이라고 선언할 때만 해도 中国과 前苏联(qián sū lián)과의 关系개선은 쉽게 이루어지기 어려울 것이라는 전망이 지배적이었다.[498] 그러나 조약의 不 延長을 발표한 5개月 후 20年 만에 처음으로 中国 대표단이 모스크

바를 방문하면서부터 中国·苏联(sū lián) 关系는 새로운 국면을 맞게 되었다. 中国과 前苏联(qián sū lián)은 1979年 10月부터 11月까지 6차례에 걸쳐 회담절차에 관한 회의를 마치고 1980年 2月과 3月 사이에 两国이 공식적인 회담을 갖기로 합의를 보았으나, 1979年 12月 前苏联(qián sū lián)의 아프가니스탄 침공으로 中国·苏联(sū lián) 关系는 다시 냉각되었던 것이다. 그러나 1981年 末부터 非政治的 교류가 활발히 이루어지기 시작하여 1981年11月 中国의 운동선수가 前苏联(qián sū lián)에서 개최된 운동경기에 참가하는 것을 시작으로 中国·苏联(sū lián) 간에 대화의 실마리를 찾게 되었다. 특히 1982年3月 당시 前苏联(qián sū lián) 共产党 서기장 브레즈네프가 "첫째, 中国은 社会主义 国家이고, 前苏联(qián sū lián)은 中国의 국내问题에 간섭하지 않는다. 둘째, 2개의 中国은 지지하지 않는다. 셋째, 국경问题에 대해 계속 협의할 용의가 있다. 넷째, 中国·苏联(sū lián) 关系개선에 대해 합의할 용의가 있다."라는 소위 『타시겐트』 선언이 있은 후, 中国 지도부는 이에 대해 유의하고 있다고 공식 반응을 보이면서 两国关系는 크게 진전하기 시작하였다. 또한 中国은 1982年9月 12全代에서 새로이 党 규약을 채택, 前苏联(qián sū lián)을 비난하는'前苏联(qián sū lián) 사회제국주의''현대수정주의'등의 표현을 삭제하면서 中国·苏联(sū lián) 关系정상화의 가능성을 시사하였다. 그리하여 1983年3月 中国·苏联(sū lián) 两国의 무역협정이 체결되었고, 1983年 前苏联(qián sū lián) 외무차관 카피챠가 前苏联(qián sū lián)의 고위관리로서는 20年 만에 처음으로 中国을 방문하여 『무역·科学(kē xué)기술 및 공동 经济위원회 설치』에 관한 3개의 새로운 협정을 체결하였다. 이와 같이 两国 간의 关系가 특히 1970年代와는 달리 前苏联(qián sū lián)에 대한 中国의 입장이나 政策이 변화하게 된 배경을 살펴보면 다음의 몇 가지로 정리할 수가 있다.

첫째, 邓小平(dèng xiǎo píng) 体制 이후 中国은 혁명 대신 经济건설을 강조하여 市場을 개방하고, 외국자본을 도입하며 中国 국민에게 물질적 자극을 가해 자유로우면서도 생산적이고 활발한 经济活动을 고취시키는 등 현실적인 政策추구로 中国지도자들은 前苏联(qián sū lián)의 수정주의를 두려워하지 않게 되었다.499)

---

498) 송영우., "등소평(dèng xiǎo píng) 체제의 외교와 그 딜레마", 「중국연구」, 제 4집, (서울: 건국대 중국문제연구소), 1985, p. 6.

둘째, 中国이 1979年 美国과 국교를 정상화하고 같은 해 越南(yuè nán)을 침공 하였을 때에도 前苏联(qián sū lián)은 피상적으로만 위협하였으며, 그 후 中国·苏联(sū lián) 국경에서는 한 번도 국경충돌이 없었을 뿐만 아니라, 前苏联(qián sū lián)으로부터의 전략적 위협 또한 경감되었다고 판단하였기 때문이다.

셋째, 독립 자주적인 외교政策의 구사와 影响力 확대를 위해 편향되어있는 서방 자본주의 国家에 대한 지나친 의존을 줄이고 前苏联(qián sū lián) 및 동유럽 国家들과의 교류 역시 증대하기 위해서였다.500) 넷째, 제 3세계 国家들과의 关系개선을 하기 위한 이미지 제고를 위해서는 前苏联(qián sū lián)과의 关系증진이 불가피하였으며, 무엇보다도 中国으로서는 『4개 現代化』 전략의 성공을 위해 평화로운 국제환경을 必要로 하였다. 이는 1970年代의 美国편향의 외교政策이 제 3세계 국가들로부터의 비판과 함께 이들과의 关系증진에 저해요인으로 작용하였으므로 제 3 세계에 대한 中国의 인상을 쇄신하기 위해서는 前苏联(qián sū lián)과의 关系증진이 긴요하였다는 것을 말한다. 아울러 中国으로서는 前苏联(qián sū lián)과의 이 같은 关系개선을 통해 前苏联(qián sū lián)으로부터의 军事的 공격을 포함하는 안보적 위협을 격감시킬 수 있고, 이에 따라 불필요한 국방비의 지출을 줄이면서 经济改革(gǎi gé)·开放政策(kāi fàng zhèng cè)에 박차를 가할 수가 있다고 생각하였던 것이다.

이러한 两国 간의 关系는 특히 1985年 3月 前苏联(qián sū lián)에서 고르바초프가 집권하면서 中国·苏联(sū lián) 关系개선의 새로운 이정표가 마련되었다. 그는 침체된 국내经济를 소생시키고 前苏联(qián sū lián)사회의 활력을 불어 넣을 수 있는 개혁을 추진하기 위하여 前苏联(qián sū lián)의 과도한 군비지출과 대외개입의 축소를 추구 하였으며, 그 일환으로 美国(měi guó)과의 군축협상과 함께 中国·苏联 关系의 정상화를 추구하였다. 고르바초프가 마침내 1989年5月 15~18日間 北京(běi jīng)을 방문함으로써 1959年 이후 30年 만에 처음으로 中国·苏联(sū lián) 정상회담이 이루어졌다. 정상회담에서 邓小平(dèng xiǎo píng)은 "이 자리에서 两国정상화를 선

---

499) 건국대 중국문제연구소(편)., 현대중국론, (서울: 희성출판사, 1989.), p. 129.

500) 유세희., "중국·소련의 북한에 대한 영향력 경쟁에 관한 연구", 「중소연구」, 12 권 2호 (한양대 중소연구소, 1988.), p. 144. 재인용.

언하자"고 제의했으며, 고르바초프도 이에 동의함으로써 中国·苏联(sū lián) 关系정상화를 공식적으로 선언하게 되었다.501)

여기에서 中国·苏联(sū lián) 정상은 과거 30年間 이념과 국경분쟁으로 소원했던 关系를 정상화하는데 원칙적인 합의를 보았다.

中国·苏联(sū lián) 两国은 국내 개혁政策의 성공적인 추진을 위해서 대립과 반목으로 빚어진 상호 안보위협을 감소시키고 나아가서 화해를 통한 상호협력 증대가 两国의 이익을 증대 시킬 수 있다는 것을 확신하게 된 것이다.502) 이와 같은 고르바초프의 中国방문에 대하여 1990年에는 李鹏(lǐ péng) 수상이 모스크바를 방문하였는데 여기에서 中国·苏联(sū lián) 两国은 국경병력 감축협정의 체결과 政治·사회·문화·무역·科学(kē xué)기술·교육 등의 제반분야에서 협력을 강화하기로 합의하였다. 이와 같은 일련의 对前苏联(qián sū lián) 关系에서의 급진적인 关系개선은 명실 공히 中国이 국제关系에서 강대국 간의 현안만이 아니라 주변 환경에서 야기되는 복잡한 问题해결에 있어서도 그 어느 때보다 적극적 역할을 수행할 수 있게 된 것이라 할 수 있으며 또한 中国의 『독립자주 외교』가 美国은 물론이고 前苏联에서도 공인되고 있음을 확인한 것이라 할 수 있다.

한편 中国은 새로운 对苏联(sū lián) 关系를 설정함에 있어서 美国(měi guó)·苏联(sū lián) 간의 권력쟁탈전(Power Game)에서 가능한 한 자유로울 수 있을 것과 对苏联(sū lián) 关系가 美国(měi guó)·日本(rì běn)·서구와의 关系를 손상시키지 않는 범위 내에서 효율적이고 능동적으로 추진되어야 한다는 것을 고려하여야 하였다. 이후 两国 간의 关系는 1991年 前苏联(qián sū lián)(이하 러시아라 칭함)이 붕괴한 후 前苏联(qián sū lián)을 승계한 러시아의 대통령으로서는 처음으로 보리스 옐친이 1992年12月 中国을 방문하면서 절정에 이르렀다.

中国·苏联(sū lián) 两国은 이 방문의 의의를 两国이 과거 국경마찰 및 이념대립을 청산, 군사 및 经济를 비롯한 모든 분야에서 협력关系를 천명함으로써 오랫동안 정체됐던 불화를 마감하고 새로운 동반자关系의 신기원을 열었다고 평가 하였다.503)

---

501) 정천구., "중국·소련관계의 변화와 동북아 지역체제", 「통일문제연구」, 제 1권 2호, (서울: 국토통일원, 1989), pp. 260~261. 재인용.
502) 최선철., 「중국·소련 정상회담과 한반도 문제」 (서울 : 외무부 외교안보연구원, 1989), p. 3.

여기에서 1992年12月18日 옐친 대통령과 中国의 杨尚昆(yáng shàng kūn) 国家주석 간에 체결된 『中国·러시아 공동선언』은 러시아제 무기의 对中国공급을 축으로 하는 군사 및 经济关系의 강화를 강조, 지난 1950年代의 동맹关系까지는 아니더라도 새로운 우호关系가 복원됐음을 강력하게 시사한 바 있다. 이 공동선언은 아울러 韩半岛(hán bàn dǎo)를 포함한 아시아에도 외교적 중점을 두되 패권주의 반대를 분명하게 명시하였는데 이는 탈냉전 시대에 유일한 초강대국이 된 美国과 政治 및 군사대국으로 나아가고 있는 日本(ri běn)의 아시아·태평양 전략에 대한 견제를 시사한 것으로 분석된다.

아무튼 이 같은 两国의 노력의 결과 经济的 측면에서도 1992年 기준으로 中国·러시아 간 교역액이 당해 年度 대비 50% 증가한 58억 5천만 달러에 달하여 中国은 러시아의 최대 무역 상대국으로 부상하였다. 이와 같이 中国은 对러시아와의 关系에서 经济的으로나 군사·외교적으로 자국의 실익을 고려한 독자적인 판단 하에 매우 현실적이면서 능동적인 외교행보를 걷고 있다고 할 수 있다.

1969年7月 美国(měi guó)의 닉슨(Nixon) 대통령이 全아시아에서의 미군 개입을 감축시킬 것임을 천명한 이른바 『괌 독트린(Guam Doctrine)』을 발표하고 나서, 中国과의 화해를 위한 일련의 대화를 추진하겠다고 선언한 이래 소위 『핑퐁외교』라고 불리우는 两国 간의 화해 움직임을 나타내기 시작하였다. 닉슨은 毛泽东(máo zé dōng)과 周恩来(zhōu ēn lái)와 일련의 회담을 가진 후 『上海(shàng hǎi)공동성명』을 발표하였다.

이 성명에는 台湾이 中国에 귀속됨을 인정하나 무력이 아닌 평화적인 방식으로 해결되어야 한다고 언급함으로써 美国은 台湾을 희생시키지 않는 범위 내에서 中国과의 关系정상화를 모색하였고, 中国으로서는 前苏联(qián sū lián)으로부터의 안보적 위협을 견제하고 现代化 건설을 위해 서방 주요 国家들로부터 군비지원과 자본·기술협력이 절실하여 美国(měi guó)과의 화해를 모색하게 되었다. 이 같은 中国·美国 关系개선의 흐름을 볼 때, 中国은 1968年 前苏联(qián sū lián)의 체코침공과 69年 珍宝岛(zhēn bǎo dǎo)에서의 무력충돌 이후 前苏联(qián sū lián)의 军事的 위협을 절감하면서 전략상의 주요 적을 前苏联(qián sū lián)으로 설정하였고, 결과적으로 이는

---

503) 문화일보., 1992.12.21. 재인용.

美国에의 접근을 가속화 시킨 것으로 보인다. 이와 같은 여러 이유로 말미암아 1970年代 초반기 닉슨과 키신저의 中国방문 이후 中国·美国 关系는 그 후 10여年에 걸쳐 계속 개선되었으며, 1979年 초 两国 간의 외교关系가 수립되고 邓小平(dèng xiǎo píng)이 美国(měi guó)을 방문함으로써 절정을 맞이하게 되었다. 그러나 反苏联(sū lián)이라는 측면에서 전략적 이해关系가 부합되던 中国·美国 两国의 밀월 협력关系는 美国에서의 로널드 윌슨 레이건(Ronald Wilson Reagan, 1911~2004) 행정부의 등장과 台湾问题의 재현으로 제동이 걸렸다. 즉, 两国关系는 台湾 무기판매·무역제한 및 기술 이전问题 등에서 两国 간의 견해차가 표출됨으로써 급속히 냉각되었던 것이다.

中国은 1979年4月 美国상원에서 통과된 『台湾关系法(Taiwan Relations Act)』의 부당성을 다시 제기하고 나왔다. 이 『台湾关系法』은 中国·美国 국교정상화 이후에도 美国은 台湾政府에 무기를 판매할 수 있으며, 台湾人과의 문화적, 经济的 및 비공식적 关系를 유지할 수 있다는 내용을 포함한 것이다. 中国·美国 간에 발생하던 마찰은 美国政府가 장기간의 협상 끝에 단일 中国政策을 견지하겠다는 中国과의 공동선언을 1982年8月17日 선언하고 나아가서 台湾에 대한 무기지원을 점진적으로 감소시킬 의도를 표방하고 나서야 점차 개선되는 조짐을 보이기 시작하였다.504) 이같이 美国과의 关系에서 中国이 외형적으로 볼 때, 마찰과 갈등을 빚고 있는 요인은 다른 한편으로는 对苏联(sū lián) 전략상 공동이익을 기초로 하여 형성되었던 中国·美国 关系가 두 나라 사이의 실질이해를 중심으로 하는 일반 国家关系로 성격이 변화되고 있음을 의미하기도 하였다.

종래의 中国·美国 关系는 美国(měi guó)의 对苏联(sū lián)전략과 前苏联(qián sū lián)의 포위로부터 벗어나려는 中国의 解圍战略(zhàn luè)이 상호 교우하는 선상에서 형성되어 왔다. 이에 따라 中国·美国 关系의 발전은 前苏联(qián sū lián)의 팽창에 대항하는 전략적 협력体制를 형성해 간다는 공동인식하에 이루어졌으며, 이러한 공동인식은 두 나라 关系의 발전과정에서 나타난 여러 가지 형태의 장애요인을 극복, 关系개선을 가져오게 한 원동력으로 작용해 왔던 것이다.

그런데 이후 中国·美国(měi guó)의 对苏联战略(sū lián zhàn luè) 概念

---

504) 페터 J. 오피츠., "적대와 접근의 사이에서", 「중소연구」, 제 8권 1호 (한양대 중소연구소, 1984), p. 10. 재인용.

上의 변화는 기존의 对苏联(sū lián) 共同認識에 대한 재평가와 현실성 없는 对苏联(sū lián) 협력体制를 위한 전략개념으로부터 탈피한 결과로 볼 수 있으며, 이에 따라 中国·美国 두 나라는 상호 간의 실질이익을 기본 출발점으로 하여 兩国关系의 발전과정에 있어서의 곤란과 장애요인을 제거하는 방법을 모색함으로써, 보다 안정성 있고 지속성 있는 国家关系의 발전에 초점을 두고 있다고 볼 수 있다. 따라서 中国과 러시아가 상호关系개선을 통한 실질교류의 증대를 모색하고, 더욱이 1985年 前苏联(qián sū lián)에서의 고르바초프의 등장 이후 세계적으로 변혁의 물결이 일자 中国·美国 간의 关系도 과거와 같은 전략적 준 동맹关系의 이완현상이 나타나 상호 자국의 실리를 철저히 도모하는 현실적인 关系로 변화 되어갔다.

한 예로 1987年 中国이 이란에 실크웜(Silk worm) 미사일을 판매한 적이 있었는데,505) 美国은 이에 대한 제재조치로 1988年2月 对中国 고도기술 수출을 일시 중단시켰다. 美国은 국제사회의 무기통제問題에 있어서 中国의 무기가 국제사회의 안정을 해치고 있는 독재정권에 대량·공급되고 있다며 강하게 비난하였다. 中国은 당시 이란과 기타 중동国家들에 대한 무기판매를 증대시켰는데, 1985年 이후 이란과의 무기판매 협약서에 조인한 액수는 31억 달러에 상당하는 것이었다. 주로 실크웜(Silkworm)미사일과 전차를 중점적으로 판매하였는데, 당시는 페르시아灣 美国의 軍事力이 한창 증가되던 중이었기 때문에 美国은 이에 매우 예민하였던 시기이었다.

서방의 조사전문가들에 의하면 中国의 무기 수출은 세계 제 5위(1982~89年 기간 중 130억 달러)에 불과하며, 전 세계 무기 수출액의 80% 이상은 前苏联(qián sū lián)·美国(měi guó)·EU 등에 의해 이루어지고 있다. 그럼에도 불구하고 무기통제 問題에 있어 中国이 美国의 표적이 되고 있는 것은 이윤의 추구를 위해 리비아·시리아·파키스탄·이란·朝鮮(cháo xiǎn) 등과 같은 대표적 독재정권에 무차별적으로 대량 살상무기를 제공하고 있다는 사실 때문이다.506) 이와 같이 中国은 对美国关系에서 기존과는 달리 철저하게 자국의 이익만을 고려하여 독자적인 政策을 추진하고 있다. 이는 中国이 독립자주 외교의 추진으로 인해 美国(měi guó)·苏联(sū lián) 사이에

---

505) 이원봉., "중국의 대외군사정책에 관한 연구", 「사회주의 체제의 변화와 갈등」, 대왕사, 1991.
506) 북방동향., 제 92~16호, (북방지역센터 간, 1992.5.l5.), p. 9.

서 어느 일국에 편향됨이 없이 입지가 보다 자유로운 상태에서 그때마다의 사안에 따라 국익 최우선 원칙하의 외교政策 추진방향으로 전환한 사례라고 할 수 있는 것이다.

1988年 독립을 요구하는 西藏(xī zàng)人들을 탄압하는 中国에 대해 人权(rén quán)政策 차원에서 美国은 中国을 격렬히 비판하였으며, 그 이듬해 1989年 『천안문 사태』가 발발하자 两国의 关系는 극도로 악화되었다. 中国은 천안문 사태와 유럽 및 前苏联(qián sū lián)에서 공산주의가 몰락한 뒤 美国이 中国에서도 공산통치를 전복하기 위하여 『和平演变(hé píng yǎn biàn)』을 기도하고 있다며 의심해 왔다.507) 이것은 美国이 中国내의 人权(rén quán)상황의 개선을 요구하고 심지어 『자유아시아 라디오』 계획을 수립하여 최혜국 대우(MFN)와 人权(rén quán)问题를 연계시키는 데서도 잘 나타나고 있다고 中国은 인식하고 있다. 또한 천안문 사태 이후 美国만이 中国에 대한 经济제재를 경직되게 계속했으며, 아직도 첨단기술의 이전을 금지하고 있고 군사교류도 부활하지 않고 있는데 대하여 中国은 불만을 표시하고 있다. 美国은 中国이 파키스탄에 중거리 미사일(M-11)을 판매하고 있고 이란에게도 원자로를 제공하고 있는 것에 제재조치를 취하고 있는데 中国은 이것을 인정하지 않으며 베이커(James Addison Baker, 1930~)장관에게 1991年 11月에 北京(běi jīng)에서 미사일 기술통제 레짐(Regime_M.T.C.R) 指針을 따르겠다고 약속했던 것을 위반하지 않았다고 주장하고 있다. 그럼에도 불구하고 中国은 걸프전, 캄푸치아의 휴전과 선거, 朝鲜(cháo xiǎn)의 核问题에 대하여 UN에서 美国(měi guó)의 입장을 정면 반대하지 않았고, 기권이나 비공식적인 찬성을 표시하여 평화와 안정에 관한 한 美国과 협조하는 实用主义 외교政策을 실천해 왔다.508) 이는 经济건설을 위해 주변 환경의 안정을 바라고 있는 中国이 역내에서 유일 강대국 지위를 유지하고 있는 美国과 갈등关系를 심화시키기 보다는 가능한 한 협력적 측면을 강조함으로써 对美关系를 개선해 나가고자 하는 의도로 볼 수 있다.

러시아로부터의 军事的 위협이 약화됨으로써 中国은 美国과 전략적 협력 关系를 유지해야 할 필요성이 감소되었으나, 对内 经济발전과 역내안정 및

---

507) Hang HARDING, Jr., A Fragiel Relationship: The US and China Since 1972, (Washington,D.C.: The Brookings Institution, 1993).
508) 안병준., "냉전 후의 중국외교책", 「계간사상」, 1993. 가을호, pp. 94~95.

对日本(rì běn) 견제를 위해 여전히 美国의 협조가 절실히 필요하다고 판단하여 美国에 대해 선별적으로 타협政策을 취할 수밖에 없는 상황이기 때문이다. 1990年代 中国・美国 关系에 있어서 현안이 되고 있는 사안들은 지역안정 유지 问题・人权(rén quán)问题・台湾问题・통상 问题 및 朝鲜(cháo xiǎn) 核 问题 등이다. 이와 관련한 中国의 현 개혁파 지도자들은 美国과 주권존중 및 상호내정 불간섭 원칙에 입각하여 대화를 통해 갈등을 해소하고 협력关系를 발전시켜 나갈 것임을 천명하고 있다.509) 따라서 향후 中国은 역내에서 美国의 패권政策이 中国 社会主义 体制유지와 역내안정을 위협하는 요인이 되고 있다고 인식하면서도, 지역분쟁 해소 및 쌍무 간 政治・经济的 목적 달성을 위해 美国과 사안별로 협력하는 实用主义 외교政策을 추구해 나갈 것으로 보인다.

中国에게 있어서 대 韩半岛政策은 동북아政策에 종속되어 있으며, 상당한 비중을 지닌 체 그 일환으로 추진되고 있다는 것은 제언을 요구하지 않는다. 특히 이것은 汉国이 비약적인 经济성장을 이룩함으로써 동북아에서는 물론 세계经济에서 차지하는 비중이 높아진 사실에 기인하는 바 크다. 물론 지정학적인 관점에서도 韩半岛(hán bàn dǎo)가 중요하다는 사실에는 의심할 여지가 없지만, 中国이 改革(gǎi gé)・开放政策(kāi fàng zhèng cè)을 추진해나가는 과정에서 요구되는 자본과 기술을 바로 汉国이 보유하고 있다는 점에서 对韩半岛(hán bàn dǎo) 정세의 변화가 시작되었다고도 할 수 있다.

다음으로 지적할 수 있는 것은 中国이 改革(gǎi gé)・开放政策(kāi fàng zhèng cè) 시행해 나가는 과정에서 주변국들의 안정된 政治的 환경이 요청되었으며, 특히 韩国(hán guó)・朝鲜(cháo xiǎn)처럼 4강국의 이해가 첨에하게 교차되는 지점에서의 무력충돌은 동맹국으로서의 의무가 전제되는 한, 中国이 추진하는 现代化를 통한 社会主义 강국이라는 야심찬 목표의 실현을 불가능하게 만들 위험의 소지가 컸다. 따라서 中国이 국내의 体制개혁에 몰두하기 위해서는 韩半岛의 현상 불변경을 통한 평화정착이 주요政策 추진목표가 될 수밖에 없었던 것이다. 中国의 韩半岛에 대한 인식은 대체로 다음과 같은 두 가지 차원을 갖고 있는 것으로 보인다.

첫째는 韩半岛 자체의 중요성에 대한 인식으로, 이것은 韩半岛의 지정학적 가치에 대한 인식과 中国・苏联(sū lián)의 외교政策에서 차지하는 비중,

---

509) 人民日报(rén mín rì bào)., "江釋民總論中美关系等七大问题", 1993.3.9. 재인용.

즉 가중치 개념을 동시에 포함한다. 둘째는 韩国(hán guó)·朝鲜(cháo xiǎn)에 대한 선택적 입장으로 韩国과 朝鲜에 대한 차별적 인식을 뜻하는데, 예컨대 韩国·朝鲜 어느 일방에 경사된 외교政策을 전개한다든가, 아니면 韩国·朝鲜에 대해 균형적인 입장을 취한다든가 하는 것이다. 우선 지정학적인 관점에서 볼 때 中国은 韩半岛(hán bàn dǎo)를 자신의 国家안보에 지대한 影响을 미치는 지역으로 간주해왔다.

여기에는 전통적으로 中国이 韩半岛에 특수한 이해尖系를 가져왔다는 인식이 작용하고 있음은 물론, 韩半岛와의 접경지역이라 할 수 있는 东北(dōng běi) 3省에는 中国의 주요 공업지대가 밀집해 있다는 점, 그리고 日本이 군사대국화 할 가능성에 대한 위협의식이 전제되고 있다. 그리하여 中国으로서는 韩半岛에 반 中国的인 성격을 지닌 정권의 등장은 물론, 韩半岛가 中国에 적대적인 제 3국의 影响圈으로 편입되는 사태전개는 결코 용납할 수 없는 일이었다. 아울러 韩半岛에서의 분열이나 政治불안으로 인한 정세의 불확실성·유동성이 증대된다는 것은 中国의 이해가 손상될 가능성이 상대적으로 보다 높아진다는 것을 의미하는 까닭에, 中国은 韩半岛에의 안정적인 구조가 구축되기를 희망해 왔던 것이다. 보다 구체적으로는 中国은 韩半岛의 军事的 긴장완화와 韩国·朝鲜의 尖系개선을 통한 평화정착을 희망하며, 최근의 中国의 对韩半岛政策의 변화도 이런 측면에서 해석해야 할 필요가 있다. 왜냐하면 韩半岛(hán bàn dǎo)의 세력균형에 급격한 변화가 일어나게 될 경우 이는 필연적으로 中国의 안보에 직접적인 影响을 미치게 될 것이기 때문이다.

1961年7月11日 당시에 체결된 「朝中友好援助条约(cháo zhōng yǒu hǎo yuán zhù tiáo yuē)」 제 2조에 따르면 체약 일방이 한 개의 国家 또는 몇 개의 国家들의 연합으로부터 무력침공을 당함으로써 전쟁상태에 처하게 되는 경우에, 체약 상대방은 모든 힘을 다하여 지체없이 军事的 및 기타 원조를 제공한다고 규정되어 있는 바, 이는 자동개입을 의미하는 것으로 관례적으로 해석되고 있다.

따라서 中国은 전통적으로 韩半岛(hán bàn dǎo)를 안보 전략적 완충지대로 인식하여 韩半岛가 中国에게 적대적인 세력에 의해 지배되는 것을 반대하여 왔으며, 韩半岛의 안정을 도모하기 위하여 진력하여 왔다고 볼 수 있다.

1950年의 中国의 汉国戰 개입 냉전시대 朝鲜(cháo xiǎn)에 대한 影响力 확보를 위한 对北政治·经济的 지원, 韩国·朝鲜의 U.N. 동시가입과 朝鲜

(cháo xiǎn)·美国(měi guó)·日本(rì běn) 접촉 및 당시의 최대 현안인 朝鮮(cháo xiǎn) 核 问题에 대한 中国의 신중한 政策자세 등을 통해서도 韩半岛问题에 대해 中国이 취해왔던 기본입장을 이해 할 수 있다.

钱其琛(qián qí chēn) 中国 외교부장은 汉国방문(1993.5.26.~29.)에 앞서 행한 기자회견을 통해 中国의 汉国戰 참전은 中国의 안보를 위한 불가피한 결정이었다고 밝힌 바 있다.

中国이 韩半岛(hán bàn dǎo)에 대한 인식을 바꾸게 된 데에는 몇 가지 요인이 있었다. 여기에서는 언급하고 있지 않지만 국제적으로 新데탕트가 주류를 이뤄 세계질서의 축이 政治·軍事的 대립关系로부터 体制나 이념의 차이를 떠나 經济的 실익 추구로 전환하고 있다는 점도 中国의 인식변화에 한 요인으로 작용했다.

우선 毛泽东(máo zé dōng)의 사망 후 전개된 일련의 사상적 재해석 과정을 통해, 지금까지 교조적인 일원론적 세계관에 약간의 해석을 달리 할 수 있는 융통성이 생겼다. 즉, 지금까지는 中国사회의 주된 모순이 계급 투쟁론에 입각하여 계급모순으로 규정되어 있었으나, 이제부터는 생산력 標準论에 입각하여 점차 증대 되어가는 인민들의 물질적 욕구와 낙후된 사회 생산력 사이의 모순으로 재규정되었다.

이것이 의미하는 것은 현재 中国이 당면하고 있는 최대의 과제는 낙후된 생산력의 비약적인 발전이라는 점이다. 그리하여 中国의 기본 政策노선은 『一個中心 兩個基本點』으로 집약 표현되고 있으며, 이 가운데서도 중심돌출 즉, 『경제발전』이 가장 중요한 목표로 추진되어야 한다는 것이 강조되고 있는 것이다. 이러한 가치관의 변화가 내포하는 가장 중요한 의미는 외부세계에 대한 인식의 변화이다. 즉, 과거와 같이 혁명과 이념적 동질성이 외부세계에 대한 友敵을 판단하는 기준 이라기보다는, 經济발전에 어느 정도 도움이 되는가 하는 실용적·합리적인 기준이 새로운 親苏联(sū lián)关系를 규정하는 기준으로 대두된 것이다.

그 결과 对韩半岛(hán bàn dǎo) 인식 상에도 커다란 변화가 초래 되었는 바, 朝鲜(cháo xiǎn) 일변도적인 政策노선에서 비약적인 經济발전을 이룩한 汉国을 재평가하는 계기로 작용했다. 다음으로 지적할 수 있는 것은 中国 외교 政策의 새로운 기본원칙으로 천명된 독립자주 외교노선이 4개 現代化의 성공을 위한 탄력적인 외교를 구사함으로써 韩半岛에 대한 인식의 변화를 가져왔다는 점이다.

먼저 中国의 对朝鮮政策을 살펴보면 다음과 같다. 中国과 朝鮮(cháo xiǎn)은 기나긴 국경선을 상호 맞대고 있는 가운데 이념과 体制를 함께한 社会主义 国家로서 스스로의 표현대로 순치의 关系를 이루고 있다. 中国의 입장에서는 朝鮮(cháo xiǎn)이 对苏联(sū lián)关系에 있어서 중요한 완충지대를 이루고 있는 나라이고, 汉国전쟁 당시에는 100만 명 규모의 병력을 지원해 참전하기도 한 『兄弟之邦』의 나라이기도 하다. 또한 两国 간에는 『中国·朝鮮 상호원조조약』이 체결되어 있어 외부로부터 침략을 받을 경우 지체없이 군사 및 기타 모든 지원을 제공토록 약속되어 있는 동맹국이다. 그러나 이러한 关系에도 불구하고 两国 간의 关系가 항상 원만했던 것은 아니다.

两国 간 关系의 변화는 자국의 내부변화에서 기인하기도 했으나, 핵심적 요인은 前苏联(qián sū lián)를 중심으로 한 两国关系의 변화에 있었다. 前苏联(qián sū lián)을 중심으로 하여 前苏联(qián sū lián)과 朝鮮(cháo xiǎn)이 가까워지면 상대적으로 中国과 朝鮮(cháo xiǎn) 사이가 멀어지고, 中国과 前苏联(qián sū lián)이 가까워지면 朝鮮(cháo xiǎn)은 두 나라와 善隣关系를 유지하던가, 중립 내지 어느 한쪽에 치우치는 입장을 보일 수밖에 없었다. 따라서 소위 『주체사상』을 내걸고 있는 朝鮮(cháo xiǎn)의 입장으로서는 『등거리외교』를 구사하며 실익을 극대화하였다.

이러한 关系를 기초로 하여 中国과 朝鮮(cháo xiǎn)과의 关系가 시대적 상황과 관점에 따라 여러 가지로 구분되기도 하는데, 中国의 对朝鮮(cháo xiǎn)政策 전개과정을 개관해 보면 다음과 같다. 中国 정권수립 초기 대외政策의 기본원칙은 对苏联(sū lián) 일변도였으며 당시 中国은 그들의 国家건설을 위해 前苏联(qián sū lián)에 철저히 의존하였던 关系로 대외政策에 있어서도 中国·苏联(sū lián) 간의 동맹关系가 그대로 투영되었는데, 이에 따라 세계를 2분화시킨 양대 진영론과 혁명의 이념적 일치점에 기초하여 前苏联(qián sū lián)을 중심으로 한 中国·苏联(sū lián)·朝鮮(cháo xiǎn) 간 북방 3각关系가 형성되었으며, 美国(měi guó)을 중심으로 한 美国·日本·汉国간 남방 3각关系의 적대 개념으로 발전하였다.

따라서 中国의 对韩半岛政策도 对朝鮮(cháo xiǎn)关系를 유일한 기준으로 하고 있었다.[510] 1956年2月 前苏联(qián sū lián) 共产党 제 20차 대회에서 흐루시초프의 이오시프 비사리오노비치 스탈린(Иосиф Виссарионович С

---

510) 박두복., 「중국의 대 남한·북한 관계」, (서울: 법문사, 1992.), pp. 716~717.

талин, 1879~1953) 1인 体制에 대한 비판에서 표면화되기 시작한 中国·苏联(sū lián) 이념분쟁을 계기로 两国关系가 대립关系로 발전하여, 상호 적대적인 关系로까지 발전하면서 북방 3각关系도 와해되기 시작하였다.

북방 3각关系가 와해되었음에도 불구하고, 朝鲜(cháo xiǎn)에 대한 中国·苏联(sū lián)의 전략적 가치 인식에는 변동이 있을 수 없어 前苏联·朝鲜, 中国·朝鲜의 이변적 关系로 개편되었다.

이에 따라 中国과 朝鲜(cháo xiǎn)의 关系도 국제적 환경과 국내 상황변동에 따라 밀착기와 소원기, 그리고 朝鲜의 对中国·苏联(sū lián) 등거리외교에 따른 평행기를 반복하게 되었다. 中国은 정권수립 이후 최근에 이르기까지 안보목적을 위하여 韩半岛에서 前苏联(qián sū lián)의 지배적 影响力을 배제하고, 朝鲜(cháo xiǎn)을 자국의 影响圈 하에 두려는 전략적 고려와 社会主义 형제국가로서의 우의를 감안하여, 朝鲜에 대해 지지일변도의 적극적 자세를 보여 오고 있다. 그러나 1982年 『독립자주 외교노선』의 천명 이후에는 『4개 现代化』의 성공적 수행을 위하여 국제협력의 확보와 평화적 환경조성을 추진하면서 과거 朝鲜(cháo xiǎn)을 亲中国·反苏联(sū lián) 노선으로 묶어두기 위한 측면보다는 韩半岛(hán bàn dǎo)에서 평화를 유지하도록 분쟁이나 도발을 억제하는데 치중하고 있는 것이다.

다음으로 汉国과의 关系를 살펴보면 1949年 中国정권 수립 이후 中国이 汉国战에 참전하면서 朝鲜(cháo xiǎn)와 혈맹의 关系로까지 발전한 상태에서 당시 中国의 제 1호 적인 美国과 군사동맹关系를 체결하고(1953.10.1.), 台湾의 蒋介石 政府와도 수교(1949.1.4.)한 汉国과 적대关系를 유지해온 것은 당연한 귀결이었다.

이렇듯 汉国·中国 关系는 당초 적대关系로부터 시작하여 수교를 이룬 오늘에 이르고 있는데, 两国关系의 발전과정을 시대적으로 구분해 보면 적대시기·대립시기·해빙기·수교기로 나눌 수 있다. 汉国·中国 关系에 있어서 적대시기는 中国이 汉国전쟁에 참전한 이후 1958年10月26日 中国军이 朝鲜(cháo xiǎn)에서 완전철군 할 때까지의 기간으로 볼 수 있다. 이 기간 중 中国은 朝鲜을 韩半岛(hán bàn dǎo)의 유일 합법政府로 승인하고, 1953年1月 『中国·朝鲜 经济 및 문화협력협정』을 체결하여 전체 상환면제, 전후 복구사업지원, 거액의 무상원조 제공 등 两国关系를 돈독히 한 반면, 汉国과는 일체의 접촉이 없던 시기였다.

대립 시기는 中国军이 朝鲜(cháo xiǎn)에서 철수한 이래 1971年 中国이

U.N. 회원국이 되고 1972年 美国의 닉슨 대통령이 中国을 방문하는 등 中国·苏联(sū lián)关系는 악화된 반면에 中国·美国关系는 점차 호전되는 기미를 보이던 때를 말한다. 汉国·美国외교가 우리나라 외교의 주축을 이루던 당시의 이 같은 변화는 汉国 외교政策 추진에 촉매제가 되어 후일에 북방외교의 기반인 『7·4 공동생명』, 『6·23 선언』을 감행할 수 있는 소지가 마련되었다고 할 수 있겠다. 해빙기는 汉国이 中国에 대해 『중화인민공화국』이라는 정식호칭을 사용하며511) 中国측에 일방적 접촉을 시도하던 시기로부터 시작하여 两国이 수교를 하기 직전까지로 볼 수 있는데, 이 기간 중에는 两国 간에 여러 가지 사건이 발생했다. 그 중에서도 汉国·中国 两国关系를 해빙시킨 계기가 된 사건으로는 1983年 5月 5日 발생한 『中国민항기 피랍사건』 과 1985年3月21日 발생한 『中国어뢰정 사건』 을 들 수 있다. 이 두 사건을 통해 两国 간에는 종래와 달리 제 3국을 개입시키지 않고 汉国·中国 两国의 关系기관이 직접 접촉하여 问题를 해결하였으며, 그 과정에서 상호 정식으로 国家名을 사용하였다는 점이 주목할 만하다. 이밖에도 1980年부터 제한된 품목의 간접무역이 시작되었으며, 문화·체육 등 여러 분야에서의 간헐적 교류도 계속되었는데, 中国이 汉国에 대해 취한 태도변화의 유형으로는 첫째, 对汉비방의 감소. 둘째, 汉国에 대한 호칭의 변화. 셋째, 汉国·中国 교류(经济교류·국제행사에 대표 교환 및 친척방문)를 들 수 있다. 그러나 무엇보다도 汉国·中国 关系발전의 중요한 계기는 아시안게임(1986年)과 서울올림픽(1988年)에 中国이 참가한 것인데, 서울올림픽을 계기로 汉国·中国关系는 진일보하여 종전에 Hongkong을 통하여 이루어졌던 간접무역이 직접무역으로 전환되었고, 中国의 山东省(shān dōng shěng)은 무역사무소를 서울에 개설하기에 이르렀다. 수교기는 1992年 8月 24日 汉国·中国 간에 역사적인 수교가 이루어진 이후의 시기를 말한다. 汉国·中国 수교는 中国이 과거 对朝鲜(cháo xiǎn)关系를 유일 轴으로 한 단일 轴에서 韩国(hán guó)·朝鲜(cháo xiǎn)을 동시에 기축으로 하는 『两轴构造』로의 전환, 즉 『对韩半岛政策의 이분화』 를 공식화 한 것으로 볼 수 있다.512)

이러한 汉国·中国 수교이후 两国은 각 분야에 걸쳐 교류가 급속히 확대

---

511) 외무부 편., 「중국관계자료집(1988)」, p. 247. 재인용.

512) 박두복., "한·중 수교와 중국의 대 한반도정책", 대외경제정책연구원 「북방정책의 성과와 전망」, 세미나 주제발표 논문, p. 17. 재인용.

· 심화 되어가는 추세인데 특히 汉国·中国 两国 간 经济분야에서의 关系강화는 급속한 진전을 보여 수교 당시인 1992年 中国은 이미 3위의 교역대상국이 되었으며, 무역 총액이 100억 달러 선에 달하고 있다. 이와 같은 汉国·中国 수교 후 전통적 혈맹关系를 강조해온 中国·朝鲜(cháo xiǎn) 关系가 급속히 냉각되고 있다는 보도513)도 나오고 있는데 이의 배경에는 과거와 같이 朝鲜(cháo xiǎn) 일변도의 韩半岛(hán bàn dǎo)政策에서 中国이 탈피, 자국의 이익을 극대화하기 위해 南北 등거리외교를 구사하고 있는데 기인한 것으로 볼 수 있다. 그러나 汉国·中国 수교를 기화로 韩国(hán guó)·朝鲜(cháo xiǎn) 동시 수교국이 된 中国으로서는 『中国影响力의 汉国진출』이라는 측면에서 그 의의가 크다 할 수 있으며, 동시에 이는 汉国·中国 关系개선을 통해 마침내 中国이 美国의 影响圈 내로 진출하였다고도 평가할 수 있다.

현재 中国의 对汉国政策을 보면 经济关系에서는 괄목할 만한 성과를 창출해내고 있지만 정치·군사 등 非经济的 영역에서의 협력과 교류는 상대적으로 저조한 불균형 구조양상을 띠고 있다.

이러한 汉国·中国 关系발전의 불균형 구조는 两国关系가 수교를 계기로 기존의 극단적 적대关系를 청산해 가는 과정에서 나타나는 단순한 초기적 현상이 아니라, 中国 지도体制의 기본 성격과도 긴밀히 연계되고 있다는 점에서 문제의 심각성이 있다고 할 수 있다. 이것은 1993年 中国이 휴전협정 40週年을 계기로 朝鲜(cháo xiǎn)과의 접경도시 丹东(dān dōng)에 대규모의 『抗美援朝纪念馆(kàng měi yuán cháo jì niàn guǎn)』과 기념탑을 건립하고, 평양에서 개최된 『조국해방 전쟁승리 40週年 기념행사』에 党·政 고위대표단을 파견한 사실에서도 잘 알 수 있다.

특히 抗美 원조기념관의 건립은 汉国전쟁으로 더욱 심화된 中国·朝鲜(cháo xiǎn) 간의 혈맹적 특수关系를 영속화시키는 상징적 행위로 볼 수 있으며, 中国이 汉国과의 수교를 통해 그들의 现代化와 동북아에 있어서의 주도적 입지 확보를 위한 행동반경의 확보 등 새로운 이익을 창출해 가면서 동시에 이러한 政策의 추진결과 손상될 수밖에 없었던 对朝鲜(cháo xiǎn) 기존 关系의 회복을 위한 政策도 동시에 추진함으로써 朝鲜(cháo xiǎn)에 대한 그들의 政治的 影响力을 계속 확보해 가려고 있는 것을 나타내는 것이다. 따라서 이러한 中国의 행위는 汉国·中国 수교에도 불구하고, 中国의

---

513) 중앙일보., "북경, 남북 등거리 외교가 결정타", 1993.3.5. 재인용.

对韩半岛(hán bàn dǎo)政策의 『脫朝鮮(cháo xiǎn)化』나 변화성에 분명한 한계가 있음을 말해주는 것이며, 동시에 이는 中国의 对韩半岛(hán bàn dǎo) 政策을 평가하는데 있어서 朝鮮(cháo xiǎn) 요인을 지나치게 강조해서도 안 되겠지만 中国政策의 脫이데올로기와 『脫朝鮮(cháo xiǎn)化』를 지나치게 강조한 나머지 朝鮮(cháo xiǎn) 요인의 중요성을 과소평가해서도 안 된다는 것을 명확하게 보여주는 사례라 할 수 있다.514)

따라서 中国의 对韩半岛(hán bàn dǎo)政策은 韩半岛의 안정유지와 韩半岛에 대한 影响力 확대를 政策의 기조로 설정하고, 韩国(hán guó)·朝鮮(cháo xiǎn)에 대해 『등거리 외교政策』을 구사함으로써 韩半岛에서 최대한의 이익을 보장받고자 할 것이다. 이는 당분간은 급격한 변동없이 朝鮮(cháo xiǎn)과는 기존关系를 계속 유지해 나가는 가운데 汉国과의 교류를 확대해 나감으로써 韩半岛의 안정을 위해 분단 상태를 그대로 유지하려는 현상 유지政策을 펼쳐 나갈 것임을 의미한다. 따라서 中国은 政治的으로는 韩半岛 전체로 影响力을 확대하고, 经济的으로는 中国의 改革·开放과 4개 现代化 추진에 따라 기술교류와 수출市場의 확보를 위해 汉国과의 关系발전을 중시하는 实用主义 외교를 더욱 강화할 것으로 예상된다.

이상에서 中国외교의 가장 큰 축이라 할 수 있는 对苏联(sū lián)·美国(měi guó)·韩半岛(hán bàn dǎo)와의 关系를 통하여 中国 实用主义 외교의 전개과정을 분석하여 보았다. 이를 통하여 알 수 있었듯이 中国에 있어서 实用主义 외교노선이란 실제적인 의미에 있어서 경험주의를 바탕으로 한 합리적이고도 현실적인 외교政策 노선임을 알 수 있다. 더욱이 4개 现代化라는 지상과제의 성공적 달성을 위하여 외교의 목표나 수행이 이에 초점이 맞추어 진다고 할 수 있다. 그러나 한 가지 간과할 수 없는 점은 中国이 비록 현재 총력을 기울여 경제발전에 진력하면서 경제 결정론적 시각에서만 모든 것을 평가하려 하는 것 같지만, 이는 社会主义라는 이데올로기를 포기한 것이 아니라 오히려 이를 어떤 면에서는 더욱 강화하여 지속적으로 지켜나가기 위해 4개 现代化가 절실히 요구되어 진다는 점을 지적할 수 있다. 따라서 『中国특색의 社会主义』도 이러한 맥락(context)에서 이해할 수 있으며, 中国 实用主义 외교의 본질 및 내재적 한계도 여기에 있다고 할 수 있다.

---

514) 박두복., "한국·중국 수교 1년", 「조선일보」, 1993.8.21. 재인용.

2. 实用主义 统一外交의 실천-최근의 實證的 事例 分析

中国의 统一政策에 있어서 지상과제라 할 수 있는 핵심적 목표는 의심할 여지없이 台湾과 Hongkong(香港)의 통합과 귀속을 통하여 2000年代 명실상부한 강대국으로의 지위 획득에 있다할 것이다. 따라서 中国외교에 있어서 이 问题는 매우 중요한 비중을 차지하고 있는데 먼저 台湾问题부터 살펴보기로 한다. 종래부터 견지하고 있는 中国의 对台湾政策은 『一国两制(yì guó liǎng zhì)』의 기본구조 하에'三通(sān tōng)四流'政策이다.'三通(sān tōng)四流'政策의 의미는'三通(sān tōng)'은 通商(tōng shāng)·通邮(tōng yóu)·通航(tōng háng)을,'四流'는 经济교류·문화교류·科学(kē xué)기술교류·체육교류를 지칭한다.

台湾政府로 하여금 政府차원의 不对等 협상에 第一步를 내닫게 하여 최종적으로는 무력도 불사한다는 위협 아래 평화적인 방법으로 统一을 달성한다는 것이다.515)

中国은 对台湾政策을 「종합국력론」 측면에서 수립하고 있는데, 이는 中国이 종합 국력을 台湾이 대항 할 수 없을 정도로 확대·신장시키면 台湾이 하나의 특별행정구로 中国에 귀속되는 것은 자연스러운 수순이라는 판단에서 연유하는 것이다. 따라서 邓小平(dèng xiǎo píng) 体制 출범이후 中国과 台湾은 非政治的 분야에서의 교류와 협력은 다각도로 확대되어 왔으나, 政治的으로는 첨예한 대립을 지속하는 변화와 불변의 양면적 关系구조를 보여왔다. 즉 中国과 台湾 간의 政治的 关系개선이 진전되지 못하고 있는 근본 원인은 中国이 两国关系를 『하나의 中国』 원칙 하에 中央政府와 地方政府의 关系로 설정하고자 하기 때문이었다. 그러나 최근에 와서 中国·台湾 关系는 쌍방의 政治的 변화와 经济的 요구·주변 국제정세 변화 등에 따라 기존의 대립·갈등 일변도 关系에서 보다 완화되고 신축성 있는 关系로 변화하고 있는 실정이다.

우선 中国은 여전히 '하나의 中国' 원칙에 입각한 「一国两制(yì guó liǎng zhì)」를 台湾问题 해결의 기본원칙으로 견지하고 있으나516) 그동안 非政治·민간차원에서 이룩한 关系발전을 토대로 两岸의 政治的 关系개선,

---

515) 오동야., "중국통일 문제의 정치적 의의",「동아연구」, (서강대학교 동아연구소, 제 21집), p. 213. 재인용.

516) 人民日报(rén mín rì bào)., 1992.10.13. 재인용.

나아가 統一問題 해결을 위한 새로운 접근을 모색하고 있다. 中国의 이러한 입장은 1992年10月12日 14全代會 政治보고와 1993年3月15日 87기 全人代 1차 회의 政府 공작보고에서도 잘 나타난다. 즉 江泽民(jiāng zé mín) 총서 기는 "하나의 中国이라는 전제하에 国家의 근본体制는 社会主义 제도를 견 지하되, Hongkong・澳门(ào mén)・台湾의 자본주의 제도를 장기간 유지하 는 「一国两制(yì guó liǎng zhì)」 원칙에 따라 조국의 和平统一 대업을 완 수해야 한다."고 강조하였다.

이에 대하여 台湾政府도 교류협력 초기의 수세적인 태도에서 벗어나 보다 능동적인 입장에서 大陆政策(dà lù zhèng cè)을 추진하고 있다. 즉 台湾政 府는 中国이 「一国两制(yì guó liǎng zhì)」를 고수하는 것처럼 三不政策 (sān bù zhèng cè) 등 자신들의 政治的 입장을 견지하면서도 그와 직접적 인 관련이 없는 분야의 两岸교류・협력에 대해서는 과감한 政策전환을 추진 하여 왔다. "台湾의 '三不政策(sān bù zhèng cè)'은 中国과의 不接觸・不談 判・不妥協을 의미한다. (台湾的三不政策意味着和中国不接触, 不谈判, 不妥 协。Tái wān de sān bù zhèng cè yì wèi zhē hé zhōng guó bù jiē chǔ,bù tán pàn ,bù tuǒ xié。)"

그 한 예가 1992年7月 台湾입법원에서의 中国 共产党(zhōng guó gòng chǎn dǎng)員의 台湾입국과 台湾人의 자유로운 본토 여행 등을 포함, 中国 과의 政治・经济关系를 확대하는 내용의 법안을 통과 시킨 것이다.[517] 그럼 에도 불구하고 中国과 台湾이 아직까지 政治的인 关系의 재정립 및 统一問 題를 구체적이고 심도 있게 논의하는 단계에 이르지 못하고 있는 것은 쌍방 의 政治的 关系발전에 근본적인 장애요인으로 작용하고 있는 問題가 상존하 고 있기 때문이다. 이것은 中国이 '하나의 中国'이란 기본 원칙 하에 中央과 地方의 关系로서 两岸关系(liǎng àn guān xī)를 재정립하고자 하는 반면, 台 湾政府는 台湾의 政治的 실체 인정과 국제적 지위보장 및 台湾에 대한 中国 의 무력사용 포기를 两岸간 政治的 关系발전의 전제조건으로 인식하고 있다 는 점이다.

따라서 향후 中国・台湾 关系의 최대과제는 기존의 교류・협력을 지속적 으로 발전시키는 동시에 쌍방이 첨예하게 대립하고 있는 政治的인 난제들을 해결해 나가는 것이다.

---

517) 서울신문., 1992.7.18. 재인용.

이러한 측면에서 볼 때, 1993年 4月의 中国측 대표인 海协会(zhōng guó hǎi xié huì) 汪道涵(wāng dào hán) 회장과 海基会(hǎi jī huì) 辜 회장의 「汪·辜 會談」518)은 中国·台湾 关系의 질적 변화를 보여준 대표적인 예라고 할 수가 있다. 44年 만에 新加坡(xīn jiā pō)에서 개최된 이번 회담에서 사실상 中国政府와 台湾당국을 대표하고 있는 두 대표가 첫째, 「汪·辜 會談」 공동협의. 둘째, 兩會간 연락 및 회담제도 협의. 셋째, 兩岸간 공증서 사용 查證협의. 넷째, 兩岸 우편물 검열과 유실물 보상에 관한 협의 등 4개 협의 안건에 대해 서명함으로써 兩岸간에 처음으로 합의한 역사적인 문건을 도출해 내었다. 이밖에 「汪·辜 會談」에서 다루어진 주요현안은 첫째, 海协会(zhōng guó hǎi xié huì)와 海基会(hǎi jī huì)간 회담의 정례화. 둘째, 교류·협력과정에서 야기된 각종 범죄·분쟁처리를 위한 관련 협정 체결. 셋째, 大陆에 진출하고 있는 台湾기업의 投資보장 问题 등이다.

물론 이번 회담에서 经济교류에 관한 실질적인 결과는 도출하지 못했지만 44年間 단절됐던 兩岸 간에 정기접촉 및 연락체계 구성에 합의했다는 점은 주목할 만한 성과로 평가된다. 또한 兩岸간에 问题가 발생했을 경우 이 管道 채널을 통해 서로간의 입장을 조절, 논의할 場을 마련했다는 것은 兩岸 关系(liǎng àn guān xī)의 신뢰, 평화구축에 상당한 기여를 할 것으로 천망된다. 그러나 반면에 이번 회담을 분석하여 보면 中国과 台湾은 「汪·辜 會談」을 통해 교류·협력의 제도화 추진을 위한 兩岸의 공식적인 접촉 통로 확립이라는 목적 이외에 政治的인 의도를 갖고 있었다.

中国은 台湾이 '三不政策(sān bù zhèng cè)'을 고수하는 상황에서 台湾을 협상 테이블로 끌어들여 '三不政策'의 실질적인 변화를 유도하려는 의도를 갖고 있었다. 반면에 台湾은 '三不政策'을 카드로 投資보장협정 체결, 무력사용 포기 등과 관련된 中国의 양보를 얻어냄으로써 台湾의 政治的 실체 확보를 위한 목표를 단계적으로 실현해 가려는 의도를 갖고 있었던 것이다. 아무튼 향후 中国은 台湾이 말하는 中国을 공식 승인하는 国家와도 외교关系를 수립할 수 있다는 소위 「双中承認」政策 내지는 이에 계속된 '台湾독립' 주장이나 움직임에 대해 무력동원을 불사 하겠다는 강경한 봉쇄政策을 펴는 동시에519) 4개 現代化 달성을 위해서는 台湾의 经济的 협력 및 자본·기술

---

518) 人民日报(rén mín rì bào)., "汪辜會談圓滿結束", 1993.4.30.
519) 문화일보., 1992.12.28. 재인용.

이 요구되는 만큼520) 보다 적극적이고 진일보한 实用主义적인 외교政策을 구사할 것이다. 1987年 末 당시 台湾의 对中国投资는 총 80개 항목의 1억 4천만 달러에 불과 하였으나, 1992年에는 7,358개 항목의 약 90억 달러로 증가하였다. 특히 1992年 한 해 동안 台湾기업의 对中国投资는 投资항목, 投资협의액에서 1991年까지의 總投资 규모를 능가하는 신장세를 보였다. 또한 两岸간 교역량은 台湾政府의 '三通(sān tōng)'불허에도 불구하고, 1979年의 7,780만 달러 수준에서 1992年에는 약 80억 달러수준으로 급격하게 확대되었다.

한편 Hongkong问题와 연관 지어 볼 때도 中国은 台湾과 Hongkong 흡수 统一 이후에도 50年 동안 '특별행정구'로서 政治제도를 존중해 주고 독자적 군대를 보유하도록 할 것이라는 등 和平统一 제안을 강화하여 왔다. 이와 관련 中国은 1982年 이래 英国(yīng guó)政府와 일련의 Hongkong 반환협상을 통하여 1984年 '공동성명'을 채택하는 등 각종교류와 접촉을 적극 추진하여 왔다. 中国은 Hongkong의 반환이 台湾问题 해결의 선례가 된다는 인식하에 Hongkong问题 처리에 있어 매우 신중한 태도를 취하고 있으며, 台湾 역시 자신들의 政治的 장래와 관련하여 Hongkong의 政治·경济的 변화추이를 예의 주시하고 있다. Hongkong은 1984年 발표된 中国·英国(yīng guó) 공동성명과 Hongkong 기본법에 의거하여 오는 1997年에 中国으로 귀속되는 동시에 「Hongkong 특별자치 행정구(SAR)」로 전환, 향후 50年 동안 현 자본주의 体制를 계속 유지하며 광범위한 자치를 누리도록 보장되어 있다. 그런데 1992年10月 크리스토퍼 패튼(Patton) Hongkong 총독의 '민주화 개혁방안' 발표 이후521) 中国과 英国(yīng guó) 간의 关系가 급속히 냉각되어 Hongkong问题를 두고 마찰과 갈등을 빚고 있다.

1992年7月 패튼(Patton)이 Hongkong 총독으로 부임한 이후 1995年 Hongkong 입법원 선거에서 직선 의원의 비율을 높이는 등 政治개혁안을 제시하였는바, 이는 입법의원 60명 중 직선 의원을 현행 18명에서 20명으로 증원하고, 주민 직선으로 선출하는 선거위원회에서 10명을 선출하며, 직능대표 30명을 선출하는 직능대표선거 참가 범위를 확대함과 동시에 선거 연령

---

520) 鄭偉鳴., "中共对台湾工作新轉變", 「廣角鏡」, 1992.11. p. 13. 재인용.
521) 민족통일연구원., 「중국·대만관계의 현황과 발전방향」, (서울: 민족통일연구원, 1993), pp. 68~69.

을 현행 21세에서 18세로 낮추는 것이다.

　더욱이 Hongkong에 1990年 기준으로 약 60억 달러에 이르는 投資를 한 美国이 이 問題에 관심을 표명하고, 특히 빌 클린턴(B. Clinton) 美国 대통령이 대통령 취임이전 이미 Hongkong問題가 비록 中国과 英国(yīng guó)간의 問題이나, 1997年 이후 Hongkong의 민주体制와 人权(rén quán)이 유지되도록 하기 위해서는 美国의 건설적인 역할이 필요하다는 점을 천명한 이후522) Hongkong問題는 中国·英国간의 問題에서 中国 대서방세계의 대결로 비화하고 있다. 中国의 막후 최고실력자 邓小平(dèng xiǎo píng)이 "Hongkong의 장래는 中国의 안정과 직결되는 만큼 절대로 英国의 주장에 양보하지 말고 단호하게 대응하라"고 지시한 후 中国은 이 問題를 외교적으로 타결 짓기 위해 朱镕基(zhū róng jī) 부총리를 런던으로 급파, 메이저 총리와 담판을 벌였으나 메이저 총리가 패튼(Patton) 총독의 政治개혁안에 대한지지 의사를 다시 한번 명확히 함으로써 양측은 아직 타협점을 찾지 못한 상태이다.

　中国은 Hongkong問題가 기본적으로 「Hongkong기본법」,「中国·英国(yīng guó) 공동성명」 및 기타 中国·英国 간 협의를 기초로 中国政府와 英国政府 간 대화에 의해서 해결되어야 한다는 입장을 고수하고 있다. 따라서 中国은 Hongkong問題에 대한 美国의 개입을 내정간섭이라는 명목으로 비난하고 있다. 특히 改革·开放의 가속화에 따라 자유화 사상을 경계해야 할 필요성을 느끼고 있는 中国은 Hongkong問題의 국제화를 강력히 반대하는 입장이며, Hongkong의 민주화 개혁에 대해서도 广东省(guǎng dōng shěng) 등 개방지역의 민주화를 자극하는 거점 역할을 수행하여 体制불안을 야기할 수 있다고 판단하여 강경한 입장을 취하고 있다.

　이와 관련 中国국무원 Hongkong·澳门(ào mén)판공실 주임 鲁平(lǔ píng)은 英国이 Hongkong 민주화 개혁을 강행할 경우 Hongkong반환에 대비하여 中国이 입법기능을 가진 의회와 예비政府를 독자적으로 구성할 것임을 밝힌 바 있으나,523) 中国은 1993年 7月 이미 Hongkong 예비政府 구성 준비위원회를 조직한 상황이었고, 8기 全人代 1차 회의 시 中国은 「香港人数工作小组构成方案(xiāng gǎng rén shù gōng zuò xiǎo zǔ gòu chéng fāng

522) 莫利人., "中英衝突中的美国態度", 「爭鳴」, 1993.1. p. 52. 재인용.
523) 文匯報 (香港)., 1993.3.17. 社論. 재인용.

àn)」을 통과 시킨 바 있다.

이와 같이 中国은 台湾과 Hongkong问题가 근본적으로 내정문제라 주장하며, 이들 문제가 국제 문제화 되는 것을 강력히 반대하고 있다.

특히 최근 1997年 7月에 中国이 즉각 인민해방군 1개 사단을 Hongkong에 주둔 시킬 것 이라는 보도도 나오고 있다.[524]

이러한 보도 역시 바로 中国이 자국의 주권과 이익을 수호하기 위해서는 军事力의 사용도 배제하지 않겠다는 결연한 의지의 시사이자 实用主义 외교의 한 단면이라고 할 수가 있을 것이다. 따라서 향후 台湾 및 Hongkong问题에 있어 中国의 대외政策은 台湾이 독립을 주장하지 않는 한 점진적으로 기능주의적 통합의 실현을 모색할 것이며, Hongkong에 대해서도 1997年7月1日 반환받은 이후에도 Hongkong을 대외무역 거점으로 유지하기 위하여 제한적인 자치권을 부여, 「一国两制(yì guó liǎng zhì)」라는 원칙하에 中国式 政治 및 행정과 Hongkong式 经济의 조화를 도모, Hongkong의 안정과 번영을 지속적으로 추구해 나갈 것이다.

이와 같이 中国은 台湾 및 Hongkong问题에 있어서의 대처방식과 같이 현재의 추구이념이나 体制가 비록 다르다 하더라도 中国의 생산력 발전, 즉 经济발전에 도움이 되는 부분이 있다면 과감하게 협력하고 교류・수용하는 대외政策을 구사하고 있다. 이러한 中国외교에 있어서의 实用主义的 자세는 향후 台湾 및 Hongkong问题의 처리과정에서 보다 명확하게 실천되어 질것이다.

中国과 美国의 关系는 오래전부터 미사일등 무기수출问题, 人权(rén quán)상황의 개선问题, 两国간 통상 불균형问题 등의 난제들로 인하여 갈등과 마찰을 빚어왔다. 그러던 중 「民主主义(mín zhǔ zhǔ yì)의 확산과 人权(rén quán)신장」을 대외政策 목표의 중요한 기조로 설정한 美国의 빌 클린턴 행정부가 출범하자 1989年 『천안문 사태』 이후 中国・美国 간 쟁점이 되었던 中国내 人权(rén quán)问题가 中国・美国간 당면 현안问题로 전면에 부각되고 있다. 이러한 人权(rén quán)问题와 관련하여 中国은 美国의 외교政策이 对中国 '和平演变(hé píng yǎn biàn)' 전략차원에서 전개되고 있는 것으로 인식하고 있다. 中国은 1989年의 천안문 사태는 '和平演变(hé píng yǎn biàn)'의 일환으로 전개된 反 社会主义 반동세력들의 거사였다고 간주

---

524) 조선일보., "Hongkong 개혁안-영국•중국 외교전", 1993.4.7. 재인용.

하고, 改革(gǎi gé)·开放政策(kāi fàng zhèng cè)의 中国지도부는 당면한 내부위협으로서 社会主义 体制를 내부에서 점진적으로 평화적인 방법에 의하여 붕괴시키려는 '和平演变(hé píng yǎn biàn)'을 경계해야 한다고 역설하고 있다.

이러한 '和平演变(hé píng yǎn biàn)'은 국제적 반동세력이 社会主义 내부에 침투하여 다른 政治的 견해를 가진 자를 매수하고 서구 자본주의의 부패한 사상과 생활방식을 전파하여 社会主义 体制를 서서히 변질시키고자 하는 전략으로 中国지도자들은 인식하고 있는 것이다.525) 그런데 問題는 美国이 中国내 人权(rén quán)問題와 中国의 대외무역에 결정적인 影响을 끼치고 있는 최혜국 대우(MFN) 지위問題를 연계하려 함으로써 파장이 확산되고 있는 것이다. '최혜국 대우-Most Favored Nation(MFN)'란 교역제품에 관세인하 혜택을 부여하는 것을 말하는데, 예를 들어 어떤 나라가 美国으로부터 MFN 대우를 받으면 对美国 수출품에 대해 세율이 높은 일반관세를 적용받지 않고 세율이 훨씬 낮은 특혜관세를 적용받게 되는 제도를 말한다. 美国은 지난 1974年에 제정된 '잭슨·바닉법(Jackson-Vanik Act)'에 의거하여 이민의 自由를 제한하는 非市场经济国에는 MFN을 주지 않도록 돼있다. 그런데 美国은 1980年 中国·美国 무역협정을 체결한 후 中国에 MFN을 부여하고 있다.526) 美国의 클린턴은 이미 대통령 경선기간부터 中国의 민주화를 위해 적극 노력할 것임을 천명하면서, 对中国 최혜국대우 연장시 中国내 人权(rén quán)問題를 연계시킬 것이라는 점을 밝혀왔다.

과거 美国의 민주당 政府가 전통적으로 '人权(rén quán)외교'를 강조하여 왔듯이. 클린턴 행정부도 人权(rén quán)상황을 중시하고 있는데 당시 美国이 中国에게 요구하고 있는 人权(rén quán)개선 사항은 다음의 몇 가지로 요약된다.

첫째, 反体制 인사들의 출국자유. 둘째, 죄수 노동착취 중단. 셋째, 政治犯들의 숫자 공개. 넷째, 국제人权(rén quán)기구의 죄수 면회 허용. 다섯째, 对中国 국제방송 전파교란 금지 등이다. 상기한 바와 같이 클린턴 대통령은 1992年의 선거전에서 中国이 국내에서 人权(rén quán)상황을 개선하지 않는 한 최혜국 대우를 지속하지 않겠다고 했으나 1993年 6월에 1年 동안 이

---

525) 황병무., 「신중국군사론」, (서울: 법문사, 1992), p. 51.
526) 한국경제신문., "영국·중국 MFN 갱신싸고 마찰", 1994.4.11. 재인용.

대우를 제공하기로 결정했고, 1994年에는 人权(rén quán)·미사일 수출 및 市場접근에 中国측이 개선책을 보여주지 않는 한 그것을 제공하지 않겠다는 조건을 내걸었다. 이에 대해 中国은 강력히 반발하면서 美国이 냉전시기에 '반공'을 타국의 내정에 간섭하는 구실로 이용해 왔으나, 냉전体制 붕괴 이후에는 『人权(rén quán)』이라는 개념으로 대체, 이를 이용하여 약소국의 내정에 간섭하려 하고 있다고 비난하고 있다.

中国은 美国이 人权(rén quán)보호를 대외政策의 중요한 가치로 추구하는 것은 中国내 经济·政治的 자유화 세력에게 美国의 가치관을 주입시켜 美国式 民主主义(mín zhǔ zhǔ yì)를 수용하도록 하려는데, 그 근본 저의가 있다고 인식하고 있다.527) 이와 같은 인식에 입각, 中国은 美国의 对中国 人权(rén quán)개선 요구에 대해 강경한 태도를 보이고 있다. 中国은 내정 불간섭, 상호주권 존중 및 平等(píng děng) 호혜 원칙이 新국제질서 형성의 기본원칙이 되어야 한다는 점은 강조하면서, 中国의 人权(rén quán)问题는 근본적으로 中国내부 问题임으로 美国 등 타국이 간섭할 성질의 问题가 아님을 주장하고 있다. 또한 中国은 美国의 '人权(rén quán)외교'가 타국에 대해 이중적인 기준을 적용하는 비현실적인 政策이라고 비난하고 있다. 이와 관련 江泽民(jiāng zé mín)은 세계 각국들의 사회제도·경제발전 정도·역사전통 및 문화적 배경 등이 상이하기 때문에 人权(rén quán)에 대한 개념이 동일할 수 없다고 주장하고, 타국에게 美国이 신봉하는 政治모델이나 经济모델을 수용하도록 강압하는 것은 바람직하지 않다고 역설한 바 있다.528) 中国은 汉国과 台湾의 경우를 실례로 거론하면서 经济발전이 선행되어야 政治的 민주화가 가능하다는 입장을 견지하고, 经济발전을 위해서 政治발전을 일시적으로 유보할 수 있다는 점을 주장하고 있다. 즉, 中国은 人权(rén quán)이 国家의 생존권과 發展勸을 저촉해서는 안 된다는 입장을 보이고 있는 것이다.

이와 같이 中国은 이 问题에 대해 강경한 입장을 견지하고 있으면서도 한편으로는 对美国 유화책을 구사하는 양면전술을 보이고 있다. 이는 당연히 经济的 실리를 고려한 포석이라고 할 수 있다. 이의 이유로는 两国간 교역

---

527) 評論員., "借人權干涉別国内政不得人心", 「人民日报(rén mín rì bào)」, 1993.3.12. 재인용.
528) 江释民, "江泽民(jiāng zé mín)縱論中美关系等七大问题", 「人民日报(rén mín rì bào)」, 1993.3.9. 재인용.

액이 지난 1979年의 24억5천만 달러에서 1993年에는 276억5천만 달러로 크게 증가하였으며, 美国 기업들의 对中国投資額은 70억 달러를 넘어섰고 특히 1993年에만 30억 달러를 投資하였기 때문이다.529)

또한 中国은 美国과의 무역에 있어서 年間 160억 달러 이상의 막대한 무역수지 흑자를 기록, 日本(rì běn)에 이어 제 2위의 对美国(měi guó) 무역수지 흑자국으로 부상하였다. 만일 中国이 MFN 대우를 받지 않고 美国에 상품을 수출할 경우 관세는 평균 40%에 달해 엄청난 타격을 받지만 MFN에 따른 특혜 관세로 中国상품에 대한 美国 관세는 평균 8%에 불과한 실정이다. 이러한 현실적인 이익 때문에 中国은 MFN이 취소되면 美国이 더 큰 피해를 입을 것이라고 강변하면서도, 1994年4月 약 200명 규모의 무역 및 投資대표단을 美国(měi guó)에 파견, 대대적인 구매활동을 벌일 계획 등을 표명하는 등 유연한 자세를 보이고 있다. 또한 人权(rén quán)问题에 있어서도 中国은 피상적으로 강경노선을 견지하고 있으나 실지로는 美国의 요구를 부분적으로 수용함으로써 对美国关系 개선을 도모하려 하고 있다.

中国은 이미 『人权(rén quán)白书』를 발간 (1992.11.)하고, 『교도행정白书』를 발표 (1992.8.)하여 형식적으로나마 人权(rén quán)개선을 위해 노력하고 있다는 점을 서방에 공표하였으며, 王丹(wáng dān)과 郭海峰(guō hǎi fēng) 등을 석방(1993.2.17.)함으로써, 天安门(tiān ān mén) 사태 관련 政治犯이 전원 풀려나게 되었다고 주장하고 있다. 또한 中国은 죄수에 의해 생산된 상품을 美国에 수출하지 않을 것임을 약속(1992.8.8.)한 바 있고, 美国의 내정간섭에 굴복하지 않을 것이라고 반박하면서도 美国상원 人权(rén quán)대표단의 西藏(xī zàng) 방문을 허용하는 등 온건입장을 보여 왔다.

美国내에서도 의견이 양분되어 MFN을 철회해서는 안 된다는 美国 상무부와 기업인들의 로비와 철회해야 한다는 국무부의 입장을 놓고 볼 때 클린턴으로서는 딜레마(Dillemma)에 처해있는 입장이다. 中国이 이와 같이 美国(měi guó)의 人权(rén quán)개선 요구를 선별적으로 수용하는 움직임을 보이고 있는 데에는 클린턴 美国(měi guó) 행정부가 中国에 人权(rén quán)问题로 압력과 위협을 행사하고 있지만, 그 이면을 분석하여 보면, 구조적으로 MFN을 철회할 수 없을 것이라는 확고한 인식을 하고 있기 때문으로 보인다. 美国(měi guó)(měi guó)의 经济재건이라는 막중한 임무를 떠맡고 있

---

529) 이장구., "중국과 무역최혜국 대우", 「세계일보」, 1994.4.16. 재인용.

는 클린턴으로서는 美国(měi guó)의 높은 실업률에 비춰볼 때, 자신의 재임중 対中国 교역축소政策을 추진하기가 어렵다는 현실과 中国이라는 거대한 市場을 포기하지 않을 것이라는 사실에서 이 같은 인식은 비롯된다. 1993年 당시 美国(měi guó)의 550여개 기업이 中国에 사무소를 두었으며, 500개 대기업이 中国投資를 전략목표로 설정한 바 있다. 당시 美国(měi guó) 무역대표부(USTR)는 향후 10年 안에 中国은 기초시설(사회간접자본) 부문에만 5,000억 달러를 投資할 것으로 전망한 바 있는데, 도로건설·통신·대규모 건축설비 부문에서 경쟁력을 갖고 있는 美国이 이중 1%만 수주한다 해도 국내에 수십만의 고용창출이라는 파급효과를 기대할 수 있는 것으로 예측하였던 것이다. 당해 年度 中国의 총수입액은 1,039억5천만 달러에 달했는데, 이와 같이 만약 매년 수입액이 9% 정도씩만 증가한다고 가정할 경우 21세기에 가면 中国의 수입규모는 1조 달러라는 거대한 市場이 될 것으로 전망이 가능하였던 것이다. 이를 공정무역(Fair Trade)에 기초한 『상업외교(Commercial Diplomacy)』를 추구하는 美国이 결코 간과하지 않을 것이라는 것이다.

中国은 MFN이 中国·美国 兩国 모두에게 상호이익이 된다고 주장하면서 사안에 따라 유연하고 탄력성 있는 實用主义 외교를 구사하고 있는 것이다. 이밖에 美国의 前대통령이었던 故 리처드 닉슨은 MFN지위가 철회되어서는 안 되는 이유를 中国에서 經濟的 自由를 증가시키는 것이 政治的 自由를 창출할 수 있는 최선의 방법이며, 經濟的 번영이 광범위하게 진행될 때만이 그에 해당하는 人权(rén quán)에 대한 존중 역시 가능하다는 것을 강조하였다. 또한, 그는 21세기에는 中国이 經濟·군사강국이 될 것이 확실하기 때문에 中国과 좋은 협력关系를 유지하는 것은 매우 중요하다고[530] 그의 견해를 피력하였다. 현재 美国이 人权(rén quán)과 최혜국 대우 연계问题를 제기하고 있으나 이는 현실적으로 많은 효과성의 의문이 제기되는 만큼 실행을 전혀 배제 할 수는 없지만 가능성은 희박하다 할 것이다.

美国이 中国에게 과도한 対中国 압력을 행사할 경우, 세계 市場经济 体制로의 급속한 편입을 시도하고 있는 中国의 中国내 개혁세력의 입지를 약화시켜 결국 中国의 經濟개혁을 지연시키고 나아가 政治的 개혁과 人权(rén quán)신장 노력에도 부정적으로 작용하게 될 것이기 때문이다. 현재 美国에게 있어서 가장 중요한 것은 '조정'이 '연계' 보다 중요하다는 것을 인식해야

---

530) 리처드 닉슨., "중국 최혜국 지위 유지돼야", 「조선일보」, 1993.5.20. 재인용.

한다는 점이다. 클린턴 政府에서도 中国·美国 关系를 과거 前苏联(qián sū lián)의 위협에 공동대처한다는 舊전략 기초로부터 공동의 이익영역, 특히 互惠互利의 经济的 이익 기초에로 조정해야만 하며, 조정된 전략구상으로 최혜국 대우 问题를 처리해야만 해법을 찾을 수 있을 것이다.

이러한 조정에 근거한 최혜국 대우(MFN) 问题의 해결은 한 걸음 더나가서 향후 中国·美国关系의 개선과 발전에 긍정적으로 작용할 것이다.

결론적으로 中国·美国 간의 人权(rén quán)논쟁은 中国의 측면에서 볼 때, 과거와 같은 냉전 시기나 이데올로기 우위의 시대에서는 问题시 조차 될 수 없는 쟁점으로 치부할 수 있겠지만 현재와 같이 经济的 실익의 극대화 추구라는 명제 하에서는 이의 달성을 위해 탄력적인 实用主义 외교를 구사하고 있는 것이다. 따라서 소득도 없이 经济的 실익까지 잃어가며 명분을 추종하기 보다는 실익 확보를 위해 美国에 대하여 탄력적인 强溫政策을 구사하는 中国의 人权(rén quán)논쟁에 대한 대처방식도 中国 实用主义 외교의 실천의 한 단면이라고 할 수 있다.

中国은 지난 1978年 이래 추진된 改革(gǎi gé)·开放政策(kāi fàng zhèng cè)의 결과 축적된 经济力을 바탕으로 1990年代에 들어 가일층 军事力 증강 및 中国军 现代化 작업에 박차를 가하고 있다. 全 세계적인 군축 무드에 역행하여 中国은 오히려 新무기들을 대량구매 하면서 현대전에 적용 할 수 있도록 军조직을 개편하는 등 军事力 증강을 적극 모색하고 있는 것이다. 이는 냉전体制의 붕괴이후 아시아의 영도국으로서의 지위획득을 추구하는 中国이 역내에서 前苏联(qián sū lián)과 美国의 军事力 감축 추세와 맞물려 추진되고 있는 만큼 역내 세력 균형변화를 초래하는 잠재요인이 되고 있다. 中国은 1993年부터 每年마다 당해 年度对備 국방비를 14.9%나 대폭 증액하는 등 연이어 계속 두 자리 수 이상으로 국방비를 증액하여 왔다.[531] 이는 中国의 지역 패권주의의 의도를 반증하는 것으로 해석되면서 '中国 军事威脅論'으로 발전, 아시아 주변국들의 심각한 우려를 유발하고 있다. 이와 같이 中国이 군비증강에 진력하고 있는데에는 改革(gǎi gé)·开放政策(kāi fàng zhèng cè) 가속화와 邓小平(dèng xiǎo píng) 사후 지도부들에 대한 军府(jūn fǔ)의 지지를 확보해야 한다는 필요성에 의한 측면도 있지만은, 기본적으로 현재 中国의 안보 환경에 대한 다음의 몇 가지 기본인식에 근거한

---

531) 조선일보., "일본, 중국경계론 급부상", 1993.6.1. 재인용.

것으로 보인다.

첫째, 中国은 미국·러시아의 역내 주둔 軍事力 철수와 주변국과의 선린 关系강화로 中国의 안보환경이 과거 어느 때 보다도 개선되고 있다고 인식 하고 있다. 러시아는 对内 政治·经济的 위기로 对外问题에 과거와 같은 影 响力을 행사할 수 없는 상황에 있는 바, 아프가니스탄·몽고 및 越南(yuè nán) 등으로 부터 军事力을 철수하였다. 따라서 中国은 1980年代 초까지 中国의 안보에 최대 위협요인으로 작용하였던 러시아에 대한 안보부담을 완 화 시킬 수 있게 되었으며, 또한 对内 经济회복을 최우선적인 国家목표로 설정하고 있는 美国도 필리핀 내의 기지를 철수하고 역내배치 전술核 철수 를 완료함으로써 역내에서 中国의 활동공간이 전례 없이 확대되는 계기를 맞이하고 있다는 것이다.532)

둘째, 前苏联(qián sū lián)의 몰락으로 美国이 역내에서 유일 패권국의 지위를 유지하고 있다는 점이다. 中国은 前苏联(qián sū lián) 및 社会主义 圈의 붕괴 이후 中国에 대한 美国 등 서방의 '和平演变(hé píng yǎn biàn)' 기도가 강화되고 있다고 판단하고 있다. 이러한 판단의 근거로 中国은 台湾 에 대한 부시 행정부 때의 F-16 전투기 판매 결정, 클린턴 美国 행정부의 对中国 人权(rén quán)개선요구, 美国의회의 2000年 하계올림픽 北京(běi jīng)개최 반대결의안 채택 및 저지로비, 英国(yīng guó)의 Hongkong 민주 화개혁 추진, 法国(fǎ guó)의 对台湾 미라주 전투기 판매결정 등을 꼽으며, 이러한 中国 社会主义 体制를 전복시키기 위한 일련의 음모론적 행동에 대 응하기 위해서는 中国이 막강한 军事力을 유지하여야 될 것으로 인식하고 있다.

셋째, 中国은 새로운 질서를 모색하는 과도기에 日本(rì běn)가 신장된 经济力을 바탕으로 역내에서 政治·军事的 影响力을 확대하려 하는 점을 우 려하고 있다. 日本(rì běn)은 1992年 캄푸치아에 평화유지군을 파견하였으 며, 주변국의 우려를 불식시키면서 역내에서 발언권을 강화하기 위해 다자 안보기구 설립을 역설하고 있다. 특히 과거 日本(rì běn) 军国主义(jūn guó zhǔ yì)의 침략을 받은 바 있는 中国으로서는 日本(rì běn)의 군사대국화 움직임을 경계하지 않을 수 없는 위치에 처해 있다.533) 또한 다량의 플루토

---

532) 钱其琛(qián qí chēn) ., "回顾与展望",「人民日报(rén mín rì bào)」, 1992.12.30. 재인용.

늄을 비축하고 있는 잠재적 核보유국 日本(rì běn)을 의식하지 않을 수가 없는 것이다.

　마지막으로 역내에서 中国이 지역강대국으로서의 影响力을 발휘하기 위해서는 군비증강이 긴요하며, 특히 지역분쟁의 해결 과정을 통하여 주도권을 장악·유지·확대하기 위해서는 더 더욱 절실하다고 인식하는 것을 들 수 있다. 이러한 中国의 안보환경에 대한 中国지도부의 인식은 对内经济발전에 따라 군사·안보政策에 있어서도 새로운 접근을 모색하고 있다. 南沙群岛(nán shā qún dǎo)의 영유권 확보, 台湾统一과정에서 유리한 환경조성, 日本(rì běn)의 해군력 증대 등에 대비하는 것을 1990年代 안보政策의 핵심목표로 인식하고 있다.

　中国안보의 일차적 관심은 변경방위 问题로부터 해양과 영공방위问题로 전환되고 있다. 요컨대, 1990年代 中国의 안보전략은 『沿岸防衛战略(zhàn luè)』에서 『遠洋防衛战略(zhàn luè)』으로 전환되고 있으며, 이러한 추세는 中国의 종합국력이 신장될수록 심화될 것으로 전망된다. 中国이 의미하는 「遠洋」은 大陆峰과 200Km 배타적 经济수역을 포함한 中国의 관할권이 미치는 해역과 南沙群岛(nán shā qún dǎo)·西沙群岛(xī shā qún dǎo) 등 中国의 모든 영토를 포함하는 개념이다.

　이는 中国의 안보전략이 영토보전의 소극적 자위로부터 대양진출을 목적으로 하는 적극적 팽창전략으로 전환되고 있다는 것을 의미한다. 이에 대한 증거로 당시 中国은 21세기 초까지 중형 항공모함 2척을 자체 건조키로 하였으며, 이러한 항공함대 창설을 위해 이미 잠수함 탐지용 '소나' 등의 개발과 전투기의 공중급유 훈련 등을 실시하고 있다는 보도534)가 뒷받침해 주고 있다. 따라서 이와 같은 안보전략에 의거, 中国은 현대전에 적용할 수 있도록 军조직을 개편하고 군 장비를 現代化하는 등 军事力 증강을 적극 모색하고 있는 것이다.

　현재 中国은 약 230만 명의 육군병력을 보유하고 있으며, 해군은 26만 명, 공군은 약 47만 명에 이르고 있다. 中国은 현재 美国본토와 前苏联(qián sū lián) 전체를 사정권에 포함할 수 있는 ICBM 8기와 前苏联(qián sū

---

533) Bonnie S. Glaser., "China's Security Perceptions: Interests and Ambitions", Asian Survey vol. 33, No. 3, (March 1993), pp. 256~259.
534) 동아일보., "중국 항공함대 창설추진", 1993.5.14. 재인용.

lián) 극동지역과 아시아전역을 위협할 수 있는 IRBM 60기를 보유하고 있고, 5,000기의 전투기와 원자력 잠수함 1척을 보유하고 있다. 그러나 中国의 軍장비와 核전력은 美国과 러시아 등에 비해 전반적으로 낙후되어 있으며, 台灣에 대한 주권 회복과 南沙群岛(nán shā qún dǎo) 영유권 확보 등 1990年代 당시의 안보전략을 수행하기에는 취약한 실정이었다.

특히 걸프전에서 첨단무기의 위력이 입증된 점은 中国으로 하여금 군사장비 現代化를 적극화 하도록 하는 결정적 계기가 되었다.[535] 中国은 당시에 신형 구축함 1척·호위함 25척·공격형 원자력 잠수함 5척을 새로 갖추는 한편, 육군에 항공국을 신설하고 24개의 집단군에 헬리콥터 부대를 배치할 것을 주요 내용으로 하는 국방력 확충계획을 입안한 것으로 알려지고 있다.

이에 따라 中国은 사정거리 1,600km인 신형미사일 『DF 25 동풍』과 잠수함 음파 탐지기의 자체 개발 외에 对內 经济難을 타개해야 하고, 병력감축으로 인한 잉여무기를 처리해야 하는 차원에서 러시아로부터 1995年 당시 무기구입 계획에 의하면, 72대의 SU-27 전투기와 1871年度 型의 탄도미사일 시스템 및 3척의 그루지아급 잠수함이 구입과 미그 31기 생산라인을 도입할 것을 추진 중에 있는 것으로 알려져 왔다.[536] 더욱이 지난 1992年 14全代에서 邓小平(dèng xiǎo píng)이 軍의 최고실력자로 해군사령관 출신인 劉華清 군사위원회 제 1부주석을 지명한 것도 中国 해군력의 강화와 작전반경의 확대라는 명제와도 무관하지 않게 보인다. 中国은 이같이 신장되는 軍事力을 발판으로, 越南(yuè nán) 캄란灣에서 前苏联(qián sū lián)軍이 물러나고 필리핀 수빅灣에서는 미군이 철수하는 이때 동남아시아에서 힘의 공백상태가 형성된 것을 계기로 이 지역에서 군사 행동을 강화하기 시작하였다.

中国은 영토問題에 강한 집착을 드러내고 있다. 그 단적인 예로서 1992年 2月에 全人代 상무위원회에서 통과된 南沙群岛(nán shā qún dǎo)·钓鱼台列岛(diào yú tái liè dǎo) 등을 自国領土로 규정한 『영해법』[537]을 제정하였다. 이 법은 日本(rì běn)과 영유권 분쟁상태에 있는 釣魚島(센카쿠 열도), 지난 1988年 越南(yuè nán)軍과 총격전 끝에 강점한 西妙群島(파라슬), 越南(yuè nán)·필리핀·인도네시아·말레이시아 등이 분할 관리해오

535) 동아일보., 1993.7.14. 재인용.
536) 江 遙, "中国爲何增加軍費?", 「爭鳴」, 1993.1. p. 19. 재인용.
537) 서울신문., 1992.5.29. 재인용.

면서 분쟁을 겪어온 南沙群島(nán shā qún dǎo)(Spratly Islands) 台湾이 관할해 온 澎湖島 등 영유권 분쟁을 빚고 있는 모든 섬들을 자국의 영토로 규정해 버렸다. 日本(ri běn)을 비롯한 관련 国家들의 거센 항의가 쏟아졌으나, 이를 묵살한 채 파키스탄 등에 M-11 미사일 부품으로 판매하고, 緬甸(miǎn diàn)의 하인리히剣에 해군기지 건설을 지원하는 등 인도지나 등지의 동남아시아 및 태평양지역에서의 影响力 확대를 기도하고 있으며, 최근까지 순시선의 감시강화와 석유탐사 협정체결 등 본격적인 영토관리 작업에 나서려는 기미도 보이고 있는 실정이다.

이는 이들 国家들과의 지역 분쟁시 월등한 軍事力을 바탕으로 우위에선 협상력을 기대할 수 있으며, 또한 이 지역에서 자국의 세력을 확장시킬 것이라는 확고한 의지에서 오는 것이다.

〈표. IV-2-1-2/1〉 中国과 아시아 주요국들간 해군 · 공군 전력비교

국 가	잠수함	구축함	프리깃함	양용함정	연안초계정	전투기	폭격기
중 국	94	19	37	61	869	5200	630
일 본	17	6	60	6	13	361	0
북 한	22	0	0	0	366	722	80
한 국	4	9	26	14	83	340	0
대 만	4	24	9	26	93	424	0
필리핀	0	0	1	7	37	9	0
越南(yuè nán)	0	0	7	7	64	185	0
말레이시아	0	0	4	2	37	49	0
新加坡(xīn jiā pō)	0	0	0	5	32	147	0
인도네시아	2	0	17	14	43	54	0
태 국	0	0	6	8	53	75	0

資料出處: 영국 국제전략문제연구소, 세계군사보고서, 1991~1992, 조선일보 1993. 6. 1.

이에 대해 中国지도부는 中国은 어떠한 경우에도 패권을 추구하지 않을 것이며, 현 中国의 軍事力이 방위를 위한 최소한의 수준을 유지하고 있다고 주장하고 있다.

中国은 経済발전을 성공적으로 추진하기 위해 평화롭고 안정된 주변 환경을 절실히 요구하고 있다는 점을 역설하고, 中国지도부는 中国은 어떠한 경

우에도 패권을 추구하지 않을 것이며, 中国의 経済力 증강과 국방비 증액이 결코 역내 세력균형 변화를 초래하려는데 목적이 있지 않다는 점을 강조하고 있다. 또한 中国은 국방비가 국민총생산 중 1.6%, 국민 1인당 6달러(美国은 1,100달러, 日本은 600달러)에 불과하고, 국방비 총액도 약 73억 달러(美国은 2,743억 달러, 日本은 377억 달러)에 불과하여 中国 軍事力이 최소한도의 자위를 위한 것이라고 강변하지만[538] 中国의 軍事力 증강은 향후 주변국의 안보에 적지 않은 위협을 미칠 것으로 보인다.

中国이 계획하는바 대로 군사現代化 작업을 추진하게 될 경우, 中国은 아시아의 세력균형 변화를 주도하는 세력으로 부상할 것으로 보인다. 中国과 역내 国家간 마찰을 야기하여 지역정세 불안이 초래될 가능성도 배제할 수 없다. 왜냐하면 이와 같은 中国의 軍事力 증강은 日本이 군사대국화를 지향하도록 자극하고 台湾의 무기구입을 촉진시키는 등 역내 군사간 군비경쟁을 심화시키는 『안보딜레마(Security Dillemma)』[539]를 산출해 낼 것이다. 동북아지역 問題에 대한 中国의 강경政策 채택을 유도하고, 中国·美国 关系 경색 등 中国과 주변국 关系악화를 초래할 것이다. 물론 당장 中国이 강경한 패권政策을 추구하지는 않겠지만, 経済力의 신장이 가속화되어 일정한 수준이상의 막강한 軍事力을 갖추게 될 경우, 힘의 속성을 감안하여 볼 때 언제까지나 지금의 『反패권政策』을 고수하리라고 단언할 수는 없는 것이다. 따라서 中国은 현재의 군비증강을 계속 추진할 것이며, 이를 통해 분쟁이나 협상 시 강력한 影响力을 발휘하여 자국의 이익을 극대화하는 政策을 추구해 갈 것이다.

中国의 군비증강과 이의 연속선상에서의 군사 패권추구 問題는 中国의 経済발전, 즉 4개 現代化의 성공과 상호 맞물려 있는 問題라고 볼 수 있다. 환언하면 4개 現代化의 성공을 위하여 中国은 实用主义외교를 구사하는 것이며, 이를 통해 経済力이 증대되면 군비증강에 더욱 박차를 가할 수 있으며, 그리하여 군사강국으로서의 이미지가 제고되면 이는 대외적으로 막강한 影响力을 발휘할 것이기 때문이다. 따라서 中国의 군사패권 추구問題를 통하여 볼 때도 이 또한 中国 实用主义 외교의 실천의 한 측면임을 알 수 있는

---

538) 钱其琛(qián qí chēn) ., "钱其琛(qián qí chēn) 答记者问", 「文匯報」, 1993.3.24. 재인용.

539) 김순규., 「신국제정치론」, (서울: 박영사 1991.), p. 335. 재인용.

것이다.

1993年3月12日 朝鮮(cháo xiǎn)은 中央인민위원회의 결정으로 『核확산금지조약(NPT)』으로부터 탈퇴한다고 선언함으로써 全 세계에 일대 파문을 일으키며 이후 朝鮮(cháo xiǎn) 核问题는 如今까지 초미의 국제관심사로 부각되어 있다. 비록 탈퇴선언의 유효 시한인 93年 6月 12日을 앞두고 NPT 탈퇴 유보선언을 하기는 하였지만, 이후 속개된 美国(měi guó)·朝鮮(cháo xiǎn) 접촉에서 아무런 뚜렷한 성과 없이 현재까지 교착상태에 처해있다. 이에 폐쇄적인 朝鮮(cháo xiǎn)의 대외무역에 있어 60% 이상의 비중을 차지하고 있는 中国의 이 问题에 대한 역할에 지대한 관심이 집중되고 있다. 사실 朝鮮(cháo xiǎn) 核问题에 대한 中国의 政策선택에는 经济합리주의나 实用主义와 같은 요인만으로 결정될 수 없는 국내政治体制的·세계 전략적 요인들이 상호 복합적으로 작용하고 있다. 우선 朝鮮(cháo xiǎn)의 核개발 능력에 대한 평가에 있어서 中国은 美国(měi guó) 등 서방과 근본적인 차이점을 보이고 있다.

中国은 지금 朝鮮(cháo xiǎn)의 核개발 능력이 韩半岛(hán bàn dǎo) 비핵화에 대한 그들의 기본 国家이익을 위협하는 수준으로 까지 도달한 것으로 보지 않고 있다. 즉 朝鮮(cháo xiǎn)의 核개발 능력이나 기술이 아직 그렇게 우려할 만한 수준이 아닐 뿐 아니라 지금 朝鮮(cháo xiǎn)의 核개발 자체가 국제사회의 주목의 초점으로 노정되어 있어 대단히 불리한 환경에 직면해 있다는 시각이다. 朝鮮(cháo xiǎn)의 核개발 능력에 대한 美国의 평가는 과대포장된 것이고, 美国의 전략적 의도와 긴밀히 연계되어 있다는 것이 中国의 시각이다. 中国은 苏联(sū lián)聯邦 붕괴에 따라 美国의 주적 개념이 소멸된 이후 美国이 그들의 军事力과 세력을 아시아에서 계속 유지해 가기 위해서는 새로운 적대세력이나 불안요인의 조성이 필요하게 되었다. 바로 中国과 朝鮮(cháo xiǎn)이 이러한 美国의 새로운 아시아 전략의 위협세력으로 나타나고 있다는 인식을 갖고 있다. 또 中国은 특히 걸프전 이래 전개되고 있는 美国중심의 단극적 세계질서(Uni-Polar System)형성에 심각한 우려를 갖고 있고 최근 朝鮮(cháo xiǎn) 核问题의 해결과 관련, 美国 주도하에 적극화되고 있는 새로운 국제공조体制의 형성도 기본적으로는 걸프전 이후 전개되었던 美国중심의 공조体制와 그 성격에 있어서 동질적이라는 기본인식을 갖고 있는 것이다.540)

中国은 기본적으로 朝鮮(cháo xiǎn)의 核보유가 동북아시아에서의 유일한

核보유국인 中国의 입지를 제한하고, 朝鮮(cháo xiǎn) 核이 주변국의 核개발 도미노를 유발 시킬 수 있으며, 이것은 中国 改革(gǎi gé)・开放政策(kāi fàng zhèng cè)의 효율적인 집행을 위한 평화로운 국제 환경건설에 장애가 된다는 점, 이밖에 韩国(hán guó)・朝鮮(cháo xiǎn)의 평화 공존을 통한 현상유지(Status Quo)가 中国의 국익에 유리하다는 측면에서 韩半島(hán bàn dǎo)의 비핵화를 지지하면서도 서방과는 달리 일관되게 朝鮮(cháo xiǎn)에 대한 강경제재를 반대하면서 대화를 통한 해결만을 주장하고 있다. 이는 朝鮮(cháo xiǎn)의 核보유가 中国의 입지에 상당한 어려움을 줄 수는 있으나 汉国과 日本(rì běn) 및 美国에 비해 치명적이 아니라는 기본인식이 부분적으로 작용하고 있는 것으로 보인다.

이에 대한 근거 두 가지를 분석 해보면 다음과 같다.

첫째, 中国은 자국의 核개발 경험에 비추어 朝鮮(cháo xiǎn) 核의 개발에서 완성까지는 상당한 시간이 소요 될 것으로 예상하고 있다. 둘째, 朝鮮(cháo xiǎn)의 核问题가 中国에 치명적인 위협이 되지는 않을 것이라는 점이다. 朝鮮(cháo xiǎn)의 核을 적재할 수 있는 노동 1호(1천km), 스커드 B(3백20~3백30km), 스커드 C(5백km)는 북경을 사정 거리권에 둘 수 없는 데 반해, 中国의 核은 사정거리 2천7백km의 IBRD-동방3호(DF-3)를 통해 평양을 직접적인 사정권 내에 포함하고 있다. 따라서 최악의 경우 朝鮮(cháo xiǎn)이 적으로 설정될 경우에도 朝鮮(cháo xiǎn)에 비해 中国의 위협은 상대적으로 적다는 점이다. 이것이 中国이 朝鮮(cháo xiǎn)의 核개발을 반대하면서도 소극적이고, 政治的으로 대용하는 현실적인 이유 중의 하나이다. 이런 상태에서 中国이 美国과 IAEA의 입장에 동조할 경우, 韩半島(hán bàn dǎo)에 대한 影响力 상실과 현저한 입지축소를 의미하는 것은 자명하다. 이러한 입장은 UN에서 朝鮮(cháo xiǎn)에 대한 강경조치를 완화하거나 제재안에 대한 부정적인 입장을 취하는 계기가 되었다.

이에 대한 좋은 실례가 실제로 IAEA 특별이사회에서 朝鮮(cháo xiǎn) 核问题를 UN에 회부하는 데에 中国이 반대한 가운데 다수결에 의해 이 问题가 UN에 통보된 후에도, 안보리의 대북결의안이 1993年4月8日 의장성명으로 대체되어 채택되도록 하였고, 그 내용도 완화되도록 影响力을 행사하였다.

또한 5月의 对北결의안에도 기권하는 등 서방과의 마찰을 기술적으로 최

---

540) 박두복., "중국의 북 핵 시각", 「조선일보」, 1993.4.17. 재인용.

소화 하면서도 朝鮮(cháo xiǎn)에 대해 우호적인 입장을 견지하였다. 이는 그로부터 美国(měi guó)·朝鮮(cháo xiǎn) 접촉이 난항을 거듭, 무위로 끝나 1年이 지난 1994年 당시 UN안보리의 再사찰 수용촉구 결의안에 대해서도 똑같은 결과를 낳고 있다.

中国은 현재 经济발전을 최대의 国家목표로 두고 있는 상태에서 서방, 특히 美国(měi guó)의 최혜국 대우를 무기로 한 마찰의 악화를 원하고 있지 않다. 따라서 中国은 朝鮮(cháo xiǎn)을 자극하지 않으면서 서방을 설득할 수 있는 절충적이고 실용적인 核전략은 UN 이외의 장에서 朝鮮(cháo xiǎn)을 회유하는 방법을 서방에 보여주는 것으로 가시화하고 있다. 그리고 UN과 IAEA가 朝鮮(cháo xiǎn)에 대한 대화채널을 상실할 경우 오직 中国만이 朝鮮(cháo xiǎn)에 대해 일정한 역할을 할 수 있을 것이라는 점에서 역설적으로 核问题는 中国에게 유리한 기회를 제공하는 결과를 가져올 수도 있다.

부연하면 朝鮮(cháo xiǎn)이 현재 구사하고 있는 核카드의『北韓판 NCND』政策은 经济難 상쇄와 体制의 결속·응집력강화, 对美国关系 개선을 통한 외교고립 탈피 및 美军축출의 효과를 노리고자 한 것이었다. 그러나 이 과정에서 中国이 朝鮮(cháo xiǎn)에 대한 유일한 影响力을 가지고 있는 国家라는 것을 대내외에 확인시켜 주어 국제问题에서의 中国의 위상을 제고시켜 주었다는 측면에서 긍정적으로 작용하였다고도 할 수 있는 것이다. 즉 中国은 朝鮮(cháo xiǎn) 核问题에 있어 中国의 핵심 조정자적 역할을 최대한 이용하여 이를 美国과 서방에 대한『외교적 카드』로 활용하려 들것이다.[541]

예를 들어 美国으로부터는 人权(rén quán)问题에 따른 MFN 철폐저지를 비롯한 汉国으로부터는 합작投資 및 经济협력강화 등에 활용할 수 있을 것이다. 또 다른 측면에서 보면 朝鮮(cháo xiǎn) 核问题에 대한 中国측의 주장이 거의 반영되고 있는 의장성명 채택이나 제재의 미온적 태도는 동시에 中国측의 부담으로 연결 된다고도 볼 수 있다. 왜냐하면 中国이 일관되게 주장해온『제재는 반대하며 대화와 협상을 통한 해결방식의 고수』가 관철된 이상 中国은 朝鮮(cháo xiǎn)을 설득해야 하는 1차적인 책임을 부여 받았기 때문이다.

朝鮮(cháo xiǎn) 核问题에 대하여 中国은 앞으로 朝鮮(cháo xiǎn)과 접촉을 계속하면서, 核무기 개발을 포기하고 사찰을 수용한 후 그 대신 반대급

---

541) 조선일보., 1993.4.13. 재인용.

부로 美国·日本과의 关系개선 및 서방国家의 对朝鲜(cháo xiǎn) 经济원조 등 朝鲜(cháo xiǎn)이 실질적으로 이익을 얻을 수 있도록 협상카드를 제시하는 중재역할에 노력을 기울일 것이다.

中国은 1994年3月 北京(běi jīng)에서의 汉国·中国 정상회담에서 江泽民(jiāng zé mín) 中国 国家주석이 언급한 바와 같이 朝鲜(cháo xiǎn)에 대한 제재에는 반대하며, 소극적 자세를 견지할 것이다. 왜냐하면 中国의 국내政治나 지도体制의 성격에서 볼 때 朝鲜(cháo xiǎn) 核问题 해결에 대한 中国의 政策선택의 폭은 제한적일 수밖에 없기 때문이다. 제 2기 江泽民(jiāng zé mín) 体制가 확립되었으나 이 体制는 여전히 新·舊 두 体制의 접촉점 이루는 邓小平(dèng xiǎo píng) 体制의 연속으로의 성격에서 근본적으로 탈피하지 못하고 있다.

따라서 江泽民(jiāng zé mín) 体制는 朝鲜(cháo xiǎn) 体制의 고립화나 이로 인한 朝鲜(cháo xiǎn) 社会主义 体制의 붕괴에 심각한 우려나 이해를 갖는 세력들로부터의 影响에서 완전히 벗어날 수 없는 실정이다. 왜냐하면 朝鲜(cháo xiǎn) 社会主义 体制의 붕괴는 中国에도 심각한 影响을 미칠 것이 명확하기 때문이다. 이러한 中国 지도体制上의 기본 특정은 汉国·中国 수교에도 불구하고 中国이 朝鲜(cháo xiǎn)과의 기존关系를 급격히 조정 청산할 수 없는 제약요인으로 작용하고 있다. 朝鲜(cháo xiǎn) 核问题에 대한 中国의 政策도 이러한 지도体制上의 기본성격으로 인해 그 선택에 많은 제약을 받지 않을 수 없게 된 것이다. 앞으로 朝鲜(cháo xiǎn) 核问题 해결을 위한 안보리에서의 논의가 해안봉쇄와 같은 강경 조치로까지 발전해가는 경우 이에 대한 中国의 政策선택의 여지는 거의 없게 될 것이다.

经济제재나 해안 봉쇄조치에 中国이 동의하거나 참여하는 것은 그들이 지금까지 유지해 왔던 对朝鲜(cháo xiǎn)关系를 동맹우호关系에서 적대关系로 전환하는 중대한 성격변화를 함축하는 상징적 의미를 갖는 것이기 때문이다. 따라서 이러한 사태발전은 如今 中国 지도体制의 기본 성격상 결코 상상할 수 없는 일이며, 이러한 상황에 직면할 경우 UN 안보리 상임이사국의 지위를 활용하여 거부권을 행사 할 것이다. 이러한 안보리에서의 거부권(Veto Power)행사는 4개 现代化에 진력하고 있는 中国으로서는 美国을 위시한 서방과의 关系악화라는 엄청난 비용을 감수해야 할 것이므로, 가급적 안보리에서의 해결 모색을 피하려 들것이다. 향후 中国은 吴学谦(wú xué qiān) 中国人民政治協商會議 부주석이 언급한 바와 같이 朝鲜(cháo xiǎn)에 대한 제재는 끝까지 반대하면서[542] 中国의 朝鲜(cháo xiǎn)에 대한 影响力 행사에는 한계가 있다며, 이를 가장 효과적인 美国·朝鲜(cháo xiǎn) 협상 에서 해결하라고 美国에 일종의 압력을 가할 수도 있을 것이다. 이는 지난 1994年 3月의 汉国·中国 정상회담 직후 中国외교부 대변인이 설명을 통해 "朝鲜(cháo xiǎn) 核问题는 4자<韩国(hán guó)·朝鲜(cháo xiǎn)·美国 (měi guó)·IAEA> 간의 회담에서 해결돼야 한다."고 밝힌 데서도 알 수가 있다.[543]

향후 朝鲜(cháo xiǎn) 核问题에 대해 中国은 일관된 대화 해결 주장으로 朝鲜(cháo xiǎn)에 대하여 影响力을 유지하면서 명분을 얻고, 실질적인 대 화의 의무는 美国(měi guó)에 떠넘김으로써 이 问题를 美国과의 외교적 카 드로 계속 활용하며, 서방과 汉国에 대해서는 간혹 『기권』이라는 카드로써 최선을 다하고 협조하는 中国의 이미지를 주입, 자국의 실익을 확보내지 극 대화하는 实用主义 외교政策을 구사해 나갈 것이다. 과거와 같이 일방적이 고 편향적으로 朝鲜(cháo xiǎn)을 지지함으로써 中国·朝鲜(cháo xiǎn) 간 의 군건한 혈맹关系를 강조하는 형태에서 과감히 탈피, 이제는 사상적 유대 만큼 经济的 실익도 결코 무시할 수 없다는 실용적 자세를 中国은 견지하고 있는 것이다. 따라서 中国은 자국의 4개 现代化 전략의 성공적 달성을 통해 经济강국을 실현한다는 国家的 과제를 위해서는 韩半岛(hán bàn dǎo)의 안 정이 긴요하며, 韩半岛(hán bàn dǎo)에서 제 2의 汉国战같은 전면적인 분쟁 이 발발한다면 中国의 经济발전 전략에 치명적인 恶影响을 줄 것으로 판단, 이를 심각히 우려하고 있다. 따라서 中国은 이 问题를 당사자 간의 원만한 대화에 의한 평화적 해결을 거듭 강조하면서, 중간적 조정자로서 제재나 압 력에 의한 해결은 극구 반대하며 이 问题가 악화되는 것을 누구보다도 반대 하는 입장이다. 이러한 朝鲜(cháo xiǎn) 核问题의 대응내지 처리에 있어서 의 中国의 대외政策 또한 实用主义 외교를 실천적으로 보여주는 극명한 실 례라고 할 수가 있다.

3. 2000年代 中国 实用主义 统一外交 實現 摸索

지금까지의 中国 实用主义 외교가 노정해 온 바와 같이 政治논리 보다 经济논리가 더욱 첨예하게 된 21세기에는 대외적 명분보다는 자국의 실리를

---

542) 세계일보., 1994.4.14. 재인용.
543) 한국일보., 1994.3.29. 재인용.

추구하는 実用主义的 경향이 中国 외교政策에 있어 더욱 철저하게 반영되어 나타날 것이다. 이는 이전보다 国家 외교政策의 수립 시 또는 실행 시 결정적 기준으로서 국익이라는 요소가 고려의 대상에서 가장 우선하여 더욱 강화된 측면으로서 존재하게 된다는 것을 의미한다. 이는 지금도 최근 일련의 中国外交의 형태에서 명확하게 보여 지고 있는 사실이다.

한 예로 中国은 美国이 中国의 人权(rén quán)问题와 MFN을 연계 시키려는 政策에 대하여 政治的 사안과 무역을 연계시키는 것은 국제관례로 비추어 볼 때, 용납할 수 없는 일이라며 강력하게 반발하고 있다.

中国의 이 같은 '政·經 분리' 원칙은 Hongkong의 政治的 장래에 대한 英国과의 협상에서는 정반대로 적용되어 패튼(Patton) 총독의 민주화 개혁안이 철회되지 않으면 英国(yīng guó)에 무역보복도 불사할 것이라고 경고 하였던 것이다.

또한 1992年9月 부시 美国 행정부가 台湾에게 150대의 F-16 전투기를 판매키로 결정하였을 때에는 비난 논평만 있었을 뿐 아무런 구체적 조치가 없었으나, 비슷한 시기인 1992年12月 法国(fǎ guó)이 台湾에 신예 미라주 2000-5 전투기 60대를 판매키로 한 결정에 대해서는 广州(guǎng zhōu) 주재 法国(fǎ guó) 총영사관 폐쇄 조치와 함께 广州市 지하철 건설 사업에 法国(fǎ guó) 기업들의 참여를 배제시키는 외교·经济的 보복을 가하였던 것이다.544) 이외에도 汉国·中国 수교와 朝鲜(cháo xiǎn) 核问题에서 보여 지듯이 이중 기준(Double Standard)을 가지고 철저하게 국익을 최우선으로 도모하는 이 같은 中国의 실리외교는 21세기 中国외교의 가장 두드러진 특정이 될 것이다.

21세기 中国은 经济건설을 성공적으로 완수하여 국제무대에서 명실상부한 강대국으로 부상 아시아지역의 영도国家로서의 影响力 확대를 모색하려 들 것이다. 현재 中国이 추진하고 있는 改革(gǎi gé)·开放政策(kāi fàng zhèng cè)의 궁극적인 목표 또한 经济力 등 신장된 국력을 바탕으로 军事力을 증강하여 南沙群岛(nán shā qún dǎo)와 釣魚臺列島 등에 대한 영유권을 확보하고, Hongkong과 台湾에 대한 주권을 회복하며, 장기적으로는 아시아지역에서 발생할 수 있는 세력공백을 메움으로써 지역 강대국으로서의 影响力을 확대하는 것이라고 할 수 있다. 이에 따라 中国은 캄푸치아 问题와 朝鲜

---

544) 중앙일보., 1993.5.25. 재인용.

(cháo xiǎn) 核问题 등 지역문제 해결과정에 적극적으로 참여함으로써 아시아·동북아에서 발언권을 강화하고자 하고 있다. 특히 中国은 朝鲜(cháo xiǎn) 核问题가 가능한 한 관련 당사국간 협의를 통해 해결되기를 바라고, 국제화 되는 것을 원하지 않고 있는바, 이는 中国이 同 问题를 포함한 韩半島(hán bàn dǎo)问题에 대해 주도권을 확보하기 위한 고려로 평가된다.

中国은 본 논문의 IV章에서 살펴본 바와 같이 최근 방대한 재정적자에도 불구하고 국방예산을 대폭 증액하고, 러시아로부터 첨단 무기구입을 추진하는 등 军장비 现代化를 적극화 하고 있다.

中国은 주변국과 영유권 분쟁을 벌이고 있는 南沙群岛(nán shā qún dǎo)와 釣魚臺列島를 中国영토로 규정하는 『领海法(lǐng hǎi fǎ)』을 제정(1992.2.)한 바 있고, 이와 관련 해·공군력 강화를 적극 추진하고 있다. 일련의 이와 같은 政策들은 모두 지역 강대국을 지향하는 中国의 政策목표 하에 추진되고 있는 일관된 움직임으로 볼 수 있으며, 이는 아시아에 있어서 中国의 影响力을 크게 확대시키려는 것으로 추론되어 진다.

中国의 实用主义 외교는 如今 21세기에 더욱 치열한 양상을 띠고 세계经济대전에 능동적으로 대처하기 위해 『大中华经济圈(zhōng huá jīng jì quān)』의 실현을 모색하는데, 그 초점이 맞추어 지고 있다. 이것은 EU·NAFTA·ASEAN 등 세계적인 지역블록화 추세에 대항하기 위하여 中国과 台湾·Hongkong·新加坡(xīn jiā pō)와 客家(kè jiā)人 그룹으로 명명되는 화교들까지 하나로 통합된 汉人(hàn rén)중심의 经济圈域을 지칭하는 것이다. 이는 이들 지역을 하나의 단일시장으로 통합하여 지식과 기술·인력·자본을 하나로 합치면 21세기의 어느 시점쯤 이 지역에 세계최대의 막강한 경제파워가 형성될 것이라는 야심에 찬 구상을 말한다. 이는 단지 구상에 그치지 않고 이미 현실화되어 나타나고 있는데 中国의 개방政策이 상호의존을 심화하여 국경 없는 经济에 통합되고 있는 것을 가장 뚜렷하게 증명해 주는 예가 广东省 및 福建省(fú jiàn shěng)이 Hongkong 및 台湾과 교류하여 하나의 中华经济圈(zhōng huá jīng jì quān), 일명 华南(huá nán)经济圈을 형성하고 있는 것이다. 사실 이미 화남지역은 Hongkong화하고 있으며, 1980年代에 연평균 성장률은 20%를 나타냈고 1991年에는 27%를 기록했다. 이 지역은 2000年까지 1억 4천만의 인구와 5,500억 달러의 국내총생산(GDP)을 갖는 방대한 市場으로서 현재 호주의 생산의 두 배로 성장하였다.545)

한편으로 Hongkong 역시 对中国投资額이 1993年 1月에 340억 달러를

이미 돌파하였고, 약 2만개의 공장을 广东省(guǎng dōng shěng) 일대에 이미 건설한 실정이다. 또한 中国과 台湾은 政府 간의 공식 통로가 없는 상황에서도 台湾에서 中国을 방문한 사람이 연 4백만~5백만 명으로 추산되고 있으며, 中国으로부터 台湾을 방문한 인원도 연 평균 2만 명에 육박하고 있고, 양측 사이의 간접貿易 수치가 1992年에 74억 달러, 1993年에는 1백억 달러 수준까지 도달하였다. 2백70만 인구 중 中国系가 75%인 新加坡(xīn jiā pō)과의 关系도 1993年4月. 吳作东(wú zuò dōng) 총리가 中国을 방문하여 山东省(shān dōng shěng) 威海市(wēi hǎi shì) 인근에 순수 新加坡(xīn jiā pō) 자본과 기술로써, 새로운 항구 도시를 건설하겠다고 약속하고, 青岛市(qīng dǎo shì)를 방문한 李光耀(lǐ guāng yào) 前수상이 대규모 投資를 약속하면서 如今까지 급속도로 关系가 밀착되어 왔다. 两国간 经济협의회가 가동되고 中国·新加坡(xīn jiā pō) 간 무역액은 33억 달러를 돌파하면서 ASEAN 国家중에서 제 1 中国 교역국으로 부상하였다. 그뿐 아니라 1992年에만도 7백45개 항목에 9억 달러에 이르는 新加坡(xīn jiā pō)의 对中国 投資額을 감안하고, 中国·台湾 간의 两岸회담도 新加坡(xīn jiā pō)에서 개최되는 등 긴밀한 两国 간의 협력关系는 앞으로 더욱 급속해질 전망이다. 이밖에 客家(kè jiā)人으로 불리는 화교는 서진과 북송시기에 걸쳐 황하 북부에 살던 한족으로 이민족의 침입과 오랜 전쟁에 시달리다 고향을 버리고 中国 중남부로 흩어진 집단인데 2천만명 남짓인 이들은 中国 남부 广东省(guǎng dōng shěng)을 核으로 Hongkong·台湾·방콕·쿠알라룸푸르·新加坡(xīn jiā pō)·자카르타를 연결하며 상권을 거의 장악하여 大中华经济圈(zhōng huá jīng jì quān)의 核이 되고 있다.

東南亞상권을 석권한 화교는 이제 北美상권에 도전하고 유럽에까지 커넥션을 확대 중이다. 고로 골드버그 교수의 저서 『Chinese Connection』은 2000年代의 经济패자는 日本(ri běn)도 EU도 아닌 화교라고 확신에 찬 결론을 짓고 있는 것이다.546) 따라서 21세기 中国의 实用主义 외교는 政治的으로나 经济的으로 막강한 세력을 형성하게 될 이 같은 大中华经济圈(zhōng huá jīng jì quān)의 실현을 더욱 적극적으로 모색해 가리라 전망된다.

---

545) Southern China in Transition The New Regimalism and Australia., (Canbera : Department of Foreign affairs on Trade, 1992), p. 1.
546) 조선일보., "중화경제권 핵은 객가인 그룹", 1993.2.18.

第 2 节 台湾 实用主义 统一外交 路線의 전개전망

中国의 改革·开放 이후 中华经济圈(zhōng huá jīng jì quān)의 상호교류
와 경제적 통합은 빠른 속도로 발전해 왔다. 台湾 实用主义 统一-외교 노선
에 대한 기조는 中华经济圈(zhōng huá jīng jì quān) (Greater China
Economic Zone)이라는 개념은 두 가지에서 찾아볼 수 있다. 하나는 中国·
台湾·Hongkong·澳门(ào mén)을 포함하는 좁은 의미에서의 中华经济圈
(zhōng huá jīng jì quān)이고, 또 하나는 여기에 新加坡(xīn jiā pō) 등 동
남아 华人(huá rén)자본을 포함시킨 넓은 의미에서의 中华经济圈(zhōng
huá jīng jì quān)이다.

台湾 실용주위 통일외교 전략에 있어서 华人(huá rén)자본의 对中国 투자
를 중심으로 中国과 이들 국가사이의 경제협력을 빠르게 확대시키고 있다.
中国과 동남아 간의 무역은 먼저 그 규모에서 빠르게 발전하고 있을 뿐 아
니라, 내용에서도 산업간 무역에서 산업내 무역으로 고도화하고 있다. 그러
나 中华经济圈(zhōng huá jīng jì quān)이 EU나 NAFTA와 같이 일정한 조
직과 체계를 갖춘 제도적 실체로 발전하는 데는 한계가 있는 것도 사실이
다. 먼저 中华经济圈(zhōng huá jīng jì quān)은 지역적 통합체가 아니라 华
人(huá rén)이라는 민족적·인종적 공통성에 기초하여 결합되어 있기 때문
이다. 뿐만 아니라 中华经济圈(zhōng huá jīng jì quān)은 정치·경제적으로
상이한 体制와 제도를 가진 국가지역들 간의 결합이라는 점에서도 한계를
가진다. 따라서 台湾 实用主义 统一-외교 노선의 전개전망을 더욱 구체화시
켜 주는 것은 中国과 동남아 간의 경제협력 확대에 근거를 두고 있으나, 동
남아 국가들과 中国의 관계는 Hongkong·台湾과의 앞서 지적한 바와 같이
그것과 달리 분석되어야 할 것이다.

1. 台湾 实用主义 统一-外交 路線의 전개과정

1999年7月9日 李登辉(lǐ dēng huī) 台湾 总统은 德国(dé guó)의 "도이치
벨레"<德国(dé guó)의 소리> 라디오 방송과의 회견에서 "台湾은 大陆과
특수한 国家 对国家关系"임을 표명하는 소위 "两国论(liǎng guó lùn)"을 주
장했다. 즉, 그는 1991年 台湾헌법 개정이후 两岸关系(liǎng àn guān xī)는
"国家와 国家"적어도 "특수한 国家 对国家关系"가 되었으며, 결코 "합법정부

와 반란단체", "中央政府와 地方政府"라는 "하나의 中国"에 있어서의 내부적인 关系가 아니게 되었다고 주장했다.547)

이에 대해 中国은 台湾政府가 "하나의 中国" 원칙을 정면 반대하고 있음을 거세게 비난하고 台湾이 兩国论(liǎng guó lùn)를 철회하지 않는 한 台湾에 대한 무력사용도 불사하겠다고 밝혔다. 江泽民(jiāng zé mín) 주석은 台湾에 무력을 사용할 수 있다고 공개적으로 천명하고, 中国 외교부는 "李登辉(lǐ dēng huī)의 国家 对国家 발언은 国家를 분열시키려는 매우 위험한 행위라고 지적하고, 李登辉(lǐ dēng huī)와 台湾당국은 中国政府의 国家주권과 영토보전 결의를 과소평가하지 말라"고 경고했다.548) 또한 中国은 7月31日 台湾이 "兩国论(liǎng guó lùn)"을 철회하지 않는다는 이유로 中国 海协会(zhōng guó hǎi xié huì)의 汪道涵(wāng dào hán) 회장의 11月 台湾방문을 취소하고, 8月1日 中国 人民해방군 창군 72週年 기념일에는 지호전 국방부장이 "李登辉(lǐ dēng huī) 台湾 总统의 兩国论(liǎng guó lùn)에 의거 향후 台湾政府가 헌법 개정을 통해 台湾독립을 선언할 경우 台湾을 침공할 수 있음"을 시사했다.549)

이처럼, 李登辉(lǐ dēng huī) 台湾 总统의 "兩国论(liǎng guó lùn)" 발언에 대해 中国이 크게 반발하게 된 것은 台湾이 兩岸관계의 성격규정에 있어 과거와는 달리 "国家"라는 용어를 사용했기 때문이라고 할 수 있다. 지금까지 台湾은 兩岸关系(liǎng àn guān xī)를 사실상의 国家간의 关系로 인식해 왔음에도 불구하고 상호关系의 성격규정에 있어 中国을 자극할 수 있는 "国家"라는 용어의 사용을 자제하고 대신 政治실체라는 용어를 사용해 왔던 것이다.

2000年3月18日 台湾은 사상 두 번째 总统 선거에서 国民党(guó mín dǎng)의 一党 政治에 종지부를 찍고 야당인 民进党(mín jìn dǎng)의 陈水扁(chén shuǐ biǎn)이 당선되었다. 民进党(mín jìn dǎng)의 陈水扁(chén shuǐ biǎn)은 总统 선거 전까지만 해도 台湾독립을 주장함으로써, 中国이 가장 싫어하는 인물이었다. 陈水扁(chén shuǐ biǎn)이 台湾 总统에 당선됨으로써 兩岸关系(liǎng àn guān xī)의 갈등이 증폭될 가능성이 높아졌다.

陈水扁(chén shuǐ biǎn) 정권이 표방하는 中国政策의 기본인식과 구체적

---

547) 대동청., "이등휘(lǐ dēng huī) 총통시대의 대륙정책", 「극동문제」, 2001. 2. p. 76.
548) 월간 아태지역 동향., 1999. 8월호, p. 19.
549) 최춘흠., "대만의 '양국론'과 중국·대만 관계 전망", 「계간외교」, 51호(1999.10.), p. 76. 재인용.

인 政策내용들은 1999年11月15日 발표된 民进党(mín jìn dǎng)의 "中国政策 白书"에 잘 나타나 있다. 民进党(mín jìn dǎng)의 陈水扁(chén shuǐ biǎn) 역시 1999年 李登辉(lǐ dēng huī) 前 总统이 주장한 "두개의 国家간의 특수한 关系"라는 입장을 견지하며, 中国이 주장하는 "하나의 中国" 원칙에 대한 수용불가의 입장에는 변함이 없다고 할 수 있다.

民进党(mín jìn dǎng)의 '中国政策 白书'에서는 台湾의 지위를 다음과 같이 정의하고 있다. 첫째, 台湾은 하나의 주권독립 国家이며, 현행 헌법상 중화민국이라 칭한다. 둘째, 台湾은 중화인민공화국의 일부분이 아니다. 셋째, 台湾과 중화인민공화국은 두 개의 상호 예속되지 않고, 상호 통치되지 않으며, 상호 관할되지 않는 国家이다. 넷째, 주권독립과 国家이익에 影响을 주지 않는 전제하에 비슷한 문화와 혈연의 근원에 기초하여 台湾과 中华人民共和国(zhōng huá rén mín gòng hé guó) 간의 关系는 다른 일반 国家들간의 关系보다 더욱 특수하고 밀접한 关系여야 한다. 다섯째, 两国 간의 특수한 关系의 방향 및 현상에 대해 변화를 가져올 어떠한 결정도 반드시 台湾인민들의 동의 과정을 거쳐야 한다. (民进党的《中国政策白皮书》中, 对于台湾的地位是这样定义的。第一、台湾是一个主权国家, 根据现行宪法, 称为 "中华民国"。第二、台湾不是中华人民共和国的一部分。第三、台湾和中华人民共和国是两个互不隶属, 互不统治, 互不管辖的国家。第四、在主权独立和国家利益不受影响的前提下, 以文化和血缘相似为基础, 台湾和中华人民共和国的关系比和一般的其它国家相比, 更加特殊、亲密。第五, 对于两国之间特殊关系的影响和现象所做的任何决定, 必须得到台湾人民的同意。mín jìn dǎng de <zhōng guó zhèng cè bái pí shū> zhōng, duì yú tái wān de dì wèi shì zhè yàng dìng yì de. dì yì, tái wān shì yī gè zhǔ quán guó jiā, gēn jù xiàn xíng xiàn fǎ, chēng wéi 'zhōng huá mín guó'. dì èr, tái wān bú shì zhōng huá rén mín gòng hé guó de yī bù fēn. dì sān, tái wān hé zhōng huá rén mín gòng hé guó shì liǎng gè hù bù lì shǔ, hù bù tǒng zhì, hù bù guǎn xiá de guó jiā. dì sì, zài zhǔ quán dú lì hé guó jiā lì yì bú shòu yíng xiǎng de qián tí xià, yǐ wén huà hé xuě yuán xiāng sì wéi jī chǔ, tái wān hé zhōng huá rén mín gòng hé guó de guān xī bǐ hé yī bān de qí tā guó jiā xiāng bǐ, gèng jiā tè shū, qīn mì. dì wǔ, duì yú liǎng guó zhī jiān tè shū guān xī de yǐng xiǎng hé xiàn xiàng suǒ zuò de rèn hé jué dìng, bì xū dé dào tái wān rén mín de tóng yì。)[550]

---

550) 주유진., "중국과 대만의 통일정책과 양안관계에 관한 연구", 원광대학교 대학원 석

이처럼 民进党(mín jìn dǎng)은 台湾의 안전보장과 经济발전을 위해서는 中国과의 关系정상화가 필수적이라고 밝히고 있지만, 그 전제조건은 中国이 "두 개의 国家 간의 특수한 关系"라는 현실을 인정해야 한다는 것이다. 이러한 民进党(mín jìn dǎng)의 입장은 지난 1994年의 "台湾海峡两岸关系(liǎng àn guān xī)說明書"의 발표와 1999年7月 李登辉(lǐ dēng huī) 台湾 总统의 "两国论(liǎng guó lùn)" 주장까지 이어져온 台湾사회의 주류 기조를 그대로 반영한 것이라 할 수 있다.

과거 야당시절 民进党(mín jìn dǎng)의 陈水扁(chén shuǐ biǎn)은 "台湾은 독립주권国家"이며 中国과 대등한 国家对国家 关系라고 주장하는 등 台湾독립에 적극적인 자세를 견지하였다. 하지만 陈水扁(chén shuǐ biǎn)은 台湾 总统 당선이후 과거 야당시절 주장해 왔던 台湾독립에 대한 언급을 회피하면서 원론적인 부분만을 강조하고 있다. 이는 2000年5月20日 陈水扁(chén shuǐ biǎn)의 취임사에서 잘 드러난다. 그는 취임사에서 가장 중요한 부분인 两岸关系(liǎng àn guān xī)에 대해서 원칙적인 수준에 머물렀고 两岸关系(liǎng àn guān xī)의 언급은 오직 五不을 보장한다는 수준에 머물렀다.

五不의 내용은 다음과 같다. 첫째, 임기내 독립을 선포하지 않는다. 둘째, 국호를 변경하지 않는다. 셋째, 两国论(liǎng guó lùn)을 헌법에 삽입하지 않는다. 넷째, 독립问题를 국민투표에 부치지 않는다. 다섯째, 기존 统一綱領과 국가통일 위원회를 폐지하지 않는다는 것이다. ('五不'的内容如下。第一, 任期内不宣布独立。第二, 不变更国号。第三, 两国论不编入宪法。第四, 独立问题不加入在国民投票中。第五, 不废止既有的统一纲领和国家统一委员会。'wǔ bù'de nèi róng rú xià. dì yī, rèn qī nèi bù xuān bù dú lì. dì èr, bù biàn gēng guó hào. dì sān, liǎng guó lùn bù biān rù xiàn fǎ. Dì sì, dú lì wèn tí bù jiā rù zài guó mín tóu piào zhōng. dì wǔ, bù fèi zhǐ jì yǒu de tǒng yī gāng lǐng hé guó jiā tǒng yī wěi yuán huì.)[551]

이러한 陈水扁(chén shuǐ biǎn)의 五不은 中国을 자극하지 않기 위한 발언에 불과하며, 中国이 주장하는 "하나의 中国" 원칙과 「一国两制(yì guó liǎng zhì)」 统一방식에 대한 반대 입장은 확고하다고 할 수 있다. 이는 2001年 美国(měi guó)(měi guó) 방문 직후 "台湾은 독립적인 주권 国家"라고 밝힌 것에서 극명하게 나타난다. 이처럼 民进党(mín jìn dǎng)의 陈水扁(chén shuǐ biǎn) 台湾 总统의 中国政策 역시 国民党(guó mín dǎng)의 기

사논문, 2001. pp. 27~28. 재인용.
551) 박광득., "총통선거 후의 대만과 양안관계", 「한국동북아 논총」, 제 18집, 2001. p. 15.

본입장인 "두 개의 政治的 실체" "台湾은 하나의 주권国家" "两岸关系(liǎng àn guān xī)의 발전은 반드시 중화민국의 생존과 발전을 기초로 유지되어야 한다." "台湾 우선주의 원칙" 등과 별로 다른 점이 없다고 할 수 있다.

2000年 台湾 总统에 당선된 陈水扁(chén shuǐ biǎn) 台湾 总统은 과거 李登辉(lǐ dēng huī) 台湾 总统처럼 국제사회에서 台湾이 독립国家로 인정받기 위한 외교적 노력을 진행하였다. 그의 이러한 노력은 2001年 5月 21日부터 6月 2日까지 엘살바도르・과테말라・파나마・파라과이・온두라스 등 중남미 5개국을 순방하면서 시작되었다.

그는 중남미 5개국을 순방하면서 美国을 방문하는 问题를 논의하기 위해 탠홍마오 台湾 외교부장을 비밀리에 访美(fǎng měi)시켰다. 그리고 5月12日 美国국무부는 陈水扁(chén shuǐ biǎn) 台湾 总统에게 5月21日 뉴욕에 도착해 이틀 밤을 묵은 뒤 중남미를 방문하고 귀국하는 길에 휴스턴에서 하룻밤을 체류하도록 허용할 것이라고 발표했다.[552] 특히 陈水扁(chén shuǐ biǎn)의 이번 美国방문중 5月21日 뉴욕도착 직후 美国의원 20여명과 회동을 가지는 등 지난 1979年 美国이 台湾과 공식关系를 단절한 이후 台湾지도자가 美国 땅에서 의회 인사들과 접촉하는 것은 처음으로 台湾의 외교적 성과는 대단한 것이었다.

陈水扁(chén shuǐ biǎn) 台湾 总统은 2주간에 걸친 美国과 중남미 5개국 방문 후 6月5日 台湾에 도착 직후 "중화민국(台湾의 공식명칭)은 독립적인 주권国家"이며 이번 방문의 목적도 이 같은 사실을 확인하기 위한 것이라고 밝혔다. 그는 또한 蒋介石(jiǎng jiè shí) 공항에서 내외신 기자들에게 "중화민국의 总统으로서 国家의 주권과 존엄과 안보를 지키는 것이 나의 의무"라고 말하고 이를 위해 앞으로도 국제적인 외교활동들을 포함해 최선을 다할 것이라고 밝혔다. 中国은 台湾이 독립적인 주권을 가지고 있지 않은 中国의 하나의 城에 불과하며, 국제적인 외교를 수행할 권리가 없다고 보고 있어 陈水扁(chén shuǐ biǎn) 台湾 总统의 이러한 발언은 中国의 입장과는 정면으로 충돌하는 것이었다.

美国의 台湾에 대한 무기판매와 TMD体制의 台湾 편입 시도로 경색된 中国・美国关系가 陈水扁(chén shuǐ biǎn) 台湾 总统의 访美(fǎng měi)여부를 둘러싸고 中国・美国 간의 갈등이 더욱 고조되었다. 또한 中国의 입장으로서는 美国의 台湾 总统이 美国을 방문하여 美国의회 및 행정부 고위인사를

---

552) 한겨레신문., 2001.5.13. 재인용.

만나는 것을 허용하는 것은 사실상 台湾을 주권 독립국가로 승인하고 있는 것으로 간주해 왔으므로, 中国과 美国 그리고 中国과 台湾과의 关系가 급속도로 악화될 수 있는 상황이었다.

2001年5月20日 中国외교부는 성명을 통해 美国政府는 陈水扁(chén shuǐ biǎn) 台湾 总统의 美国 방문을 허락하지 말아야 한다고 주장하며, 陈水扁(chén shuǐ biǎn) 台湾 总统에 대한 비자발급은 中国·美国 关系를 손상시킨다며 美国은 "하나의 中国" 政策과 이전 3차례의 공동성명을 엄격히 준수하라고 촉구했다.553)

또한 5月22日 中国외교부 朱邦造 수석대변인은 美国이 陈水扁(chén shuǐ biǎn) 台湾 总统의 访美(fǎng měi)를 허용한 것은 中国이 台湾에 대한 주권을 가지고 있다는 "하나의 中国" 원칙을 지키겠다고 한 약속들을 위배한 것이자, 中国에 대한 강경노선의 표현이라고 비난하고 이번 행동은 中国·美国 关系에 해악을 끼칠 것이라고 경고했다.554) 한편 中国은 5月 23日 마이클 W 머린(Michael. W. Marine, 1947~) 北京(běi jīng)주재 美国 대리대사를 불러 "陈水扁(chén shuǐ biǎn) 台湾 总统의 통과 방문을 허락한 것은 中国에 대한 내정간섭이며, 台湾독립을 주장하는 분리주의자들을 선동하는 행위"라고 항의하였다.555)

그러나 陈水扁(chén shuǐ biǎn) 台湾 总统의 访美(fǎng měi)에 대해 中国은 美国과 台湾에 대한 외교적 공세를 전개하였지만, 과거 1995年 李登辉(lǐ dēng huī) 台湾 总统 访美(fǎng měi)이후의 军事的 강경대응과는 달리 훨씬 온건해졌다. 특히 访美(fǎng měi)이후 陈水扁(chén shuǐ biǎn) 台湾 总统이 "台湾은 독립적인 주권国家"라고 발언하면서 국제사회에서 台湾의 지위를 향상시키기 위한 노력을 계속할 것임을 천명하였음에도 불구하고, 中国이 军事的 강경 政策이 아닌 온건한 외교政策을 전개한 军事的인 강경한 외교적 대응과는 큰 대조를 이룬다.

2. 2000年代 台湾 实用主义 统一外交 實現 摸索

中国의 改革·开放 이후 中华经济圈(zhōng huá jīng jì quān)의 상호교류와 경제적 통합은 빠른 속도로 발전해 왔다. 中华经济圈(zhōng huá jīng jì

---

553) 한겨레신문., 2001.5.20. 재인용.
554) 한겨레신문., 2001.5.22. 재인용.
555) 중앙일보., 2001.5.23. 재인용.

quān）（Greater China Economic Zone)이라는 개념은 두 가지로 사용된다. 하나는 中国·台湾·Hongkong<澳门(ào mén)>을 포함하는 좁은 의미에서의 中华经济圈(zhōng huá jīng jì quān)이고, 또 하나는 여기에 新加坡(xīn jiā pō) 등, 동남아 华人(huá rén)자본을 포함시킨 넓은 의미에서의 中华经济圈(zhōng huá jīng jì quān) 이다. 어떤 전문가들은 전자를 小中华经济圈(zhōng huá jīng jì quān), 후자를 大中华经济圈(zhōng huá jīng jì quān)으로 부르기도 한다.

본 논문에서는 두 경우 모두 中华经济圈(zhōng huá jīng jì quān)이라는 개념을 사용 하되, 굳이 구분할 필요가 있을 경우에만 후자를 大中华经济圈(zhōng huá jīng jì quān)으로 부르기로 한다.

특히 Hongkong이 中国으로 반환되고 台湾과의 两岸교류가 확대되면서 무역·투자·인적 교류 등 모든 분야에서 이러한 발전을 더욱 가속화시키고 있다. 中国은 이미 구매력 평가방식으로 美国에 이어 세계 2위로 평가되고 있다. 또한 台湾은 동아시아 신흥공업 경제의 일원으로 중간수준의 제조업 기술력과 산업화의 노하우를 가지고 있으며, Hongkong은 국제금융 및 물류중심지로서 높은 비중을 차지하고 있다. 여기에 동남아사아를 비롯한 해외의 华人(huá rén)자본을 포함시킬 경우 中华经济圈(zhōng huá jīng jì quān)은 EU 및 NAFTA와 함께 세계 3대 경제권의 하나로 꼽힐 만한 규모이다. 현재 中华经济圈(zhōng huá jīng jì quān)은 세계 인구의 21%. GDP의 5%를 차지하고 있으나. 2010年에는 세계 GDP의 8.4%까지 상승할 것으로 전망된다.

이러한 전망을 더욱 구체화시켜 주는 것은 中国과 동남아 간의 경제협력 확대이다. 동남아국가들과 中国의 관계는 Hongkong·台湾과의 그것과 달리 분석되어야 할 것이다. 그러나 华人(huá rén)자본의 对中国투자를 중심으로 中国과 이들 국가사이의 경제협력도 빠르게 확대되고 있다. 中国과 동남아 간의 무역은 먼저 그 규모에서 빠르게 발전하고 있을 뿐 아니라, 내용에서도 산업간 무역에서 산업내 무역으로 고도화하고 있다. 직접투자에서도 지금까지는 华人(huá rén)기업의 对中国투자가 主를 이루었으나, 2000年代 들어서는 中国기업의 저동남아투자가 증가하고 있다. 이러한 추세를 반영하여 2001年1月 中国과 ASEAN은 10年 이내에 자유무역지대를 창설하기로 합의 했는데, 이는 汉国이나 日本(rì běn) 등 주변 경쟁국들에게도 중요한 변수로 작용할 것이다.

그러나 中华经济圈(zhōng huá jīng jì quān)이 EU나 NAFTA와 같이 일

정한 조직과 체계를 갖춘 제도적 실체로 발전하는 데는 한계가 있는 것도 사실이다. 먼저 中华经济圈(zhōng huá jīng jì quān)은 지역적 통합체가 아니라 华人(huá rén)이라는 민족적·인종적 공통성에 기초하여 결합되어 있기 때문이다. 뿐만 아니라 中华经济圈(zhōng huá jīng jì quān)은 정치·경제적으로 상이한 体制와 제도를 가진 국가지역들 간의 결합이라는 점에서도 한계를 가진다. 비록 中国이 시장경제로의 적극적인 변화를 추진하고 있기는 하지만 社会主义的 제도들을 여전히 유지하고 있다. 특히 台湾과의 정치적·군사적 갈등이 여전히 심각한 실정이다.

〈표. IV-2-2-2/2〉 中国의 대외무역에서 주요 ASEAN 국가들의 비중

(단위 : %)

구 분		1990	1995	2000	2001	2002	2003
수 출	인도네시아	0.64	0.97	1.23	1.07	1.07	1.03
	말레이시아	0.59	0.86	1.03	1.21	1.53	1.41
	필 리 핀	0.33	0.69	0.59	0.61	0.62	0.70
	싱 가 폴	3.21	2.35	2.31	2.18	2.16	2.00
	태 국	1.36	1.18	0.90	0.88	0.90	0.86
	소 계	6.13	6.05	6.06	5.95	6.28	6.00
수 입	인도네시아	1.57	1.55	1.96	1.60	1.53	1.41
	말레이시아	1.58	1.56	2.43	2.55	3.10	3.38
	필 리 핀	0.17	0.21	0.75	0.80	1.06	1.48
	싱 가 폴	1.57	2.57	2.25	2.11	2.31	2.52
	태 국	0.72	1.22	1.95	1.93	1.85	2.12
	소 계	5.61	7.11	9.34	8.99	9.85	10.91

資料出處: ICSEAD, East Asian Economic Perspectives. vol. 14. no. 1, 2003.

〈표. Ⅳ-2-2-2/1〉 中华经济圈의 경제력 전망

(단위: 10억 달러)

	2000	2005	2010
中　國	1,080	1,623	2,674
台　湾	309	505	726
Hongkong	165	237	314
소　계	1,154	2,703	3,714
ASEAN 5	534	942	1,495
합　계	1,688	3,645	5,205

資料出處 : DRI, The Word Outlook. 2000. no. 2 ; WEFA Word Economic Outlook, 2000.
no. 3.

지금까지 中华经济圈(zhōng huá jīng jì quān)을 살펴본 것처럼 1949年 国民党(guó mín dǎng) 정부가 台湾쪽으로 이주한 이후 최근까지 台湾경제 는 높은 성장률과 낮은 인플레이션을 큰 폭의 무역수지 흑자와 풍부한 외환 보유고 등 안정적 성장을 유지해온 것으로 유명하다. 특히 汉国을 비롯한 동아시아 일부국가들이 외환위기를 겪었던 1990年代 후반에도 台湾의 거시 경제 지표들은 예년에 비해 저조한 실적을 기록하기는 했으나 위기라고 할 만한 상황은 아니었다. 하지만 최근에 불어 닥친 경기침체 상황에서의 WTO 가입이 台湾경제에 중대한 도전이 될 것임은 분명하다. 台湾이 오래전부터 WTO가입을 추진해 온 것은 사실이지만 당시로서는 최근의 경제상황을 전 혀 예상하지 못한 상태였기 때문이다. 물론 WTO가입은 台湾경제에 위기인 동시에 기회이기도 하다. 대외무역의 확대와 같은 직접적인 효과 이외에 산 업구조의 고도화와 국제경쟁력의 강화 등의 효과가 기대되며, 무엇보다도 WTO의 다자간 회의에 정식으로 참가하게 되는 등 국제사회에서 台湾의 지 위가 크게 향상 될 것이기 때문이다. 요컨대 WTO가입이 위기가 되느냐 기 회가 되느냐 하는 것은 台湾경제가 개방으로 인한 충격들을 어떻게 흡수하 면서 그 이점을 극대화시켜 현재의 경제침체를 극복해 나가느냐 하는 데 달 려 있다고 하겠다.

제 2차 세계대전 이후 세계경제질서를 재편성하는 과정에서 탄생하였던 「관세와 무역에 관한 일반협정(GATT)」体制는 1995年1月1日 세계무역기 구(WTO)의 신설이 합의됨에 따라 그 역할을 다하게 되었다. 출범 당시 76

개국에 불과하던 WTO 회원국 수는 中国의 가입에 이어 2002年1月1日 台湾이 가입함으로써 모두 144개국으로 GATT의 128개국을 훨 씬 넘어섰다 이들 국가의 교역량은 全세계교역의 90% 이상을 차지하고 있다.

台湾과 WTO의 전신인 GATT와의 관계는 50여 年 전으로 거슬러 올라간다. 国民党(guó mín dǎng)의 중화민국 정부는 1947年 GATT가 창설될 당시 中国을 대표하는 정부로서 23개 原체약국 중의 하나로 참여하였으며, 1948年5月 정식으로 GATT에 가입하였다. 그러나 1949年 中国 共产党(zhōng guó gòng chǎn dǎng)에 패퇴하여 台湾으로 후퇴하자 GATT에서 규정하고 있는 권리와 의무의 실행이 불가능 해졌고, 모든 특전과 혜택이 中国 共产党(zhōng guó gòng chǎn dǎng) 정부로 귀속되었다. 이에 美国은 GATT에서 中国의 무임승차를 막기 위해 台湾의 탈퇴를 종용 하였고, 台湾 정부는 1950年3月 GATT에서 자진 탈퇴했다. 그 후 台湾은 1965年부터 옵서버자격으로 다시 GATT에 참여했지만 1971年 UN이 중화인민공화국을 中国의 유일한 합법정부로 인정하면서 GATT에서 옵서버의 자격마저 박탈 당했다. 대신 中国은 1982年 GATT 옵서버지위를 획득하였으며 1983年 GATT를 중심으로 한 다자간 무역体制와의 접촉을 시작하여 1984年 GATT 체약국의 전원합의로 GATT 이사회와 산하 전문기구 회의에 참가할 수 있게 되었다.

한편 1971年에 축출된 이후 각종 국제기구 및 회담 등에의 참여가 제한되어 온 台湾으로서는 이러한 국제적 고립상태를 탈피하는 것이 오랫동안 가장 중요한 외교적 과제로 간주되어 왔다. 中国의 가입 신청에 자극받은 台湾도 1990年1月 GATT에의 재가입을 위하여 신청서를 제출하였으나, 中国의 간섭으로 1992年 9月에야 정식으로 검토 작업반(accssion working party)이 설치되었다. 台湾은 中国과의 정치적 대립을 피하기 위해 原체약국의 지위회복을 주장하지 않는 대신 GATT 제 33조에 의거 '台湾・澎湖(péng hú)・金门(jīn mén)・马祖(mǎ zǔ) 독립 관세지역(Separate Customs Territory of Taiwan, Penghu, Kinmen, and Matsu)의 자격으로 신규가입 하겠다고 신청하였다.

1992年 台湾의 WTO가입을 심사하기 위한 실무 작업반이 설치되고 옵서버로서의 활동이 가능해졌다. 同年 10月에는 台湾의 무역제도에 관한 비망록(memorandum)이 제출 되었으며, 이 비망록을 근거로 同年 11月에는 제1차 작업반 회의가 열렸다 GATT体制가 WTO体制로 전환된 이후 한 차례

의 관세제안서 제출(1996.6.), 세 차례의 서비스 제안서 제출(1994.9. 1996.7. 및 1998.10.), 두 차례의 농업부문 자료제출(1998.7. 및 1999.2.) 이 있었다.

WTO에서는 제안서와 자료제출에 의거하여 가입조건과 가입의정서 검토 등을 거쳐 작업반 보고서 초안(1998.3, 1999.4. 및 1999.5.)을 작성하였다 2001年 1月 카타르 도하에서 열린 WTO 각료회의는 中国과 함께 台湾의 가입을 승인하였고, 12月 WTO 사무국에 필요한 일체의 수속을 완료함에 따라 台湾은 2002年 1月 1日부터 WTO 회원국이 되었다.

〈표. IV-2-2-2/3〉 台湾의 WTO가입 관련 일지

시 기	내 용
1948. 5.	중화민국, 23개 원 체약국자격으로 GATT 가입
1950. 5.	중화민국, GATT 탈퇴
1965. 3.	台湾, 옵서버자격으로 GATT 참여
1971.10.	中國, UN가입·台湾·UN에서 축출되고 GATT 옵서버자격 박탈
1982. 9.	中國, 옵서버자격으로 GATT 참여
1986. 7.	中國, GATT 복귀신청서 제출
1990. 1.	台湾, 「台湾·偉湖·金門(jīn mén)·馬祖(mǎ zǔ) 독립관세영역」 자격으로 GATT가입 신청
1992. 9.	台湾, 옵서버자격으로 GATT 참여
1994. 2.	台湾, 美國(měi guó)(měi guó)와 WTO가입을 위한 협상시작
1995. 7.	中國, 옵서버자격으로 WTO 참여
1995. 12.	台湾, WTO 가입신청
1996 ~	台湾, 주요회원국과 WTO가입 협상
2001. 11.	WTO, 台湾의 가입승인
2001. 12.	中國, WTO에 정식가입
2002. 1.	台湾, WTO에 정식가입

資料出處: ICSEAD, East Asian Economic Perspectives. vol. 12. no. 1, 2004.

台湾의 WTO가입과 관련에서 가장 큰 걸림돌은 역시 中国과의 정치적 관계였다. 中国은 어떤 독립 관세지역도 33조에 의거하여 가입한 적이 없으므로 台湾은 GATT 제 26조 5(c)항에 의거하여 가입해야 하며. 그것도 中国이 台湾을 독립 관세지역으로 확인해 주어야만 가능하다고 주장하였다.

GATT의 가입자격은 '정부' 또는 '독립 관세지역'으로 되어 있는데, GATT규정 제 33조는 가입주체가 스스로 가입을 신청한다고 되어 있는 반면, 제 26

조 5항(c)은 종주국의 지지선언에 의한다(upon sponsorship through a declaration)고 되어있다. 台湾의 의도가 台湾이 독립된 국가 또는 정부임을 인정받고자 한 것이었다면 中国의 의도는 台湾이 Hongkong 및 澳门(ào mén)과 마찬가지로 中国의 일부라는 입장을 고수한 것이다.

中国은 台湾이 政治的으로 '두 개의 국가를 주장하는 한 台湾의 WTO가입을 인정할 수 없다는 입장을 강하게 피력하였다. 그럼에도 불구하고 台湾의 WTO가입이 실현될 수 있었던 것은 美国과 EU가 台湾의 가입을 지원했기 때문이다. 세계 13위권의 무역 국가이자 美国·EU 등과 경제적으로 긴밀한 관계를 가지고 있는 台湾을 WTO질서에서 배제 시킨다는 것은 현실적으로 곤란할 뿐 아니라, 특히 美国은 中国에 이어 台湾을 WTO에 가입시킴으로서 WTO가입에 따른 中国의 국제적 부상을 견제하려는 의도였던 것으로 보인다. 中国 또한 WTO가입을 위해서는 美国과 EU의 동의가 필요한 상황에서 台湾의 가업을 반대할 수만은 없었을 것이다.

1986年7月 中国은 정식으로 GATT 복귀를 신청하였으나 中国의 개발도상국 지위인정 문제 등에서 합의를 보지 못해 지연되었다, 1995年 WTO 출범이후 협상을 재개해 1999年11月 美国·中国 양자 협상이 타결되고 2001年6月 양국이 구체적 가입조건에 대해 최종 합의함으로써 사실상 가입을 확정지었다. 같은 해 11月 카타르 도하에서 열린 WTO 각료회의는 中国의 가입을 승인하였고, 12月 中国은 정식으로 WTO 회원국이 되었다.

1997年7月1日 Hongkong은 156年에 결친 英国(yīng guó)의 식민통치를 종식하고 中国으로 반환되었다. 주권반환 이후 Hongkong은 中国의 지방행정 구역의 일부이면서도 외교와 국방을 제외한 행정 全분야에서 상당한 수준의 자치권을 부여받는 특별행정구(SAR: Hong Kong Special Administrative Region)가 되었다. 따라서 中国으로 귀속된 이후에도 자본주의적인 Hongkong의 기존 경제体制는 상당기간 유지될 것으로 보인다. 『Hongkong 특별행정구기본법』은 주권반환을 위한 中国과 英国(yīng guó) 간의 『中国·英国 공동선언』에 따라 사유재산권을 인정하고, 향후 50年 간 Hongkong의 자본주의 제도와 생활양식은 불변이라고 규정하고 있으며, 특히 독자적인 경제적 지위와 운영권을 부여하고 있어 당분간 현행의 조세·통화·재정·무역 정책들은 그대로 유지될 전망이다.

中国이 Hongkong의 현행 제도와 질서를 유지하고자 하는 이유는 그것이 『中国·英国 공동선언』에서 약속한 사항일 뿐만 아니라, 中国으로서도

Hongkong의 경제体制와 지위를 당분간 유지하는 편이 유리하기 때문이다. 즉 Hongkong은 아시아 지역의 국제금융과 무역중심지로서 中国의 외자도입과 대외무역의 주요통로가 되어왔다. 따라서 앞으로도 개발자금의 수요가 많을 수밖에 없는 中国으로서는 이러한 Hongkong의 역할을 더욱 강화하는 정책을 추진할 것으로 보인다.

물론 당분간 Hongkong의 기본体制가 유지되리라는 전망에는 이러한 경제적 이유 이외에 정치적 이유도 있다. 中国정부는 Hongkong에서 「一国两制 (yi guó liǎng zhì)」의 실험에 성공함으로써 차후 台湾과의 경제적 및 정치적 통일을 가속화 시키고자하는 목적을 함께 가지고 있다고 하겠다.

V. 結論 및 韓半島統一에 미치는 影响

☑ 中国统一에 있어서의 결론은 다음과 같다.

中国은 脫냉전시대의 국제질서를 전반적으로 평화와 발전, 그리고 다극화를 지향하고 있다고 진단하면서도, 한편으로는 여전히 美国(měi guó)의 패권주의와 강권정치가 평화와 안정을 위협하고 있으며, 불공정하고 불합리한 낡은 국제경제 질서는 發展途上国家들의 발전에 장애가 되고 있다고 인식하고 있다.

1997年 9月에 개최된 中国 共产党(zhōng guó gòng chǎn dǎng) 제 15기 전국대표대회에서 江泽民(jiāng zé mín) 총서기는 21세기를 맞이하는 현 시점에서 中国이 반드시 인식해야 할 것; "(江泽民 : '高举邓小平理论的伟大旗帜, 把建设有中国特色的社会主义事业全面推向二十一世纪.'——在中国共产党(zhōng guó gòng chǎn dǎng)第十五次全国代表大会上的报告。Jiāng zé mín: 'gāo jǔ děng xiǎo píng lǐ lùn de wěi dà qí zhì, bǎ jiàn shè yǒu zhōng guó tè sè de shè huì zhǔ yì shì yè quán miàn tuī xiàng èr shí yī shì jì__zài zhōng guó gòng chǎn dǎng dì shí wǔ cì quán guó dài biǎo dà huì shàng de bào gào。)"

첫째, 평화와 발전이 시대적 추세이며. 둘째, 세계 구조도 다극화 추세로 발전하고 있고. 셋째, 改革(gǎi gé)·开放政策(kāi fàng zhèng cè)으로 中国은 상당한 성과를 이룩했지만, 선진国家들과의 经济的·科学(kē xué)的 격차는 크기 때문에 상당기간 中国은 전면적인 改革·开放政策를 지속적으로 추진함으로서 21세기에 부강한 国家로 등장할 수 있도록 노력해야 한다고 주장하였다.

따라서 中国 대외政策은 美国(měi guó)의 패권주의에 대해 반대하고, 평화와 안정을 추구하며, 영토보족과 주권의 상호존중·상호불가침·상호내정불간섭·호혜평등(píng děng) 평화공존을 선언한 이른바 평화공존 5원칙을 준수하면서 독립자주의 외교노선을 추구하는 것이라고 선언하고 있다.

이러한 인식을 바탕으로 中国은 대체로 대외政策에 있어서, 다음과 같은 세 가지 목표를 추구하고 있다. 첫째, 中国이 당면한 최대의 국가적 과제인 改革·开放을 통한 现代化와 经济발전을 지속적으로 추진하기 위해 유리한 국제환경을 조성하는 것. 둘째, 美国(měi guó)의 패권주의와 美国(měi guó)·日本(rì běn) 중심의 동북아지역 세력구도 형성을 저지하고, 동아시아에서 지역 강대국으로서 中国의 위상과 역할을 확보하는 것. 셋째, 1997年

Hongkong과 1999年 澳门(ào mén) 반환에 이어 점진적으로 台湾问题를 해결함으로써 민족统一国家를 건설하는 것이라고 할 수 있다.

中国은 改革·开放을 통한 经济발전을 최대의 国家的 과제556)로 선언하면서, 이를 달성하기 위해 유리한 국제환경을 조성하는 것을 매우 중요시하고 있다. 中国이 经济발전을 최대의 国家的 과제로 하는 政策노선을 확립한 것은 다음의 예에서 드러난다. 첫째, 1980年1月16日 中央간부회의에서 反패권주의, 조국统一 및 经济건설 3대 과업 가운데서 对内外问题를 해결하는데 가장 핵심적인 것은 经济건설이라고 강조하고 经济건설의 성과가 국제사회에서 中国의 역할을 결정한다고 강조하였다. 둘째, 1987年10月 中国 共产党(zhōng guó gòng chǎn dǎng) 제 13기 전국대표대회에서 "하나의 중심, 두 개의 기본점"(하나의 중심은 经济 건설이며, 두 개의 기본점은 改革·开放과 社会主义 4항 기본원칙을 말한다)을 中国式 社会主义 기본노선으로 천명하였다. 셋째, 1992年 10月에 개최된 中国 共产党(zhōng guó gòng chǎn dǎng) 제 14기 전국대표대회에서 经济 건설을 政策的 우선순위에 두고 中国의 특색을 가진 社会主义를 건설한다는 내용을 党 宪章에 싣고 对外政策(duì wài zhèng cè)의 결정에 经济발전이 중요하다는 것을 강조하였다.

이를 위해 中国은 美国(měi guó)과 주변国家들과의 关系증진에 주력하고 있다. 또한 中国은 각종 국제기구에 활발하게 참여하고, 국제적 규범과 제도를 긍정적으로 수용하려는 자세를 보이고, 국제분쟁과 갈등에 대해서도 이른바 "求同存异"의 방식을 적극 구사하면서 공동이익을 추구하기 위한 협력关系를 확대하려고 하고 있다.

먼저, 中国은 美国(měi guó)과의 심각한 갈등요인에도 불구하고, 改革·开放을 통한 经济발전을 지속적으로 추진하기 위해서는 美国(měi guó)과의 협력关系가 필수적이기 때문에 美国(měi guó)과의 关系개선에 주력하고 있다. 예를 들면, 中国은 核확산금지와 미사일 수출问题 등과 같은 민감한 군사안보问题에 대해서도 美国(měi guó)과의 협력关系를 유지하면서 NPT·CTBT·CWC·BWC 등 국제적 안보협력体制에 가담하고 있으며, 군비통제·人权(rén quán)·환경보호 등에 대해 적극적으로 대응한다는 자세를 보여주고 있다. 中国은 美国(měi guó)과 서방세계가 제기하는 中国의 人权(rén

---

556) 오용석., "중국 대외정책의 원칙 및 목표의 지속과 변용," 「중국연구」, 제 19집, 2000. pp. 52~53. 재인용.

quán)과 민주화問題를 내정간섭이며 中国의 주권을 훼손하고 中国에 대한 "和平演变(hé píng yǎn biàn) 전략이라고 맹렬하게 반발하면서도 联合国 (lián hé guó)人权(rén quán)협약에 가입하고, 人权(rén quán)白书를 발표 하면서 人权(rén quán)을 보편적인 가치로 인정하고 있다. '和平演变(hé píng yǎn biàn)' 전략이란 서방세계가 이데올로기적·문화적 침투와 经济的 影响力 확대를 통해서 中国的 社会主义를 변질시키고 마침내 中国을 서방세 계에 예속시키는 전략을 의미한다.

台湾問題와 관련해서도 中国은 "하나의 中国" 원칙을 고수하고, 美国(měi guó)의 台湾에 대한 무기 수출에 대해 강력 항의하면서도 台湾問題로 인해 美国(měi guó)과의 关系가 결정적으로 훼손되는 것을 방지하기 위해 노력 하는 자세를 보이고 있다.

中国은 经济발전에 유리한 국제환경을 조성하기 위해 지역国家들과의 关 系개선에도 많은 노력을 하고 있다. 中国은 선린우호 政策의 기치아래 1989 年부터 1992年 사이에 인도·인도네시아·新加坡(xīn jiā pō)·越南(yuè nán)·汉国·러시아 그리고 독립国家연합의 모든 国家들과 외교关系를 정상 화하였으며, ASEAN 国家들과의 关系증진에도 심혈을 기울이고 있다. 또한 역내 주요한 긴장지역인 韩半岛(hán bàn dǎo)와 柬埔寨(jiǎn pǔ zhài) 問題 해결에 과거에 비해 적극적인 역할을 하고 있고, 동남아의 공산주의 운동세 력과의 연대성도 거의 사라지고 있다. 인도와 파키스탄간의 분쟁에서도 과 거와는 달리 중립적인 입장을 견지하고 있다. 뿐만 아니라 中国이 강한 집 착을 보이고 있는 南沙群岛問題(nán shā qún dǎo wèn tí)에 대해서도 일단 은 관련 당사국 간에 논쟁은 유보하고 먼저 공동개발을 시행하자는 유화적 인 제스처를 보이고 있다.[557]

中国의 대외政策 노선으로서 反패권주의는 초강대국인 美国(měi guó)과 前苏联(qián sū lián)의 두 패권 国家를 반대한다는 "中间地带论(zhōng jiān dì dài lùn)"에서 발전한 毛泽东(máo zé dōng)의 "三个世界论(sān gè shì jiè lùn)"에 기초하고 있다. 中国은 1960年代의 国際政治상황에 따라 美国 (měi guó)을 주적으로 하는 "反美反苏(fǎn měi fǎn sū)" 성향의 对外政策 (duì wài zhèng cè)을 취함으로써 中国은 前苏联(qián sū lián)의 위협에서

---

557) 이해인., "탈냉전기 중국의 성장과 동북아 국제질서", 고려대학교 대학원 석사논 문,2000. p. 28.

벗어나고 美国(měi guó)의 현실적인 지원을 받아 국제무대에 등장하게 되었다. 이렇게 함으로써 中国은 제 2세계 国家들과도 일정한 关系개선이 가능해 졌을 뿐만 아니라 제 3세계 国家들과도 활발한 교류를 할 수 있었다.[558] "三个世界论(sān gè shì jiè lùn)"은 美国(měi guó)과 前苏联(qián sū lián) 모두 中国의 적대세력이기 때문에 제 3세계가 보다 발전된 제 2세계의 지원 아래 양대 패권세력이며, 제 1세계인 美国(měi guó)과 前苏联(qián sū lián)에 대항해야 한다고 주장한 것이다.

中国은 냉전종식 이후, 특히 걸프전의 승리를 배경으로 세계 유일 초강국 대국의 지위를 강화[559]한 美国(měi guó)이 패권을 추구하고 있다고 보며, 이러한 美国(měi guó)의 패권추구는 中国이 바람직한 국제体制로 지향하고 있는 다극体制를 위협한다고 인식하고 있다. 또한 中国의 성장을 美国(měi guó)의 패권적 지위에 대한 도전으로 간주하여 "中国威胁論"을 통해 中国의 발전을 저지하면서 中国을 美国(měi guó) 중심의 질서 하에 묶어두려 한다고 보고 있다. 中国은 美国(měi guó)의 패권주의가 中国의 안보에 가장 큰 위협이라고 판단하고, 美国(měi guó)을 겨냥한 反패권주의를 对外政策(duì wài zhèng cè)의 중요한 목표로 삼고 있다.

이러한 美国(měi guó)의 패권주의에 대항한 中国의 对外政策(duì wài zhèng cè)는 1997年4月 江泽民(jiāng zé mín) 中国 共产党(zhōng guó gòng chǎn dǎng) 총서기가 러시아를 방문했을 때 발표된 "세계의 다극화와 새로운 국제질서 건설에 관한 中国과 러시아의 공동선언문"에서 잘 드러난다. 여기에서 中国과 러시아 两国은 세계 질서가 다극화되고 있으며, 이는 긍정적인 현상이라는데 동의하고 세계질서의 다극화를 위해 노력할 것을 선언했다. 또한 两国은 모든 国家는 강약과 빈부를 떠나서, 국제사회의 동등한 구성원이며 어떠한 国家도 패권을 추구하거나, 힘의 정치를 추구하거나, 국제사정을 독점해서는 안 된다고 선언함으로써 美国(měi guó)이 패권을 공고화하려는 노력에 분명한 반대 입장을 표시했다.

美国(měi guó)의 패권주의에 대해 반대하는 中国의 对外政策(duì wài zhèng cè)은 2000年7月 中国을 방문한 푸틴(Vladimir Putin)러시아 대통령

---

558) 이상만., "동북아의 신냉전과 중국의 반패권전략", 「북한연구학회보」, 제 5권 제 2호, 2001. p. 276.
559) 강성학., 「카멜레온과 시지프스: 변천하는 국제질서와 한국의 안보」, 나남, 1995. p. 180. 재인용.

과 江泽民(jiāng zé mín) 国家주석과의 합의사항에서도 지속적으로 나타나고 있다. 이들의 단독 정상회담에서는 两国이 美国(měi guó)의 패권주의에 공동 대처한다는 데 합의하여 美国(měi guó)의 패권주의와 강권주의에 강력히 반대한다는 입장을 천명하고, 세계질서의 다극화를 강조하였다. 또한 两国은 공동으로 美国(měi guó)의 패권주의적 미사일방어 体制(MD)구축에 대한 반대 입장을 분명히 하였다.560) NMD(国家미사일방어 体制)는 核탄두를 실은 大陆간 탄도미사일을 대기권 밖에서 파괴하기 위한 요격미사일 体制로 美国(měi guó)本土를 방어하기 위한 시스템이며, TMD(전역미사일방어 体制)는 美国(měi guó)本土 이외에 동맹국이나 해외주둔 미군을, 주로 중·단거리 미사일로부터 방어하기 위한 요격미사일 体制를 의미한다.

"하나의 中国" 원칙은 과거 "中国"의 정통성을 어느 政府가 계승하고 있는가라는 정통성의 问题에서 비롯된다. 中国은 1949年 "중화인민공화국"의 건국으로 과거 "中国"에 대한 정통성은 北京(běi jīng)政府의 중화인민공화국이 계승하고 있다고 주장한다. 따라서 中国은 과거 "中国"의 주권은 北京(běi jīng)政府에 귀속되며, 台湾은 주권적 지위가 인정되지 않는 中国의 '하나의 省'에 불과하다고 주장한다.

☑ 中国이 주장하는 "하나의 中国"의 의미는 다음과 같다.

첫째, 5千年 동안 中国의 정권이 바뀌어왔으나 统一된 中国은 유지되어 왔다. 둘째, 중화인민공화국의 건국으로 과거 "中国"은 사라졌으며, 그 정통성은 중화인민공화국이 계승하고 있다. 따라서 台湾은 中国의 '하나의 省'에 불과하다. 셋째, 역사적으로 카이로 선언과 포츠담 선언에 따라 日本(rì běn)이 台湾을 中国에 양도한 이후 中国의 영토가 되었다. 그러나 台湾이 统一을 거부하고 美国(měi guó)의 비호 아래 놓여있어 현실적으로 통치할 수는 없으나 이 때문에 台湾이 中国의 영토가 아니라고 주장할 수는 없다. 넷째, 中国과 台湾은 일시적인 분열 상태에 놓여있으나, 이러한 상태는 韩半岛(hán bàn dǎo)나 统一이전의 德国(dé guó)과는 본질적으로 다른 것이다. 즉 中国은 하나가 둘로 나뉘어 진 것(一分为二)이 아니며, 국제법상으로도 언제나 하나였기 때문에 台湾이 주장하는 "두 개의 대등한 政治的 실체" 또

---

560) 오용석., op. cit., p. 42. 재인용.

는 "两国论(liǎng guó lùn)"을 수용할 수 없다는 것이다.561)

반면에 台湾이 강조하는"하나의 中国"은 첫째, 역사·지리·문화·혈연적인 의미에서의 中国이다. 둘째, 중화인민공화국이 전체 中国을 대표할 수 없으며, 台湾은 중화인민공화국의'하나의 省'이 아니다. 셋째, 中国과 台湾은 서로 예속되지 않는 두 개의 대등한 政治的 실체로 어느政府도 서로를 대표할 수 없다는 것이다.562)

1949年 중화인민공화국의 건국이후 中国의 統一政策은 무력을 통해 台湾을 社会主义 体制로 완전히 흡수 統一하는 것이었다. 그러나 中国은 1978年 이후 改革(gǎi gé)·开放政策(kāi fàng zhèng cè)을 추진하면서 새로운 统一방안으로서 평화적인 「一国两制(yì guó liǎng zhì)」(하나의 国家와 두 개의 体制)를 제시하였다. 「一国两制(yì guó liǎng zhì)」의 统一 방식은 원래 1979年1月1일 전국인민대표대회(이하 全人代) 상무위원회 위원장 마剑英(yè jiàn yīng)이 발표한 "台湾동포에게 고하는 글(告台湾同胞書)"에서 台湾과의 统一问题를 해결하기 위해 내놓은 9개 항목의 내용에서 비롯되었는데 Hongkong 问题를 해결하기 위해 먼저 사용된 것이다.563)

이후 「一国两制(yì guó liǎng zhì)」統一방식은 1984年 英国(yīng guó)과 Hongkong问题를 타협하는 과정에서 Hongkong 주민들의 불안감을 해소시키고 Hongkong 经济의 번영을 보장하기 위하여 제시한 "하나의 国家, 두 개의 제도"의 50年 공존을 주장하면서 中国의 统一政策으로 자리 잡기 시작했다. 이러한 「一国两制(yì guó liǎng zhì)」統一방식은 社会主义 体制와 자본주의 体制가 한 国家안에서 공존이 가능하다는 사고를 바탕으로 한 것으로 台湾과의 国家 统一问题 해결을 위한 방침으로 확정되었다.564)

그런데 台湾과 Hongkong의 统一问题는 그 성격상 본질적으로 다르기 때문에 中国이 一国两制(yì guó liǎng zhì) 統一방식의 적용에 상당한 차이를 보이고 있다. Hongkong은 원래 中国 영토였으나, 英国(yīng guó)에 의해

---

561) 주유진., "중국과 대만의 통일 정책과 양안관계에 관한 연구", 원광대학교 대학원 석사논문, 2001. p. 43. 재인용.
562) 정중화., "論臺海两岸的关系", 「중국대륙연구」, 제 37권 제 1기(1994.1.), pp. 6~7. 재인용.
563) 류동원., "중국의 통일과 일국양제", 「국제지역연구총서」, 부산대학교 출판부, 2001. pp. 1~2.
564) 이규태., "90年代 중국과 대만의 통일 외교 정책의 비교연구", 한국 중국학연구센터 연구논문, 1999. p. 18.

강제로 체결된 남경조약 등 3개 조약을 통하여 英国(yīng guó)의 식민지가 되었으나, 中国이 협상을 통하여 Hongkong을 자국의 영토로 귀속시킨 반면, 台湾의 경우는 中国 共产党(zhōng guó gòng chǎn dǎng)과 国民党(guó mín dǎng)의 내전에 의해 분단이 고착화된 경우이다. 즉 Hongkong은 식민지로서 조약에 따라 처리된 中国과 英国(yīng guó) 간의 国家的 차원의 问题인데 반해, 台湾问题는 서로 다른 이데올로기를 주장하는 中国과 台湾 간의 투쟁성격을 띠고 있기 때문에 Hongkong과는 비교할 수 없을 정도로 복잡한 조건을 갖고 있다.

中国이 台湾과의 统一방식으로서 주장하는 「一国两制(yì guó liǎng zhì)」는 유일한 합법정부인 중화인민공화국의 주권 범위 내에서 社会主义와 자본주의 두 体制가 병존하는 것으로써 단순히 병행하는 두 사회제도 혹은 서로가 대립하고 배척하는 政治실체를 가리키는 것이 아니라, 中国헌법이 보장하는 社会主义 体制가 주체가 되어 社会主义와 자본주의의 두 体制를 서로 촉진시켜 공동 발전하는 것으로서 두 体制 간에는 상호 주종关系가 형성된다는 것이다.565) 따라서 「一国两制(yì guó liǎng zhì)」하에서는 하나의 주권아래, 주권은 일차적으로 中国에 귀속되고, 台湾은 고도의 자치권을 보유하지만, 中央으로부터 권한을 위임받아야 하는 제한된 자치제의 성격을 띠고 있다.

반면에 台湾은 中国의 이러한 「一国两制(yì guó liǎng zhì)」 统一방식에 반대하고 있다. 台湾이 반대하는 이유는 中国의 「一国两制(yì guó liǎng zhì)」 统一방식이 두 政府 간의 대등한 위치를 보장하는 것이 아니며, 「一国两制(yì guó liǎng zhì)」방식에 따르면 台湾은 中国의 '하나의 省'에 불과하기 때문이다. 따라서 台湾은 中国의 「一国两制」 统一방식에 대한 대응으로 「一国两府」의 统一政策을 제시했다. 「一国两府」란 1990年 6月 台湾의 "国事会议(guó shì huì yì)"에서 제기된 것으로 中国은 하나지만, 中国과 台湾에는 두 개의 政府가 존재하는 것 또한 사실임으로 하나의 国家안에 두개의 독립된 성격을 갖는 政府体制를 갖자는 것이다.566) 台湾이 주장하는 「一国两府」는 台湾이 中国과 대등한 政治실체로서의 지위를 갖고 있다는

---

565) 정재일, 송봉규., "중국과 대만의 통일정책비교", 「상지대학교 논문집」, 제 20집, 1998. pp. 159~160. 재인용.
566) 정재일., 송봉규., op. cit., p. 173. 재인용.

점을 강조하기 위한 것이라 할 수 있다.

이상에서처럼, "하나의 中国" 원칙과 「一国两制(yì guó liǎng zhì)」 统一 방식에 대한 中国과 台湾의 입장 차이는 좀처럼 좁혀지지 않고 갈등이 증폭 되는 양상을 띠고 있다. 中国은 "하나의 中国"원칙과 「一国两制(yì guó liǎng zhì)」 统一방식을 고수하고 있는 상황에서, 台湾은 "두 개의 대등한 政治的 실체," "两国论(liǎng guó lùn)"을 주장하고 있기 때문에 台湾问题에 있어서 해결의 실마리가 보이지 않는 것이 현실이다.

건국 초기 中国의 台湾政策은 몇 차례의 "和平统一"에 대한 政治的 수사 (rhetoric)에도 불구하고 전반적으로 협력보다는 军事的 수단을 통한 무력해 방을 추구해 왔다.567) 이러한 中国의 台湾政策은 1979年 全人代 상무위원 회가 "台湾동포에게 고하는 글"을 통해 군사대치 상황을 조속히 해결하고 3 통<通商(tōng shāng)·通邮(tōng yóu)·通航(tōng háng)>과 两岸인민의 정상적인 왕래를 제안할 때까지 대체적으로 지속되었다. 이어 1981年9月 全人代 상무위원장 叶剑英(yè jiàn yīng)이 발표한 "叶九条(yè jiǔ tiáo)", 1983年6月 邓小平(dèng xiǎo píng)의 "조국통일 6개 원칙"등 台湾의 统一 과 两岸关系(liǎng àn guān xī)와 관련된 中国의 기본입장과 관련 政策을 발표하였다. 叶九条(yè jiǔ tiáo)는 统一이 실현된 후 台湾은 특별행정구가 되어 고도의 자치권을 향유하고 군대도 보유할 수 있으며, 현행 台湾의 사 회 经济제도, 생활방식은 불변이며 외국과의 经济·문화关系도 변하지 않는 다는 것이 주 내용이다.

이들 발표에서 中国은 구체적으로 「一国两制(yì guó liǎng zhì)」라는 표 현을 사용하지는 않았지만, 첫째, 台湾问题의 평화적 해결. 둘째, 台湾정권의 존속과 자치권 인정. 셋째, 台湾의 기존 사회经济体制 및 주민의 생활방식 유지. 넷째, 台湾의 军事力 보유. 다섯째, 党对党(dǎng duì dǎng) 담판을 통 한 3차 国·共 合作(guó gòng hé zuò) 실현 등 台湾问题의 해결방식과 两 岸의 교류, 협력에 관한 「一国两制(yì guó liǎng zhì)」의 기본구상을 모두 포함하고 있었다.568)

이후 中国의 「一国两制(yì guó liǎng zhì)」방식의 统一노력은 台湾의 적

---

567) 이희옥., "중국∽대만관계: 정치적 차이와 경제적 상호의존의 동시발전", 「통일시론」, 1998. p. 188.
568) 문홍호., "중국의 21세기 구상", 「신아시아」, 제 7권, 제 2호, 2000. 여름, p. 101.

극적인 자주화 노력 때문에 소기의 성과를 거둘 수 없었다. 특히 탈냉전 시기에 들어서면서 台湾 国民党(guó mín dǎng)의 세대교체, 야당인 民进党(mín jìn dǎng)의 급속한 성장에 따라 台湾독립과 UN가입에 대한 목소리가 점차 증가함으로써, 中国은 台湾问题가 국제화되는 것에 대해 우려하고 있었다.569)

이런 배경 하에서 1993年8月 국무원 台湾 사무판공실과 신문판공실은 "台湾问题와 中国统一(台湾问题與中国的统一)"이라는 白书를 발표하였다. 白书의 주요내용은 和平统一과 「一国两制(yì guó liǎng zhì)」이며, 시기적으로 8月에 서둘러서 발표한 이유는 UN총회 개회 이전에 국제사회에 中国의 台湾政策을 엄중히 선포함과 동시에 台湾의 UN 가입신청에 동조 혹은 지지를 보일 가능성이 있는 国家들에게 경고의 메시지를 보내어 台湾의 국제사회에서의 활동공간을 없애겠다는 것이었다. 그리고 白书의 특별한 점은 白书의 상당 부분을 할애하여 美国의 中国政策이 中国의 统一问题에 상당한 影响을 미치고 있음을 지적하고, 공개적으로 "美国이 台湾에 대한 무기판매는 中国내정을 간섭하여 中国·美国(měi guó)关系의 발전과 台湾问题 해결에 장애요인으로 작용하고 있으며, 美国의 일부인사는 中国의 统一을 원치 않는다."고 비난 하였다는 것이었다.570)

中国은 상술한 中国의 台湾에 대한 기본 방침과 政策을 포괄적으로 수록하여 中国 최고지도자 신분으로는 처음으로 江泽民(jiāng zé mín) 国家주석이 1995年 1月에 两岸关系(liǎng àn guān xī)의 발전, 和平统一의 절차 등을 내용으로 하는 이른바 「江八条(jiāng bā tiáo)」를 발표하였다. 이는 中国이 改革(gǎi gé)·开放政策(kāi fàng zhèng cè)을 실시한 이후 5번째 两岸关系(liǎng àn guān xī)를 위한 발표이며, 이전에 改革·开放이후 两岸关系(liǎng àn guān xī)에 대한 中国의 발표는 1979年1月 「告台湾同胞書」, 1981年9月 叶剑英(yè jiàn yīng)의 「叶九条(yè jiǔ tiáo)」, 1983年7月 邓小平(dèng xiǎo píng)의 「邓六条(dèng liù tiáo)」, 1993年8月 「台湾问题與中国的统一」 등 4번이 있었다.

1994年 이후에도 两岸关系(liǎng àn guān xī)가 진전을 보이지 못하는 상황에서 台湾이 전개하고 있는 외교활동의 범위와 행동을 위축시키기 위한

---

569) 류동원., op. cit., p. 80. 재인용.
570) 류동원., op. cit., p. 82. 재인용.

전략적인 차원에서 발표되었으며 지금까지 中国의 对台湾政策의 기조를 이루고 있다.571) 그 내용은 다음과 같다.

첫째, "하나의 中国" 원칙을 고수한다는 것이다. 즉 台湾의 주권은 中国政府에 귀속되며, 台湾은 주권적 지위가 인정되지 않는 '하나의 省'에 불과하다는 것이다. 따라서 中国의 주권과 영토의 분할은 절대 용인할 수 없으며, 台湾독립을 획책하는 언동이나 하나의 中国이라는 원칙을 위반하는 모든 주장에 결단코 반대한다. 둘째, 台湾이 "두개의 中国" 또는 "하나의 中国과 또 하나의 台湾"을 획책하기 위한 목적으로 이른바 "국제사회에서 펼치는 생존 공간 확보"를 위한 활동에는 반대한다. 셋째, 两岸간의 적대 상황을 청산하기 위한 협상진행을 원한다. 넷째, 외국 세력이 统一에 대한 간섭이나 台湾독립을 위한 음모가 있을 경우에는 무력사용을 포기하지 않는다. 그러나 "中国人이 中国人을 치지는 않겠다."(中国人不打中国人)는 것이다. 다섯째, 两岸의 经济·무역교류의 증진을 원하며, 两岸 간의 상업적인 체결에 동의하며, 台湾의 상업적인 投资의 민간적 협의를 보장한다. 여섯째, 两岸이 공동으로 中国문화의 계승과 발전을 추진할 것을 원한다. 일곱째, 中国은 台湾동포의 생활방식을 존중하고 台湾 각 계층의 统一问题에 대한 의견교환을 원한다. 여덟째, 两岸지도자들의 상호방문을 원한다.

이후 中国은 1997年 Hongkong반환과 1999年 澳门(ào mén)에 대한 주권회복으로 「一国两制(yì guó liǎng zhì)」에 대한 자신감과 함께 Hongkong·澳门(ào mén)·台湾으로 이어지는 统一과정에 박차를 가하는 계기가 되었다. 그러나, 中国은 李登辉(lǐ dēng huī) 台湾 总统이 中国과 台湾의 关系를 "하나의 中国"이 아닌 특수한 国家对国家의 关系로 규정한 "两国论(liǎng guó lùn)" 발언과 이에 대한 국제사회의 동조 가능성을 원천적으로 봉쇄하기 위해 台湾问题의 해결을 위한 행보를 보다 구체화할 필요성을 갖고 있었다.572) 그러한 일환으로 中国은 2000年 2月에 "하나의 中国원칙과 台湾问题(一個中国原則與台湾问题)573)를 발표하였다.

"하나의 中国원칙과 台湾问题"에는 台湾问题를 둘러싼 中国의 입장과 政策 방향이 제시되어 있는데, 특히 왜 中国이 하나일 수 밖에 없는지에 대한

---

571) 박광득., op. cit., p. 100. 재인용.

572) 문홍호., op. cit., pp. 31~34. 재인용.

573) 최용환., "하나의 중국 원칙과 대만문제", 「신아시아」, 제 23권, 2000. pp. 164~180.

논리적 주장과 이 원칙을 수호하기 위한 国家, 민족차원의 각오를 분명하게 밝히고 있다. 白书에서는 "하나의 中国"원칙에 대한 법적 근거를 제시하는 한편 "台湾독립 시도" 및 "외국의 台湾침략"시로 한정했던 무력행사 전제조건을 "台湾이 和平统一 교섭을 무기한 거부할 경우"로 까지 확대하는 내용을 새로 포함시켰다. 이는 台湾 总统 선거를 앞두고 中国의 일관된 统一政策인 "하나의 中国" 원칙을 재확인하고 总统 후보들과 유권자들이 독립을 지지하지 못하도록 하는 한편 总统 선거전에 美国(měi guó) 등 외세의 개입을 사전 차단하기 위한 의도574)가 있었다고 할 수 있다.

이상에서 살펴본 것처럼 中国은 改革·开放 이후 台湾에 대한 기본입장과 政策은 일관되게 추진되고 있다. 결국 中国의 台湾 政策은 "하나의 中国" 원칙이라는 토대아래서 「一国两制(yì guó liǎng zhì)」의 형식으로 평화적으로 统一을 이루는 것이라고 할 수 있다. 그러나 中国은 台湾问题는 어디까지나 中国의 내정에 속하는 问题이므로 외국, 특히 美国(měi guó)의 간섭은 절대로 배제되며, 가능한 한 和平统一 방법을 사용하되 끝까지 여의치 않을 경우에는 무력사용도 불사한다는 입장이다.

台湾问题에 있어 中国의 对外政策(duì wài zhèng cè)에 影响力을 미치는 외부 세력은 세계 최강대국으로서 台湾에 대한 中国의 무력침공에 억지력을 담보하고 있는 美国(měi guó)이라는 것은 두말할 필요가 없다. 台湾问题에 있어서 美国(měi guó)의 政策변화는 中国의 对外政策(duì wài zhèng cè)에 결정적인 역할을 할 수 있다.

脱냉전이후 美国(měi guó)내에서는 中国에 대한 政策을 둘러싸고 크게 두 개의 서로 다른 세력들이 존재한다. 첫째, 中国에 대한 개입(engagement) 政策을 주장하는 온건한 세력이다. 이들은 中国내의 취약점에 주목하면서 美国이 中国에 대한 강경政策을 취할 경우 美国의 국익에 도움이 되지 않을 것이므로 온건한 개입政策을 취해야 한다고 주장한다. 둘째, 经济的 상호의존의 효과에 대해 부정적인 시각을 갖고 있는 세력으로서 中国에 대한 봉쇄政策을 주장하는 강경한 세력이다. 이들은 中国이 현재는 经济的 필요성 때문에 국제적 규범을 준수하고 있지만, 일단 经济발전을 이룩하고 나면, 과거 강대국의 속성처럼 军事的 확장과 더불어 台湾에 대한 무력침공을 감행할 것으로 내다보고 있다.

---

574) 류동원., op. cit., p. 88. 재인용.

이처럼 대中国政策을 둘러싼 美国내에서의 논란 속에서도 美国(měi guó)은 两岸政策(liǎng àn zhèng cè)에 있어서 전략적 모호성(strategic ambiguity)[575]에 기반 하여, 이른바 "이중노선政策(dual-track policy)"을 일관되게 수행하고 있다.

이와 같은 전략적 모호성(strategic ambiguity)의 기원에 대해서는 나딘(Andrew J. Nathan)이 주장한 台湾问题에 대한 美国의 전략적 모호성政策에서 다음의 세 가지에서 잘 들어난다. 첫째, 台湾의 방어에 대한 경우이다. 美国은 台湾의 방어에 대해 분명한 입장을 밝힌 적이 없다. '台湾关系法' 또한 美国(měi guó)이 台湾의 지원요청에 응할 것인지, 그렇다면 어떤 조건하에서 그럴 것인가에 대해 애매모호한 태도를 유지한다. 둘째, 台湾에 대한 무기판매에 대한 경우이다. '台湾关系法'에 의하면, 台湾에 방어적인 성격의 무기판매를 제공할 수 있다고 하였으나, 이에 대한 정확한 정의가 없다. 셋째, 台湾의 향후 지위에 관한 것이다. 하나의 中国원칙을 지지하지만, 台湾의 향후 지위에 관해서는 분명한 입장을 밝히고 있지 않다. 즉, 표면적으로는 하나의 中国: 원칙을 지속적으로 공표하고 있지만, 실질적으로는 中国과 기존의 공식적인 关系를 유지하고 台湾과는 비공식关系를 확대하고 있다. 이러한 美国(měi guó)의 이중노선政策은 1979年 中国과 국교를 정상화한 이후 지속되어온 일관된 政策이다.

美国(měi guó)의 입장으로서는 자국의 国家이익을 증진시키기 위해 中国과 台湾 모두 놓치고 싶지 않은 상대이기 때문에 美国은 기본적으로는 中国과의 关系발전에 주력하되, 다른 한편 台湾과의 비공식적 关系를 유지해 中国과 台湾과의 현상을 유지하고, 이를 통해 자국의 政治·经济·军事的 이익을 최대화하려는 의도를 갖고 있다.

라스트(Martin L. Laster)는 동아시아에 있어 台湾의 군사·안보적 전략성, 美国의 이념과 부합되는 台湾의 政治·经济발전, 两岸关系(liǎng àn guān xī)의 발전을 통한 긴장완화 등을 통해 美国의 国家이익은 증대된다고 본다. 첫째, 군사·안보적 전략성: 台湾海峡은 동북아시아와 동남아시아 및 중동을 연결하고 있기 때문에 유사시 잠재적인 美国의 군사기지로서 활용될 수 있다. 둘째, 台湾의 政治발전: 1987年 계엄령해제 이후 台湾은 自由선거

---

575) 손연정., "대만해협위기에 관한 연구", 고려대학교 대학원 석사논문, 2001. pp. 54 ~55.

를 통해 自由民主主义(zì yóu mín zhǔ zhǔ yì)를 증진시키고 있으며, 이는 "民主主义(mín zhǔ zhǔ yì)의 확대"라는 美国의 对外政策(duì wài zhèng cè) 목표에 부합되는 것이다. 셋째, 台湾의 经济발전: 台湾은 经济부문의 민영화를 추진하고, 대외적으로는 타국과의 무역关系에 있어서 각종 관세 및 비관세 장벽을 제거함으로써 自由무역을 지향하고 있다. 이는 台湾이 美国이 주도하는 국제무역体制의 주요한 일원이 되게 한다는 점에서 美国(měi guó)에게는 유리한 것이다. 넷째, 两岸关系(liǎng àn guān xī)의 발전: 1987年부터 허용된 台湾주민의 大陆방문을 기점으로 两岸关系(liǎng àn guān xī)는 급속히 발전되었으며, 经济부문에 있어 台湾은 Hongkong 다음의 对中国 투자국이 되었으며, 两岸 간의 교역량도 급속히 증가하였다. 또한 政治关系에 있어서도 共产党과 国民党(guó mín dǎng)은 각각 统一에 관해 새롭게 정립된 방침을 표명하면서 两岸 간 政治关系는 신축성이 나타나기 시작하였는데, 이러한 상황은 中国·美国(měi guó) 간의 台湾问题를 둘러싼 긴장감을 감소시킬 수 있다는 점에서 美国(měi guó)에게는 유리하게 작용한다.

이러한 전제하에 台湾의 독립은 中国이 결코 허용할 수 없기에 무력을 행사할 것이며, 그럴 경우 美国(měi guó)은 불가피하게 军事的 개입의 위기에 직면하게 되고, 또한 中国이 统一될 경우 美国(měi guó)은 中国과 台湾 모두에게 압력을 행사할 수 있는 台湾카드를 잃게 된다. 소위 "中国威胁論"은 더욱 현실화 될 것[576]이므로 현상유지를 통한 자국의 国家이익을 최대화하려고 하고 있다.

1970年代 이전까지 美国은 台湾과 상호방위조약을 체결하고, 동맹关系를 유지하면서 台湾이 "하나의 中国"의 유일한 합법政府임을 인정하였고, 台湾에 대해 일방적인 政治·经济·军事的 원조와 지지를 보내주는 台湾 일변도의 政策을 추구하였다. 그러나 美国(měi guó)은 前苏联(qián sū lián)봉쇄라는 전략적 필요에 의해 1979年 中国과 공식적인 외교关系를 수립하면서 中国이 제시한 세 가지 조건, 즉 台湾과의 외교단절, 美国과 台湾과의 상호방위조약 폐기, 미군의 철수를 수용함으로써 과거 台湾 일변도의 两岸政策(liǎng àn zhèng cè)을 폐기하게 되었다.

---

576) Tao Wenzhao., "U.S Policy Ambiguity & Current Cross-Strait Dilemmas", Gerit W. Gong, eds, Taiwan Strait Dilemmas: China-Taiwan-U.S Policies in the New Century (Center for Strategic and International Studies, Washington, D.C. ; 2000). 재인용.

하지만 美国(měi guó)은 中国과의 국교정상화로 이어지는 과정에서 台湾과의 외교단절 및 美国과 台湾과의 상호방위 조약의 폐기로부터 기인하는 台湾안보를 우려하지 않을 수 없었다. 美国은 中国과 수교 3개月 후, 台湾과의 关系를 지속시키기 위해 1979年3月 말에 兩院 합동협의회에서의 협의를 거쳐 下院 339 对50, 上院 85 对4라는 압도적인 표결을 통해 台湾关系法(Taiwan Relation Act)을 채택하였고, 카터 대통령은 이를 4月 10日 법률로서 공포하였다. 台湾关系法의 주요내용은 유사한 형태로 복귀(대사관을 대신하는 연락사무소의 설치)시키고, 台湾의 안보를 위해 台湾의 평화유지 및 이를 위한 台湾에 대한 美国의 방위물자 제공, 美国의 국익수호를 위한 대응력의 유지 등이다.

台湾关系法의 제정으로 美国(měi guó)은 中国과 국교를 정상화하면서도 台湾과의 关系를 유지하는 전략적 모호성에 입각한 이중노선政策을 시작하였다고 할 수 있으며, 美国의 兩 政策은 이후에도 지속적으로 유지되고 있다.

이러한 美国의 전략적 모호성에 입각한 이중노선政策은 1995~1996年의 台湾海峽 위기 시에도 확인되었다. 美国은 台湾海峽 위기 시에 中国을 향해 中国이 제시한 "하나의 中国", "台湾은 中国의 일부분"이라는 中国·美国 간에 체결된 과거 中国과 美国 간의 세 차례의 공동성명은 1972年 上海(shàng hǎi)공동성명(上海公報), 1979年 中国·美国 수교시의 공동성명<建交公报(jiàn jiāo gōng bào)>, 1982年 8·17 공동성명(八·一七 公報: 美国이 台湾에 판매할 무기의 성능과 수량이 中国·美国 국교정상화 이후 수년 간의 공급수준을 초과하지 않도록 하며, 台湾에 대한 무기판매를 점차 감소시키고 일정한 기간을 두고 이 问题를 최종적으로 해결할 것임을 약속)을 준수할 것을 되풀이하면서도, 美国은 中国이 台湾에 대한 军事的 위협을 강화하자 항공모함을 파견함으로써 台湾과의 关系를 결코 포기하지 않았다는 것을 보여주었다. 이후에도 1997年 클린턴이 워싱턴에서 江泽民(jiāng zé mín)과 회담할 때와 1998年 4月에는 국무장관 올브라이트가, 1998年 6月에는 클린턴의 中国방문 때, 美国의 행정부는 中国政府에게 "하나의 中国" 원칙과 台湾问题에 대한 三不立场(sān bù lì chǎng)(Three No's Position)을 이를 반복해서 강조하였고, 한편으로는 台湾과의 关系를 지속적으로 강화하였다.

美国(měi guó)은 이처럼 兩岸政策(liǎng àn zhèng cè)에 있어 전략적 모호성에 입각한 이중노선政策을 전개하면서도 中国이 台湾에 대해 무력을 사용하는 것과 中国을 자극하는 台湾의 독립을 반대한다는 분명한 입장을 갖고 있다. 1995~1996年 台湾海峽 위기 시에 美国이 보여주었던 것처럼, 中国의 台湾에 대한 무력사용에 대한 반대 입장을 분명히 하였으며, 또한 美国은 台湾내의 台湾독립자들 (분리주의자들)에게 "台湾关系法에는 어떠한 모든 상황에서도, 台湾을 방어해야 한다는 내용이 결코 담겨 있지 않다."고 밝힘으로서 台湾독립에 대한 반대 입장을 분명히 하고 있다.

이상으로 본 논문에서의 「中国과 台湾의 통일정책 비교연구」에 있어서 전체적으로 평할 때, 中国통일은 中国 고대로부터 역성혁명 시에 행해졌던 전통적 奪勸방식에 더 크게 의존하고 있음이 사실이다. 현대사에 와서 역성혁명의 인자(Factor)에 있어서 예기치 못한 "세계경제대국"이라는 형태변위가 진화 중에 있다. 이는 곧 "역성혁명을 원초적 초래할 정치적·경제적 원인은 소수 엘리트로 구성된 지식인들로 하여금 기존 体制에 대한 비판과 그에 대치할 새로운 体制를 구성하게 하는 원인이 된다."577)는 것을 전제한다. 소위 현대사회의 경제적 추구로 인한 지식인들의 이반이 일어나게 되는데, 그들의 사상을 일컬어 대중사회라고 하며, 그 대중사회에서 가장 중요한 경제적·사회적 기능을 담당하고 있는 것은 곧 대중매체라 할 것이다. 이러한 대중사회의 사회적 특성은 여러 요인으로 분석 할 수 있지만 그 뚜렷한 요인은 사회적 정보가 유통되는 양상의 변화이며, 이 정보유통 형태의 변화는 곧 인간의 떠날 수 없는 정치적 환경의 변화와 같은 것을 말한다. 이는 곧 인간의 의사소통 행위의 총체로서의 커뮤니케이션 행위는 사회 제 관계에서 각종의 경제적 이익을 표출시키고 이를 통합 관리하는 정치행위의 일부라고 볼 수 있기 때문에 그 중요성이 날로 증대되고 있는 것이다.578) 이러한 맥락에서 한 정치체계 구성원들이 정치행위가 경제적 가치로 변화할 때, 교조주의적 공산주의·社会主义는 물론이고 자본주의·自由民主主义(zì yóu mín zhǔ zhǔ yì)라는 정치체계 역시도 방임 주의적 자본주의·民主主义(mín zhǔ zhǔ yì) 형태로 진화되며 변화한다.

이렇듯 中国의 国·共 合作(guó gòng hé zuò)에 의한 中国통일에 있어서의 과정은 오히려 上記에서 언급된 바와 같이, 수 천 년이라는 中国 역사상

---

577) 김정선., 한반도 대혁명, "혁명은 어디로부터 오는가", (서울: 태일출판사. 1996), p. 59.
578) 김정선., op. cit., p. 257.

에는 많은 왕조의 교체와 여러 차례 변혁이 있어왔다. 中国혁명의 성격에 있어서 공산주의와 中国的 전통과의 결합은 대단히 중요하다. 이것이 중화인민공화국에 의한 台湾통일이든, 台湾에 의한 中华人民共和国(zhōng huá rén mín gòng hé guó) 통일이든 간에 「中国통일」의 개념인식에 대한 주된 원인이기도 하다. 앞서 지적했듯이, 中国 共产党(zhōng guó gòng chǎn dǎng)의 奪勸양식은 马克思(mǎ kè sī)·列宁(liè níng)主义에 의존한 것이 아니라, 中国 고대로부터 역성혁명 시에 행해졌던 전통적 奪勸방식에 더 크게 의존하고 있음이 사실이다.579)

이와 같이 中国도 舊苏联(sū lián)과 같이 자연적 환경과 역사적 배경이 방대하기 때문에 외세의 개입이 효과가 없다할 것이다. 이러한 조건이 中国의 国·共 투쟁 당시 미국과 이오시프 비사리오노비치 스탈린(Иосиф Висса рионович Сталин, 1879~1953) 정권의 직접적인 개입을 저지시킬 수 있었다. 그럼으로써 中国혁명은 출발점에서부터 외부의 원조 없이 자력에 의한 "토착적 혁명"이 될 수밖에 없다. 본 논문에서의 「토착적 혁명」의 인자를 "세계경제형태"가 가져오는 변위를 주된 매개인자의 요인이었다고 분석하고 있다.

上記에서 언급한 바와 같이 혁명사상을 원초적 초래할 정치적·경제적 원인은 소수 엘리트로 구성된 지식인들로 하여금 기존 体制에 대한 비판과 그에 대치할 새로운 体制을 구성하게 하는 원인을 가중시키는데, 일부의 소외된 지역계층<中华人民共和国(zhōng huá rén mín gòng hé guó)변방세력>까지도 이에 동감하며, 민중은 새로운 자본주의 体制에 대한 급속한 세계경제대국 전환에 따른 自由民主主义가 전파되어 인민을 계몽하고 동요시킬 것이다. 이런 현상은 필연적으로 마약섭취 시 생성되는 환각상태를 야기 시키는데, 개인사상에 대한 낙원의 실현을 갈망하게 하며, 이미 세계경제대국으로서의 가치적 부여가 中国 고대로부터 역성혁명 시에 행해졌던 전통적 奪勸방식(총구에서 정권이 나온다...中国에서 주요한 투쟁 형태는 전쟁이며... 이것들은 모두 전쟁을 위한 것이다.)580)이라는 「中国통일」에 대한 기존의 의미를 상실케 하는 新사고의 가치관을 지닌 "유럽 신경제를 위장한 코뮤니즘에 접목되어 변조되어가는 혁명적 집단(제 4인터내셔널)"에 교배581)됨으

---

579) 김정선., op. cit., p. 385.
580) 김정선., op. cit., p. 385. 재인용.

로써, 또 다른 세계사의 中国위상의 경제대국이라는 실현의 대두와 함께 「中国분열」이라는 교착점을 갖게 될 것으로 결론을 맺고자 한다.

☑ 韩半岛 统一에 미치는 影响에 있어서의 결론은 다음과 같다.

세계사적으로 민족의 분단과 统一을 위해서는 적잖은 노력과 희생이 필요하다. 南北韩의 统一문제 역시 객관적인 역사적 시각을 본다면 희망적인 전망과 비전만이 존재하는 것은 아니다.

이제 우리는 민족의 统一을 위해서 무엇을 할 것인가? 여러 변수가 존재하고 국제환경과 남북관계의 진전에 따라 다양한 예측과 경로가 유추될 수 있는 상황이다. 어떤 상황에서도 가장 중요한 것은 남북의 통일은 어느 한 세력의 의지만으로 이루어질 수 없는 것이고, 또한 국제환경의 흐름과도 역행해서는 안 된다는 점을 인식하는 것이다.

韩国의 统一외교 전략은 韩国의 대외적 역할이 韩半岛(hán bàn dǎo) 차원을 넘어서 동북아 및 세계적 차원으로 확대됨을 의미하는 것은 中国과 日本(rì běn)의 军事力 증강은 韩半岛(hán bàn dǎo) 및 동북아 안정은 물론 바로 미터인 통일 韩国의 안보환경에 직접적인 影响을 미칠 수 있는 주요 변수이기 때문이다.

南北韩과 함께 韩国의 统一외교의 주요 대상인 미국과 中国이 참여한 4자회담에서 韩国·美国 간에는 정책공조의 과정이 이루어 졌다고는 하지만 中国이 4자회담을 미국의 影响力을 견제하면서 韩国·美国과 北韩사이에서 중재자적 입장을 유지함으로써 韩半岛(hán bàn dǎo)에 대한 影响力 확대하려는 場으로 활용하고 있다는 점을 유의 깊게 대처할 필요가 있다. 中国과 日本(rì běn)은 韩半岛(hán bàn dǎo) 평화体制구축 논의에 참여하면서 평화体制구축 그 자체 보다는 자국의 이익을 최대한 확보하려는 자세를 유지하고 있다는 점이다. 지난날을 돌이켜 보면 韩国이 탈냉전 시대에 들어서야 中国과 국교를 수립한 반면, 北韩은 中国과 오랜 기간 혈맹관계를 유지해왔다는 점을 감안 하더라도 韩国은 中国이 중간자적 입장에서 자국의 실리를 극대화 하는 데에 이렇다 할 외교적 대응을 전혀 하지 못하였다.

如今 北韩体制가 총체적 위기국면으로 치닫고 있어 北韩体制의 장래와 존

---

581) 김정선., "마지막 냉전의 섬 한반도", 서울: 도서출판 글원, 1996, p. 1. 재인용.

립성에 대한 심각한 회의가 제기되면서 통일 가능성에 대한 인식이 확산되고 있다. 그럼에도 불구하고 상당수 국민들이 통일비용 등의 이유로 소극적이고 부정적으로 보는 이면에는 德国(dé guó) 통일과정에서의 후유증, 통일韓国을 이끌어 갈 역량과 세계적 리더십에 대한 회의, 통일후유증에 대한 우려와 불투명한 미래에 대한 불안감 등이 내재하고 있기 때문이다. 그러나 한민족의 번영과 미래를 위해 필수적으로 통과해야 될 통일은 '고통 없는 통일'의 환상을 극복하고 냉정하고 적극적 태세로 임해야 한다.

특히 국제협력과 남북협력의 조화를 추진한다는 원칙의 하나로만 일관되게 강조하고 있는 이명박(MB) 정부의 국제협력 기조는 남북관계의 특수성을 고려하되 국제사회의 보편적 기준과 가치를 존중하면서 국제 사회와의 협력을 통해 남북문제를 풀어갈 때 北韓의 변화도 촉진할 수 있고, 남북관계도 더욱 발전할 수 있다는 것이다. 이명박(MB) 정부가 김대중 정부 및 노무현 정부와는 달리 北韓의 변화를 강조하고 있지만 사실 北韓体制의 본질적 변화가 없는 한 남북관계의 성숙한 발전은 기대하기 어렵다 할 것이다.

결국 국제협력은 北韓의 변화와 남북관계 발전, 그리고 장차 평화적 통일을 달성하기 위한 韓国의 외교적 노력을 말한다. 韓半岛(hán bàn dǎo) 주변국과 국제사회에 대하여 韓国정부의 대북정책 및 韓半岛(hán bàn dǎo) 통일정책에 대한 지지를 얻고 협력을 획득하려는 통일 당위성에 대한 외교적 행위의 결과이다. 이러한 통일외교를 실효성 있게 추진하기 위해서는 그 기반(infra)을 충실히 다져야 할 것이다.

이러한 통일당위성에 대한 합의와 함께 통일 이익에 대한 인식이 구체화됨으로써 보다 적극적이고 실천적인 통일의지에의 확신이 이루어져야 한다. 이러한 확신을 뒷받침하기 위해 분단과 통일을 비용(cost)-이익(benefit)차원에서 접근하지만, 분단으로 인한 정치적·경제적·사회문화적 폐해와 통일이 가져다주는 혜택은 물질적·유형적인 형태로만 파악될 수 없는 대상이란 점을 간과해서는 안 될 것이다. 또한 분단비용은 통일이 이루어지는 순간부터 해소되므로 분단비용의 해소 그 자체가 통일의 직접적인 실익이 된다는 사실과 통일이 가능하다면 점진통일보다 급작스러운 조기통일의 실익이 훨씬 크다 할 수 있다.

중국·일본·러시아 등 주변국들은 韓半岛(hán bàn dǎo)에 대한 통일 당위성을 부담스러워 하는 통일외교의 개념도 진화되어 갈 것이다. 그 이유는 "통일로 인해 영토가 확장되고 인구가 늘어나지만 그렇다고 경제적으로도 커지는 것은 아니다"며, 오늘날의 韩国이 처한 세계경제에 미치는 影响만으로도 분단국이라는 정의 또는 통일韩国이라는 개념이든 양자 간의 의미는 韩半岛(hán bàn dǎo) 주변국들에게 그리 큰 影响을 미치지 않는다고 볼 수 있기 때문이다.

중국을 보더라도 민주화운동의 천안문 사태가 일어난 지 벌써 20年이 흘렀음에도 불구하고, 세계经济 구도 속에서 역사학자들은 21세기의 첫 번째 중국의 10年의 마지막을 살펴보면서, 이 시기에 발생한 가장 중요한 사건으로 날로 커져만 가는 "중국의 经济力은 이제 미국과 함께 'G2'라고까지 불리는 중국에서 민주화의 꽃이 피어나는 것이 아니라, 성공적인 经济발전으로 인민들에게 좋은 점수를 따고 있는 중국 공산당의 그늘에 가려 민주화는 '씨앗'의 형태로 감추어져 있다."[582]는 점에서 변형된 经济공룡화로 의인화된 중국의 대약진을 꼽을 것이다.

香港(xiāng gǎng)이 중국에 반환된 1997年 이후 중국 정부가 임명한 첫 행정수반인 童建華가 바라본 중국의 근대 经济史를 3문장으로 표현한 요약문에 의하면, "중국은 산업 혁명기에 잠자고 있었다. 중국은 정보기술 혁명을 통해 발전했다. 또 녹색혁명에 적극 참여하려고 한다."는 것이다. 중국의 현 시점을 대변하고 있다고 해도 무방할 것이다.[583]

특히 중국经济가 北韩을 거점으로 하여 세계经济 대국 이라는 G2을 성취한 것이 아니며, G2를 영위하기 위해서는 반드시 韩国经济라는 중심적인 틀 구조가 절대적이기 때문에 韩半岛(hán bàn dǎo)统一에 대해 중국의 민주화운동이라는 천안문 사태와 같이 부정적 견해가 예전만 하지 못하다.

반면에 중국의 影响力이 더 커지면 커질수록 韩半岛(hán bàn dǎo)统一에 대한 影响力이나, 아시아 통합이 더욱 어려워질 것으로 내다보고 있지만, 현재의 중국의 经济 대국화 실현 이면에는 중국 공공부채의 위험성에 대한 경고가 국내외에서 잇따라 제기되고 있는 실정이다. "2011年 중국의 공공부채가 국내 총생산(GDP)의 96%까지 치솟게 되면서 중국은 물론 세계经济에 또 다른 위기를 제기할 것"이라는 美国(měi guó) 政治经济学者의 경고에 이어 중국 내부에서도 지방부채의 위험성을 잇달아 지적하고 나서 회복국면의

---

582) 조선일보, "마오쩌둥이 드리운 '혁명의 그늘'은 아직 걷히지 않았다.", 2010.2.20. A 15면.
583) 동아일보, "세계의 눈", 2010.1.12. A35면.

중국経済는 물론 세계経済에 새로운 위험요소로 떠오르고 있다.[584]

중국의 인민은행이 2009年 5月 末까지 집계한 중국의 지방 부채규모는 5조 위안(약 839조원)을 넘어서고 있는 것으로 나타났다. 중국 국내총생산(GDP)의 16.5%, 재정수입의 80.2%를 차지하고 있으며, 지방 재정수입의 174.6%를 차지해 이미 지방재정은 빚더미에 올라선 것으로 분석됐다. 여기에다 지방정부가 설립한 공기업 부채를 포함하면 6조 위안(약 106조원)에 달해 재정파탄 위기에 몰리고 있다고 중국 언론매체들은 지적하고 있다.

韓半島(hán bàn dǎo) 統一에 대해 미래학자들이 지적하고 있듯이, "北韓体制 기능이 제대로 작동하지 않아 고장 난 상태"라며, "北韓이 아주 갑작스럽게, 그리고 아주 빨리 사라질 것"으로 예상하고 있다. 결과적으로 갑작스럽게 붕괴된 北韓을 韓国이 떠안아야 할 시대적 상황으로 "韓国이 부담해야 할 統一비용이 상당할 것"이라는 점이다.[585][586]

上記에서 지적하였듯이 중국은 급작스럽게 형성된 세계적 経済대국이라는 구조는 오히려 중국이 안고 있는 버블経済의 불합리성 세계 経済的 부담으로 하여금 韓半島(hán bàn dǎo) 統一에 대해 간여 할 수 있는 제반적 상황 여건이 예전과 갖지 못하기 때문에 韓半島라는 지정학적 한계에서 머물러 있지 못할 것이라고 예측하고 있다. 더구나 세계 経済的 차원에서의 韓国의 経済중심의 틀이 통일비용 때문에 韓国의 経済성장률이 떨어질 가능성이 높다는 점에서 오히려 러시아·중국·일본 등 주변국이 반기는 상황도 재연될 수 있다는 가설에 대하여 韓半島統一과정에서 나올 수 있는 하나의 세계経済의 틀에서 연구의 가치가 될 수 있는 패러다임임을 간과해서는 안 될 것이다.

본 논문에서는 그 동안 연구자의 저서를 통해 韓半島(hán bàn dǎo)統一과정에 대하여 국제정치학적 차원에서 살펴 본 하나의 패러다임을 설정한 바 있는 「新統一论」[587]에서 <北韓体制 붕괴에 따른 무혈흡수통합>[588][589]

---

584) 문화일보, "중국, 공공부채-세계경제 시한폭탄", 2010.3.4. 29면.
585) 매일경제, "중·미 관계 나빠지면 한국, 양자택일 기로에 설 것" 2010.2.2. A4면.
586) 통일부, 시행 정책기획과-1000, "유엔 세계재활기구 상임의장 김정선_한반도 통일방안 및 통일세 제안", 2010.09.14.
587) 김정선., op. cit., p. 1. 재인용.
588) 無影孝太(김정선)., 소를 타고 소를 찾는 고녀, 無間地獄, 서울: 도서출판 이진, 1993. p. 115. 재인용.
589) 조선일보, 이명박 대통령., "통일은 반드시 온다"..."北 급격한 붕괴·흡수통일 염두에 둔

을 제시한 바 있다.

이에 대한 대전제는 <3단계론>으로 구분된다. 北韓붕괴의 3단계는 21세기 초입부터 제 1단계: 经济고립으로부터 시작된 经济몰락이고, 제 2단계; 김정일 사후 군부연정이고, 제 3단계: 대지진590)으로 인한 몰락과정을 겪게 됨을 기술한 것이다.

이를 복합 다원화하여 재구성하여 新统一论의 <9단계>를 열거해 보았다. 1단계는 「北韓고립에 따른 탈북자 등 국제적 테러 급증」으로부터 시작된다. 2단계는 「급작스러운 돌발사태가 몰고 온 北韓体制 붕괴」의 원인이 될 것으로 해석하고 있는데, 여기서 의미한 돌발사태 주요 원인 3가지는 다음과 같다. 첫째, 쓰시마 해협의 대지진이고, 둘째, <韓半島(hán bàn dǎo) 지진이 몰고 온 北韓 영변 핵 방사능 누출>591)이며, 셋째, <재난으로 인한 南北韓 대참사가 발생될 것으로 예측>592)하고 있다.

이러한 전제의 가설 하에 진행 단계의 순서가 뒤바뀔 수 있다는 상황을 설정하여, 3단계로 접어들면서 「김정일 사망 또는 망명」이 이루어지고, 4단계에서는 「일시적 北韓 군부정권 수립」되며, 5단계인 「南北韓 간의 전면전이 돌입」 된다는 예측이 가능하다. 이후 비로소 6단계에서 「무혈흡수통일」이 이루어진다고 할 것이다. 통일과정에서 국내 불안정의 가중요인은 7단계인데 이는 곧 「韓国의 종교이념 갈등증폭(종말론 부활)」 서막을 가져올 것이며, 이로 인해 8단계인 「韓半島(hán bàn dǎo) 대혁명」 시대를 맞게 될 것으로 보인다. 이러한 불안전의 사회구조를 거쳐 9단계에서 「21세기 韓半島를 중심권으로 한 환태평양 시대 개막」을 맞이하게 될 것으로 예상된다.

이러한 韓半島 상황전개에 대한 가설과 관련하여 미국 하버드대학 니알 퍼거슨(Ferguson) 교수가 발표한 「새로운 10年, 韓半島 재통일이 최대 역사적 사건 될 것」이라는 기고를 통해, 다음과 같이 정의를 내리고 있다.

韓国은 중국과 일본이라는 강대국 사이에 놓인, 호두까기 기계 사이에 놓

발언인가", 2010.8.16. A3.

590) 김정선., '백두산 화산폭발...핵시설 위협, 세계적 재앙된다.', 서울: 일요서울, 2010.6.20. p. 15.

591) 김정선., 국방경제전략연구총서., 세계안보패권전략, "안보정세보고", 서울: 도서출판 근사, 1998. pp. 65. 재인용.

592) 仙佛孝太(김정선)., 妙香白蓮華嚴經, 信解音, 忠北 一心一仙政出版社, 1990. pp. 33~34. 재인용. 無影孝太(김정선)., op. cit., p. 115. 재인용.

인 호두로 비유되곤 한다. 韩国은 어떠한 전략을 따라야 하는가. 라는 질문
에__"두 거인 사이에 낀 상대적으로 작은 국가의 상황은 재앙적일 수 있다.
폴란드가 그랬고, 韩国이 경험했다. 가장 좋은 방법은 이 지역에서 떨어져
있는 강력한 친구를 두는 것이다. Globalization도 韩国같은 나라엔 좋다. 파
워가 글로벌하게 분산되기 때문에 이웃 국가들의 影响力을 떨어뜨릴 수 있
다. 韩国이 택할 수 있는 최선의 전략은 글로벌機構(Organization) 해질수록
韩国같은 나라엔 유리하다. 아시아 제국주의로 돌아가면 韩国같은 나라는
위험해진다."593)

上記의 지적에 대한 대처방안으로서, 韩国 이명박(MB) 정부에서는 다음
과 같은 Globalized한 국가정책을 진행하고 있다. 향후 닥쳐올 민족 대란과
맞물린 세계정세<즉, 韩半岛(hán bàn dǎo)의 지정학 상 미국쇠퇴(세계 금
융시스템 다운에 따른 팍스아메리카즘 쇠퇴)594)에 따른 4대 강국의 급변하
는 기류변화와 韩半岛(hán bàn dǎo)統一이 몰고 올 经济的·사회적·정치
적 혼란 상태를 비유한 「블랙홀」 등에 대처하기 위해서는 인간 존엄의 세
계人权(rén quán)을 위시한 UN<联合国(lián hé guó)> 산하 世界再活機構
(WRO)595)를 韩半岛에 유치함으로써, 국가를 글로벌화 시키는 세계관이 절
대적임을 인식하고596), 이와 관련하여 韩国 이명박(MB) 정부에서는 韩半
岛 統一과 이후 과정을 대비하기 위하여, 韩半岛를 세계 중심국가로 전개과
정에 있어서, 「세계人权(rén quán)중심국」이라는 태생적 아젠다를

593) 조선일보., "새로운 10년, 한반도 재통일이 최대 역사적 사건 될 것", 2010.1.1.
     A10면.
594) 김정선., 국방경제전략연구총서., 세계경제버블론., "세계대공항 시나리오", 서울: 도서
     출판 근사, 1998. pp. 93~112.
595) WRO., "제 61차 UN<联合国(lián hé guó)>총회. UN<联合国(lián hé guó)> 산하 세
     계재활기구(WRO) 창설 및 세계장애인인권선언 선포" 세계 인명사전 Princeton Who's
     Who 2009/2010. 2009. 6. 8. 등재. WAPD(World Association of Persons with
     disAbilities):"WAPD supports your efforts to become a UN organization" George B.
     Kerford,   Ph.d.   Chairman—Board   of   directors.,   chairman@wapd.org.,
     <http://www.wapd.org.>. State of Washington; Governor Gary Locke., "the World
     Rehabilitation Organization to the U.S.-U.N." 2003.2.21., Commonwealth of
     Virginia; Governor James S. Gilmore, III,"World Rehabilitation Organization(WRO) of
     the Rehabilitation Science Group to the United Nations in the spirit that human
     dignity for all people will be guaranteed.", 1999.8.19. 재인용.
596) 김정선., 'UN기구 본부 한국유치...글로벌 한국 알아야', 서울: 일요서울,
     2010.5.30. p. 24.

2006.12.13. 제 61차 UN총회에서 상정 통과시킨 「UN WRO」의 提案国으로서, 2010.9.25.(일자 미정) 제 65차 UN총회에서「UN WRO」를 韓国에 유치하기 위해 현재 멕시코와 198개국 상대로 상호 국가 간의 치열한 유치 경쟁을 통해 세계 UN<联合国(lián hé guó)>외교에 치중하고 있다.597)

또한 世界再活機構(WRO)는 10年 이내 韓半島를 중심으로 한 4대 강국의 다각적 관계에 있어서, 세계정세 재편가능성을 준비하기위한 방편으로 미국의 위기시 韓国을 강력한 우방 국가로 성장시켜 4대강국에 대한 견제와 균형을 도출할 수 있도록 UN<联合国(lián hé guó)>의 사무총장을 극동에서 배출되는 것이 如今의 시대적 요청임을 미국 부시 대통령 및 UN<联合国(lián hé guó)> 안전보장이사회 고위정책결정 과정에서 채택되도록 제안한 결과 미국정부로부터 긍정적 검토<안>이 통보되었으며,598) 韓国에서 최초로 반기문 UN<联合国(lián hé guó)>의 사무총장이 배출되게 되었다.

[유엔 세계재활기구]에 대한 미국의 오바마 대통령의 관심표명을 비롯하여599), 유엔기구 및 세계평화인권단체들의 참여로 인해 2011년9월21일 제 66차 유엔총회에서 [세계장애인인권선언]을 기초한 [세계재활기구]에 대해 아젠다의 채택여부가 거론되기까지 하였다.600)601)

---

597) 국민권익위원회:
　　　대통령실「IBA-0810-051231/IBA-0703-016619/IBA-0703-010985」,
　　　2007.2.26.). 재인용. http://www.epeople.go.kr.:8504. 재인용. 재정경제부: 복지
　　　경제과-413(2006. 8.17.). 재인용. 국무조정실: "서남권 종합발전계획수립"
　　　특별법제정, 서남권등낙후지역투자추진단-17. (2007.2.2.). 재인용.

598) Steven James Tingus, M.S., C.Phil. Director. National Institute on Disability and Rehabilitation Research, Chairman. Interagency Committee on Disability Research Office of Special Education and Rehabilitative Services U.S. Department of Education, Washington, DC 20024-6122, "Tingus, Steven".<steven.tingus@ed.gov>, "King, Kelly".<kelly.king@ed.gov>, "Jaeger. Robert". <Rovert.Jaeger@ed.gov>. 재인용.

599) **Michelle Obama,** http://www.facebook.com/michelleobama?ref=pb. OBAMA!!, http://www.facebook.com/pages/World-Rehabilitation-Organization-WRO/176134472404264#!/obama.fanpage. **Obama Pride,**
http://www.facebook.com/pages/World-Rehabilitation-Organization-WRO/176134472404264#!/pages/Obama-Pride/55618600602

600) **Google., World Rehabilitation Organization,**
http://www.facebook.com/pages/World-Rehabilitation-Organization-WRO/176134472404264#!/Google.

601) facebook., 김정선(Kim Jung Sun), http://www.facebook.com/profire.php?d=100000353558682.

향후 韓半島(hán bàn dǎo)统一과 그 이후를 대비하기 위해서라도, 세계평회인권단체들과 협력하여 유엔에 끊임없이 [유엔 세계재활기구]에 대해 상정해줄 것을 요청할 것이다.

또한, 세계재활기구(WRO)가 지향하고 있는 [세계인권중심국]이라는 한반도통일의 교두보 역할로써, '민주주의 완성단계인 인간존엄성'에 대해, 2011년10월13일 한 · 미 정상회담의 공동발표를 요청하였다.

그뿐 아니라, [유엔 세계재활기구]의 총괄본부가 한국에 유치되도록 이명박(MB) 정부의 적극적인 동참을 요청하고 있다.[602]

그 외에도 2008.5.8. 韓国 이명박(MB) 정부가 해상철도(부산-목포)를 연계한 선(SUN)벨트 经济圈을 확정하였다. "선(SUN)벨트[603]의 정책수립의 변천과정은 2202.6. UN<联合国(lián hé guó)> 经济社会이사회(UN ESCAP)가 아시아횡단철도 건설을 통해 세계물류 이동에 대한 대륙철도 경로구간 계획안을 UR 및 WTO에 상정하였고, 이를 기초로 하여 2006.12. 上記의 UN ESCAP의 아시아횡단철도 노선 경로에 대해 世界再活機構(WRO)가 <부산-목포-중국上海(shàng hǎi)-广州(guǎng zhōu))> 구간을 아시아 횡단철도와 대륙철도 및 해상철도로 상호 연계하는 아시아 횡단철도 新프로젝트를 재설정하여 韓国정부(동 · 서 · 남해안권 발전특별법 제정과정)와 중화인민공화국, UN ESCAP 등에 수정안이 제출 된 바 있다".[604] 联合国(lián hé guó)에서 추진되고 있는 세계물류 이동에 대한 세계적인 거점을 韓国이 확보함으로써, 이러한 세계 정책에서 벗어나 있는 멕시코 보다 韓国이「UN WRO」유치 당위성에 명분과 실리가 앞서 있다는 것을 본 논문에서 韓半島(hán bàn dǎo) 统一에 대한 총체적인 결론을 맺고자 한다.

본 논문의 상기의 총체적 결론에서 韓半島(hán bàn dǎo)统一에 대한 안

---

602) 세계재활기구(WRO)., EE-238277-845-KR US. No.11360-0240-3925, 미국 백악관 및 한국 대통령실: 2011.10.13. 한 · 미 정상회담, "세계재활기구(WRO)가 지향하고 있는 [세계인권 중심국]이라는 한반도통일의 교두보 역할로써, '민주주의 완성단계인 인간존엄성'에 대해 공동발표 요청." 2011.10.04. **Barack Obama,** http://www.facebook.com/pages/World-Rehabilitation-Organization-WRO/176134472404264#!/barackobama.

603) 동아일보., 2008. 5. 8. A1면. Integrated International Transport and Logistics System for Northeast Asia, The Korea Transport Institute UN ESCAP December 2, 2003. 재인용.

604) 국방부 산하 21세기 군사연구소., http://www.military.co.kr. pp. 58~62. 재인용.

정적 統一과정을 맞이하기 위하여 韓半島에 Globalization화한 국가 정책의 일환으로 如今 이명박(MB) 정부에서 추진중인 UN<联合国(lián hé guó)> 산하 世界再活機構(WRO)가 韓国에 유치됨으로써, 세계적으로 한반도통일을 기초한 「세계인권중심국」이라는 이면에, 실리적인 국가산업 전반에 거쳐 「산업대혁명」을 맞게 된다.

상기와 관련하여 국가산업 전반에 거쳐 「산업대혁명」에 대한 구체적 사례를 옮겨본다.

UN<联合国(lián hé guó)> 산하 世界再活機構(WRO)가 韓国에 유치되는 과정에서 향후 이명박(MB정부) 전반에 미치는 影响을 간략히 고려해보면 「국가经济论 인프라 구조 대전환」에 따른 「新福祉经济国家论」 창출 할 수 있으며 구현을 검토해 보면 대략 다음과 같다.

향후 급작스럽게 닥쳐올 韓半島(hán bàn dǎo)統一과 그 이후를 대비하기 위하여 국가经济论인프라 구조 대전환의 초기적 단계로써 新福祉经济国家论 의 극동 플랜을 구현시키고자 世界再活機構(WRO)는 세계장애인 福祉의의 와 세계 人权(rén quán)신장 및 福祉经济구현에 대한 「新福祉经济国家论 8 단계 실천방안」을 제시한다.

1단계: 세계장애인의 人权(rén quán)신장 및 「福祉经济에 대한 신 사고 의 혁명적 대전환」이 요구되는 시대적 상황이다. 「世界再活機構(WRO)」 에 대해 멕시코와 유치경쟁605)을 벌이고 있는 韓国은 UN<联合国(lián hé guó)「世界再活機構(WRO)」606)의 상징을 선점하였다.607)

---

605) 외교통상부 국제기구국 시행 인권사회과-3727, "유엔 세계재활기구 상임의장 김 정선_유엔차원에서 2008년5월 발효된 「장애인권리 권리협약(Convention on the Right of Persons with Disabilities)」 및 동 협약 당사국들의 협약 이행 사항을 점 검하는 장애인권리위원회(Committee on the Rights of Persons with Disabilities) 에 우리나라는 2008년 10월에 가입하였습니다.", 2010. 09. 07.

606) Commissioner, The korean intellectual property office., Registration No. 41-0195529. /T.2010-4./2010-5. 재인용.

607) UN Webcast,
http://www.facebook.com/profile.php?id=100000353558682&ref=tn_tnmn#!/UNwebcast.
The White House,
http://www.facebook.com/pages/World-Rehabilitation-Organization-WRO/176134472404264#!/WhiteHouse.
Kofi Annan,
http://www.facebook.com/pages/World-Rehabilitation-Organization-WRO/176134472404

2단계: 2006年12月13日. UN<联合国(lián hé guó)>총회에서 결의된 联合国 장애인 권리협약을 준수하며, 世界再活機構(WRO)의 UN<联合国(lián hé guó)>조직을 韓国에 유치토록 하여, 세계 각국의 소외된 계층과 세계장애인 인권 그리고 「재활과학(RS) 산업으로부터 생성되는 세계経済가 결합된 국제협약의 범국가적 福祉経済프로젝트」를 발전시켜 나가야 한다.608)

3단계: 21세기 科学(kē xué)은 최첨단 재활과학 산업의 시대이다. 따라서 中央정부의 보건복지부 조직과 福祉가 단순 분배의 소비성 개념이 아닌 성장과 재투자의 순환이 가능한 「福祉経済」를 실현될 수 있도록 기존의 福祉政策을 전면 제도혁명을 제시함으로써, 「新福祉経済国家论」을 추구해야 한다.

4단계: 인간의 손과 발을 대신하여 로봇·무인우주탐사선·심해잠수함·컴퓨터·음성인식장치·비디오 등은 미국 등 선진국들의 국방획득 부분에 대한 실리콘밸리에서 창출되는 군산복합체(국방과학)609) 분야는 모두 최첨단 재활과학에서 비롯된 성과물이다. 이미 주요 선진국에서는 이러한 재활과학의 중요성이 일찍이 부각되었고, 재활과학기술의 육성을 통해 국방과학 분야는 물론이고, 장애인의 福祉증진 및 보다 구체적인 장애인 정책을 마련할 수 있었다. 재활과학기술의 응용으로 자국의「국가산업経済의 중추적 아

264#!/pages/Kofi-Annan/228449696042.

608) **Wpo-World Parlament (Wpo),**
http://www.facebook.com/pages/World-Rehabilitation-Organization-WRO/176134472404264#!/profile.php?id=100001695778133.

Ihrc Headquarter,
http://www.facebook.com/pages/World-Rehabilitation-Organization-WRO/176134472404264#!/ihrc.headquarter.

609) 김정선., 국방경제전략연구총서., 세계경제버블론., "방위산업의 숨겨진 실체", 서울: 도서출판 근사. 1998. pp. 281~298. 재인용.

젠다인 재활과학(RS_Rehabilitation Science)산업으로부터 파생되는 최첨단 우주과학 및 생명공학610)의 4T{정보기술(IT)+생명공학(BT)+환경 및 극미세기술(NT)} 등과 연계된 국가기반 산업인 실리콘밸리를 형성」611)하게 함으로써, 고부가 가치의 국가경쟁력이 창출되어야 한다. 특히 「재활과학(RS)분야와 접목된 국제금융프로그램 시스템을 국방분야 사업획득청612)의 구조 및 제도적 시스템에 접목함으로써, 국방해외프로젝트금융시스템(OPFs)의 대외군사판매(FMS)지원과 적정 국방비 결정요인에 관한 국제금융과 접목된 FMS 운용시스템에 대한 이해와 제도적 구조」613)가 만들어져야 한다. "미국 대학의 교육정책은 世界再活機構(WRO)의 권고에 따라 각 대학에 최첨단과학 산업분야인 「재활과학과」를 개설"614)하였다.

5단계: 세계무대에서 장애인의 人权(rén quán)신장과 권익보호를 통해 인간의 존엄성이 보호되고, 이와 함께 세계평화와 인류의 福祉에 대한 통합기능을 부연됨으로써,615) <福祉先進韓国>으로 국가신인도를 선진화시켜야

---

610) 농림부., 전라북도지사 시행 새만금개발과−449(2007.10.8.), "세계재활 생명공학 연구단지 조성(안)" WRO. 2007−0908. 재인용.

611) 전라남도지사 시행 기업도시과−115(2007. 1. 1.)., 전라남도, 기업도시건설지원사업소 −776(2006. 6. 21.), 세계재활과학연구단지(WRSIK_World Rehabilitation Scientific Institute Kombinat) 지구지정 승인. 국무조정실: "서남권 종합발전계획수립" 특별법제정, 서남권등낙후 지역투자추진단−17(2007.2.2.). 재인용.

612) 국방부 감민33070−1380., 「국방경제전략연구소 설치안」, 2002.03.22. 재인용.

613) 국가보훈처 산하 재대군인지원정책연구원 결산보고서, 제 9기 (20081.1.~2008.12.30.), 「국방부사 업획득청」, "국방해외프로젝트금융시스템(OPFs)의 대외군사판매(FMS)지원과 적정 국방비 결정 관련 연구보고서", pp. 1.~18. 재인용.

614) http://www.wro5@wro5.com., "Blanchard, Jeanine"<jeanine@use.edu>, "Rehabilitation Science", "I am trying to find a list of all of the schools in the U.S. that have "Rehabilitation Science" programs/departments/degrees, etc. 2003. 7. 24. 재인용.

615) **David Cameron,**
http://www.facebook.com/pages/World−Rehabilitation−Organization−WRO/176134472404264#!/DavidCameron.
Julia Eileen Gillard,
http://www.facebook.com/pages/World−Rehabilitation−Organization−WRO/176134472404264#!/pages/Julia−Eileen−Gillard/111935075491260.
Tony Blair,
http://www.facebook.com/profile.php?id=100000353558682&ref=tn_tnmn#!/TonyBlair.
World Trade Organization WTO OMC,
http://www.facebook.com/profile.php?id=100000353558682&ref=tn_tnmn#!/worldtradeorganization.

한다.

6단계: 韓半島統一 이후의 대양세력에 교두보 방안으로 UN<联合国(lián hé guó)> 산하 국제해사기구(IMO)를 거점으로 한 국토해양국으로서의 선점이 필연적이다. UN WRO가 IMO의 국제항해위치추적(LRIT)센터 총괄기구 유치에 대한 제안616)이 통과되어 1차적으로 韓国이 이명박(MB)정부 초기에 UN<联合国(lián hé guó)> 국제해사기구(IMO)의 A그룹 이사국이 되었다.617)

7단계: 21세기는 <재활과학(RS)산업을 중심으로 하여 미래우주공간 개척을 위한 韓国·美国 간의 화성 유인탐사 등 우주공간 확보>618)가 선진

Jimmy Carter Presidential Library,
http://www.facebook.com/profile.php?id=100000353558682&ref=tn_tnmn#!/CarterPresidentialLibrary.
Papa Benedetto XVI,
http://www.facebook.com/pages/World-Rehabilitation-Organization-WRO/176134472404264#!/Benedetto16.
Jimmy Carter,
http://www.facebook.com/pages/World-Rehabilitation-Organization-WRO/176134472404264#!/pages/Jimmy-Carter/15667563222.
Being Conservative,
http://www.facebook.com/pages/World-Rehabilitation-Organization-WRO/176134472404264#!/beingconservative.
Nicolas Sarcosy,
http://www.facebook.com/pages/World-Rehabilitation-Organization-WRO/176134472404264#!/profile.php?id=100002252646351.

616) 한국해양수산기술진흥원 공고 제 2009-25호 국토해양부소관 연구개발사업 운영규정 제 19조(시행계획 수립 및 공고 등)에 따라 2009년도 『개발도상국 해사안전시스템구축 협력사업』 신규과제 선정계획<국제해사기구(IMO)-아시아 선박장거리위치추적(LRIT)정보센터구축, 해양안전종합정보시스템(GICOMS) 및 항만운영시스템>.- 2009.05.15. 「세계재활기구(WRO) 해양수산부 국가정책권고안 2006. 1. 1.」, ITU-R WP8F 국제등록중점추진. 제 4(GHz)세대 정보위성통신 체계의 주파수 대역자원확보 검토(안) 「세계재활기구(WRO) 방송통신위원회 방송통신 융합정책실 국가정책권고안」, 2008.03.8. 재인용.

617) **이명박,**
http://www.facebook.com/pages/World-Rehabilitation-Organization-WRO/176134472404264#!/pages/Dlaudqkr/114594575223219.
Boutros Boutros Ghali,
http://www.facebook.com/pages/World-Rehabilitation-Organization-WRO/176134472404264#!/pages/Boutros-Boutros-Ghali/30211245992.

618) 매일경제., "오바마, 화상 유인탐사 프로젝트", 2010.4.17. 국제면.

국 글로벌기구 G8 진입의 긴요한 단초이다. 이는 곧 위성정보통신시대를 대비한 「5GH 무선주파수 대역 및 자연생태계 주파수인 절대치 |±| 130dBm 확보」가 관건이다. 美国정부는 현재 퀼컴사(Quallcomm)가 보유한 원천기술의 기종인 제 2.5~3세대 CDMA · TDMA 코드분할의 모바일폰 시대가 종료됨을 예고하고,[619] 「향후 WRC-03에서 5GHz 대역(5.150~5.350 MHz, 5.470~5.725 MHz)[620]을 무선랜을 포함한 무선접속 시스템용으로 사용하기로 결의. 5GHz 주파수 대역인 무선주파수 대역 확보와 자연생태계 주파수인 절대치 |±| 130dBm을 美国산업의 중심 주파수로 확정」[621][622] 발표하였다. 世界再活機構(WRO)는 재활과학(RS)산업을 통해 재난구조용의 방식으로 제 4(GHz)세대, 제 5(GHz)세대 정보통신 혁명[623]이라 일컫는 5GHz 무선

619) **Bill gates,**
http://www.facebook.com/pages/World-Rehabilitation-Organization-WRO/176134472404
264#!/pages/Bill-gates/153291821394393.
Project Syndicate,
http://www.facebook.com/pages/World-Rehabilitation-Organization-WRO/176134472404
264#!/projectsyndicate.
Steve Jobs,
http://www.facebook.com/pages/World-Rehabilitation-Organization-WRO/176134472404
264#!/pages/Steve-Jobs/201428939868131.
620) Jung Sun Kim., Australian Government IP Australia, STANDARD PATENT, Dated this 18th day of March 2010. World Intellectual Property Organization International Bureau, International publication Date 19 October 2006, WO 2006/109953 A1. 재인용. Jung Sun Kim., Rusia Government IP Rusia, STANDARD PATENT, RU 2 389 036 C2. World Intellectual Property Organization International Bureau, International publication Date 2007141501/09, 05.04.2005 KR 10-2005-0029963. 재인용. Jung Sun Kim., The United States of America, The Director of the United States Patent. US 8,004,461 B2. Date of patent: Aug.23,2011. PCT: Oct.16,2006.
621) 전파진흥, 2005.6. 한국전파진흥협회, p. 21, pp. 36~37. The Special Theme, November 2001, the Spatial World, IT in IT, pp. 81~82. 재인용.
622) **Project Syndicate,**
http://www.facebook.com/pages/World-Rehabilitation-Organization-WRO/176134472404264#!/proj
ectsyndicate.
Project Syndicate,
http://www.facebook.com/pages/World-Rehabilitation-Organization-WRO/176134472404
264#!/pages/Project-Syndicate/107974155898140.
623) **Nobel Prize,**
http://www.facebook.com/pages/World-Rehabilitation-Organization-WRO/176134472404

주파수 대역 확보와 자연생태계 주파수인 절대치 | ± | 130dBm를 채택하여 전 세계 공용주파수로 사용권고안을 UN<联合国(lián hé guó)>사무국 및 상임이사국에 제출하여, 韩国의 중심주파수의 원천기술임을 확보624)625)하였다. 상기의 "중심주파수"626)가 모바일폰을 비롯한 4T{정보기술(IT)+생명공학기술(BT)+환경 및 극미세 기술(NT)} 및 정보통신체계와 접목됨이 필연적627)이므로, 이에 파생되는 經濟學 가치로 산술해 보면 수치상 형용하

264#!/pages/Nobel−Prize/53346860137.

Nobelprize.org,

http://www.facebook.com/pages/World−Rehabilitation−Organization−WRO/176134472404 264#!/Nobelprize.org.

624) Secretariat of the United Nation, WRO&WOPd, Statement of Opinion, p. 45. Statement of Opinion Attachment, "International Search Report", 2008.1.31, pp. 17~20. 재인용. 소방방재청 시행 정보화담당관−1424, <제 4세대 정보이동통신체계의 재난구조용 130dBm 펄스폭의 5GHz 주파수(Hz)대역을 세계공통주파수 대역으로 확보−21세기 광대역 무선망(SDR Sofewere Defined Radio)과 UWB(Ultra Wide Band) 초 광대역 무선통신시스템에 있어서 재난구조용 130 dBm 펄스폭의 5GHz 주파수(Hz)대역 활용 방안.>, (2008.07.02.). 재인용. U.S. Patent Application No.:11/911,102. ref.:MP/US/07/0100. ref.:MANM−11972. 재인용.

625) **Next generation mobile communication prospect of 5GHz frequency,** Summary of Australia national communication network system installation, *This is being asked to determine if we can make bulk offers to countries which are trying to roll out fast broad band services nationally. ustralia is one such example and has a budget of $43 billion to install fire optic cable round Australia. A satellite solution can be a cheaper option. Or even a solution where fibr cable is inefficient or ineffective to reach remote areas of Australia. The user base would be around 15million. Based on Article pp. 1−100. Amount of attached files.*

626) 최근 IMO 국제항해 선박 위치추적 규정에 대하여 2006년 5월에 국제협약에서 정식 채택될 예정으로 발표된 바 있습니다. 이와 관련하여 [세계재활기구]는 IMO 국제항해 선박 위치추적 규정의 정식채택을 겨냥하여 2년 동안 조난자 위치추적 구명동의용 GPS SYSTEM을 개발하여 시험단계에 있습니다. 본 시스템 내장에는 세계가 공통으로 사용이 가능한 주파수를 이용하여 긴급구조 911에 대한 다국어 음성 변조와 함께 영상 모바일 복합 시스템으로 구성시킴. 미국의 GPS 독점에 대처하여 유럽의 갈릴레오 프로젝트 추진은 2008년부터 위성시스템 구축이 마련되고 있는 실정입니다. 그러나 상호간 사용될 주파수로 인해 기존에 구축된 미국의 위성망에 장애가 발생될 수 있는 우려를 낳고 있는 등 우주대란이 예상되고 있습니다. 결과적으로 [세계재활기구]가 개발한 구명동의용 GPS 시스템에서 송출하는 주파수 대역을 세계 공통 중심주파수로 선정됨

627) **World Bank Publications,**

http://www.facebook.com/pages/World−Rehabilitation−Organization−WRO/176134472404 264#!/worldbankpublications.

World Trade Organization WTO OMC,

기 어렵다.

8단계: 韓半島 전쟁 발발시 韓国에 유치한 世界再活機構(WRO)의 UN <联合国(lián hé guó)>조직의 존재 가치는 외침으로부터 1차 외기권 방어 体制의 의미가 있을 뿐 아니라, 198개국의 다양한 국제금융 산업과 연계하여 국가적 아젠다로 격상시켜, 韓国이 택할 수 있는 최선의 전략은 「韓半島(hán bàn dǎo) 统一구도가 글로벌機構(Organization)해질수록 世界经济가 유연하게 통합운영 될 수 있는 Globalized한 세계글로벌기구의 국가경영에 대한 지식적 사고의 대혁명」(즉, 新统一论에서 제기한 韓半島(hán bàn dǎo) 대혁명의 정의)628)이 필요하며, 이러한 제반적 요소를 国家産業的·国防经济629)的·福祉经济的·統一经济的인 인프라로 구축 또는 재정비 되어야 한다.

상기 (항)과 관련된 미래 5세대(5GHz)의 위성정보통신 혁신IT기술에 대한 "세계 공유"에 대해 다음과 같이 전제한다.

첫째, 유엔에 상정된 유엔 세계재활기구가 2011년9월26일 제66차 유엔총회에서 공식 발표되었다.630) 유엔 세계재활기구가 한국에 유치될 경우631),

http://www.facebook.com/pages/World-Rehabilitation-Organization-WRO/176134472404264#!/worldtradeorganization. **UN Academic Impact,** http://www.facebook.com/ImpactUN. **World Bank Africa,** http://www.facebook.com/lists/221919884496462#!/WorldBankAfrica.
628) **Bill Gates and 98575 others,**
http://www.facebook.com/pages/World-Rehabilitation-Organization-WRO/176134472404264#!/pages/Bill-Gates-and-98575-others/246255695409170.
629) 김정선., 국방경제전략연구총서., 국방경제학 I/II, 세계무역경제편, 서울: (주) 씨엔씨커뮤니케이션, 1999. pp. 791~895. 재인용.

630) "유엔 산하 세계재활기구(WRO) 창설, 세계 각국에서 可否票決 진행 중"Google_World Rehabilitation Organization_September 26, 2011. 66th UN General Assembly [the UN World Rehabilitation Organization]

speech.http://theroyalbaloirepresentative.wordpress.com/2011/09/15/septembe
r-26-2011-66th-un-general-assembly-the-un-world-rehabilitation-org
anization-speech/전 세계 각국에서 지지 성원을 보내주신, 페이스북을 통한
500개 로열패밀리 단체를 비롯하여, 세계재활기구(WRO)와 함께한 세계
각국의 36,800개 단체의 "유튜브" 웹사이트 단체에게 깊은 감사를 드립니다.
세계재활기구(WRO)는 세계 각국의 성원에 힘입어, 유엔 세계재활기구로
새롭게 태어날 것입니다. 세계재활기구(WRO)는 "세계장애인인권선언"을
기초로, 인류가 갈망하는 인간존엄성의 가치를 추구해 나갈 것입니다.
우선적으로, 유엔, IMF, 미국을 비롯한 세계 각국들의 공동협력체가 주관되어,
"세계복지금융프로젝트" 아젠다를 제안토록 할 것입니다. 따라서
세계재활기구(WRO)가 제시하고 있는 "재활과학정책"(RSP)의 인프라를 통해
열악한 환경에 처해 있는 아프리카 등 저개발도상국들에 대한 실질적인
국가발전에 공헌될 수 있도록 할 것입니다.

"United Nations' World Rehabilitation Organization(WRO) the establishment,
opinion from around the world vote in progress."Google_World Rehabilitation
Organization_September 26, 2011. 66th UN General Assembly [the UN World
Rehabilitation Organization] speech.
http://theroyalbaloirepresentative.wordpress.com/2011/09/15/september-26-2011-66th-un-
general-assembly-the-un-world-rehabilitation-organization-speech/
Members from around the world to be sent, through Facebook groups, including 500
Royal Family, the World Rehabilitation Organization(WRO) and 36,800 together
organizations from around the world the "YouTube" website to an organization would
be deeply appreciated. World Rehabilitation Organization(WRO), thanks to support
from around the world, "UN World Rehabilitation Organization" will be newly born.
World Rehabilitation Organization(WRO) "World Disabled Universal Declaration of
Human Rights" on the basis of humanity, the longing for human dignity will continue
to pursue value. First of all, the UN, IMF, the United States and around the world
are organized by their co-partners, "the world's financial welfare project" will be
compelled to propose an agenda. Thus, the World Rehabilitation Organization(WRO)
suggested that "Rehabilitation Science Policy"(RSP) in harsh environments faced by
the infrastructure of underdeveloped countries in Africa and other countries for a
substantial contribution to the development will have to be.World Rehabilitation
Organization(WRO)_Google에서 세계 각국의 "세계평화인권선언"과 "세계장애인정책
"(WDP)의 방향과 관련하여, 1,000개 단체의 "유튜브"가 실황 중계되고 있습니
다.(http://www.wro5.com)_World Rehabilitation Organization_Google World
Rehabilitation Organization(WRO)_Google from around the world, "World Peace
Declaration of Human Rights" and "World Disabled Policy"(WDP) with respect to the
direction of, 1,000 organizations "Youtube" is a live broadcast. (Http:// www.wro5.com)
_World Rehabilitation Organization_Google
http://www.google.co.kr/search?q=world+rehabilitation+organization&hl=ko&lr=&newwin
dow=1&prmd=ivnsul&source=univ&tbs=vid:1&tbo=u&ei=ey4LTZKBEsi8rAfh_9TxCw&sa
=X&oi=video_result_group&ct=title&resnum=20&ved=0CE8QqwQwEw

세계재활기구가 2008.2.21. 미국정부를 비롯한 유엔회원국 및 유엔 상임이
사국(미국, 영국, 프랑스, 러시아, 중국), 유엔사무국 제출한 "이의제기에
대한 의견"에서 밝힌 바 있듯이_"세계재활기구 (WRO_World Rehabilitation

World Rehabilitation Organization(WRO)_Google, youtube.com, genogenogeno.com,
jobing.com, vimeo.com, oandp.com, worldzootoday.com의 웹사이트에서 세계 각국의 "세
계평화인권선언"과 "세계장애인정책"(WDP)의 방향과 관련하여, 36,800개 단체의 "유튜브"가
실황 중계되고 있습니다.(http://www.wro5.com)_World Rehabilitation Organization_Google,
youtube.com, genogenogeno.com, jobing.com, vimeo.com, oandp.com, worldzootoday.com
World Rehabilitation Organization(WRO)_Google, youtube.com, genogenogeno.com,
jobing.com, vimeo.com, oandp.com, worldzootoday.com websites from around the world,
"World Peace Declaration of Human Rights" and "World Disabled Policy"(WDP) with
respect to the direction of, 36,800 more organizations "Youtube" is a live broadcast.
(http://www.wro5.com) _World Rehabilitation Organization_Google, youtube.com,
genogenogeno.com, jobing.com, vimeo . com, oandp.com, worldzootoday.com
http://www.google.co.kr/search?q=world+rehabilitation+organization&hl=ko&lr=&newwin
dow=1&prmd=ivnsul&source=univ&tbs=vid:1&tbo=u&ei=ey4LTZKBEsi8rAfh_9TxCw&sa
=X&oi=video_result_group&ct=title&resnum=20&ved=0CE8QqwQwEw

631) <註釋(1~5). 유엔 장애인권리협약의 기초에 의거한 유엔 산하 유엔세계재활기구 창설
을 위한 한국 국회비준동의(안)건 자료집 1권.(1) p.211. 1999년1월1일.파키스탄 대사
관으로부터 받은 "유엔 산하 유엔세계재활기구 창설과 장애인권리협약선언"에 대한 협
력회신. (2) p.212. 1999년8월19일. 미국 버지니아주 주지사 Mr. James S. Gilmore
III로부터 받은 유엔 산하 "유엔세계재활기구 창설과 장애인권리협약선언"에 대한 협력
회신. (3) p. 18. 2002년5월28일. World Association of Persons with
disAbilities[WAPD]의 Geprge Byron Kerford, PhD., Chairman 로부터 받은 "유엔 산
하 유엔세계재활기구 창설과 장애인권리협약선언"에 대한 협력회신. (4) pp.219~222.
2003년2월28일. SAHARAGRIHA로부터 받은 Helping home for paralysed and
disabled person−NEPAL에 대한 협조요청. (5) pp.214~217. 2003년4월1일. United
States Fund for UNICEF로부터 받은 UNICEF in Iraq_On the Ground, Saving
Children's Lives에 대한 협조요청. 참조>− [상기 내용은 2008.2.21. 미국정부를 비롯
한 유엔회원국 및 유엔 상임이사국(미국, 영국, 프랑스, 러시아, 중국), 유엔사무국 제
출한 "이의제기에 대한 의견" 원제부분의 추가삽입]

Organization)가 전 세계의 원천기술 보유하고 있는 미래 5세대의 위성정보 통신 혁신IT기술인 5GHz 주파수 대역폭의 위성통신망 기술과 미래세대의 위성통신모바일폰 단말기와 관련"632)하여, 세계 각국이 공유될 수 있도록 기술사양이 유엔 및 유엔 세계재활기구에 헌납될 것임을 본 논문에서 재삼 명기한다.

또한, 상기 (항)에서 밝힌 바 있듯이, 세계 각국으로 부터 지급되는 로얄티 및 수익금 전액 역시도 전 세계 인류평화를 위해, 특히 <세계 각국의 소외된 계층의 난치병 환자치료 및 재활의학 R&D 제정, 세계장애인을 위한 복지함양>을 위하여 사용될 것이다.

둘째, 세계재활기구는 "2005년 세계 최초로 국제해사기구(IMO)가 개정한 해상인명안전협약 (SOLAS)규격에 의거한 구명동의(영국로이드선급 승인) "633) 출시에 성공한 바 있다.

---

632) **Unicef Red,** http://www.facebook.com/lists/221919884496462#!/unicef.red.
Acnur-Unhcr Américas,
http://www.facebook.com/lists/221919884496462#!/acnurlasamericas.
UN Millennium Development Goals,
http://www.facebook.com/lists/221919884496462#!/wecanendpoverty.
Goodwill Ambassadors,
http://www.facebook.com/lists/221919884496462#!/GoodwillAmbassadors.
The Wall Street Journal, http://www.facebook.com/lists/221919884496462#!/wsj.
CNN International, http://www.facebook.com/lists/221919884496462#!/cnninternational.
BBC World News, http://www.facebook.com/lists/221919884496462#!/bbcworldnews.
Council on Foreign Relations,
http://www.facebook.com/lists/221919884496462#!/councilonforeignrelations.
Robert Hostetler '2012 for President,
http://www.facebook.com/pages/World-Rehabilitation-Organization-WRO/176134472404264#!/groups/234469359945639/.
Needs Organizationn,
http://www.facebook.com/pages/World-Rehabilitation-Organization-WRO/176134472404264#
!/needs.organizationn.
IFC - International Finance Corporation,
http://www.facebook.com/pages/World-Rehabilitation-Organization-WRO/176134472404264# !/IFCwbg. 외 200여개 세계평화인권단체.
633) International Maritime Organization (IMO).,<Quote this reference on all future communications> LDSS/PAS/LSA/TCD/1-17649378. LDSS/PAS/LSA/KG. <Specified Standard> SOLAS 74 as amended to date Chapter-III/4 and 34. LSA Code Regulations I/1.2, and II/2.2. IMO Resolution MSC. 81(70), Part 1.

2003~2004.12.17. 구명동의(영국로이드선급 승인) 제품의 30% 순이익금은 국제해사기구(IMO)의 재정으로 기부되며, 그 외에 파급되는 이익금에 대한 배당액은 유엔 및 유엔 세계재활기구(WRO)를 통하여 <세계 각국의 소외된 계층의 난치병환자치료 및 재활의학 R&D 제정, 세계장애인을 위한 복지함양>을 위하여 사용됨을 전제로, 국제해사기구(IMO)와 합의 속에 계약 일정이 정해졌으나, 당시의 세계재활기구가 세계 각국에 제출한 국제특허 등이 미완성되었기에 이행되지 못하였다.

이와 관련하여 2011년12월1일 "국제해사기구(IMO)에 세계재활기구의 모두의견"634)635)을 제출해 놓은 상태이다. <終>

---

634) International Maritime Organization (IMO)., 4, Albert Embankment, London, SE1 7SR, United Kingdom, EM 020 656 475 KR. 2011.12.1.

635) 2. 제주도 남단 마라도, 국제해사기구(IMO)의 국제항해선박위치추적(LRIT)센터 총괄기구 기지건설 필요성. 세계재활기구(WRO)에서 국제해사기구(IMO) 및 한국정부 해양수산부에 국제해사기구(IMO)의 국제항해선박위치추적(LRIT)센터 총괄기구 기지 건립에 대해 기획안을 제출한 바 있다. (2006년1월1일)이 또한, 국제해사기구(IMO)의 국제항해선박위치추적(LRIT)센터 총괄기구 기지가 한국의 제주도 남단 마라도에 건설되어야 한다. 세계재활기구(WRO)가 국제해사기구의 국제항해선박위치추적(LRIT)센터 총괄기구 기지 건립에 대한 계획입안자로써, 미래 5세대의 정보통신 혁신IT기술인 5GHz 주파수 대역폭의 위성통신망 기술과 미래세대의 위성통신모바일폰에 대한 원천기술과 접목시켜 준비하여 왔기 때문이다. 세계재활기구(WRO)가 전 세계의 원천기술 보유하고 있는 미래 5세대의 정보통신 혁신IT기술인 5GHz 주파수 대역폭의 위성통신망 기술과 미래세대의 위성통신모바일폰으로 세계 각국이 공유될 수 있도록 기술사양이 유엔에 헌납될 것이다._유엔제출내용. 그럼에도 불구하고, 한국정부가 미래에 펼쳐질 해양세력권에 대해 안일하게 대처함으로써, 현재 중국정부는 국제항해선박위치추적(LRIT)센터 총괄기구 기지 유치안건을 국제해사기구(IMO)에 제출한 상황이다. 중요한 것은, 중국은 원래의 계획입안자도 아니며, 또한 세계재활기구(WRO)가 보유하고 있는 미래 5세대의 정보통신 혁신IT기술인 5GHz 주파수 대역폭의 위성통신망 기술과 미래세대의 위성통신모바일폰에 대한 원천기술 자체가 일체 없다는 점에서 세계재활기구(WRO)가 지정한 한국에서 건설될 가능성을 열어두고 있는 것이다. B. Mara southern part of Jeju Island, the International Maritime Organization(IMO) for vessels on international voyages location tracking(LRIT) centers responsible organizations need to build bases. World Rehabilitation Organization(WRO), the International Maritime Organization(IMO) and the South Korea Ministry of Maritime Affairs and International Maritime Organization(IMO) for vessels on international

參 考 文 獻

voyages location tracking(LRIT) Center for General Organization for the construction of the base has submitted a proposal. (January 1, 2006)Also, the International Maritime Organization(IMO) for vessels on international voyages location tracking(LRIT) base Organization Center oversees the southern tip of Jeju Island in Korea should be built in the Mara.World Rehabilitation Organization(WRO) International Maritime Organization's International sailing vessel tracking(LRIT) Center for General Organization for the construction of bases as planners, five generations of the future information and communication technology innovation, IT and 5GHz frequency bandwidth of the satellite communications technology for future generations core technology for mobile phones, satellite communications and has been pretty prepared by grafting.World Rehabilitation Organization (WRO) is the world's fifth-generation core technology of the future that holds the information and communication technology innovation, IT 5GHz frequency band satellite communications technology and the future generation of satellite communications, mobile phones, two of the world with the technical specifications to be shared will be a contributor to the United Nations. _ UN submission. Nevertheless, South Korea unfold in the future maritime territory by combat complacency about the current Chinese government, an international sailing vessel tracking(LRIT) base Organization Promotion Center oversees the agenda International Maritime Organization(IMO) is submitted to the situation. Importantly, China also is not the original planners, and the World Rehabilitation Organization(WRO) holds that, five generations of the future information and communication technology innovation, IT and 5GHz frequency bandwidth of the satellite communications technology for mobile phones, satellite communications for future generations any source in the sense that technology itself, the World Rehabilitation Organization(WRO) specified by leaving open the possibility that South Korea will be built from.

1. 국문자료

〈단행본〉

강성학., 「카멜레온과 시지프스 : 변천하는 국제질서와 한국의 안보」,
　　　　나남, 1995.

강명상., 「이등휘 총통전」 서울 : 을유문화사, 1997.

김정계., 「중국의 권력구조와 파워엘리트」, 서울 : 평민사, 1994.

김영준., 「모택동 사상과 등소평의 사회주의」, 서울 : 아세아문화사.
　　　　1985.

김찬규., 「한·중·소 영토분쟁의 현황」, 서울 : 국토통일원, 1978.

김영화., 「강택민과 중국정치」, 서울 : 도서출판 문원, 1997.

김인호., 「중국의 이해」, 부산: 세종출판사, 1997.

김익겸., 「젊은 보수주의자의 동북아 읽기」, 서울: 도서출판 지정, 1997.

김순규., 「신국제정치론」, 서울 : 박영사 1991.

김정선., 「마지막 냉전의 섬 한반도」, 『최신무기체계와 미래전 양상』,
　　　　도서출판 글원, 1996.

김정선., 「한반도) 대혁명」, "혁명은 어디로부터 오는가", 서울 : 태일
　　　　출판사. 1996.

김태만·원동욱·강승호 옮김., 「장쩌민과 신 중국 건설의 청사진」,
　　　　서울 : 동방미디어, 1998.

김달중., 「중공의 개혁정치」, 법문사, 1988.

건국대 중국문제연구소(편)., 「현대중국론」, 서울 : 희성출판사, 1989.

권중달·문명숙 역, 「문화대혁명 전후의 중국 역사해석」, 서울 : 집문당,
　　　　1991.

계승기., 「중국국민당과 공산당의 투쟁」, 전락희 장공자 공역, 서울: 성일
　　　　문화사, 1975.

나창주., 「중공외교정책」, 일조각. 1981.

문흥호., 「13억인의 미래-중국은 과연 하나인가?」, 서울 : 당대, 1996.

박사명., 「동남아의 화인사회」, 전통과 현대, 2000.

박하일., 「미국의 대중국전략」, 서울: 대왕사, 1983.

박두복., 「중국의 대남북한 관계」, 서울: 법문사, 1992.

박두복 외., 「중국의 정치와 경제」, 서울: 집문당, 1993.

벤자민 슈워츠, 권영 역., 「중국공산주의운동사」, 서울 : 형함리, 1983.

이덕훈., 「화교경제의 생성과 발전」, 한남대학교 출판부, 2002.

이수훈., 「홍콩반환과 해양국 중국의 등장; 바다의 시각」, 「전통과
현대」, 1997.

이희재 역., 「문명의 충돌」, 서울: 김영사, 1997.

신영준., 「중공의 도전」, 서울: 홍성사, 1981.

신도겐이치., 「일본 군사대국화 현장」, 박선숙 옮김, 서울: 사계절, 1994.

서진영., 「현대중국정치론」, 서울: 나남, 1997.

서진영·이내영 공편, 「변혁기의 세계질서와 동아시아」, 서울: 오름,
2001.

신승하., 「중국현대사」, 서울: 범학도서, 1976.

신정식., 「97年 홍콩의 대중국 반환과 관련한 홍콩 법규집」, 대외경제정
책연구원 지역 정보센터, 1994.

이양지·최윤수 역., 「중국혁명사 I」, 서울: 거름, 1990.

이승민 역., 「중국현대철학사 I」, 서울: 청年사, 1989.

이민형., 「중국 대만 간 통일정책과 경제협력 전망」, 산업연구원, 1991.

안병준., 「중공정치외교론」, 서울: 박영사, 1986.

안병준., 「중국현대화의 정치경제학」, 서울: 박영사, 1992.

유세희., 「오늘의 중국대륙」, 한길사, 1984.

왕광무·윤필준 역., 「화교」, 다락원, 2003.

원경주 역., 「중국 그리고 화교」, 프리미엄 북스, 2000.

조흥국 역., 「한 권에 담은 동남아시아역사」, 오름, 2000.

정상구., 「현대 중국의 정치와 외교」, 서울: 내외신서, 1990.

정종부., 「유교철학사상개설」, 서울: 형설출판사, 1977.

장덕환., 「현대외교정책론」, 서울: 형설출판사, 1983.

최의철·신현기., 「남북한 통일정책과 교류협력」, 백산자료원, 2001.

최종기., 「현대국제관계론」, 박영사, 1983.

체스타탄·민두기 역., 「중국현대정치사상사」, 서울: 지식산업사, 1977.

토마스 쿠오·권영빈 역., 「진독수평전」, 서울: 민음사, 1985.

황치복., 「합동무기체계 발전 방향」, 합참, 1997.

해리 하딩., 「중국과 미국」, 안인해 역, 서울: 나남출판, 1995.

허남익 옮김., 「등소평 사후의 중국」, 서울: 연암출판사, 1995.
한홍석., 「강택민 시대의 중국」, 서울: LG경제연구원, 1997.
황병무., 「신 중국군사론」, 서울: 법문사, 1992.

<학위논문>

김윤정., "중국 외교정책 결정요인 분석-모택동 시대와 등소평 시대
　　　비교", 숙명여자대학교, 석사논문, 1991.
문홍호., "한국에서의 중국연구동향: 중소연구에 발표된 중국관련 논문을
　　　중심으로", 중국연구, 1991.
손연정., "대만해협위기에 관한 연구", 고려대학교 대학원, 석사논문,
　　　2001.
이해인., "탈냉전기 중국의 성장과 동북아 국제질서", 고려대학교 대학원,
　　　석사논문, 2000.
이규태., "1990년대 중국과 대만의 통일외교정책의 비교연구", 한국중국학
　　　연구센터, 연구논문, 1999.
원정민., "탈냉전시대 미국의 중국정책", 고려대학교 대학원, 석사논문,
　　　2001.
주유진., "중국과 대만의 통일정책과 양안관계에 관한 연구", 원광대학교
　　　대학원, 석사논문, 2001.
함태경., "중국과 대만의 통일정책 비교연구: 강팔점과 이육조를 중심
　　　으로", 서강대학교 공공정책대학원, 석사학위 논문. 1995.

<논문 및 연구보고서>

김국진., "미국·일본 신 안보체제와 한반도 안보", 「동북아」, 제 5집,
　　　1997.
김재철., "강택민의 권력공고화 노력과 정치변화", 「주변 4강 1995년」,
　　　서울 : 세종연구소, 1996.
김희재., "지상무기체계의 어제와 오늘, 「국방저널」, 1998.
김철환., "한국군의 군사기술과 무기체계 발전방향," 『군사논단』, 1995.

기획재정부., "IMD의 2008년 세계경쟁력 평가 결과 분석", 2008.

갑상초., "중국공산당사연구", (연구총서, 제 2집), 「중공체제」, 서울: 중앙일보 부설 동서문제연구소, 1974.

고성빈., "중국과 미국의 패권경쟁; 홍콩귀속을 전후한 전망", 「신 아시아」, 통권 12호, 1997.

대동청., "이등휘 총통 시대의 대륙정책", 「극동문제」, 2001. 2.

류동원., "중국의 통일과 일국양제", 「국제지역연구총서」, 부산대학교 출판부, 2001.

민족통일연구원., "중국·대만관계의 현황과 발전방향", 서울: 민족통일 연구원, 1993.

문흥호., "중국의 21세기 구상", 「신 아세아」, 제 7권 제 2호, 2000.

문흥호., "중국·대만 관계와 남북한관계의 대내외 요인비교", 「중소 연구」, 통권 91호, 2001.

박광득., "총통선거후의 대만과 양안관계", 「한국동북아논총」, 제18집, 2001.

박두복., "대만에 대한 중국의 강경정책과 양안관계의 전망", 「국제문제」, 1996. 6.

박두복., "중국의 통일정책과 대한반도정책의 상관성에 관한 연구". 「한국 과 국제정치」 제 7권 제 1호, 1991.

박두복., "중국대만관계의 발전추이와 남북한관계", 외교안보연구원, 1992.

박두복., "중국양안관계의 발전방향", 「신아시아」, 제 2권 제 3호, 1995.

박홍서., "인식과 능력이_ 차이를 통한 중국외교정책의 유형분석", 「중국 연구」, 제28권, 2001.

박현옥., "중국군사력 증강이 한반도에 미치는 영향", 「한국논단」, 1997.

송영식., "클린턴 2기 행정부의 대외정책 전망", 「외교」, 제 41호, 서울 : 한국외교협회, 1997.

송영우., "중공의 3등거리외교", 「중국연구」, 제 4집, 서울:건국대학교 중 국문제연구소, 1985.

송영우., "등소평 체제의 외교와 그 딜레마", 「현대이념연구」, 제 4집, 건국대 현대이념 비교연구회, 1986.

서진영., "등소평 사후 중국정치체제와 권련구조의 변동전망", 「등소평과 중국(Ⅱ): 등소평 사후의 중국정치경제」, 고려대학교 아세아문제연구소, 2000.

서진영., "새로운 동북아 국제질서와 중국", "중국의 대외관계: 동북아
　　　　신질서와 중국", 고려대학교, 아세아문제연구소, 2000.

서진영., "중국의 개혁정치와 신권위주의", 계간 「중국연구」, 1993.

서진영., "중국정치에서 상해 인맥의 역할: 왕홍문에서 강택민까지",
　　　　「중국연구」, 제 1권1호, 통권 1호, 대륙연구소, 1993.

신상진., "탈냉전기 중국·미국 관계와 대만문제", 「한국동북아논총」,
　　　　제 1집, 1996.

소치형., "중공실용주의 외교와 동북아의 국제질서", 「중소연구」, 제 11
　　　　권 3호, 서울: 한양대 중소연구소, 1987.

손승량., "중국정부의 통일정책과 최근의 발전", 계간 「중국연구」, 중국
　　　　대륙연구소, 1995.

이원봉., "중국의 대외군사정책에 관한 연구", 「사회주의 체제의 변화와
　　　　갈등」, 대왕사, 1991.

이석수., "미국은 아태지역 포기할까?", 「신동아」, 별책부록, 1996.

이태환., "중국·미국 관계의 변화", 중국의 대외관계: 동북아 신질서와
　　　　중국」, 고려대학교, 아세아문제연구소, 2000.

이상만., "동북아의 신 냉전과 중국의 반 패권전략", 「북한연구학 회보」,
　　　　제 5권 제 2호, 2001.

이태환., "중국공산당 엘리트의 구성 및 성향: 제 15기 당 대회를 중심
　　　　으로", 이면우, 「주변 4강, 1996~1997: 정치엘리트의 집중분석」,
　　　　세종연구소 연구총서, 1998.

이희옥., "중국-대만관계: 정치적 차이와 경제적 상호의존의 동시발전",
　　　　「통일시론」, 1998.

이회옥., "양안관계가 남북관계에 미치는 영향", 타협을 위한 대결,
　　　　(서울: 현대경제사회연구원), 1997.

이상우., "동아시아 평화와 중국·일본·미국·러시아의 역할", 「신
　　　　아세아」, 통권 5호, 1995.

안병준., "냉전 후의 중국외교정책", 「계간사상」, 서울: 사회과학원,
　　　　1993.

오동야., "중국통일문제의 정치적 의의", 「동아연구」, 제 21집, 서울:
　　　　서강대 동아연구소, 1989.

오용석., "중국대외정책의 원칙 및 목표의 지속과 변용", 「중국연구」,
제 19집, 2000.

임인수., "21세기의 한국과 항공모함에 관한 고찰."「전투발전 연구」,
1996.

유세희., "중국·소련의 북한에 대한 영향력 경쟁에 관한 연구", 「중소
연구」, 12권 2호, 한양대 중소연구소, 1988.

유세희·김광용., "냉전체제 이후 국제정치경제질서와 대중화경제권",
「중소연구」제 20권 제2호, 1996.

유세희., "중공 정치엘리트의 사회적 배경에 관한 시론", 「중소연구」,
Vol.10, No. 2, Summer. 1986.

유희문., "양안경제 관계와 중화경제권의 경제통합", 계간 「중국연구」,
1995.

외교안보연구원., "중국의 통일백서 발표와 양안관계", 「주요 국제문제
분석」,1993.

정재일·송봉규., "중국과 대만의 통일정책비교", 「상지대학교 논문집」,
제 20집, 1998.

정천구., "중국·소련관계의 변화와 동북아지역체제", 「통일문제연구」, 제
1권 2호, 서울: 국토통일원, 1989.

정영태., "남북한 방위산업과 통일한국군", 『한국군사』, 제 5호. 1997.

장오악., "중국양안 고위층접촉회담의 조건 분석−양안 통일문제에 관한
인식 차이를 중심으로", 계간 「중국연구」, 1995.

주독대사관., <숫자로 본 독일통일>(1992); 한국은행, <1995년도 북한
GDP 추정결과>, 1996.

최성철., "중공 지도층의 파벌정치", 「중소연구」, Vol. 10, No. 1, 1986.

최선철., "중국의 경제개혁과 다국적기업", 「중소연구」, 11권 1호, 서울:
한양대 중소연구소, 1987.

최용환., "하나의 중국원칙과 대만문제", 「신 아시아」, 제 23권, 2000.

최춘흠., "대만의 '양국론'과 중국·대만 관계 전망", 「계간외교」, 제 51
호, 1999.

총성의., "중공의 제 3세계 외교정책", 「중소연구」, 11권 1호, 서울: 한양
대 중소연구소, 1986.

피터 J. 오피츠., "레이건의 중국방문 후의 미국·중국 관계의 결산",

「중소연구」, 8권 4호, 서울: 한양대 중·소 연구소, 1984.

한영춘., "중공 정치개혁의 문제점과 그 전망", 국제문제, 1982.

한영춘., "등소평 '남순강화'의 배경과 내용", 「계간중국」, 단국대 중국연
　　구소. 통권 18호, 1992.

한영춘., "중국·대만 간 왕고회담의 내용 영향 및 반응", 「계간중국」,
　　단국대 중국연구소, 1993.

<국내신문 및 기타>

「경향신문」., (서울).

「동아일보」., (서울).

「문화일보」., (서울).

「서울신문」., (서울).

「세계일보」., (서울).

「시사저널」., (서울).

「조선일보」., (서울).

「중앙일보」., (서울).

「한국일보」., (서울).

「한겨레신문」., (서울).

「한국경제신문」., (서울).

등소평 문선., "중국은 약속을 굳게 지킨다", 「등소평 문선(상)」,
　　서울 : 범우사, 1994.

모택동 선집 4권, 동경, 삼일서방. 1952~1955.

북방동향., 제 92~16호, 북방지역센터 간, 1992.

월간 아태지역 동향., 1999.

외무부 편., 중국관계자료집, 1988.

2. 영문문헌

<영문단행본>

Charles F. Herman,, "Policy Classification", in James N Rosenau, Vincent Pans, and Maurice A. East(ed,), The Analysis of International Politics N.Y.: The Free Press, 1972.

Chow Tse-Tsung., The May Fourth Movement: Intellectual Revolution in modern China, Stanford Univ, press, 1960.

Edmund Lee., "Beijings Balancing Act", Foreign Policy, 1983.

Ernts B. Hass., Beyond the Nation-State, Standford, Calif: Standford University Press, 1964.

Franklin W. Houn., A Short History of Chinese Communism, Prentice Hall, 1967.

Grieder Jerome B., Hu Shih and the Chinese Renaissance: Liberalism in the Chinese Revolution 1917~1937. Cambridge, Mass: Harvard Univ. Press, 1970.

Graham T. Allison., Essence of Decision, Boston : Little Brown, 1971.

George Modelski., A Theory of Foreign Policy, New York: Fredrich A. Praeger Publisher, 1962.

Harold Hinton., Communist China in World Politics, Boston: Houghton Mifflin Company. 1966.

Hang Harding Jr., A Fragiel Relationship: The US and China Since 1972,

(Washington, D.C.: The Brookings Institution, 1993.

Harding, Harry.. A Fragile Relationship; The United States and China Since 1972, Washington, D.C.: The Brookings Institution, 1992.

James C. Hsiung., "The study of Chinese Foreign Policy: An Essay on Methodology", James C. Hsiung and Samuel S. Kim ed., China in the Global Community, Praeger Publishers, 1980.

J.D. Armstrong., Revolutionary Diplomacy: Chinese Foreign Policy and the United Front Doctrine, Berkeley: Univ of California Press,

1977.

James N. Rosenau, ed., Linkage Politics, New York : Free Press, 1969.

Jerome Grieder., Hu Shi and Chinese Renaissance, Cambridge: Harvard University Press, 1970.

Jaw-ling Joanne Chang., "How Clinton Bashed Taiwan-and Why", Orbis, Fall 1995.

Kenneth S. Latourette., The American Record in the Far East (1941~1951), New York : The Macmillan Co., 1952.

Kenneth S.Latourette., 「The American Record in the Far East(1945~1951)」, New York: The Macmillan C, 1952.

K.J. Holsti., International Politics; A Framework for Analysis, Englewood Cliffs; Prentice-Hall, 1977.

Lin Yu-Sheng., Reflections on Radicallconoclasm in the May Forth Movement: A symposium. ed. by Beniamine Schwartz, Harvard University Press, 1972.

Lawrence Sullivan and Richard H. Solomon., "The Formation of Chinese Communist Ideology in the May Four the Era: A Content Analysis of Hsin Ching-sien", in Chalmers Johnson(ed.), Ideology and Politics in Contemporary China, Univ. of Washington Press, 1973.

Melvin Gurtov and Byong Moo Hwang., China under Threat : The Politics of Strategy and Diplomacy, Baltimore: The Johns Hopkins Univ Press, 1981.

Macfarquhar and J. K Fairbank., History of China-People's Republic, 1949~1965. The Republic of China Year Book, 1996.

Michael R. Gordon., "Military Analysis: U.S. Weapons Help Taiwan Stave Off Threat", The New York Times, April. 25. 2001.

Parris H. Chang., "Chinese Politics: Deng's Turbulent Quset", Problems of Communism, 1981.

Sheng Li-Jun., China's Dilemma: The Taiwan Issue, ISEAS, Singapore. 2001.

Tse-Kang Leng., The Taiwan-China Connection, colorado: Westview press, 1996.

Wm. Chan Wing., Tsit·Tan Chester (eds), 'The odore de Barry", Sources of Chinese Tradition, vol. II, N.Y. : Columbia University Press, 1960.

<영문논문>

Akio Kimura., "Sino-Soviet relation: New development and their limits", Journal of Northeast Asian Studies, vol. II, No. 1, 1983.

Allen Whiting., "Deng's Bait to Taiwan", The New York Times, August 23, 1983.

Andrew J. Nathan., "What's Wrong with American Taiwan Policy", The Washington Quarterly, 2000.

Bonnie S. Glaser., "China's Security Perceptions: Interests and Ambitions", Asian Survey vol. 33, No. 3, 1993.

Chen-min Chao., Communist China's Independent Foreign Policy, Issues & Studies, vol. 22. No. 10. 1986(ROC).

Carol Lee Hanrin., "China Reassesses the superpower", Pacific affair, vol. 56. No. 2, 1983.

Chu Hsin-Nin., "Communist China's Contemporary Foreign olicy(1978-1984)", Issues & Studies, vol. 21, No 10, 1985.

David S.G. Goodman., "The National CCP Conference of September 1985 and China's Leadership Changes", The China Quarterly, No. 105, March 1986.

Dennis Van Vranken Hickey., "The Taiwan Strait Crisis of 1996: Implications for U.S Security Policy", in Suishend Zhao ed., Across the Taiwan Strait: Mainland China, Taiwan, and the 1995~1996 Crisis (New York, Lindon: Rouledge, 1999)

J.N. Rosenau., "Foreign Policy as Adaptive Behavior", Comparative Politics, Vol. II, No. 3, 1970.

John F. Copper., "The PRC and the Third World: Rhetoric and Reality", Issues & Studies, vol. 22, No. 3, 1986.

Jaw-ling Jonne Chang., "Lessons from the Taiwan Relations Act", Orbis (Winter, 2000)

Jean-Pierre Cabestan., "Taiwan's Mainland Policy: Normalization, Yes: Reunification, Later", The China Quarterly, No. 148. (December, 1996)

Kenneth W. Thompson and Roy C. Macridis., "The ComparativeStudy of Foreign Policy" in Roy C. Macridis. edt., Foreign Policy in World Politics, 5th ed., Prentice-Hall, Inc., 1976.

Martin L. Laster., "Growing Interests in the New Taiwan", Orbis (Spring, 1993)

Robert S. Ross., "The 1995~1996 Taiwan Strait Confrintation", International Security, vol. 25, No. 2. (Fall 2000)

Rong Zhi., "Two Views of Chinese Foreign Policy", World Politics, vol 34. No.2, 1982.

Tao Wenzhao., "U.S Policy Ambiguity & Current Cross-Strit Dilemmas", Gerit W. Gong, eds., Taiwan Strait Dilemmas: China-Taiwan-U,S Policies in New Century (Center for Strategic and International Studies, Washington, D.C,: 2000)

Tai Ming Cheung., "China's Perception of Security in Asia and its Naval Policy", in Choon Kun Lee, ed., Sea Power and Korea in the 21st Century, Seoul: The Sejong Institude, 1994.

Tang Tsou., "Mao's Limited War in the Taiwan Strait", ORBIS, vol. 3, No.3, 1959.

Yan jiaqi., "Concept points way to Reunification", Beijing Review, No.14, April 8, 1985.

Weixing Hu., "The Taiwan Strait and Asian Pacific Security", The Journal of East of Asian Affairs, Vol. 11, No. 1 (Winter/Spring 1997)

<중문 단행본>

国立編驛館編., 「国家统一綱領與大陆政策」, 台北, 1993.

国立編譯館., 「中国現代史」, 台北: 幼獅文化, 1975.

郭立民 編., 「中共对台政策資料選輯(1949-1991)」, 上下冊, 台湾永業出
　　版社, 1992.

高 長., 「大陆經改與兩岸經貿关系」, 台北: 五南圖書出版有限公司, 1994.
　　「海峽大事大陆商情」, 第 2期, 1992. 1.

冷溶・高屹., 「学 習邓小平同志南巡重要談話」, 上海: 人民出版社, 1992.

邓小平., 「建設有中国特色的社会主義」, 广东: 人民出版社, 1984.

邓小平., 「邓小平論文藝」, 北京: 人民出版社, 1990.

邓小平., "目前的形勢和任務", 「邓小平文選」, 山東: 人民出版社, 1983.
　　「邓小平建設有中国特色的社会主義」, 三聯書店Hongkong分店, I987.

邓小平., "中国大陆和台湾和和平统一的設想", 「邓小平文選(3卷)」, 北京:
　　人民出版社, 1993.

羅家倫., 「六十年 來之 中国国民党與中国」, 台北: 與台印刷, 1974.

瞭望周刊海外版編輯部編., 「一国兩制 與祖国统一」, 北京, 新華出版社,
　　1988.

毛泽东., "講人民民主專政一記念中国共山黨二十八週年". 「毛泽东選集」, 第
　　四夯, 北京(běi jīng):人民出版社, 1964.

毛泽东., 「毛泽东選集」, (第五集). 北京: 人民出版社, 1977.

法務部調査局編., 「中共現行法律彙編」, 台北: 法務部調査局編, 1989.

石原皋., 「閑話胡适」, 岸徵省, 安徽人民出版社, 1990.

石之瑜., 「近代中国对外关系新論」, 国立編譯館主編, 台北: 五南圖書出版公
　　司, 1995.

＿＿＿＿., 「中共外交政策 的理論與實踐」, 台北: 三民書局, 1994.

宋永佳., "始終不渝地堅持", 「兩手抓」, 『中国政治』, 1992.

李華興., 「中国近代思想史」, 杭州, 浙江人民出版社, 1988.

李雲漢., 「從容共到清党」, 台北: 黎明文化事業公司, 1974.

李大釗., "青春", 「李大釗選集」, 北京: 人民出版社, 1959.

李大釗., "青春", 「新青年」, 第 2卷 1號, 人民出版社, 1916.

李大釗., "今", 「新青年」, 第 4卷 4號, 人民出版社, 1918.

叶剑英., 「關於台湾回歸祖国實現和统一的方針政策」, 三中全會以來 重要文
　　獻選集, 北京: 人民出版社, 1982.

楊 粹., 「聯俄容共反共杭俄」, 台北: 正中書局, 1950.

劉桂生., "「宗彝」故訓與「民彝」新詮", 「李大钊研究文集」, 北京 : 中央

党史出版社, 1991.

劉去 編., 「中国共产党 70年」, 上海人民出版社, 1991.

尹慶耀., 「中国的统战外交」, 台北: 幼獅文化事業公司, 1984.

尹慶耀., 「中国外交與对外关系」, 台北: 国際关系研究中心, 1993.

日本防衛年監., 1997.

蔣中正., 「蘇俄在中国」, 台北: 中華印刷廠, 1957.

蔣中正., 「蔣委員長 西安半月記」, 台北: 正中書記, 1975.

中央關於 「解放台湾」 的論文集(1949~1971)., "第1屆政治協商會議第1次
　　　會議致解 放军通電", Hongkong: 當对中国研究所編輯, 1972.

中国 国防部., 「共産主义 破産」, 台北: 中国 国防部, 1974.

張其勿., 「中华民国創立史」, 台北: 華崗出版社, 1973.

对中共所謂不排除使用武力犯臺之研究」, 台北: 行政院新聞局編, 1994.

「當代中国外交」, 北京: 中国社會科学 出版社, 1988.

周之鳴., 「蘇俄征服中国密件」, 台北: 蘇俄问題研究所, 1953.

朱縱錚編., 「中国現代史資料簡編」, 浙江省: 浙江人民出版社, 1980.

蔡政文・林嘉誠., 「台海兩岸政治关系」, 台北: 国家政策研究資料中心,
　　　1989.

陈独秀., "中国共产党宣言", 王光遠, 「陈独秀論評選編」, 四川省: 重慶
　　　出版社, 1989.

陈独秀., "一九一六年", 「獨秀文存」, 第 1卷, 上海: 亞東圖書館, 1933.

趙紀彬., "君子小人辯", 「論語新探」, 第 2版, 北京: 人民出版社. 1962.

趙春山編, 「大陆政策與兩岸关系」, 台北:民主文教基金會, 1991. 11.

Ji, 杰柳辛, 曉端 譯., "中国的改革; 問題與矛盾", 「中国政治」, 1991.

楊嫻・杜家芳 主繹., 「中国社会主义建設」, 北京: 北京大学出版社, 1989.

茶尚思 主編., 「中国現代史資料簡編」, 浙江省: 浙江人民出版社, 1980

包宗和., 「台海兩岸互動的理論與政策面向(1950-1989)」, 台北 : 三民書
　　　局,

　　　1991.

包宗和., 「辜汪會議是兩岸走向良性互動的開端」, 台: 北中央月刊, 1993.

「台湾问題與中国的统一派书」, 北京: 国務院台湾事務辦公室, 1993.

黃天中., 张五岳 主編, 「兩岸关系與大陆政策」, 台北: 五南圖書出版有限
　　　公司, 1993.

黃国昌., 「中国意識與台湾意識」, 台北: 五南圖書出版公司, 1992.

黃昆輝., 「大陆政策與兩岸关系」, 台北: 行政院大陆委員會, 1993.

許朗軒., 「中国現代史」, 台北: 正中書局, 1974.

許全興., 「李大钊哲学 思想研究」, 北京: 北京大学出版社, 1989.

<중문 학위논문>

姜孝伯., "中共外交政策取向演變與其數之研究(1982-1992)", 国立政治
　　　大学 , 東亞研究所, 博士学位輪文, 台北: 1993.
柳金財., "民主进步党大陆政策(1986-1994)_「一中一台」之趨向", 台北:
　　　国立政 治大学, 東亞研究所, 碩士学 位論文, 1995.
張登及., "中共的世界观與其对外政策的演變-历史整体的詮釋與理念型的說
　　　明",国立台灣大学, 政治学 研究所, 碩士学 位論文, 台北: 1994.
张五岳., "分裂国家统一政策之比較研究", 台北: 国立政治大学 , 東亞研究所,
　　　博士学 位輪文, 1991.
張炳玉., "中共一国两制统一政策與台灣海峽兩岸的經貿关系之研究
　　　(1979-1991)", 台北: 国立政治大学, 東亞研究所, 博士学 位論文,
　　　1993.
鄒德發., "中国统一问题之中共因素分析-中共对台政策分析", 台北: 国立
　　　政治大学, 東亞研究所, 碩士学位論文, 1993.

<중문 논문>

丘宏達., "中国统一之前景, 中华民国觀點之分析", 『Asian Survey』 ,
　　　第 23卷 第 10期, 1983.
高厚源., 五·四時期의 『新青年』, 雜紙 中国学 誌, 第 1辑, 1983.
郭端華., "江泽民新春对台八點講話分析", 「共党问题研究」, 第 21卷 第 3期,
　　　1995.
郭相技 董彩琴., "国共关系近四十年演變之探討", 『台灣研究』 , 第 4期.
　　　1988.
郭端華., "江泽民新春对台八點講話分析", 『共党问题研究』 , 第 21卷 第 3
　　　期, 1995.
甘　堂., "評折中共的全国统战工作會議", 『中国大陆研究』 , 1987.
黎　建., "中共發展兩岸經貿往來的目的與最新舉措", 『中国大陆』 , 1991.
馬英九., "四年來的大陆政策與兩岸关系", 『中国大陆研究』 , 第 34卷 第 12
　　　期, 1991.第1屆政治協商會議　第1次會議致解放军通電, 『中共關於
　　　「解放台灣」的論文集 (1949-1971)』 , 香港: 當代中国研究所編輯,
　　　1972.
梅　林., "中共军隊对高技術戰爭的認識", 「中共研究」 ,第31卷 7期, 1997.
民进党., "民主主權宣達書-在台湾是台湾, 中国是中国的現實基礎上重構兩
　　　岸秩 序", 1994.

斐長洪., "論海峽兩岸産業向多元化分工結構躍進", 北京: 海峽兩岸塵業合作
　　　学術研　討會論文, 1995.
宋国誠., "江八点與後鄧時期的兩岸乑系", 『中国大陆研究』, 第 38卷　第 5
　　　期, 1995.
徐　　勇., "現段階農民負擔的特點及对国家和農民乑系影響", 『社會科学　』,
　　　第 7期, 1993.
余慶斌., "经济法制的價植目標選擇－從計劃经济立法的公平觀念向市場经济
　　　立法的　效益觀念變", 「社會科学　」, (上海), 第 12期, 1993.
嚴宗大., "兩岸經貿乑系的回復, 省思與影響", 兩岸乑系與中国前途学術研
　　　討會,台北: 財團法人　民主文教基金會主辦, 1991.
阮　銘., "中共对台政策的歷史演變", 『中共对台政策與兩岸乑系研討會
　　　論文集』, 台湾: 1993.
李大釗., "壽論问题興主乂", 「每邏評論」, 第 35卷, 1919.
有　　容., "海峽兩岸的經貿乑系", 『国際貿易』, 北京: 对外经济貿易部　国際
　　　貿易研究所, 1990.
王　升., "一個中国的結與解", 「台湾研究」, 1998.
龍　　飛., "從伊寧事件看中共「民族自治」　问题", 「中共研究」, 31卷 5期,
　　　1997.
蓝公武., "问题與主乂", 「胡适文存」, 第 1集 2卷, 1919.
陈独秀., "新青年宣言", 『新青年』, 第 7 1號, 1919.
陈独秀., "法蘭西人與近世文明", 『新青年』, 第 1卷 1號, 『獨秀文存』,
　　　1915.
陈独秀., "克林德碑", 『新青年』, 第 2卷 5號, 『陈独秀存』, 1917.
陈独秀., "主乂與努力", 『新青年』, 第 8卷 4號, 1920.
陈独秀., "警告青年", 『新青年』, 第 1卷 1號, 1915.
陈独秀 外., "对于社会主乂的論文", 『新青年』, 第 8卷 4號, 1920.
陈独秀., "社会主乂批評", 『新青年』, 第 9卷 3號, 1921.
陈独秀., "谈政治", 『新青年』, 第 8卷 1號, 1920.
周建平., "欧洲共同体的理輪與實踐", 『世界经济』, 北京: 第 3期. 1987.
張　虎., "中共之对內对外戰爭性質之比較", 『中国大陆研究』 第 29卷
　　　第 8期, 1987.
張　虎., "中共新時期统一战线的回顧與新趨勢", 『中国大陆研究』, 第 31卷
　　　第 9期, 1988.
張鴻文., "論向市楊经济体制過渡的段階　條件　困難及对策", 『南開大学
　　　学　報』, 第 4期, 1993.
蔣五岳., 季刊 [中国研究], 1995.

中共硏究., "一九九六年 中共军事", 中共硏究, 3卷 1期, 1997.

鄭中和., "論台海兩岸的兲系", 「中国大陆研究」, 第 37卷 1期, 1994.

傳棟成., "香港 台湾 大陆经济统合的前景", 「中国時報週刊」, 創刊號. 1992.

蔡明德., "略论「一個中国」", 『東亞季刊』, 第 25卷 第 2期, 1993.

蔡元培., 胡适, 梁漱溟, 李大钊, 张梦麟, 陶孟和, 高一涵., "我们的政治主张", 東方隶知 再版, 第 19卷 8號, 1922.

胡 适., "多研究豊些題少談些主义", 『每週評論』, 第 35卷, 1919.

胡 适., "我们的政治主张", 胡适文存, 第 2卷 3號, 1919.

魏 芨., "台海兩岸經貿兲系的發展及其限制", 月刊 『问题與研究』, 第 30卷 第 2期, 1991.

通 信., 『新青年』, 第 2卷 5號, 『文章選編』上, 1917.

<중문 정기간행물>

「廣角鏡月刊」., (台北).

「東方雜誌」., (北京).

「大公報」., (北京).

「明 報」., (香港)

「文匯報」., (台北).

「Beijing Review」., (北京).

「South China Morning Post」., (北京).

「新華社 通信」.,(北京).

「新華月報」., (台北)

「人民日报」., (北京).

「聯合報」., (台北).

「月刊 七十年代」., (香港).

「星島日報」., (香港).

「自由時報」., (台北)

「中華日報」., (台北).

「中央日報」., (台北)

「中国時報」., (北京).

「Chronology of recent events」., (台湾).

「China News Analysis」., (北京).

「http://www.taiwande.org」., (北京).

「http://www.peopledaily.com.cn」., (北京).

<기타>

行政院薪聞局.,"堅苦卓絶繼往開來－　一貫徵蔣故总统經国先生反共復国之訓示", 台北, 1988.

国務院台灣事務離公室., 「台湾问题與中国的统一派皮書」, 北京, 1993.

行政院新聞局編., 「对中共所謂不排除使用武力犯臺之研究」, 台北, 1994.

共匪统战活動實料編., 台北: 中国国民党中央大陆工作會, 1987.

季刊 中国研究., 台湾问题와 中国의 统一 白书, 1995.

日本 産經新聞 連載, 古屋奎二, 「蔣总统秘錄」, 中央日報譯編, 台北 : 中央日報社, 1976.

陈独秀., "偶像破壞論", 『獨秀文存』, 1918.

翁松燃., "一国兩制推論", 「九十年代」, 1985.

楊啓先., "中国 社会主义의 特色與今後改革的任務", 『改革』, 1992.

方　生., "再談对外开放和利用資本主义问题", 『改革』, 1992.

赵紫阳., "沿着有中国特色的 社会主义建設", (香港), 1987.

Abstract

The Comparative Study of Unification Policies of China and Taiwan

by Kim Jung Sun

When studying a conventional research trend with respect to China and Twain, it was known that Ching dynasty entered into an age of corruption after the Opium war while suffering from a big social problem. The largest revolutionary power generated along with the corruption of Ching dynasty was the China promotion association lead by Shunwon who organized the anti-Ching revolutionary group and lead a numerous number of movements until the establishment of Taiwan in 1911 and organized a numerous number of revolutionary groups, of which the most important revolutionary groups were China promotion association and cooperation association. As vigorous movements, there were Chinese revolution and Muchang movement which most influenced the formation of Taiwan. As Taiwan was born, Chinese Kookmin-party was established as an official political party. Communist party, which was another political party with the help of the old Soviet Union, was organized in the mainland of China and was officially established along with 5.4 movement which was an anti-Japan movement occurred due to Sandong problem on May 4, 1919. At this time, the nation-communist union, which was the subject of the present article, was established. As Ching dynasty was destroyed by Shunwon, a large number of militaries were formed in the mainland China, and Shunwon planned a certain unification with the help of an external support for the unification of China and cooperated with the old Soviet Union. So, he absorbed the communist party 1924 and changed the Kookmin-party, which was called a first nation-communist union.

On March 12, 1925, the next year of the first nation-communist union, when Shunwon died, Chiang Kai-shek inherited his father and achieved the unification. However, the relationship between the Kookmin-party and the communist party were worsened, and as Chiang Kai-shek fought, the communist party fled to the coastal area, starting a long journey movement so-called 2-man 5-chunri movement, so the first collaboration was broken. As the communist party fled to the coastal area,Chiang Kai-shek sent the military of Chang Hak-ryang staying in the east north region to the west coast so as to perform the fifth communist destroying strategy, but unfortunately Chang hak-ryang and Yang Ho-sung betrayed him and arrested in the course of his inspection in the west coast area, which was called the west coast accident. At this time, Japan manipulated9.18 accident and 7.7 accident on September 1931 and July 1936 with an ambition of entering the main land and invaded China. At this time, Chiang Kai-shek announced the anti-Japan statement against Japanese invasion throughout the nation and formed the second nation-communist union, which resulted in the communist party entering into the Palro corps of the nation military.

Subsequently, as the 8-year anti-Japan war ended, the second collaboration was broken. As a result of the analysis on the reasons of the first and second collaboration, in the first collaboration, it was possible with the help of the external power, namely, the old soviet union and the inner military power, and in the second collaboration, it was possible with the help of the external power, namely, Japan and the inner military power. The present article is based on the above situation and problems and a functional relationship. The key issue of the present article resides in the plan concerning the 21st century China unification.

The wide meaning concerning the base foundation and research for the China unification is suggested as one system in the frame of the total concept, and the present article suggests Chinese foreign policy and Chinese Taiwan policy and USA both-coastal region policy which might affect the decision of an appropriate Chine unification along with a theory analysis.

The potential economical value which is called an international environment foundation helpful to the economic development in one China policy and one-nation two system unification system to be suggested by the present article might contain through the actual analysis the wide meaning of the anti imperialism in reverse of the procedure that forms the interrelationship, so that the above analysis becomes a theoretical basis of the present article with respect to the development of the

Taiwan policy.

In order to maintain the Chinese foreign policy provided in the present article before discussing the macro unification plan called China unification, a comprehensive diagnosis in regard to the entire peace and development and multi polarization are needed with respect to the international rule in the age of post cold war.

In the course of the Chinese foreign policy development based on the above trends, the background on the wide meaning called China unification general and comprehensive in cooperation with the combined structure with respect to the foreign policy along with the theoretical assumption with on the following three targets will be described in the below.

First, China is needed to create the international environment for continuously propelling the modernization and economy development through the reform and opening which are the most important problems currently facing China. Second, China is needed to obtain a specific posture and role as a local power in the East Asia while prohibiting USA imperialism and a power structure in the East Asia region of USA and Japan. Third, China is needed to build a nation's unification by resolving Taiwan problem along with the returns of Hong Kong in 1997 and Macao in 1999.

China is used to announcing the economic development through reform and opening as the most important nation's problem by building the international environment useful for achieving the same.

In relation with which, China is trying to consider the economic development through reform and opening as the nation's most important issue and to build the international environment useful for achieving the same. In order to achieve the above, China is trying to keep a good relation with the neighboring nations. In addition, China is frequently participating into various international organizations, and is trying to take a positive stance international rules and systems. Concerning the international disputes and conflicts, "Same goal, different existing" becomes its new policy, and it is an object of China to obtain China unification while expanding cooperation in order to pursue common benefits. As a result of which, Chinese foreign policy might look a means-based foreign policy for only China unification. So, it can be defined that Anti-imperialism is formed.

China maintain one certain policy called one China unification with respect to the problems with Taiwan, while strongly protesting the United States' weapon export to Taiwan preventing a relationship with USA from being worsened.

As one of the Chinese foreign policy, the anti-imperialism is based on "three-world policy" by Mao Ze-dong which is supported from "intermediate region theory" that China opposes two super powers of USA and Soviet union. Since China considers the United States and Soviet union as enemies based on "three-world policy", the third world can be considered as two powers with the supports from the second world, and it is needed to fight the United States and Soviet Union which are the first world.

Based on which, China defines the Taiwan policy for China unification along with "one China" policy and "one nation, two systems" policy.

"One China" policy comes from a long time legitimacy that means which nation inherits China. China asserts that the legitimacy with respect to China in 1949 comes from People's Republic of China of Beijing government with respect to China. So, the sovereignty of China belongs to Beijing government, and Taiwan is considered as a province of China which does not have any sovereignty as a nation.

One China policy that China asserts means as follows.

First, even though the political power has been changed for 5000 years, the unified China has been maintained. Second, China has disappeared due to the foundation of "People's Republic of China", and People's Republic of China inherited its legitimacy. So, Taiwan is just a province of China. Third, Taiwan has become the territory of China since Japan assigned Taiwan to China based on the announcements of Cairo and Potsdam historically. Since Taiwan rejects the unification and is under the protection of the United States, so it is actually impossible to rule Taiwan, but it is impossible to assert that Taiwan is not part of the territory of China. Fourth, it seems that China and Taiwan remain separated from each other, which is basically different from Koreas and

Germany before the unification. Namely, China is not divided into two, but China has always been one based on the international law, so "two bodies which are politically different from each other" or "two nation system" that Taiwan asserts can be not acceptable by China.

Meanwhile, first "One China"that Taiwan asserts is China based on history, geography, culture and blood relationship. Second, "People's Republic of China" cannot represent the entire China, and Taiwan is not one province of China. Third, it seems that China and Taiwan are not dependent to each other and are politically different bodies, not presenting each other.

"One nation, two systems" that China asserts as a unification plan with Taiwan is characterized in that two systems, socialism and capitalism, exists in a sovereignty range of People's Republic of China, which does not mean two social systems simply existing and political bodies which are opponent to each other. The socialism system based on the constitution of China is considered as a main body, and two systems are propelled for a co-development. According to which, a master-slave system is provided between two systems. Under one nation, two systems, the sovereignty first belongs to China, and Taiwan keeps a high level authority which means a limited authority assigned from the central government.

Taiwan opposes one nation, two-system policy proposed by China for the reasons that one nation, two system policies by China is not intended to guarantee equal positions between two governments, and according to the one nation, two system policy by China, Taiwan is considered as only one province of China. So, Taiwan suggested a unification policy of one nation, two governments with respect to one nation, two system of China. According to one nation, two government policy of Taiwan in June 1990, there are two governments in Taiwan and China, so it is considerable to set one nation, two governments which are independent from each other. It seems that one nation, two government suggested by Taiwan is basically designed to emphasize that Taiwan has the same political power as China.

As described above, it seems that Chinese stance and Taiwanese stance on one China policy are not narrowed producing conflicts. Since Taiwan asserts two government policy which means the same power as China whereas China does not give up to assert one China policy and one nation, two systems policy, it is hard to resolve the Taiwan problems.

Taiwanese policy with respect to one China policy and one nation, two system policy of China will be described as follows.

One China policy and Taiwan problem include a Chinese stance and policy direction surrounding the Taiwan problem, and in particular a logical assertion asserting why China should be one and a nation and people's mind are disclosed so as to protect the above principle. According to the white paper, there is disclosed a legal basis concerning one China policy. The force execution that was limited to a Taiwan independence attempt and a foreign country's Taiwan invasion has a widened range to the extent that when Taiwan neglects a peace unification negotiation limitlessly as a precondition, which represents that China has reconfirmed one China policy before Taiwan faces a president election, by which the president candidates and Taiwanese do not support foreign forces such as USA before election.

As described above, China continues to keep a basic stance and policy with respect to Taiwan after reform and opening. The policy of China with respect to Taiwan is basically directly to a peace unification based on one nation, two systems along with one China. China asserts that the Taiwan problem belongs to an inner problem of China, so that any interference from foreign countries is excluded. According to China, the peaceful unification plan is maintained, but in the end a forced plan can be adapted.

With respect to which, the United States on the both−coastal region problem keeps a certain force with respect to the forced invasion of China as the super power nation which affects the foreign policy of China with respect to the Taiwan problem. The policy change of the United States might be decisive with respect to the foreign policy of China.

There are two main forced streams surrounding the policy with respect to China in the United States after the post cold war. First, there is a soft line asserting an engagement by China. They assert that when the United States keeps a strong stance against China, it might hurt the nation's benefit, so a soft engagement policy is needed. Second, there is another group that asserts a negative stance with respect to an inter-dependency in view of economy. Namely, this group asserts a strong policy against China. This group believes that China currently keeps an international rule for the need of economy development, but in the end after the completion of development, China will invade Taiwan with a strong power along with a military expansion as it did in the past.

In the course of dispute in the United States on the foreign policy against China, the United States continuously keeps a stance a dual-track policy in view of the both-coastal region policy. On the surface, the United States supports one China policy, but keeps a formal relationship with China and an informal relationship with China. However it is important to know that such USA policy is a constant policy after the normalization with China in 1979.

The United States' ambiguous policy on the Taiwan problem can be characterized in the following three points. The United States did not disclose a clear stance with respect to the defense of Taiwan. Taiwan-related law keeps an ambiguous stance on whether to support or not Taiwan under a certain condition. Second, it can be characterized as a weapon export to Taiwan. There is not an accurate definition. Third, a future stance of Taiwan will be important. The United States supports one China policy, but does not disclose a clear stance on the further condition of Taiwan.

As mentioned above, the United States does not want to discard both China and Taiwan in order to promote nation's benefit, so it is expected that the United States will focus on the relationship development with China, and on the other hand the United States wants to keep the current situation with China and Taiwan through an informal channel for thereby maximizing the political, economical and military benefits. Since China does not allow Taiwan to be dependent, so it is expected that China will use force. In this case, the United States inevitably will face a military invasion, and when China and Taiwan are unified, the United States will lose for pressing both China and Taiwan, as a result of which the threat by China will become real. So, the United

States currently wants to maximize nation's benefits while keeping the current situation between China and Taiwan.

The United States' dual track policy produced based on the strategic ambiguity of the United States was confirmed in case of Taiwan strait crisis in 1955~1996. At this time, the United States repeated keeping of joint announcement three times engaged between China and the United States which is summarized as one chain and Taiwan is part of China suggested by China. The three times joint announcement between China and the United States are Shanghai joint announcement in 1972, joint announcement made at the time when establishing a relationship in 1979, and 8.17 joint announcement in 1982 in which it was promised that the performance and quantity of the weapon sold from the United Statesto Taiwan will not exceed the supply made over the past years, and the sale of weapon to Taiwan will gradually decrease, and this kind of problem will be finally resolved.

However the United States dispatched an aircraft carrier when China threatened Taiwan with military, which shows that the United States did not give up the relationship with Taiwan. Since then, the United States repeatedly emphasized one China policy an three No's position with respect to Taiwan problem to Chinese government when Clinton had a summit in Washington with Kang Taek—min in 1997, and when the US foreign minister Albright visited China in May 1998 and when Clinton visited China in June 1998.

The United States keeps a dual—track policy based on the strategic ambiguity in view of both—coastal region problem while maintaining a clear stance against Chinese force use to Taiwan and the independence of Taiwan. As the United States showed at the time of Taiwan strait crisis in 1995~1996, the United States keeps a clear stance against the use of force by China, and the United States discloses that Taiwan Relation Act does not contain any contents for defending Taiwan to the Taiwan independent activists residing in Taiwan.

In the above situation, what kind of plan is being set for the unification of China? Where does a plan and complementary relationship concerning the decision of unification come from? The present article is basically directed to discussing the alternative plan on the above matters.

\<Conclusion on China unification is as follows\>

It is considered that China pursues the international rule after post cold war based on peace and development and multiple polarization, and on the other hand asserts that the United States imperialism and forced policy threats peace and safety, and an unreasonable and old international economy rule becomes an obstacle in the developing countries.

With the above basis, Chin maintains the following three foreign targets. First, it is needed that China will continue to build an international environment useful for continuously propelling modernization and economy development through the reform and opening which are the highest national work facing China, and second it is needed to prohibit the United States imperialism and the increasing force of the United States and Japan in the East Asia region. China is needed to take an important role and stance in the East Asia region as a powerful nation. Third, China is needed to build a people's unified nation by resolving the Taiwan problems along with the returns of Hong Kong in 1997 and Macao in 1999.

China announced the economy development through reform and opening as the highest national project while forming the international environment useful for achieving the goals.

China is trying to promote a relationship with the United States and neighboring countries in order to achieve the above goals. In addition, China frequently attends various international organizations while agreeing the international rules and systems. China also is expanding a cooperative relationship in order to pursue the common benefits based on the same goal, different existence with respect to the international dispute and conflicts.

First of all, China is currently trying to improve a relationship with the United States since it considers the cooperative relationship with the United States as necessary element in order to continuously develop economy through the reform and opening despite a critical conflict factor with the United States. For example, China maintains a cooperative relationship with the United States with respect to a military security problem such as nuclear weapon expansion prohibition and missile export problem while participating the international security system such as NPT, CTBT, CWC, BWC, etc. and showing a positive posture with respect to military control and human being right and environment protection. China criticizes that the United States and western countries says about the human being right and democracy of China as an internal issue and a peace−faked strategy with respect to China while joining the UN human right protocol and announcing the white report on the human right and recognizing the human right as a common value. Here the peace−faked strategy means that the China−produced socialism is forced to change through the ideology and culture invasion and economic influence expansion and to be part of the western countries.

China maintains one China policy with respect to the Taiwan problem, and protects the weapon export from the United States to Taiwan while preventing the relationship with the United States to be damaged due to the Taiwan problem.

As a foreign policy line of China, the anti−imperialism is based on "three−world policy" by Mao Zedong which is supported from "intermediate region theory" that China opposes two super powers of USA and Soviet union. China set a foreign policy of anti−USA and anti−Soviet union lead by the United States depending on the international political situation in 1960, so China has shown on the international stage with the help of the support from the United States while escaping from the threats from the old Soviet Union.

China recognizes that the United States pursues only the super power nation along with the win in Gulf war after post cold war and that the United States imperialism threats multiple polarization which is considered as a preferred international power system. In addition, China considers that China is to be tied as part of the United States−lead rule while preventing the development of China through "China thread theory" by judging the development of China as a challenge with respect to the imperialistic position of the United States. China deems that the United States imperialism is the biggest threat to the security of China, so the anti—imperialism foreign policy becomes the important target.

The foreign policy of China with respect to the United States imperialism is well shown in the joint announcement between China and Soviet Union made based on a world multiple polarization and a new international rule formation which was announced when the chief secret of Communist party Kang Taek—min visited Soviet Union on May 4, 1997. Here China and Soviet Union announced that the world rule is being multiply polarized, and this phenomenon is positive, and they will try to multiple—polarize the world rule. In addition, they announced that both countries are same members in the international society irrespective of strong and weak power and richness and poorness and announced that no countries pursue imperialism and power politics and conquers international world, which means a distinctive stance with respect to the United States imperialism.

The foreign policy of China which opposes the United States imperialism continues to be shown in the agreements between Vladimir Putin, the president of Soviet Union and Kang Taek—min, the president of China communist party when he visited China on July 2000. At the summit, they agreed to cope with the United States imperialism together and agreed to strongly cope with the United States imperialism and power policy and emphasized the multiple polarization of world rule.

One China policy that China asserts means as follows.

One China policy comes from the legitimacy concerning whether or not a corresponding government inherits the legitimacy of China. China asserts that the People's Republic of China of Beijing government inherits the legitimacy of China from the foundation of People's Republic of China in 1949. So, China asserts that the sovereignty of past China belongs to the Beijing government, and Taiwan is part of the province of China, which does not have any sovereignty.

One nation, two systems that China asserts as a plan for the unification between China and Taiwan means that two systems, socialism and capitalism, concurrently reside in the same sovereignty of People's Republic of China which is only the legal government in China. It does not mean a political body in which two systems are opposite or conflict, but inter-respect system reside between two systems s the system of the socialism under the Chinese constitution becomes main, and two systems of socialism and capitalism develop with each other. Therefore, under one sovereignty based on one nation, two systems, the sovereignty first belongs to China, and Taiwan has a high level authority, but has a self-governing system assigned from the central government of China.

Meanwhile, Taiwan opposes the one nation, two system unification plan suggested by China for the reasons that the one nation, two system plan does not guarantee the equivalent positions between China and Taiwan, namely, according to one nation, two system plan, since Taiwan is considered as a province of China. Therefore, Taiwan suggested another unification plan, called one nation, two governments with respect to the one nation, two system unification plan. Here, the one nation, two governments were suggested in Nation's policy conference of Taiwan held on June 1990, which means that China is one, but two governments of China and Taiwan reside. Two independent government systems reside in one nation. It seems that Taiwan wants to emphasize that Taiwan has the same political level as China.

As described above, Chinese plan and Taiwanese plan between the one nation, two systems principle and one nation, two governments are not narrowed, increasing conflicts. Under the circumference that China pursues one nation, two systems, since Taiwan asserts one nation, two equivalent governments, namely, two-nations plan, no solution is found in resolving the Taiwan problem.

The Taiwan policy of China is directed to achieving the unification in peace based on one nation, two systems along with one China principle. However, China asserts the foreign interference from other countries, specially, the United States, because Taiwan problem belongs to the internal issue of China. Although China continues to try the unification plan, in the end China will use force.

Needless to say, the United States is the biggest political power which has a war prevention power when China invades Taiwan as an external force which might affect the foreign policy of China. The policy change of the United States in view of the Taiwan problem plays a key role in the decision of the foreign policy of China.

There are two main forced streams surrounding the policy with respect to China in the United States after the post cold war. First, there is a soft line asserting an engagement by China. They assert that when the United States keeps a strong stance against China, it might hurt the nation's benefit, so a soft engagement policy is needed. Second, there is another group that asserts a negative stance with respect to an inter-dependency in view of economy. Namely, this group asserts a strong policy against China. This group believes that China currently keeps an international rule for the need of economy development, but in the end after the completion of development, China will invade Taiwan with a strong power along with a military expansion as it did in the past.

In the course of controversy in the United States on the foreign policy against China, the United States continues to maintain the dual-track policy based on the strategic ambiguity in the both-coastal region problem policy.

Concerning the strategic ambiguity, Andrew J. Nathan suggests the following three matters in the strategic ambiguity of the United States concerning the Taiwan problem. First, it is concerned on the defense of Taiwan. The United States has never disclosed any defense plan on Taiwan. The Taiwan Relation Act maintains an ambiguous attitude on whether the United States will supports Taiwan or on what condition the United States will do. Second, it is concerned on the sale of weapon with respect to Taiwan. There is not a clear stance on this matter. Third, it is concerned on the further position of Taiwan. The United States supports one China policy, but does not disclose a clear stance on the further position of Taiwan. On the surface, the United States supports one China policy, but expands a unofficial relationship with Taiwan while maintaining a conventional official relationship with the United States. The United States dual-track policy continues since normalization with China in 1979.

As for China, since the United States wants to keep a relationship with China and Taiwan, the United States tries to enhance a relation development with China, and on the other hand the United States wants to maximize the political, economical and military benefits while maintaining a good relationship with China and Taiwan through the unofficial relationship with Taiwan.

Martin L. Laster says that the United States nation's benefit can be enhanced by means of a tension releasing through the political, economical and relation development of Taiwan which can well match with the ideological concept of the United States in the East Asia region in view of military, security matters of Taiwan. First, it is concerned about the military, security matter: since the Taiwan strait connects the East North Asia, the East South Asia and the middle Asia, the Taiwan strait might becomes a very important military base of the United States in emergency case. Second, it is concerned about the political development of Taiwan: Taiwan continues to develop the democracy based on free election system after the military order of 1987, which well matches with the goal of the foreign strategy of the United States. Third, it is concerned about the economy development of Taiwan. Taiwan pursues a civilization in the field of economy, and plan a free development by removing various tariff and non-tariff barriers in the trade relationship with other countries, which might be beneficial to the United States in view that Taiwan becomes one of the international trade system led by the United States. Fourth, it is concerned about the development of both-coastal problems: the both-coastal region problem is greatly developed since the Taiwanese visited the main land allowed after 1987. In view of economy, Taiwan became the second largest trade partner following Hong Kong, and the trade amount between two nations is sharply increasing. In view of the political relationship, the community party and the Kookmin-party keep a newly set policy with respect to the unification, and the political issue between two nations is provided with a flexible situation. Under this circumference, the tension concerning the Taiwan problem between the United States and China will be loosened, which might be advantageous to the United States.

Under the above consumption, the independency movement of Taiwan would bring China to use a military force. In this case, the United States will face a crisis on whether the force will use or not, and when China and Taiwan are unified, the United States might lose all Taiwan cards which might be a certain pressure to both China and Taiwan. The so-called China threat theory would become clear, so the United States tends to maximize the nation's benefit by maintaining the current situations.

The disconnection with Taiwan and the discard of the inter-defense treaty between the United States and Taiwan made the United States worry about the security of Taiwan. The United States passed the Taiwan Relation Act 339 to 85 in the lower house and 85 to 4 in the upper house through the jointed consultation of both houses at the end of March 1979 so as to keep the relation with Taiwan three months after the normalization with China. The president Carter announced the same as Act on April 10 in the same year. The Taiwan Relation Act is characterized in that Taiwan is recovered to the extent before(installation of contact office which is alternative to the embassy), and the peace of Taiwan is maintained for the security of Taiwan, and the defense weapon is to be provided to Taiwan for thereby maintaining a counter force for the security of the United States.

As the Taiwan Relation Act is established, the United States seemed to have started the dual-tract policy based on the strategic ambiguity while normalizing with China and maintaining the relation with Taiwan, which has lasted thereafter.

The dual-track policy based on the strategic ambiguity of the United States was confirmed at the time of crisis of Taiwan strait in 1995-1996. The United States repeatedly expressed that the three-times joint announcement engaged between the United States and China showing one China policy, an Taiwan belong to China which are announced to China at the time of Taiwan crisis will be kept, and as China threats Taiwan with force, the United States dispatched the aircraft carrier showing that the United States did not give up Taiwan, which announcements are Shanghai joint announcement in 1972, the joint announcement at the time of normalizing the relationship between the United States and China in 1979, and the 8.17 joint announcement in 1982(8.17 gazette: the performance and quality of the weapon to be sold from the United States to Taiwan does not exceed the supply standard for a few years after the normalization, and the weapon sale to Taiwan will be gradually decreased, and the problems will be resolved within a certain time period). After that, when the former president Carter had a summit with Kang Taek-min in 1997 in Washington, when the foreign minister of the states, Albright, visited China on April, 1998, and when Clinton visited China in June 6, 1998, the administration of the United States repeatedly emphasized the one China policy and the three No's position with respect to the Taiwan problem to the Chinese government while enhancing a relationship with Taiwan.

The United States maintains a dual-tract policy based on the strategic ambiguity in the matter of the both-coastal policy and shows a strict opposing stance on the use of force with respect to Taiwan by China and the independence of Taiwan which might stimulate China. As the United States showed at the time of the Taiwan strait crisis in 1995-1996, the United States maintains a stern opposition on the use of the force to Taiwan by China, and the United States discloses to the separatist that the Taiwan Relation Act does not include any content for defending Taiwan under any circumference, which means an opposing stance with respect to the independence of Taiwan.

As described above, when reviewing "the unification policy comparison study of the United States and Taiwan", it is true that the China unification is largely dependent on the traditional method conducted at the time of dynastic revolution since the ancient time of China. In the modern history, it seems that China is on the verge of changing into a world economy super power which is not expected in the factor of the dynastic revolution, which comes from the assumption that the political, economical reasons bring the dynastic revolution are based on the critics with respect to the present political system and a new political system to come by a limited number of elites. The elites who pursue the economical benefits in the modern society gather, which of idea is called a public society. The most important economical and social functions among the public society are called a media. The social characteristics of the public society can be analyzed with various factors in which clear factors a change aspect that the information distributes. The change of the information distribution type is called a change of political environment from which human being cannot leave. Since the communication behavior as the total body of the communication of human being produces various economical benefits and can be deemed as part of the political behavior which totally manages the same, so its importance increases. In this aspect, when the members of the political systems become to change from the political behavior to economical values whereas dogmatic communist and socialism as well as capitalism and freedom democracy might change into the random capitalism and democracy.

The procedures of the China unification by means of the nation communist collaboration of China have been changed over dynastic ages for a couple thousands of years. In view of the China revolution, the combination between communist and Chinese tradition is very important factor. Whatever the China unification is by China or Taiwan, the above thing is one of the key reasons with respect to the concept recognition of China unification. As described earlier, the principles of the China communist is not dependent on the Marx and Lenin communism, but is largely dependent on the tradition revolution which frequently happened at the time of dynastic revolution from the ancient China.

Since China is equipped with a large amount of natural environment and historic background like the old Soviet Union, no foreign force invasion will succeed. The above environment might prevent the direct invasion of the United States and Stalin government at the time of nation and communication fight. Therefore, the China revolution was a local revolution by themselves without receiving supports from other countries. In the present article, it is analyzed that the factor of the local revolution is an ignition factor that the world economy aspect brings.

The political and economical reasons which might bring the revolutionary ideology as described earlier have increased the reasons of setting up a new system which can cope with the critics with respect to the conventional system by elites. Part of the remotely localized people(who live in the marginal area of the People's Republic of China) agree with them, and the public will stimulate the people as the freedom democracy spreads based on the world economy change to a new capitalism system. It is certain that the above situation causes a hallucination state like drugs. At this moment, it can be assumed that people admire a paradise with respect to the personal ideology, which might be combined with a communism that is camouflaged with a new European economy having a new value which might influence the conventional meaning with respect to China unification called like the value provision as the world economy power is based on the traditional revolution method generally performed at the time of dynastic revolution from the ancient China(the political power comes from the hole of gun., and the important struggling type in China is war, and all of which are for war). This situation might change and mated with the revolutionary group(fourth international), so the economy super power will appear in other world history, and the China separation might have a turning point.

<The bottom line is as follows in view of the influences with respect to the unification of Korean Peninsula>

It seems that a lot of efforts and sacrifices are needed for the divided people and unification. When viewing the unification issue of Koreas in objective views, there are not always bright hopes and vision.

What can we do for the unification of our people? There are various variables, and various estimation and ways might be estimated depend in gon the international situation and relation between Koreas. The unification of Koreas cannot be easily achieved under any situation by means of only one nation, and it is recognized that the reverse development from the international environment should not be done.

What the strategy of the unification of the diplomacy of Koreas might be expanded toward the East North and worldwide range beyond Koreas means that the stability of Koreas and East north Asia might be barometer directly affecting the security of unified Korea.

On the four-party conference along with the United States and China who are to play key roles in the unification of Koreas, a policy collaboration between the United States and Korea works well, but China keeps a mediation stance between Korea, the United States and North Korea while preventing any influence from the United States, so it seems that China uses the conference as a change for expanding the influence with respect to Koreas. China and Japan keep a posture of maximizing the nation's benefits rather than building a peace system by attending the discussion on unification. Korea has set a diplomatic tie with China even in the cold war era, but North Korea has maintained a long time blood relationship with China. In this matter, it seems that Korea has not done any key role for maximizing the nation's benefit in view of the intermediate position.

As North Korea's system is to be corrupted soon, there is a serious concern on the future and existence of the North Korea's system, so the possibility on the unification grows. Nevertheless a lot of people are reluctance to discuss on the unification worrying on a high unification cost, and worries about the world-class leadership with respect to the side effect occurred in the course of the unification of Germany. In addition, there are a lot of worries and fears about the unclear future on the unification. However the unification that we all necessarily prepare and achieve for the prosperity and bright future of Koreas should be prepared in positive manner.

In particular, it seems that the international cooperation posture of the president Lee Myung-bak who continues to emphasize a combination of the international cooperation and Koreas' cooperation as one policy should be considered based on the special situation between Koreas while respecting the universal standard and value of the international society. Namely, it is possible to promote the change of North Korea and to further develop the relationship between Koreas. Although the MD government emphasizes the change of North Korea compared to Rho's government, it is hard to expect a high level development between Koreas unless there is a basic change in the system of North Korea.

Namely, the international effort represents a change of North Korea and a development of Koreas and a Korea's diplomatic effort for achieving the peace unification. Such efforts might be a result of the diplomatic behavior with respect to the unification appropriateness for obtaining the supports with respect to the policy toward North Korea of Korean government and the Korea's unification policy. So, a stable infrastructure is needed for effectively propelling the unification diplomacy.

As the recognition on the unification benefit along with the agreement with respect to the unification appropriateness is embodied, a dynamic and executable desire for unification is needed. Although the separation and unification are intended to be discussed only based on the cost and benefit for supporting the above confidence, it is impossible to recognize the physical and visible matters that the unification brings us as compared to the political, economical, social-cultural damages due to the separation. Since the cost for separation can be compensated at the time of unification, it seems that the removal of the cost for separation might bring us the direct benefit from the unification. If the unification is made, a sudden unification can be more beneficial as compared to a slow and gradual unification.

The neighboring counties such as China, Japan and Russia might change their diplomatic concepts while considering a load with respect to Koreas for the reasons that the territory expands with the help of unification, and the population increases, but it does not mean the increase of economy. Namely, it seems that the unification between Koreas does not largely affect the neighboring countries with respect to the definition of the divided countries or the unified Koreas only with the influences against the world economy facing Korea in recent years.

In case of China, although 20 years have passed since the breakout of Tiananmen square democracy movement, the history scholars considers the final stages of 10 years on the first China of 21 century in the frame of world economy, and at this time the economy power of China which continues to grow does not help the democracy to bloom in China which is called G2 along with the United States, and the democracy is hidden as a seed under the shade of communist of China which obtains a high score from peoples. In this view, a great advancement of China is expected, which is currently considered as a giant monster in the world.

In particular, the Chinese economy did not achieve the G2 as a super power in the world economy with the help of North Korea. In order to keep the stance of G2, the frame structure of Korea economy is absolutely needed, so the negative opinion on the Tiananmen square democracy movement is not considered as an important matter as compared to the past.

When the influence of China increases, it seems that the influence with respect to the unification of Koreas and the union of Asian countries might be hard, but behind the super power appearance of China, there are a lot of warnings with respect to the debts in public field of China from locally and abroad. "As the public debts of China increased up to 96% of GDP of China, China causes another problem in the world economy" warned by one renowned economist of the United States. The dangers of the debits of the local governments are considered as being dangerous also, so it seems that the China economy, which is on the verge of recovery, might be a new factor damaging to the world economy.

As the further scholars say about the unification of Koreas, "it seems that the system of North Korea does not work due to failure".

"North Korea abruptly disappears, and fast" said the experts. As a result, Korea should take over North Korea, so the cost for unification that Korea should take over increases greatly.

As described above, since China who abruptly appeared as a super power in the world will not positively take part in the unification of Koreas due to an inappropriate economical burden to be caused by means of a bubble economy of China, so it is possible to expect that China won't stay under the environment of Koreas based on a geometrical limit. Furthermore, since the Korea's economy development rate might fall down at a high possibility due to the cost for unification in view of the economic frame of Korea based on the world economy situation, it can be assumed that the neighboring countries might welcome such situations, so the paradigm to be valuable for a study in the frame of one world economy in the course of unification of Koreas should not be neglected.

In the present article, it is suggested that a no-blood absorption unification is possible with the help of self-corruption in the book "New unification theory" in view of the international political situations with respect to the unification procedure of Koreas through the books written by the researchers.

For the above suggestion, the three-stage theory is needed as big presumptions. The three-stage corruption stages consist of a first stage: economic corruption from the isolation from economy, a second stage: military collaboration after the death of Kim, Jung-il, and a third stage: a corruption procedure due to big earthquake.

The nigh stages of the new unification theory are as follows by reforming the combined multiplication. The first stage starts from "the increase of international terror due to the isolation of North Korea, and the second stage means the reason of "the system corruption of North Korea occurred due to the sudden corruption". Here, the three major reasons of the sudden corruption are as follows. First, the big earthquake in the strait of Tsushima, and second the leakage of nuclear radiation from the Young by un along with the earth quake of Koreas, and third the big disaster in Koreas.

It might be assumed that the above-presumed stages might be reversed. At this situation, in the third stage, Kim Jung-il dies or escapes, and in the fourth stage, a temporal North Korea's military government is set, and in the fifth stage, a full war begins between Koreas. In the sixth stage, a no-blood war based unification is obtained. The important factor of the local instability in the course of the unification is the seventh stage in which an overture so-called the increasing conflict between religion of Koreas(resurrection of world end theory). In the eighth stage, it will face a great peninsular revolution. Through the unstable social structure, in the ninth stage, it will face a pacific-ocean era about the peninsular in 21st century.

Concerning the above assumptions on the situation development of Koreas, The US professor Ferguson said as follows in the article called "new 10-years, the reunification of Koreas will be the biggest historical event in the world."

Korea is called like a walnut in the walnut cracker, namely, between two super powers of China and Japan. What strategy should Korea follow? The nation stuck between two super powers might be look disaster like Poland and Korea experienced in the past. The best way is to have the sincerest friend apart from this region. Globalization is good for Korea. Since the power is distributed globally, it is possible to make the influences of the neighboring countries weaken. The best strategy that Korea can select is good for Korea as globalization is widened. If the Asian imperialism appears, such situation is not good for Korea.

As a measure for the above opinions, the Korean MB government proceeds with the following globalization measures. So, it is needed to introduce World Rehabilitation Organization(WRO) to Koreas including the world human right of human being dignity in order to cope with the black hole which means the upcoming economical, social and political confusion and is to cause the changes in four super powers and the unification of Koreas based on the decrease of the United States(decrease of pax-Americanism along with the world finance system down), so the world vision for globalizing the nation is absolute, and the MB government is a nation who proposed the UN WRO passed in the 6st UN meeting in December 13, 2006 with respect to the inherent agenda called World human right nation when exploding Koreas as the center nation of world. In order to introduce the UN WRO to Korea, many countries are struggling to host the same with respect to 198 nations including Mexico.

In the multiplication of four super powers around Koreas within 10 years, the World Rehabilitation Organization(WRO) will help Korea to grow as a strongest friend of the United States as a means for preparing the possibility of world rule reformation, so that it is possible to obtain a means and a balance with respect to four super powers, and the secretary of the united nations will come from the far East Asia. As a result of the proposal for the above demand by suggesting in the high level policy decision procedure of the US president Bush and the US security council, a positive response was received from the United States government. As a result, the secretary of the united nations was elected from Korea. The first of the UN Secretary—General (Mr. Ki—Moon, Ban) has been discharged from South Korea.

[The United Nations World Rehabilitation Organization] for the United States, including Obama's expressed interest, human rights organizations, UN agencies and the participation of world peace on Sept. 21, 2011 due to the 66th UN General Assembly on [the World Declaration of Human Rights for Disabled] based on [World Rehabilitation Organization] for the adoption of the agenda was whether or not mentioned before.

In the future, and after reunification in order to prepare for, even once the world's assessment of human rights organizations continue to cooperate with the UN [United Nations World Rehabilitation Organization] will ask you to give to assume.
In addition, the World Rehabilitation Organization (WRO) with aims that [the world's human rights—oriented nation] the reunification of the role of a bridgehead as a 'democratic completion stage, human dignity', for October 13, 2011 Korea—US summit, a joint announcement was asked .

Further, [the United Nations World Rehabilitation Organization] to attract the general headquarters in Korea, Lee Myung—bak (MB) and the government's active participation is requested.

The MB government has established the SUN belt economy connecting the marine railroad(Pusan—Mokpo) on May 8, 2008. The UN ESCAP has brought the continent railroad passage section plan with respect to the world distribution through the Asia—crossing railroad construction to the UR and the WTO on June, 2022, and based on which the WRO reset an Asia—crossing railroad new project connecting the Asia—crossing railroad and the continent railroad and the marine railroad in the section of <Pusan—Mokpo—China(Shanghai—Guangzhou)>, and the amendments were brought to the Korean government(East—West—South coastal development special law formation procedure), so the worldwide distribution station was obtained in Korea with respect to the world distribution transaction propelled by means of the UN. As a result, the total conclusion will be given as follows in this article, which is summarized as showing that Korea is ahead in its UN WRO introduction appropriateness and profit as compared to Mexico.

In the total conclusion of this article, in order to meet the unification procedure with respect to the peninsular unification, as a one of the globalization in Korea, the WRO propelled by the MB government is introduced to Korea, so it seems that the big industrial revolution can come throughout the advantageous nation industries behind the world human right nation.

The detailed examples with respect to the great industry revolution throughout the nation industries will be described.

While the WRO belonging to the UN is introduced to Korea, the influences which would affect the MB government will be described briefly. Namely, it is possible to create a new welfare economy nation based on the great change of nation economy infrastructure, the implementation of which will be as follows.

In order to cope with the unification of Koreas which is to come unexpectedly, as an initial stage of the great change of the nation economy infrastructure, the WRO suggested eighth stages execution plan for new welfare nation with respect to the world disabled person welfare and worldwide human right promotion and welfare economy implementation.

First stage: It is a demand which needs a revolutionary change of a human right promotion for worldwide disabled person and new thought with respect to welfare economy. WRO with respect to Mexico and South Korea are competing to attract a symbol of the UN WRO was preempted.

Second stage: It is needed to keep the UN disabled person human right agreement decided in the UN conference, and the UN organization of the World Rehabilitation Organization(WRO) is introduced to Korea, and the universal nationwide welfare project of the international protocol combined with the world economy created from the Rehabilitation Science(RS) industry should be developed.

Third stage: The 21st century science is an age of the advanced RS industry. So, it is needed to pursue a new welfare economy nation by suggesting the entire system revolution with respect to the conventional welfare policy so that the welfare economy can be implemented for a circulation of the growth and re—investment unless the organization and welfare of the ministry of health and welfare of the central government becomes a consumption concept of the simple distribution.

Furth stage: Robot, unmanned space explorer aircraft, deep sea submarine, computer, voice recognition device, video, etc. are resulted from all advanced Rehabilitation Science(RS) in Gunsan industry complex(nation device science) from silicon valley with respect to the section of Nation defense of the advanced countries such as the United States. In the advanced countries, the importance of the RS was first recognized as an important section, and through the growth of the Rehabilitation Science Technology(RST) , the nation defense science field as well as the welfare promotion for disabled person and the detailed policy for disabled person are prepared. Namely, it is possible to create the nation competeiveness with a high added value by forming the silicon valley of the nation foundation industry related with the advanced space science and 4T{Information Technology(IT)+Biological Engineering

Technology(BT)+Environment and Nano Technology(NT) produced from the agenda RS industry of the nation industry economy. In particular, it is needed to form the understanding and systematic structure concerning the FMS operation system connected with the international finance concerning the FMS support and a proper defense cost decision factor of the ORFs by connecting the international finance program related with the RS field to the structure and system of the business acquisition office of the nation defense field. The RD engineering department which is the advanced science industry was established in each university depending on the recommendation from the WRO based on the education policy of the United States.

Fifth stage: it is needed to develop the recognition level of nation to a welfare advanced nation by protecting the indignity of human being through a human right enhancement and a right protection of disabled person in the world and by providing an integrated function to the world peace and the welfare of people.

Sixth stage: it is necessary for the ministry of land, transport, and marine time affairs to predominate the IMO as the bridgehead for the ocean era after the unification of Koreas. As the UN WRO passed the proposal with respect to the introduction of the LRIT of the IMO, the MB government has become a permanent nation of the IMO in the first period of governing.

Seventh stage: the 21st century <by focusing on RS(Rehabilitation Sciences) industry for pioneering the future of space between Korea · U.S. manned exploration of Mars and the space between the securing> the G8 countries entering the global organization is a critical starting point. which can come together by occupying "5GHz wireless frequency bandwidth and | ± | 130dBm which is an absolute level frequency for natural biology system:. The United States government announced the end of the mobile phone ear of 2.5G−3G CDMA−TDMA code division owned by Quallcomm corporation and decided to use WRC−03 to 5GHz bandwidth(5.150~5.350MHz, 5.470~5.725MHz for the wireless connection system including wireless LAN and finally announced to adapt | ± | 130dBm, which is an absolute level for nature biology system, as the universal frequency of the United States industry.

The WRO adapted 5GHz wireless frequency bandwidth which is called a 4GHz and 5GHz information communication revolution for the salvage through the RS industry and ±130dBm which is the absolute frequency for nature biology as it submitted the use recommendation to the UN secretary office and the permanent nations, which is the exclusive right of the universal frequency of Korea. Since the above frequency is essential to 4T{Information Technology(IT)+Biological Engineering Technology(BT) +Environment and Nano Technology(NT)and information system, the value of the same is limitless.

Eighth stage: if a war occurs in Korea, the existence of the UN organization of the WRO is very important as a first external defense system from a foreign force invasion, and it can be upgraded to the national agenda in connection with various international finance industries of 198 nations. In this case, the best strategy that Korea can choose is a knowledge based thought with respect to the nation management of the globalized world organization in which the world economy can be flexible as the Koreas' unification organization is globalized. Namely, the definition of the peninsular big revolution suggested in the new unification theory is needed, and the above elements should be built or reorganized as the nation industry   nation defense   welfare, unity economy infrastructures. <End>

▌한반도 미래

지구환경에 의한 세계재난과 한반도에 닥쳐올 국가재난에 대비코자 오랜 세월동안 수없는 세계정책과 국가정책들을 한국의 위정자를 위시하여, 한반도 국운과 관련된 세계 각국의 국가수반들과 유엔의 사무총장들에게 제시하였지만, 뉘가 알아듣겠는가! 본 논문 결론에서 한반도 통일과 관련해서, "한반도의 국운과 이에 대처해 나가갈 수 있는 지혜"를 삽입했다.

세계 각국과 한반도는 아무런 대비 없이 아마겟돈의 시대에 돌입했다. 특히 유엔사무국의 무기력한 시스템은 지구상에 닥쳐온 세계재난에 대한 무방비 체계이다. 이로 인해, 유엔의 역할에 대해 세계 각국은 방관하고 있으며, 인류공동의 퇴조라는 인류사의 어두운 미래의 뿌리 깊은 나무가 되고 있다.

이는 곧, 유엔조직의 의미가 상실될 뿐 아니라, 유엔 역시도 시대적 소명을 다하고, 유엔해체라는 종말을 맞이할 수 있음을 의미한다.

유엔은 회원국들의 회비 이외에 스스로의 자생력으로 생존할 수 있는 경제적 능력이 없다. 그렇다면, 유엔은 경제적 가치로 얼마의 값으로 계산될까. 유엔은 정치적 가치로 얼마의 값으로 계산될까.

실 예로 유엔의 조직과 역할에 한계를 직시하고 있는 세계 각국들은 자국의 정치적 경제적 이익을 위하여 생태계의 아베마처럼 움직이기 시작했다는 점이다. 즉, APEC, G20, 등 세계 각국들의 이익을 대변하는 각종 단체가 급변하게 새롭게 탄생하고 있음을 주목해야 한다.

지금부터라도 유엔은 한반도를 중심으로 아시아 태평양 시대를 맞이할 수 있도록, 한반도의 지정학적 지경학적과 관련해서, "유엔 조직과 역할은 새로운 시스템을 동반한 의식혁명"을 가져와야 한다.

또한, 한국정부와 국민들에게도 "이미 닥쳐온 한반도의 국운과 이에 대처해 나가갈 수 있는 지혜"에 있어서, "새로운 시스템을 동반한 의식혁명"을 가져와야 한다.

한국정부와 국민들에게 있어서, 의식혁명의 한계는 한반도의 위태로운 국운에 대해 불감증이 팽배한 국민성과 저변에 깔린 온갖 종교단체들의 교과서적인 구원에 의존함으로써, 국민들 스스로가 한국의 미래를 블랙홀에 빠트리고 있다.

종교적 행태의 외침은 "신(神)"만이 그들만은 구원해 줄 것이라고 확신하고 있기 때문이다. 언제부터 한반도 국운에 지정학적인 "신(神)"이 존재하였는가!

그들 스스로의 차별망집(差別妄執)과 분별된 신(神)들마저도 "한반도에 휘몰아쳐 온 비바람에 골육상쟁"[636]으로 뒤엉킨 해골은 넋이라도 있겠는가.
<終>

"한반도 無間地獄....백두산 대지진 폭발"

일어나라 예언자여!
그리고 저 광활한 대지(大地)를 바라보라!
땅위의 모든 것을 구원하는 하늘의 분노가 있을 징조로다.

동족상잔의 기나긴 여정(旅程)에서 맞이한
무혈통일(無血統一) 일진데
기쁨과 희열의 여운(餘韻)이 채 가시기 전
끝내는 그날이 오고야 마는구나.

지옥도 바람이 인다.
스쳐가는 찬바람 속에
불길한 예감 엄습함을 그 누가 알겠는가!

벼락이 떨어지고 불기둥 솟는 구월의 개벽
싸늘한 배역(背逆)의 시공(時空)인가! 재앙(災殃) 인가!

칠일 낮과 밤이 뒤엉킨 암흑 속에서
천재지변(天災地變)이 할키고 간 자욱의 굴레들
간교한 중생들의 텅 빈 두개골에
유혈로 얼룩진 영욕의 허상은
무참히도 허물어져 버리고
살려고 발버둥치는 저 아비규환의
통한(痛恨)의 넋을 바라보라!

어서 찾으라.
그대들의 영욕과 신사고(新思考)에 의해

---

636) 김정선, 소를 타고 소를 찾는 고녀, "한반도 無間地獄....백두산 대지진 경고"
<서울: 도서출판 李鎭, 1993.4.21.> pp. 115~116. 재인용. (Mr. Jung-Sun
Kim) <세계재활기구_World Rehabilitation Organization>의 자료를 옮겨 제공합
니다.<자료제공. http://www.wro5.com>. 일요서울. UN산하 세계재활기구(WRO)
김정선 상임위원장 '한반도 대지진 경고' 백두산 화산 폭발...핵 시설 위협 '세계
적 재앙 된다.' 재인용.

길들여 진 신(神)들을

종말(終末)에 대한 불안스레 두려워하며
더럽혀진 세상에서 구원의 손을 찾는 그대들에게
그대들의 신(神)들마저도 바로 손을 거절한 사실을
멀지않은 그 날
그대들은 누구를 원망하랴!

한때는 온 세상의 신(神)들마저도
그대들의 것이었던 것을
지금은 누구의 것인 줄도 모르며

그대들은
그대들의 영욕과 이기주의와
그대들의 운명(運命)을 짊어지고
다시 돌아오지 않을 땅속에 묻히리라.